OLDENBOURG
GRUNDRISS DER
GESCHICHTE

OLDENBOURG
GRUNDRISS DER
GESCHICHTE

HERAUSGEGEBEN
VON
LOTHAR GALL
KARL-JOACHIM HÖLKESKAMP
HERMANN JAKOBS

BAND 19

DIE BUNDES-REPUBLIK DEUTSCHLAND
ENTSTEHUNG UND ENTWICKLUNG BIS 1969

VON

RUDOLF MORSEY

5., durchgesehene Auflage

R. OLDENBOURG VERLAG
MÜNCHEN 2007

Bibliografische Information Der Deutschen Nationalbibliothek

Die Deutsche Nationalbibliothek verzeichnet diese Publikation in der Deutschen Nationalbibliografie; detaillierte bibliografische Daten sind im Internet über <http://dnb.d-nb.de> abrufbar.

© 2007 R. Oldenbourg Wissenschaftsverlag GmbH, München
Rosenheimer Straße 145, D-81671 München
Internet: oldenbourg.de

Das Werk einschließlich aller Abbildungen ist urheberrechtlich geschützt. Jede Verwertung außerhalb der Grenzen des Urheberrechtsgesetzes ist ohne Zustimmung des Verlages unzulässig und strafbar. Dies gilt insbesondere für Vervielfältigungen, Übersetzungen, Mikroverfilmungen und die Einspeicherung und Bearbeitung in elektronischen Systemen.

Umschlaggestaltung: Dieter Vollendorf, München
Gedruckt auf säurefreiem, alterungsbeständigem Papier (chlorfrei gebleicht).
Satz: primustype R. Hurler GmbH, Notzingen
Druck: MB Verlagsdruck, Schrobenhausen
Bindung: Buchbinderei Leonhard Kraus, Gersthofen

ISBN 978-3-486-58319-9

VORWORT DER HERAUSGEBER

Die Reihe verfolgt mehrere Ziele, unter ihnen auch solche, die von vergleichbaren Unternehmungen in Deutschland bislang nicht angestrebt wurden. Einmal will sie – und dies teilt sie mit manchen anderen Reihen – eine gut lesbare Darstellung des historischen Geschehens liefern, die, von qualifizierten Fachgelehrten geschrieben, gleichzeitig eine Summe des heutigen Forschungsstandes bietet. Die Reihe umfaßt die alte, mittlere und neuere Geschichte und behandelt durchgängig nicht nur die deutsche Geschichte, obwohl sie sinngemäß in manchem Band im Vordergrund steht, schließt vielmehr den europäischen und, in den späteren Bänden, den weltpolitischen Vergleich immer ein. In einer Reihe von Zusatzbänden wird die Geschichte einiger außereuropäischer Länder behandelt. Weitere Zusatzbände erweitern die Geschichte Europas und des Nahen Ostens um Byzanz und die Islamische Welt und die ältere Geschichte, die in der Grundreihe nur die griechisch-römische Zeit umfaßt, um den Alten Orient und die Europäische Bronzezeit. Unsere Reihe hebt sich von anderen jedoch vor allem dadurch ab, daß sie in gesonderten Abschnitten, die in der Regel ein Drittel des Gesamtumfangs ausmachen, den Forschungsstand ausführlich bespricht. Die Herausgeber gingen davon aus, daß dem nacharbeitenden Historiker, insbesondere dem Studenten und Lehrer, ein Hilfsmittel fehlt, das ihn unmittelbar an die Forschungsprobleme heranführt. Diesem Mangel kann in einem zusammenfassenden Werk, das sich an einen breiten Leserkreis wendet, weder durch erläuternde Anmerkungen noch durch eine kommentierende Bibliographie abgeholfen werden, sondern nur durch eine Darstellung und Erörterung der Forschungslage. Es versteht sich, daß dabei – schon um der wünschenswerten Vertiefung willen – jeweils nur die wichtigsten Probleme vorgestellt werden können, weniger bedeutsame Fragen hintangestellt werden müssen. Schließlich erschien es den Herausgebern sinnvoll und erforderlich, dem Leser ein nicht zu knapp bemessenes Literaturverzeichnis an die Hand zu geben, durch das er, von dem Forschungsteil geleitet, tiefer in die Materie eindringen kann.

Mit ihrem Ziel, sowohl Wissen zu vermitteln als auch zu selbständigen Studien und zu eigenen Arbeiten anzuleiten, wendet sich die Reihe in erster Linie an Studenten und Lehrer der Geschichte. Die Autoren der Bände haben sich darüber hinaus bemüht, ihre Darstellung so zu gestalten, daß auch der Nichtfachmann, etwa der Germanist, Jurist oder Wirtschaftswissenschaftler, sie mit Gewinn benutzen kann.

Die Herausgeber beabsichtigen, die Reihe stets auf dem laufenden Forschungsstand zu halten und so die Brauchbarkeit als Arbeitsinstrument über eine längere Zeit zu sichern. Deshalb sollen die einzelnen Bände von ihrem Autor oder einem anderen Fachgelehrten in gewissen Abständen überarbeitet werden. Der Zeitpunkt der Überarbeitung hängt davon ab, in welchem Ausmaß sich die allgemeine Situation der Forschung gewandelt hat.

Lothar Gall   Karl-Joachim Hölkeskamp   Hermann Jakobs

INHALT

Vorwort XI
Vorwort zur 3., überarbeiteten und erweiterten Auflage XIII
Vorwort zur 4., erneut überarbeiteten und erweiterten Auflage XV
Vorwort zur 5., durchgesehenen Auflage XVI

I. Darstellung 1
   A. Unter Besatzungsherrschaft 1945–1949 1
      1. Das Vierzonen-Deutschland der Siegermächte 1
      2. Wiederaufbau und innere Entwicklung 10
      3. Konsequenz des Kalten Krieges: Die doppelte Staatsgründung 16
   B. Die Gründerjahre der Bundesrepublik Deutschland und die Anfänge der Ära Adenauer 1949–1955 24
      1. Voraussetzungen und Rahmenbedingungen 24
      2. Außenpolitik im Zeichen der Westbindung 26
      3. Wirtschaftswachstum und Stabilisierung 44
   C. Konsolidierung und Bewährung 1955–1963 56
      1. Fortgang der wirtschaftlichen Westintegration 1955–1957 56
      2. Im Schatten neuer Berlin-Krisen 1958–1963 59
      3. Die Entwicklung eines besonderen Verhältnisses zu Frankreich 67
      4. Anfänge des „Verteilerstaats" 69
      5. Ausklang der Ära Adenauer 74
   D. Die Kanzlerschaft Erhards 1963–1966 79
      1. Außenpolitik in Bewegung 79
      2. „Bewältigung" der Vergangenheit, Nichtbewältigung der Gegenwart 87
   E. Das Experiment der Großen Koalition 1966–1969 98
      1. Die Grenzen der „neuen Ostpolitik" 98
      2. Wirtschaftliche Erfolge, aber wachsende innere Spannungen ... 104
   F. Ausblick 115

II. Grundprobleme und Tendenzen der Forschung 117
   1. Die Bundesrepublik als Gegenstand der Geschichtsforschung 117
   2. Zum Verlauf der Erforschung der deutschen Nachkriegsgeschichte 122

3. Quellenlage und Literatur 126
   a) Ungedruckte Quellen 126
   b) Gedruckte Quellen 130
   c) Bibliographien 135
4. Die Epoche der Besatzungsherrschaft in den Westzonen
   1945–1949 137
   a) Überblick über den Verlauf der Forschung 137
   b) Zur französischen Deutschlandpolitik 141
   c) Zonengrenzen, getrennte Reparationsgebiete, Teilung
      Deutschlands 145
   d) Nicht „verhinderte", sondern „geglückte" wirtschaftliche
      Neuordnung 150
   e) Der Stellenwert des Marshall-Plans 153
   f) Reform der Währung und des Wirtschaftssystems 1948 158
   g) Handlungsspielräume deutscher Politiker 160
5. Schwerpunktthemen der Forschung zur Geschichte der
   Bundesrepublik 163
   a) Etappen und Bewertungen der Außenpolitik bis 1953 163
   b) Verteidigungsbeitrag, EVG, Sicherheitspolitik 167
   c) Keine Teilhabe an Nuklearwaffen 173
   d) Die Kontroverse um die Stalin-Note vom 10. März 1952 .. 175
   e) Zur Deutschlandpolitik Adenauers bis 1958 179
   f) Deutschland- und ostpolitische Planungen 1958–1963 181
   g) Befürworter der Zweistaatlichkeit 183
6. Innenpolitische Einzelkomplexe 186
   a) Die Auseinandersetzung mit der NS-Vergangenheit 186
   b) Regierungs- und Verfassungssystem 189
   c) Parteien 192
   d) Verbände 198
   e) Kirchen 201
7) Sozialer Wandel und Modernität im Sozialstaat 204
   a) Reformgesetze 204
   b) Modernisierung und Periodisierung 206
   c) Integration der Vertriebenen 208
   d) Einzelprobleme 212

III. Quellen und Literatur 215

A. Quellen und Hilfsmittel 216
   1. Aktenpublikationen, Editionen, Dokumentationen 216
   2. Nachschlagewerke, Chroniken, Hilfsmittel 222
   3. Memoiren, Briefe, Reden, Interviews 223

B. Literatur 227
   1. Bibliographien 227
   2. Forschungs- und Literaturberichte, Periodisierungsfragen 227
   3. Gesamt- und Teildarstellungen 231
      a) 1945–1949/55 231
      b) 1945/49–1969 232
   4. Die Besatzungszeit 1945–1949 234
      a) Siegermächte, Potsdamer Konferenz, Deutsche Frage 234
      b) Länder und Zonen, überzonale Gremien, Berlin-
         Problematik 240
      c) (Um-)Erziehung, Entnazifizierung, Kulturpolitik,
         Massenmedien 243
      d) Kirchen, Hochschulen, Wissenschaft 246
      e) Währung, Wirtschaft, Sozialordnung, Gewerkschaften 247
      f) Justiz, Rechtsordnung, Verwaltung 252
      g) Verfassungspolitik, Länderverfassungen 253
      h) Parlamentarischer Rat, Konstituierung der beiden deutschen
         Staaten 254
   5. Die Ära Adenauer 1949–1963 256
      a) Deutschlandpolitik, Berlin-Problematik 256
      b) Auswärtige Beziehungen, Westintegration, Ostpolitik 259
      c) Sicherheit, Verteidigung 263
      d) Parlamentarismus, Regierungssystem, Wahlen 265
      e) Parteien 267
         e1) Allgemein 267
         e2) CDU und CSU 268
         e3) SPD 270
         e4) FDP 272
         e5) Extremistische Gruppierungen 274
         e6) Sonstige Parteien 275
      f) Währung, Wirtschaft, Landwirtschaft, Wohnungsbau 275
      g) Sozialordnung, Gewerkschaften, Verbände 278
      h) Rechtsordnung, Verfassung, Verwaltung, Wieder-
         gutmachung 280
      i) Bildung, Wissenschaft, Kirchen 282
      k) Massenmedien, Öffentliche Meinung, Vergangenheits-
         bewältigung 284
      l) Föderalismus, Länder 286
      m) Flüchtlinge, Heimatvertriebene, Gastarbeiter 287
      n) Gesellschaft, Kultur, Literatur 288
   6. Die Kanzlerschaften Erhards und Kiesingers 1963–1969 290
      a) Überblicksdarstellungen 290
      b) Auswärtige Beziehungen, Ostpolitik 290

       c) Regierungssystem, Wahlen, Protestbewegungen 291
       d) Finanzpolitik, Wirtschaft 292
   7. Biographien 293
       a) Sammelbände 293
       b) Einzelne Persönlichkeiten 294

  Überlegungen zur Forschung seit 2000 298

Anhang 299
  Zeittafel 299
  Karte: Deutschland 1945 310
  Abkürzungsverzeichnis 312
  Tabellen 314
  Personenregister 323
  Sachregister 334

VORWORT

Die Geschichte der ersten zwanzig Jahre der Bundesrepublik Deutschland und damit der unmittelbaren Vorgeschichte unserer Gegenwart darzustellen, ist Wagnis und Herausforderung zugleich, angefangen von der Einpassung dieses Bandes in Zielsetzung, Anlage und Umfang der Gesamtreihe. Deren Konzeption erfordert es, die Epoche der Besatzungsherrschaft 1945–1949 in die Darstellung einzubeziehen. Diese Übergangszeit, in der Deutschland ausschließlich Objekt der Politik der vier Hauptsiegermächte gewesen ist, kann innerhalb dieses „Grundrisses der Geschichte", der insgesamt einen Zeitraum von zweieinhalb Jahrtausenden und in einzelnen Bänden von mehreren Jahrhunderten umspannt, nicht in einem eigenen Band thematisiert werden. Dabei wird allerdings die Entwicklung in der sowjetisch besetzten Zone nur gestreift, da die Darstellung von Vorgeschichte und Geschichte der DDR einem eigenen Band des „Grundrisses" vorbehalten bleibt.

Innerhalb dieser Reihe hat Andreas Hillgruber 1979 mit seinem Werk „Europa in der Weltpolitik der Nachkriegszeit (1945–1963)", das 1987 in dritter, überarbeiteter Auflage vorliegt, nicht nur Maßstäbe gesetzt, sondern auch die Entwicklung der Deutschen Frage behandelt, die für sein Thema eine zeitweise zentrale Rolle spielte. In dieser Hinsicht werden sich einige Wiederholungen bzw. Überschneidungen nicht vermeiden lassen. Andrerseits braucht deswegen nicht näher auf Ursachen und Gründe jener Veränderungen der internationalen Konstellation eingegangen zu werden, deren Folgen beide deutsche Teilstaaten unmittelbar zu spüren bekamen.

Die fortdauernde Abhängigkeit der Bundesrepublik (wie der DDR) von den übergeordneten Interessen der Blockmächte und ihre Integration in Westeuropa sowie in das Atlantische Bündnis sind ein Grund dafür, daß im vorliegenden Band die Darstellung der *politischen* Geschichte im Vordergrund steht. Ein weiterer Grund liegt darin, daß die Erforschung anderer Politikbereiche für die Zeit bis zum „Machtwechsel" (Gustav Heinemann) im Herbst 1969 nicht annähernd vergleichbar vorangeschritten ist. Das gilt zumal für die sechziger Jahre.

Entsprechend schwierig ist das Unterfangen, den ungleichmäßigen und in vieler Hinsicht noch vorläufigen Forschungsstand sachgerecht zu gewichten. Zudem stellt die unentwegt steigende Flut einschlägiger Publikationen, darunter überproportional vieler Aufsätze und Detaildokumentationen, jede Zwischenbilanz nach kurzer Zeit wieder in Frage. Infolgedessen verbinden sich nicht nur mit der Auswahl wie Beschreibung von Schwerpunkten und Erträgen der Forschung im zweiten Hauptteil wertende Urteile, sondern schon mit der Aufnahme von Titeln in die Bibliographie.

Der Überblick über den Verlauf der Forschung zur Deutschlandpolitik der Hauptsiegermächte in der Zeit der Besatzungsherrschaft ist deswegen unerläßlich, weil die Vorentscheidungen und Ergebnisse dieser Politik die Teilung des Deutschen Reiches einleiteten und festigten. Das gleiche gilt für die bis zum Herbst

1949 parallel dazu von deutscher Seite erfolgten politischen und wirtschaftspolitischen Weichenstellungen, die unmittelbar in die Bundesrepublik hinüberleiteten und deren Entwicklung entscheidend beeinflußten.

Das Manuskript wurde im Frühsommer dieses Jahres abgeschlossen. 1986 erschienene Literatur konnte nur noch in einzelnen Fällen berücksichtigt werden.

Speyer, im August 1986   Rudolf Morsey

Vorwort zur 3., überarbeiteten und erweiterten Auflage

Als die zweite Auflage dieses Grundrisses im Herbst 1990 in unveränderter Fassung erschien, war es soeben gelungen, im Sinne der Präambel des Grundgesetzes von 1949 die Einheit und Freiheit Deutschlands in freier Selbstbestimmung zu vollenden, war die zweite deutsche Republik in eine dritte „übergeleitet" worden. Nach dem Ende des Ost-West-Konflikts und dem Scheitern des realen Sozialismus ist die DDR-Wirklichkeit nunmehr als abgeschlossene Epoche zu übersehen und, wie frühere Epochen, von der Kenntnis ihres Ausgangs her zu beschreiben. Die Veränderung des Geschichtsbildes hat aber gleichermaßen Konsequenzen für die weitere Erforschung der „alten" Bundesrepublik Deutschland.

Deren Geschichte ist seit Anfang der siebziger Jahre überwiegend – aus unterschiedlichen, aber jeweils begründeten Überlegungen – gesondert und weitgehend unabhängig von der des kleineren Teiles Deutschlands behandelt worden. Künftig wird auch die vierzigjährige Geschichte der Bundesrepublik Deutschland neu gedeutet werden, werden sich alte Streitfragen erledigen, dafür aber neue Fragehorizonte öffnen und neue Entwicklungslinien zu verfolgen sein. Die jüngste deutsche Geschichte ist inzwischen ein viel beackertes Forschungsfeld, das sich zudem ständig – mitbeeinflußt von der derzeit geführten Methoden- und Periodisierungsdiskussion – weiter auffächert (um einige bisher vernachlässigte Bereiche zu nennen: Kultur, Alltag, Wohnen, Bauen, Technik, Verkehr, Natur/Umwelt, Medizin, Kernenergie, Gastarbeiter). In den letzten Jahren sind eine Reihe zeitgeschichtlicher Institute neu errichtet bzw. ausgebaut worden.

Publikationen zur Geschichte der Bundesrepublik erscheinen in so großer Zahl und in so dichter Folge, daß ihre Auswertung und Einordnung in komprimierte Überblicksdarstellungen, die in der Regel nach politikgeschichtlich bestimmten Epochen gegliedert sind, zunehmend schwieriger wird. Entsprechende Zusammenfassungen bilden schon nach kurzer Zeit bereits wieder „Zwischenbilanzen".

So erschien es nicht mehr vertretbar, den 1987 veröffentlichten Grundriß über die Entstehung und Geschichte der Bundesrepublik Deutschland bis 1969 hin – aus dem inzwischen möglichen Rückblick: deren „erste Halbzeit" – in unveränderter Form nachzudrucken, nachdem die unveränderte zweite Auflage von 1990 im Sommer 1994 vergriffen war. Für eine vollständige Neubearbeitung erscheint der Zeitpunkt jedoch noch nicht gekommen. Die erwähnte Methodendiskussion ist in Fluß, eine Fülle der in den letzten Jahren publizierten Editionen zu einzelnen Themenbereichen noch nicht annähernd ausgewertet. Erst jüngst hat der Vergleich von Diktaturen im 20. Jahrhundert in großem Stil begonnen; Quellen aus SED-Provenienzen (im weitesten Sinne), aber auch aus russischen Archiven, sind erst punktuell erschlossen. Ergebnisse der expandierenden SBZ/DDR-Forschung zur Geschichte der Bundesrepublik Deutschland sind noch nicht verarbeitet; noch überwiegt die Schnellschuß-Publikation von isolierten Archivfunden und „Schlüsseldokumenten".

Die Möglichkeit, den drei Abschnitten des Bandes (I. Darstellung, II. Grundprobleme und Tendenzen der Forschung, III. Quellen- und Literaturverzeichnis) jeweils einen gesonderten „Nachtrag" anzufügen, hätte dem bisherigen Charakter der Reihe „Oldenbourgs Grundriß der Geschichte" nicht entsprochen. Infolgedessen wurden alle drei Teile, in unterschiedlichem Ausmaß, verändert bzw. ergänzt. Die Darstellung (I) ist nur punktuell erweitert, hingegen durchgehend redaktionell bzw. stilistisch überarbeitet worden. Dabei war es in keinem Fall erforderlich, frühere Aussagen und Wertungen, insbesondere über die Deutschlandpolitik der Bundesregierungen von 1949 bis 1969, zu korrigieren. Andere Formulierungen und Urteile des Verfassers, etwa über die „68er Revolution", werden weiterhin strittig bleiben.

Teil II ist in größerem Umfang umgestaltet und erweitert, teilweise auch neu untergliedert. In einigen Fällen ist der jüngste – noch kontroverse – Forschungsstand nicht so breit referiert, wie das in der Erstauflage geschehen ist. Dafür sind in größerem Umfang Fragestellungen und Ergebnisse insbesondere der sozialgeschichtlichen Forschung einbezogen. Sie lassen mannigfache Kontinuitätslinien über das Epochenjahr 1945 hinweg erkennen, verwischen allerdings bisweilen zu sehr diese säkulare Zäsur nicht nur in der Geschichte Deutschlands.

Das Quellen- und Literaturverzeichnis (III) ist um mehrere hundert Titel aktualisiert. Einige Abschnitte sind neu untergliedert worden. Aus Platzgründen mußten zahlreiche ältere Titel aus der Erstauflage gestrichen werden. Infolgedessen war eine neue Numerierung notwendig. Aus Sammelwerken sind, wie bisher, nur einzelne Beiträge jeweils auch als eigene Titel verzeichnet. Die Zeittafel im Anhang ist geringfügig ergänzt worden.

Konstruktive Hinweise von Rezensenten der Erstauflage habe ich dankbar aufgenommen, nicht allerdings ein Monitum von A. Schildt (1988) berücksichtigt; er vermißte Publikationen, die in einem – nach meiner Einschätzung – kommunistischen Verlag erschienen sind.

Für die Erstellung der Reinschrift des Manuskripts danke ich meiner Mitarbeiterin am Lehrstuhl für Neuere Geschichte der Hochschule für Verwaltungswissenschaften Speyer, Frau Margit Lindenschmitt, für Hilfe bei der Literaturbeschaffung den Mitarbeiterinnen und Mitarbeitern der Hochschulbibliothek.

Speyer, im Juli 1994   Rudolf Morsey

Vorwort zur 4., erneut überarbeiteten und erweiterten Auflage

Mit größer werdendem Abstand vom Übergang der zweiten in die dritte deutsche Republik ist die Nachkriegsgeschichte Deutschlands zunehmend deutlicher von der Kenntnis ihrer 1989/90 erreichten staatlichen Einigung her zu erkennen und zu bewerten. So sind inzwischen auch Überlegungen zur Neuinterpretation der Geschichte der ‚alten' Bundesrepublik Deutschland – im Sinne der im Vorwort zur 3. Auflage erwähnten Gesichtspunkte – fortgesetzt worden, begleitet von Methoden- und Periodisierungsdiskussionen. Gleichzeitig wurde und wird die Bundesrepublik-Forschung ununterbrochen gespeist, aber auch beschleunigt durch die zügig fortschreitende Erschließung von lange gesperrtem amtlichen Schriftgut, nicht zuletzt aus der früheren DDR, und das zügige Erscheinen größerer geschlossener Aktenbestände in gewichtigen Quelleneditionen. Insgesamt steigt die Flut von Publikationen zur jüngsten deutschen Geschichte mit beängstigender Geschwindigkeit. Das gilt inzwischen für nahezu alle Politikbereiche der hier behandelten Epoche bis 1969. Dabei macht in vielen Monographien der Umfang des jeweiligen Literaturverzeichnisses einen (zu) hohen Bruchteil des Gesamtumfangs aus.

Gleichzeitig verkürzt die beschleunigte „Umlaufgeschwindigkeit" zeitgeschichtlicher Forschung deren „Haltbarkeit" und erschwert eine Gesamtwürdigung. Letztere wird im übrigen dadurch nicht erleichtert, daß zunehmend häufiger Bücher wie Aufsätze mehr oder weniger nichtssagende Überschriften tragen und erst durch – oft langatmige – Untertitel verständlich gemacht werden müssen. Dieses Vorgehen erschwert die Zitation solcher Titel, die sich zudem nur schwer einprägen. Schließlich wächst die Zahl voluminöser Tagungsbände und Sammelwerke, in denen in Einzelfällen mehr als 50 Beiträge kompostiert sind. So ist in der Tat die „Gefahr eines rückläufigen Grenznutzens der Forschung" [V. Hentschel, in: VSWG 78 (1991), 586] nicht von der Hand zu weisen.

Die noch 1992 von A.S. Milward konstatierte „fast obsessive Fixierung auf die Besatzungszeit" [Literatur, in: VfZ 40, 456] besteht inzwischen nicht mehr. Statt dessen expandiert derzeit am stärksten die DDR-Forschung. Bereits 1997 hielt C. Klessmann deren „neueste Ergebnisse und laufende Bemühungen" für kaum noch überschaubar [283: Zwei Staaten, 15]. Ein Jahr später registrierte N. Frei, „daß der anhaltende Boom der historischen DDR-Forschung inzwischen eindeutig auf Kosten der Beschäftigung mit der ‚alten' Bundesrepublik" gehe [Neue Literatur zur „Adenauer-Zeit", in: NPL 43 (1998), 278–289, hier 278].

Bei der erforderlichen Neubewertung der deutschen Nachkriegsgeschichte in ihrem epochalen Zusammenhang gilt es, die „drei Zeitgeschichten des vereinigten Deutschland in ein Relationsgefüge zu bringen" [205: H.G. Hockerts, Zeitgeschichte (1993), 127]. Eine derartige konzeptionelle Um- und Neuarbeitung war in der Neuauflage dieses Buches nicht möglich. Nach der bisherigen Anlage der Reihe „Oldenbourg Grundriß der Geschichte" bleibt vorerst auch noch die Geschichte der SBZ/DDR einem eigenen Band vorbehalten.

So ist die vorliegende Darstellung (Teil I) im Vergleich zur 3. Auflage wiederum nur punktuell erweitert und überarbeitet worden, der Überblick über die Forschung (Teil II) hingegen in erheblich größerem Umfang, allerdings nicht in seiner Grundanlage. Dadurch erklären sich Ungleichmäßigkeiten in der Aufnahme und Neubearbeitung einzelner Abschnitte wie in der Gewichtung bzw. Verlagerung einzelner Schwerpunkte. Dieser Teil enthält wiederum zahlreiche, insbesondere jüngste Titel, die im Literaturverzeichnis nicht aufgeführt sind.

Erneut, wie bereits in der 3. Auflage, ist das Quellen- und Literaturverzeichnis (Teil III) um mehrere hundert Titel aktualisiert und neu numeriert worden. Dafür mußten, wie ebenfalls schon in der Vorauflage, aus Platzgründen wiederum zahlreiche ältere Titel entfallen. Aus Sammelwerken sind, wie bisher, jeweils nur einzelne Beiträge eigens aufgenommen. Die Zeittafel im Anhang ist geringfügig ergänzt worden.

Für die Erstellung der Reinschrift des Manuskripts danke ich Frau Ursula Jungkind, für Hilfe bei der Literaturbeschaffung den Mitarbeiterinnen und Mitarbeitern der Bibliothek der Deutschen Hochschule für Verwaltungswissenschaften Speyer.

Speyer, im Juni 1999   Rudolf Morsey

Vorwort zur 5., durchgesehenen Auflage

Nichts rückt so schnell in die Vergangenheit wie die unmittelbare Vorgeschichte unserer Gegenwart, und mit ihr jeweilige „Zwischenbilanzen" von Forschungsergebnissen. Die 1. Auflage dieses Bandes erschien 1987, als eine Darstellung der Gründungs- und Frühgeschichte der Bundesrepublik Deutschland noch Wagnis und Herausforderung war, schon wegen des geringen Zeitabstands und des begrenzten Zugangs zu Primärquellen. Meine Interpretation der Deutschen Frage („Offenhalten", Bundesrepublik als deutscher „Kernstaat") blieb auch nach 1990 gültig, nachdem sich durch die Einigung Deutschlands nicht nur die Forschungsperspektive verändert hatte. Erheblich überarbeitet, ergänzt und aktualisiert wurde die 3. Auflage (1995), die 4. (2000) noch in geringem Ausmaß. Sie bildet die Grundlage dieser Neuauflage, die am Schluss „Überlegungen zur Forschung seit 2000" enthält, ansonsten nur punktuell korrigiert worden ist. 2004 erschien in dieser Reihe Andreas RÖDDER, „Die Bundesrepublik Deutschland 1969–1990", 2006, in 4. Auflage, Hermann WEBER, „Die DDR 1945–1990" und 2007 in der Reihe „Enzyklopädie deutscher Geschichte" Axel SCHILDT, „Die Sozialgeschichte der Bundesrepublik Deutschland bis 1989/90".

Speyer, im März 2007   Rudolf Morsey

I. Darstellung

A. UNTER BESATZUNGSHERRSCHAFT 1945–1949

1. Das Vierzonen-Deutschland der Siegermächte

a) Vorentscheidungen während der Kriegszeit

Schon bald nach Kriegsende traten in der Anti-Hitler-Koalition Differenzen offen zutage, die das labile Zweckbündnis der USA, Großbritanniens, Frankreichs und der Sowjetunion von Anfang an begleitet hatten. Die neuerliche Entfremdung war „ebenso Rückfall in die Vorkriegslage wie Neubeginn eines Kalten Krieges" [265: K.D. BRACHER, Europa, 282). Rasch wurde deutlich, daß die „Großen Drei" (Roosevelt, Churchill, Stalin) auf ihren Kriegskonferenzen in Teheran (28. November bis 1. Dezember 1943) und Jalta (4. bis 11. Februar 1945) nur begrenztes Einvernehmen über die „Behandlung" Deutschlands nach der von ihnen geforderten bedingungslosen Kapitulation erzielt hatten.

<small>Kriegsziele der „Großen Drei"</small>

Einigkeit bestand darüber, das besiegte und in Besatzungszonen eingeteilte Reich zu besetzen und vollständig zu entwaffnen, „Kriegsverbrecher" zu bestrafen sowie den Nationalsozialismus auszurotten. Die Deutschen sollten zur Demokratie erzogen bzw. „umerzogen" und für alle Zeiten außerstand gesetzt werden, den „Weltfrieden zu stören", ferner Reparationen zahlen. Über deren Höhe (Stalin erwartete 20 Mrd. Dollar) konnte allerdings ebensowenig Einigkeit erzielt werden wie über eine zunächst vorgesehene Aufteilung („Zerstückelung") des Reiches.

Einvernehmen bestand schließlich über Umfang und Grenzen der Besatzungszonen, nachdem Stalin in Jalta auch Frankreich eine eigene Zone zugestanden hatte, allerdings ausschließlich auf Kosten derjenigen Gebiete, die zunächst (Londoner Abkommen vom 12. September 1944) den beiden angelsächsischen Mächten vorbehalten geblieben waren. Groß-Berlin sollte von den Siegermächten gemeinsam verwaltet werden und die zentrale Gewalt für die „Deutschland als Ganzes betreffenden Fragen" ein Alliierter Kontrollrat in Berlin ausüben, der aus den Oberbefehlshabern der Besatzungsmächte bestand

<small>Besatzungszonen</small>

Bereits in Teheran hatten sich die Regierungen der USA und Großbritanniens mit einer Westverschiebung Polens auf Kosten deutscher Gebiete – als Kompensation für die 1939 mit Hilfe Hitlers erfolgte Annexion Ostpolens durch die

<small>Westverschiebung Polens</small>

Sowjetunion – einverstanden erklärt. Infolgedessen waren ihnen die Hände gebunden, als die Sowjetunion noch vor der Kapitulation der Wehrmacht (7./ 8. Mai 1945) formal nur die Verwaltung, de facto jedoch die Gebietshoheit über große Teile der von der Roten Armee besetzten deutschen Ostgebiete ostwärts von Oder und westlicher (Lausitzer) Neiße der kommunistisch geführten provisorischen polnischen Regierung übertrug. Das nördliche Ostpreußen mit Königsberg und das Memelland wurden von der Sowjetunion, die dieses Gebiet aus ihrer Besatzungszone ausgegliedert hatte, besetzt und später annektiert. Damit war „die erste Teilung Deutschlands" vollzogen [379: B. MEISSNER, Die sowjetische Deutschlandpolitik, 449].

Gleichwohl distanzierte sich Stalin am 9. Mai 1945 offen von früheren Teilungsplänen der Kriegskoalition: Die Sowjetunion beabsichtige nicht, „Deutschland zu zerstückeln oder zu vernichten". Zu diesem Zeitpunkt befand sich bereits seit zehn Tagen eine aus Moskau eingeflogene Gruppe emigrierter deutscher Altkommunisten in der Trümmerwüste der Reichshauptstadt. Von dort aus sollte sie, geführt von Walter Ulbricht, den Wiederaufbau unter kommunistischen Vorzeichen beginnen.

b) Die Potsdamer Konferenz (17. Juli bis 2. August 1945)

Besetzung des Reichsgebiets
Nach der Kapitulation der Wehrmacht besetzten Truppen der Siegermächte auch die letzten Teile des Reichsgebiets. Am 23. Mai verhafteten britische Truppen die Regierung Dönitz in Flensburg. Am 5. Juni übernahmen Frankreich, Großbritannien, die Sowjetunion und die Vereinigten Staaten von Amerika durch einseitige Willenserklärung „in Anbetracht der Niederlage Deutschlands" dessen oberste Regierungsgewalt („Berliner Deklaration"). Sie vereinbarten, daß diese Gewalt von den vier Zonenbefehlshabern gemeinsam in den „Deutschland als Ganzes betreffenden Angelegenheiten" durch einen Kontrollrat – in Berlin durch eine Alliierte Kommandantur – ausgeübt werden sollte, je einzeln jedoch in den entsprechenden – nunmehr vier – Zonen. Dieses Grundgesetz der Besatzungsära, das keine Teilungs- und Annexionsabsicht enthielt, blieb bis zum Herbst 1949 in Kraft.

Diejenigen amerikanischen und britischen Kampfverbände, die weit bis zur Linie Wismar – Elbe – Mulde vorgestoßen waren, zogen sich Anfang Juli hinter die vereinbarte Zonengrenze (Lübeck – Helmstedt – Eisenach – Hof) zurück. Streitkräfte der drei Westmächte rückten in „ihre" Sektoren in Berlin ein, in denen die Rote Armee inzwischen systematisch Industrieausrüstungen demontiert hatte.

Potsdamer Formelkompromisse
Auf der Potsdamer Dreimächte-Gipfelkonferenz vom 17. Juli bis 2. August 1945 gingen Truman, Churchill bzw. (ab 28. Juli) Attlee und Stalin vom Fortbestand des Deutschen Reiches aus. Sie einigten sich darauf, Deutschland während der zeitlich nicht begrenzten Dauer der Besatzung als „wirtschaftliche Einheit" zu behandeln und „bis auf weiteres" keine zentrale deutsche Regierung zu errichten,

wohl aber unter Aufsicht des Kontrollrats „wichtige zentrale deutsche Verwaltungsabteilungen" unter Leitung von Staatssekretären. Dem „deutschen Volk" wurde der Wiederaufbau seines Lebens „auf einer demokratischen und friedlichen Grundlage" in Aussicht gestellt.

Die in Potsdam weiter erzielte Einigung über Demilitarisierung, Demontage, Dezentralisierung (des Wirtschaftslebens) und Demokratisierung (einschließlich Denazifizierung) in Deutschland (die „vier D") erwies sich als reiner Formelkompromiß [„deprimierende Ergebnisse": G.F. KENNAN, Memoiren eines Diplomaten, Stuttgart 2. Aufl. 1968, 267]. Die Sowjetunion verband mit jedem dieser Begriffe andere Prämissen und Inhalte als die Westmächte. Auch war offen geblieben, auf welche Weise und in welchen Schritten die vereinbarten Ziele erreicht werden sollten.

Vor allem aber konnten sich die „Großen Drei" nicht über die von Stalin geforderte Gesamthöhe der Reparationen und deren Aufbringung einigen. Infolgedessen wurde der Sowjetunion zugestanden, ihre Ansprüche zunächst aus der eigenen Zone zu befriedigen. Weitere Reparationen sollte sie aus den Westzonen erhalten, teilweise im Austausch gegen Nahrungsmittel und Rohstoffe aus der Sowjetischen Besatzungszone.

Die Westmächte lehnten Stalins Forderung nach einer Mitkontrolle des Ruhrgebiets ab. Hingegen wollten sie bei der „bevorstehenden Friedensregelung" die Forderung Moskaus auf Annexion des nördlichen Ostpreußen mit Königsberg ebenso unterstützen wie diejenige der übrigen „ehemaligen" deutschen Gebiete östlich der Oder und Lausitzer Neiße. Sie sollten bis zur „endgültigen Festlegung der Westgrenze Polens" der Verwaltung der neuen polnischen Regierung „unterstellt werden". Die amerikanische und britische Regierung stimmten der „Überführung" derjenigen Deutschen „in ordnungsgemäßer und humaner Weise" zu, die nach der Massenflucht seit Anfang 1945 in Polen, der Tschechoslowakei und Ungarn „zurückgeblieben" waren. Mit ihrer Zustimmung zu der (längst begonnenen) Zwangsvertreibung von Millionen Deutschen sanktionierten die Westmächte die Abtrennung Ostdeutschlands. Deutsche Ostgrenze

Dem Ergebnis der Potsdamer Gipfelkonferenz – bei der als vierte Macht das „wechselseitige Mißtrauen" am Konferenztisch gesessen hat [189: E. DEUERLEIN, Forschungsgrundlage, 59] – stimmte die französische Regierung am 7. August nur unter Vorbehalten zu. Sie bezogen sich auf die Errichtung zentraler deutscher Verwaltungsstellen, Zulassung von Parteien, Regelung der Reparations- und Grenzfrage sowie Ausweisung der Deutschen aus den ostmitteleuropäischen Staaten. Die Potsdamer Beschlüsse bildeten die letzte grundlegende Vereinbarung der vier Siegermächte über Deutschland als Ganzes; denn der vorgesehene Friedensvertrag kam nicht zustande. Sie enthielten den bis 1989 gültigen „Minimalkonsens" zwischen den Hauptsiegermächten über Deutschlands Stellung im Nachkriegseuropa. „Potsdam-Deutschland"

Für die Sowjetunion bedeutete das Konferenzergebnis einen „diplomatischen Sieg" (so Marschall Shukow) [S. TJULPANOW, in: S. DOERNBERG (Hrsg.), Deutschland nach dem Kriege (1945-1949), Berlin (Ost) 1987, 19]. Sie konnte ihren Herrschaftsanspruch über Ostmitteleuropa ungeschmälert durchsetzen und besaß günstige Ausgangsbedingungen, um in die Westzonen hineinwirken zu können. Andererseits ließ sich ihre zentrale Forderung nach Reparationen nur dann realisieren, wenn es gelang, „Potsdam-Deutschland" – das war das in vier Zonen und Berlin geteilte Reich in den Grenzen von 1937, verkleinert um seine Ostgebiete und, wenig später, um das von Frankreich aus seiner Besatzungszone ausgegliederte Saargebiet – als „wirtschaftliche Einheit" zu behandeln. Dieser Absicht widersprach jedoch diametral die von den Siegermächten vorgenommene Einteilung des besetzten Reiches in unterschiedliche Reparationszonen. Erst sie ermöglichte und beschleunigte die Teilung Deutschlands.

c) Auseinanderentwicklung der Besatzungszonen

Deutschlandpolitik der USA

Die Regierung der USA schwankte zwischen dem im Herbst 1944 vorübergehend von Roosevelt akzeptierten „Morgenthau-Plan" – wonach das erheblich verkleinerte Deutsche Reich geteilt und einschließlich des internationalisierten Ruhrgebiets in Agrarland umgewandelt werden sollte – und Vorschlägen, die darauf abzielten, ein nicht geteiltes und nicht ausgeplündertes Deutschland möglichst rasch wirtschaftlich wiederaufzubauen. Nur so konnte es seine lebensnotwendigen Importe selbst bezahlen und Reparationen aufbringen, die nach dem Ersten Weltkrieg von den USA finanziert worden waren. Die erste Besatzungsdirektive der amerikanischen Stabschefs (JCS 1067 vom 26. April 1945) an den Oberbefehlshaber ihrer Besatzungstruppen war noch an Strafbestimmungen (Deutschland als „besiegter Feindstaat") orientiert.

Großbritannien

Die seit Ende Juli 1945 amtierende Labour-Regierung in Großbritannien entwickelte zunächst keine eigenständige deutschlandpolitische Zielsetzung. Oberstes Ziel blieb Sicherheit vor Deutschland, bald ergänzt durch das Streben nach Sicherheit vor der Roten Armee. Unter dieser Prämisse wehrte die Regierung in London alle sowjetischen und französischen Forderungen ab, das Ruhrgebiet – dem für den Wiederaufbau Deutschlands und Westeuropas eine Schlüsselrolle zukommen mußte – einer Viermächte-Kontrolle zu unterstellen. In ihrer am dichtesten bevölkerten, am stärksten industrialisierten und zerstörten Zone praktizierte die Besatzungsmacht eine indirekte (Kolonial-)Herrschaft. Dabei blieb sie bestrebt, künftige Wirtschaftskonkurrenz auszuschalten. Die intendierte „Reeducation" sollte im Sinne des Modells britischer Demokratie, Verwaltungstradition und Lebensformen erfolgen.

Frankreich

Das deutschlandpolitische Konzept der französischen Regierung war von einem extremen Sicherheitsbedürfnis bestimmt. Es zielte auf Zerschlagung Preußens und dauernde Einflußmöglichkeit auf ein föderalisiertes Westdeutschland, bei Assimilation des Saargebiets und Mitbeteiligung an der Kontrolle eines verselbständigten Rhein- und Ruhrgebiets. Das französische Veto im Kontrollrat verhinderte seit dem Herbst 1945, daß die von den Sowjets bereits in Ost-Berlin errichteten deutschen Zentralverwaltungen ihre Kompetenzen auch auf die Westzonen erstrecken oder andere überzonale institutionelle Verklammerungen unter deutscher Verantwortung erfolgen konnten. Das französische Besatzungsgebiet wurde von den benachbarten Zonen abgeschnürt („Seidener Vorhang") und seine wirtschaftliche Produktion auf die Erfordernisse des Wiederaufbaus der Siegermacht ausgerichtet.

Die sowjetische Deutschlandpolitik blieb vom Primat der Sicherung der erreichten Machtpositionen bestimmt. Diese Politik war zunächst darauf gerichtet, an der gemeinsamen Verwaltung des Vierzonen-Deutschlands als Wirtschaftseinheit beteiligt zu werden und damit vor allem an den wirtschaftlichen Erträgen und der Kontrolle des Ruhrgebiets. Die alleinige Beherrschung der besiegten Deutschen blieb ein Fernziel, das jedoch erreichbar erschien; denn Roosevelt hatte in Jalta angedeutet, daß die USA nach Kriegsende in naher Zukunft Europa verlassen würden.

Sowjetunion

Zunächst jedenfalls bildete die SBZ einen Brückenkopf in Mitteleuropa, ermöglichte eine Kontrolle Polens und diente als Faustpfand wie Arsenal für massierte Entnahmen von Reparationen, bis 1953 ca. 16,5 Mrd. Dollar (zu Vorkriegspreisen, ca. 55 Mrd. Dollar), zu denen weitere Milliarden Dollar an Besatzungskosten hinzukamen [585: J. FISCH, Reparationen]. Die von der Potsdamer Konferenz vorgesehene „Demokratisierung" Deutschlands beließ der Kreml-Führung, entsprechend ihrem Vorgehen in anderen ost- und ostmitteleuropäischen Satellitenstaaten, die Möglichkeit einer revolutionären Umgestaltung mit Hilfe deutscher Kommunisten.

Die vier Militärgouverneure leisteten im Alliierten Kontrollrat in Berlin eine umfangreiche Gesetzgebungsarbeit, konnten sich aber nur selten auf gemeinsame Beschlüsse von grundlegender Bedeutung einigen. Umso mehr nutzten sie die ihnen innerhalb ihrer Zonen zustehende Handlungsfreiheit. Dadurch verstärkten sich zentrifugale Kräfte, entstanden in raschem Tempo voneinander abgegrenzte Verwaltungs- und Wirtschaftsräume. Deren Sonderentwicklung („Zonenpatriotismus") wurde durch unterschiedliche Reparationsentnahme und Demontagepraxis ebenso gefördert wie durch ein nicht abgestimmtes Vorgehen bei der Entnazifizierung, beim Wiederaufbau des öffentlichen Lebens und der Wirtschaft, bei der Zuteilung von Nahrungsmitteln, Wohnraum und Rohstoffen. Der vom Kontrollrat am 1. März 1946 veröffentlichte erste Industrieplan für das Vierzonen-Deutschland, der bei beschränkter Kapazität die Produktion zahlreicher Industrieerzeugnisse verbot, wurde praktisch nicht wirksam. Die auf der Grundlage des Pariser Reparationsabkommens vom 24. Januar 1946 errichtete Interalliierte Reparationsagentur (IARA) mit Sitz in Brüssel verteilte bis 1949 Werte in Höhe von 500 Mill. US-Dollar an die Signatarmächte.

Auseinanderentwicklung der Zonen

Zu den wenigen gemeinsamen Unternehmungen der vier Siegermächte über die Schnittlinie des „Eisernen Vorhangs" zwischen Ost und West hinweg gehörte die Abwicklung des Prozesses gegen die „Hauptkriegsverbrecher" in Nürnberg (18. Oktober 1945 bis 1. Oktober 1946). Er fand jedoch weder in Deutschland

("Siegerjustiz") noch im Ausland die erwartete Resonanz (nicht einmal in der Verurteilung des Angriffskriegs als Verbrechen). Auch verleitete er dazu, durch Personalisierung der „Hauptverantwortung" zu viele Mittäter und Mitläufer der verbrecherischen Herrschaft zu entlasten.

Umerziehung Die von den Alliierten praktizierte Entnazifizierung war Ausfluß der von ihnen akzeptierten Kollektivschuldthese und Bestandteil einer umfassend angelegten „Umerziehung" der Deutschen zu „wirklicher Demokratie". Die politischen Straf- und Säuberungsaktionen erreichten jedoch nicht die angestrebten Ziele. In den Westzonen wurde die millionenfache Entnazifizierung entweder kriminalisiert („Rachefeldzug") oder aber zu ungleichmäßig und justizförmig-schematisiert praktiziert, als daß sie der Wirklichkeit des Lebens und Überlebens im totalitären Hitler-Regime hätte gerecht werden und von daher individuelle Schuldzuweisungen hätte ermöglichen können.

Politische „Säuberungen" erfolgten am rigorosesten in der amerikanischen Zone („automatischer Arrest") und lähmten dort infolge ihres „doktrinären Mechanismus" [THEODOR HEUSS am 23. April 1961; 138: Reden, 527] zunächst jeglichen Wiederaufbau. Zudem förderten sie die Neigung, sich selbst zu rechtfertigen („Persilscheine"), anstatt das Bewußtsein für Mitverschulden zu schärfen. Schließlich entstand angesichts von mehr als 90 Prozent formal „Entlasteter" und „Nichtbetroffener" der – durchaus falsche – Eindruck, mit diesem „Ergebnis" bereits die jüngste Vergangenheit „bewältigt" zu haben.

In der Folge profitierten gerade politisch Belastete davon, daß die harten Strafbestimmungen im Zuge der veränderten internationalen Rahmenbedingungen nach Ausbruch des Kalten Krieges durch Zeitablauf und gestufte Amnestien gemildert wurden. Gleichzeitig wuchs der Überdruß an der Praxis der „Spruchkammern" („Mitläuferfabriken"), zumal viele der früheren NSDAP-Mitglieder das „Recht auf den politischen Irrtum" [E. KOGON, in: Frankfurter Hefte 2 (1947), 641] in Anspruch nahmen.

Entnazifizierung in der SBZ In der SBZ hingegen diente die Entnazifizierung vor allem dazu, die soziale Basis des mit dem „Kapitalismus" gleichgesetzten „Faschismus" zu zerstören und den für einen kommunistischen Umbau von Wirtschaft, Gesellschaft und Verwaltung erforderlichen radikalen Austausch der Führungseliten zu erleichtern. Die freigewordenen Positionen erhielten Gefolgsleute der KPD bzw. SED. Häufig bot schon der Übertritt von ehemaligen Mitgliedern der Nationalsozialistischen Deutschen Arbeiterpartei zu diesen Parteien Gewähr für jenen „antifaschistisch-demokratischen" Neuanfang, in dessen Konsequenz die Geschichte des Hitler-Regimes „kaum mehr als ein Problem der lebenden Generation begriffen wurde" [1259: P. STEINBACH, Gewaltverbrechen, 37].

Inadäquate moralische „Aufrechnung" Die Mehrzahl der Besiegten bekundete nicht den von den Alliierten erwarteten Grad von Betroffenheit und Abscheu über die von Deutschen verübten Massengreuel, der das Verständnis für manche als „Racheakt" eingestufte Aktionen der Besatzungsmächte erleichtert hätte. Das war nicht nur die Folge individueller Schuldlosigkeit und/oder eigener Leiden sowie von Fehlern und Härten im Zuge der zunächst „rein destruktiven" Besatzungspolitik [279: A. HILLGRUBER, Geschichte, 24], sondern auch der Verbrechen, die in Deutschland befreite ausländische Kriegsgefangene und Zwangsarbeiter (Displaced Persons) verübten. Lange wirkte das Entsetzen über Grausamkeiten nach, die vor allem die Rote Armee bei und nach ihrem Einmarsch begangen hatte. Schließlich trugen die Greuel, die an Deutschen mit und bei der Zwangsvertreibung aus ihrer Heimat in Ostdeutschland und Ostmitteleuropa verübt worden waren und jahrelang weiter verübt wurden, dazu bei, Schuld gegen Schuld „aufzurechnen" und die moralische Grundlage der Vergeltungspraxis in Frage zu stellen.

d) Im Schatten des Ost-West-Konflikts

Ebensowenig wie die „Großen Drei" im Sommer 1945 konnte sich der Rat der Außenminister der vier Siegermächte auf mehreren Konferenzen seit dem September 1945 über ein gemeinsames Vorgehen in Deutschland verständigen. Die französische Regierung blockierte das Zustandekommen gesamtdeutscher Verwaltungszentralen als Voraussetzung für eine einheitliche Wirtschaftspolitik. Die Sowjetunion beharrte auf Reparationen aus den Westzonen, unabhängig von den rigorosen Entnahmen aus der eigenen Zone, sowie auf Mitwirkung bei der Kontrolle des Ruhrgebiets, die auch Frankreich anstrebte.

Seit der Pariser Außenminister-Konferenz im Mai 1946 wurde die Deutschlandpolitik der Alliierten von wechselseitigem Mißtrauen und wachsenden Spannungen zwischen den Blockmächten bestimmt. Mit der im April erfolgten Gründung der SED hatte die Sowjetunion das in allen Zonen eingeführte Vierparteien-Schema durchbrochen und die Voraussetzungen für eine gesellschaftliche Umwälzung geschaffen. Die Westmächte befürchteten, daß eine starke kommunistische Partei die innerdeutsche Speerspitze sowjetischen Ausgreifens über die Elbe bilden sollte, um gesamtdeutsche Zentralverwaltungen beherrschen zu können. Ende Mai 1946 stellte die amerikanische Militärregierung die Reparationslieferungen aus ihrer Zone an die Sowjetunion ein – nachdem die vereinbarten Gegenlieferungen von Rohstoffen und Lebensmitteln aus der SBZ ausgeblieben waren –, ohne die damit erstrebte Wirtschaftseinheit erzwingen zu können. Kurz darauf setzte sie sich auch für ihre Zone über die vom Kontrollrat beschlossene Beschränkung der Industriekapazität hinweg.

Umorientierung in USA und Großbritannien

Der ergebnislose Ausgang der dritten Außenminister-Konferenz diente den beiden angelsächsischen Mächten zum Anlaß, ihre Deutschlandpolitik neu zu orientieren. Angesichts der inzwischen „luftdicht" voneinander abgeschlossenen Zonen – so der amerikanische Außenminister Byrnes in Paris – ging sein britischer Kollege Bevin sofort auf dessen Angebot ein, anstelle der nicht erreichbaren gemeinsamen Wirtschaftsverwaltung Deutschlands wenigstens ihre beiden Besatzungsgebiete gemeinsam zu verwalten. Den Regierungen in Paris und Moskau wurde der Anschluß ihrer Zonen freigestellt. Da sie, wie erwartet, dieses Angebot ablehnten, erhielten sie die Verantwortung für den Fortbestand des Status quo

Gründung der Bizone

zugeschoben. In London dachte man früher als in Washington daran, die neue, föderalistisch gegliederte und wirtschaftlich sanierte Bizone auch politisch zu stabilisieren, selbst wenn damit die Teilung Deutschlands präjudiziert werden sollte.

Errichtung neuer Länder

Im Gefolge dieses Kurswechsels wurde die britische Zone (August 1946) neu gegliedert: durch Gründung der Länder Nordrhein-Westfalen, Schleswig-Holstein und Niedersachsen (Hamburg blieb selbständig). Auf diese Weise wurden französische und sowjetische Ansprüche auf Mitverwaltung bzw. Verselbständigung des Ruhrgebiets abgeblockt. Die Bildung größerer Einheiten konnte gleichzeitig dazu dienen, den Einfluß einer „zukünftigen, kommunistisch beherrschten Zentralregierung" in Berlin [293: R. STEININGER, Deutsche Geschichte, 174] zu schwächen.

Die französische Regierung errichtete Ende August 1946 in ihrer Zone neben den schon bestehenden Ländern Baden und Württemberg-Hohenzollern das Land Rheinland-Pfalz (aus den bis dahin bestehenden, voneinander getrennten Verwaltungsgebieten Hessen-Pfalz und Rheinland-Hessen-Nassau). Das Saargebiet mit 1 Million Einwohnern (1949) behielt seinen bereits seit Juli 1945 bestehenden Sonderstatus als eigene Verwaltungseinheit, den die angelsächsischen Mächte akzeptierten. Es wurde im Dezember 1946 als eine Art Protektorat (ab 1947 „Saarland") in das Wirtschaftsgebiet Frankreichs einbezogen.

Die Byrnes-Rede in Stuttgart

Den Kurswechsel der amerikanischen Außenpolitik zugunsten eines Engagements in Europa erläuterte Außenminister Byrnes am 6. September 1946 in Stuttgart. Dabei verband er seine Kritik an der immer noch nicht erreichten Wirtschaftseinheit in Deutschland mit dem Vorschlag, zu deren Realisierung zentrale Verwaltungsstellen zu schaffen und die politische Neugestaltung eines föderalistisch organisierten Deutschlands durch einen Nationalrat vorbereiten zu lassen. Byrnes unterstrich den provisorischen Charakter der Oder-Neiße-Linie – wohl als Argument für die Gewinnung von Millionen Heimatvertriebener für den Westen (oder deren Beruhigung) – und lehnte eine Abtrennung des Rheinlands und des Ruhrgebiets ab. Er zeigte jedoch Verständnis für Frankreichs Drängen nach Angliederung des Saargebiets.

Nach dem Übergang des Ost-West-Konflikts in den Kalten Krieg (1947) traten die bisher noch teilweise verdeckten und gegenüber den Besiegten möglichst verschleierten Gegensätze der Besatzungsmächte offen zutage (Rede Stalins vom 9. Februar in Moskau; Churchill am 5. März in Fulton, USA: „Eiserner Vorhang"). Mit der europäischen Nachkriegsordnung festigte sich die Teilung Deutschlands. Auch die fünfte Außenminister-Konferenz vom März/April 1947 in Moskau scheiterte – wie die vorausgegangene vierte im Dezember 1946 in New York – an gegensätzlichen Ansichten (Reparationen, Ruhrfrage).

Truman-Doktrin und Marshall-Plan

Daraufhin erhielt die neue amerikanische „Eindämmungspolitik" gegenüber dem weltweiten sowjetischen Expansionismus (Truman-Doktrin vom 12. März 1947) ihre ökonomische Ausprägung im European Recovery Program (ERP; Rede von Außenminister George C. Marshall am 5. Juni 1947). Nahezu gleichzeitig wurden eine neue, nunmehr konstruktive US-Besatzungsdirektive (JCS 1779 vom 15. Juli) erlassen und aufgrund einer Drei-Mächte-Konferenz die Industriekapazität in den Westzonen erhöht (29. August).

Die mit dem Marshall-Plan angestrebte Weltwirtschaftsordnung war dem Freihandel verpflichtet. Sie enthielt ein gigantisches Wiederaufbau-, Investitions- und Stabilisierungsprogramm. Dessen Gelingen setzte die Einbeziehung Westdeutschlands voraus, das ökononomisch wiederbelebt und auch dadurch gegen den Kommunismus immunisiert werden sollte. (Im Winter 1946/47 hatte die Bizone eine wirtschaftliche Lähmungskrise und anschließend eine Hungerkrise erlebt; sie blieb auf Lebensmittel- und Rohstoffimporte, von den USA finanziert, angewiesen.) Die Einbeziehung der Westzonen in das ERP erforderte aber nicht nur das Einverständnis der französischen Regierung, sondern bedeutete auch eine Vorentscheidung für die politische Stabilisierung eines „Weststaats" im Rahmen des Westblocks; denn die Sowjetunion – und unter deren Druck auch ihre Satelliten – lehnten es ab, Marshall-Plan-Hilfe in Anspruch zu nehmen.

Angesichts des Ausmaßes der globalen Konfrontation waren die Westmächte seit Mitte 1947 nicht mehr an einer Lösung des Deutschlandproblems interessiert, die von der Sowjetunion mitbestimmt worden wäre. Eine solche Lösung hätte zudem massive, de facto von den USA aufzubringende Reparationsleistungen aus den Westzonen zugunsten der UdSSR zur Folge gehabt. Eine gescheiterte Ministerpräsidentenkonferenz

Gleichermaßen unwillkommen in Washington, London und Paris waren aber auch gesamtstaatliche Initiativen von deutscher Seite. Das galt bereits für das erste Treffen aller Ministerpräsidenten der vier Zonen in München (5.-7. Juni 1947) auf Einladung des bayerischen Ministerpräsidenten Ehard (CSU). Den Länderchefs der Westzonen war von den jeweiligen Militärgouverneuren untersagt worden, die Frage der deutschen Einheit zu behandeln; die der SPD angehörenden Ministerpräsidenten fanden sich nur unter Vorbehalt bereit, überhaupt mit Repräsentanten der SED („Handlanger Moskaus") zusammenzutreffen.

Die Konferenz scheiterte daran, daß die fünf Vertreter der SBZ noch vor deren Beginn abreisten, nachdem sie weisungsgemäß, aber vergeblich, darauf bestanden hatten, als ersten Punkt die Bildung einer deutschen Zentralregierung vorzusehen. Die anschließend von den elf Regierungschefs der Westzonen beratenen Vorschläge zur „Steuerung der unmittelbaren Not des deutschen Volkes" und zum „Neuaufbau unseres staatlichen Lebens" wurden dem Alliierten Kontrollrat übermittelt. Sie blieben ohne Antwort.

In der neu geschaffenen Bizone – die zunächst nahezu 60 Prozent des Territoriums und der Bevölkerung aller vier Zonen umfaßte – begann seit Herbst 1947 ein allmählicher wirtschaftlicher Aufstieg, von dessen Fortgang das Gelingen einer Währungsreform abhing. Ohne intakte Geldwirtschaft war eine Einbeziehung Westdeutschlands in das ERP ebenso wenig sinnvoll wie ohne Einschluß der französischen Zone. Diese weiterhin zu isolieren, fiel der Regierung in Paris zunehmend schwerer, nachdem sie den Marshall-Plan akzeptiert hatte und den Stellenwert kannte, den inzwischen der Wiederaufbau Westdeutschlands im antisowjetischen Stabilisierungsprogramm der USA besaß. Es wurde zudem von der briti- Der Stellenwert Westdeutschlands schen Regierung mitgetragen und entwickelte eine Eigendynamik, die dazu beitrug, daß sich der „Zonenpatriotismus" weiter vertiefte.

„Zonenpatriotismus" Im Dezember 1947 besiegelte das Scheitern der sechsten Deutschland-Konferenz der Außenminister der Vier Mächte in London den Bruch zwischen den Blockmächten. Sie machten jeweils die Gegenseite für die Konsequenzen haftbar, die eine Verfestigung des Status quo in Deutschland zur Folge haben würde. Für dessen Akzeptanz mußten nunmehr die Deutschen gewonnen und gleichzeitig mit in die Verantwortung genommen werden.

2. Wiederaufbau und innere Entwicklung

a) Epochenwende 1945

„*Es erschreckt, nein, es entsetzt, zu sehen, daß die Katastrophe in den Menschen keinerlei moralische Veränderung hervorbringt.*"

Wilhelm Hausenstein, 9. November 1945.
In: Licht unter dem Horizont, München 1976, 347.

Zusammenbruch Die mit der Kapitulation der Wehrmacht besiegelte Niederlage des Reiches traf die besiegten, aber gleichzeitig vom Nationalsozialismus befreiten Deutschen in unterschiedlichem Ausmaß. Das galt für den Grad der Zerstörung in den verschiedenen Gebieten des Reiches, die teilweise schon seit Monaten von Truppen der Alliierten besetzt waren, wie für das unterschiedlich harte Vorgehen der siegreichen Armeen. Die Erscheinungsformen der Epochenwende von 1945 nahmen in der Vorstellung mancher Zeitgenossen apokalyptische Züge an.

Auch die Besatzungsmächte waren über das Ausmaß des Zusammenbruchs und des „Chaos in Deutschland" [so 110: K. Adenauer, Erinnerungen 1945–1953, 83] wie das der Trümmer und des Elends, das sie vorfanden, überrascht, nicht minder über eine verbreitete fatalistische Resignation der Besiegten, Noch-einmal-Davongekommenen. Beides erschwerte es den vier Mächten, die ihnen mit der Übernahme der „obersten Gewalt" am 5. Juni 1945 zugefallenen Aufgaben zu lösen: (1.) das Überleben von Millionen Deutschen zu sichern, sie dabei aber (2.) vorerst von jeglicher Mitgestaltung ihrer eigenen Belange auszuschließen, gleichzeitig jedoch (3.) durch „Umerziehung" für spätere politische Mit- bzw. Selbstgestaltung vorzubereiten.

Die meisten Deutschen waren von den Erlebnissen der Kriegsjahre und des Besatzungsschocks auch seelisch zu sehr erschöpft und benommen, um sich Gedanken zu machen, die über den alltäglichen Kampf ums Überleben hinausgingen. Etwa 3,7 Millionen deutsche Soldaten waren gefallen oder blieben vermißt, bei Kriegsende noch Millionen in Kriegsgefangenschaft. Für viele Angehörige dieser „Zusammenbruchsgesellschaft" [246: C. Klessmann, Die doppelte Staatsgründung, 37] blieb das Ende der Schreckensherrschaft zu unmittelbar mit der Niederlage und Zerstörung des Reiches verknüpft, mit dem Übergang von einer Diktatur in eine andere.

So umschreibt auch der Begriff der „Befreiung" nicht die „Realität des Frühjahrs 1945" [A. HILLGRUBER, Der Zusammenbruch im Osten 1944/45, Opladen 1985, 11]. Die neue Wirklichkeit wurde vielmehr vielfach als „grausame und harte Enttäuschung" empfunden [so ADENAUER am 18. Januar 1947; 108: Briefe 1945– 1947, 419], als Finis Germaniae, die eine Distanzierung von der voraufgegangenen Epoche erleichterte. So bezeichnete THEODOR HEUSS bei der Verabschiedung des Grundgesetzes am 8. Mai 1949 im Parlamentarischen Rat den 8. Mai 1945 als die „tragischste und fragwürdigste Paradoxie der Geschichte für jeden von uns, weil wir erlöst und vernichtet in einem gewesen sind" [56: Parlamentarischer Rat, Bd. 9, 542]. Anfang November 1945 hatte er von der „ungeheuersten und grausamsten Lehrstunde der Geschichte" gesprochen, „durch die ein Volk gehen mußte" [Aufzeichnungen 1945–1947, Tübingen 1966, 155]. Befreiung

Der Zusammenhang von Niederlage und Befreiung in der zeitgenössischen Stimmung läßt sich – mit zwei Buchtiteln – umschreiben: „Das Ende, das ein Anfang war" [Erinnerungen von C. AHLERS u. a., Freiburg i.Br. 1981], oder: „So viel Anfang war nie" [H. GLASER u. a. (Hrsg.), Deutsche Städte 1945–1949, Berlin 1989]. Die Besiegten besaßen keine Möglichkeit, in der historischen Ausnahmesituation des zentralstaatlichen Interregnums eigene Vorstellungen durchzusetzen. Neuanfang

Deutschland stand zur alleinigen Disposition und Verantwortung der Besatzungsmächte. Sie zogen die Besiegten zunächst nur heran, um Not und Mangel verteilen und die Voraussetzungen für den Wiederaufbau schaffen zu können. Er begann damit, daß Trümmermassen geräumt, alle Lebens- und Funktionsbereiche aber weiterhin ebenso bewirtschaftet bzw. kontingentiert blieben wie Arbeits- und Aufenthaltsgenehmigungen. Die Bezugsscheinwirtschaft wurde noch verschärft, die Zulassung zu den bald wieder eröffneten Universitäten begrenzt.

Erst später zeigte sich, daß es weder eine – inzwischen entdeckte und vermeintlich ungenutzt gelassene – „Stunde Null" noch einen totalen Zusammenbruch gegeben hat. Und trotz enormer Zerstörungen in Wohngebieten und im Verkehrswesen war auch die „Substanz des industriellen Anlagevermögens" nicht so entscheidend getroffen worden, wie die Zeitgenossen annahmen [255: W. ABELSHAUSER, Wirtschaftsgeschichte, 20 f.]. Dennoch erhielt der wirtschaftliche Wiederaufbau seine Schwungkraft erst durch die Währungsreform vom Juni 1948 und die mit ihr verbundene ordnungspolitische Wende (Soziale Marktwirtschaft).

b) Demokratiegründung innerhalb und oberhalb der Westzonen

Richtung, Ausmaß und Tempo beim Wiederaufbau des gesamten öffentlichen Lebens, der in den Westzonen „von unten nach oben" erfolgte, bestimmten und kontrollierten die Besatzungsmächte. Soweit sich unmittelbar nach dem Einmarsch der Alliierten vereinzelt überparteiliche Gruppierungen („Antifaschistische Ausschüsse", Bürgerräte, Arbeitervertretungen in Betrieben o. ä.) gebildet hatten, wurden sie aufgelöst. Die Westmächte gerieten rasch durch das zielbewußte Vorgehen der Sowjetunion beim Wiederaufbau des öffentlichen Lebens in Wiederaufbau des öffentlichen Lebens der SBZ – frühzeitige Zulassung von Parteien auf Zonenebene, Errichtung von Länder- bzw. Provinzialregierungen und von zentralen Verwaltungen in Ost-Berlin – in Zugzwang. Sie reagierten darauf unkoordiniert und mit teilweise erheblichem zeitlichen Abstand.

Parteien Als erste westliche Besatzungsmacht erkannte (und entließ) die amerikanische Militärverwaltung Ministerpräsidenten und gliederte bereits im September 1945 ihre Zone in Länder: Bayern, Württemberg-Baden, Groß-Hessen (ab 1946: Hessen; Bremen, das zunächst gemeinsam mit den Briten verwaltet wurde, kam 1947 hinzu). Unterschiedlich war auch der Zeitpunkt, zu dem – in Abkehr von der Parteienvielfalt der Weimarer Republik, aber unter Rückgriff auf deren Grundmuster – die Gründung von jeweils vier Parteien (und wenig später von Einheitsgewerkschaften) zugelassen wurde: Seit dem Spätsommer 1945 in der amerikanischen und britischen Zone, in der französischen Anfang 1946 (und hier nur innerhalb der Länder). Alle Militärregierungen hatten jedoch bereits vorher regionale Gründungen toleriert.

Lizenziert wurden zunächst die (mit ihrem jeweiligen Sozialmilieu) revitalisierten bzw. restaurierten Linksparteien, die SPD – in der Kurt Schumacher von Hannover aus sofort eine überzonale Führungsposition anstrebte – und die KPD sowie eine liberale Gruppierung, die FDP (teilweise auch unter anderem Namen). Neu entstanden die CDU und (in Bayern) die CSU als interkonfessionell-christliche, antisozialistisch ausgerichtete Volksparteien. In der britischen Zone bildete die CDU Anfang 1946 einen Dachverband (Zonenausschuß, Vorsitz: Konrad Adenauer). Er blieb mit den Führungsspitzen der Union in der französischen und amerikanischen Zone nur durch eine 1947 gegründete „Arbeitsgemeinschaft" locker verbunden.

Wahlen in der SBZ In der SBZ verlor die CDUD bereits 1946, kurz nach Gründung der SED im April, ihre Entscheidungsfreiheit. Die politischen Vorstellungen des Berliner Unionspolitikers Jakob Kaiser – Deutschland als „Brücke" zwischen West und Ost, geprägt von einem „christlichen Sozialismus" – konnten sich im Westen Deutschlands nicht durchsetzen. Die ersten Landtagswahlen, die 1946 bzw. 1947 in allen Ländern der vier Zonen und in Berlin (3,18 Millionen Einwohner) stattfanden, ergaben in den drei Westzonen für die Unionsparteien zusammengenommen einen knappen Vorsprung vor der SPD, in Berlin einen hohen Sieg der SPD und in der SBZ einen erheblichen Vorsprung der SED vor CDUD und LDPD. Die neuen Parteien nutzten die – auch durch die Entnazifizierung gebotene – Chance, sich angesichts des Fehlens eines zahlenmäßig nennenswerten rechtsextremen (Wähler-)Potentials ungehindert entfalten und konsolidieren zu können.

Spitzengremien in den Westzonen Als erstes zentrales Gremium innerhalb einer der Westzonen wurde Mitte Oktober 1945 der Länderrat in Stuttgart gebildet. Ihm gehörten die Ministerpräsidenten der Länder der amerikanischen Zone (1946: 17,2 Millionen Einwohner) an. Der Länderrat sollte die Rechts- und Verwaltungsgleichheit sichern, die Vorzüge föderalistischer Lösungen demonstrieren und gleichzeitig das Modell eines überzonalen Zusammenschlusses abgeben. Dieses Koordinationsgremium mit Direktorium und Generalsekretariat wurde im März 1947 um einen Parlamentarischen Rat erweitert (und löste sich im August 1948 auf).

In der britischen Zone (1946: 22,3 Millionen Einwohner) bildete die Konferenz der Chefs der Länder und Provinzen bzw. (ab September 1947) der Ministerpräsidenten keine vergleichbar effiziente Spitze wie der Länderrat. Das galt noch weniger von dem seit März 1946 existierenden quasi-parlamentarischen Zonenbeirat in Hamburg. Er bestand aus Vertretern der Länder bzw. Provinzen, Parteien und Gewerkschaften, besaß aber auch in seiner erweiterten Form (seit Juni 1947) nur Vorschlagsrechte gegenüber der Militärregierung. Diese verwaltete ihre Zone mit Hilfe von deutschen Zentralämtern, die ab 1946 zunehmend die Konkurrenz der Regierungen in den neugebildeten Ländern zu spüren bekamen, bevor sie in der neugeschaffenen gemeinsamen Verwaltung der amerikanischen und britischen Zone („Bizone") aufgingen. Unterschiedliche Entwicklung

In der französischen Zone (1946: 5,9 Millionen Einwohner) praktizierte die Militärregierung einen extremen Föderalismus. Sie duldete keine deutschen Entscheidungsgremien oberhalb der drei Länder bzw. Länderregierungen. – Mit der bereits im August 1946 abgeschlossenen Länderbildung in den einzelnen Zonen war die Auflösung Preußens vorweggenommen, die der Alliierte Kontrollrat am 25. Februar 1947 förmlich beschloß.

Die seit September 1946 für die Bizone errichteten fünf Verwaltungsräte (als Föderativorgan) und Verwaltungsämter (als Exekutive) waren zunächst über die amerikanische und britische Zone verteilt und wenig effizient. Auch dem seit Juni 1947 in Frankfurt tätigen Wirtschaftsrat für das Vereinigte Wirtschaftsgebiet fehlten klare Kompetenzen, nicht zuletzt gegenüber den Länderregierungen. Er bestand aus einem Exekutivrat aus Vertretern der acht Länderregierungen, fünf Verwaltungen unter „Direktoren" (von Minden bis Stuttgart verteilt) und einer parlamentarischen Körperschaft (1. Wirtschaftsrat), deren Abgeordnete von den acht Landtagen in den beiden Zonen gewählt worden waren. Verwaltung und Aufbau in der Bizone

Erst nach einer erneuten – und dieses Mal nach Anhörung deutscher Repräsentanten erfolgten – Umorganisation im Februar/März 1948, die im Zusammenhang der deutschlandpolitischen Neuorientierung der USA und Großbritanniens stand, erhielten die bizonalen Exekutivorgane mehr Kompetenzen. Deren Spitze bildete nunmehr ein Verwaltungsrat unter einem „Oberdirektor" (Hermann Pünder, CDU), der allerdings gegenüber den Direktoren der (seit Herbst 1948: sechs) Verwaltungen keine Weisungsbefugnis besaß. Als Föderativorgan übernahm nunmehr ein Länderrat die Rolle einer zweiten Kammer. In dem auf 104 Abgeordnete verdoppelten Parlament (2. Wirtschaftsrat) bildeten CDU, CSU, FDP und DP weiterhin die „Regierungskoalition". Der Entschluß der SPD vom Juli 1947, in Frankfurt neben der KPD die Rolle der Opposition zu übernehmen – weil sie mit ihrem Anspruch auf den Posten des Direktors der Verwaltung für Wirtschaft unterlegen war – erwies sich als folgenschwere Fehlentscheidung.

Exekutive und Legislative des „temporären Zweckverbands ohne staatliche Souveränität" [253: M. STOLLEIS, Besatzungsherrschaft, 213 f.] leisteten beachtliche Aufbauarbeit und suchten den Zonen- und Länderföderalismus zurückzudrängen. Demgegenüber stagnierte die wirtschaftliche Entwicklung der weiterhin abgeschnürten französischen Zone infolge des dortigen geringen Industrialisierungsgrads sowie stärkerer Reparationsentnahme. Da die französische Militärregierung die Aufnahme einer größeren Zahl von Ostvertriebenen und Flüchtlingen verhinderte, schufen deren Unterbringung und Versorgung in der Bizone zusätzliche Probleme.

„Treuhänder der deutschen Politik"

Seit März 1948 war die Verwaltungsspitze des Vereinigten Wirtschaftsgebiets in Frankfurt regierungsähnlich organisiert. Ihr wurde jedoch von der amerikanischen und britischen Militärregierung nicht die zur Ausübung politischer Funktionen erforderlichen Kompetenzen zugestanden. Die Westmächte suchten einen anderen Anknüpfungspunkt zur Bildung eines westdeutschen Teilstaats, nachdem die drei Zonen – ohne förmlichen Anschluß der französischen Zone – seit April 1948 in das Europäische Wiederaufbauprogramm (ERP) einbezogen waren, nämlich über die Ministerpräsidenten der Länder. Diese verstanden sich als „vorläufige Treuhänder des deutschen Volkes" (so der bayerische Regierungschef Hans Ehard am 7. Mai 1947). Die Länderchefs der britischen und amerikanischen Zone trafen sich bereits seit Februar 1946 zu regelmäßigen Konferenzen. Daran teilzunehmen war den drei Repräsentanten der französischen Zone von „ihrem" Militärgouverneur nicht erlaubt.

Kulturelles Leben

In allen Zonen entwickelte sich rasch ein intensives und breit gefächertes geistiges und kulturelles Leben, eine „Kultur der Trümmerzeit" (Zeitungen, Zeitschriften, Verlage, Theater, „Gruppe 47", Rundfunk). Es wurde von den Besatzungsmächten zunächst durch Zuteilung von Lizenzen, Papier und Benzin (mit-)gesteuert bzw. toleriert. Die Machthaber nutzten zudem ihre Möglichkeiten zu kulturpolitischer Einflußnahme, etwa durch Unterstützung einzelner oder Gründung neuer Universitäten, durch Anregungen zu Tagungen mit internationaler Besetzung, durch Bereitstellung ausländischer Literatur. Dabei orientierte sich der enorme geistige Nachholbedarf zunächst weitgehend am Vorbild der USA.

c) Die Sonderentwicklung in der sowjetischen Zone

Die Besatzungspolitik der Sowjetunion unterschied sich von derjenigen der Westmächte zunächst dadurch, daß sie die 17,3 Millionen Deutschen von Anfang an in den Wiederaufbau einbezog, dabei jedoch deren kommunistische Minderheit gezielt begünstigte. Bereits im Juni 1945 erlaubte die Sowjetische Militäradministration (SMAD) die Gründung von Parteien (KPD, SPD, CDUD, LDPD) und errichtete Verwaltungen in den bisherigen Ländern Mecklenburg (mit Vorpommern), Thüringen und Sachsen sowie in den preußischen Provinzen Brandenburg und Sachsen-Anhalt. Durch Befehl der SMAD vom 27. Juni – ebenfalls noch vor Abschluß der Potsdamer Konferenz – wurden in Ost-Berlin elf (und im Herbst 1945 weitere zwei) deutsche Zentralverwaltungen geschaffen.

Infolge der frühen Zulassung von Parteien erhielt die KPD einen Vorsprung, den sie systematisch ausbauen konnte, zumal nach dem Zusammenschluß aller Parteien in einem „Antifaschistischen Block" (14. Juli), dem sich „Massenorganisationen" anschlossen. Dieser „Block" war als Instrument einer Politik der „Nationalen Front" gedacht, aus der eine Allparteienregierung hervorgehen konnte.

Mit Hilfe der deutschen Stalinisten setzte die SMAD unter dem Vorzeichen eines „antifaschistisch-demokratischen" Neubeginns innerhalb weniger Monate revolutionäre Umwälzungen im Wirtschafts- und Gesellschaftssystem in Gang. Damit legte sie das Fundament für eine kommunistische Herrschaft. Diese zielte auf ganz Deutschland, war gegebenenfalls aber auch – als Voraussetzung oder Folge seiner Teilung [„Ersatzmodell"; 310: W. VON BUTTLAR, Ziele und Zielkonflikte, 278] – geeignet, die Umformung der SBZ zu einer „neuen Demokratie" (Sowjetisierung) einzuleiten. Der gleichen Zielsetzung diente die im April 1946 gegründete SED (Vorsitzende: Pieck und Grotewohl). Die Absicherung der kommunistischen Herrschaft

Diese bald von moskautreuen Kommunisten (Walter Ulbricht) beherrschte Kaderpartei verhinderte im Zusammenspiel mit der SMAD den Aufbau einer bürgerlich-parlamentarischen Demokratie. Die Sowjetunion gestattete aber auch der SED nicht, einen – von ihr zunächst proklamierten – deutschen Sonderweg zum Kommunismus einzuschlagen.

Da eine gemeinsame Wirtschaftsverwaltung im Vierzonen-Deutschland nicht zustande kam, dienten die neuen, in allen Schlüsselpositionen von Kommunisten beherrschten Zentralressorts in Ost-Berlin der SMAD als ausführende Organe zur Verwaltung der SBZ. Im Zuge des sich verschärfenden Ost-West-Konflikts konsolidierte die Sowjetunion die Herrschaft der SED und sorgte dafür, daß nach dem für die Kommunisten ungünstigen Ausfall der ersten Gemeinde- und Landtagswahlen im Herbst 1946 künftig keine freien Wahlen mehr stattfinden konnten.

Nach dem Scheitern der Moskauer Außenminister-Konferenz im April 1947, der Anfang Juni erfolgten Ankündigung des Marshall-Plans und der im September 1947 begonnenen Tätigkeit des neuen Kommunistischen Informationsbüros (Kominform) als Zentrale der Internationale verstärkte sich die Sonderentwicklung der SBZ. Sie blieb von Massenverhaftungen mißliebiger Regimegegner begleitet, von denen ca. 70 000 in den fortbestehenden Konzentrationslagern Buchenwald und Sachsenhausen umgekommen sind. Als „Antwort" auf die Bildung der Bizone wurden die inzwischen 14 Zentralverwaltungen in Ost-Berlin – von denen die seit Ende Juli 1946 bestehende „Deutsche Verwaltung des Inneren" Weisungsbefugnis gegenüber den Innenministerien der Länder besaß – im Juni einer „Deutschen Wirtschaftskommission" unterstellt. Diese Leitinstanz war regierungsähnlich organisiert. Weichenstellung in Richtung „Volksdemokratie"

Neben der in der SBZ bereits seit Ende 1946 bestehenden Grenzpolizei begann 1947 der Aufbau einer „kasernierten Volkspartei". Sie war der Sache nach eine bewaffnete „Parteiarmee der SED" [385: E. NOLTE, Deutschland und der Kalte Krieg, 238], die ihrerseits im Sommer 1948 zu einer stalinistischen Kaderpartei umgeformt wurde. Inzwischen bildete ein Verfassungsentwurf der SED aus dem November 1946 für eine „Deutsche Demokratische Republik" die Grundlage aller Länderverfassungen in der SBZ. Die von der SED kontrollierte „Blockpolitik" erleichterte den kommunistischen Transformationsprozeß im Übergang zur „Volksdemokratie".

3. Konsequenz des Kalten Krieges: Die doppelte Staatsgründung

a) Entscheidung für den Westen

„Westunion" Der Kalte Krieg erreichte mit dem kommunistischen Umsturz in der Tschechoslowakei am 25. Februar 1948 einen Höhepunkt. Im Westen wuchs die Bereitschaft zur Abwehr. Am 17. März schlossen sich Frankreich, Großbritannien und die Benelux-Staaten in Brüssel zu einer Militärallianz („Westunion") zusammen, die im April des folgenden Jahres in die Gründung der NATO mündete. Im April 1948 bildeten 16 europäische Staaten die Organisation für europäische wirtschaftliche Zusammenarbeit (OEEC), um ihre Kredit- und Wirtschaftspolitik im Rahmen des ERP zu koordinieren. Die drei Westzonen, vertreten durch ihre Militärgouverneure, wurden Mitglieder der OEEC.

Sechsmächte-Konferenz in London
Damit waren die internationalen Rahmenbedingungen geschaffen, um Westdeutschland auch staatlich verselbständigen zu können. Der nächste Schritt in diese Richtung erwies sich jedoch trotz der fortgeschrittenen globalen Polarisierung als ungewöhnlich schwierig. Darum mühten sich seit Ende Februar in London Vertreter der Westmächte und, in der letzten Sitzungsperiode, der Benelux-Staaten. Erst Anfang Juni gelang es, die französische Regierung für den Anschluß ihrer Zone an die beiden anderen Westzonen und für einen daraus zu bildenden, in den Westen eingebundenen und entsprechend kontrollierten Teilstaat zu gewinnen. Die Franzosen hatten „wenigstens eine Zweiteilung Deutschlands erreicht" [398: H.-P. Schwarz, Vom Reich, LX] und die britische Regierung eine Mitkontrolle Frankreichs an der Ruhrindustrie im Rahmen einer internationalen Kontrollbehörde akzeptiert. (Die Kohleförderung bildete nach wie vor den Schlüssel für eine Erhöhung der wirtschaftlichen Produktivität.) Das neue Staatsgebilde sollte auch weiterhin einer – allerdings gemilderten – Besatzungsherrschaft unterworfen bleiben und seine künftige Verfassung nur dann genehmigt werden, wenn darin bestimmte inhaltliche Vorgaben der Westmächte berücksichtigt würden.

Während der Dauer der Sechsmächte-Konferenz war eine weitere Entscheidung gefallen, die eine staatliche Organisation der drei Westzonen dringlich machte, andererseits aber auch erleichterte. Der sowjetische Militärgouverneur Sokolowski hatte die Gründung des Brüsseler Paktes und die Weigerung der Westmächte, Moskau über alle Beschlüsse der Londoner Sechsmächte-Konferenz zu informieren, zum Anlaß genommen, am 20. März aus dem Alliierten Kontrollrat auszuziehen und damit die Viermächte-Verwaltung Potsdam-Deutschlands symbolisch zu beenden.

Das Ergebnis der Sechsmächte-Konferenz fand seinen Niederschlag in den „Londoner Empfehlungen" vom 7. Juni. Sie enthielten das Angebot zur Errichtung eines westdeutschen Bundesstaats und Grundsätze für dessen Verfassung. Die entsprechenden Dokumente übergaben die drei Militärgouverneure am 1. Juli 1948 in Frankfurt den Ministerpräsidenten der elf Länder der drei Westzonen (eingeschlossen der Erste Bürgermeister von Hamburg und der Senatspräsident von Bremen). „Frankfurter Dokumente": Geburtsurkunde der Bundesrepublik

Die Regierungschefs wurden (Dokument 1) ermächtigt, bis zum 1. September eine aufgrund von Wahlen der elf Landtage zustande gekommene Verfassunggebende Versammlung einzuberufen. Diese sollte eine demokratische Verfassung mit Grundrechten und einer „angemessenen Zentralgewalt" ausarbeiten, die für die beteiligten Länder eine „Regierungsform" des föderalistischen Typs schaffe und am besten geeignet sei, „die gegenwärtig zerrissene deutsche Einheit schließlich wiederherzustellen". Das Angebot war mit der Aufforderung verbunden (Dokument 2), Vorschläge für etwaige Änderungen der Ländergrenzen innerhalb der Westzonen vorzulegen, und ergänzt (Dokument 3) um Grundzüge eines künftigen Besatzungsstatuts. Diese „Frankfurter Dokumente" bildeten die „Geburtsurkunde der Bundesrepublik Deutschland" [240: E. DEUERLEIN, Deutschland, 148].

Ihre Übergabe erfolgte wenige Tage, nachdem eine seit langem erwartete Währungsreform am 20./21. Juni in den drei Westzonen die Voraussetzungen für wirtschaftliche Konsolidierung und sinnvollen Einsatz der ERP-Mittel geschaffen hatte. Die Modalitäten dieser reibungslos verlaufenen Aktion waren von amerikanischen Finanzexperten bestimmt worden. Dabei unterblieben flankierende Maßnahmen wie ein gleichzeitiger Lastenausgleich durch Eingriffe in das Produktivvermögen. Dieser Verzicht und eine allgemeine Senkung der Einkommensteuer trugen zum Gelingen des Währungsexperiments und des ihm folgenden Wirtschaftsaufschwungs bei, begünstigten allerdings eine Restitution der überkommenen Wirtschafts- und Sozialordnung. Währungsreform

Zugleich mit der Währungsreform schuf der Direktor der Frankfurter Wirtschaftsverwaltung Ludwig Erhard in der Bizone durch Aufhebung bzw. Lockerung der Zwangsbewirtschaftung die zweite Voraussetzung für eine wirtschaftspolitische Gesundung. Die rasch sichtbaren Erfolge der Sozialen Marktwirtschaft – eine „glückliche Wortfügung" (Wilhelm Röpke), gegen die der SPD-Vorsitzende Schumacher vergeblich („Lügenparole") Sturm lief [1119: M. SCHUMACHER, Staatsgründung, 263] – kamen der Koalition von CDU, CSU, FDP und DP zugute, die sie im Frankfurter Wirtschaftsrat vertrat. Soziale Marktwirtschaft

Soziale Härten im Gefolge der Währungsreform wurden durch einen vorläufigen Lastenausgleich („Soforthilfegesetz" vom 8. August 1949) und ein Flüchtlingssiedlungsgesetz gemildert. Aus dem Soforthilfefonds wurden bis zum Inkrafttreten des Lastenausgleichsgesetzes im September 1952 rund 6,2 Mrd. DM gezahlt, für die Eingliederung Vertriebener in die Landwirtschaft bis Mai 1953 276 Mill. DM aufgewendet.

Die Sowjetunion beantwortete die Währungsreform in den Westzonen am 23. Juni mit einer eigenen (und anders gestalteten) Währungsreform in ihrer Zone sowie in Berlin, das sie damit als Teil der SBZ in Anspruch nahm. Daraufhin bezogen auch die Westmächte West-Berlin in die Währungsreform ein, so daß dort bis März 1949 beide Währungen nebeneinander galten. Dabei wurde in den Wechselstuben eine DM-West mit 4.20 DM-Ost gehandelt.

<small>Die sowjetische Blockade West-Berlins</small>

Die zweite Antwort der sowjetischen Regierung bestand in einer Blockade der Zugangswege zu den Westsektoren Berlins. Darauf reagierten die USA und Großbritannien mit einer riskanten militärischen Aktion. Mit Hilfe einer Luftbrücke gelang ihnen die Versorgung ihrer Truppen (einschließlich der französischen) und die der 2,2 Millionen West-Berliner, selbst im Winter 1948/49. Durch diesen Erfolg – Transport von über zwei Mill. Tonnen Gütern – wuchsen Prestige und Selbstvertrauen der USA, aber auch die Zustimmung der Deutschen für eine Westorientierung. Das Verhältnis zu den USA verbesserte sich infolge der Opfer, die die Luftbrücke forderte (76 Menschen fanden dabei den Tod), zu Schicksalsverbundenheit. Ein neues „Gefühl der Sicherheit" im Westen wurde eine Voraussetzung der späteren Integration der westlichen Welt [243: H. GRAML, Die Alliierten, 214].

Im Spätjahr 1948 sprengten SED-Aktivisten die bisher gemeinsame Verwaltung in Berlin. In den Westsektoren fanden die anstehenden Wahlen zum Stadtparlament am 5. Dezember 1948 statt, im Ostsektor wurden sie angesichts der zu erwartenden Niederlage der SED verschoben. Mit der Blockade Berlins war den USA die erste militärische Konfrontation mit den Sowjets aufgezwungen worden; daß sie nicht weiter eskalierte, verhinderte das amerikanische Kernwaffenmonopol.

<small>Getrennte Verwaltung</small>

Die Beratungen der westdeutschen Ministerpräsidenten über das Angebot einer Teilstaatsgründung, die am 1. Juli 1948 begannen, standen im Schatten der sowjetischen Bedrohung Berlins und gleichzeitiger „gesamtdeutscher" Propaganda der SED („Volkskongreß-Bewegung"). Den elf Länderchefs – von denen fünf der SPD, vier der CDU und je einer der CSU und der FDP angehörten – war auch Mitverantwortung für das Schicksal der ehemaligen Reichshauptstadt aufgeladen. Sie kannten die historisch-politische Tragweite des ihnen abverlangten Votums, das auf eine Anerkennung der Spaltung Deutschlands hinauslief.

<small>Entscheidung für den Westen</small>

Nach dreiwöchigen, nahezu pausenlosen Verhandlungen untereinander (auf dem Rittersturz bei Koblenz, in Niederwald bei Rüdesheim und in Frankfurt) und mit den drei Militärgouverneuren gelang am 26. Juli in Frankfurt eine Verständigung über die „Organisation der drei Zonen auf der Basis der Londoner Übereinkommen" (so das Kommuniqué). Die Ministerpräsidenten erreichten das Einverständnis der Militärgouverneure, von den elf Landtagen Delegierte für einen „Parlamentarischen Rat" (und nicht eine „Verfassunggebende Versammlung") wählen zu lassen. Er sollte – ein weiteres Symbol, um das Provisorium zu unterstreichen –

das „Grundgesetz" („vorläufige Konstitution" anstelle einer „Verfassung") eines Föderativstaats ausarbeiten und dieses schließlich nicht – wie zunächst gefordert – einem Plebiszit unterworfen, sondern durch die Landtage bestätigt werden.

Die Regierungschefs, die sich mit den Führungsspitzen ihrer Parteien abgestimmt hatten, waren in ihrer Entscheidung zugunsten einer Kooperation mit den Westmächten am 21. Juli in Niederwald vom Berliner Oberbürgermeister Ernst Reuter (SPD) nachdrücklich bestärkt worden. Eine Ablehnung des Angebots, einen demokratischen „Kernstaat" (mit Provisoriumsvorbehalt) errichten zu können, hätte den Fortbestand der Besatzungsherrschaft („Kolonialregime") und möglicherweise eine Preisgabe Berlins zur Folge gehabt, und das, ohne dadurch größere Aussicht zu erhalten, die Einheit eines liberal-demokratisch bestimmten Deutschlands zu erreichen. Die Ministerpräsidenten sahen keine realistische Alternative zu ihrer Entscheidung für den Westen, die den Status quo verfestigen würde.

Nach einer Umfrage der amerikanisch kontrollierten „Neuen Zeitung" vom 21. August 1948 zogen 95 Prozent der „Eingeborenen von Trizonesien" – wie ein zeitgenössischer Kölner Karnevalsschlager formulierte – einen westlichen Teilstaat einem kommunistisch beherrschten Gesamtdeutschland vor. Ein mit Westeuropa verbundener, freiheitlich ausgestalteter und wirtschaftlich prosperierender Teilstaat, in dem mehr als drei Viertel aller Deutschen lebten, galt – im Sinne des Provisoriumsvorbehalts – als Übergangslösung. Dabei wurde selbstverständlich erwartet, daß sich ihm die Bevölkerung der SBZ anschließen werde („Magnetwirkung"), sobald sie die Möglichkeit erhielt, ihr politisches Selbstbestimmungsrecht auszuüben.

Teilstaat mit Provisoriumsvorbehalt

b) Die Gründung der Bundesrepublik Deutschland

Im Auftrag der Ministerpräsidenten erarbeitete vom 10. bis 23. August ein Ausschuß von Sachverständigen (Verfassungskonvent) auf Herrenchiemsee einen Verfassungsentwurf, der bereits wesentliche Züge des späteren Grundgesetzes enthielt. Er wurde zusammen mit anderen Entwürfen (Walter Menzel, SPD, „Ellwanger Kreis" von CDU- und CSU-Politikern) den Beratungen des inzwischen von den elf Landtagen gewählten Delegierten des Parlamentarischen Rates zugrunde gelegt. Von den insgesamt 65 Abgeordneten gehörten je 27 den Fraktionen der CDU/CSU sowie der SPD an, fünf der FDP, je zwei dem Zentrum, der DP und der KPD; die fünf Berliner Vertreter, darunter drei der SPD, waren nicht stimmberechtigt.

Verfassungsentwürfe

Der Parlamentarische Rat begann seine Arbeit am 1. September 1948 in Bonn, das von einer Mehrheit der Ministerpräsidenten zum Tagungsort bestimmt worden war. Als Präsident amtierte Konrad Adenauer (CDU), als Vorsitzender des Hauptausschusses der Justizminister von Württemberg-Hohenzollern, Carlo Schmid (SPD). Die Beratungen vollzogen sich im Schatten der – erst am 12. Mai 1949 aufgegebenen – sowjetischen Blockade der Westsektoren Berlins. Sie ließ in

Das Werk des Parlamentarischen Rates

Westdeutschland jenes „Bedrohungstrauma" entstehen, das der Bildung der Bundesrepublik und ihrer Eingliederung in das westliche Bündnissystem die bis dahin fehlende Massenlegitimation verschaffte. Die Blockade beschleunigte auch den Abschluß der NATO (April 1949), führte allerdings trotz der damit verbundenen sowjetischen Niederlage nicht dazu, die Zugangsrechte der Westmächte nach Berlin präziser als bisher festzulegen.

Grundgesetz mit Provisoriumsvorbehalt

Das Zustandekommen des Grundgesetzes war wiederholt durch Eingriffe der Alliierten bedroht, die im Sinne der „Londoner Empfehlungen" eine stärker föderalistische Gestaltung insbesondere der Finanzverfassung anstrebten. Die beiden großen Fraktionen fanden schließlich im Konsens über die Grundwerte des Verfassungsstaats und in Abgrenzung gegen jeglichen Totalitarismus zu einem Kompromiß, am 25. April 1949 auch mit den Militärgouverneuren. Für die Ausgestaltung mancher Abschnitte der Verfassung gaben die wechselweise mit der Union bzw. mit der SPD stimmenden kleinen Fraktionen den Ausschlag.

Am 8. Mai 1949, vier Jahre nach der Kapitulation der Wehrmacht, wurde das Grundgesetz verabschiedet (53:12 Stimmen) und vier Tage später von den Militärgouverneuren gebilligt. Sie legten jedoch ihr Veto gegen die Einbeziehung von Berlin in die Bundesrepublik ein und unterstrichen damit die alliierte Gesamtzuständigkeit für die geteilte Stadt. Nachdem zehn der insgesamt elf Landtage – mit Ausnahme Bayerns – das Grundgesetz in seinem künftigen Geltungsbereich ratifiziert hatten, trat es am 23. Mai in Kraft. Es entfaltete auf der Grundlage eines Provisoriumsvorbehalts, der für das Bundesgebiet, nicht aber für den Verfassungskern galt, die Ordnung einer wertgebundenen, gewaltenteilenden und wehrhaften liberalen Demokratie. Von Streitkräften war keine Rede.

Lehren aus der Geschichte

Das Grundgesetz enthält eindeutige Staatszielbestimmungen und einen vor Verfassungsaufhebung geschützten Kernbestand (Grundrechte, freiheitlich-demokratische Grundordnung, bundesstaatliches Strukturprinzip, sozialer Bundesstaat). Institutionelle Vorkehrungen dienen dazu, eine parlamentarisch kontrollierte Regierungsführung zu stabilisieren und Mißbrauch garantierter Freiheiten zu verhindern.

Die Verfassungsschöpfer, an deren Arbeit die Öffentlichkeit angesichts der fortdauernden Berliner Blockade nur begrenztes Interesse zeigte, zogen in doppelter Weise „Lehren aus der Geschichte": aus dem Scheitern der Weimarer Verfassungsordnung (mit der Folge der Errichtung des totalitären Hitler-Regimes) wie aus der Frontstellung gegen den kommunistischen Totalitarismus der Gegenwart. Neu waren die Bindung des Gesetzgebers an vorstaatliche Grundrechte, umfassende Rechtskontrolle durch ein eigenes Bundesverfassungsgericht und die Möglichkeit, durch einfaches Gesetz Hoheitsrechte des Bundes auf zwischenstaatliche Institutionen zu übertragen. Der Gleichberechtigungsartikel verbesserte die rechtliche Stellung der Frau. Neu war auch die Anerkennung der Parteien und deren Mitwirkung bei der „politischen Willensbildung".

Das Verhältnis von Staat und Kirche wurde durch das Grundrecht der Religionsfreiheit und die Übernahme der Kirchenartikel der Weimarer Reichsverfassung bestimmt. Der Sozialstaatsgrundsatz hielt die Gestaltung der künftigen Sozial- und Wirtschaftsordnung offen. Wenig später übernahm der Bund das Tarifvertragsgesetz der Bizone vom 9. April 1949, das die Autonomie der Vertragspartner bei der Ausgestaltung von Tarifverträgen regelte.

Der Wahlkampf zur ersten Bundestagswahl stand im Zeichen der „richtigen" Wirtschaftspolitik. Soziale Marktwirtschaft im Sinne der „Düsseldorfer Leitsätze" der CDU vom 15. Juli 1949 contra Planwirtschaft und Sozialisierung lauteten die Alternativen. Ludwig Erhard war bekannter als Konrad Adenauer, beider Gegenspieler der SPD-Vorsitzende Kurt Schumacher. Der Ausgang der Wahl vom 14. August 1949 (Wahlbeteiligung 78,5%) mit einer Absage an radikale Parteien [vgl. die Tabelle der Wahlergebnisse im Anhang] bestätigte den politischen Fundamentalkonsens und damit die von den Ministerpräsidenten getroffene, von den Landtagen gebilligte und vom Parlamentarischen Rat konkretisierte Entscheidung zugunsten des Westens.

Wahlkampf

CDU (25,2 %) und CSU (5,8%) schlossen sich im Bundestag – wie bereits vorher im Frankfurter Wirtschaftsrat und im Parlamentarischen Rat – zu einer Fraktion zusammen. Ihr knapper Vorsprung vor der SPD (29,2%) verschaffte dem 73jährigen Vorsitzenden der CDU in der britischen Zone, Konrad Adenauer, die Möglichkeit, mit der weithin nationalliberal geprägten FDP (11,9%) und der niedersächsisch-konservativen DP (4,0%) eine Regierungskoalition (208 Abgeordnete) zu bilden. Dem Bundestag mit insgesamt 402 Mitgliedern gehörten Vertreter von elf Parteien und zwei Unabhängige an. Die acht Berliner Abgeordneten (davon fünf der SPD) waren nur begrenzt stimmberechtigt.

Bundestagswahl und Regierungsbildung

Am 7. September 1949 konstituierten sich Bundesrat (Präsident: Karl Arnold, CDU) und Bundestag (Präsident: Erich Köhler, CDU) in Bonn, das vom Parlamentarischen Rat am 10. Mai zur vorläufigen Bundeshauptstadt gewählt worden war. Am 12. September wählte die Bundesversammlung den Vorsitzenden der FDP, Theodor Heuss, zum Bundespräsidenten, drei Tage später der Bundestag Adenauer zum Bundeskanzler.

Am Tage nach der Regierungserklärung vom 20. September trat das Besatzungsstatut in Kraft. Es sicherte den Westmächten, vertreten durch zivile Hohe Kommissare – die an die Stelle der drei Militärgouverneure traten und die Alliierte Hohe Kommission bildeten –, eine Reihe von Vorbehaltsrechten. Sie überlagerten das Grundgesetz und schränkten die Handlungs- und Entscheidungsfreiheit der Bundesregierung ebenso ein wie ein bereits im Januar 1949 geschaffenes Militärisches Sicherheitsamt der drei Mächte und das seit dem 22. April dieses Jahres in Kraft befindliche Ruhrstatut; es regelte Förderung und Verteilung der Ruhrkohle unter Kontrolle einer Internationalen Ruhrbehörde. Die Westmächte garantierten durch ihre Streitkräfte wie ihre Verfügung über die Souveränität sowie die Außen- und Außenhandelspolitik der Bundesrepublik deren Sicherheit. Sie übten aber gleichzeitig auch eine entsprechende Kontrolle aus.

Besatzungsstatut

Die nicht von den Deutschen bestimmte Entwicklung seit dem 9. Mai 1945 führte vom „Dritten Reich" zur Bundesrepublik Deutschland und zur Deutschen

Demokratischen Republik. Daß sie nicht mehr zum Reich Bismarcks zurückführen würde, wollte niemand wahrhaben [361: H.-P. SCHWARZ, Vom Reich, LXXIV]. Für die Siegermächte aber bedeutete auch ein geteiltes Deutschland eine Lösung der Deutschen Frage.

Am 3. November 1949 bestätigte der Bundestag den Beschluß des Parlamentarischen Rates und bestimmte Bonn zum „vorläufigen Sitz der Bundesorgane". Die SPD hatte für Frankfurt a.M. votiert.

c) Der programmierte Nachvollzug: Die Errichtung der Deutschen Demokratischen Republik

Der Weg zum SED-Teilstaat
Parallel zur gescheiterten Deutschland-Konferenz von Ende 1947 in London inszenierte die SED, nachdem deren Führungsspitze in Moskau entsprechende Instruktionen eingeholt hatte, eine nationale Kampagne („Volkskongreß-Bewegung"; 6./7. Dezember: 1. Deutscher Volkskongreß „für Einheit und gerechten Frieden" in Ost-Berlin). Sie war gleichzeitig so angelegt, daß sie der SBZ angesichts des erwarteten Fehlschlags dieser Außenminister-Konferenz den Weg zu einem „sozialistischen" Teilstaat ebnen und ihn in den Ostblock einfügen konnte.

Ein solches Ziel lag in der Konsequenz der inzwischen von der SED erreichten und weiterhin forcierten ökonomischen und sozialen Strukturveränderungen in der SBZ. Seine Realisierung wurde aber – da sich die Sowjetunion noch nicht festlegen wollte – aus propagandistischen Gründen verzögert und als Reaktion auf „separatistische" Weichenstellungen in den Westzonen ausgegeben, dann aber jeweils schrittweise dem Vorgehen der Westmächte angepaßt. So erfolgte im Februar 1948 eine Umbildung und Kompetenzerweiterung der Deutschen Wirtschaftskommission, die die Position der SED in deren Organen erneut verstärkte.

Bereits im März 1948 beriet der von einem neuen (2.) Volkskongreß gebildete Deutsche Volksrat den Verfassungsentwurf der SED vom November 1946 für eine „Deutsche demokratische Republik", durfte ihn jedoch noch nicht in Kraft setzen. Zunächst sollte abgewartet werden, ob nicht die Ende Juni begonnene sowjetische Blockade der Westsektoren Berlins ihr Ziel erreichen würde: den Verzicht der Westmächte auf eine Teilstaatsgründung, zumindest aber deren Rückzug aus der früheren Reichshauptstadt. Als das nicht gelang, wurde dem Parlamentarischen Rat in Bonn ein zeitlicher Vorsprung für die Annahme des Grundgesetzes gelassen.

Von der SBZ zur DDR
Erst am 19. März 1949, nachdem das Scheitern der Blockade längst zutage lag, billigte der Volksrat in Ost-Berlin den von ihm bereits ein halbes Jahr zuvor (wie künftig immer: einstimmig) verabschiedeten Entwurf einer Verfassung der DDR: zwei Monate vor Verabschiedung des Grundgesetzes in Bonn. Er wurde jedoch erst am 29. Mai, wiederum im Nachvollzug – nach Verkündung des Grundgesetzes (23. Mai) und nach vorausgegangenem Abbruch der Berliner Blockade (12. Mai) – von einem (3.) Volkskongreß in Ost-Berlin bestätigt. Dieser setzte einen neuen (2.) Volksrat ein, der aber solange untätig blieb, bis sich in Bonn die

Bundesorgane konstituiert und die SED-Führer in Moskau entsprechende Instruktionen erhalten hatten. Erst dann proklamierte der (2.) Volksrat in einem erneuten Nachvollzug am 7. Oktober die Gründung der DDR als „Gegenstaat" [279: A. HILLGRUBER, Geschichte, 45], und setzte die Verfassung in Kraft. Darin war Berlin als Hauptstadt vorgesehen, ohne Rücksicht auf deren Sonderstatus, den die Vier Mächte vereinbart hatten.

Damit war ein zweiter Teilstaat in Deutschland gegründet, ohne Legitimation durch Wahlen. Die von der SED beherrschte DDR-Führung erhob den Anspruch, den kommunistischen Kernstaat der deutschen Nation zu bilden. Die einzige Gemeinsamkeit mit der Bundesrepublik bestand in den Farben der Staatsflagge: Schwarz-Rot-Gold. Zweimal Schwarz-Rot-Gold

Die Blockmächte, die sich weiterhin entlang des Eisernen Vorhangs mit militärischer Präsenz gegenüberstanden, reagierten auf die jeweils von ihnen initiierten und kontrollierten Teilstaatsgründungen mit wechselseitigen Vorwürfen. Auf Moskaus Protest vom 1. Oktober 1949 gegen die Bildung der „Separatregierung in Bonn" protestierte Washington zwölf Tage später gegen die „sowjetische Staatsschöpfung auf deutschem Boden", also jenen Vorgang, den Stalin am 13. Oktober als einen „Wendepunkt in der Geschichte Europas" bewertete.

Von der „doppelten Staatsgründung" [246: C. KLESSMANN] im Herbst 1949 blieben die Ostgebiete des Deutschen Reiches ebenso ausgeschlossen wie das Saargebiet. Die neuen Teilstaaten, beide im Gefolge des Kalten Krieges entstanden, wurden in das inzwischen formierte Blocksystem der Hegemonialmächte einbezogen. Dabei bildete der Sonderstatus von Berlin, des weiterhin einzigen Vorpostens der freien Welt jenseits des Eisernen Vorhangs, auch künftig ein Sonderproblem der Deutschen Frage. Die „doppelte Staatsgründung"

B. DIE GRÜNDERJAHRE DER BUNDESREPUBLIK DEUTSCHLAND UND DIE ANFÄNGE DER ÄRA ADENAUER 1949–1955

1. Voraussetzungen und Rahmenbedingungen

a) Die liberal-demokratische Grundentscheidung

Ausgangssituation „Im Anfang war Adenauer – so läßt sich der Beginn der Bundesrepublik kurz kennzeichnen" [778: A. BARING, Außenpolitik, 1]. Diese Formel klingt bestechend, darf aber nicht darüber hinwegtäuschen, daß die Bundesrepublik bis 1955 unter der Vormundschaft der drei Westmächte verblieb. So hat A. BARING auch Jahre später präzisiert: „Im Anfang waren die Amerikaner" [Unser neuer Größenwahn, Stuttgart 1991, 16].

Belastungen Die innere Situation des neuen Staates war überaus labil, bestimmt durch Pauperisierung und Entwurzelung (Zustrom von 7,9 Millionen Heimatvertriebenen und 1,5 Millionen Flüchtlingen aus der SBZ/DDR), durch den hohen Zerstörungsgrad der Städte und Verkehrswege sowie katastrophale Wohnungsnot, durch beträchtliche Arbeitslosigkeit (im Februar 1950 ca. zwei Millionen) und den Fortgang der Demontagen, durch soziale Notstände für mehr als vier Millionen Kriegsopfer, Evakuierte, Spätheimkehrer aus der Kriegsgefangenschaft (bis 1955: 1,6 Millionen) und 3,4 Millionen Kriegssachgeschädigte. Das Parteiensystem war durch eine Vielzahl von Regional- und Splittergruppen gekennzeichnet, begünstigt durch das bis 1953 geltende Wahlrecht (5%-Sperrklausel innerhalb eines Landes, sofern eine Partei dort kein Direktmandat erringen konnte).

Wirtschaftliche Erfolge Wie sich das Parteiensystem im Zeichen einer klaren Trennung zwischen Koalition und verfassungskonformer Opposition entwickeln würde, war ebensowenig abzusehen wie das künftige (Wahl-)Verhalten von Millionen früherer Mitglieder der Nationalsozialistischen Deutschen Arbeiterpartei und der Heimatvertriebenen. Angesichts derartiger Belastungen begann die Geschichte der Bundesrepublik mit einer „Gründungskrise" [1138: H.G. HOCKERTS, Integration, 25]. Sie konnte allerdings innerhalb kurzer Zeit überwunden werden.

Dazu trugen außenpolitische Erfolge und sozialpolitische Maßnahmen im Zeichen eines wirtschaftlichen Wachstums bei, das sich rasch verstärkte. Die Soziale Marktwirtschaft erlebte nach einer vorübergehenden Phase der Stagnation im Gefolge des Korea-Krieges ab 1951/52 einen langanhaltenden Aufschwung („Wirtschaftswunder"). Dabei kam der Bundesrepublik zugute, daß sie von Hypotheken und strukturellen Konflikten der Weimarer Republik entlastet war (ostelbischer Großgrundbesitz, Machtstellung früherer Eliten, militärische Traditionsbestände, Hegemonie Preußens, Konfessionskonflikt, staatliche Zwangsschlichtung als Belastung in sozialen Verteilungskämpfen).

Westorientierung Andere Faktoren, die dem provisorischen Staat rasch zu politischer Akzeptanz verhalfen, waren die schon vor seiner Gründung eingeleitete geistige Orientierung zum europäisch-atlantischen Westen (verfassungspolitische Westintegration) und dessen Werteordnung. Sie fand auch in dem im Oktober 1949 gegründeten Deutschen Gewerkschaftsbund eine Stütze.

Die Politik des SED-Regimes in der Deutschen Demokratischen Republik – die im Westen weiterhin nur „Sowjetzone" oder „Ostzone" hieß und durch eine permanente „Abstimmung mit den Füßen" Einwohner an die Bundesrepublik verlor – wirkte der Verlockung sozialistischer Experimente entgegen und verschaffte einem verbreiteten Antikommunismus ständig neue Nahrung. In dem Maße, in dem der wirtschaftliche Aufschwung in der Bundesrepublik immer weiteren Kreisen der Bevölkerung zugute kam, schrumpften die KPD sowie, wenig später, Interessen- und Splitterparteien (WAV, BHE) zur Bedeutungslosigkeit. Alle demokratischen Parteien suchten frühere NSDAP-Mitglieder für die neue Demokratie zu gewinnen.

Deren Konsolidierung wurde begünstigt durch die internationalen Rahmen- und Strukturbedingungen im Gefolge des Kalten Krieges sowie die Einbeziehung der Bundesrepublik in das Europäische Wiederaufbauprogramm. Es wirkte als „vorbereitendes Beziehungsnetz" [700: M. KNAPP, Sorgen unter Partnern, 39] für die militär- und sicherheitspolitische Integration der Bundesrepublik in das westliche Verteidigungsbündnis. Sie wiederum beschleunigte die von der oppositionellen SPD mitgetragene, von ihr allerdings mit anderen Inhalten und Prioritäten verbundene Westorientierung und vergrößerte den außenpolitischen Handlungsspielraum durch Abbau der Besatzungsherrschaft. Die bis 1954/55 erreichte Gleichberechtigung der Bundesrepublik und ihre schrittweise festere Verankerung im Westbündnis stützten ihrerseits die liberaldemokratische Grundentscheidung von 1949. Sie wurde durch eine entsprechende wirtschaftsordnungs- und sozialpolitische Fundamentalgesetzgebung abgesichert.

Wachsender Handlungsspielraum

b) Die Problematik der Deutschen Frage

Im Sinne der Präambel des „für die Übergangszeit" geschaffenen Grundgesetzes, der zufolge das „gesamte deutsche Volk" aufgefordert blieb, in „freier Selbstbestimmung die Einheit und Freiheit Deutschlands zu vollenden", war das politische Fernziel vorgegeben, nicht jedoch der Weg zu dessen Realisierung. Es wurde zunächst im Sinne nationalstaatlicher Wiedervereinigung der beiden Teilstaaten verstanden. Sie aber bedurfte der Zustimmung aller vier Siegermächte.

In dem Maße, in dem sich dieses Verfassungspostulat für absehbare Zeit als unrealisierbar erwies, entwickelte sich in der Bundesrepublik ein widersprüchliches Selbstverständnis. Bis weit in die fünfziger Jahre hinein fehlte ein eigenständiges Staats- und Identitätsbewußtsein, ohne daß an dessen Stelle im Gefolge der verbreiteten Europaideologie ein neues Bezugssystem trat. Es gelang nicht, die Spannung zwischen Teilstaats- und Nationalbewußtsein dadurch zu mindern, daß der Bund nach Westen hin von der im Grundgesetz vorgesehenen Möglichkeit

Zwischen Teilstaats- und Nationalbewußtsein

Gebrauch machte (Artikel 24), Hoheitsrechte auf „zwischenstaatliche Einrichtungen" zu übertragen.

Eine Anfang der sechziger Jahre einsetzende „Krise der Wiedervereinigungsidee" [265: K. D. BRACHER, Europa in der Krise, 368] stand im Zusammenhang mit einer Hinnahme des Status quo durch die Blockmächte, aber auch mit dem ersten Generationenwechsel in der Bundesrepublik. Diese Krise konnte nicht gelöst werden und gehört zu den Ursachen des gesellschaftlichen Umbruchs und Wertwandels nach Mitte der sechziger Jahre. In dessen Gefolge erhielten schließlich die Bemühungen um eine Lösung der Deutschen Frage einen anderen Stellenwert als bisher.

2. Aussenpolitik im Zeichen der Westbindung

a) Ziele und Anfangserfolge bis 1952/53

Sicherheit und Gleichberechtigung
Das maßgeblich von Adenauer bestimmte Ziel der ersten Bundesregierung war es, die machtlose, in mehrfacher Hinsicht provisorische und nach außen durch die westlichen Siegermächte vertretene Bundesrepublik möglichst rasch und vollständig in die „westeuropäische Welt" – wie es in der ersten Regierungserklärung vom 20. September 1949 hieß – zu integrieren und ihr dadurch militärische Sicherheit, internationale Gleichberechtigung und politische Mitsprache zu verschaffen. Der neue Teilstaat sollte auch in geistiger und kultureller Hinsicht unauflösbar mit dem Westen verbunden werden, um jeden Versuch eines Bonner Alleingangs („Schaukelpolitik" zwischen West und Ost, „Brückenschlag") ebenso auszuschließen wie die Schaffung eines wiedervereinigten, aber neutralisierten und von der Sowjetunion beeinflußten Deutschlands.

Eine kontrollierte Westbindung sollte schließlich dazu beitragen, den deutsch-französischen Gegensatz aufzulösen und eine Regelung der leidigen Saarfrage zu erleichtern, gleichzeitig der Bonner Politik Stetigkeit und Berechenbarkeit verschaffen und dadurch der deutschen Unruhe mit der Gefahr eines nicht nur verfassungspolitischen Sonderwegs entgegenwirken.

Kernstaat mit Magnetwirkung
Im Bewußtsein ihrer Bürger bildete die durch freie Wahlen legitimierte, ökonomisch attraktive und als provisorisch deklarierte Bundesrepublik mit 47 Millionen Einwohnern den deutschen Kernstaat. Von ihm erwartete man, daß er auf die 17 Millionen Deutschen im Herrschaftsbereich des Kommunismus unwiderstehliche Anziehungskraft ausüben (Magnetwirkung) und als deren Folge eine Wiedervereinigung „in Frieden und Freiheit" zustande kommen werde. Die deutschen Ostgebiete jenseits der Oder-Neiße-Linie blieben in der Diskussion eines solchen Procedere in der Regel ausgenommen, ohne daß Bundesregierung oder Bundestag darauf einen Verzicht aussprachen.

Die Hohe Kommission als „Oberregierung"
Eine Lösung des Deutschlandproblems hielt Adenauer nur auf weite Sicht und nur im europäischen Rahmen für möglich, wenn eine veränderte internationale

(Kräfte-)Situation es der totalitären Sowjetunion zweckmäßig erscheinen ließ, den Deutschen in der DDR politische Selbstbestimmung einzuräumen. Da die Viermächte-Verantwortung für Deutschland als Ganzes fortbestand, tangierte jeder Bonner Schritt in der Deutschlandpolitik außen- und sicherheitspolitische Belange der Westmächte. Umgekehrt trug die politische und ökonomische Stabilisierung des neuen Bundesstaats dazu bei, die westliche Sicherheitsgemeinschaft insgesamt zu stärken.

Die Interessen der Westmächte mit denen der Bundesrepublik in Einklang zu bringen, war Aufgabe der Alliierten Hohen Kommission (François-Poncet, McCloy, Robertson), die kraft Siegerrechts auf der Grundlage des Besatzungsstatuts eine „Oberregierung" über die „international entmündigte" Bundesrepublik [H. GRAML, Außenpolitik, in 260: W. BENZ (Hrsg.), Bundesrepublik, Bd. 1, 331] bildete. Die Kommission residierte auf dem Petersberg im Siebengebirge und damit in einem sehr wörtlichen Sinne hoch über der neuen, am 3. November 1949 vom Bundestag gewählten Bundeshauptstadt Bonn.

Adenauer vermochte sich den alleinigen Zugang zu den Hohen Kommissaren zu sichern. Der durch diese Kontakte, die „Urform der Außenpolitik" des neuen Staates [713: H. BUCHHEIM, Deutschlandpolitik, 10], gewonnene Informationsvorsprung vergrößerte seinen Handlungsspielraum gegenüber Bundeskabinett und Koalitionsfraktionen. Solange die Bundesrepublik kein Außenministerium und keine Auslandsvertretungen besaß (bis 1951), verschaffte sich der Bundeskanzler durch gezielte Interviewpolitik mit ausländischen Journalisten internationales Gehör. Bei seinem „Vorstoß in die Außenpolitik" [so eine Kapitelüberschrift bei 110: K. ADENAUER, Erinnerungen 1945–1953, 244] unterstützte ihn die amerikanische Regierung in dem Bemühen, das Mißtrauen Frankreichs gegenüber einem Wiedererstarken seines östlichen Nachbarn und dessen schrittweise zugestandener Gleichberechtigung abzubauen.

Urform der Außenpolitik

Überraschend schnell gelang es dem Bundeskanzler, der Hohen Kommission Konzessionen abzuringen. Seine Erfolge lagen zunächst in der Konsequenz der internationalen Rahmenbedingungen (Fortdauer des Kalten Krieges). Sie waren aber auch vertrauensbildenden Vorleistungen der Bundesregierung zu verdanken, die Adenauer als „Übergangsregelung" betrachtete und gegen erbitterten Widerstand („Erfüllungspolitik") der SPD durchsetzte. Die stärkste Oppositionsfraktion sah die nationalstaatliche Wiedervereinigung als erreichbares Nahziel an und bestand deswegen bei grundsätzlicher Anerkennung der Westbindung auf dem gesamtdeutschen Vorbehalt.

Erste Erfolge

Die Vorleistungen Bonns verloren im Gefolge weltpolitischer Ereignisse (Korea-Krieg seit Mitte 1950) rasch ihre Bedeutung, hatten aber ihren Zweck erfüllt. Aufgrund des Petersberger Abkommens vom 22. November 1949 wurden das Besatzungsstatut gemildert und die Demontagen verringert. Die Bundesrepublik konnte konsularische Beziehungen aufnehmen und sich internationalen Organisationen anschließen. Sie mußte jedoch als Gegenleistung für diese „entscheidende Wende" [ADENAUER am 6. April 1950 im Bundestag; 75: Verhandlungen, 5938] der Internationalen Ruhrbehörde beitreten (30. November) und damit die bisher als diskriminierend abgelehnte Ruhrkontrolle akzeptieren.

Nach dem am 25. Oktober 1949 erfolgten Beitritt der Bundesrepublik zur Marshall-Plan-Organisation (OEEC) konnte sie aufgrund eines Abkommens mit den USA vom 15. Dezember 1949, ihrer ersten internationalen Vereinbarung, ein ERP-Sondervermögen („Gegenwertfonds") bilden und dieses zur Finanzierung des industriellen Wiederaufbaus einsetzen. Hingegen ist es der Bundesregierung auch in den folgenden Jahren nicht gelungen, das während des Zweiten Weltkriegs in den USA beschlagnahmte deutsche Privatvermögen zurückzuerhalten.

Der Schuman-Plan Eine Wende der französischen Außenpolitik, die bisher vornehmlich auf Sicherheit vor und Kontrolle über Deutschland bedacht war, führte im Frühjahr 1950 zu dem als sensationell empfundenen Vorschlag des Außenministers Robert Schuman (9. Mai), zwischen Frankreich, der Bundesrepublik, den Benelux-Staaten und Italien einen gemeinsamen Markt für Kohle und Stahl zu bilden. Auf 50 Jahre angelegt, sollte dieser wirtschaftliche Verbund der westeuropäischen Schwerindustrie mit Hilfe einer supranationalen Lenkungsbehörde den wirtschaftlichen Wiederaufbau beschleunigen und die politische Einigung Westeuropas voranbringen. Er sollte gleichzeitig aber die Bundesrepublik durch wirtschaftliche Integration und Souveränitätsverzicht ebenso unter Kontrolle halten wie speziell die Ruhrindustrie.

Schumans Angebot steigerte die verbreitete Europa-Begeisterung. Es kam entsprechenden Vorstellungen Adenauers entgegen, der seinerseits bereits im März für eine noch umfassendere „vollständige Union Frankreichs und Deutschlands" eingetreten war [110: K. ADENAUER, Erinnerungen 1945–1953, 312]. Der Bundeskanzler sah in dem Vorschlag Schumans die Möglichkeit, der Bundesrepublik eine gleichberechtigte Stellung zu verschaffen und den Westen insgesamt zu stärken, einen Ausgleich mit Frankreich auch über das Saargebiet zu erreichen und gleichzeitig Auflagen der Alliierten über Beschränkungen der deutschen Wirtschaftskapazität überflüssig werden zu lassen.

Montanunion Der Schuman-Plan wurde von der SPD wegen vermeintlicher wirtschaftlicher Nachteile für die Bundesrepublik („Europa-AG") leidenschaftlich, aber erfolglos bekämpft. Am 18. April 1951 konnte der Vertrag über die Bildung einer „Europäischen Gemeinschaft für Kohle und Stahl" (EGKS, Montanunion) unterzeichnet werden. Er trat am 23. Juli 1952 in Kraft und galt als Vorläufer einer weitergehenden politischen Integration. Damit erloschen das für Bonn nachteilige Ruhrstatut und Produktionsbeschränkungen. Erster Präsident der „Hohen Behörde", des neu errichteten Exekutivorgans der EGKS, wurde (bis 1955) der Franzose Jean Monnet, der Initiator des Schuman-Plans. Die Realisierung der Montanunion ermöglichte die zeitweise Übereinstimmung von atlantischem und europäischem Konzept: „Kontrolle durch Partnerschaft" [W. LINK, Die amerikanische Deutschlandpolitik, in: A. FISCHER u. a., Die Deutschlandfrage und die Anfänge des Ost-West-Konflikts 1945–1949, Berlin 1984, 23].

Innenpolitisch ebenso umstritten wie die Montanunion war eine weitere Bonner Vorleistung: der am 15. Juni 1950 vom Bundestag auf Vorschlag der Regierung

B. Die Gründerjahre der Bundesrepublik Deutschland 1949–1955   29

beschlossene Beitritt der Bundesrepublik zum Europarat (zunächst als assoziiertes Mitglied, ohne Sitz im Ministerrat), obwohl gleichzeitig das Saarland aufgenommen werden sollte. Mit dessen Führung hatte die französische Regierung noch Anfang März dieses Jahres engere wirtschaftliche Zusammenarbeit vereinbart und damit einen Dauerkonflikt mit Bonn geschaffen.

Im Verlauf der beiden folgenden Jahre – vor allem mitbedingt durch die veränderte internationale Situation nach Ausbruch des Korea-Krieges (s. das folgende Kapitel) – gelang es der Bundesregierung, die Position der Bundesrepublik aufzuwerten. Nach einer entsprechenden Revision des Besatzungsstatuts konnte am 13. März 1951 ein Auswärtiges Amt errichtet werden (dessen Leitung Adenauer zunächst mit übernahm), wurden diplomatische Beziehungen – zu den drei Westmächten zunächst durch Generalkonsulate – aufgenommen und die Bundesrepublik vollberechtigtes Mitglied des Europarats (2. Mai); am 9. Juni beendeten die Westmächte den Kriegszustand mit Deutschland. Mit ihrem Beitritt zum Allgemeinen Zoll- und Handelsabkommen (GATT) am 10. August 1951 gewann die Bundesrepublik größere Handlungsfreiheit im Außenhandel. 1952 gab Großbritannien die Insel Helgoland frei (1. März), und die Bundesrepublik, die seit September 1950 auch der Europäischen Zahlungsunion (EZU) angehörte, schloß sich dem Internationalen Währungsfonds an.

Größere Bewegungsfreiheit

Bedeutsam für ihre internationale Reputation und Kreditwürdigkeit wurden der von Adenauer durchgesetzte Abschluß des Luxemburger Wiedergutmachungsabkommens mit Israel vom 10. September 1952 und des Londoner Schuldenabkommens vom 27. Februar 1953. Im Israel-Vertrag verpflichtete sich die Bundesrepublik, bis 1965 3 Mrd. DM in Jahresraten zu zahlen, zudem 450 Mill. DM an jüdische Organisationen und 50 Mill. DM für rassisch Verfolgte nichtjüdischen Glaubens. Die Leistungen der Bundesrepublik Deutschland aus den Verträgen mit Israel und westeuropäischen Staaten sowie aus individueller Wiedergutmachung bis 1965 betrugen 5,2 Mrd. Dollar.

Wiedergutmachungsleistungen

Mit dem Londoner Abkommen, das der Bankier Hermann Josef Abs ausgehandelt hatte, gelang es, sowohl Vorkriegsschulden des Deutschen Reiches über 13,5 Mrd. DM gegenüber insgesamt 65 Gläubigerstaaten – mit deren Übernahme sich die Bundesrepublik erneut als Rechtsnachfolger des Reiches bekannte – als auch Nachkriegsschulden über 16 Mrd. DM zu regulieren und künftige Reparationszahlungen zu vermeiden. Zu diesen finanziellen Verpflichtungen ab 1953 kamen weitere von ca. 1 Mrd. DM zugunsten von Opfern der nationalsozialistischen Gewaltherrschaft in zwölf europäischen Staaten. 1979 war das Londoner Abkommen durch Zahlung von insgesamt 15,28 Mrd. DM erfüllt. Die Gesamtsumme der Reparationen aus den drei Westzonen und der Bundesrepublik 1945–1953 betrug ca. 16,8 Mrd. Dollar, zu Vorkriegspreisen ca. 55 Mrd. DM, zu denen weitere Milliarden Besatzungskosten kamen [585: J. Fisch, Reparationen, 217].

b) Wehrbeitrag, EVG- und Deutschlandvertrag

Der Korea-Schock und seine Folgen

Der Ausbruch des Korea-Krieges durch Angriff der nordkoreanischen Kommunisten auf Südkorea am 25. Juni 1950 veränderte die internationale Situation. Dieser Konflikt wurde in der westlichen Welt als Beginn einer neuen globalen sowjetischen Offensive in Form von Stellvertreterkriegen empfunden. Da man davon ausging, daß der Angriff mit Zustimmung oder sogar auf Befehl Stalins erfolgt war, löste er bei der großen Mehrheit der Deutschen die Furcht vor einem Blitzkrieg der Roten Armee als Auftakt eines dritten Weltkriegs aus. Die DDR verfügte inzwischen über paramilitärische Streitkräfte von annähernd 60 000 Mann, als „Volkspolizei" getarnt (sie wurden 1956 in die Nationale Volksarmee übernommen). Der Bundesregierung standen keinerlei Polizeieinheiten zur Verfügung.

Der Korea-Schock verstärkte die bereits vorher von der militärischen Führung in den angelsächsischen Ländern erhobene Forderung, die Bundesrepublik durch Truppenkontingente an den Verteidigungslasten des Westens zu beteiligen. Demgegenüber hatte die Alliierte Hohe Kommission noch kurz zuvor – durch Gesetze vom 16. Dezember 1949 und 8. Mai 1950 – ihre Politik der Entmilitarisierung bekräftigt, eingeschlossen entsprechende Beschränkungen der Industrie, des Außenhandels und der Forschung.

Sicherheit – Verteidigung

Über diese ablehnende Haltung gegenüber einer neuen Armee, die der allgemeinen Stimmung in der Bevölkerung entsprach, setzte sich Adenauer hinweg, da er angesichts der kommunistischen Erfolge im Korea-Krieg einen Angriff der Sowjetunion befürchtete. Er sah die Möglichkeit, die in Gang gekommene Westintegration auf dem (Um-)Weg über einen freiwillig geleisteten Verteidigungsbeitrag der Bundesrepublik zu beschleunigen und gleichzeitig die Fesseln des Besatzungsstatuts lockern zu können. Der Bundeskanzler hatte seit Dezember 1949 wiederholt eine formelle Sicherheitsgarantie der Westmächte für die Bundesrepublik, die Erlaubnis zum Aufbau einer Bundespolizei und eine Verschiebung der westlichen Verteidigungslinie vom Rhein an die Elbe gefordert. (Die Militärstrategie der NATO, die zunächst den totalen strategischen Atomkrieg vorsah, ging davon aus, daß Westeuropa in der Anfangsphase eines Krieges mit der UdSSR und deren Satelliten nicht verteidigt werden könne. Das Territorium der Bundesrepublik war kein Vertragsgebiet der NATO.)

Adenauers „Sicherheitsmemorandum"

Anfang Juni 1950 begannen zwischen der Bundesregierung und den Hohen Kommissaren Gespräche über Sicherheitsfragen, eingeschlossen den Aufbau deutscher Freiwilligen-Einheiten. Der von Churchill angeregte Beschluß der Beratenden Versammlung des Europarats vom 11. August, eine Europaarmee unter Teilnahme deutscher Streitkräfte zu schaffen, kam Adenauer gelegen. Am 29. August, am Vorabend einer Außenministerkonferenz der drei Westmächte in New York, drängte er deren Regierungen – nach detaillierten Hinweisen auf Stärke und Zusammensetzung der sowjetischen Truppen und der „Volkspolizei" in der „Ostzone" –, ihre Streitkräfte in Deutschland zu verstärken.

In einem von den Hohen Kommissaren erbetenen, durch den Korea-Schock ausgelösten „Sicherheitsmemorandum" bekräftigte Adenauer seine wiederholt bekundete Mitverantwortung für die Sicherheit Westeuropas durch die Bereitschaft, „im Falle der Bildung einer internationalen westeuropäischen Armee" – aber auch nur dann – einen „Beitrag in Form eines deutschen Kontingents" zu leisten. In einem gleichzeitigen „Memorandum zur Frage der Neuordnung der Beziehungen der Bundesrepublik zu den Besatzungsmächten" drängte der Bundeskanzler darauf, diese Beziehungen durch Abbau des Besatzungsstatuts zu normalisieren.

Die drei Westmächte, die seit April 1949 mit weiteren acht Staaten zum Nordatlantischen Verteidigungsbündnis (NATO) zusammengeschlossen waren, erkannten am 19. September 1950 die Bundesregierung als rechtmäßige Vertretung deutscher Belange an und stellten in Aussicht, das Besatzungsstatut zu revidieren sowie wirtschaftliche Beschränkungen zu lockern. Die Westalliierten dehnten ihre Sicherheitsgarantie auch auf einen etwaigen Angriff von Streitkräften der DDR aus. Sie beschlossen ferner, ihre Truppen in der Bundesrepublik zu verstärken und Bonn „bewegliche Polizeikräfte auf Länderebene" (30 000 Mann) zuzugestehen. Von einer Aufstellung deutscher Truppen, die Washington befürwortete, war allerdings keine Rede.

Sicherheitsgarantie der Westmächte

Gegen einen Wehrbeitrag bestanden bzw. erwuchsen nunmehr auch innerhalb der Bundesrepublik, quer durch alle Parteien und Bevölkerungskreise, schwerwiegende Bedenken. Sie erhob auch Bundesinnenminister Gustav Heinemann (CDU). Er fühlte sich durch Adenauers Vorpreschen in der Sicherheitsfrage übergangen, obwohl darüber am 25. August im Bundeskabinett diskutiert worden war [45: Kabinettsprotokolle 1950, 639]. Heinemann, Präses der Synode der Evangelischen Kirche Deutschlands, bestand jedoch zunächst nicht auf der von ihm am 31. August angebotenen Demission als Bundesminister. Er war „überrascht und persönlich getroffen" [A. DOERING-MANTEUFFEL, Die Kirchen und die EVG, in: H.-E. VOLKMANN, W. SCHWENGLER (Hrsg.), Die EVG, Boppard 1985, 326], als der Bundeskanzler seinen am 9. Oktober erneut angebotenen Rücktritt annahm.

Bedenken gegen einen Wehrbeitrag

Die in Frankreich fortbestehenden Vorbehalte gegen den von den USA geforderten deutschen Verteidigungsbeitrag, der inzwischen auch in London und Paris als unvermeidlich galt, suchte die französische Regierung unter René Pleven im Herbst 1950 durch einen eigenen Vorschlag zu entkräften. Danach sollten deutsche Truppen auf der Basis kleinstmöglicher Einheiten in eine supranationale westeuropäische Militärorganisation eingegliedert werden, um sie damit gleichzeitig kontrollieren, die Bundesrepublik von der NATO fernhalten und so von den USA abrücken zu können. Den am 25. Oktober vom französischen Parlament gebilligten Pleven-Plan begrüßte die Bundesregierung zwar als Schrittmacher – neben der in Vorbereitung befindlichen Montanunion – zu einer weitergehenden politischen Integration Europas, akzeptierte ihn aber wegen der Diskriminierung deutscher Streitkräfte nur als Diskussionsgrundlage.

In den anschließenden Verhandlungen bestand Adenauer auf einer – auch von Washington geforderten – Gleichstellung der Bundesrepublik. Er suchte für deren Zustimmung zur Europäischen Verteidigungsgemeinschaft (EVG) eine förmliche

Vorschläge für eine EVG

Sicherheitsgarantie sowie die Übertragung der Souveränität an die Bundesrepublik (durch Preisgabe des Besatzungsstatuts) zu erreichen. Nach dem Bekanntwerden des Pleven-Plans konnte der Bundeskanzler bereits im Mai 1950 verdeckt begonnene Planungen zum Aufbau eines eigenen Verteidigungsbeitrags offen weiterführen. Am 26. Oktober 1950 ernannte er den CDU-Abgeordneten Theodor Blank zum „Beauftragten des Bundeskanzlers für die mit der Vermehrung der alliierten Truppen zusammenhängenden Fragen". Die „Dienststelle Blank" wurde zum Vorläufer des 1955 errichteten Verteidigungsministeriums.

Im Dezember 1950 erreichte die amerikanische Regierung – im Zeichen einer durch die Intervention der Volksrepublik China dramatisch verschlechterten militärischen Lage im Korea-Krieg –, daß das französische Kabinett den Pleven-Plan im Sinne der Bonner Postulate modifizierte. Die daraufhin konzipierte, Italien und die Benelux-Staaten einschließende Europäische Verteidigungsgemeinschaft auf der Grundlage national einheitlicher Divisionen, aber supranational zusammengesetzter Korps, sollte der erstrebten Europäischen Politischen Union Auftrieb verschaffen. Im Januar 1951 begannen Gespräche über einen westdeutschen Verteidigungsbeitrag mit den Hohen Kommissaren, wenige Wochen später die entsprechenden Verhandlungen in Paris. Im März erfolgte die schon erwähnte erste Revision des Besatzungsstatuts zugunsten der Bundesrepublik.

EVG- und Deutschlandvertrag

Parallel zu den komplizierten Verhandlungen über den EVG-Vertrag liefen seit September 1951 solche über einen „Generalvertrag" (später „Deutschlandvertrag") mit den drei Westmächten zur Neuregelung der gegenseitigen Beziehungen (Gleichberechtigung der Bundesrepublik im Bündnis). Deren Abschluß suchte die Sowjetunion zu verhindern. Sie ließ seit Oktober 1950 Bereitschaft zu Verhandlungen über einen Friedensvertrag mit Deutschland und das Ende der Besatzung erkennen, eingeleitet durch entsprechende Offerten der DDR-Regierung an Bonn über innerdeutsche Verhandlungen zur Wiedervereinigung.

Mit diesen von Ost-Berlin ausgehenden, bis in das Frühjahr 1952 reichenden Aktionen, die im Westen als Störmanöver gegen die Westintegration der Bundesrepublik galten, hatte Moskau jedoch genau so wenig Erfolg wie mit einer eigenen Intervention vom März 1952 (s. das folgende Kapitel). Beides trug nur dazu bei, den Abschluß der Westverträge zu beschleunigen und die Zustimmung des Bundestags zu einem Wehrbeitrag zu erzielen. Ihn setzte die Koalitionsmehrheit gegen erbitterten Widerstand der SPD und zunächst einer großen Mehrheit der Bevölkerung („Ohne mich"-Bewegung) durch; er wurde zur „Eintrittskarte in das westliche Bündnis" [K. VON SCHUBERT, Sicherheitspolitik und Bundeswehr, in 260: W. BENZ (Hrsg.), Bundesrepublik, Bd. 1, 307].

Erfolge

Die Unterzeichnung des Vertrags über die „Beziehungen zwischen der Bundesrepublik Deutschland und den drei Mächten" (Deutschlandvertrag mit Annexverträgen) am 26. Mai 1952 in Bonn und des EVG-Vertrags am folgenden Tag in Paris bedeutete einen Meilenstein auf dem Weg zur Gleichberechtigung und außenpolitischen Handlungsfähigkeit der Bundesrepublik. Die Westmächte, deren Vorbehaltsrechte in bezug auf Deutschland als Ganzes und auf Berlin unangetastet blieben, verpflichteten sich, die Festlegung der Grenzen Deutschlands bis zur Regelung in einem Friedensvertrag aufzuschieben und mit der Bundesrepublik zusammenzuwirken, um „mit friedlichen Mitteln ihr gemeinsames Ziel zu verwirklichen: ein wiedervereinigtes Deutschland, das eine freiheitlich-demokratische Verfassung ähnlich wie die Bundesrepublik besitzt und das in die europäische Gemeinschaft integriert ist" (Artikel 7/II). Das vertraglich vereinbarte Offenhalten der Grenzfrage war bereits entschieden mehr, als die Westmächte zunächst zugestehen wollten. Es blieb seitdem auch Adenauers Rückzugslinie.

Innenpolitisch besonders umstritten war die „Bindungsklausel" (Artikel 7/III). Deren erste Fassung, wonach auch ein wiedervereinigtes Deutschland der Westbindung der Bundesrepublik unterworfen sein sollte, wurde auf Drängen von Politikern der CDU und der FDP abgeschwächt. Die neu vereinbarte Formel lautete: Im Falle der Wiedervereinigung würden die drei Mächte diejenigen Rechte, die der Bundesrepublik aufgrund des Deutschlandvertrags und seiner Zusatzverträge zuständen, einem wiedervereinigten Deutschland zubilligen, wenn dieses die aus den Verträgen entstandenen Verpflichtungen der Bundesrepublik übernehmen würde. Aber auch diese abgeschwächte Formulierung, die unterschiedliche Auslegungen über die Voraussetzungen für eine Wiedervereinigung ermöglichte, wurde bei der Revision des Vertrags vom 23. Oktober 1954, der die Bundesrepublik fest im westlichen Bündnissystem verankerte, ersatzlos gestrichen.

Die umstrittene „Bindungsklausel"

Als Antwort auf den Abschluß der Westverträge ließ die Sowjetunion die innerdeutsche Grenze durch DDR-Instanzen abriegeln und innerhalb Berlins die Zahl der Übergänge an der Sektorengrenze reduzieren. Diese Maßnahmen erleichterten es der SED, ihren Machtbereich stärker von der Bundesrepublik abzugrenzen, um ihn durch den – Mitte Juli 1952 verkündeten – „planmäßigen Aufbau des Sozialismus" stabilisieren zu können.

EVG- und Deutschlandvertrag wurden in Washington und London rasch ratifiziert, gerieten jedoch in Frankreich und in der Bundesrepublik in den Streit der Parteien. Die Regierung in Bonn ging weiterhin davon aus, daß die Westbindung der Bundesrepublik zur Wiedervereinigung führen werde. Die Begründung lautete: Die expansionistische Sowjetunion könnte nur durch die Geschlossenheit eines einigen und starken Westens, beeinflußt durch wirtschaftliche Schwierigkeiten im eigenen Land sowie Selbständigkeitsbestrebungen innerhalb ihrer osteuropäischen Satellitenstaaten, dazu veranlaßt werden, ihre Deutschlandpolitik zu ändern. Demgegenüber argumentierte die Opposition, daß Westintegration und Verteidigungsbeitrag eine Wiedervereinigung ausschlössen. Sie suchte ferner durch Anrufung des (Ende 1951 errichteten) Bundesverfassungsgerichts einen Wehrbeitrag als mit dem Grundgesetz unvereinbar erklären zu lassen.

Der Kampf um den Wehrbeitrag

Damit hatte sie keinen Erfolg, vermochte jedoch das Ratifizierungsverfahren durch Bundestag und Bundesrat zu verzögern und die innenpolitische Diskussion zu verlängern. Das Bundesverfassungsgericht geriet durch die ihm unterstellte „Schwäche gegenüber sozialdemokratischen Forderungen" – so Bundesjustizminister Dehler (FDP) am 9. April 1952 – in den Tagesstreit. Erst am 19. März 1953 wurden der EVG- und der damit gekoppelte Deutschlandvertrag vom Bundestag gegen die Stimmen der SPD angenommen, am 15. Mai vom Bundesrat. Damit sie in Kraft treten konnten, bedurfte es noch der Zustimmung der französischen Nationalversammlung.

c) Die Deutsche Frage und die sowjetische Notenoffensive von 1952

Vorschläge zur Wiedervereinigung

Während der langwierigen Verhandlungen über den Abbau der Besatzungsherrschaft, über Tempo und Ausmaß der Westbindung sowie des Wehrbeitrags der Bundesrepublik hatte die Sowjetunion (wie erwähnt) mehrfach versucht, diese von ihr als bedrohlich empfundene Entwicklung mit „gezielten, abgestuften Aktionen" [279: A. HILLGRUBER, Geschichte, 50] zu verhindern.

Seit Anfang März 1950 waren in Bonn und „Pankow" – so eine andere westliche Chiffre für „Sowjetzone" – verschiedene Vorschläge zur Wiederherstellung der Einheit Deutschlands entwickelt worden. Dabei standen sich zwei Konzeptionen gegenüber: Bundesregierung, Koalition und SPD-Opposition forderten konsequent (seit dem 22. März 1950), die erstrebte Wiedervereinigung durch freie gesamtdeutsche Wahlen unter internationaler Kontrolle in die Wege zu leiten und, als deren Voraussetzung, die SPD in der DDR wieder zuzulassen. Die SED-Machthaber hingegen („Deutsche an einen Tisch") wollten (30. November 1950) Wahlen erst zugestehen, nachdem ein paritätisch zusammengesetzter „Gesamtdeutscher konstituierender Rat" gebildet und mit der SED auch von ihr abhängige „Massenorganisationen" in der Bundesrepublik zugelassen waren.

Eine zwischen den Hauptsiegermächten vereinbarte Deutschlandkonferenz ihrer stellvertretenden Außenminister, die vom April bis Juni 1951 in Paris tagte, endete ebenso ergebnislos wie entsprechende Initiativen Ost-Berlins auf der einen und Bonns auf der anderen Seite. Einen Ost-Berliner „Volkskammerappell" vom 15. September 1951 für gesamtdeutsche freie Wahlen bewerteten Koalition und Opposition als taktisches Manöver eines ohnehin nicht legitimierten Gremiums, um die EVG-Verhandlungen zu torpedieren.

Voraussetzung: freie Wahlen

Der Bundestag blieb (27. September) bei seiner Forderung nach „freien, gesamtdeutschen Wahlen" unter Kontrolle der UNO, beginnend – im Sinne eines SPD-Antrags – in den vier Sektoren von Berlin. Die SED wiederum wollte demgegenüber (10. Januar 1952) solche Wahlen nur durch die Besatzungsmächte kontrolliert sehen und beharrte darauf, daß vorher seitens der Bundesregierung die Verhandlungen zur Schaffung der Europäischen Verteidigungsgemeinschaft abgebrochen werden müßten. Das schrittweise erfolgte Eingehen auf die für den Westen unverzichtbare Forderung nach freien Wahlen mußte – wenn es von seinen sowjetischen Auftraggebern ernst gemeint war – den „voraussehbaren Untergang" des SED-Regimes [279: A. HILLGRUBER, Geschichte, 51] einschließen. Die Realität sprach gegen diese Ernsthaftigkeit: Die inzwischen von der UN-Vollversammlung am 11. Dezember 1951 gegen die Stimmen der Ostblockstaaten beschlossene Kontrollkommission, die in Deutschland die Voraussetzungen für freie Wahlen prüfen sollte, konnte ihren Auftrag in der Bundesrepublik ausführen, durfte jedoch in die DDR nicht einreisen.

In dieser auch durch den erfolgreichen Ausgang der Londoner Außenminister- *Die Stalin-Noten* konferenz der drei Westmächte und der Bundesrepublik (17.-19. Februar) für *von 1952* Bonn günstigen Ausgangssituation – Endphase der Verhandlungen über den EVG- und Deutschlandvertrag – schaltete sich, wie von westlichen Politikern erwartet, der Kreml in die Diskussion ein. Stalin schlug am 10. März 1952 den drei Westmächten vor, unter Beteiligung einer (nicht gewählten) „gesamtdeutschen Regierung" Verhandlungen über den Abschluß eines Friedensvertrags zu führen. Dessen Ziel sollte ein aus den Machtblöcken ausgeklammertes und neutralisiertes, um seine Ostgebiete verkleinertes Deutschland sein; ein entsprechender Entwurf dafür war beigefügt. Diesem Deutschland sollten, nach Abzug aller ausländischen Truppen, eigene nationale Streitkräfte zugestanden und die Möglichkeit geboten werden, sich als „unabhängiger demokratischer, friedliebender Staat" – im Sinne der sowjetischen Interpretation der Potsdamer Beschlüsse von 1945, also unter kommunistischen Vorzeichen – zu entwickeln.

Am 9. April erklärte sich Stalin auf eine entsprechende Forderung in der Ant- *Ziele der* wort der Westmächte vom 25. März bereit, auch die Frage „freier, gesamtdeut- *Sowjetunion* scher Wahlen" zu erörtern. Deren Kontrolle sollte allerdings nicht durch einen Ausschuß der UNO erfolgen, sondern durch eine Kommission der Siegermächte.

Die drei Westmächte sahen in Stalins Vorstoß nur eine Variante der seit 1944/45 betriebenen expansionistischen Politik der Sowjetunion. Sie waren nicht bereit, die inzwischen fortgeschrittene Integration Westdeutschlands in den Westen rückgängig zu machen, die Bundesrepublik zugunsten eines bündnisfreien, von Moskau beeinflußbaren Deutschlands aufzugeben, geschweige denn eine Nationalarmee zu akzeptieren. Sie bestanden (13. Mai) auf international kontrollierten Wahlen als Prämisse für die Bildung einer frei gewählten deutschen Regierung, die ihrerseits die Freiheit besitzen müsse, über ihre Bündnispolitik, einen Friedensvertrag und die Regelung der Grenzfragen zu entscheiden.

Nachdem am 26./27. Mai 1952 der EVG- und der Deutschlandvertrag abge- *Schuldzuweisungen* schlossen und damit das Hauptziel des Stalin-Vorschlags verfehlt war, ging es in der Fortsetzung dieses Notenwechsels bis in den September hinein beiden Seiten vornehmlich um gegenseitige Schuldzuweisung. Falls der sowjetische Diktator letztlich bereit gewesen wäre, den Deutschen in der DDR politisches Selbstbestimmungsrecht zuzugestehen, hätte die Sowjetunion nicht nur erstmals ihren Machtbereich um das Gebiet der DDR verkleinert, sondern auch – und auf lange Sicht wesentlich folgenreicher – in ihren anderen Satellitenstaaten die Begehrlichkeit nach freien Wahlen geweckt.

Der Kreml hatte allein mit seinem Verhandlungsangebot genügend erreicht: einen Zankapfel (mit Langzeitwirkung) in Richtung Westen geworfen, nationalistische Kräfte in Westdeutschland angesprochen, Moskau ein deutschlandpolitisches Alibi verschafft und sich gleichzeitig die weitere Aufrüstung der DDR sowie deren Integration in den Ostblock erleichtert.

Einschätzungen von Stalins „Angebot"

Daß die Sowjets mit ihren Angeboten zu Verhandlungen darauf abzielten, die erfolgreich begonnene Einigung Westeuropas zu behindern und die USA aus Europa zu verdrängen, um daraufhin in das entsprechende Vakuum (mit absehbaren Folgen) hineinzustoßen, war unstrittig. Adenauer hielt es deswegen – im Unterschied zu Politikern der SPD, aber auch zu prominenten Mitgliedern seiner eigenen Partei, vor allem Jakob Kaiser – für verhängnisvoll, in einem Augenblick in Verhandlungen über die sowjetische „Offerte" einzutreten, in dem die westeuropäische Integration noch nicht erreicht war und die unter alliierter Vormundschaft stehende Bundesrepublik keine Mitspracheberechtigung besaß. Er ging davon aus, daß schon ein Drängen gegenüber den Westmächten, eventuelle sowjetische Konzessionsbereitschaft „auszuloten", bei ihnen das alte Mißtrauen gegen einen neuen deutschen Sonderweg („Schaukelpolitik") hervorrufen mußte.

Das Festhalten des Bundeskanzlers an seiner Prioritätensetzung beendete die bisherige zeitweise Gemeinsamkeit mit der SPD in der Deutschlandpolitik. Seitdem, verstärkt aber seit 1956, nach der Publikation entsprechender Vorwürfe des Publizisten Paul Sethe, ist die Frage strittig, ob 1952 eine – oder gar: die entscheidende – Gelegenheit zur Wiedervereinigung „verpaßt" worden sei. Adenauer sah 1952 höchstens die „Chance" verpaßt, auch die Dreiviertel der Deutschen westlich des Eisernen Vorhangs kommunistischer Diktatur zu unterwerfen. Die Kremlführung hatte seit 1945 nicht die geringste Konzessionsbereitschaft gezeigt.

d) Vom Scheitern der EVG bis zum Inkrafttreten der Pariser Verträge 1954/55: Die Teilung Deutschlands wird ratifiziert

Beginnende Entspannung zwischen Ost und West

Eine seit 1953 veränderte weltpolitische Konstellation schien Adenauers Erwartungen zu begünstigen; die nach dem Tode Stalins (5. März 1953) zunächst unentschlossene Führungsspitze in Moskau (Berija und Malenkow) sah sich rasch mit Selbständigkeitsbestrebungen in den Satellitenstaaten konfrontiert. Ihr stand seit Anfang 1953 unter dem neuen amerikanischen Präsidenten Dwight D. Eisenhower (Außenminister: John F. Dulles) eine republikanische Administration gegenüber, die anstelle des seit 1947 praktizierten defensiven Konzepts der „Eindämmung" des sowjetischen Einflusses in der Welt zu dessen offensiver Zurückdrängung entschlossen zu sein schien. Es gab jedoch in Washington keine Pläne für eine Befreiung Ostmitteleuropas von der kommunistischen Diktatur.

Im Gegenteil: Nach Stalins Tod verstärkten sich im Westen Hoffnungen auf eine Liberalisierung bzw. innere Schwächung der Sowjetunion, gefolgt von dem Bestreben, die bisherige Konfrontation allmählich abzubauen. Der atomare Vorsprung der USA ging schneller als erwartet verloren, das nukleare Gleichgewicht begann sich abzuzeichnen. Nach dem Ende des Korea-Krieges (Mitte 1953) schuf der Konflikt in Indochina neue weltpolitische Komplikationen. Das Schlüsselwort für die künftige Gestaltung der Ost-West-Beziehungen im Zeichen der von Moskau propagierten „Tauwetterperiode" hieß „Entspannung", das neue Ziel:

Normalisierung. Die Supermächte entwickelten ein gemeinsames Interesse daran, das Kräfteverhältnis in Mitteleuropa nicht zu verändern.

Aktivitäten zur Lösung des Deutschlandproblems konzentrierten bzw. reduzierten sich weiterhin auf den Austausch der bekannten Standpunkte beider Seiten. In dem am 10. Juni 1953 vom Bundestag mit den Stimmen der SPD verabschiedeten „Sofortprogramm" zur Wiedervereinigung stand erneut das Postulat freier Wahlen in ganz Deutschland an der Spitze.

Diese Forderung blieb ebenso folgenlos wie eine im Juli von Churchill und Eisenhower ausgehende Initiative zu einer Viermächte-Konferenz über Deutschland, die aus taktischen Gründen auch der Bundeskanzler befürwortete. Der britische Premierminister stieß mit Überlegungen zur Neutralisierung eines wiedervereinigten Deutschlands als Ergebnis einer solchen Gipfelkonferenz auf den Widerstand des Foreign Office. Eine mögliche Neuorientierung der Deutschlandpolitik durch Stalins Erben im Kreml, die Ansatzpunkte für neue Ost-West-Gespräche zu bieten schien, wurde durch die Ereignisse des 17. Juni 1953 beendet.

Der Volksaufstand vom 17. 6. 1953

An diesem Tage schlug die Rote Armee einen Aufstand in Ost-Berlin und mehr als 250 Orten der DDR gewaltsam nieder. Dieses Vorgehen, das mehr als 125 Todesopfer kostete, löste keine Reaktion der Westmächte aus. Es bestätigte hingegen eindrucksvoll das Sicherheitskonzept der Bundesregierung und trug zum Wahlerfolg der Unionsparteien bei der Bundestagswahl am 6. September 1953 bei, der Adenauers Stellung festigte.

Der Bundeskanzler vermochte allerdings weder die Deutschlandpolitik der USA noch die des Kreml zu beeinflussen. Die Westmächte entzogen sich künftig der Verpflichtung, ihr Bekenntnis zur Wiedervereinigung Deutschlands, gegebenenfalls gegen ihre eigenen Interessen, realisieren zu müssen. Erst in den folgenden Jahren wurde deutlich, daß es die Regierungen der drei Schutzmächte beim verbalen Offenhalten der Deutschen Frage belassen konnten, das den territorialen Status quo von 1945 garantierte.

Deutschlandpolitik der Vier Mächte

Auf einer Konferenz der Außenminister der Vier Mächte über Deutschland vom 25. Januar bis zum 18. Februar 1954 in Berlin, der ersten seit fünf Jahren, erneuerten die Westmächte ihren bisherigen Stufenplan zur Wiederherstellung der staatlichen Einheit Deutschlands als Voraussetzung für den Abschluß eines Friedensvertrags, beginnend mit freien Wahlen. Molotow unterbreitete demgegenüber die für den Westen nicht akzeptablen sowjetischen Bedingungen (Neutralitätsstatus, keine Handlungsfreiheit in der Bündnis- und Grenzfrage; auch keine Erläuterung über die Art der Kontrolle Gesamtdeutschlands). Er ergänzte sie um den neuen Vorschlag, beide deutsche Staaten in ein gesamteuropäisches Sicherheitssystem einzugliedern, allerdings erst nach Auflösung der NATO und nach Rückzug der USA und Großbritanniens vom Kontinent.

Mit ihrer (künftig wiederholten) Forderung nach einem europäischen Sicherheitspakt zielte die Kreml-Führung darauf ab, den kommunistischen Einfluß in Deutschland zu konsolidieren, in Westeuropa zu verstärken und einer konsolidierten DDR zu völkerrechtlicher Anerkennung zu verhelfen.

Erfolge der Sowjetunion

Die Berliner Konferenz verlief ergebnislos. Sie endete mit wechselseitigen Schuldzuweisungen für die fortdauernde Teilung Deutschlands und bildete für Moskau den Anlaß, im März 1954 der DDR Souveränitätsrechte zu übertragen. Dadurch ordnete sie das SED-Regime der Bundesrepublik als Verhandlungspartner zu. Im Rückblick erscheint die gescheiterte Berliner Konferenz als der Zeitpunkt, „an dem die Weichen endgültig auf die getrennte und sich immer weiter voneinander entfernende Entwicklung der beiden Teile Deutschlands gestellt wurden" [135: W.G. GREWE, Rückblenden, 186].

Für Moskau bedeutete es einen Triumph, als am 30. August 1954 die Ratifizierung des von Paris angeregten EVG-Vertrags in der französischen Nationalversammlung scheiterte. Deren Mehrheit ging der Souveränitätsverzicht, den die instabile Vierte Republik hätte leisten müssen, zu weit.

Das Scheitern der EVG

Das Scheitern der EVG, ein „schwarzer Tag für Europa" [110: K. ADENAUER, Erinnerungen 1953–1955, 289], war ein schwerer Rückschlag für die Bonner Außenpolitik. Künftig gelang es nicht, die so hoffnungsvoll begonnene wirtschaftliche Integration (Montanunion) durch deren militärische Ergänzung zu einer Politischen Gemeinschaft weiter zu entwickeln.

Für viele Beobachter kam das Scheitern der EVG keineswegs überraschend, auch nicht für Adenauer, wenngleich er diesen Eindruck erweckte. Die von Paris ausgelöste Krise konnte aufgrund einer Initiative des britischen Außenministers Eden überraschend schnell beendet und damit zur Voraussetzung eines entspannten deutsch-französischen Verhältnisses werden. Die mit den Westmächten ausgehandelte Alternativlösung verschaffte der Bundesrepublik günstigere Bedingungen, als sie der EVG-Vertrag vorgesehen hatte, nämlich neben Souveränität und militärischer Gleichberechtigung auch Sicherheit durch sofortige Mitgliedschaft in der NATO. Ihr wurde die künftige Bundeswehr unterstellt. Allerdings mußte seitdem die nationalstaatliche Kooperation die erstrebte westeuropäisch-bundesstaatliche Integration ersetzen.

Eine Alternativlösung

Das war das Ergebnis einer Neunmächte-Konferenz der sechs EVG-Staaten, Großbritanniens, der USA und Kanadas in London vom 28. September bis 3. Oktober 1954, mit dem sich das baldige Ende der Besatzungsherrschaft der drei Westmächte ankündigte. Durch eine Umbildung des Brüsseler Paktes (Westunion) von 1948 (Frankreich, Großbritannien, Benelux-Staaten) wurden die Bundesrepublik und Italien in eine umgestaltete Westeuropäische Union (WEU) aufgenommen. Sie enthielt eine weitergehende Beistandsklausel als der NATO-Vertrag. Daraufhin stimmte die französische Regierung einem Beitritt der Bundesrepublik zur NATO zu.

e) Die Bundesrepublik wird souverän und NATO-Mitglied

Neunmächte-Konferenz in London

Mit Hilfe von vier unterschiedlich zusammengesetzten Konferenzen der Staaten der „westlichen Gemeinschaft" gelang es zwischen dem 19. und 23. Oktober 1954 in Paris, die Beschlüsse der Neunmächte-Konferenz vertraglich zu fixieren und dauerhafte Lösungen für die Bundesrepublik und die Organisation der westlichen Sicherheit zu finden. Das Besatzungsstatut wurde abgelöst, die Besatzungsherrschaft beendet und der Deutschlandvertrag vom Mai 1952 teilweise neu gefaßt. Er enthielt weiterhin die bisherigen Vorbehaltsrechte der Westmächte für Deutschland als Ganzes und für Berlin. Ziel der Vertragspartner blieb die mit friedlichen Mitteln anzustrebende Schaffung eines freien und vereinigten Deutschlands sowie eine mit seinen früheren Gegnern frei vereinbarte friedensvertragliche Regelung für Gesamtdeutschland.

Die verbündeten Mächte, aus denen nach Inkrafttreten der Pariser Verträge Schutzmächte wurden, bekräftigten ihre Sicherheitsgarantie für die Bundesrepublik sowie deren Alleinvertretungsanspruch. Ihre Streitkräfte – einschließlich kleinerer Kontingente aus Kanada, Belgien, den Niederlanden und Dänemark – blieben aufgrund von Stationierungsverträgen weiterhin im Lande. Die Bundesrepublik trat der neu gegründeten Westeuropäischen Union und der NATO bei. Sie sollte deren integrierte Kontingente mit zwölf Divisionen (500 000 Mann) verstärken (mit einer Erstausrüstung durch die USA) und die westliche Verteidigungslinie vom Rhein sukzessive bis zur innerdeutschen Demarkationslinie vorgeschoben werden. Die Bundesregierung verpflichtete sich, auch als Beitrag zur Rüstungskontrolle, auf die Produktion atomarer sowie bestimmter anderer Waffensysteme zu verzichten und die Wiederherstellung der Einheit Deutschlands sowie eine Änderung seiner Grenzen ausschließlich mit friedlichen Mitteln anzustreben.

Das vierte in Paris geschlossene Abkommen (zwischen Frankreich und der Bundesrepublik) enthielt – als Vorbedingung der französischen Regierung für das Zustandekommen der übrigen Westverträge – eine Sonderregelung für das Saargebiet. Dieses französische Protektorat, das unter der Aufsicht eines „Hochkommissars" stand, sollte im Rahmen der Westeuropäischen Union ein Autonomie-Statut erhalten, ohne jedoch „europäisches Territorium" zu werden, und durch Währungs- und Zollunion mit Frankreich verbunden bleiben. Das Statut sollte einer Volksabstimmung unterworfen werden – deren Ausgang zugunsten Frankreichs bis zum Sommer 1955 als wahrscheinlich galt – und bis zum Abschluß eines Friedensvertrags mit entsprechender erneuter Volksabstimmung in Kraft bleiben. *Sonderregelung für das Saarland*

Wegen seines Einverständnisses mit dieser für die Bevölkerung an der Saar nachteiligen „europäischen" Interimslösung, der die von Paris abhängige Regierung in Saarbrücken unter Johannes Hoffmann (Christliche Volkspartei) zustimmte, wurde der Bundeskanzler heftig kritisiert. Er sah darin jedoch eine unerläßliche Vorleistung für eine europäische Einigung wie für einen Ausgleich mit Frankreich und erreichte dafür auch (27. Februar 1955) im Bundestag eine Mehrheit.

Die Sowjetunion versuchte auf verschiedene Weise, die Ratifizierung der Pariser Verträge durch die Parlamente der beteiligten Staaten zu verhindern. So hieß es als Ergebnis einer „Sicherheitskonferenz" der Ostblockstaaten (29. November bis 2. Dezember 1954) in Moskau, daß die Bewaffnung der Bundesrepublik die Wiedervereinigung Deutschlands auf lange Zeit ausschließe. Kurz darauf lockte Mos- *Die Reaktion der Sowjetunion* kau mit der Bereitschaft, die westliche Forderung nach allgemeinen freien Wahlen in ganz Deutschland als Auftakt für die Schaffung eines „einheitlichen Deutschland als Großmacht" zu prüfen (15. Januar 1955).

Am 25. Januar 1955 erklärte die Sowjetunion den Kriegszustand mit Deutschland für beendet (unter Vorbehalt jener Rechte, wie sie auch die Westmächte weiterhin beanspruchten). Am 8. Februar, unmittelbar nach dem Amtsantritt Chruschtschows, der künftig eine Politik der östlichen Stärke demonstrierte, wiederholte sie ihre Ansicht, daß eine Ratifizierung der Pariser Verträge die Wiedervereinigung Deutschlands ausschließe.

Derartige Drohungen und Lockungen verliehen zwar der Opposition der SPD und einer von ihr zunächst unterstützten, pazifistisch-neutralistisch auftretenden außerparlamentarischen („Paulskirchen"-)Bewegung („Deutsches Manifest" vom 29. Januar) gegen Westbindung und Verteidigungsbeitrag vorübergehend Auftrieb. Sie blieben jedoch auf Dauer erfolglos. Den am 30. Dezember 1954 von der französischen Nationalversammlung verabschiedeten Pariser Verträgen stimmte der Bundestag am 27. Februar 1955, gegen die Stimmen der Opposition, zu. Dabei lehnten die zur Regierungskoalition gehörenden Fraktionen der FDP und des GB/BHE das Abkommen über das Saarstatut ab. Die Freien Demokraten gingen künftig in der Deutschlandpolitik eigene Wege.

Pariser Verträge   Die Pariser Verträge traten am 5. Mai 1955 in Kraft. Damit wurde das Besatzungsstatut aufgehoben. Die Hohe Kommission löste sich auf. Deren Mitglieder amtierten als Botschafter der drei Schutzmächte. Die Bundesrepublik wurde begrenzt souverän, künftig aber ein mitbestimmender Faktor in der internationalen Politik. Die Westmächte hatten Sicherheit vor Deutschland gewonnen, zugleich aber auch – mit Hilfe des militärischen Potentials der Bundesrepublik – an Gewicht zur Eindämmung der Sowjetunion. Die Bundesrepublik trat am 7. Mai der Westeuropäischen Union bei, am 9. Mai der NATO, deren übrige Mitglieder damit gleichzeitig zu „Partnern und Stabilisatoren" des freiheitlich-demokratischen deutschen Kernstaats wurden [268: A. DOERING-MANTEUFFEL, Bundesrepublik, 67]. Am 7. Juni übertrug der Bundeskanzler dem CDU-Abgeordneten Heinrich von Brentano die Leitung des Auswärtigen Amtes.

Seit dem 8. Juni 1955 amtierte der bisherige Bonner Sicherheitsbeauftragte Blank als erster Bundesverteidigungsminister. Aus seiner „Dienststelle" entstand das Bundesministerium der Verteidigung, nachdem der Bund bereits seit dem 26. Februar 1954 mit der Ersten Wehrergänzung des Grundgesetzes (Artikel 142a) die Wehrhoheit besaß. Mit der Zweiten Wehrergänzung vom 19. März 1956, der auch die SPD zustimmte („große Wehrkoalition"), wurde die allgemeine Wehrpflicht für Männer eingeführt. Die Streitkräfte erhielten die Bezeichnung „Bundeswehr". Ihre innere Integration in Staat und Gesellschaft gelang ebenso wie ihre äußere in das atlantische Bündnis. Der Primat der Politik über die „Staatsbürger in Uniform" blieb künftig gewahrt.

Gründung des Ostpakts   Als Antwort auf die Verstärkung der westlichen Allianz schlossen sich Mitte Mai 1955 die acht Staaten des Ostblocks zu einem Militärbündnis unter sowjetischer Führung (Warschauer Pakt) zusammen. Ihm wurden 1956 die inzwischen geschaffenen Streitkräfte der Nationalen Volksarmee der DDR eingegliedert. Die Gründung des Ostpakts erfolgte in jenem charakteristischen zeitlichen Nachvollzug, wie ihn die Sowjetunion seit 1948 in der Deutschlandpolitik ständig praktiziert – und entsprechend propagandistisch genutzt – hatte. Mit der Integration der beiden deutschen Teilstaaten in die beiderseitigen Militärbündnisse wurde die Teilung Deutschlands gleichsam ratifiziert.

f) Die Hinnahme der Teilung durch die Westmächte – Ein Stück Wiedervereinigung: Der Anschluß des Saarlands

Mit der Aufnahme der beiden deutschen Staaten in die jeweiligen Bündnissysteme der Weltmächte war die Blockbildung abgeschlossen. Sie erfolgte in einer Phase, die im Zeichen einer von der sowjetischen Führungsspitze propagierten Entspannungsoffensive stand. In deren Zusammenhang gehörte auch der im Mai 1955 erfolgte Abschluß eines von Moskau lange hinausgezögerten Staatsvertrags mit einem neutralistischen Österreich. Er sollte vor allem verhindern, daß dessen drei westliche Besatzungszonen der NATO eingegliedert würden.

Gescheiterte Gipfelkonferenz

In dieser relativ entspannten internationalen Atmosphäre suchten die Staats- und Regierungschefs der Vier Mächte (Eisenhower, Bulganin und Chruschtschow, Eden, Faure) vom 18. bis 23. Juli 1955 in Genf das Deutschlandproblem im Zusammenhang europäischer Sicherheitsbestrebungen zu lösen. Das war der schon erwähnten Konferenz ihrer Außenminister vom Februar 1954 in Berlin nicht gelungen.

Es gelang auch der Gipfelkonferenz nicht, an der Beobachterdelegationen aus Bonn und Ost-Berlin teilnahmen. Die Sowjetunion ging weiterhin davon aus, daß eine Wiedervereinigung Deutschlands erst nach Schaffung eines kollektiven, von beiden deutschen Staaten mitgetragenen Sicherheitssystems in Europa (unter Auflösung der multilateralen Paktsysteme) möglich sei. Demgegenüber bestanden die Westmächte zunächst auf vorheriger Wiedervereinigung durch freie Wahlen, rückten dann aber die Notwendigkeit von Verhandlungen über Sicherheitsfragen in den Vordergrund.

Hatten die Sowjetvertreter in Genf noch verklausuliert ihre neue Theorie von zwei deutschen Staaten vertreten, so ließen sie auf dem Rückweg nach Moskau, bei einem Zwischenaufenthalt in Ost-Berlin, keinen Zweifel mehr daran, daß eine „Lösung der Deutschen Frage" – wie es nunmehr stets von östlicher Seite hieß (und nicht mehr: Wiedervereinigung) – „nicht auf Kosten der DDR" und ihrer „Errungenschaften" erfolgen könne; sie sollte künftig Sache der beiden souveränen Separatstaaten sein. Nach dieser Konzeption, die Molotow – im Widerspruch zum Potsdamer Abkommen – auf einer Tagung der Außenminister der Vier Mächte in Genf (27. Oktober bis 16. November) präzisierte, galt die Teilung Deutschlands (als Bestandteil der sowjetischen Sicherheitsinteressen) als abgeschlossen.

Moskaus Zweistaaten-Theorie

Beide Konferenzen hatten zu einer Annäherung an den Standpunkt der Sowjetunion – Vorrang eines europäischen Sicherheitssystems – geführt. Angesichts des zwischen den Blockmächten erreichten atomaren Gleichgewichts wuchs im Westen die Bereitschaft, die 1945 geschaffenen Machtverhältnisse in Mitteleuropa hinzunehmen. Die Supermächte blieben künftig darauf bedacht, dort kein neues Konfliktpotential entstehen zu lassen und sich vordringlich über globale Entspannung und beiderseitige kontrollierte Abrüstung zu verständigen. Unter diesem Aspekt suchten sie das Deutschlandproblem „überhaupt vom Tisch zu bekommen" [713: H. BUCHHEIM, Deutschlandpolitik, 77]. Diese Entwicklung verfolgte Adenauer mit wachsender Besorgnis.

<small>Adenauers Moskau-Reise 1955</small>

Aber auch ihm gelang es nicht, in Verhandlungen in Moskau vom 9. bis 13. September 1955 die sowjetische Führung von ihrer Zwei-Staaten-Theorie abzubringen, geschweige denn zu einem Eingehen auf die westlichen Bedingungen für eine Wiederherstellung der deutschen Einheit zu gewinnen. Schon mit der Einladung an den Bundeskanzler hatte der Kreml deutlich gemacht, daß er sich mit der Westbindung der Bundesrepublik abgefunden hatte, aber gleichermaßen von der Eigenstaatlichkeit der DDR ausging. Andererseits hatte Adenauer die Einladung nach Moskau erst annehmen können, nachdem die Bundesrepublik der NATO beigetreten und damit ein etwaiger Bonner Alleingang in der Ostpolitik ausgeschlossen war.

Immerhin erreichte der Bundeskanzler die Freilassung der letzten knapp zehntausend deutschen Kriegsgefangenen sowie einer doppelt so großen Zahl von Zivilinternierten aus der Sowjetunion. Dieses Ergebnis verschaffte ihm einen langanhaltenden persönlichen Erfolg. Dafür jedoch mußte er der vom Kreml geforderten Aufnahme diplomatischer Beziehungen zustimmen und damit – trotz eines Rechtsvorbehalts – den Alleinvertretungsanspruch der Bundesrepublik aufgeben. Künftig waren Bonn und Ost-Berlin in Moskau diplomatisch vertreten.

<small>„Hallstein-Doktrin", Konsolidierung der Teilstaaten</small>

Die Regierungen der Westmächte wurden bzw. zeigten sich von diesem Positionswechsel der Bundesregierung – ohne Zugeständnisse der Sowjets in der Deutschlandpolitik – überrascht, aber auch erleichtert. Nach diesem „weiteren Stück Hinnahme des europäischen Status quo" [862: H. HAFTENDORN, Sicherheit, 31] konnten von ihnen Initiativen zur Wiedervereinigung Deutschlands künftig kaum erwartet werden.

Um zu verhindern, daß auch Staaten außerhalb des Ostblocks diplomatische Verbindung mit Ost-Berlin aufnahmen, wurde die „Hallstein-Doktrin" als Maxime künftiger Außenpolitik entwickelt, eine Kombination von Abschreckung und Sanktionen. Danach galt die Anerkennung der DDR als „unfreundlicher Akt" gegenüber Bonn, der mit einem Abbruch der Beziehungen beantwortet werden konnte. Das wichtigste Druckmittel der Bundesrepublik bildete ihre inzwischen erreichte Wirtschaftskraft. Sie stärkte den Westen ebenso wie der nunmehr begonnene Aufbau der Bundeswehr (16. Juli 1955: Verabschiedung des Freiwilligengesetzes durch den Bundestag), der der Bundesrepublik auch militärische Gleichberechtigung verschaffen sollte.

Die mit der „Hallstein-Doktrin" beabsichtigte internationale Isolierung der DDR erfolgte in einem Zeitraum, in dem die Westmächte begannen, ihr Verhältnis zur Sowjetunion und zu den osteuropäischen Staaten zu normalisieren. Deswegen suchte Adenauer nunmehr die Behandlung des Deutschlandproblems von dem – für die Supermächte vordringlicheren – Problem der Sicherheitsfrage zu trennen. Er drängte auf eine Lösung der Abrüstungsfrage (als Voraussetzung für Fortschritte auf dem Weg zu internationaler Entspannung). Die Siegermächte sollten so daran gehindert werden, sich über die zwischen ihnen strittigen Probleme auf Kosten eines neutralisierten Deutschlands zu einigen, d. h. durch Rückkehr zur Potsdam-Konstellation von 1945 die Teilung Deutschlands festzuschreiben.

Kein „Potsdam-Deutschland"

In der Bevölkerung der Bundesrepublik wuchs erst allmählich die Einsicht in die anders gelagerten Interessen der Bündnispartner. Daß diese Erkenntnis nicht die inzwischen erreichte Westbindung gefährdete, war verschiedenen Faktoren zu verdanken: der mit dem Abflauen des Kalten Krieges zunehmenden Konsolidierung des „provisorischen" Teilstaats, aber auch dem verbreiteten Verlangen nach Sicherheit vor der Bedrohung durch die Sowjetunion und nach Wohlstand anstelle nationalstaatlicher Einheit mit ungewissen politischen Auswirkungen und – im Blick auf die Situation jenseits des Eisernen Vorhangs – wirtschaftlicher Misere. Die Bevölkerung behielt das brutale Vorgehen im Gedächtnis, mit dem 1953 Freiheitsbewegungen in der DDR von sowjetischen Truppen niedergeschlagen worden waren. Die gleiche Haltung zeigte sich wenig später in Polen (1956) und Ungarn (1956).

Angesichts der Stagnation des Deutschlandproblems seit den Genfer Konferenzen kam dem Ausgang der Volksabstimmung über das Saarstatut – wie sie im Oktober 1954 zwischen Bonn und Paris vereinbart worden war – besondere Bedeutung zu. Am 23. Oktober 1955 verwarfen 67,7 % der Saarbevölkerung bei einer Rekordwahlbeteiligung von 97,5 % die vorgesehene „Europäisierung". Der in dieser Höhe unerwartete Erfolg politischer Selbstbestimmung bedeutete ein Bekenntnis zum Anschluß an die Bundesrepublik. Es wurde von der Regierung in Paris, die sich künftig auf die Sicherung wirtschaftlicher Belange konzentrierte, und von der Öffentlichkeit in Frankreich klaglos akzeptiert, ein Beweis dafür, wie sehr sich die gegenseitigen Beziehungen inzwischen entspannt und normalisiert hatten.

Die Lösung der Saarfrage

Auf der Grundlage eines entsprechenden Vertrags, abgeschlossen am 27. Oktober 1956 in Luxemburg, konnte das Saarland zum 1. Januar 1957 in die Bundesrepublik eingegliedert werden (wirtschaftlich am 5. Juli 1959), bei wirtschaftlichen Zugeständnissen (Moselkanalisierung) an Frankreich. Diese „Wiedervereinigung im kleinen" [291: H.-P. Schwarz, Die Ära Adenauer 1949–1957, 282] galt weithin als Modell für das Procedere zur Wiederherstellung der staatlichen Einheit Deutschlands. Die reibungslos erfolgte Ausführung des Luxemburger Vertrags erleichterte künftig einen weitergehenden deutsch-französischen Ausgleich.

3. Wirtschaftswachstum und Stabilisierung

a) Voraussetzungen und Gefährdungen der Wirtschaftsreform

Ziele der Sozialen Marktwirtschaft
Wirtschaftspolitische Leitidee der Bundesrepublik wurde die Konzeption der Sozialen Marktwirtschaft. Sie beruht auf der von ordoliberalen Wissenschaftlern vertretenen, durch Ludwig Erhard und seinen späteren Mitarbeiter im Bundeswirtschaftsministerium (seit 1952, von 1958–1963 Staatssekretär) Alfred Müller-Armack praxisnah modifizierten Idee, einen dritten Weg zwischen ungezügeltem Liberalismus (Kapitalismus) und Sozialismus zu gehen. Das Ziel war eine Synthese zwischen „rechtsstaatlich gesicherter politischer und wirtschaftlicher Freiheit und den sozialstaatlichen Zielen sozialer Gerechtigkeit und sozialer Sicherheit" [H. LAMPERT, in: Staatslexikon, Bd. 1, Freiburg i. Br. 7. Aufl. 1985, 971].

Als institutionelle Voraussetzung der Sozialen Marktwirtschaft galt ein „starker" Staat, der in der Lage war, einen entsprechenden Ordnungsrahmen zu schaffen, um das Gemeinwohl gegenüber Sonderinteressen durchzusetzen und die sozialen Belange zu wahren. Artikel 20 des wirtschaftspolitisch neutralen Grundgesetzes verpflichtete die Bundesrepublik als „sozialen Bundesstaat".

„Gründungskrise" der Bundesrepublik
Die Anfänge der Wirtschaftsentwicklung standen im Zeichen der schon erwähnten „Gründungskrise". Zur anfänglichen Stagnation trug eine am 19. September 1949 erfolgte, aber zu gering bemessene Abwertung der DM bei: Die Hohe Kommission hatte nur eine Quote von 20,6 % zugelassen (1 Dollar = DM 4,20), das Bundeskabinett 25 % für erforderlich gehalten (nachdem die britische Währung kurz zuvor um 30,5 % abgewertet worden war). Die neue Währungsparität verschlechterte zunächst die Außenhandelsposition der Bundesrepublik, erwies sich längerfristig jedoch als günstig, weil sie die Importe verbilligte, das Preisniveau unter Druck hielt und damit Lohnexpansionen erschwerte. Der hohe Dollarkurs erzwang und begünstigte forcierte Exportanstrengungen und erleichterte ausländische Direktinvestitionen. Schließlich erlaubte diese Parität infolge rasch wachsender Devisen- und DM-Bestände der Bank deutscher Länder eine Niedrigzinspolitik, die das Wachstum zusätzlich beschleunigte.

Korea-Boom
Angesichts der Massenarbeitslosigkeit im Winter 1949/50 mit schließlich knapp zwei Millionen Arbeitslosen (13 Prozent der Erwerbsbevölkerung) suchte die Bundesregierung seit Februar 1950 die Binnenkonjunktur durch Arbeitsbeschaffungsprogramme anzukurbeln. Bevor diese jedoch greifen konnten, erhielt die Wirtschaft der Bundesrepublik einen Wachstumsschub im Gefolge des weltweiten Booms, der nach Ausbruch des Korea-Krieges (25. Juni 1950) einsetzte. Der in der Konsumgüterindustrie beginnende, nach Branchen unterschiedlich verlaufende Aufschwung wurde durch die Aussicht auf das Zustandekommen der Montanunion ebenso verstärkt wie durch den Verzicht der Westmächte auf Produktionsbeschränkungen. Er profitierte zudem von der Entscheidung der Bundesregierung, den Wohnungsbau großzügig zu subventionieren.

b) Wirtschaftswachstum und „Wirtschaftswunder"

Zunächst jedoch, im Winter 1950/51, führten die Folgen des Korea-Booms und die ungleichmäßige Entwicklung der einzelnen Wirtschaftszweige – Ende Oktober hatte die Bank deutscher Länder den Diskontsatz von 4 auf 6% erhöht – zu erheblichen Schwierigkeiten. Ein Preisanstieg infolge weltweiter Rohstoffknappheit („Korea-Inflation"), Engpässe vor allem in der Belieferung mit Kohle und in der Stahlerzeugung sowie Devisenmangel als Folge der rapid ansteigenden passiven Handelsbilanz – vor allem durch beträchtliche Einfuhren von Kohle im zweiten Halbjahr 1951 („Kohlewunder") – gefährdeten Erhards Position. Bis in Teile der CDU hinein wurden Preiskontrollen und Warenbewirtschaftung gefordert. Im März 1951 drängte der amerikanische Hohe Kommissar den Bundeskanzler zu Lenkungsmaßnahmen, um stärker zu den Rüstungsanstrengungen der freien Welt beizutragen. Den Verbänden der Wirtschaft gelang es jedoch, auf andere Weise ausreichendes Investitionskapital aufzubringen, um die schwerindustrielle Produktion auszuweiten und den davon abhängigen Verteidigungsbeitrag ohne staatliche Planung und Lenkung zu erbringen.

Bewältigung des Korea-Booms

Eine von der Kreditanstalt für Wiederaufbau in Frankfurt a. M. angeregte Selbsthilfeaktion der gewerblichen Wirtschaft – anstelle der von Erhard im Februar 1951 vorgesehenen Kombination von Zwecksparen („Aufbausparen") und Vermögensbildung oder einer von Bundesfinanzminister Schäffer vorgeschlagenen Sonderumsatzsteuer – mündete im Juli 1951 in einen Gesetzentwurf der Bundesregierung über die „Investitionshilfe der gewerblichen Wirtschaft". Auf der Grundlage des am 18. Januar 1952 in Kraft getretenen Gesetzes brachte die Konsumgüterindustrie durch Zwangsanleihen insgesamt 1534 Mrd. DM für den Investitionsbedarf der sanierungsbedürftigen, vor allem im Rhein-Ruhr-Gebiet konzentrierten Grundstoffindustrien auf (Elektrizität, Eisen, Stahl, Kohle), die sich nicht über freie Preisgestaltung selbst finanzieren konnten. Seit Juli 1951 war bereits eine Vorfinanzierung erfolgt.

Selbsthilfeaktionen

Die Wirtschaft nutzte erfolgreich die (zinsgünstigen Anleihe-)Möglichkeiten der DM-Gegenwert-Mittel der Marshall-Plan-Hilfe – die von deutschen Importeuren für Warenlieferungen bezahlt wurden –, zur gezielten Investitionsplanung und -finanzierung (ERP-Sondervermögen, bis Ende 1953: 3,4 Mrd. DM, bis Ende 1966: 16,5 Mrd. DM). Die Rückzahlung der ERP-Mittel erfolgte zu Lasten des Bundeshaushalts. Der Marshall-Plan förderte neben internationaler Zusammenarbeit die Möglichkeit innereuropäischer Wirtschaftshilfe („Kleiner Marshall-Plan"), schuf günstige Rahmenbedingungen für den Export und beschleunigte die Eingliederung der Bundesrepublik in den Weltmarkt.

Anhaltender Wirtschaftsaufschwung

1952 wurde die Energiekrise überwunden, beruhigte sich das Preisniveau, begann eine neue Konjunkturphase. Seit dem Beitritt zum Allgemeinen Zoll- und Handelsabkommen (GATT) im August 1951 und zur Europäischen Zahlungsunion (EZU, im August 1950) profitierte die Bundesrepublik von der Handelsliberalisierung und von der Konvertibilität der Währungen. Zum neuen Aufschwung ihrer Wirtschaft, die aus der Modernisierung kriegszerstörter Produktionsanlagen Nutzen zog, trugen steuerliche Entlastungen bei. Die Unternehmen erhielten die Möglichkeit, mittels entsprechender Preisgestaltung und Gewinnentwicklung rasch Eigenkapital bilden und damit erhebliche Investitionen selbst finanzieren zu können.

Erhards Erfolg   Daraus resultierte eine durch Lohndisziplin der Gewerkschaften und Verzicht der Aktionäre auf Dividendenerträge geförderte Ungleichheit in der Einkommens- und Vermögensentwicklung. Sie wurde ab 1952 durch Lohnzuwächse und andere Maßnahmen, begleitet von einem Abbau staatlicher Subventionen, korrigiert. Allerdings blieben auch weiterhin große Bereiche aus der marktwirtschaftlichen Ordnung ausgeklammert (Wohnungsbau, Landwirtschaft, Bergbau und Energieversorgung sowie Transportwesen) und von Finanzhilfen des Bundes abhängig. Der Aufschwung des (steuerlich geförderten) Außenhandels trug entscheidend zum Wirtschaftswachstum bei.

Mit der Bewältigung der Korea-Krise und dem Anschluß der Bundesrepublik an den Weltmarkt war das „Wagnis der liberalen Wirtschaftsreformen" [291: H.-P. SCHWARZ, Die Ära Adenauer 1949–1957, 84] gelungen und Erhards Position gefestigt. Die anhaltende Prosperität der folgenden Jahre bot den Gewerkschaften die Möglichkeit zu erfolgreichem Operieren und beschleunigte damit ihre Integration in die Bundesrepublik. Die soziale Sprengkraft der „Gründungskrise" wurde rasch und dauerhaft entschärft.

Vollbeschäftigung   Kennzeichnend für die Entwicklung bis Mitte der sechziger Jahre blieben Massenkonsum und Wirtschaftswachstum durch industrielle Expansion mit ungewöhnlich hohen Zuwachsraten, verbunden mit einem Strukturwandel zugunsten zukunftsorientierter Technologien. Zwischen 1950 und 1960 verdreifachte sich das Bruttosozialprodukt (im Jahrzehnt darauf erfolgte eine Verdoppelung), stieg der Anteil der Arbeitnehmer – die ihre Lohnsituation in dieser Zeit wesentlich verbessern konnten – an der Gesamtzahl der Beschäftigten von 72 % auf 78 %. Selbst einzelne konjunkturelle Schwankungen erbrachten immer noch reale Wachstumsraten.

Die Bundesbank, 1957 durch Umwandlung der seit 1948 arbeitenden Bank deutscher Länder errichtet und zur Sicherung der Geldwertstabilität verpflichtet, vermochte zu starke Nachfrage durch restriktive Geldpolitik zu dämpfen und Finanzierungsspielräume einzuengen. Die erste Finanzverfassungsreform vom 23. Dezember 1955 (Bundesfinanzminister Schäffer) beendete die bisher jährlich geführten Auseinandersetzungen um den Bundesanteil an der Einkommen- und Körperschaftsteuer. Er wurde für die nächsten Jahre auf 33 1/3% festgelegt (und stieg bis 1967 auf 37%).

Die konjunkturelle Arbeitslosigkeit nahm rasch, die strukturelle bis 1953/54 nur langsam, dann allerdings ebenfalls schnell ab. Mitte der fünfziger Jahre war trotz ungebrochenen Zustroms von Flüchtlingen aus der DDR – von 1949–1956 mehr als 1,7 Millionen – und Aussiedlern aus den deutschen Ostgebieten und den osteuropäischen Staaten (166 000) sowie massenweiser Abwanderung aus der

B. Die Gründerjahre der Bundesrepublik Deutschland 1949–1955

Landwirtschaft die Vollbeschäftigung erreicht. Im öffentlichen Dienst, in dem die Beamtenschaft ihre rechtliche Sonderstellung behielt, nahm der Anteil der Frauen kontinuierlich zu, schneller noch derjenige der Angestellten und Arbeiter (auch als Folge des Ausbaus der Leistungsverwaltung).

Zu den tragenden Pfeilern des wirtschaftlichen Aufschwungs gehörte der Wohnungsbau (bei fortbestehender Wohnraumbewirtschaftung). Er wurde unter sozialpolitischen Zielsetzungen seit dem ersten Wohnungsbaugesetz vom 24. April 1950 durch gestaffelte Maßnahmen für breite Schichten der Bevölkerung („Sozialer Wohnungsbau") gefördert bzw. begünstigt. Ein Gesetz vom März 1951 ermöglichte den Erwerb von Wohneigentum auch an Teilen von Gebäuden („Eigentumswohnungen"), eines vom 17. März des folgenden Jahres förderte die Eigenkapitalbildung im Wohnungsbau durch staatliche Prämien. Das Baulandbeschaffungsgesetz vom August 1953 trug dazu bei, den für den Wohnungsbau erforderlichen Bedarf an Bauland zu tragbaren Bedingungen zu sichern. Die Baukonjunktur führte zu einem Anstieg von Preisen und Löhnen auch in anderen Wirtschaftsbereichen.

Wohnungsbau und Eigentumsbildung

Das zweite Wohnungsbau- und Familienheimgesetz vom 27. Juni 1956 zielte darauf ab, mit der Beseitigung des Wohnungsmangels für weite Kreise der Bevölkerung „breit gestreutes Eigentum zu schaffen". Bis 1960 entstanden, auch im Sinne einer Familienförderungspolitik, 5,7 Mill. Wohnungen, davon 3,2 Mill. im Sozialen Wohnungsbau. Ab 1960 erfolgte ein schrittweiser Abbau der Wohnungsbewirtschaftung.

Erheblich gesteigert bzw. ausgeweitet wurden Industrieproduktivität und Grundstoffindustrien. Mitte der fünfziger Jahre wurden mehr Steinkohle gefördert und mehr Rohstahl erzeugt (Rohstahl 1956: 22,6 Mill. Tonnen) als 1936 im Reichsgebiet. Der Anteil der Investitionsgüterindustrie an der gesamten Güterindustrie stieg von knapp 29 % (1936) auf 36 % im Jahre 1956. Besonders rasch entwickelte sich die Automobilindustrie, die als Hauptindikator für den Aufschwung galt. Der „Volkswagen" wurde zum Epochensymbol. Der seit 1952 vorhandene Überschuß der Handelsbilanz trug zum Wirtschaftswachstum und zur Gewinnung der Vollbeschäftigung bei. Diese Situation ermöglichte es der Bundesrepublik, neben ihrem Verteidigungsbeitrag auch erhebliche internationale Zahlungsverpflichtungen (Israel-Vertrag 1952, Londoner Schuldenabkommen 1953) einzugehen. Sie wiederum verstärkten ihr politisches Gewicht und glichen nachlassende Inlandsnachfrage aus, machten die westdeutsche Industrie aber auch zunehmend vom Weltmarkt abhängig. Bereits 1954 nahm die Bundesrepublik, gemessen am Handelsumsatz, hinter den USA und Großbritannien den dritten Platz ein.

Epochensymbol „Volkswagen"

Auch der „innerdeutsche" Handel mit der DDR („Ostzone") auf der Grundlage eines Abkommens vom Oktober 1949, seit September 1951 durch ein neues Interzonenhandelsabkommen, weitete sich kontinuierlich aus (1950: 807 Mill. DM Gesamtumsatz in „Verrechnungseinheiten"; 1955: 1,16 Mrd. DM).

Der Wirtschaftsaufschwung schuf die Voraussetzungen für eine systematisch ausgeweitete Sozialpolitik und rasche politische, wirtschaftliche und gesellschaft-

Demokratie und Wohlstand

liche Eingliederung von (1960) annähernd zwölf Millionen Heimatvertriebenen und Flüchtlingen. Diese besonders mobilen und leistungsorientierten Zuwanderer, die zunächst die allgemeine Not vergrößert hatten, stellten einen wirtschaftlichen Aktivposten dar und haben das „juste milieu der Ära Adenauer" mehr mitgeprägt als in Frage gestellt [1138: H.G. HOCKERTS, Integration, 38].

Das beispiellose Wirtschaftswachstum hatte entscheidenden Anteil daran, daß die politische Ordnung und Westbindung der Bundesrepublik akzeptiert wurden (Demokratie und Wohlstand) und kein soziales Protestpotential entstand. Zunehmender Massenwohlstand führte aber auch zu einem gleichförmiger werdenden Konsum- und Freizeitverhalten. Es verband sich mit einem Rückzug ins Private und weckte bei immer größeren Teilen der Bevölkerung immer neue materielle Bedürfnisse [ADENAUER am 23. November 1956: „Man gewöhnt sich an Wunder"; 10: CDU-Bundesvorstand, Bd. 2, 1146].

Im Gefolge des Gleichberechtigungsgesetzes von 1957 verbesserte sich die Stellung der Ehefrau. Das neue Recht orientierte sich „an dem Leitbild der partnerschaftlichen Ehe" [U. FREVERT, Frauen auf dem Weg zur Gleichberechtigug, in 187: M. BROSZAT (Hrsg.), Zäsuren, 121].

Die neue Gesellschaft   Mit der ökonomisch-technischen Modernisierung veränderten sich Lebens- und Arbeitsgewohnheiten, Wohn- und Siedlungsformen, gesellschaftliche Strukturen und soziale Sicherungssysteme. In der neu entstehenden Industriegesellschaft der Bundesrepublik erfolgte ein Bewußtseinswandel, traten ideologische Positionen in den Hintergrund, begannen sich überkommene Wertorientierungen und Verhaltensnormen zu lockern. Tradierte Schicht- und Klassenunterschiede wurden ebenso eingeebnet wie solche zwischen Stadt und Land und zwischen den Konfessionen. Im kulturellen Bereich schritt die „Amerikanisierung" fort. Dazu gehörte auch die Herausbildung einer jugendlichen (Teil-)Kultur.

Im Zuge sozialer Angleichungsprozesse erfolgte ein „Abschied von der ‚Proletarität'" [1146: J. MOOSER]. Allmählich bildete sich eine „nivellierte Mittelstandsgesellschaft" [1337: H. SCHELSKY, Wandlungen] heraus. Sie wurde in den sechziger Jahren zunehmend durch Einflüsse des Fernsehens und ein gewandeltes Freizeitverhalten im Gefolge einer ständig verkürzten Arbeitszeit und verlängerter Urlaubszeit geprägt. Die Kehrseite des vorherrschenden Zufriedenheits- und Sekuritätsbedürfnisses bildete die Gefahr eines „selbstzufriedenen Provinzialismus" [286: R. LÖWENTHAL, Prolog, 14].

c) Sozialpolitische Fundamentalgesetzgebung

Anfänge der Sozialpolitik   Bundesregierung und Bundestag begannen frühzeitig damit, durch Lösung vordringlicher sozialpolitischer Aufgaben – von denen in Adenauers erster Regierungserklärung vom 20. September 1949 („Die beste Sozialpolitik ist eine gesunde Wirtschaftspolitik") zwölf angesprochen waren – allgemeine und individuelle Not durch Bewältigung der Kriegsfolgen zu mildern. Die Notlage weiter Bevölkerungskreise war vielfach erst seit der Währungsreform offenkundig geworden.

Teilweise vergrößerte sie sich zunächst noch durch die Umsiedlung von Vertriebenen innerhalb des Bundesgebiets (auf der Grundlage entsprechender Verordnungen bzw. Gesetze zwischen November 1949 und Februar 1953) wie durch den anhaltenden Flüchtlingsstrom aus der DDR, zu dessen Bewältigung ein Gesetz vom August 1950 Hilfsmaßnahmen vorsah.

Ausgangspunkt der Sozialpolitik bildete das Konzept einer „eigenständigen, entschädigenden und eingliedernden, auf wirtschaftlichem Wachstum basierenden Sozialpolitik, die am Grundsatz sozialer Gerechtigkeit und am Prinzip der Aufrechterhaltung und der Stärkung wirtschaftlicher Leistungsanreize orientiert sein sollte" [1141: G. KLEINHENZ, H. LAMPERT, Sozialpolitik, 143]. Kennzeichnend blieb die Verzahnung von Wirtschafts- und Sozialpolitik, die allerdings in der Praxis infolge des interventionistischen Charakters jeder Sozialpolitik zu Spannungen führte.

Den Anfang bildeten unkoordinierte Einzelmaßnahmen, mit deren Hilfe die dringendsten Notlagen besonders betroffener Personen oder ganzer Gruppen gelindert werden konnten. Sie wurden erst in den folgenden Jahren durch systematisch angelegte Gesetzeswerke ergänzt. Diese konnten teilweise auf Vorbildern des Frankfurter Wirtschaftsrats (etwa im Falle des Lastenausgleichs) aufbauen, teilweise auf Vorgaben von alliierter Seite (wie bei der Mitbestimmung im Montanbereich). Einzelmaßnahmen

Das Heimkehrergesetz vom 19. Juni 1950 sah Hilfsmaßnahmen für ehemalige Soldaten vor, die nach längerer Kriegsgefangenschaft entlassen worden waren. Das Bundesversorgungsgesetz vom 20. Dezember 1950, am Konzept des Schadensausgleichs orientiert, vereinheitlichte die Versorgung der Kriegsopfer von zunächst 4,3 Millionen und schuf die Voraussetzung, um geschädigte Personen wieder eingliedern zu können.

Im Februar 1951 wurde die Selbstverwaltung bei den Sozialversicherungsträgern mit paritätischer Vertretung wiederhergestellt. Ein Gesetz zu Artikel 131 des Grundgesetzes vom 11. Mai regelte mit den Rechtsverhältnissen auch die Wiederverwendungs- und Versorgungsansprüche solcher Personen, die Berufssoldaten oder Zivilbeamte der Wehrmachtsverwaltung oder bei Kriegsende im öffentlichen Dienst beschäftigt gewesen und daraus durch Wehrdienst, Vertreibung oder Entnazifizierung „verdrängt" worden waren. Dazu zählten auch Versorgungsberechtigte und Hinterbliebene, insgesamt ca. 430 000 Personen. „131er"-Gesetz,
Einzelmaßnahmen

Im Falle der politisch belasteten Beamten erfolgte eine – auch von den oppositionellen Abgeordneten mitgetragene – (zu) schematisch-großzügige Regelung für ehemalige Nationalsozialisten. Sie wurde durch die vordringlich erscheinende Abwehr des kommunistischen Totalitarismus begünstigt, aber ebenso durch Zeitablauf. Immerhin verhinderte dieses „Wunder der Integration" der „Ehemaligen" [so K.-D. HENKE, Die Grenzen der politischen Säuberung in Deutschland nach 1945, in 245: L. HERBST, Westdeutschland 1945–1955, 132 f.], daß ein Protestpotential von Unzufriedenen und Diskriminierten entstand und sich womöglich mit Millionen entwurzelter Heimatvertriebenen organisierte.

Im August 1951 trat ein Kündigungsschutzgesetz in Kraft, im März 1952 wurde die selbstverwaltete Bundesanstalt für Arbeitsvermittlung und Arbeitslosenversicherung in Nürnberg errichtet (mit nachgeordneten Landesarbeitsämtern; seit 1969: Bundesanstalt für Arbeit), ein Jahr später die Bundesversicherungsanstalt für Angestellte in Berlin.

<small>Mitbestimmung in der Montanindustrie</small>

Einen entscheidenden Beitrag zum Ausgleich sozialer Gegensätze leistete das im Mai 1951 – gegen die FDP – verabschiedete „Gesetz über die Mitbestimmung der Arbeitnehmer in den Aufsichtsräten und Vorständen der Unternehmen des Bergbaus und der Eisen und Stahl erzeugenden Industrie". Darin war die paritätische Mitbestimmung in bestimmten Großbetrieben – eine zentrale Forderung der Gewerkschaften, die den Anfang einer weitergehenden „Wirtschaftsdemokratie" bilden sollte – geregelt. Sie knüpfte an entsprechende Bestimmungen für die Eisen- und Stahlindustrie in der britischen Zone von 1947 an, kam aber erst unter dem Druck einer Streikdrohung der Gewerkschaften nach Verhandlungen zwischen Adenauer und dem DGB-Chef Hans Böckler zustande.

Der Erfolg der Montanmitbestimmung von 1951 trug wesentlich dazu bei, die Gewerkschaften, die auf parteipolitische Neutralität bedacht waren, mit der Bundesrepublik auszusöhnen. Diese vorerst letzte größere Konzession an die Gewerkschaften verhinderte schließlich, daß sich ein sozialdemokratisch-gewerkschaftlicher Oppositionsblock gegen die wirtschaftliche Westbindung (Montanunion) und die im Zuge des Korea-Krieges forcierten Bemühungen um einen Verteidigungsbeitrag bildete.

<small>Bedeutung des Lastenausgleichs von 1952</small>

Im August 1952 wurden mit Gesetzen über den Lastenausgleich – in Fortsetzung des Rentenanpassungsgesetzes vom Dezember 1948 und der „Soforthilfe" des Frankfurter Wirtschaftsrats vom August 1949 – und einen Währungsausgleich (für Verluste an RM-Spargutsaben von Vertriebenen) zentrale sozialpolitische Postulate erfüllt und große Gruppen von Besitzlosen entschädigt. Ihnen war ein Feststellungsgesetz zur Ermittlung der Vertreibungs-, Kriegssach- und Ostschäden vorausgegangen; zahlreiche Ergänzungen folgten. Erst später gelang es, den Lastenausgleich in eine Politik der Eigentumsbildung zu integrieren.

Der Lastenausgleich führte zu quotalen (individuellen) und nicht totalen (generellen) Entschädigungen und Rentenzahlungen. Die dafür erforderlichen Mittel wurden nicht, wie die SPD-Opposition gefordert hatte, durch Umverteilung des Realvermögens aufgebracht, sondern im wesentlichen – in Anpassung an die volkswirtschaftlichen Möglichkeiten – durch eine auf 30 Jahre gestreckte (und entsprechend gemilderte) Abgabe („Verrentung") aus Erträgen von Sachvermögen. Auf diese Weise blieben mit der Vermögenssubstanz Besitz- und Sozialstruktur unverändert. Nach der „Eingliederungsphase" erfolgte die Auszahlung der Hauptentschädigung ab 1957/59 (bis 1989 insgesamt mehr als 143 Mrd. DM). Der Lastenausgleich minderte ein bedrohliches soziales Spannungspotential (noch 1951 war ein Drittel der Vertriebenen ohne Arbeit), auch wenn dessen Leistungen für die Existenzbildung der Geschädigten in den fünfziger Jahren, während des anhaltenden Wirtschaftswachstums, nicht ausschlaggebend waren.

Dennoch bildete dieses Reformwerk – mit den Worten des stellvertretenden SPD-Vorsitzenden Erich Ollenhauer – „eines der Grundgesetze unseres neuen staatlichen Daseins" [14. Mai 1952 im Bundestag; 75: VERHANDLUNGEN, 9264]. Es wurde zum Symbol für die „geglückte Integration der Vertriebenen" [1157: R. SCHILLINGER, Lastenausgleich, 298] und trug in einem „bemerkenswerten Umfang" zur Lösung vieler Kriegsfolgelasten bei.

Das am 19. Juli 1952 gegen die Stimmen der Opposition verabschiedete Betriebsverfassungsgesetz regelte die Vertretung der Arbeitnehmer in Betrieben und Unternehmen (Drittel-Beteiligung an Aufsichtsräten von Aktiengesellschaften) außerhalb des Montanbereichs. Seine im europäischen Maßstab singuläre Regelung entsprach dennoch keineswegs den weitergehenden Vorstellungen der Gewerkschaften. Für den Bereich des öffentlichen Dienstes folgte 1955 das entsprechende Personalvertretungsgesetz. Das Arbeitsgerichtsgesetz vom September 1953 stellte eine eigene Gerichtsbarkeit für Rechtsstreitigkeiten aus Arbeitsverhältnissen wieder her, das gleichzeitig erlassene Sozialgerichtsgesetz begründete eine gesonderte Gerichtsbarkeit im sozialen Bereich. Erste Ergebnisse der Sozialpolitik

In den Zusammenhang der Integrationsgesetzgebung gehörten ferner das Bundesvertriebenengesetz vom Mai 1953, das Rechtsstellungs- und Eingliederungsfragen der Heimatvertriebenen regelte. Die bereits seit 1947 von den Ländern geleisteten Entschädigungen für Verfolgte des Nationalsozialismus wurden 1953 durch ein Bundesergänzungsgesetz einheitlich geregelt. Das Bundesentschädigungsgesetz von 1956 (rückwirkend ab 1953 in Kraft) erweiterte den Kreis der Anspruchsberechtigten und den Umfang der Leistungen. (Bis 1988 wurden mehr als 6 Millionen Ansprüche geltend gemacht und mehr als 88 Mrd. DM gezahlt; noch zu leisten sind mehr als 22 Mrd. DM.)

Die Ende 1955 zwischen Bund und Ländern vereinbarte Studentenförderung („Honnefer Modell") setzte 1957 ein. Das restriktive Ladenschlußgesetz von 1956 kam den kleinen und kleinsten Betrieben des Einzelhandels entgegen.

Die Sozialpolitik der frühen fünfziger Jahre knüpfte an Vorbilder und Instrumente der Weimarer Zeit und ihres Sozialversicherungssystems an. Insofern war sie „restaurativ", ihr System dadurch jedoch frühzeitig funktionsfähig. Es führte zur Entschärfung gesellschaftlicher Konflikte bereits in dem gleichen Zeitraum, in dem sich die Lebenslage des gesamten Volkes noch im Bereich des Existenzminimums befand. Über pragmatische Lösungsmöglichkeiten hinaus wurden Ansätze zu Reformen der Gesellschaftsordnung sichtbar. Das galt insbesondere für Eigentumsbildung im Wohnungsbau und für die Regelung der betrieblichen und außerbetrieblichen Beziehungen zwischen Arbeitnehmern und Arbeitgebern [1141: G. KLEINHENZ, H. LAMPERT, Sozialpolitik, 122). „Restauration"?

d) Parteien, Parlament und Regierung bis 1957

Die Bonner Demokratie und das ihr zugrundeliegende Verfassungssystem mit der dominierenden Stellung der Parteien sowie mit Parteien- und Verbandskonkur- Zersplittertes Parteiensystem renz konnten sich unbeschadet des innerdeutschen Teilungs- und Polarisierungsprozesses innerhalb weniger Jahre konsolidieren. Diese Entwicklung war 1949 keineswegs abzusehen. Der Ausgang der ersten Bundestagswahl führte vielmehr zu einer Aufsplitterung des Parteiensystems, die eine Wiederkehr der instabilen Weimarer Verhältnisse befürchten ließ: Im ersten Bundestag waren außer den beiden großen Parteien (SPD 29,2% der Wählerstimmen, CDU 25,2%) sowie den übrigen „Lizenzparteien" von 1945 (FDP 11,9%, CSU 5,8%, KPD 5,7%) Abgeordnete weiterer fünf Parteien vertreten.

Von ihnen hatten zwei, die extrem föderalistisch eingestellte Bayernpartei (4,2%) und die in Niedersachsen beheimatete konservative Deutsche Partei (4%), die KPD zwar nicht prozentual, wohl aber infolge des Wahlsystems in der Zahl der Mandate (je 17 gegenüber 15 der KPD) überrundet. Die Wirtschaftliche Aufbau-Vereinigung, eine bayerische Sammelpartei, stellte zwölf Abgeordnete, die neonazistische Deutsche Reichspartei bei 1,8% Wählerstimmen fünf.

Unionsparteien

Durch den Zusammenschluß der insgesamt 139 Abgeordneten von CDU und CSU zu einer Fraktionsgemeinschaft im Bundestag wurde die SPD (131 Mandate) auf den zweiten Platz und – als Ergebnis der maßgeblich von Adenauer bestimmten Koalitionsbildung – in die Opposition verwiesen. Den neuen, betont westlich orientierten und von der katholischen Kirche unterstützten Unionsparteien kamen die Veränderungen der sozialstrukturellen und konfessionellen Ausgangs- und Rahmenbedingungen zugute. Das Verhältnis von Protestanten zu Katholiken in der Bundesrepublik betrug 1950 51,2 zu 45,2%. Demgegenüber verblieb die restaurierte und mit der Gewerkschaftsführung verbundene SPD in ihrem früheren Sozialmilieu und grenzte sich scharf gegen die moskauabhängige KPD ab.

Vertriebenen- und Flüchtlingsparteien

Von der Lockerung und dem Wegfall des alliierten Lizenzierungszwangs im März 1950 profitierten zahlreiche Regional- und Protestparteien, auch solche mit rechtsradikalen Tendenzen. Sie konnten in Landtagswahlen teilweise spektakuläre Erfolge erzielen. Das galt in erster Linie für eine Partei der Vertriebenen und Flüchtlinge, zu der sich zwischen 1950 und 1952 regionale Gruppierungen zusammenschlossen. Der Block der Heimatvertriebenen und Entrechteten (seit September 1952: Gesamtdeutscher Block/BHE) gewann vor allem Zulauf in den überproportional von Flüchtlingen bewohnten Ländern Schleswig-Holstein, Bayern und Württemberg-Baden. Er erreichte bei den Landtagswahlen in Schleswig-Holstein 1950 das zweitbeste Wahlergebnis (23,4%) hinter der SPD und noch vor der CDU. Der GB/BHE verlor aber im Laufe der fünfziger Jahre seine Anziehungskraft in dem Maße, in dem die Integration von Vertriebenen und Flüchtlingen in den Wirtschafts- und Arbeitsalltag gelang. Dieser Prozeß vollzog sich in den Jahren 1953–1957, in denen diese Interessenpartei dem zweiten Kabinett Adenauer angehörte.

„Wehrhafte Demokratie"

Die Bundesregierung praktizierte „wehrhafte Demokratie", als sie im November 1951 bei dem soeben errichteten Bundesverfassungsgericht in Karlsruhe das Verbot zweier extremistischer Parteien beantragte: das der erst 1949 gegründeten Sozialistischen Reichspartei, deren Schwerpunkte in Niedersachsen und Bremen lagen, sowie das der KPD. Im Oktober 1952 erklärte das Gericht die rechtsradikale SRP, die sich inzwischen aufgelöst hatte, für verfassungswidrig und verbot sie. Demgegenüber wurde das Verfahren gegen die KPD in die Länge gezogen – mit Blick auf Konsequenzen für die Wiedervereinigung Deutschlands angesichts der vom Westen geforderten freien, gesamtdeutschen Wahlen – und erst im August 1956 entschieden, mit dem gleichen Ergebnis. Zu diesem Zeitpunkt war die KPD nur noch eine Splittergruppe und seit 1953 (2,2% Wählerstimmen) im Bundestag nicht mehr vertreten. Schon deswegen blieben Notwendigkeit und Opportunität dieses Urteils umstritten, das allerdings die Legitimationsgrundlage der Bundesrepublik bestätigte.

Nach der zweiten Bundestagswahl begann ein anhaltender Konsolidierungs- und Konzentrationsprozeß des Parteiensystems, gefördert durch eine verschärfte 5%-Sperrklausel (auf Bundesebene). Von den zur Wahl angetretenen 21 Parteien gelangten noch sieben in den neuen Bundestag: CDU (36,4% der Wählerstimmen), SPD (28,8%), FDP (9,5%), CSU (8,8%), GB/BHE (5,9%), DP (3,3%) und Zentrum (0,8%, aber zwei der insgesamt drei Mandate aufgrund eines Wahlabkommens mit der CDU). Die Unionsfraktion verfügte mit insgesamt 244 Sitzen (gegenüber 243 der übrigen Fraktionen) über die absolute Mehrheit. Den Regionalparteien in Bayern – ausgenommen die CSU –, Niedersachsen und Nordrhein-Westfalen (Bayernpartei, Deutsche Partei, Zentrum) war und blieb die Basis ihres Erfolgs entzogen. Konsolidierung

Auf die Unionsparteien plus SPD entfielen zusammen 74% aller Wählerstimmen, 1957 82%. Bis 1972 blieb die „strukturelle Asymmetrie" zwischen der Union und der SPD [W. KALTEFLEITER, Parteien im Umbruch, Düsseldorf 1984, 19] kennzeichnend, bis Ende der sechziger Jahre auch das parteipolitische Links (SPD)-, Mitte (CDU, CSU)-, Rechts (FDP)-Schema. Die Bundestagswahl von 1953 war die erste im Zeichen eines „Personalplebiszits" („Deutschland wählt Adenauer"). Der Bundeskanzler trug durch betonte Abgrenzung von Koalition und Opposition dazu bei, daß sich ein alternierendes Parteiensystem herausbildete.

Der auch als „Wahlwunder" interpretierte Ausgang der Bundestagswahl von 1953 erklärt sich ferner aus der sozialen Befriedung, die von der wirtschaftlichen Prosperität ausging und das verbreitete Streben nach innenpolitischer Ruhe und privater Gesichertheit dieser Jahre begleitete. Die Politik der CDU verkörperten Adenauer und Erhard, deren eigentliches Programm die Erfolge der Regierung ersetzten. Demgegenüber fehlte der nach dem Tode Schumachers (20. August 1952) von Ollenhauer geführten SPD eine zugkräftige personelle wie politische Alternative. Traditions- und Integrationsparteien

Solange die SPD als Traditionspartei noch die Weimarer Tradition („Volksmarxismus") verkörperte, kam der soziale Strukturwandel den Unionsparteien zugute. Dabei blieb die CDU zunächst eine Wähler- und Integrationspartei, deren verschiedene Traditionslinien erst allmählich, vor allem über die gemeinsan vertretene Westintegration und damit über die Frontstellung gegen die SPD hinaus, zu einer Synthese gelangten. Die Union bezog ihren Zuwachs von den kleinen bürgerlichen Gruppierungen wie von bisherigen Nicht- oder Neuwählern. Dadurch allerdings wurde sie zunehmend pragmatischer, immobiler und „gouvernementaler" („Staatspartei").

Fortschreitende Konzentration Bei der Wahl zum dritten Bundestag im September 1957 setzte sich mit dem Siegeszug von CDU und CSU (zusammen 50,2% der Wählerstimmen und 54,4% der Mandate) der Konzentrationsprozeß des Parteiensystems fort. Der damalige Wahlslogan der Union „Keine Experimente" traf noch die sekuritätsbestimmte Grundstimmung dieser Zeit, während eine andere Formel – die von der im gleichen Jahr eingeführten „dynamischen Rente" – deren Gegenstück bildete, das in die Zukunft wies.

Die FDP unter ihren Vorsitzenden Thomas Dehler (seit 1954) und Reinhold Maier (seit 1956) suchte sich nach der Spaltung ihrer Fraktion im Februar 1956 und dem Verlassen der Koalition betont von der Union abzugrenzen und vor allem als Partei der Wiedervereinigung (Saarfrage) darzustellen. Sie blieb jedoch eine Honoratiorenpartei, gespalten durch den traditionellen Gegensatz von national-liberal bzw. liberal-demokratisch. Ihre Landtagsfraktion in Nordrhein-Westfalen („Jungtürken") erzwang im Februar 1956 den Sturz der von Karl Arnold (CDU) geführten CDU/FDP-Koalition zugunsten einer Regierungsbildung mit der SPD.

Von den Regionalparteien konnte sich nur noch die DP (3,4%) behaupten, die sich im Januar 1957 durch Fusion mit der erfolglosen Freien Volkspartei (FVP) verstärkt hatte. Die DP benötigte allerdings die Wahlhilfe der CDU („Huckepacksystem"), um (letztmalig) in den Bundestag zu gelangen. Die SPD konnte ihren Wähleranteil zwar von 28,8 auf 31,8% steigern, sah sich jedoch durch Adenauers Wahlkampfaussage „Wir glauben, daß mit einem Sieg der SPD der Untergang Deutschlands verknüpft ist", in die Defensive gedrängt. Die auf 7,7% reduzierte FDP suchte in der Opposition das „Zünglein an der Waage" zu bilden. Sie hatte nach der Parteispaltung vom Frühjahr 1956 die Bundesregierung verlassen, aus Protest gegenüber Plänen innerhalb der Unionsführung, ein neues, mehrheitsbildendes Wahlrecht einzuführen, um dadurch das Parteiensystem institutionell zu festigen.

Bundeskanzler und Bundestag Zur Dominanz der Unionsparteien trug der „Kanzlerbonus" bei, auch die Art und Weise, in der Adenauer vornehmlich die Außenpolitik zum Bezugspunkt von Wahlentscheidungen machte. Die von ihm praktizierte straffe Lenkung von Koalitionskabinetten – die „Kanzlerdemokratie" entfaltete sich ab 1953 – entsprach der im Grundgesetz angelegten Möglichkeit effizienter Staats- und Regierungsführung.

Die Anfänge des Bonner Parlamentarismus erinnerten durch ausufernde Redeschlachten und Lärmszenen im Bundestag an Zustände in der Weimarer Republik. Der erste Bundestagspräsident (Erich Köhler, CDU) mußte bereits 1950 abgelöst werden. Er fand in seinen Fraktionskollegen Hermann Ehlers (gestorben 1954) und Eugen Gerstenmaier (1954–1969) überragende Nachfolger. Das erste Koalitionskabinett besaß, im Unterschied zu späteren Regierungen, gegenüber dem Kanzler durchaus Eigengewicht. Das galt vor allem für Bundeswirtschaftsminister Ludwig Erhard und Bundesfinanzminister Fritz Schäffer (CSU). Die Bundestagsfraktionen wiesen eine Reihe parlamentarischer Talente auf. Aber weder das Parlament als Ganzes noch die Unionsfraktion noch auch der Bundesrat konnten sich zu konkurrierenden Machtzentren entwickeln.

Die SPD, die von der Autorität ihres Partei- und Fraktionsvorsitzenden Kurt Schumacher profitiert, aber auch unter seinem Regiment gelitten hatte, erhielt ihre „konstruktive Opposition" nicht honoriert. Unter seinem Nachfolger Ollenhauer begann nach der erneuten Wahlniederlage von 1957 eine innerparteiliche Reformdebatte. Sie führte über den Stuttgarter Parteitag von 1958 zum Godesberger Programm des folgenden Jahres, in dem der demokratische Sozialismus nicht mehr vom dogmatischen Marxismus abgeleitet wurde. Damit war der Weg von der Traditions- und Klassen- zur Volkspartei geöffnet, den die Wählerschaft honorierte.

Opposition

C. KONSOLIDIERUNG UND BEWÄHRUNG 1955–1963

1. Fortgang der wirtschaftlichen Westintegration 1955–1957

a) Die Gründung von EWG und EURATOM

Westeuropäische Wirtschaftsintegration
1955 war die politisch-militärische Blockbildung durch Aufnahme der inzwischen souveränen Bundesrepublik in die NATO und der von der Sowjetunion in die Souveränität entlassenen DDR in den Warschauer Pakt verfestigt, eine Wiedervereinigung Deutschlands nach der ergebnislos verlaufenen Genfer Gipfelkonferenz vom Sommer des gleichen Jahres und einer Außenminister-Konferenz im November in Genf nicht in Sicht. Das Bekenntnis des NATO-Rates vom 16. Dezember 1955 zur Solidarität der westlichen Allianz in der Deutschland- und Berlinpolitik blieb folgenlos. Die neue sowjetische Linie, die von zwei deutschen Staaten und der Möglichkeit einer Koexistenz unterschiedlicher Staats- und Gesellschaftssysteme ausging, setzte sich zunehmend durch.

Trotz des Scheiterns der Europäischen Verteidigungsgemeinschaft und der Westeuropäischen Politischen Union hatte sich zwischen der Bundesrepublik und Frankreich ein Ausgleich angebahnt. Noch vor der 1955 erfolgten Lösung der Saarfrage drängten einzelne Politiker in Frankreich (Jean Monnet), den Benelux-Staaten (Paul-Henri Spaak) und in der Bundesrepublik (Adenauer und Hallstein) darauf, die Sechsergemeinschaft über die Montanunion hinaus wirtschaftlich stärker zu integrieren. Anfang Juni 1955 einigten sich die Außenminister ihrer Mitgliedstaaten in Messina darauf, schrittweise die nationalen Volkswirtschaften zu einem Gemeinsamen Markt zu verschmelzen, getragen von gemeinsamen Institutionen.

Konflikte: Saar – Suez – Ungarn
Die Realisierung dieses Zieles gelang nach schwierigen Verhandlungen, ohne die britische Regierung. Sie wurden wiederholt unterbrochen, insbesondere wegen französischer Forderungen nach vorheriger Harmonisierung der sozialen Lasten. Schließlich machte der inzwischen erreichte deutsch-französische Ausgleich im Saarkonflikt, für dessen Zustandekommen Frankreich wirtschaftliche Kompensationen erhielt, mehr aber noch das Anfang November 1956 fehlgeschlagene britisch-französische Eingreifen in den Suez-Konflikt –um die Kontrolle über die Kanalzone wiederzugewinnen –, Paris kompromißbereiter. Zudem verstärkte die Niederschlagung des Volksaufstands in Ungarn durch die Rote Armee (Oktober/November 1956) die Einsicht in die Notwendigkeit eines engeren europäischen Zusammenschlusses, den die USA befürworteten.

EWG und EURATOM
Mit den zeitlich nicht befristeten „Römischen Verträgen" vom 25. März 1957 verpflichteten sich die beteiligten sechs Staaten, engere politische Beziehungen untereinander zu fördern. Gleichzeitig schufen sie zwei supranationale Institutionen: die Europäische Atomgemeinschaft (EURATOM) zur Kooperation auf dem Gebiet der Kernforschung und friedlichen Nutzung der Kernenergie sowie die

Europäische Wirtschaftsgemeinschaft (EWG). Dadurch sollte innerhalb von zwölf Jahren durch sukzessiven Fortfall der Zoll- und Handelsschranken ein Gemeinsamer Markt entstehen und die Wirtschaftspolitik der Mitgliedstaaten koordiniert werden. Die Bundesregierung hatte durchgesetzt, daß im Falle der Wiedervereinigung Deutschlands die Verträge überprüft werden müßten. Unverändert blieb das System des „Interzonenhandels" zwischen Bonn und Ost-Berlin, durch das die DDR künftig auch von den Vorteilen der EWG profitierte.

Mit Inkrafttreten der EWG, die auch West-Berlin einbezog, zum 1. Januar 1958 war die Eingliederung der Bundesrepublik in den Westen abgeschlossen. Ein Jahr später konstituierten sich die EWG-Kommission in Brüssel und das (machtlose) Europäische Parlament als gemeinsames Gremium für Montanunion, EWG und EURATOM in Straßburg. Walter Hallstein wurde erster Präsident der Kommission. Mit ihrer Zustimmung zu den Römischen Verträgen unterstützten die Sozialdemokraten, die bisher föderalistische Europa-Konzeptionen abgelehnt hatten, die Europapolitik der Bundesregierung. Hingegen lehnte die oppositionelle FDP mehrheitlich diesen Integrationsfortschritt ab, weil er die Wiedervereinigung beeinträchtige.

b) Der veränderte Stellenwert der Deutschen Frage

Seit der ergebnislos verlaufenen Genfer Gipfelkonferenz vom Juli 1955, einer „Art Wasserscheide zwischen der Nachkriegszeit und einer neuen Ära der Ost-West-Beziehungen, die fortan auch die Außenpolitik der Bundesrepublik bestimmte" [291: H.-P. Schwarz, Die Ära Adenauer 1949–1957, 271], rückte für die Supermächte eine Lösung der Deutschlandfrage in den Hintergrund. Vorrang gewannen Verhandlungen über kontrollierte Abrüstung und über ein Auseinanderrükken der Machtblöcke (Disengagement) in Europa. Abrüstung erhält Vorrang

Der Ende 1955 in Form der „Hallstein-Doktrin" konkretisierte Alleinvertretungsanspruch der Bundesrepublik – im Oktober 1957 erstmals durch Abbruch der diplomatischen Beziehungen mit Jugoslawien praktiziert – blockierte eine eigenständige Ostpolitik. Er belastete in der Folge aber auch das Verhältnis zu den Westmächten. Auf der anderen Seite hielt die Flucht von hunderttausenden Deutschen aus dem Machtbereich der SED in die Bundesrepublik an und legitimierte weiterhin die politische und moralische Position Bonns. Die permanente „Abstimmung mit den Füßen" unterstrich gleichzeitig den uneinholbaren ökonomischen Vorsprung des Westens.

Adenauer hielt die sich ausbreitende Entspannungseuphorie für gefährlich, da sie das Ziel des sowjetischen Machtstrebens nur fördere: die westliche Allianz aufzuweichen und damit das Interesse ihrer wichtigsten Träger an einer Wiedervereinigung Deutschlands zu schwächen. Der Bundeskanzler kalkulierte – verstärkt seit seiner Moskau-Reise im Herbst 1955 – Befürchtungen der Kreml-Führung über eine künftige Bedrohung der Sowjetunion durch Rotchina ebenso ein wie Selbständigkeitsbestrebungen in den osteuropäischen Staaten. Letztere suchte er Entspannungseuphorie

Ende 1956, als behutsamen Auftakt ostpolitischer Aktivitäten, dadurch zu ermutigen, daß er östlichen Abrüstungs- und Disengagement-Vorstellungen für Mitteleuropa (Rapacki-Plan) Vorschläge für eine Neutralisierung der osteuropäischen Staaten gegenüberstellte. Dabei knüpfte er an Vorstellungen an, die er vier Jahre zuvor als Antwort auf Stalins Angebot zu Verhandlungen über ein neutralisiertes Deutschland erhoben hatte. Damit fand er jedoch kein Echo.

Annäherung der Blockmächte

Im Gegenteil: Die von den Westmächten tatenlos hingenommene Niederschlagung der Volksaufstände in Polen und Ungarn (Oktober/November 1956) durch die Sowjetunion alarmierte Bonn, zumal Washington und Moskau durch wirkungsvolles Zusammenspiel die Regierungen in London und Paris dazu zwangen, das gleichzeitige Suez-Abenteuer rasch zu beenden. Die Besorgnis wuchs, daß sich die bisherige Trennung zwischen den Machtblöcken verwischen und die DDR als Teilnehmer von Abrüstungsverhandlungen international aufgewertet werden könnte.

Die am 29. Juli 1957, kurz vor den Bundestagswahlen, zustandegekommene „Berliner Erklärung" der Bundesrepublik Deutschland und der drei Westmächte war die letzte gemeinsame deutschlandpolitische Deklaration. Sie enthielt das Junktim von Wiedervereinigung und Abrüstung, blieb aber wirkungslos. Die Sowjetunion lehnte postwendend Viermächte-Verhandlungen über Deutschland ab.

Adenauers Doppelstrategie

Auf die veränderte internationale Situation reagierte Adenauer mit einer Doppelstrategie: Gegenüber den NATO-Partnern drängte er darauf, die Bundeswehr, deren Aufbau sich erheblich verzögerte – was Irritationen bei den Bündnispartnern auslöste –, mit nuklearfähigen Trägersystemen auszurüsten. Das war auch die Linie des neuen Verteidigungsministers (seit 1956) Franz Josef Strauß (CSU). Dadurch sollte die militärische Gleichberechtigung gegenüber Frankreich und Großbritannien erreicht und das Gewicht der Bundesrepublik im Bündnis verstärkt werden. Die Zustimmung des NATO-Rates im Dezember 1956 zur Nuklearbewaffnung der NATO-Streitkräfte (unter amerikanischer Kontrolle der Kernsprengköpfe) bedeutete eine zusätzliche Sicherheitsgarantie und gleichzeitig das Ende aller Disengagement- und Desintegrations-Konzepte, die auf sowjetische Interessen zugeschnitten waren.

Die Entscheidung des Bundestags vom 25. März 1958 für die Ausrüstung der Bundeswehr mit nuklearen Trägersystemen verschärfte die bereits leidenschaftlich geführte innenpolitische Diskussion. Eine außerparlamentarische, von der SPD und dem DGB unterstützte Aktion „Kampf dem Atomtod" propagierte ein entmilitarisiertes und neutralisiertes Gesamtdeutschland. Bereits im April 1957 hatten sich 18 führende deutsche Atomwissenschaftler („Göttinger Manifest") gegen eine atomare Bewaffnung der Bundeswehr ausgesprochen.

Suche nach einer „Österreich-Lösung"

Der zweite Teil der Doppelstrategie des Bundeskanzlers bestand darin, die Stagnation in der Deutschlandpolitik durch Kontakt mit Moskau zu überwinden, um zumindest die Folgen der Teilung für die Deutschen in der DDR zu mildern. Im Frühjahr 1958 ließ Adenauer gegenüber der Sowjetunion insgeheim seine Bereitschaft zu zeitweisem Verzicht auf die Forderung nach Wiederherstellung der nationalstaatlichen Einheit erkennen.

Der Bundeskanzler suchte – auch mit Blick auf die noch für das gleiche Jahr vorgesehene neue Viermächte-Konferenz über Deutschland – nach einer Chance, mit den Kreml-Führern über die Möglichkeit einer aus der sowjetischen Umklammerung entlassenen und neutralisierten DDR („Österreich-Lösung") zu sprechen. Er war zu einer Vertagung der nationalstaatlichen Wiedervereinigung bereit, wenn es dafür gelänge, die 17 Millionen Deutschen jenseits des Eisernen Vorhangs aus der „Sklaverei" zu befreien [so bereits am 9. Juni 1956; 111: K. ADENAUER, Teegespräche 1955–1958, 97].

Diese Überlegungen fanden in Moskau das gleiche negative Echo wie in Bonn Vorschläge der DDR nach einer Konföderation der „beiden deutschen Staaten" auf der Grundlage ihrer Gleichrangigkeit. Folgenlos blieb auch eine am 2. Juli 1958 vom Bundestag angeregte Eingabe der Bundesregierung an die Vier Mächte, ein Gremium zu bilden, dessen Aufgabe es sein sollte, Vorschläge für eine „Lösung der Deutschen Frage" auszuarbeiten (also nicht mehr für eine „Wiedervereinigung Deutschlands"). Damit enthielt dieser Bundestagsbeschluß erstmals jene Formel, die die sowjetische Seite seit der Genfer Gipfelkonferenz von 1955 benutzte.

„Lösung" statt Wiedervereinigung

2. IM SCHATTEN NEUER BERLIN-KRISEN 1958–1963

a) Drohungen und Bedrohungen durch die Sowjetunion

Nachdem die Sowjetunion ihr Nuklearpotential aufgebaut und mit Interkontinentalraketen auch Teile der USA erreichen konnte (1957), begann im Zeichen des „Gleichgewichts des Schreckens" eine neue Phase auch im „Ringen um Deutschland" [279: A. HILLGRUBER, Geschichte, 66] wie innerhalb Deutschlands. Das Bonner Festhalten an der Wiedervereinigungsforderung fand zunehmend weniger Verständnis in Washington und London, während sich nach dem Machtwechsel in Paris (seit Juni 1958: de Gaulle) trotz keineswegs übereinstimmender Zielsetzung eine engere deutsch-französische Zusammenarbeit herausbildete.

Chruschtschows „Friedensdiktat"

Vom Spätjahr 1958 an stellte eine von der Sowjetunion ausgelöste neue Krise um Berlin, an der Achillesferse der westlichen Allianz, das Bündnis auf eine neue Probe. Moskau suchte eine Lösung der Deutschlandfrage in seinem Sinne zu erzwingen. Am 10. November 1958 forderte Chruschtschow die Westmächte dazu auf, die „Reste des Besatzungsregimes in Berlin" aufzugeben. Am 27. November kündigte er in Noten an die Regierungen der drei Westmächte sowie die in Bonn und Ost-Berlin den Viermächte-Status Berlins, forderte den Abzug der westlichen Truppen aus der Stadt und die Aufnahme von Verhandlungen über den Status West-Berlins als entmilitarisierte Freie Stadt; dafür war ein Zeitraum von sechs Monaten eingeräumt. Andernfalls würde die Sowjetunion ihre Berlin-Rechte, eingeschlossen die Kontrolle der Zugangswege, der DDR übertragen.

Das Ziel des Vorstoßes der Kreml-Führung wurde deutlicher, als sie am 10. Januar 1959 die Einberufung einer Friedenskonferenz vorschlug und dafür den Entwurf eines Friedensstatuts mit beiden deutschen Staaten vorlegte. Er ließ die Wiedervereinigung eines – neutralisierten und faktisch entmilitarisierten – Deutschlands auf dem Weg über eine Konföderation offen. Dieses „Friedensdiktat" [51: B. MEISSNER (Hrsg.), Moskau – Bonn, Bd. 1, 37] war von der Bundesregierung bereits unmittelbar zuvor (5. Januar) abgelehnt worden und wurde am 16. Februar erneut mit dem Hinweis zurückgewiesen, daß es Aufgabe einer Viermächte-Konferenz sei, sich mit *„allen* Aspekten und Zusammenhängen des Deutschlandproblems" zu beschäftigen.

Vorschläge zur Krisenlösung

Die Westmächte stimmten Moskaus Konferenz-Vorschlag grundsätzlich, allerdings erst nach Rücknahme seines ultimativen Charakters, zu (16. Februar). Gleichzeitig drängten sie die Bundesregierung zu Lösungsvorschlägen des Deutschlandproblems. Adenauer befürchtete, daß die angelsächsischen Mächte bereit sein würden, die DDR anzuerkennen und damit das letzte Faustpfand des Westens gegenüber der Sowjetunion aus der Hand zu geben sowie Einschränkungen des Viermächte-Status von Berlin hinzunehmen. Derartige Konzessionen mußten einer Stabilisierung des Ostblocks Vorschub leisten. Sie gefährdeten zudem die Legitimität der Bundesrepublik und damit ihre innere Stabilität wie die Funktionsfähigkeit des NATO-Bündnisses.

Der Bundeskanzler akzeptierte nur widerwillig die westliche Verhandlungsposition für die im Mai nach Genf einberufene Deutschlandkonferenz der Außenminister der Vier Mächte. Sie bestand darin, Verhandlungen über ein europäisches Sicherheitssystem, das im Interesse der Sowjetunion lag, mit denen über die Wiedervereinigung sowie über allgemeine und kontrollierte Abrüstung zu verknüpfen. Über den Berlin-Status sollte keinesfalls isoliert verhandelt werden, da es für dessen Neuregelung kaum Kompromißmöglichkeiten gab.

„Deutschlandplan" der SPD

In dieser kritischen Situation vertrat die SPD in einem maßgeblich von Herbert Wehner beeinflußten „Deutschlandplan" vom März 1959 die Neutralitätslösung eines entmilitarisierten, langfristig in mehreren Phasen wiedervereinigten Deutschlands, eingebunden in ein gesamteuropäisches Sicherheitssystem. Die freie Wahlentscheidung aller Deutschen sollte erst am Ende eines allmählichen Aufeinanderzugehens beider Staats- und Gesellschaftssysteme stehen. Den auch im Blick auf die Interessen der Siegermächte realitätsfernen Plan gab die SPD nach dem Scheitern der Genfer Konferenz im Frühjahr 1960 wieder auf.

Ende Mai 1959 – nach dem Mitte April erfolgten Wechsel an der Spitze des US-Außenministeriums von Dulles (der am 24. Mai starb) zu Herter und nach dem Auftakt der Genfer Außenministerkonferenz über Deutschland – befürchtete der Bundeskanzler, daß die Konzessionsbereitschaft der amerikanischen Regierung die Interessen der Bundesrepublik akut gefährden würde. Das war ein wesentlicher Grund für ihn, am 4. Juni seine zwei Monate zuvor geäußerte Bereitschaft zur Kandidatur für das Amt des Bundespräsidenten wieder zurückzuziehen.

b) Die Genfer Außenministerkonferenz vom Sommer 1959

An der Außenministerkonferenz in Genf vom 11. Mai bis zum 15. August (mit längeren Unterbrechungen) nahmen „Berater" aus der Bundesrepublik und der DDR teil. Sie gewannen keinen Einfluß auf den Gang der Verhandlungen über die Deutschlandfrage, in deren Verlauf zunächst beide Seiten ihre bisherigen Standpunkte austauschten. Die Westmächte gingen von einem Stufenplan zur Wiederherstellung der Einheit Deutschlands aus. Danach sollten – das war neu an diesem „Herter-Plan" – vor freien Wahlen in beiden Teilen Deutschlands solche Wahlen zunächst in Berlin (als erster Schritt zur Wiedervereinigung der geteilten Stadt) erfolgen. Die Sowjetunion hingegen bestand auf sofortigem Abschluß eines Friedensvertrags mit einem mehrfach geteilten Deutschland auf der Grundlage ihres Entwurfs vom 10. Januar 1959 und nach Umwandlung von West-Berlin in eine Freie Stadt.

Entkoppelung des Berlin- und Deutschland-problems

In einem entscheidenden Punkt kamen die Westmächte den sowjetischen Zielsetzungen entgegen. Sie erklärten sich damit einverstanden, das Berlin-Problem getrennt von der übergreifenden Wiedervereinigungsfrage und der Abrüstungsproblematik zu behandeln. Mit dieser Preisgabe ihrer bisherigen gesamtdeutschen Zielsetzung im Sinne des Deutschlandvertrags von 1954 und der „Berliner Erklärung" vom 29. Juli 1957 war der Wendepunkt im Ringen zwischen Ost und West um Deutschland eingetreten, die Macht- und Prestigefrage einer Wiedervereinigung ausgeklammert. Künftig ging es den Vier Mächten nur noch um eine gesonderte Lösung der „anormalen Lage" in Berlin (die schließlich 1971 zum Viermächte-Abkommen über die geteilte Stadt führte).

Abgesehen von der in Genf sichtbar begonnenen „neuen Ära der Koexistenz" – so der Vorsitzende der CDU/CSU-Bundestagsfraktion Heinrich Krone am 8. August 1959 [150: Aufzeichnungen, 154] – verlief die Konferenz ohne Ergebnis. Auch wurde die Krise um Berlin durch ein Treffen zwischen Eisenhower und Chruschtschow in Camp David in den USA (26./27. September 1959) nur vorübergehend entspannt. Seit Anfang 1960 verstärkte Moskau wieder den Druck auf Berlin und drohte erneut, mit der DDR einen separaten Friedensvertrag abzuschließen. Die Westmächte konnten weitere Konzessionen vor allem in bezug auf ihre Rechte in Berlin – zum „großen Glück" für Deutschland [713: H. BUCHHEIM, Deutschlandpolitik, 98] – deswegen vermeiden, weil Chruschtschow eine neue Gipfelkonferenz in Paris am 16./17. Mai 1960 scheitern ließ. Er nahm dafür den Abschuß eines US-Aufklärungsflugzeugs über dem Gebiet der Sowjetunion zum Anlaß. Moskau profitierte von de Gaulles außenpolitischen Alleingängen im atlantischen Bündnis und wartete den zum Jahresende bevorstehenden Präsidentenwechsel in den USA ab.

Eine neue Ära der Koexistenz

Die östliche Seite behinderte weiterhin den Zugang nach Berlin und die Bewegungsfreiheit innerhalb der Stadt. Darauf zu antworten, fehlten den Westmächten wirkungsvolle Möglichkeiten. Eine Kündigung des Interzonenhandelsabkommens durch die Bundesregierung zum Jahresende 1960 ließ sich nicht durchhalten, weil mit diesem Instrument, von dessen Nutzung die DDR profitierte, de facto der freie Zugang nach Berlin gekoppelt war. Das am 29. Dezember erneut in Kraft gesetzte Abkommen sollte gleichzeitig einem Handelsvertrag mit der Sowjetunion die Wege ebnen.

„Flurbereinigung" der SPD-Außenpolitik

Seit Mitte dieses kritischen Sommers unterstützte auch die Opposition die Außenpolitik der Bundesregierung. Ein Jahr nach Annahme des Godesberger Programms war die SPD, wiederum unter Führung Wehners (Bundestagsrede vom 30. Juni 1960), im Zeichen einer Gemeinsamkeitsparole auf die bisher von ihr bekämpfte Linie der Außen- und Sicherheitspolitik der Regierung eingeschwenkt. Sie bekannte sich zur Landesverteidigung sowie zur Westintegration und NATO-Bindung der Bundesrepublik als Grundlage jeder Deutschland- und Wiedervereinigungspolitik. Mit dieser „Flurbereinigung" [117: W. BRANDT, Begegnungen, 44] ersetzte sie den „Deutschlandplan" der Parteispitze vom Vorjahr, der auf eine Art Konföderation mit der DDR abzielte.

Kennedys defensive Berlin-Strategie

Nach dem im Januar 1961 erfolgten Amtsantritt von Präsident Kennedy, der bereits 1957 das Zeitalter Adenauers für beendet erklärt, deutliche Sympathien für die SPD bekundet und in seiner Antrittsrede Berlin nicht erwähnt hatte, änderte sich die Deutschlandpolitik der USA. In Washington gewann das Bestreben die Oberhand, das nuklearstrategische „Gleichgewicht des Schreckens" durch Maßnahmen zur Rüstungskontrolle zum Abbau der Spannungen zu stabilisieren. Zur Sicherung des eigenen Einflußbereichs sollte derjenige der Sowjetunion in Mitteleuropa – und damit die Existenz der DDR – anerkannt werden.

Dieser Zielsetzung entsprechend begann eine militärstrategische Umorientierung der USA. Das neue Konzept sah im Falle einer sowjetischen Aggression nicht mehr „massive (atomare) Vergeltung" vor, sondern „abgestufte, flexible Reaktionen", und zwar mit Hilfe konventioneller Waffen. In deren Konsequenz lag es, auch denjenigen NATO-Verbündeten, die nicht wie Großbritannien und Frankreich bereits Kernwaffen besaßen, solche vorzuenthalten und sich auch gegenüber den eigenen Partnern stärker abzugrenzen. Die Bundesregierung blieb von der Eventualfallplanung für Berlin ausgeschlossen. Im Mai 1961 bezog der Ministerrat der NATO nicht mehr „Berlin" in seine militärische Sicherheitsgarantie ein, sondern nur noch „West-Berlin".

Drei „Essentials"

Erneuten Pressionen Chruschtschows, das Berlin- und Deutschlandproblem im Sinne Moskaus zu regeln, setzte Kennedy die Entschlossenheit der USA entgegen, den westlichen Besitzstand in Deutschland unverändert zu erhalten. Er fand sich jedoch mit der Teilung der Viermächte-Stadt ab. Am 25. Juli bekräftigte er in einer Fernsehansprache – ohne die Wiedervereinigung Deutschlands zu erwähnen – die „Berliner Garantie" vom 14. Dezember 1958, reduzierte sie jedoch auf drei „Essentials": Anwesenheitsrecht der Westmächte in Berlin, freier Zugang dorthin sowie die Freiheit der West-Berliner.

c) Der Bau der Berliner Mauer und dessen Folgen

Eine vom amerikanischen Präsidenten derart defensiv konkretisierte Berlin-Strategie („Friedensgrenze" durch die geteilte Stadt) vor dem Hintergrund der militärpolitischen „Flexibilisierung" der USA nutzten die kommunistischen Machthaber, um ihre Position in Berlin im wörtlichen Sinn zu zementieren. Mit Rückendeckung des Warschauer Paktes begann die SED-Führung in der Nacht zum 13. August 1961 damit, die innerstädtische Grenze zu den Westsektoren durch Stacheldrahtverhaue und durch den Bau einer Mauer abzuriegeln. Damit gelangte dieser „kriegsträchtige Sommer" [so 291: H.-P. SCHWARZ, Die Ära Adenauer 1957–1963, 141] auf einen Höhepunkt.

Zementierung der „Friedensgrenze"

Die ununterbrochene Fluchtbewegung aus der DDR in den Westen – seit 1949: fast 2,7 Millionen Personen – hatte sich seit Chruschtschows Berlin-Ultimatum kontinuierlich, seit Juni 1961 in dramatischer Weise verstärkt. Eine derart eindeutige Abstimmung mit den Füßen veranlaßte die SED-Führung keineswegs dazu, ihr Regime zu liberalisieren, sondern, gerade umgekehrt, dessen Existenz durch Zementierung der Sektorengrenze in Berlin zu stabilisieren und entsprechende Hindernisse entlang der gesamten Grenze zur Bundesrepublik systematisch auszubauen (Stacheldraht, Minenfelder, Todesstreifen, Schießbefehl). Die damit erreichte Einmauerung der eigenen Bevölkerung – in der Sprache der kommunistischen Propaganda „Herstellung der üblichen Grenzordnung" [P. ABRASSIMOW, Westberlin gestern und heute, Berlin (Ost) 1981, 45] – erfüllte ihren Zweck. Sie enthüllte aber zugleich die innere Schwäche des „real existierenden Sozialismus" und legitimierte zusätzlich die moralische und politische Position der Bundesrepublik.

In den Hauptstädten des Westens hatte man Maßnahmen zu einer Eindämmung des Flüchtlingsstroms erwartet, nicht aber den konkreten Mauerbau. Er wurde von den drei Schutzmächten – da er sich nicht gegen ihre Stellung in und den Zugang nach West-Berlin richtete – tatenlos hingenommen, in Washington als Element der Stabilisierung eines europäischen Status quo sogar mit Erleichterung. Mit dem 13. August 1961, einem Symboldatum in der Nachkriegsgeschichte, wurde die Teilung Deutschlands entlang des Eisernen Vorhangs zementiert und Ost-Berlin demonstrativ in die DDR einbezogen. Andererseits konnten die Westmächte künftig ihre Positionen, die ohnehin seit jeher auf die Westsektoren der Stadt reduziert waren, besser begründen und wahrnehmen.

Symboldatum 13. 8. 1961

Die Bundesregierung reagierte auf den Mauerbau mit hilflosem Abwarten auf Gegenmaßnahmen der Westmächte. Dem Regierenden Bürgermeister Brandt versetzte diese Passivität einen „Schock" [117: W. BRANDT, Begegnungen, 17]. Adenauer vermied es, sofort die Stadt aufzusuchen, weil er wußte, daß Chruschtschow noch jüngst westlichen Diplomaten gegenüber erneut gedroht und erklärt hatte, daß ein Krieg wegen Berlin „von Anfang an nuklear geführt werden" würde [11. Juli 1961; 10: CDU-Bundesvorstand, Bd. 3, 943]. Der Bundeskanzler befürchtete, daß sein Erscheinen in Berlin unkontrollierbare Reaktionen auslösen könnte, bis hin zu einem Aufstand im Ostsektor der Stadt und in der DDR, der dann, wie 1953, blutig niedergeschlagen werden würde. Er ging davon aus (16. August), daß die „eigentliche Krise" (durch Aufkündigung der westlichen Besatzungsrechte in der geteilten Stadt) noch bevorstehe. Mit diesem Verhalten demonstrierte er die „Friedensfähigkeit" der Bundesrepublik [278: K. HILDEBRAND, Die Außenpolitik, 616].

In Berlin bekräftigte US-Vizepräsident Johnson am 19. August die amerikanische Sicherheitsgarantie für die Westsektoren, vermied aber jeden Hinweis auf eventuell beabsichtigte Gegenmaßnahmen. Auch Brandt widerriet den Westmächten, die Mauer „mit Gewalt entfernen zu lassen" [117: W. BRANDT, Begegnungen, 23], und warnte seine Mitbürger vor unbesonnenem Vorgehen.

Reaktionen von Adenauer und Brandt

Adenauer flog erst am 22. August nach Berlin. Diese „Verspätung" [K. CARSTENS: „psychologischer Fehler"; 121: Erinnerungen, 286] kostete ihn viele Sympathien, zumal er den inzwischen laufenden Wahlkampf für die Wahlen zum fünften Bundestag (17. September) fortsetzte, um nicht durch dessen Abbruch die krisenhafte Situation zu verschärfen.

Der Regierende Bürgermeister Brandt, Kanzlerkandidat der SPD, vermochte sich als Sprecher der empörten Berliner Bevölkerung zu profilieren. Er suchte durch pro-amerikanisches Auftreten seine Partei vor einem Rückfall in neutralistische Positionen zu bewahren. Seine an Kennedy gerichteten Vorschläge vom 16. August für das Verhalten der Westmächte gegenüber der Sowjetunion wurden in Washington zunächst als unangemessene Belehrung empfunden und in Bonn als außenpolitischer Alleingang kritisiert. Kennedy erläuterte dann jedoch die begrenzten Berlin-Interessen der USA. Seine Aufforderung, durch deutsch-deutsche Kontakte die Auswirkungen der Teilung Deutschlands zu mildern – also deren Realität anzuerkennen –, führte zu einer „Schockwirkung" [754: D. PROWE, Der Brief, 379] in der SPD-Führung. Sie sah sich gleichzeitig aufgefordert, eigene Vorschläge zur Entspannung der Lage in Berlin zu entwickeln.

In der ersten Berlin-Krise von 1948/49, während der sowjetischen Blockade, hatte die feste Haltung der USA schlagartig und nachhaltig das deutsch-amerikanische Verhältnis verbessert. Nach dem Schock des Mauerbaus von 1961 distanzierten sich viele Deutsche von der westlichen Vormacht, enttäuscht über deren nachgiebige Haltung. Damit begann eine schleichende Vertrauenskrise im Verhältnis zu den USA, die bis Mitte 1962 anhielt. Sie mündete einige Jahre später – zeitweise überdeckt durch die Nachwirkung des Deutschland- und speziell Berlin-Besuchs von Präsident Kennedy (Juni 1963) – in antiamerikanische Proteste ein.

„Die große Desillusion"

Mit dem 13. August 1961 war das mit den Westmächten vereinbarte und vertragsrechtlich abgestützte Wiedervereinigungskonzept gescheitert, aber auch Chruschtschows Ziel, die Westmächte aus Berlin zu verdrängen. Für viele, vermutlich die meisten Deutschen zerstörte der spektakuläre Mauerbau der DDR Illusionen. Sie bestanden darin, die Sowjetunion nach erfolgter Westintegration der Bundesrepublik durch eine gemeinsame westliche „Politik der (nichtmilitärischen) Stärke" dazu bewegen zu können, der Bevölkerung in der DDR politisches Selbstbestimmungsrecht einzuräumen. Am 18. August 1961 notierte der CDU-Politiker Heinrich Krone: „Die Stunde der großen Desillusion" [150: Aufzeichnungen, 162 f.]. Am 6. Oktober erklärte der Regierende Bürgermeister Brandt in New York, man könne kein Regime anerkennen, „das nur auf Bajonetten ruht und von den Menschen verabscheut wird".

Die Bürger in der Bundesrepublik Deutschland fanden sich allmählich damit ab, ihrem provisorischen Staat Eigenrecht zuzuerkennen, ohne jedoch ein „richtiges Nationalgefühl" [so ADENAUER am 25. November 1959; 10: CDU-Bundesvorstand, Bd. 3, 563] zu gewinnen.

d) Deutschlandpolitik im Zeichen der Ost-West-Entspannung

Der Bau der Berliner „Schandmauer" und die verschärfte Abriegelung der innerdeutschen Grenze beendeten nicht die seit drei Jahren andauernde krisenhafte Entwicklung in und um West-Berlin, dessen Zugang die östliche Seite weiterhin gezielt störte. Dieser Nervenkrieg hinderte jedoch die USA in der Folge nicht daran, ihre begrenzte Kooperationspolitik („Friedensstrategie") mit der Sowjetunion fortzusetzen, ohne Bonn über deren Inhalt zu informieren. Im Frühjahr 1962 führte die „leicht abenteuerliche Berlin-Politik" der Regierung Kennedy [1357: K. KAISER, Ostpolitik, 236], insbesondere ihre Bereitschaft, eine internationale Behörde mit DDR-Beteiligung zur Kontrolle des Zugangs nach West-Berlin und im weiteren Verlauf die DDR und die Oder-Neiße-Linie zu akzeptieren, zu einer schweren Vertrauenskrise zwischen Bonn und Washington. Immerhin gelang es Adenauer, den Plan der Zugangsbehörde zu torpedieren.

 Anhaltende Nachgiebigkeit des Westens

Andererseits lehnte es die amerikanische Regierung ab, der Bundesregierung – wie auch den Regierungen anderer NATO-Mitgliedstaaten – Mitsprache bei ihrem nuklearen Planungs- und Entscheidungsprozeß zu gewähren, um nicht einen Erfolg ihrer Verhandlungen über Rüstungskontrolle mit der Sowjetunion zu gefährden. Moskau wiederum suchte, auch darin nunmehr mit Washington einig, zu verhindern, daß die Bundeswehr nukleare Trägersysteme erhielt.

Die Nachgiebigkeit der USA und Großbritanniens gegenüber östlichen Pressionen und die faktische Hinnahme des Status quo lösten im westdeutschen Teilstaat Besorgnis aus. Die Bundesregierung – seit November 1961 eine Koalition der Unionsparteien mit der FDP; Außenminister Gerhard Schröder (CDU) als Nachfolger des von der FDP nicht akzeptierten „Westdogmatikers" Heinrich von Brentano – modifizierte angesichts der veränderten Situation den Kurs ihrer Deutschland- und Ostpolitik. Darauf drängte insbesondere die FDP.

Im Zuge des Anpassungsdrucks der USA auf Regierung und Öffentlichkeit in der Bundesrepublik suchte Adenauer als Beitrag zur internationalen Entspannung nach Wegen, die Deutsche Frage anders als durch Wiederherstellung der nationalstaatlichen Einheit zu lösen und zumindest die Folgen der Teilung zu mildern. In Aufnahme früherer Überlegungen von 1957/58 dachte er daran, für das östliche

 Adenauers „Burgfriedensplan"

Zugeständnis eines freieren Lebens für die Bevölkerung der DDR vorübergehend – bis zu zehn Jahren – die Existenz des zweiten deutschen Staates ebenso hinzunehmen wie für Berlin den Status einer entmilitarisierten Freien Stadt unter Garantie der UNO. Während dieser Zeit sollte in einer (durch kontrollierte Abrüstung) international entspannten Atmosphäre über die Wiedervereinigung Deutschlands verhandelt werden. Schließlich sollte eine endgültige Lösung – einer alten sowjetischen Forderung entsprechend – allein Sache der beiden deutschen Staaten sein, darüber allerdings deren Bevölkerung durch freie Wahlen selbst entscheiden können.

Der Bundeskanzler unterbreitete zwischen 1958 und 1962 entsprechende Überlegungen („Österreich-Lösung", Globke-Plan, Burgfriedensplan, Stillhalteabkommen) sowohl den Westmächten als auch (im August 1962) Moskau. Im Kreml allerdings waren inzwischen längst die Weichen in Richtung Verständigung mit den USA gestellt. Für die Sowjetunion bestand, selbst im Blick auf Rotchina, keine Notwendigkeit, zur Sicherung ihres Besitzstands in Mitteleuropa Konzessionen machen zu müssen.

„Freiheit vor Einheit" Adenauer hatte seine Bereitschaft zu einer bedingten Anerkennung der DDR, gemeinsam mit Bundesverteidigungsminister Strauß, andeutungsweise bereits in einer Bundestagsdebatte am 20. März 1958 erkennen lassen [75: Verhandlungen, 847, 868]. Ob ein entsprechender Positionswechsel – ohne gleichzeitige Anerkennung der Oder-Neiße-Linie – damals innerparteilich, auch gegen die Vertriebenenverbände, durchsetzbar gewesen wäre, ist mehr als fraglich. Noch am 10. August 1960 fand der Philosoph Karl Jaspers (Basel) mit einem Interview, in dem er für den Vorrang der Freiheit der Deutschen in der „Sowjetzone" („Die sowjetische Zone ist tatsächlich ein Teil des russischen Imperiums") vor dem der Wiedervereinigung eintrat [1244: K. JASPERS, Lebensfragen, 233], ein überwiegend negatives Echo. Selbst einige Jahre später, 1964, traten noch 62 Prozent der befragten Deutschen für die Wiederherstellung Deutschlands in den Grenzen von 1937 ein [G. SCHMIDTCHEN, Die befragte Nation, Freiburg i.Br. 1965, 10].

Stagnation der Deutschlandpolitik Die alternativen Konzeptionen Adenauers zur Überwindung der Teilung sprechen für seinen Pragmatismus und seine Flexibilität, verdeutlichen aber auch das Dilemma der Bundesregierung. Sie sah selbst das von ihr inzwischen auf ein Offenhalten der Deutschen Frage reduzierte Ziel von den Westmächten nicht mehr unterstützt. Sie besaß aber keine Möglichkeit, die Einheit Deutschlands aus eigener Kraft zu verwirklichen, ohne dafür einen Preis (Neutralität) zu zahlen, der bis zur befürchteten sowjetischen Hegemonie reichen konnte. Insofern blieb Adenauer die „Kapitulation vor der Realität" in der Deutschlandfrage [H. GRAML, Außenpolitik, in 260: W. BENZ (Hrsg.), Bundesrepublik, Bd. 1, 367] erspart.

Auf der anderen Seite kam die von Bonn angestrebte engere politische Gemeinsamkeit der EWG-Mitgliedstaaten nicht zustande. Dadurch verlor die europäische Perspektive der Gründerjahre ihre Faszination, während die Zusammenarbeit mit der französischen Regierung, die in der Berlin-Krise die Bonner Haltung unterstützte, einen neuen Stellenwert gewann. Sie führte allerdings dazu, die Vertrauenskrise in den Beziehungen zu den USA in die Innenpolitik der Bundesrepublik hinein zu verlängern. Hier erstrebten „Gaullisten" (wie Adenauer, Strauß) ein engeres Zusammengehen mit der französischen Regierung, die ihrerseits den Hegemonieanspruch der USA mißtrauisch verfolgte. Demgegenüber blieben „Atlantiker" (mit Außenminister Schröder an ihrer Spitze) vor allem um Übereinstimmung mit der Entspannungspolitik der USA bemüht.

Im Herbst 1962 lief eine erneute Verschärfung der Berlin-Krise durch östliche Störaktionen auf den Zugangswegen zur geteilten Stadt mit einer Eskalation der Kuba-Krise (Ausbau der sowjetischen Raketenbasis) parallel. Eine Besetzung West-Berlins durch sowjetische Truppen wurde befürchtet. Die von Kennedy in letzter Minute praktizierte glaubwürdige Demonstration der amerikanischen Regierung zum Einsatz atomarer Machtmittel gegen die Sowjetunion erfolgte auch nach Konsultation des Bundeskanzlers (28. Oktober), der sich unbeirrt zu den USA bekannte; deren Entschlossenheit zwang die Kremlführung Ende Oktober zum Einlenken. Gleichzeitig machte jedoch die Herstellung eines „heißen Drahtes" zwischen Washington und Moskau die begrenzte Interessenidentität der Supermächte unübersehbar. {Fortsetzung des Entspannungskurses}

Die Bundesrepublik geriet in den Sog der internationalen Entspannungspolitik und sah ihren Handlungsspielraum eingeengt. Sie mußte unter amerikanischem Druck schließlich, am 19. August 1963, dem zwischen den Supermächten ausgehandelten Abkommen über ein Verbot von Kernwaffenversuchen (Atomwaffenteststopp) beitreten, obwohl auch die DDR („Sowjetzone") zu deren Unterzeichnern gehörte, nicht aber Frankreich.

Inzwischen hatte Außenminister Schröder einen Austausch von Handelsvertretungen mit verschiedenen Staaten des Ostblocks, aber ohne die DDR, vereinbart (so im März 1963 mit Polen) bzw. vorbereitet. Mit dieser Aktivierung der Ostpolitik, die im Einklang mit einer Bundestagsentschließung vom 14. Juni 1961 stand, war ein Ende der „Hallsteinzeit" [782: R. M. BOOZ, 1995] abzusehen. Sie hatte über Jahre hin die DDR isoliert, stieß aber nun zunehmend an ihre Grenzen, auch bei den Staaten der Dritten Welt, die für ihr Wohlverhalten finanziell („Entwicklungshilfe") belohnt worden waren. {Ostpolitik}

3. DIE ENTWICKLUNG EINES BESONDEREN VERHÄLTNISSES ZU FRANKREICH

Seit Bildung seiner vierten Regierung, nach der Bundestagswahl vom 17. September 1961, amtierte Adenauer nur noch als Bundeskanzler „auf Abruf". Der Preis für die Koalition mit der FDP war seine Zusage gewesen, im Verlauf der Legislaturperiode zurückzutreten. Die FDP-Vertreter im Kabinett verstärkten das Gewicht jener Kräfte, die Großbritannien in die EWG einzubeziehen und daraus, in Wiederaufnahme entsprechender Pläne aus den frühen fünfziger Jahren, eine Politische Union Westeuropas zu entwickeln suchten. Demgegenüber war {Keine Politische Union Westeuropas} de Gaulle nur zu einer engeren politischen Zusammenarbeit zwischen den Regierungen der EWG-Mitgliedstaaten bereit, auch um deren Bindung an die USA zu lockern.

Verhandlungen der Sechsergemeinschaft seit dem Juli 1961 („Bonner Erklärung") über eine Politische Union kamen im April des folgenden Jahres zum Erliegen. Nach dem Ende des seit 1954 andauernden Algerien-Krieges (1961/62) war der französische Staatspräsident nicht mehr gewillt, weitere Einbußen an Souveränität hinzunehmen. Andererseits fand de Gaulle mit seiner Konzeption einer „eigenständigen" europäischen Politik („Europa der Staaten") keine Mehrheit. Auch Adenauer lag nichts an einer zu engen Einbeziehung von Großbritannien (nebst dessen Commonwealth) in die EWG – wie sie seit August 1961 in London angestrebt wurde, da die britische Regierung weiterhin jede Supranationalität ablehnte und auf ein Sonderverhältnis zu den USA bedacht blieb.

Verständigung mit Frankreich 1963

Hingegen griff der Bundeskanzler – der inzwischen de Gaulles Einschätzung über das Eigeninteresse der USA teilte – dessen Anregung auf, die inzwischen fortgeschrittene Annäherung und Aussöhnung zwischen der Bundesrepublik und Frankreich langfristig zu sichern (und damit einen Ansatzpunkt für eine spätere Ausweitung in den Kreis der übrigen EWG-Mitglieder hinein zu schaffen). Staatsbesuche Adenauers in Frankreich (Juli 1962) und de Gaulles in der Bundesrepublik (September) lösten bei der Bevölkerung ein ungewöhnlich positives Echo aus, das in London und Washington den Verdacht einer deutsch-französischen Sonderrolle weckte. Adenauer war bereit, den französischen Vormachtanspruch in Westeuropa hinzunehmen, während die Regierung in Paris, die in der Berlin-Frage die Viermächte-Regelung gegenüber Moskau nachdrücklich verteidigte, vor allem bestrebt blieb, das eigene wie das europäische Gewicht gegenüber den USA zu stärken.

Der am 22. Januar 1963 in Paris geschlossene „(Elysee-)Vertrag über die deutsch-französische Zusammenarbeit", der die Verpflichtung zu regelmäßigen gemeinsamen Konsultationen beider Regierungen enthielt, bildete Herzstück und Endpunkt der Europapolitik des ersten Bundeskanzlers. Er löste allerdings in Washington einen Schock aus. Adenauer und de Gaulle bekräftigten in einer „gemeinsamen Erklärung" den Willen beider Regierungen zu engster Zusammenarbeit. Der Bundeskanzler wollte mit diesem Bündnis der beiden stärksten EWG-Staaten die Bundesrepublik, aber auch künftige französische Kabinette, darauf festlegen, keinen Alleingang mit Moskau zu unternehmen.

Die Fernwirkung des Vertrags

Der Vertragsabschluß blieb allerdings dadurch belastet, daß der französische Staatspräsident wenige Tage zuvor (14. Januar) durch sein Veto den Beitritt Großbritanniens zur EWG, der inzwischen ausgehandelt worden war und den die USA unterstützten, verhinderte. Damit brachte er den europäischen Einigungsprozeß vorerst zum Stillstand. Die Quittung dafür kam aus Bonn: Am 16. Mai 1963 ratifizierte der Bundestag zwar nahezu einstimmig den deutsch-französischen Vertrag, allerdings mit einer – von Adenauer vergeblich bekämpften, aber von der amerikanischen Regierung massiv unterstützten – einschränkenden Präambel: zugunsten der NATO und der um den möglichen Beitritt Großbritanniens erweiterten EWG.

Diese Einbindung in die multilaterale Vertragssituation nahm dem Abkommen die von de Gaulle intendierte anti-atlantische Stoßrichtung, erwies jedoch in Zukunft, weil daraus kein Sonderbündnis erwuchs, ihre Tragfähigkeit. Der Vertrag verdeutlichte die inzwischen erreichte Gleichrangigkeit der Bundesrepublik im Bündnis mit den westlichen Nachbarn und der zunächst mißtrauischen atlantischen Vormacht. Dabei sah man in Bonn weiterhin darüber hinweg, daß der französische Staatspräsident bei aller Festigkeit in der Abwehr sowjetischer Berlin-Forderungen weder die Wiedervereinigung Deutschlands aktiv unterstützte noch die Oder-Neiße-Grenze in Frage gestellt wissen wollte.

Der Besuch des amerikanischen Präsidenten Kennedy in der Bundesrepublik und in West-Berlin (23.-26. Juni 1963) löste Begeisterungsstürme aus. Sein Ziel war es auch, der Popularität de Gaulles entgegenzuwirken und die Bundesregierung wieder auf atlantischen Kurs zu bringen.

4. Anfänge des „Verteilerstaats"

a) *Fortdauerndes Wirtschaftswachstum und innenpolitische Stabilisierung*

Der mit dem Korea-Boom von 1950/51 begonnene zweite Wachstumszyklus der Nachkriegszeit setzte sich bis 1958 fort. Die Vollbeschäftigung wurde 1956 bei einer Gesamtzahl von 23,8 Millionen Erwerbstätigen und ca. 765 000 Arbeitslosen annähernd erreicht. Bereits 1954 hatte sich das Produktionsvolumen gegenüber 1936 verdoppelt. Seit 1953 wurden jährlich mehr als 500 000 Wohnungen gebaut. 1958 kam es zu einer kurzfristigen Nachfragebeschränkung infolge des unerwarteten Ausbleibens einer im Zuge der Rentenreform des Vorjahrs erwarteten zusätzlichen Nachfrage sowie des Verbrauchs der von Bundesfinanzminister Schäffer über mehrere Jahre für Rüstungsausgaben angesammelten Reserven („Juliusturm"). Die reale Zuwachsrate des Bruttosozialprodukts erreichte gegenüber dem Vorjahr mit nur 3,4% ihren niedrigsten Stand.

Ökonomische Erfolgsbilanz

1956 war die wöchentliche Arbeitszeit in der (Metall-)Industrie von 48 auf 45 Stunden reduziert worden. Bis 1965 wurde die seit 1952 geforderte 40-Stunden-Woche schrittweise realisiert. Wirtschaftswachstum und Lohnanstieg hatten sich bis Mitte der fünfziger Jahre etwa im Gleichgewicht gehalten, der jährliche Preisanstieg betrug nur 2%. Bereits in der ersten Hälfte der fünfziger Jahre stand die Bundesrepublik als „ausgeprägter Sozialstaat" an der Spitze der westlichen Industrieländer [291: H.-P. Schwarz, Die Ära Adenauer 1949–1957, 328].

Das Finanzausgleichsgesetz vom Dezember 1955 (erste Finanzverfassungsreform) stabilisierte den zwischen Bund und Ländern strittigen Finanzausgleich. Danach erhielten der Bund (ab 1958) 35%, die Länder 65% der Einkommensteuer. Das Landwirtschaftsgesetz vom 5. September 1955 löste die bisher prakti-

Hilfe für die Landwirtschaft

zierte Marktordnungspolitik ab und ermöglichte einen Ausgleich der naturbedingten und ökonomischen Nachteile der Landwirtschaft gegenüber anderen Wirtschaftszweigen. Auf der Grundlage jährlicher „Grüner Berichte" der Bundesregierung entschied der Bundestag über die in „Grünen Plänen" von der Regierung vorgeschlagenen Subventionen zur Modernisierung der Agrar-, Betriebs- und Marktstruktur. Damit verbunden war eine Steigerung der Einkommen und eine Verbesserung der sozialen Lage in der Landwirtschaft.

<small>Altersgeld</small>   Auf der Grundlage eines Gesetzes vom Juli 1957 über eine Altershilfe für Landwirte erfolgte die Zahlung von Altersgeld als Zusatzversorgung für selbständige Landwirte. Um die Agrarstruktur zu verbessern, wurden staatliche Leistungen zur Zusatzversorgung mit einer Abgabe des bäuerlichen Betriebs an den Nachfolger oder einer Verpachtung verknüpft. Im gleichen Jahr trat auch das lange umstrittene neue Gleichberechtigungsgesetz in Kraft.

Das nach jahrelangem Drängen Erhards im Mai 1957 verabschiedete, als Krönung der Sozialen Marktwirtschaft gedachte Gesetz gegen Wettbewerbsbeschränkungen (Kartellgesetz) verbot Kartellabsprachen. Es ließ jedoch zahlreiche Ausnahmen zu und vermochte den Trend zur Konzentration in der Wirtschaft nicht wirksam zu unterbinden. Infolgedessen kam ihm nur begrenzt die Rolle eines „Grundgesetzes der Marktwirtschaft" zu. Eigens eingerichtete Kartellbehörden erhielten entsprechende Kontroll- und Exekutionsvollmachten.

<small>Veränderte Erwerbsstruktur und Sozialmilieus</small>   Kennzeichnend für diese Jahre blieben die hohe Mobilität der Bevölkerung und ein schubweiser ökonomisch-technischer Modernisierungsprozeß, der überkommene Sozialmilieus auflöste. Eine Umschichtung der Erwerbsstruktur führte zu einem drastischen Rückgang der Beschäftigten in der Landwirtschaft und im Kohlebergbau, zu einem Rückgang der Zahl der Kleinbetriebe und der Selbständigen, aber auch der Arbeiter, die durch Gesetz vom Mai 1957 im Krankheitsfall ein erhöhtes Krankengeld erhielten. Hingegen wuchs die Zahl der Angestellten und Beamten im Zuge einer Vergrößerung des Personalkörpers der Dienstleistungsbetriebe und des Verkehrswesens. Überdurchschnittliche Zuwächse verzeichnete der Verkehrssektor (Modernisierung der Eisenbahnen und des LKW-Transportgewerbes, vor allem aber extrem rasche Steigerung des PKW-Individualverkehrs von 2 Millionen Personenkraftwagen 1950 auf 12,1 Millionen 1965). Anfang der sechziger Jahre begann ein systematischer Ausbau des Straßennetzes.

Bis Mitte der sechziger Jahre wuchs die Bevölkerung der Bundesrepublik von 44,6 Millionen (1946 in den drei Westzonen) auf 59 Millionen, eingeschlossen die bis 1961 aus der DDR und aus Ost-Berlin hinzugekommenen 2,7 Millionen Flüchtlinge. Nachdem dieser Flüchtlingsstrom im Gefolge der Abschnürung der DDR nach dem Mauerbau in Berlin versiegt war, erhöhte sich der Zustrom von Gastarbeitern (1964 bereits rund 1 Million). Auch dadurch beschleunigte sich der Verstädterungsprozeß, verstärkt durch eine Landflucht im Gefolge der erwähnten strukturellen Veränderungen in der Landwirtschaft.

b) Die Rentenreform von 1957

In der ersten Legislaturperiode stand die Beseitigung unmittelbarer Kriegsfolgen und der Arbeitslosigkeit im Vordergrund wirtschafts- und sozialpolitischer Bemühungen. In den folgenden Jahren waren es Maßnahmen zum weiteren Ausgleich von Kriegs- und Kriegsfolgeschäden, zur Eingliederung der Geschädigten, zur Sicherung der Beschäftigungsmöglichkeiten für Arbeitswillige und Arbeitsfähige und zum Familienlastenausgleich (1949 Einführung der Kinderfreibeträge, seit 1955 Gewährung von Kindergeld ab dem dritten Kind, seit 1961 auch für das zweite, 1958 Einführung des Ehegatten-Splittings): im Sinne eines differenzierteren, auf Verbesserung bedachten konsequenten „Anschlußprogramms" [1141: G. KLEINHENZ, H. LAMPERT, Sozialpolitik, 144]. Die Sozialleistungen stiegen kontinuierlich: von 6,8 Mrd. DM im Bundeshaushalt 1951 (36,5%) auf 9,8 Mrd. DM 1955 (42,6%). Teillösung statt Sozialreform

Dennoch bestanden, wie es in Adenauers Regierungserklärung zu Beginn seiner zweiten Amtsperiode im Herbst 1953 hieß, vor allem für „Rentner, Invaliden, Waisen und Hinterbliebene" wirtschaftliche Notlagen (1952: 14,8 Millionen laufende Renten- und Unterstützungsfälle). Sie sollten im Zuge einer „umfassenden Sozialreform" behoben werden, und zwar auf dem Boden der restituierten, allerdings reformbedürftigen gegliederten Sozialversicherung (also nicht im Sinne der SPD-Vorstellungen einer steuerfinanzierten „Einheitsversicherung").

Aber weder die Koalitionspartner noch die zuständigen Ressorts der Regierung konnten sich auf eine Gesamtlösung einigen. Daraufhin wurde anstelle einer umfassenden Sozialreform eine Teilreform ins Auge gefaßt, um zunächst die durch eine Sozial-Enquête (Anfang 1955) zutage getretene Rentnerarmut durch Neuordnung der gesetzlichen Rentenversicherung zu regeln. Auf der Konzeption des Bonner Sozialwissenschaftlers Wilfried Schreiber von einer „dynamischen Rente" aufbauend – Abkoppelung vom Nominalwert der eingezahlten Beiträge –, verabschiedete der Bundestag am 21. Januar 1957 eine „epochemachende Strukturreform" [593: H.G. HOCKERTS, Nachkriegssozialpolitik, 343].

Die Renten wurden bei der Erstfestsetzung an den Bruttoarbeitslohn gekoppelt und durch Übergang vom Kapitaldeckungsprinzip zum „Generationenvertrag" entsprechend der Entwicklung der Löhne dynamisiert. Praktisch erfolgte seit 1959 eine jährliche Anpassung. Dagegen hatten zunächst Bundeswirtschaftsminister Erhard und Bundesfinanzminister Schäffer, die Bank deutscher Länder, die Versicherungswirtschaft und die Spitzenverbände der Wirtschaft opponiert. Sie befürchteten von einer Indexierung der Renten inflationäre Gefahren und eine Dynamisierung anderer Sozialleistungen (die 1963 auch in der Unfallversicherung und nach 1969 in anderen Bereichen erfolgte). „Dynamische Rente"

Die sofortige Erhöhung der Beträge um durchschnittlich mehr als 60% für mehr als zehn Millionen Sozialrentner kompensierte ihren Konsumverzicht, mit dem sie seit 1948/49 zur volkswirtschaftlichen Kapitalbildung beigetragen hatten. Mit der Indexierung erfolgte ein Funktionswandel der Rente. Sie sollte nicht nur im Alter das bloße Existenzminimum gewährleisten, sondern auch durch ihre Höhe (als „Lohnersatz") den einmal erreichten Lebensstandard und sozialen Status des Versicherten aufrechterhalten.

Auswirkungen der Rentenreform

Diese mit den Stimmen der SPD (und gegen die der FDP) zustandegekommene umfassendste sozialpolitische Reform der Nachkriegszeit war nur möglich in einer industriellen Wachstumsgesellschaft, die einen qualitativ steigenden Massenkonsum ermöglichte, neue Verteilungsspielräume öffnete und ohne Eingriff in Besitzstände auskam. Mittel- und langfristig entlastete die Rentenreform den traditionellen Gesellschaftskonflikt, auch wenn das Gefühl einer Solidargemeinschaft durch „Generationenvertrag" nicht anhielt. Sie bedeutete schließlich einen erheblichen Schritt in Richtung Wohlfahrts- bzw. „Gefälligkeitsstaat", den Teile der Koalition in diesem Umfang nicht bereit waren, mitzugehen.

Die Sozialreform sollte der Bevölkerung in der Bundesrepublik gleichzeitig – so der Bundeskanzler im Tätigkeitsbericht der Bundesregierung für 1955 [Deutschland im Wiederaufbau, Bonn 1956, IV] – eine „stärkere Sicherung gegen kommunistische Einflüsse und Unterwanderungen" verschaffen, also der äußeren Sicherheit dienen. Nur eine weiterhin ökonomisch und sozialpolitisch attraktive Bundesrepublik konnte ihre Magnetwirkung auf die Deutschen in der DDR beibehalten. Indem jedoch die sozialpolitische Fundamentalgesetzgebung dazu beitrug, die Bundesrepublik zu stabilisieren, förderte sie gleichzeitig deren Eigenentwicklung und wirkte so, ungewollt, an einer „weiteren Verfestigung der deutschen Teilung" mit [593: H.G. HOCKERTS, Nachkriegssozialpolitik, 349].

c) Fortgang der Sozialpolitik

Fortschreiten des Sozialstaats

Erklärtes Ziel der 1957 nach dem großen Wahlsieg der Unionsparteien gebildeten dritten Regierung Adenauers war es, die „Sozialreform" weiterzuführen, gleichzeitig aber – wie es in der Regierungserklärung hieß – ein „Abgleiten in einen totalen Versorgungsstaat" zu verhindern. Der Gedanke der Selbsthilfe und privaten Initiative sollte stärker zum Tragen kommen, der Mittelstand wegen seiner Bedeutung für wirtschaftliche Stabilität und konservative Orientierung weiterhin gefördert werden.

Der Fortgang der Sozialpolitik in der dritten Legislaturperiode (1957–1961) erfolgte durch vermögenspolitische Gesetze und Maßnahmen. Er war durch mehrfache Ergänzungen anstelle einer umfassenden Sozialreform und Gesellschaftspolitik gekennzeichnet, die gleichwohl den Weg zum Wohlfahrtsstaat verbreiterten. Die vornehmlich auf Subventionen und Steuervergünstigungen beruhenden Leistungen wurden durch eine neue Binnenkonjunktur (ab Ende der fünfziger Jahre) ermöglicht. Sie war hervorgerufen bzw. begünstigt durch den weiter forcierten Wohnungsbau, aber auch durch starke Auslandsnachfrage und wachsende Devisenzuflüsse. Die am 6. März 1961 erfolgte erste Aufwertung der DM, und zwar um 4,8%, d. h. von 4,20 auf 4,- DM pro US-Dollar, konnte die importierte Inflation nicht ausreichend eindämmen.

1960 wurden die Voraussetzungen für eine versicherungsrechtliche Grundsicherung für Handwerker geschaffen und der Abbau der Bewirtschaftung des Wohnraums durch ein neu eingeführtes Wohngeld kompensiert. Ein Fremdrentengesetz ersetzte das Eingliederungsprinzip des Lastenausgleichs für Vertriebene und Flüchtlinge durch das Entschädigungsprinzip und stellte damit die Vertriebenen auch in dieser Hinsicht anderen Kriegssachgeschädigten gleich.

Das Bundessozialhilfegesetz vom 30. Juni 1961 erweiterte das öffentliche Fürsorge- und Armenrecht zu einem Recht auf Unterstützung (jetzt: Sozialhilfe). Da für seine Durchführung den Verbänden der kirchlichen und freien Wohlfahrtspflege Priorität eingeräumt war, erfüllte dieses Gesetz durch Anerkennung des Subsidiaritätsprinzips eine Grundforderung der christlichen Soziallehre. Die seit 1959 durch staatliche Sparprämien geförderte Vermögensbildung breiter Bevölkerungskreise wurde 1961 durch das erste Vermögensbildungsgesetz („312-DM-Gesetz") ergänzt, das Steuer- und Versicherungsfreiheit für vermögenswirksam angelegte Beträge vorsah. {Sozialhilfe}

Hingegen erreichte die im März 1959 begonnene Teilprivatisierung von industriellem Bundesvermögen durch Ausgabe von „Volksaktien" – Preußische Bergwerks- und Hütten AG („Preussag"), 1960 Volkswagenwerk – nur partiell ihr Ziel. Die mit „Sozialrabatt" ausgegebenen Aktien, deren Kurse zunächst rasch stiegen, wurden von vielen Ersterwerbern bald wieder verkauft. Zu den mißlungenen Reformvorhaben dieser Jahre zählte eine seit 1958 mehrfach versuchte Neuordnung der gesetzlichen Krankenversicherung, die u. a. eine Selbstbeteiligung aller Patienten an den Kosten ärztlicher Leistungen vorsah. Auch auf andere politische Herausforderungen dieser Jahre (Bildungswesen, wirtschaftspolitischer Steuerungsbedarf, Raumordnung, Städtebau) gelang es der Regierungskoalition nicht mehr, zukunftsweisende Antworten zu finden. {Erfolge und Defizite}

Den Abschluß der sozialpolitischen Gesetzgebung in der Ära Adenauer bildete im April 1963 eine Neuregelung der Unfallversicherung. Dadurch wurden die Unfallrenten im Sinne der Rentenregelung von 1957 dynamisiert und die Berufsgenossenschaften Träger der gesetzlichen Unfallversicherung.

Vollbeschäftigung und arbeitsrechtliche Sicherungen, Lastenausgleich, Wohnungsbau und Rentenreform hatten zum „Abschied von der Proletarität im Wohlfahrtsstaat" und zur Integration der Arbeiterschaft in die Gesellschaft der Bundesrepublik geführt [H.G. Hockerts]. Dabei waren im Zuge einer ununterbrochenen Expansion des Sozialstaats, angesichts voller Kassen, Wünsche und Forderungen von Interessenverbänden, vor allem in Wahljahren, (zu) großzügig befriedigt worden. „Maßhalteappelle" von Bundeswirtschaftsminister Erhard, der angesichts des Bedürfnisses nach kollektiver Absicherung den Gedanken der Selbstvorsorge schwinden sah, machten deutlich, aus welcher Richtung er künftig Gefahren erwartete. {Ergebnisse}

5. Ausklang der Ära Adenauer

a) Etappenweiser Autoritätsverlust

Wahl des Bundes-
präsidenten

Auch nach dem großen Wahlsieg der Unionsparteien im September 1957 – CDU und CSU erreichten zusammen mit 50,2% der Stimmen und 54,4% der Mandate erstmals (und seitdem nicht wieder) die absolute Mehrheit – blieb Adenauer in der von ihm gebildeten dritten Regierung die dominierende Figur. Trotz seiner Popularität und ungebrochenen Vitalität verlor er jedoch innerhalb dieser so selbstbewußt begonnenen dritten Legislaturperiode an Autorität, traten Schattenseiten der „Kanzlerdemokratie" stärker hervor.

Dazu trugen neben den schon erwähnten außenpolitischen Schwierigkeiten (Berlin-Krisen seit 1958, Konflikte mit den USA, Stagnation der EWG) eigene Fehlentscheidungen bei. Sie begannen im Sommer 1959, als die Wahl des zweiten Bundespräsidenten anstand. Den Unionsparteien fiel es schwer, einen geeigneten Kandidaten zu präsentieren, nachdem sich der frühere FDP-Politiker Theodor Heuss durch seine Amtsführung als Glücksfall für die Bonner Demokratie erwiesen hatte. Die ideale Lösung gegenüber dem SPD-Kandidaten Carlo Schmid schien im April 1959 gefunden zu sein, als der von führenden Unionspolitikern entsprechend bedrängte Adenauer seine Bereitschaft zur Kandidatur erklärte. Sie fand ein weithin positives Echo, allerdings aus unterschiedlichen Gründen. Die einen sahen im Überwechseln des 83-jährigen Regierungschefs in die Villa Hammerschmidt einen angemessenen Ausklang seiner politischen Arbeit und damit gleichzeitig deren Kontinuität gesichert, die andern ihren bedeutendsten politischen Gegenspieler neutralisiert (Schlagzeile des SPD-Organs „Vorwärts": „Es ist zu schön, um wahr zu sein").

„Präsidentschafts-
krise" von 1959

Allerdings führten Äußerungen des Kanzlers über das Amt des Bundespräsidenten, das durchaus (sprich: bisher nicht genutzte) politische Einwirkungsmöglichkeiten eröffne, zu negativen Schlagzeilen. Sie verdichteten sich zu einem Aufschrei der öffentlichen Meinung, als Adenauer am 4. Juni – im Zusammenhang der erwähnten krisenhaften außenpolitischen Situation der Bundesrepublik kurz nach Beginn der Genfer Viermächte-Außenministerkonferenz – seine Bereitschaft zur Kandidatur zurücknahm. Er hatte eingesehen, daß er von der Villa Hammerschmidt aus weder die Kontinuität der (Außen-)Politik sichern, noch die Wahl Ludwig Erhards zu seinem Nachfolger im Kanzleramt – anstelle von Finanzminister Franz Etzel – würde verhindern können. Das Hin und Her Adenauers wurde ihm als Spiel mit dem höchsten Staatsamt verübelt.

Der Unionspolitiker unterschätzte die Fern- und Tiefenwirkung seiner Entscheidung. Er schien seine bisherige Fähigkeit der nüchternen Beurteilung von Situationen und Kräfteverhältnissen ebenso verloren zu haben wie seine vielgerühmte Führungskraft. Auch viele Unionspolitiker kritisierten, daß Adenauer seinem bekanntesten Kabinettsmitglied Erhard die Fähigkeit zur Regierungsführung absprach (damit aber dessen Popularität nur vergrößerte und dessen Position im „Kampf um das Kanzleramt" [905: D. KOERFER] verbesserte).

Wenngleich aus dieser „Präsidentschaftskrise" keine Staatskrise erwuchs, führte sie doch zu einem nachhaltigen Autoritätsverlust des Bundeskanzlers.

Ein weiterer Rückschlag erfolgte durch ein Urteil des Bundesverfassungsgerichts vom 28. Februar 1961. Es zwang die Bundesregierung dazu, die auf Initiative Adenauers – entgegen den Warnungen der Ministerpräsidenten – am 25. Juli 1960 gegründete „Deutschland-Fernsehen-GmbH", die aus Mitteln des Bundeshaushalts finanziert wurde („Regierungs-Fernsehen"), als verfassungswidrig aufzulösen. Nach dieser schweren Niederlage des Kabinetts in einer wichtigen innenpolitischen Angelegenheit erhielten die Länder, von denen die SPD-regierten das Karlsruher Gericht angerufen hatten, die Möglichkeit, ihrerseits durch Staatsvertrag vom 6. Juni 1961 eine bundeseinheitliche Anstalt zu errichten (1962: Zweites Deutsches Fernsehen mit Sitz in Mainz). *Niederlage im Fernsehstreit*

Der Bundeskanzler hatte die politische Bedeutung des Fernsehens, das damals noch keine ausschlaggebende Rolle für die Beeinflussung der Öffentlichkeit spielte, frühzeitig erkannt, aber auf anfechtbare Weise versucht, dieses Instrument nicht vornehmlich oppositionell eingestellten Gremien und Journalisten zu überlassen. Kurz zuvor war es – gegen die Stimmen der SPD – gelungen, durch Bundesgesetz vom 29. November 1960 die „Deutsche Welle" und den „Deutschlandfunk" als gemeinnützige Anstalten des öffentlichen Rechts zu errichten.

Schließlich führte der schon erwähnte Stimmenrückgang der CDU und CSU in der vom Berliner Mauerbau überschatteten Bundestagswahl vom 17. September 1961, dem Gewinne der SPD gegenüberstanden, zu einem weiteren Autoritätsverlust des Bundeskanzlers. Die CDU hatte ihren Wahlkampf nicht mehr allein auf die Person ihres Vorsitzenden abgestellt, sondern die Formel gewählt: „Adenauer, Erhard und die Mannschaft" (und damit gleichzeitig indirekt die Kanzlernachfolge angesprochen). *Bundeskanzler auf Zeit*

Um ein neues – sein viertes – Kabinett bilden zu können, mußte Adenauer eine Koalition mit der als „Dritte Kraft" seit 1956 oppositionellen und nunmehr erfolgreichen FDP (12,8%) eingehen und sich erstmals auf einen mühsam ausgehandelten Koalitionsvertrag einlassen. Dazu gehörte die Bildung eines Bundesministeriums für Wirtschaftliche Zusammenarbeit (später: für Entwicklungshilfe) und eines für Gesundheit, das als erste Frau die CDU-Abgeordnete Elisabeth Schwarzhaupt übernahm. Zu den Vereinbarungen zählte aber auch die Zusage des Bundeskanzlers, bereits vor Ablauf der Legislaturperiode zurückzutreten.

Da sich die seit 1960 von Erich Mende geführte FDP im Wahlkampf auf eine Koalition mit der Union, aber ohne Adenauer, festgelegt hatte, entwickelte sie seit diesem „Umfall" besondere Vorsicht im Hinblick auf politische Festlegungen. Ein Jahr später, bei seiner fünften (und letzten) Kabinettsbildung im Dezember 1962, aus dem die FDP-Minister vorübergehend ausgeschieden waren, mußte der zunehmend isolierte Bundeskanzler den Zeitpunkt seines Ausscheidens exakt fixieren: auf die Mitte der laufenden Legislaturperiode, also den Herbst des folgenden Jahres. *Rolle der FDP*

Die „Spiegel-Affäre" von 1962

Diese wiederum schwierige Koalitionsbildung, für deren Zustandekommen die FDP den Verzicht des CSU-Vorsitzenden (seit 1961) Strauß für die erneute Übernahme des Verteidigungsministeriums durchgesetzt hatte, war eine Folge der „Spiegel-Affäre" (Verhaftung des Herausgebers und mehrerer Redaktionsmitglieder sowie Durchsuchung der Hamburger Redaktion des Magazins am 26./27. Oktober 1962 wegen des – später nicht erhärteten – Verdachts auf Landesverrat und Bestechung). Die rechtlich korrekte, von der Bundesanwaltschaft veranlaßte, aber unzureichend vorbereitete und durch Kompetenzüberschreitungen auch des Bundesverteidigungsministers diskreditierte Aktion – aus Anlaß eines Artikels „Bedingt abwehrbereit" vom 8. Oktober – war durch die weltweite Nervosität beeinflußt, die die gleichzeitige Kuba-Krise ausgelöst hatte.

Die Bundesregierung geriet unter Dauerbeschuß der Opposition und zahlreicher Medien. Sie befürchteten oder unterstellten einen Angriff auf die Pressefreiheit und profitierten von Ungeschicklichkeiten seitens der Bundesanwaltschaft wie widersprüchlichem Verhalten einzelner Mitglieder der Bundesregierung. Aus ihr waren die fünf FDP-Minister, die sich durch die Übergehung von Bundesjustizminister Stammberger (FDP) bei der Vorbereitung der Aktion gegen den „Spiegel" brüskiert fühlten, am 19. November ausgeschieden. Die „Spiegel-Affäre" löste mit der Diskussion um die Grenzen der Pressefreiheit und des Rechtsstaats auch solche um die Grundlagen der Bonner Demokratie aus, die jedoch ihre Bewährungsprobe bestand.

Neue Koalitions- und Parteikonstellationen

Innerhalb der Unionsparteien wurde, und zwar schon seit der Regierungsbildung von 1961, über die Notwendigkeit und Zweckmäßigkeit einer Großen Koalition diskutiert. Darüber hatten Ende November/Anfang Dezember 1962 prominente Unionspolitiker mit der SPD-Spitze förmlich verhandelt. Diese Kontakte, bei denen die von der CDU angestrebte Einigung auf die Einführung eines Mehrheitswahlrechts von vornherein eine „Mißverständnisfalle und Dissensmöglichkeit" barg [998: K. KLOTZBACH, Der Weg zur Staatspartei, 524], blieben ohne Ergebnis, da die FDP nunmehr einlenkte. Sie schwächten jedoch den Zusammenhalt der erneuerten Regierungskoalition und auch die Position des nur noch ein knappes Jahr lang amtierenden Bundeskanzlers.

Bei den Wahlen zum Abgeordnetenhaus in West-Berlin (im Februar 1963) und zum Landtag in Rheinland-Pfalz (im März) verlor die CDU erheblich an Stimmen, während die SPD entsprechend zulegte. Am 23. April konnte Adenauer nicht mehr verhindern, daß die Unionsfraktion des Bundestags Erhard, und zwar mit großer Mehrheit, zum Kanzlerkandidaten wählte.

Nach den voraufgegangenen Koalitionsverhandlungen zwischen CDU, CSU und SPD bestand künftig in Bonn zwischen der Union und der SPD nicht mehr die bisherige Gegnerschaft. Zu dieser Wende hatte die Umorientierung der SPD von einer Klassen- zur Volkspartei und ihre im Juni 1960 erfolgte Anerkennung der Westintegration und NATO-Bindung der Bundesrepublik beigetragen.

b) Regierungsführung und „Kanzlerdemokratie"

Mit der Gewöhnung an die „Kanzlerdemokratie" traten Koalitionsfraktionen und Parlament in den Hintergrund. Der erste Bundeskanzler, der die Exekutive beherrschte, verstand sich darauf, Zustimmung zu finden und Widersacher zu isolieren. Er konzentrierte sachliche Gegebenheiten und Gegensätze auf Personen und kannte in seiner Personalpolitik keine Sentimentalität. Hingegen war er kein Mann „einsamer Entschlüsse", auch wenn seine Entscheidungen nicht als Ergebnis von Kollegialberatungen entstanden. Sie waren vielmehr das Resultat eines komplizierten Integrationsprozesses, in dessen Verlauf es Adenauer gelang, eine Mehrheit des jeweils zuständigen „Entscheidungszentrums" [946: J. DOMES, Mehrheitsfraktion, 164] hinter sich zu haben bzw. zu bringen.

<small>Handhabung der Richtlinienkompetenz</small>

War das der Fall, dann zögerte er nicht, im Sinne einer „extensiven Interpretation des Grundgesetzes" – wie er es selbst genannt hat [110: Erinnerungen 1955–1959, 514) – von seiner Richtlinienkompetenz Gebrauch zu machen. Diese verstand er gleichzeitig als Verpflichtung zum Handeln, und bestimmte jeweils im Einzelfall die Grenze zwischen Richtlinienkompetenz und Ressortverantwortung einzelner Kabinettsmitglieder. Aus seinem Verständnis von Institutionen und Krisenbewältigung neigte Adenauer dazu – und geriet dadurch häufig vor allem mit Ludwig Erhard und Fritz Schäffer in Konflikt –, dem Druck von „organisierten Interessen" nachzugeben und Ressortentscheidungen durch vorab befriedigte Gruppenforderungen zu präjudizieren bzw. zu entschärfen.

Der Bundeskanzler besaß ein Gespür für politisch relevante Zusammenhänge und ließ sich weder durch Meinungsumfragen, die er von Anfang an verfolgte, noch durch Experten beeindrucken. Er vermochte komplizierte Zusammenhänge auf ihren politischen Kern zu reduzieren und von daher in ihren Möglichkeiten und Folgen zu beurteilen. Dafür, daß Entscheidungen rasch und zuverlässig umgesetzt wurden, sorgte der Chef des Bundeskanzleramts – seit 1953 Staatssekretär Hans Globke –, der ebenso effizient wie unauffällig das Funktionieren des Regierungsmechanismus gewährleistete.

Aber auch der erste Bundeskanzler konnte nicht verhindern, daß einzelne Minister selbst seiner eigenen Partei immer wieder die Kabinettsdisziplin strapazierten, und nicht nur durch „Sonntagsreden". Adenauer hat von Beginn seiner Amtszeit an häufig auf seine Richtlinienkompetenz gepocht, stieß aber mit solchen Monita oft genug an die Grenzen seiner koalitionspolitisch bedingten Möglichkeiten. Er blieb von den Mehrheitsverhältnissen abhängig, auch wenn die Abgeordneten der Koalitionsparteien durch die seit 1953 zum Personalplebiszit gewordenen Bundestagswahlen von seinem Erfolg profitierten. Die Bundesrepublik, so kommentierte 1962 F. R. ALLEMANN – dessen Buchtitel von 1956 „Bonn ist nicht Weimar" inzwischen schon zum Schlagwort geworden war –, „ist Adenauer. In dieser Gleichsetzung liegen ihre Stärken und ihre Schwächen beschlossen" [Hybris und Zerfall, in: Der Monat 15 (1962), H. 11, 12].

<small>Erreichte und nicht erreichte Ziele</small>

Bei seinem Rücktritt am 15. Oktober 1963 waren der Bonner Parlamentarismus funktionsfähig, das Parteiensystem entideologisiert und das als Provisorium konzipierte Staatswesen fest in den Westen integriert: letzteres eine Voraussetzung zur geistigen Neuorientierung. Die wirtschaftliche Prosperität im Zeichen der Sozialen Marktwirtschaft – ein ebenso bedeutsames innenpolitisches Reformwerk wie eine Stütze der Regierung – hatte einen raschen äußeren Wiederaufbau ermöglicht, aber auch eine weithin am Materiellen orientierte (Wohlstands-)Gesellschaft entstehen lassen, der wirtschaftliche Krisensituationen erspart geblieben waren.

Fehlendes Selbstverständnis Angesichts der bis 1961 wachgehaltenen Hoffnungen auf die Möglichkeit einer nationalstaatlichen Lösung der Deutschen Frage konnte sich in der Bundesrepublik kein spezifisch teilstaatliches Selbstverständnis entwickeln. Dessen Fehlen wurde zu einem Problem, als eine von de Gaulle geförderte Rückbesinnung auf Staat und Nation einsetzte und immer mehr Bürger die Zwei-Staaten-Realität in Deutschland zumindest stillschweigend akzeptierten.

D. DIE KANZLERSCHAFT ERHARDS 1963–1966

1. Aussenpolitik in Bewegung

a) Rückwirkungen der globalen Entspannung

Seit der „Präsidentschaftskrise" von 1959, verstärkt seit der Bundestagswahl von 1961, war Ludwig Erhard als potentieller Nachfolger Adenauers in den Vordergrund gerückt. Er galt als Verfechter des bisherigen Bündnisses mit der FDP und Gegner einer Großen Koalition. Eine zunehmend größere Zahl von Abgeordneten der Unionsparteien sah in diesem „Schutzheiligen des Wirtschaftswunders" [795: W. HANRIEDER, Krise, 167] die zugkräftigste neue „Wahllokomotive", obwohl Adenauer unentwegt seine Vorbehalte gegenüber Erhards (außen-)politischen Fähigkeiten zum Ausdruck brachte. Nach einer langen Periode politischen Pragmatismus bestand ein Bedürfnis nach „prospektiver Programmatik", wie sie der populäre „Innenpolitiker" Erhard verkörperte [898: K. GÜNTHER, Kanzlerwechsel, 191]. Er trat als selbstbewußter „Nachfolger" auf und wußte die öffentliche Meinung auf seiner Seite.

Vertrauensvorschuß für Erhard

Erhard wurde am 16. Oktober 1963, einen Tag nach dem Rücktritt Adenauers, mit 279 gegen 180 Stimmen (bei 24 Enthaltungen, letztere aus der Unionsfraktion) zum Bundeskanzler gewählt und führte die bisherige Koalition aus CDU, CSU und FDP fort. Sie wurde durch Aufnahme des FDP-Vorsitzenden Erich Mende in das Kabinett als Bundesminister für gesamtdeutsche Fragen und Vizekanzler noch gefestigt. Der CDU-Politiker Rainer Barzel, der sein Ressort zugunsten von Mende räumen mußte, trat kurze Zeit später als Nachfolger des bereits erkrankten Heinrich von Brentano, der im November 1964 starb, an die Spitze seiner Fraktion. Trotz massiver Bedenken von Adenauer und Bundespräsident Lübke bestand Erhard darauf, Gerhard Schröder (CDU) erneut mit dem Außenministerium zu betrauen, und verdeutlichte dadurch die atlantische Kontinuität seiner Westpolitik.

Der Wechsel im Amt des Bundeskanzlers wurde vielfach als Chance für einen Aufbruch aus erstarrten, „verkrusteten" politischen Strukturen begrüßt, als Beginn einer stärker liberal geprägten und von der bisherigen „Kanzlerdemokratie" deutlich unterschiedenen Ära. Sie mußte zur Bewährungsprobe für die innere Stabilität und äußere Belastbarkeit des „Verteilerstaats" Bundesrepublik – von Bundespräsident Heinemann im Januar 1974 als „Verschwendungsgesellschaft" bezeichnet – werden, die ihren Anspruch als Kernstaat eines wiedervereinigten Deutschlands betont aufrecht erhielt.

Belastbarkeit der Bundesrepublik

Dabei fand der Bonner Alleinvertretungsanspruch auf der Grundlage des Provisoriumskonzepts bei den Westmächten zunehmend weniger Echo, nachdem die Doppelkrise um Berlin und Kuba (1961/62) bewältigt war. Die Sicherung des Status quo entlang der Schnittlinie des Eisernen Vorhangs galt als Voraussetzung für die Wahrung des militärischen Kräftegleichgewichts im Zeichen der gegenseitigen nuklearen Zweitschlagsfähigkeit. Insbesondere die USA drängten die Bundesregierung dazu, sich mit den machtpolitischen Realitäten abzufinden und ihre Zielsetzung („Entspannung durch Wiedervereinigung") aufzugeben.

Grenzen der Handlungsfreiheit

An einer Fortsetzung der Entspannungsbemühungen zeigte auch die Sowjetunion nach der Verschärfung ihres Konflikts mit Rotchina seit dem Sommer 1963 Interesse, während sich die USA unter Präsident Johnson zunehmend in den Vietnam-Krieg verstrickten. Dieses amerikanische Engagement, das die Bundesregierung moralisch und mit humanitärer Hilfe unterstützte, weckte Befürchtungen, daß sich die politischen Gewichte weg von Europa verschieben könnten. De Gaulle nutzte die Entspannung der internationalen Situation im Sinne des Polyzentrismus, um Frankreichs Rolle im Westbündnis zu betonen und die Bundesrepublik derart zu umwerben, daß deren außenpolitische Grundlagen „ins Wanken" gerieten [1355: K. HILDEBRAND, Der provisorische Staat, 293]. Zusätzliche Schwierigkeiten bereitete eine Renaissance des Nationalstaats, wie sie in Westeuropa von Frankreich und in der Dritten Welt von den rasch aufeinander folgenden Staatsgründungen der bisher abhängigen Kolonien ausging.

Erhard griff eine auch in der Bundesrepublik neuerwachte nationale Strömung auf, geriet damit aber in die Gefahr, sich von den Westmächten zu isolieren. Sie akzeptierten seinen wiederholt – erstmals in der Regierungserklärung vom 18. Oktober 1963 – vorgebrachten Vorschlag nicht, zusammen mit der Sowjetunion ein ständiges Gremium für die Behandlung des Deutschlandproblems zu bilden.

b) „Kleine Schritte" nach Osten

„Ende der Nachkriegszeit"

Die betont selbstbewußte Regierungserklärung Erhards ging davon aus, daß die „ganze Welt" im Begriff sei, „aus der Nachkriegszeit herauszutreten", und bekannte sich zu einer „Politik der Mitte und der Verständigung". Sie war aus einer Gesamtschau heraus konzipiert, die das zunehmende Unbehagen an den Folgen des inzwischen verbreiteten Wohlstands- und Erwerbsdenkens der neuen Industriegesellschaft in Rechnung stellte und suchte Gruppeninteressen dem Gemeinwohl unterzuordnen.

Grundlage der Außenpolitik blieb das westliche Verteidigungs- und Sicherheitsbündnis und dessen spezielle Ausformung in den deutsch-amerikanischen Beziehungen. Auf diesem Fundament sollte durch eine „Politik der Bewegung" nach Osten hin die noch unter Adenauer begonnene, aber zunächst nur auf Moskau konzentrierte Öffnung nunmehr behutsam gegenüber den ostmitteleuropäischen Staaten fortgeführt werden. Das Ziel dieser Einpassung in die Entspannungsbemühungen der USA war es, dazu beizutragen, die Teilung Deutschlands zu überwinden, die aus Bonner Sicht weiterhin als wesentliche Ursache des Ost-West-Konflikts galt.

Öffnung nach Osten

Eine allmähliche Normalisierung des Verhältnisses zu den nach größerer Unabhängigkeit strebenden Warschauer Paktstaaten sollte (1.) deren Stellung gegenüber Moskau stärken, (2.) das „Regime der sowjetisch besetzten Zone" – so

Erhard in seiner ersten Regierungserklärung – isolieren und schließlich (3.) das Interesse der Sowjetunion an einer „Herausgabe der SBZ" als Beitrag zur Entspannung und damit zur eigenen Sicherheit wecken.

Der Ausbau der im März 1963 mit Polen begonnenen Handelsvereinbarungen mit anderen Staaten des Ostblocks begann vielversprechend, da diese daran interessiert waren, ihre Wirtschaftsbeziehungen zur Bundesrepublik auszuweiten (während die DDR aufgrund der EWG-Verträge von den Vorteilen des innerdeutschen Handels profitierte). Es kam zu Handelsabkommen und zum Austausch von Handelsmissionen mit Rumänien (Ende 1963), Ungarn und Bulgarien (März 1964). Darin war West-Berlin indirekt einbezogen.

<small>Handelsvereinbarungen</small>

Eine weitergehende Normalisierung zwischen der Bundesrepublik und den Satellitenstaaten Moskaus verhinderte jedoch die Sowjetunion. Sie untermauerte die ihr schon aus stragischen Gründen inzwischen unentbehrlich gewordene Position der DDR durch Abschluß eines Beistandsvertrags (12. Juni 1964). Er garantierte die Integrität des SED-Territoriums und trennte das Berlin-Problem (West-Berlin als „selbständige politische Einheit") – dessen Thematisierung die Sowjetunion erneut als Hebel für weitergehende Anerkennungsforderungen benutzte – von der Deutschlandfrage. Damit wurde eine spätere Sonderregelung für die geteilte Stadt erleichtert. Moskaus stillschweigender Verzicht auf den Abschluß des früher angekündigten Friedensvertrags mit der DDR konnte ebenso als Beitrag zur Normalisierung verstanden werden wie der formale Protest der Westmächte (26. Juni), der sich nur noch gegen die Formulierung „selbständige politische Einheit" für West-Berlin richtete.

<small>Beistandsvertrag UdSSR-DDR</small>

Schröders Ostpolitik der „kleinen Schritte", in deren Konsequenz eine Modifizierung der Hallstein-Doktrin zunächst gegenüber den Staaten Osteuropas lag, ging vielen Anhängern der Unionsparteien bereits zu weit. Hingegen entsprach diese Anpassung an den „Brückenschlag" der Supermächte der Linie des FDP-Koalitionspartners – in dessen Reihen inzwischen eine deutschlandpolitische Umorientierung erfolgt war – und vor allem derjenigen der SPD. Letztere machte sich nunmehr, zunächst auf einem Umweg, zum Vorreiter einer neuen, seit 1962 sukzessive enthüllten Deutschlandpolitik. Das geschah am 15. Juli 1963 durch eine Rede des SPD-Politikers Egon Bahr, Pressechef und Sprachrohr des Regierenden Bürgermeisters von West-Berlin, Willy Brandt. (Inzwischen regierte Brandt nach einem großen Wahlsieg seiner Partei seit Mitte März 1963 mit einer SPD/FDP-Koalition.) Entsprechende frühere Vorstöße vom Berliner Innensenator Heinrich Albertz („Spiegel"-Interview vom 5. September 1962) und vier Wochen später von Brandt in einer Rede in der Harvard-Universität waren durch die Schockwirkung der Kuba-Krise überlagert worden.

<small>Neue Deutschlandpolitik der SPD</small>

Nunmehr suchte Bahr mit dem Vorschlag, die „bisherigen Befreiungsvorstellungen" zurückzustellen und durch Hinnahme des Status quo eine gegenseitige Annäherung der Blöcke („Wandel durch Annäherung") zu erreichen, Anschluß an entsprechende Überlegungen in Washington zu gewinnen. Sie gingen davon aus, daß die kommunistische Herrschaft in Osteuropa unter sowjetischer Hegemonie nicht beseitigt, wohl aber, durch Anerkennung der „Realitäten", allmählich verändert werden könne. Um eine Wandlung in der DDR zu erreichen, solle Bonn durch „kleine Schritte" der östlichen Seite entgegenkommen, so die Berliner Mauer „durchlässiger" machen und den Bürgern der DDR Erleichterungen verschaffen.

Friedenssicherung vor Wiedervereinigung

Einen Schritt in diese Richtung bildete das von Brandt (mit Unterstützung des neuen Bundesministers für gesamtdeutsche Fragen Erich Mende, FDP) mit Ost-Berlin zu Weihnachten 1963 – erstmals seit dem Mauerbau – ausgehandelte Passierschein-Abkommen für Verwandtenbesuche im Ostteil Berlins. (Davon machten 1,2 Millionen Bürger West-Berlins Gebrauch.) Gegen den Abschluß dieses Abkommens hatte neben Bundeskanzler Erhard auch Außenminister Schröder Bedenken, weil dadurch die östliche „Drei-Staaten-Theorie" (mit West-Berlin als selbständiger Einheit) Auftrieb erhielt. 1964 bis 1966 wurden neue, ebenfalls zeitlich begrenzte Passierschein-Abkommen vereinbart. Es gelang jedoch nicht, darüber hinaus von der SED-Führung eine Verbesserung der „unpolitischen Beziehungen" (Handel, Verkehr, Kultur, Sport) zu erreichen.

Die inzwischen veränderte internationale Situation umschrieb Außenminister Schröder am 30. März 1965 mit der Formel, in der Welt habe sich das „beherrschende und allgemeine Interesse der Friedenserhaltung vor das Teilinteresse der Wiedervereinigung Deutschlands geschoben" [13. BUNDESPARTEITAG DER CDU, Bonn 1965, 126]. Seine daraus abgeleitete Folgerung, daß die Außenpolitik der Bundesrepublik schwieriger geworden sei, galt aber nicht nur für ihr Verhältnis zur DDR und zu den übrigen Ostblockstaaten, sondern auch zu den westlichen Verbündeten.

Reduzierte Berlin-Präsenz

Sie waren weiterhin nicht bereit, ihre Entspannungs- und Abrüstungspolitik durch neue Viermächte-Verhandlungen über Deutschland blockieren zu lassen. So wiesen sie einen Protest der Sowjetunion gegen eine Sitzung des Bundestags am 7. April 1965 in West-Berlin – die wiederum der DDR als Vorwand diente, den Berlin-Verkehr zu stören – zwar zurück, sprachen sich aber gleichzeitig gegen künftige Plenarsitzungen in der geteilten Stadt aus (die dann auch nicht mehr stattfanden).

c) Das Ringen um die Westpolitik: „Atlantiker" versus „Gaullisten"

USA oder Frankreich?

Unter Erhard verstärkte sich das Ringen um die Akzentuierung der Außenpolitik. Es war seit dem Streit um die Präambel zum deutsch-französischen Vertrag vom Januar 1963 und über den Beitritt der Bundesrepublik zum internationalen Atomteststopp-Abkommen vom August des gleichen Jahres – das Kernwaffenversuche verbot – nicht zur Ruhe gekommen, da sich die Bundesrepublik von Frankreich und den USA umworben sah. Neben dem Bundeskanzler befürworteten vor allem Außenminister Schröder und Verteidigungsminister von Hassel, unterstützt vom FDP-Partner und auch von der oppositionellen SPD unter ihrem Fraktionsvorsitzenden Fritz Erler, den Ausbau der europäischen Institutionen und den Beitritt Großbritanniens zur EWG. Sie sollte mit den USA und der NATO zu einer

„Atlantischen Gemeinschaft" verbunden werden und dadurch die Ausgangsbasis für eine flexible Ostpolitik schaffen.

Gegenüber diesen „Atlantikern" trat eine starke Gruppe innerhalb der CDU und CSU für ein engeres Zusammengehen mit Frankreich ein („Gaullisten"). Sie wurde geführt von Adenauer und Strauß, die beide die Bundesregierung aus ihrer Position als Parteivorsitzende, aber nicht Mitglieder des Kabinetts, entsprechend kritisierten. Ihr Ziel war ein von den USA – deren Koexistenzbereitschaft den Status quo in Europa zugunsten der Sowjetunion zementiere – unabhängigeres, aber ihnen eng verbundenes und militärisch gestütztes „europäisches Europa". Aus einer Position relativer Stärke sollte mit der durch Rotchina bedrängten Sowjetunion über eine Lösung der Deutschen Frage verhandelt werden.

Die „Gaullisten" gerieten allerdings rasch in die Defensive, als der französische Staats- und Regierungschef „aus Enttäuschung über seine nicht zum Zuge gekommene Deutschlandpolitik" [1355: K. HILDEBRAND, Der provisorische Staat, 285] sein Verhältnis zu Moskau verbesserte. In de Gaulles Vision von einem „Europa der Staaten" sollte eine von den USA distanzierte, wirtschaftlich starke Bundesrepublik einen angemessenen, aber kontrollierten Platz erhalten. Erhard hingegen zielte auf ein Europa der „Freien und Gleichen" als ebenbürtiger Partner der USA.

Keine Optionsmöglichkeit

Im Grunde besaß die Bonner Regierung keine Wahl zwischen der ihr aufgezwungenen Entscheidung zugunsten einer europäischen oder atlantischen Option. Das wurde deutlich, als der französische Staatschef im Juli 1964 in Bonn vorschlug, angesichts der – in erster Linie von Frankreich verschuldeten – Stagnation innerhalb der EWG eine deutsch-französische Union zum Ausgangspunkt eines daraus zu entwickelnden Kontinentaleuropa zu machen. Das lehnten Erhard und Schröder ab, die ihrerseits wenig später in Paris kein Echo für ihren Vorschlag fanden, eine solche Union durch Ausbau der EWG anzustreben.

Die Bundesregierung beharrte auf einer Teilnahme an den Planungen des seit einigen Jahren in Washington diskutierten, inzwischen von den USA und Großbritannien weiterentwickelten Projekts einer Multilateralen Nuklearstreitmacht zur See (MLF) im Rahmen der NATO. Die Realisierung dieses strategisch umstrittenen, noch von der Regierung Adenauer im April 1963 akzeptierten Waffensystems (Handelsschiffe bzw. U-Boote mit POLARIS-Raketen), sollte auch verhindern, daß sich Westeuropa unter französischer Führung zu einer „dritten Kraft" entwickeln konnte. Demgegenüber forcierte de Gaulle den Ausbau einer eigenen Atomstreitmacht und warnte Bonn, sich als Satellit der USA zu verstehen.

Festhalten am MLF-Projekt

Gleichwohl hielt die Regierung Erhard, darin von der SPD unterstützt, am MLF-Projekt fest. Mit dessen Hilfe sollten die USA stärker an Europa gebunden und deren militärstrategisches Konzept, das inzwischen de facto bereits auf „flexible Antwort" (anstelle sofortiger „massiver nuklearer Vergeltung") abgeschwächt war, angesichts des Übergewichts von Mittelstreckenraketen der Sowjetunion wieder glaubwürdig gemacht werden. Es ging aber gleichzeitig darum, auch der Bundesrepublik Einfluß auf die Nuklearstrategie zu verschaffen und sie an der industriellen Nutzung von Kernenergie zu beteiligen.

Veränderte NATO-Konzeption

Seit Anfang 1965 rückten jedoch die USA vom bisherigen „Vorneverteidigungs-Konzept", an dem innerhalb der NATO inzwischen nurmehr Bonn festhielt, ab, auch von der MLF. Nachdem die Verhandlungen Washingtons mit Moskau über die Nichtverbreitung von Kernwaffen vorangekommen waren und eher Rotchina als friedensbedrohende Macht erschien, wurde die Bundesrepublik, bisher ein „starker Bundesgenosse gegenüber der Sowjetunion", ein „Hindernis" für den Ausgleich mit der anderen Weltmacht [121: K. CARSTENS, Erinnerungen, 274]. Dadurch erlitt die Regierung Erhard einen Prestigeverlust.

Um ihrem Drängen nach Mitbestimmung bei der Festlegung des neuen militärpolitischen NATO-Konzepts und dem Austausch nuklearer Informationen entgegenzukommen, wurde sie schließlich (im Dezember 1966, bereits unter der Regierung Kiesinger) ständiges (viertes) Mitglied der neugeschaffenen Nuklearen Planungsgruppe innerhalb der NATO und Anfang 1967 auch in anderen Führungsorganen. Damit waren alle Überlegungen hinfällig geworden, durch Verzicht auf den Mitbesitz nuklearer Waffen von Moskau Zugeständnisse für eine Lösung der Deutschen Frage erreichen zu können.

Diplomatische Beziehungen mit Israel

Zu Erhards bemerkenswertesten außenpolitischen Initiativen, allerdings mit zunächst zweifelhaftem Erfolg, zählte die von ihm Anfang März 1965 gegen starke Widerstände in den eigenen Reihen, auch gegen das Auswärtige Amt, durchgesetzte Aufnahme diplomatischer Beziehungen zu Israel: Moralische Konsequenz der Erfüllung des Wiedergutmachungsvertrags von 1952, in dessen Gefolge Israel seit 1958 insgeheim auch Waffen („Aktion Geschäftsfreund") aus der Bundesrepublik erhielt. Die Normalisierung im Verhältnis zu Tel Aviv belastete zeitweise das gute Verhältnis Bonns zu den arabischen Staaten, die daraufhin – ausgenommen Marokko, Tunesien und Libyen – die diplomatischen Beziehungen abbrachen. Darunter befand sich auch Ägypten. Dessen Regierung unter Staatspräsident Nasser hatte auf Druck Moskaus die Kontakte zur DDR inzwischen derart verstärkt, daß die Bundesrepublik ihre Wirtschaftshilfe an Kairo einstellte, gleichzeitig aber auch ihre Waffenlieferungen an Israel, was dort wiederum heftige Kritik auslöste und weitere Wiedergutmachungsleistungen nach sich zog.

Das „Nahostdebakel" machte die schwierige Stellung der Bundesrepublik in der Welt deutlich. Das galt auch für die Problematik politisch gezielter Wirtschaftshilfe in solche Entwicklungsländer, die die DDR nicht anerkannten.

Rückschläge und Krisen

Im Sommer 1965 war die Bundesrepublik außenpolitisch isoliert, nachdem die französische Regierung am 30. Juni ihre Vertreter aus allen europäischen Gremien in Brüssel zurückgezogen hatte. Das war die Antwort de Gaulles auf den Vorschlag der EWG-Kommission (Vorsitz: Walter Hallstein), den gemeinsamen Agrarmarkt aus Mitteln der Kommission – durch Erweiterung der Haushaltsbefugnisse des Europäischen Parlaments – zu finanzieren, so die Autonomie der Sechsergemeinschaft zu stärken und beim Übergang zur nächsten Integrationsstufe (Anfang 1966) das Mehrheitsvotum statt des Einstimmigkeitsprinzips durchzusetzen. Die erneute, von Paris herbeigeführte Krise der europäischen Integration („Politik des leeren Stuhles") konnte zwar Anfang 1966 beigelegt werden („Luxemburger Kompromiß"), aber im Sinne Frankreichs: durch faktisches Festhalten am Prinzip einstimmiger Beschlüsse im Ministerrat der EWG in wichtigen Fragen. Diese Lösung schwächte die supranationalen Kräfte und Institutionen der Sechsergemeinschaft.

Die Krise zwischen Bonn und Paris griff auf die NATO über, nachdem de Gaulle im März 1966 den Austritt der französischen Streitkräfte aus den militärischen Organisationen der NATO zum 1. Juli ankündigte. Frankreich verließ jedoch nicht das im Ernstfall unentbehrliche Bündnis. (Allerdings mußten im Dezember 1966 Verbleib und Aufgaben der französischen Truppen in der Bundesrepublik vertraglich neu geregelt werden.) Trotz der von der amerikanischen Regierung in Kauf genommenen Lockerung der NATO entschied sich Bonn zur Parteinahme für die USA.

Umso größer war der Autoritätsverlust für Bundeskanzler Erhard, als es ihm Ende September 1966 in Washington nicht gelang, von der durch den Vietnam-Krieg bedrängten Regierung Johnson eine Reduzierung des Anteils deutscher Devisenausgleichskäufe in den USA (für die Kosten der amerikanischen Truppenstationierung in der Bundesrepublik) zu erreichen. Diesen Mißerfolg, begleitet von Differenzen über das inzwischen von Washington aufgegebene Nuklear-Verteidigungskonzept der „Massiven Vergeltung", verstärkte noch eine Rede Johnsons am 7. Oktober, in der er die Entspannung als Vorbedingung für die Wiedervereinigung Deutschlands bezeichnete. Die akute Krise im Verhältnis zu den USA wirkte sich negativ auf den Zusammenhalt der Koalition aus. Sie war inzwischen über den Ausgleich des defizitären Bundeshaushalts zerstritten und zerbrach durch Austritt der FDP-Minister aus der Regierung am 27. Oktober. Am 30. November 1966 erklärte der längst isolierte Kanzler seinen Rücktritt.

Erhards Autoritätsverlust

d) Bonns Beitrag zur Entspannung: Die „Friedensnote" von 1966

Im Sog globaler Entspannungseuphorie drohte die Bundesrepublik isoliert zu werden, wenngleich sich die Bundesregierung in einem Punkt ihrer Deutschlandpolitik weiterhin auf breiten Konsens in der Bevölkerung stützen konnte: in der Ablehnung der Oder-Neiße-Linie. Ein gegenteiliger Vorschlag des Vorsitzenden der SPD-Bundestagsfraktion, Fritz Erler, vom Januar 1965 fand ein überwiegend negatives Echo. Die neu eröffnete Diskussion beendete jedoch die Tabuisierung dieses Themas und schuf die Ausgangsposition für neue Überlegungen zur Deutschland- und speziell Ostpolitik.

Initiativen für eine neue Ostpolitik

Anfang Oktober 1965, kurz nach der von Bundeskanzler Erhard gewonnenen Bundestagswahl, trat die Evangelische Kirche in Deutschland in einer „Vertriebenen-Denkschrift" dafür ein, die Grundlagen des Verhältnisses zu den „östlichen Nachbarn" zu überdenken. Um zu einer Aussöhnung mit Polen zu gelangen, warb sie um Verständnis für die in den deutschen Ostgebieten inzwischen geschaffenen Tatbestände, konkret: für eine Preisgabe der bisher gemeinsam vertretenen Rechtspositionen. Wenige Wochen später, gegen Ende des Zweiten Vatikanischen

Konzils (seit 1962), bekräftigte ein Briefwechsel der deutschen Bischöfe mit ihren polnischen Amtsbrüdern ebenfalls den Willen zur Aussöhnung zwischen beiden Völkern, ohne daraus jedoch politische Postulate abzuleiten.

Die EKD-Denkschrift löste leidenschaftliche Diskussionen aus. Sie fanden in einer Atmosphäre statt, die bereits durch Auseinandersetzungen um die „Verjährung" und „Bewältigung der Vergangenheit" emotionalisiert war. FDP und SPD sahen sich in ihrem neuen, auf Anerkennung des territorialen Status quo zielenden Kurs bestärkt und erhielten dafür massive Schützenhilfe durch oppositionell eingestellte Medien.

Die „Friedensnote" vom 25. 3. 1966

Im Frühjahr 1966 leistete die Bundesregierung auf Initiative von Außenminister Schröder mit einer diplomatisch vorbereiteten Aktion – im Einverständnis mit den Westmächten, aber auch im Einvernehmen mit der SPD-Opposition – den seit langem erwarteten Beitrag zur allgemeinen Entspannung (unter deren Deckmantel die Sowjetunion weiter aufgerüstet hatte). Sie richtete am 25. März 1966 eine „Note zur Abrüstung und Sicherung des Friedens" an alle Länder, mit denen Bonn diplomatische Beziehungen unterhielt, aber auch an alle osteuropäischen Regierungen und die arabischen Staaten. Danach sollten alle Staaten auf die Herstellung von Atomwaffen verzichten bzw. deren Potential in Europa abbauen. Diese „Friedensnote" erkannte das Sicherheitsbedürfnis der ost-, mittel- und südosteuropäischen Staaten dadurch an, daß ihnen – und darin lag eine Weiterentwicklung der bisherigen Ostpolitik –, ausgenommen die DDR, die Vereinbarung von Gewaltverzichtserklärungen mit der Bundesrepublik angeboten wurde. Die Note stellte ferner die konstruktive Mitarbeit der Bundesregierung an einer allgemeinen Abrüstungskonferenz in Aussicht.

Schließlich erneuerte die Bundesregierung ihre Bereitschaft, für die nur mit friedlichen Mitteln erstrebte nationale Wiedervereinigung „Opfer" auf sich zu nehmen. Sie beharrte auch nicht mehr darauf, Verhandlungen über internationale Abrüstung mit solchen über Fortschritte zur Lösung der Deutschen Frage zu verbinden.

Angebot zum Dialog

Der Versuch, mit der „Friedensnote" die festgefahrene Deutschland- und Ostpolitik aufzulockern und die DDR zu destabilisieren, vermochte nicht, einen Dialog mit den Staaten des Warschauer Paktes in Gang zu setzen. Immerhin antwortete im Mai 1966 die sowjetische Regierung mit Gegenvorschlägen. Auch wenn diese insgesamt wenig ermutigend waren, benutzte einige Monate später die neugebildete Regierung der Großen Koalition dieses Zeichen aus Moskau als Anknüpfungspunkt für bilaterale Gespräche, die auf den Abschluß eines Gewaltverzichtsabkommens zielten.

Die diplomatische Offensive von 1966 lockerte zeitweise den Druck der USA auf die Bundesregierung, sich in den Entspannungsprozeß zwischen den Blockmächten einzufügen und die „Realitäten" anzuerkennen. Schließlich führte dieses „Meisterstück deutscher Diplomatie" [121: K. CARSTENS, Erinnerungen, 759, 761] die Parteien in der Deutschland- und Ostpolitik enger zusammen.

Auf deren weitere Entwicklung gewann die SPD zunehmend Einfluß. Sie Drängen von SPD
drängte darauf, Möglichkeiten einer „unpolitischen Zusammenarbeit" mit der und FDP
DDR – die zunehmend seltener als SBZ bezeichnet wurde – zu suchen und die
Gesprächsbereitschaft gegenüber den kommunistischen Ostblockstaaten zu verstärken. Dazu blieb sie auch bereit, nachdem die SED das Angebot eines von ihr
im Februar 1966 angeregten (und von der SPD akzeptierten) Redneraustausches
wenig später wieder zurückgezogen hatte. Seit ihrem Dortmunder Parteitag von
Anfang Juni 1966 forcierte die SPD ihre Bemühungen, den Dialog mit der DDR in
Gang zu bringen bzw. zu halten und die Ost- und Entspannungspolitik „vorsichtig von der Deutschlandpolitik abzukoppeln" [1191: H.G. LEHMANN, Öffnung
nach Osten, 197].

Dabei trat das Fernziel der nationalstaatlichen Wiedervereinigung immer stärker zugunsten des Nahziels – menschliche Erleichterungen für die ihrer Freiheit
beraubte Bevölkerung in der DDR – bei Respektierung der „beiden Gebiete" (so
auf dem Dortmunder Parteitag) zurück. Da auch die Freien Demokraten auf
„Fortschritte" in der Deutschlandpolitik drängten, gerieten die Unionsparteien
als Verfechter des „Immobilismus" in die Defensive. In einer Kabinettssitzung
vom 14. Oktober 1966 registrierte der Staatssekretär des Auswärtigen Amtes,
Carstens, daß die Bundesregierung aufgrund ihres Alleinvertretungsanspruchs
erpreßbar werde und die Zeit der „aktiven Wiedervereinigungspolitik" vorbei sei
[121: K. CARSTENS, Erinnerungen, 761–763].

2. „BEWÄLTIGUNG" DER VERGANGENHEIT, NICHTBEWÄLTIGUNG DER GEGENWART

a) Politik der „Wahlgeschenke"

In seiner Regierungserklärung vom 8. Oktober 1963 hatte Bundeskanzler Erhard Neue Hoch-
mit seiner Formel vom „Ende der Nachkriegszeit" auch eine Zäsur zur Ära Ade- konjunktur
nauer markiert. Die neue Regierung suchte eine inzwischen zunehmend spürbarer
gewordene Stagnation in der Innenpolitik zu überwinden und auf neue Herausforderungen der Industriegesellschaft zeitgemäße Antworten zu finden.

Dafür verblieben bis zur nächsten Bundestagswahl, die die Kanzlerschaft
Erhards legitimieren mußte, zwei Jahre Zeit. Dabei kam der Bundesregierung eine
anhaltende bzw. neueinsetzende wirtschaftliche Hochkonjunktur zugute. Sie verschärfte den Mangel an Arbeitskräften derart, daß die Zahl ausländischer „Gastarbeiter" ständig wuchs (Juli 1965: mehr als 1 Million, September 1966: 1,4 Millionen), ohne daß die damit verbundene Problematik (Integration, Familienzusammenführung, Alterssicherung) schon erkannt wurde.

Die wirtschaftliche Prosperität begünstigte eine extensive Ausgabenpolitik,
weckte und förderte bei Parteien und Verbänden Begehrlichkeiten. Die Koalition
setzte im Bundestag kostspielige finanz- und gesellschaftspolitische Maßnahmen

durch bzw. war nicht in der Lage, entsprechenden Anträgen, wenn nicht gar Pressionen, wirkungsvoll zu begegnen. Eine neue Ausgabenflut führte zu einem rasch wachsenden Defizit im Bundeshaushalt.

Manche „Wahlgeschenke" waren eine Folge der Nachgiebigkeit des Bundeskanzlers gegenüber dem inzwischen allgemein eingerissenen Anspruchsdenken. Dies tat jedoch der Popularität des „Dicken" zunächst keinen Abbruch, brachte Erhard allerdings auf die Dauer den Vorwurf der Unentschlossenheit und Führungsschwäche ein. Dieser Eindruck verfestigte sich dadurch, daß der Bundeskanzler bei jeder Gelegenheit überzogene Ansprüche des Einzelnen wie der ihm verhaßten Interessengruppen an den Staat kritisierte, aber seine Drohung, von Artikel 113 („Sparartikel") des Grundgesetzes Gebrauch zu machen, nicht verwirklichte. Er beließ es bei Maßhalteappellen („Seelenmassage").

Maßnahmen und Defizite

Zu den wirtschafts- und gesellschaftspolitischen Maßnahmen der Regierung, die die finanzielle Situation breiter Bevölkerungskreise verbesserten, gehörten eine Anhebung der Kriegsopferversorgung (Dezember 1963) und eine zweimalige Erhöhung des Kindergelds, verbunden mit einer Erweiterung des Kreises der Anspruchsberechtigten (April 1964, Februar und April 1965). Dazu zählten ferner eine Senkung der Einkommensteuer, eingeschlossen die Einführung eines Arbeitnehmerfreibetrags (November 1964) und eine Erhöhung des Wohngelds (März 1965). Dem Ziel, die Vermögensbildung für breitere Volkskreise zu erleichtern, diente die Ausgabe neuer „Volksaktien" nach einer Teilprivatisierung (Mai 1965) der bundeseigenen Elektrizitäts- und Bergwerks-AG (VEBA), im Juli gefolgt von einer Erhöhung des Steuerfreibetrags für vermögenswirksame Leistungen über das 312 DM-Gesetz von 1961 hinaus. Verbessert wurde auch (August 1965) die Förderung des Eigenheimbaus.

Hingegen gelang es der Regierung nicht, die bereits seit Jahren geplante Reform der Krankenversicherung und die Lohnfortzahlung für Arbeiter im Krankheitsfall zu realisieren. In unerwartete Schwierigkeiten war Erhard geraten, nachdem das Kabinett im Juli 1964 eine Erhöhung der Telefongebühren von 0,16 DM auf 0,20 DM je Gesprächseinheit beschlossen hatte. Die Regierung vermochte eine entsprechende Abstimmung im Bundestag – der eigens deswegen unter dem Druck der Medien zu einer Sondersitzung zusammengetreten war – nur dadurch zu überstehen, daß die fünf Kabinettsmitglieder der FDP gegen ihre eigene Fraktion stimmten. Wenig später mußte die Bundesregierung nachgeben und die Erhöhung auf nur zwei statt der ursprünglich vorgesehenen vier Pfennige pro Gesprächseinheit begrenzen.

Zusammengehen von Bund und Ländern

Der Versuch der Koalition, das Grundgesetz durch die immer noch fehlenden Notstandsartikel zu ergänzen, scheiterte infolge der dafür erforderlichen Zweidrittel-Mehrheit am 24. Juni 1965 an der SPD. Die im Frühherbst des folgenden Jahres mit einfacher Mehrheit durchgebrachten Teilmaßnahmen (Sicherstellungsgesetze, Schutzbaugesetz, Selbstschutzgesetz) bildeten nur einen begrenzten Ersatz für die erforderlichen Sicherungen. Infolgedessen blieben die Vorbehaltsrechte der Schutzmächte für den Krisenfall weiterhin in Kraft.

Das während der Kanzlerschaft Adenauers zeitweise gespannte Verhältnis zwischen Bund und Ländern hatte sich verbessert, nachdem im November 1963 eine umfassende Finanzreform vereinbart worden war. Durch Neuverteilung des Steueraufkommens im Zeichen eines „kooperativen Föderalismus" erhielt der Bund ab 1964 39% (1963: 38%) dieser Einnahmen. Auf der Grundlage eines ersten Bund-Länder-Abkommens zur Förderung von Wissenschaft und Forschung (Juni 1964) begann die gemeinsame Finanzierung von Hochschulen, Wissenschaft und Forschung. Bedürftige Studenten wurden weiterhin finanziell unterstützt („Honnefer Modell"). Der durch ein Bund-Länder-Abkommen von 1966 errichtete Deutsche Bildungsrat übernahm die Aufgabe, Bedarfs- und Entwicklungspläne für Ausbau und strukturelle Verbesserungen im Bildungswesen zu entwerfen.

b) Die Diskussion um die Verjährung nationalsozialistischer Gewaltverbrechen

Angesichts der vordringlichen Immunisierung gegen den kommunistischen Totalitarismus der Gegenwart war eine Auseinandersetzung mit den Wurzeln, den Trägern und den Folgen des Nationalsozialismus keineswegs unterblieben, aber nicht genügend in das öffentliche Bewußtsein gerückt bzw. darin wachgehalten worden. Die historische Erforschung dieser Vergangenheit hatte bereits frühzeitig und systematisch begonnen. Deren Ertrag war auch in die politische Bildungsarbeit eingeflossen, dort aber eher im Sinne von Institutionen-Sicherung („Lehren aus dem Scheitern der Weimarer Republik") ausgewertet worden. Die keineswegs forciert betriebene strafrechtliche Verfolgung von nationalsozialistischen Gewaltverbrechen erregte wenig Aufsehen.

Die Erblast des Hitler-Regimes

Das änderte sich nunmehr. Fünfzehn Jahre nach Gründung der Bundesrepublik entdeckte eine nachgewachsene Generation die historische Erblast des NS-Regimes neu und bewertete sie ausschließlich mit gesinnungsethischem Rigorismus. Ursachen, Bedingungen und Folgen des nationalsozialistischen Herrschaftssystems wurden leidenschaftlich diskutiert und vielfach die Forderung erhoben, die neuentstandene („bürgerliche") Gesellschaft der Bundesrepublik von vermeintlichen Relikten der braunen Vergangenheit zu säubern. Äußeren Anlaß dazu bot nach dem weltweit beachteten Eichmann-Prozeß in Jerusalem (März bis Dezember 1961, Vollstreckung des Todesurteils im Mai 1962) der Beginn des Frankfurter Auschwitz-Prozesses (Dezember 1963), der vier Jahre lang vorbereitet worden war.

Er rückte durch seinen Auftrag und seine Dauer die Massenvernichtung der frühen vierziger Jahre wieder in das Bewußtsein und entfesselte eine langanhaltende Diskussion um Schuld oder Mitschuld der Zeitgenossen am Aufstieg der Nationalsozialistischen Deutschen Arbeiterpartei, an deren „Machtergreifung" und der anschließenden Festigung der Hitler-Herrschaft. In diesem Zusammenhang erhoben sich Stimmen, die eine subtilere Neuauflage der Entnazifizierung forderten,

Neomarxistische Fundamentalkritik

und spielten die (echten oder vermuteten) Konsequenzen einer nunmehr apodiktisch geforderten „Erinnerungsarbeit" [A. und M. MITSCHERLICH, Die Unfähigkeit zu trauern, München 1967] eine Rolle.

Wie ein Flächenbrand breitete sich eine neomarxistische Vergangenheits- und Gesellschaftskritik aus. Die „antifaschistische Lebenslüge" der DDR, ihre angeblich „strukturell" bewältigte NS-Vergangenheit, fand Anklang. Vorwürfe an die Vätergeneration lauteten: Sie habe (1.) den vermeintlichen Zusammenhang zwischen der „kapitalistischen" Gesellschafts- und Wirtschaftsordnung und der „Ermöglichung" des Nationalsozialismus („Faschismus") nicht erkannt und (2.) die braune Vergangenheit insgesamt zu rasch verdrängt; schließlich sei sie (3.) nicht bereit, daraus abgeleitete Fehlentscheidungen – einschließlich eines offensiven Antikommunismus – zu erkennen und zu korrigieren.

Verjährung von Gewaltverbrechen

Die Angehörigen der älteren Generation hatten Möglichkeiten und Grenzen des Lebens und Überlebens im totalitären Hitler-Regime sowie die Schrecken des Krieges und seine Folgen am eigenen Leibe erfahren und den Fehlschlag einer außengesteuerten, rigoristisch-schematischen Entnazifizierung erlebt. Sie hatten kein Verständnis für die Erwartung, ihre vermeintlich generell „belastete" Vergangenheit nachträglich, noch dazu in Form kollektiver Schuldbekenntnisse, „bewältigen" zu müssen, die inzwischen erbrachten Aufbauleistungen – eingeschlossen beträchtliche Wiedergutmachungen für Opfer der NS-Verfolgung nach innen wie nach außen – aber nicht „angerechnet" zu sehen.

Die Sensibilisierung der Öffentlichkeit für diese Zusammenhänge wuchs, als 1964 eine Debatte über die Notwendigkeit bzw. Möglichkeit begann, die bisher geltende Verjährungsfrist für Mord und Beihilfe zum Mord (20 Jahre) zu verlängern, und sich rechtsradikale Protestgruppen zur Nationaldemokratischen Partei Deutschlands zusammenschlossen. Da am 8. Mai 1965 die Verjährungsfrist für Mord endete, war strittig, ob diese Frist auch für die Verfolgung nationalsozialistische Gewaltverbrechen gelten, ob also die bis dahin noch nicht erfaßten bzw. verurteilten „Mörder unter uns" straffrei bleiben sollten. Dabei fehlte den Gerichten in der Bundesrepublik die Zuständigkeit, Verbrechen verfolgen und bestrafen zu können, die außerhalb Deutschlands begangen worden waren.

Druck aus der DDR

Eine Problemlösung wurde dringlicher, nachdem die Volkskammer der DDR im September 1964 die „Nichtverjährung von Kriegsverbrechen" beschlossen hatte und vom Ausland her entsprechender Druck auf die Bundesrepublik einsetzte. Breite Bevölkerungskreise waren dafür, einen „Schlußstrich" zu ziehen. Die Bundesregierung blieb unschlüssig und überließ die Initiative in dieser Angelegenheit dem Bundestag. Ihrer Bitte vom November 1964 an alle in Betracht kommenden Staaten, dort vorhandene Unterlagen über die während der Zeit des „Dritten Reiches" begangenen Verbrechen zugänglich zu machen, verschlossen sich die Ostblockstaaten. Sie hielten weiterhin Material zurück und suchten damit Bonn auch künftig fallweise zu erpressen. Dabei gelang es der DDR-Propaganda, mit entsprechenden „Schuldthesen" die öffentliche Meinung in der Bundesrepublik fast mehr zu beeindrucken, als dies die dort geführten Strafprozesse gegen nationalsozialistische Gewaltverbrechen vermochten [1259: P. STEINBACH, Gewaltverbrechen, 93].

Die Verjährungsdebatte zog immer weitere Kreise. Am 10. März 1965 legte Bundesjustizminister Ewald Bucher (FDP) einen vom Bundestag erbetenen Bericht über die Zahl derjenigen Personen vor, die unter der Beschuldigung, Kriegsverbrechen oder andere Straftaten in der Zeit des NS-Regimes begangen zu haben, im In- und Ausland verurteilt worden waren: von Gerichten der Westmächte über 5 000, von deutschen Gerichten über 6 100 (bei mehr als 61 000 Verfahren). Bucher konnte aber nicht ausschließen, daß auch nach dem 8. Mai 1965 noch bisher nicht bekannte Verbrechen entdeckt bzw. bekannt werden würden (was in der Folge vielfach geschah).

Unbefriedigende Lösungen

In der anschließenden Grundsatzdebatte votierte der Justizminister mit seiner Fraktion gegen eine rückwirkende Verlängerung der Verjährungsfrist. Demgegenüber einigte sich die Mehrheit der Abgeordneten der Unionsfraktion und derjenigen der SPD auf ein Gesetz über die „Berechnung strafrechtlicher Verjährungsfristen" vom 25. März 1965. Es ließ die „Verfolgungsverjährung" solcher Verbrechen, „die mit lebenslangem Zuchthaus bedroht wurden", für die Zeit vom 8. Mai 1945 bis Ende 1949 „außer Ansatz". Mit diesem „Berechnungsgesetz", das rechtsstaatliche Bedenken gegen eine Verjährungslösung berücksichtigte, wurde das strittige Problem zunächst für viereinhalb Jahre gelöst bzw. vertagt. Daraufhin erklärte Bundesjustizminister Bucher seinen Rücktritt. Erhard berief den CDU-Abgeordneten Karl Weber zu dessen Nachfolger.

Wenige Monate später, Mitte August, endete der Frankfurter Auschwitz-Prozeß mit der Verkündung der Urteile. Dieses bis dahin umfangreichste Strafverfahren in der deutschen Nachkriegsgeschichte hatte, ebenso wie die glaubwürdig geführten Verjährungsdebatten, zur Klärung („Bewältigung") der Vergangenheit beigetragen. (Erst 1969, nachdem durch ein Strafrechtsänderungsgesetz die Strafverfolgung von Verbrechen des Völkermords um zehn auf insgesamt 30 Jahre verlängert worden war, fanden die zeitweise leidenschaftlich geführten Debatten um eine zentrale rechtspolitische Frage ihren vorläufigen Abschluß.)

Der Auschwitz-Prozeß

c) Die Folgen der ersten wirtschaftlichen Rezession

Der Ausgang der Bundestagswahl vom 19. September 1965 bedeutete einen Sieg für die CDU (38,1% der Wählerstimmen gegenüber 35,8% 1961), die zusammen mit der CSU (9,5% wie 1961) die absolute Mehrheit nur um vier Mandate verfehlte, und stärkte Erhards Autorität. Aber auch die SPD konnte mit ihrem alten und neuen Kanzlerkandidaten Brandt ihren Aufstieg fortsetzen (39,3% gegenüber 36,2%). Die Verlierer waren mit einem Rückgang von 12,8% auf 9,5% die Freien Demokraten, die sich gegenüber dem „liberalen" Bundes- bzw. „Volkskanzler" nicht hatten profilieren können. Infolgedessen wuchs ihr Bedürfnis, in dem nach quälenden Koalitionsverhandlungen erneuerten Bündnis mit den Unionsparteien eine eigenständige Rolle zu spielen.

Die Bundestagswahl 1965

Unmittelbar vor der Bundestagswahl hatte Bundespräsident Lübke den ungewöhnlichen (und prompt gescheiterten) Versuch unternommen, die Vorsitzenden der vier Parteien darauf zu verpflichten, nach dem Ausgang der Wahl dem Bundespräsidenten die Initiative für Gespräche über eine Regierungsbildung zu überlassen. Lübkes Ziel war die Bildung einer Großen Koalition, die auch prominente Unionspolitiker angesichts der gemeinsam zu bewältigenden Probleme in der Außen-, Innen- und Wirtschaftspolitik anstrebten.

Erhards „Formierte Gesellschaft"

In seiner Regierungserklärung vom 10. November 1965 wiederholte der neugewählte Bundeskanzler seine Forderung, die deutsche Demokratie und die Industriegesellschaft zu erneuern. Bereits auf dem Düsseldorfer Parteitag der CDU am 31. März dieses Jahres hatte Erhard überraschend das Konzept einer „Formierten Gesellschaft" entwickelt, um damit die Macht der Interessenverbände und Gruppenegoismen zurückzudrängen. Die pluralistische Industriegesellschaft sollte so formiert bzw. reaktiviert werden, daß sie in die Lage versetzt würde, die sich abzeichnenden neuen Herausforderungen jenseits überholter Klassenschichtungen in einem neu gewonnenen Konsens (kooperative Demokratie) bewältigen zu können.

Der mißverständliche Begriff „Formierte Gesellschaft" fand wegen seiner mehrdeutigen Zielsetzung, seiner Stoßrichtung gegen ein Fortschreiten auf dem Wege zur „Gefälligkeitsdemokratie" und zum „Verteilerstaat" ein negatives Echo oder traf auf Unverständnis. Er diente gleichzeitig als eine Art „säkularisierter C-Ersatz für die im programmatischen Immobilismus steckende CDU" [940: D. BUCHHAAS, Volkspartei, 303].

Gemeinschaftsaufgaben

In die Zukunft hingegen wies der vom Bundeskanzler daraus abgeleitete Plan eines „Deutschen Gemeinschaftswerks". Mit dessen Hilfe sollten bisher vernachlässigte „Gemeinschaftsaufgaben" durch gezielte Infrastrukturpolitik (Spitzenfinanzierung durch Bund und Länder) bewältigt werden. In diesem Konzept einer längerfristig angelegten Haushaltspolitik waren – auch als Beitrag zu einer Stärkung des von Verbandsinteressen bedrängten Parlamentarismus – zentrale innen- und gesellschaftspolitische Vorhaben der nächsten Jahre (Raumordnung und Städtebau, Bildung und Forschung, Umweltschutz und Ausbau des Verkehrswesens) zutreffend gekennzeichnet. Die Finanzierung dieser „inneren Reformen", wie man sie später nannte, blieb allerdings vom wirtschaftlichen Wachstum abhängig.

Erhard konnte seine Ziele nur zu einem kleinen Teil realisieren und blieb ein schwacher Kanzler. Er vermochte weder die ihm vorschwebende neue, auf Solidarität gegründete Industriegesellschaft auch nur ansatzweise zu verwirklichen, noch etablierte Verbands- und Gruppeninteressen zugunsten einer „Wiederherstellung des grundgesetzlichen Parlamentarismus" [V. LAITENBERGER, Ludwig Erhard, Göttingen 1986, 199] zu beschneiden. Vor allem aber gelang es ihm nicht – und damit verknüpfte sich sein Schicksal als Bundeskanzler –, die bisher mit seinem Namen verbundene, zur Normalität gewordene wirtschaftliche Prosperität zu erhalten, die weiterhin das wichtigste Bindeglied der CDU bildete.

Überraschend schnell bekam der Bundeskanzler, der ein ausgeprägtes und ostensibles Selbstbewußtsein besaß [1190: U. LAPPENKÜPER, Erhards Europapolitik, 121], die Folgen des von ihm diagnostizierten „Endes der Nachkriegszeit" zu spüren. Mit dem Ausklang der Ära Adenauer war die Ausnahmesituation der Gründer- und Aufbaujahre der Bundesrepublik zu Ende gegangen. Der von Erhard beklagte „flache Konsummaterialismus" verband sich mit einem neuartigen Krisenbewußtsein im Gefolge eines Stillstands der Wohlfahrtssteigerung. Schon generationsbedingt veränderten sich Lebensgefühl und Meinungsklima, erfolgte ein „Zeitbruch" [278: K. HILDEBRAND, Die Außenpolitik, 612]. „Fortschrittliche" Kräfte erwarteten weniger pragmatische Lösungen als vielmehr „emanzipatorische" und „perspektivistische" Zukunftsentwürfe, suchten neue Sinnerfüllung. Mit ihren sozialen und konfessionellen Milieus lösten sich Grundmuster politischer Orientierung, moralischer Wertvorstellungen und alltäglicher Verhaltensnormen unerwartet schnell auf.

Wandel von Wertvorstellungen und Verhaltensweisen

Im Zuge fortschreitender Säkularisierung schwanden christliche und konservative Überzeugungen. Auch dadurch verwischten sich die Fronten zwischen der Union und der SPD, glichen sich deren Profile einander an. Die bisherige bipolare Grundstruktur des Parteiensystems lockerte sich. Gleichzeitig entwickelten bzw. verfestigten sich die Binnenstrukturen der Parteien als bürokratische Großorganisationen, verstärkt durch die seit 1959 erfolgte staatliche Finanzierung der im Bundestag vertretenen Parteien (die 1967 und 1969 durch Erstattung der Wahlkampfkosten für alle Parteien ausgeweitet wurde).

Das Wirtschafts- und Gesellschaftssystem der Bundesrepublik mit seiner Besitz- und Konsummentalität wurde von neomarxistischen Verfechtern einer "Totalrevision" der Verfassungsordnung in Frage gestellt, die Bundesrepublik von aktiven Minderheiten als „immobil", „restaurativ" und/oder „CDU-Staat" verunglimpft. Intellektuelle Zirkel berauschten sich an Aufbruchparolen der Kennedy-Ära und verstärkten eine verbreitete Erwartungshaltung im Sinne eines Wandels („Demokratisierung") aller Gesellschafts- und Lebensbereiche.

Reformeuphorie

Der Zeitgeist artikulierte sich in den Postulaten „Modernisierung" und „Reformen", angefangen beim überkommenen Bildungs- und Erziehungswesen („Chancengleichheit"). Im Zuge einer „Bildungsrevolution" [P. LÖSCHE, F. WALTER, Die SPD, Darmstadt 1992, 82] im Gefolge einer vermeintlichen „Bildungskatastrophe" [1333: G. PICHT, 1964] erfolgten Reformen des Schulwesens, verbunden mit allgemeinem Leistungsabbau. Der Massenwohlstand als Kennzeichen des sozialstrukturellen Wandels führte zur Ausbildung eines neuen Lebensgefühls.

Nach seinem Wahlsieg vom September 1965 verlor Bundeskanzler Erhard überraschend schnell Autorität und Popularität. Die Staatsausgaben waren stärker als das Sozialprodukt gestiegen, der „Verteilerstaat" nicht mehr finanzierbar. Leistungsgesetze („Wahlgeschenke") mußten teilweise rückgängig gemacht werden (Sparprogramm vom 29. Oktober 1965, Haushaltssicherungsgesetz vom 20. Dezember). Nach einer mit geringen Schwankungen seit 1950/51 andauernden und nunmehr rasch abflachenden Hochkonjunktur kündigte sich eine wirt-

Der überforderte „Verteilerstaat"

schaftliche Stagnation an. Sie ging in eine konjunkturelle, in einigen Bereichen aber auch strukturelle Rezession über, verschärft durch restriktive Geld- und Kreditpolitik der Bundesbank. Diese erhöhte den Diskontsatz (1961: 3%) 1965 auf 3,5 und 4%, im Mai 1966 schließlich auf 5%.

Ein Rückgang der privaten und öffentlichen Investitionen, Nachfragebeschränkungen und Produktionsdrosselungen führten zum Anstieg der Arbeitslosenzahl (von 100 000 im September 1966 auf 673 000 im Februar 1967) und der Konkurse. Entsprechende Steuerausfälle und weiterhin gewährte Subventionen schufen bzw. vergrößerten das inzwischen angewachsene – für 1966 zwischen 6 und 10 Mrd. DM geschätzte – Haushaltsdefizit. Über dessen Ausgleich konnten sich die Koalitionsparteien nicht einigen. Ein bis dahin ungewohnt hoher Anstieg der Lebenshaltungskosten um schließlich 4,5% von 1965 auf 1966, Inflationsangst und härtere Verteilungskämpfe verunsicherten die an wirtschaftliche Prosperität gewöhnte Bevölkerung.

Wirtschaftliche Rezession und Verunsicherung

Erhard, der Personifikation des „Wohlstands für alle" wie des Vertrauens in die Durchsetzungskraft politischer und ökonomischer Vernunft gegen Funktionärs- und Verbandsinteressen, gelang es nicht, die rasch wachsende Unsicherheit und Zukunftsangst zu bannen und die von breiten Kreisen als krisenhaft empfundene Situation zu meistern. Auch aus dem eigenen, in sich zerstrittenen Lager wurde dem Bundeskanzler vorgeworfen, das Ausmaß der Rezession – die in mancher Hinsicht nur eine (längst fällige) Normalisierung darstellte – nicht ernst genug zu nehmen und darauf allein mit Appellen zum Maßhalten zu reagieren. Die Kritik verstärkte sich zu dem Vorwurf, Erhard lasse zielbewußte Führung und Entscheidungskraft vermissen und wisse mit den institutionellen Instrumenten der Macht nichts anzufangen.

Innerhalb der Union meldeten sich diejenigen Kräfte lauter zu Wort, die, von Adenauer ermuntert, darauf drängten, eine Große Koalition zu bilden. Diese Lösung favorisierte auch, bereits seit dem Berliner Mauerbau von 1961, Bundespräsident Lübke. Er war deswegen am 1. Juli 1964 mit den Stimmen der SPD wiedergewählt worden, sogar auf Initiative ihrer Führungsspitze (Wehner, Erler) hin, die durch entsprechend frühzeitige Festlegung die Union in Zugzwang gebracht hatte. Nicht nur in deren Reihen wurde Lübke vielfach als zu „politisch" agierend und altersstarr-eigensinnig kritisiert.

„Volkskanzler" Erhard

Erhard lehnte eine Koalition mit der SPD weiterhin ab und hielt am Wirtschaftssystem der „Supraliberalisierung" (so der CSU-Vorsitzende Strauß am 7. Oktober 1966) fest. Er verstand sich als „Volkskanzler" oberhalb von „Parteiungen" und Interessengruppen und legte – darin bestärkt durch ein informelles Beratergremium („Sonderkreis", bekannter als „Brigade Erhard") – wenig Wert auf enge Fühlung mit seiner Partei. Er hatte erst im März 1966, und eher widerwillig, den Vorsitz der CDU übernommen.

Sorge um Stabilität

Den Anfang vom Ende der Kanzlerschaft Erhards bildete der Ausgang der Landtagswahl vom 10. Juli 1966 in Nordrhein-Westfalen, die vom Bundeskanzler als bundespolitischer Test deklariert worden war. Erstmals wurde die SPD zur stärksten Partei. Die erheblichen Stimmenverluste der seit 1962 in Düsseldorf wieder regierenden CDU waren weniger in der durch Erdöl-Importe verursachten Modernisierungs- und Anpassungskrise des Kohlebergbaus im Ruhrgebiet – die trotz steuerlicher Begünstigung der Verstromung von Steinkohle (Gesetz vom 5. September 1966) anhielt – begründet als vielmehr in der Sorge um Geldwertstabilität und Sicherung der Prosperität. Die Union unter Führung des bisherigen Ministerpräsidenten Franz Meyers konnte zwar die Koalition mit den Freien Demokraten erneuern. Sie blieb jedoch infolge der Mehrheit von nur zwei Mandaten gegenüber der SPD brüchig.

d) Kanzlersturz und Koalitionswechsel

Seit dem Sommer 1966 herrschte Kanzlerdämmerung, beschleunigte sich Erhards „Abstieg", auch im Zusammenhang einer Bundeswehrkrise (infolge des Absturzes zahlreicher Starfighter-Flugzeuge sowie gravierender Unstimmigkeiten zwischen der zivilen und militärischen Spitze über die Stellung der Streitkräfte in der Gesellschaft). Die CDU/CSU-Fraktion drängte den Bundeskanzler, ein Konzept für die Lösung der krisenhaften wirtschafts- und finanzpolitischen Entwicklung vorzulegen und die Arbeit der Regierung besser zu koordinieren. {Zunehmender Autoritätsverlust}

Mitte September bot Erhards engster Mitarbeiter Ludger Westrick, der Chef des Bundeskanzleramts, seinen Rücktritt an, um dadurch dem Kanzler eine Kabinettsumbildung zu erleichtern. Er blieb dann jedoch im Amt, da sich kein Nachfolger finden ließ. Am 26./27. September gelang es Erhard, wie schon erwähnt, nicht, in Washington von Präsident Johnson einen Aufschub von Devisenausgleichszahlungen an die USA und eine Mitsprache der Bundesregierung für die nukleare Militärstrategie der NATO zu erreichen. Die Abhängigkeit der Bundesrepublik von ihrem größten Verbündeten war geradezu beängstigend deutlich geworden, die außenpolitische Isolierung erschien bedrohlich.

Angesichts dieser ungünstigen Ausgangsposition wurde das Ringen innerhalb der Koalition um einen Ausgleich des Defizits im Bundeshaushalt für 1967 zum Prüfstein für die Fortdauer der Koalition. Die FDP legte sich frühzeitig gegen etwaige Steuererhöhungen fest. Seit Anfang Oktober stand auch die Person des Bundeskanzlers zur Diskussion, wenngleich sich dessen innerparteiliche Rivalen (Barzel, Gerstenmaier, Schröder und Strauß) gegenseitig blockierten und Erhard weder an Rücktritt noch an eine Kabinettsumbildung dachte. Ein Teil der CSU-Spitze unter Führung von Strauß drängte auf einen raschen Kanzlerwechsel, auch um dadurch die eigene Ausgangsposition für die bevorstehenden Landtagswahlen in Bayern zu verbessern.

Am 27. Oktober 1966 erfolgte der längst erwartete Bruch der Koalition, nachdem die Mehrheit der FDP-Fraktion ihre Vertreter im Kabinett desavouiert hatte, die schließlich bereit gewesen waren, zum Ausgleich des Bundeshaushalts auch Steuererhöhungen mitzutragen. Hinter dem Beschluß, die Koalition zu sprengen, stand neben der Furcht, mit dem Odium eines erneuten „Umfallens" belastet zu {„Sturz auf Stottern"} werden, die Existenzangst der Freien Demokraten angesichts ihrer Wählerverluste seit 1961.

Nach dem Rücktritt der vier Bundesminister der FDP regierte Erhard mit einem Minderheitskabinett. Es erlebte am folgenden Tage eine Niederlage im Bundesrat, der – zum ersten Mal und einstimmig – einen Haushaltsentwurf der Regierung zurückwies, weil er bei einem Volumen von ca. 74 Mrd. DM eine Deckungslücke von 4 Mrd. DM enthielt. Die CSU-Landesgruppe erwog den Rückzug ihrer Bundesminister aus der Regierung. Da sich Erhard jedoch weigerte zurückzutreten, begann sein „Sturz auf Stottern" [R. ZUNDEL, in: „Die Zeit" vom 4. November 1966]. Seine Position wurde durch den Ausgang der Landtagswahlen in Hessen (6. November) und Bayern (20. November) weiter geschwächt.

Während die CDU in Hessen Wähler verlor, erreichte dort die NPD 7,9% der Stimmen – ein Jahr zuvor bei der Bundestagswahl hatte sie gerade 2% erhalten – und gelangte in den Landtag. In Bayern konnte zwar die CSU ihren Stimmenanteil vergrößern, nicht aber den Einzug der NPD (7,4%) in den neuen Landtag verhindern, in dem die FDP kein Mandat erreichte. Der offensichtliche Zusammenhang zwischen wirtschaftlicher Rezession und Anstieg des Rechtsradikalismus löste Besorgnis über die Stabilität der Bonner „Schönwetter-Demokratie" aus. Die Erfolge des Rechtsextremismus förderten die Bereitschaft, in Bund und Ländern Große Koalitionen zu bilden, um nicht von den Stimmen der NPD abhängig zu werden.

Suche nach einem Kanzlerkandidaten

Führende Unionspolitiker begannen mit Vertretern der SPD über die Bildung einer neuen Mehrheit zu verhandeln. Der Bundeskanzler verfolgte den Ablauf der Krise wie seiner eigenen Entmachtung mit „demonstrativer Indifferenz" [1346: E. DEUERLEIN, Deutschland 1963–1970, 86]. Noch am 2. November weigerte er sich gegenüber seiner Fraktion, zurückzutreten. Sechs Tage später machte Erhard im Bundestag dann allerdings deutlich, daß die Bildung einer „regierungsfähigen Mehrheit" nicht an ihm scheitern werde. Er lehnte es jedoch ab („Schauprozeß"), der von der SPD beantragten und von der FDP unterstützten Forderung (255 gegen 246 Stimmen) nachzukommen, die Vertrauensfrage im Sinne von Artikel 68 des Grundgesetzes zu stellen und sich vom Bundestag stürzen zu lassen.

Kurt Georg Kiesinger

Dessen Mißtrauen war indes so deutlich zum Ausdruck gekommen, daß die Unionsspitze nunmehr die Suche nach einem neuen Bundeskanzler forcierte und der CDU/CSU-Fraktion schließlich drei Kandidaten zur Wahl stellte: den Fraktionsvorsitzenden Rainer Barzel („Gaullist"), Außenminister Gerhard Schröder („Atlantiker") und den von den Bonner Querelen nicht betroffenen Ministerpräsidenten (seit 1958) von Baden-Württemberg, Kurt Georg Kiesinger. Am 10. November erhielt Kiesinger, von Anfang an von der CSU favorisiert, im dritten Wahlgang die erforderliche Mehrheit.

Daraufhin begannen Koalitionsgespräche zwischen den drei im Bundestag vertretenen Parteien. Der SPD-Vorstand lehnte den Abschluß eines Bündnisses mit der FDP, zu dem die Freien Demokraten bereit waren, ab, da die für eine Kanzlerwahl benötigten 249 Stimmen (bei 252 Abgeordneten beider Fraktionen), soweit sie von der kleineren Fraktion kommen mußten, als nicht sicher erreichbar galten. CDU und CSU wiederum konnten sich mit ihrem bisherigen Regierungspartner nicht über Steuererhöhungen einigen.

Hingegen gelangten am 27. November die Verhandlungen der Unionsparteien mit der SPD zu einem positiven Abschluß. Die von Herbert Wehner bestimmte Führung der Sozialdemokraten sah mit dem Eintritt in eine Große Koalition die Chance, die undankbare Rolle der „ewigen Oppositionspartei" im Bund aufgeben zu können und mit einer unionsgeführten Koalition zur Regierungsbeteiligung zu gelangen. Am 30. November 1966 erklärte Bundeskanzler Erhard seinen Rücktritt, der infolge Loyalitätsentzugs einem Sturz durch die eigene Partei gleichkam. Am 1. Dezember wählte der Bundestag Kiesinger mit nur 340 Stimmen (von insgesamt 447 Abgeordneten der Koalition) gegen 109 bei 23 Enthaltungen zum neuen Bundeskanzler. Wenige Monate später, im Mai 1967, trat er auch die Nachfolge Erhards als Vorsitzender der CDU an.
Bildung der Großen Koalition

Die Koalitionsbildung war innerhalb der SPD-Bundestagsfraktion auf erheblichen Widerstand gestoßen. Die Distanzierung vieler Sozialdemokraten wurde noch deutlicher, als wenige Tage später, am 8. Dezember, in Nordrhein-Westfalen (nach dem Beispiel von 1956) ein gegenläufiger Koalitionswechsel erfolgte, der zu einem Bündnis der SPD mit der FDP – durch Sturz der CDU/FDP-Regierung unter Franz Meyers – führte. Von Stund an arbeiteten Ministerpräsident Heinz Kühn (SPD) und Innenminister Willi Weyer (FDP) auf ein entsprechendes Bündnis auch in Bonn hin. Hingegen ersetzte Kiesingers Nachfolger in Baden-Württemberg, Hans Filbinger (CDU), am 16. Dezember 1966 die bisherige Koalition der CDU mit der FDP durch eine Mehrheitsbildung mit der SPD.

Diese Umorientierungen ließen erkennen, daß die Funktionsfähigkeit des Parlamentarismus und die Lebenskraft des Föderalismus, Grundpfeiler der Bonner Demokratie, während der dreijährigen Amtszeit Erhards nicht gelitten hatten. Er war, gemessen an seinem Vorgänger und einigen seiner Nachfolger, ein eher „unpolitischer" Übergangskanzler in einer Zeit des weltpolitischen Umbruchs und den davon beeinflußten innen- und gesellschaftspolitischen Wandlungen. Viele Zeitgenossen haben Erhards Scheitern vornehmlich als Folge persönlicher Querelen und innerparteilicher Differenzen, entsprechend einem zeitgenössischen Buchtitel „Attentat auf Deutschlands Talisman" [1390: K.-G. VON STACKELBERG], verstanden.
Fazit der Kanzlerschaft Erhards

E. DAS EXPERIMENT DER GROSSEN KOALITION 1966–1969

1. Die Grenzen der „neuen Ostpolitik"

a) Statt Auflockerung nach Osten: Abgrenzung von seiten des Warschauer Paktes

Ziele der Regierung Kiesinger
Das Experiment der Großen Koalition war als Not- und Zweckbündnis auf Zeit angelegt. Mit Hilfe ihrer mehr als Zweidrittel-Mehrheit des Bundestags (447 Mandate der CDU/CSU und SPD gegen 49 der FDP) sollten dringlich gewordene innenpolitische Probleme (Ausgleich des Bundeshaushalts, Wiederankurbelung der Wirtschaft, Notstandsverfassung) gelöst, das Verhältnis zu den Staaten des Ostblocks verbessert und das zur DDR normalisiert werden. Ferner sollte ein mehrheitsbildendes Wahlrecht ab 1973 zu einem Zwei-Parteien-System führen, um damit (1.) eine Destabilisierung der Bonner Demokratie, die durch eine wirtschaftliche Rezession und das Aufkommen der NPD belastet war, zu verhindern, (2.) den ausschlaggebenden Einfluß der kleinsten Fraktion (FDP) bei Koalitionsbildungen zu beseitigen und (3.) die Große Koalition durch Schaffung klarer Mehrheiten „institutionell" zu beenden.

Die Regierung blieb bestrebt, die weiterhin fest in die NATO eingebundene Bundesrepublik weder auf die atlantische noch auf die gaullistische Option festlegen zu lassen und mit Washington und Paris die frühere enge Zusammenarbeit wiederherzustellen. Vorgesehen war ferner eine „neue Ostpolitik" – so der Bundeskanzler in seiner ersten Regierungserklärung vom 13. Dezember 1966. Damit knüpfte Kiesinger an die „Friedensnote" vom März dieses Jahres an. Er erneuerte das Angebot zu Gewaltverzichtsabkommen mit den Staaten des Warschauer Paktes und erklärte sich gleichzeitig zu Kontakten auch mit den „Behörden im anderen Teil Deutschlands" bereit. Mit diesem Beitrag zur globalen Entspannung und einer daraus gewonnenen „Unterstützung der ganzen Welt" im Rücken sollte auf der Grundlage einer neuen europäischen Friedensordnung langfristig die Teilung Deutschlands überwunden werden. Der Bundeskanzler vermied die frühere Formel, daß die Wiedervereinigung Voraussetzung der Entspannung sei.

Verschärfte Abgrenzung der DDR
Bereits Ende Januar 1967 wurden diplomatische Beziehungen zu Bukarest – noch von der Regierung Erhard vorbereitet – aufgenommen. Dieser Auftakt einer neuen Ostpolitik, die stärker die Interessen der osteuropäischen Staaten berücksichtigte, stieß jedoch rasch auf die entgegengesetzten Interessen der Sowjetunion. Es gelang Bonn nicht, die DDR zu isolieren. Nach dem Alleingang Rumäniens entwickelten die übrigen Ostblockstaaten bereits im Februar (in Warschau) bzw. im April (in Karlsbad) eine „Ulbricht-Doktrin". Danach durften diese Staaten ihre Beziehungen zur Bundesrepublik erst dann normalisieren, wenn diese die DDR anerkannt und auf den Besitz atomarer Waffen verzichtet habe.

Auf der Grundlage dieser umgekehrten Hallstein-Doktrin grenzte sich die DDR noch stärker von der Bundesrepublik ab. Sie schuf eine eigene Staatsbürgerschaft (Februar 1967) und verstärkte ihre Sperrgürtelfunktion gegenüber dem Westen durch Abschluß bilateraler Beistandsverträge (nach dem Beispiel ihres Vertrags von 1964 mit der Sowjetunion) mit Polen, der ČSSR, Ungarn und Bulgarien. Dadurch gelang es der Bundesregierung im August 1967 nicht, mit Prag mehr als ein Handelsabkommen und Handelsmissionen zu vereinbaren.

Trotz weiter forcierter Abgrenzung der DDR – sie erhielt 1968 eine neue Verfassung, die sie als „sozialistischen Staat deutscher Nation" auswies – suchte Bonn die gegenseitige Blockierung zu lockern. Am 12. April 1967 entwickelte Bundeskanzler Kiesinger Vorschläge zur „Erleichterung des täglichen Lebens für die Menschen in den beiden Teilen Deutschlands". Daraufhin regte Ulbricht nahezu postwendend ein Treffen zwischen Kiesinger und dem DDR-Ministerpräsidenten Stoph an. Gleichzeitig markierte er jedoch Ziel und Grenze der Verständigungsbereitschaft Ost-Berlins und die Position der SED in der Deutschen Frage: Wiedervereinigung nur durch die „Arbeiterklasse der beiden deutschen Staaten". Briefwechsel mit Ost-Berlin

Am 10. Mai schlug Ministerpräsident Stoph (SED) dem Bundeskanzler Verhandlungen zwischen beiden Regierungen vor. Da Kiesinger diesen Brief – das war neu in Bonn – beantwortete, begann ein mühsamer Spitzendialog. Es blieb jedoch beim wechselseitigen Austausch von Vorschlägen, da die SED auf förmlicher Anerkennung der Zwei- bzw. Drei-Staaten-Theorie bestand, bevor sie überhaupt bereit war, über andere Fragen zu verhandeln. Auch in der Folge nutzte die DDR-Führung Anlässe in der Bundespolitik (1968: Annahme der Notstandsverfassung, 1969: Wahl des Bundespräsidenten in West-Berlin) als Vorwand, um den Berlin-Verkehr durch Einführung von Paß- und Visazwang sowie von Transitgebühren und anderen Schikanen zu erschweren und daraus gleichzeitig weitere finanzielle Vorteile zu ziehen. Sie ergaben sich auch aus einer Verstärkung des innerdeutschen Handels, nachdem die Bundesregierung frühere Beschränkungen (ohne Gegenleistung) aufgehoben hatte.

Die unterschiedlichen Ansichten über die Ost- und Deutschlandpolitik innerhalb der Koalition traten seit Ende 1967 deutlicher zutage. Anders als in den Unionsparteien und erst recht bei den Verbänden der Vertriebenen und Flüchtlingen setzte sich in der von Außenminister Brandt geführten SPD die Bereitschaft durch, den territorialen Status von 1945 zu akzeptieren und unter Ausklammerung grundsätzlicher Differenzen zu einem Ausgleich mit den Staaten des Warschauer Paktes zu kommen. Ihnen wurde entsprechende Konzessionsbereitschaft insgeheim auf dem Weg über die Kommunistische Partei Italiens (Gespräche von September 1967 bis März 1968) übermittelt. Ostpolitische Initiativen der SPD

Im März 1968 billigte der Parteitag der SPD in Nürnberg den Koalitionskurs nur mit knapper Mehrheit. Er bestätigte das Bestreben der Parteispitze, zur Verständigung mit der DDR über ein „geregeltes Nebeneinander" deren staatliche Existenz zu akzeptieren. Die DDR sollte allerdings völkerrechtlich nicht als „Ausland" anerkannt werden, auch nicht die Oder-Neiße-Grenze. Künftig verstärkte die SPD ihre ostpolitische Konzessionsbereitschaft und ihr Drängen nach einer „Anerkennung" der DDR. Darin wurde sie von einer breitgefächerten linksliberalen Publizistik unterstützt.

<small>Zunehmende Anerkennung der „Realitäten"</small>

Eine Erklärung der Bundesregierung vom Juli 1968, daß sie das Münchener Abkommen von 1938 nicht mehr als gültig betrachte und die Grenze zur Tschechoslowakei respektiere, war ein weiterer Schritt zur Verständigung mit der östlichen Seite. Er fand jedoch kein Echo, weil der Kreml auf die Fixierung des Status-quo bedacht blieb. Inzwischen gab es in einem anderen Bereich der Ostpolitik einen Erfolg zu verzeichnen. Seit Anfang 1968 bestanden wieder diplomatische Beziehungen zu Jugoslawien, die 1957, nachdem Belgrad die DDR anerkannt hatte, abgebrochen worden waren. Damit wurde die „Hallstein-Doktrin" faktisch aufgegeben – wenngleich das kommunistisch beherrschte Jugoslawien, anders als Rumänien, nicht dem Warschauer Pakt angehörte – und künftig durch Einzelfallentscheidungen ersetzt. Diese Flexibilität vergrößerte den außenpolitischen Spielraum der Bundesrepublik, vor allem gegenüber Staaten der Dritten Welt. Sie war aber ein weiterer Schritt auf dem Weg zur Anerkennung auch anderer „Realitäten" in Europa, zu denen die Teilung Deutschlands gehörte.

b) Dialog mit Moskau über ein Gewaltverzichtsabkommen

<small>„Verteidigung und Entspannung"</small>

Nachdem die Sowjetunion das Bemühen der Bundesregierung vereitelt hatte, die Beziehungen zu weiteren Staaten des Ostblocks nach dem Beispiel Rumäniens (Januar 1967) zu normalisieren, suchte Bonn das direkte Gespräch mit Moskau. Ziel war der Austausch von Gewaltverzichtserklärungen als Zwischenstufe zu einem Friedensvertrag, um die bisherigen Rechtspositionen in der Deutschen Frage aufrecht erhalten zu können. Diese Verständigungsbereitschaft lag in der Linie der neuen NATO-Strategie vom Dezember 1967: „Verteidigung und Entspannung" in gegenseitiger Ergänzung (Harmel-Bericht). Um die Abschreckung wieder glaubwürdig zu machen, setzte sie flexible Abwehr, zunächst mit konventionellen Waffen, an die Stelle sofortiger und massiver nuklearer Vergeltung.

Dieses Sicherheitskonzept der USA übertrug die Konsequenzen der Entspannungspolitik auf das Militärbündnis der Atlantischen Allianz. Deren Mitgliedstaaten sollten für militärische Verteidigungsfähigkeit und Teilhabe am Risiko sorgen, aber gleichzeitig eine Politik der Entspannungs- und Rüstungskontrolle mittragen („Zwei-Säulen-Doktrin") – aus Bonner Sicht als Voraussetzung für eine Lösung der Deutschen Frage.

<small>Ziele Moskaus</small>

Der Dialog der Bundesrepublik mit Moskau sollte es gleichzeitig, angesichts der immer noch gespannten Beziehungen zu den USA, den Supermächten erschweren, sich nach dem zwischen ihnen vorbereiteten Abschluß des Vertrags über die Nichtverbreitung von Kernwaffen über den Kopf der Bundesrepublik hinweg über eine Lösung der Deutschlandfrage zu verständigen. Das Echo aus Moskau war jedoch nicht ermutigend. Die Sowjetunion wollte (Memorandum vom 21. November 1967) die 1945 in Europa zu ihren Gunsten geschaffenen „Realitäten" von Bonn förmlich anerkannt wissen: Unantastbarkeit aller Grenzen, Verzicht auf Kernwaffen sowie der „Ansprüche auf Berlin", Ungültigkeit des Münchener Abkommens von 1938 und einseitige Erfüllung des Potsdamer Abkommens. Durch Instrumentalisierung der „Feindstaatenklauseln" der UN-Charta von 1945 (Artikel 53 und 107) hielt Moskau gleichzeitig am Interventionsrecht gegen ehemalige Feindstaaten fest. Die Entwicklung der NPD sowie ein fiktiver „Militarismus" und „Revanchismus" in der Bundesrepublik wurden als friedensbedrohend hingestellt.

Im Juli 1968 unterbrach die Sowjetunion abrupt den inzwischen insgeheim in Gang gekommenen Dialog mit der Bundesrepublik über einen Gewaltverzicht, obwohl der NATO-Ministerrat noch im Juni („Signal von Reykjavik") seine Bereitschaft bekundet hatte, mit dem Warschauer Pakt über Maßnahmen zur beiderseitigen ausgewogenen Truppenreduzierung zu verhandeln. Moskau war inzwischen durch den kommunistischen Reformkurs in der ČSSR in wachsende Schwierigkeiten geraten und machte die Bonner Ostpolitik für Erosionserscheinungen im sozialistischen Lager („Prager Frühling") mitverantwortlich. Die infolge des sowjetischen Konfrontationskurses gegen die Bundesrepublik eingetretene „Paralysierung der Ostpolitik" [862: H. HAFTENDORN, Sicherheit, 317] ersparte der Regierung der Großen Koalition, die über die Frage des Beitritts zum Atomwaffensperrvertrag zerstritten war, eine Zerreißprobe. *Differenzen in der Koalition*

Vielen Unionspolitikern ging die Bereitschaft der SPD zur vorbehaltlosen Hinnahme der „Realitäten" in Mitteleuropa zu weit. Zu den Skeptikern bzw. Kritikern gehörte weniger Bundeskanzler Kiesinger, der über den eigenen Beitrag zur Entspannungspolitik die Wiedervereinigung anstrebte, als vielmehr die CSU-Spitze. Hingegen war die FDP in der Ost- und Deutschlandpolitik der SPD näher gerückt und inzwischen dabei, sie in der Anerkennung der östlichen Forderungen zu „überholen" (Januar 1967: Schollwer-Plan) und die Deutsche Frage in „Bewegung" zu bringen. Das neue Ziel lautete „Verklammerung" (und nicht mehr Wiedervereinigung) der beiden deutschen Staaten. Dieser Kurswechsel war das Ergebnis einer innerparteilichen Umorientierung von „nationalen" zu „radikaldemokratischen" Liberalen. Sie hatte Ende Januar 1968 im Übergang des Parteivorsitzes von Erich Mende auf Walter Scheel ebenso ihren Ausdruck gefunden wie in der künftigen „Punktierung" des Parteinamens (F.D.P.).

Die Verhandlungen zwischen Bonn und Moskau wurden durch die am 21. August 1968 erfolgte gewaltsame Niederschlagung des Reformkommunismus in der Tschechoslowakei nach dem Einmarsch von Streitkräften des Warschauer Paktes unterbrochen. Diese Invasion nach dem Muster des gewaltsamen Vorgehens in Ungarn vom Spätherbst 1956 löste im Westen einen Schock aus, gefährdete aber nicht die problematische „Sicherheitspartnerschaft" der Supermächte. Die von Moskau nachgelieferte propagandistische Begründung für die Invasion der ČSSR – zwangsweiser Verbleib der kommunistischen Staaten im Ostblock („Breschnew-Doktrin") – verdeutlichte der Bundesrepublik, wer ihre Sicherheit auch künftig allein garantierte: das NATO-Bündnis, das auf das Nuklearpotential der USA angewiesen blieb. Umso weniger konnte sich die Bundesregierung dem *Die Invasion in die ČSSR* massiven Drängen aus Washington nach einem Beitritt zum Atomwaffensperrvertrag entziehen.

Nachdem im Westen die Empörung über die Invasion in die Tschechoslowakei in Resignation übergegangen war, ließ Moskau in Bonn Gesprächsbereitschaft über den Abschluß eines Gewaltverzichtsvertrags erkennen, verbunden mit dem Vorschlag einer europäischen Sicherheitskonferenz. Für diesen Kurswechsel der östlichen Supermacht im Frühjahr 1969 dürfte die Eskalation ihres Konflikts mit Rotchina eine Rolle gespielt haben. Während daraufhin der Dialog mit der Bundesregierung wieder in Gang kam, lehnte diese ein Angebot des polnischen KP-Chefs Gomulka vom Mai 1969 zu Gesprächen über einen gegenseitigen Gewaltverzicht ab, weil Warschau auf vorheriger Anerkennung der Oder-Neiße-Grenze bestand.

Annäherung von SPD und FDP

Die Regierung Kiesinger vermochte allerdings die „Verständigungsoffensive" der Sowjetunion [1348: K. HILDEBRAND, Von Erhard, 335] nicht mehr für sich zu nutzen. Als Moskau Mitte September einem Vorschlag Bonns vom Juli zu mündlichen Verhandlungen über ein Gewaltverzichtsabkommen zustimmte, war der Zeitpunkt dafür verpaßt. In dem bereits laufenden Wahlkampf für die Ende September fällige Neuwahl des Bundestags spielten unterschiedliche Ansichten der Koalitionspartner über Ausmaß und Tempo der Anerkennung östlicher Forderungen eine Rolle, zumal der SPD-Vorsitzende und Außenminister Brandt erneut – zum dritten Mal – als Kanzlerkandidat seiner Partei nominiert worden war.

Auf der anderen Seite hatten sich die Gemeinsamkeiten in der Deutschland- und Ostpolitik zwischen SPD und FDP zunehmend verstärkt. Ein entsprechendes Zeichen setzten führende Politiker beider Parteien kurz vor den Wahlen auch dadurch, daß sie einer Einladung der sowjetischen Regierung zu Gesprächen in Moskau folgten: Walter Scheel, Wolfgang Mischnick und Hans-Dietrich Genscher im Juli, Helmut Schmidt, Alex Möller und Egon Franke am 21. August 1969, dem Jahrestag der Invasion der Roten Armee in die ČSSR.

c) Der Kampf um den Beitritt zum Atomsperrvertrag

Wiederannäherung an Paris

In der Europapolitik, die vom Gegensatz zwischen Frankreich und Großbritannien bestimmt blieb, gelang auch der Regierung der Großen Koalition kein Durchbruch auf dem Wege zu einer politischen Union. Hingegen vermochte sie das nachhaltig gestörte Verhältnis zwischen Bonn und Paris zu verbessern und das seit Jahren ungelöste Optionsdilemma zwischen den USA und Frankreich zu entschärfen. De Gaulle fand bei der Bundesregierung kein Echo mit seinem erneuten Vorschlag einer engeren Bindung zwischen beiden Staaten, die er als Voraussetzung für eine langfristig erreichbare Wiedervereinigung eines Deutschlands bezeichnete, das sicherheitspolitisch von Frankreich kontrolliert blieb.

„Komplizenschaft"

Für eine Verbesserung des gestörten Verhältnisses zu Paris mußte der „Europäer" Walter Hallstein geopfert werden und vom Amt des Präsidenten der EWG-Kommission zurücktreten, der er exekutive Befugnisse zu verschaffen gesucht hatte. Nach der Fusion (1. Juli 1967) der drei europäischen Gemeinschaften (EGKS, EWG und EURATOM) zur Europäischen Gemeinschaft (mit gemeinsamen Organen: Kommission und Rat) wurde der Weg frei, um den Vorsitz an den Belgier Jean Rey abtreten zu können.

Die vorfristige Realisierung der Zollunion der EWG (zum 1. Juli 1968) bedeutete eine neue Etappe des Gemeinsamen Marktes gegenüber Drittländern für gewerbliche und agrarische Erzeugnisse. Allerdings gelang es auch der Regierung Kiesinger gegen entschiedenen Widerstand aus Paris nicht, die EWG durch die von Großbritannien im Mai 1967 erneut angestrebte Mitgliedschaft zu erweitern. Erst nach dem Rücktritt de Gaulles (28. April 1969), dessen Autorität seit den Pariser Mai-Unruhen von 1968 geschwächt war, wuchs in Paris allmählich Kooperationsbereitschaft.

Die verbesserten deutsch-französischen Beziehungen und die neue NATO-Strategie der „Flexiblen Antwort" erleichterten es der Bundesregierung, eine neue Krise im Verhältnis zu den USA zu überstehen. Washington verlangte weitere Solidaritätsbeiträge für Vietnam und bedrängte die Bundesrepublik, dem zwischen den Supermächten inzwischen ausgehandelten Vertrag über die Nichtverbreitung von Kernwaffen schon vor seinem Abschluß (am 1. Juli 1968) beizutreten. Dessen Zielsetzung wurde von Unionspolitikern innerhalb wie außerhalb der Bundesregierung kritisiert. So hatte der Bundeskanzler im April 1967 vor der „atomaren Komplizenschaft" der Supermächte, Adenauer (der am 19. April 1967 gestorben war) gar vor einem „Morgenthau-Plan im Quadrat" gewarnt. Die Bundesrepublik, die bereits 1954 einseitig auf die Produktion von Nuklearwaffen verzichtet hatte, inzwischen aber eine der stärksten Wirtschaftsmächte der Welt war, sollte nicht für alle Zeit von ungehinderter Nutzung der Kernenergie für friedliche Zwecke ausgeschlossen bleiben; durch Verzicht auf technologische Möglichkeiten konnte leicht eine politische Abhängigkeit von der Sowjetunion durch eine von ihr mitkontrollierte wirtschaftliche Entwicklung entstehen.

Der umstrittene Atomsperrvertrag

Infolgedessen drängte die Bundesregierung die Nuklearmächte (Memorandum vom März 1968 an den in Genf tagenden 18-Mächte-Abrüstungsausschuß), ihrerseits für die Nichtweiterverbreitung von Kernwaffen einzutreten und in den Vertrag ein Verbot aufzunehmen, anderen Mächten gegenüber Drohung oder politischen Druck anzuwenden. Als sich schließlich die Nuklearmächte zu einem Verzicht auf atomare Bedrohungsgesten bereit fanden und die Westmächte erklärten, aus dem Beitritt der DDR zu diesem Vertrag nicht deren völkerrechtliche Anerkennung abzuleiten, waren wichtige Voraussetzungen für einen Beitritt Bonns zu diesem Vertrag erfüllt.

Entsprechende Verhandlungen gerieten allerdings nach der schon erwähnten Besetzung der ČSSR (21. August 1968) durch Streitkräfte des Warschauer Pakts ins Stocken. Inzwischen war das Problem einer Zustimmung der Bundesrepublik zum Atomwaffensperrvertrag derart mit der zwischen den Regierungspartnern umstrittenen Ostpolitik verquickt, daß es – ebenso wie das des Abschlusses eines Gewaltverzichtsabkommens mit der Sowjetunion – nicht mehr gelöst werden

Ungelöste Probleme

konnte. (Der Beitritt erfolgte am 28. November 1969 durch die Regierung Brandt.) Wohl aber hatte die Koalition verhindern können, daß die Bundesrepublik in der westlichen Welt isoliert wurde.

2. Wirtschaftliche Erfolge, aber wachsende innere Spannungen

a) Wiedergewinnung wirtschaftlicher Prosperität

Überwindung der Rezession
Die Regierung der Großen Koalition ging die Lösung der von ihr vorgefundenen Probleme in der Finanz- und Wirtschaftspolitik – Überwindung der „hausgemachten" Rezession, Ausgleich des Haushaltsdefizits, Wiedergewinnung der Geldwertstabilität – mit einem Tempo an, das mitreißend wirkte. Reformstimmung und Anfangserfolge schufen rasch neues Vertrauen in der verunsicherten Bevölkerung.

Sie waren nicht zuletzt der zunächst guten Zusammenarbeit zwischen dem dynamischen und eloquenten Wirtschaftsminister Karl Schiller (SPD) und dem in dieser Hinsicht ebenbürtigen, wieder in die Regierung eingetretenen CSU-Vorsitzenden und Finanzminister Franz Josef Strauß zu verdanken. Sie verständigten sich auf eine aktive Konjunkturpolitik, auf Steuerungsmechanismen und eine gesamtwirtschaftliche Rahmenplanung. Gezielte Investitionsprogramme durch Kreditaufnahme mittels Staatsverschuldung vom Februar (2,5 Mrd. DM) und September 1967 (5,3 Mrd. DM) zur Arbeitsbeschaffung koordinierten sie mit entsprechenden Maßnahmen der Tarifpartner. Die Abstimmung erfolgte im Rahmen einer neu entwickelten und effizienten „Konzertierten Aktion" (Karl Schiller).

Wirtschaftspolitische „Globalsteuerung"
Eine Ergänzung des Grundgesetzes im Juni 1967 verpflichtete Bund und Länder, bei ihrer Haushaltswirtschaft die Erfordernisse des gesamtwirtschaftlichen Gleichgewichts zu berücksichtigen. Mit Hilfe wirtschaftspolitischer Regelungsbefugnisse konnte der Bund konjunkturelle und strukturbedingte Störungen beheben. Ein im gleichen Monat in Kraft getretenes „Gesetz zur Förderung der Stabilität und des Wachstums der Wirtschaft" (Stabilitätsgesetz) sollte es ermöglichen, im Rahmen der marktwirtschaftlichen Ordnung Preisstabilität und Vollbeschäftigung sowie ein Gleichgewicht im Außenhandel bei angemessenem Wirtschaftswachstum zu sichern.

Neuer Aufschwung
Die neuen Kompetenzen und Steuerungsinstrumente, zu denen 1968 noch eine Mittelfristige Finanzplanung hinzukam, wurden durch ein Bündel von Maßnahmen für regional und sektoral benachteiligte Wirtschaftszweige, insbesondere für den von einer Strukturkrise betroffenen Bergbau im Ruhrgebiet (Kohlegesetz vom Mai 1968), ergänzt. Mit deren Hilfe und gezielten Investitionsanreizen gelang es, dringliche Investitionsvorhaben im Bereich von Bahn, Post, Verkehr, Bildung und Forschung zu realisieren, die Inlandsnachfrage anzukurbeln und den Außenhandel zu beleben. Gleichzeitig wurden das Haushaltsdefizit durch Sparmaßnahmen im Bereich des Verteidigungs- und Sozialhaushalts, der Landwirtschaft und des seit 1964 forcierten Wohnungsbaus vermindert und die Inflationsrate gesenkt:

zwischen 1966 und 1968 von 3,5% auf 1,5%. Erhebliche Zuwachsraten des Bruttosozialprodukts (1968: 7,3%, ein Jahr später: 8,2%) und ein rascher Abbau der Arbeitslosigkeit von ihrem Höhepunkt im Februar 1967 mit 673 000 (= 2,1%) bis 1968 auf 323 000 (= 1,5%) und 1969 auf 179 000 (= 0,8%) führten zu Vollbeschäftigung und zu einem neuen Konjunkturaufschwung. Er ließ den Zustrom ausländischer Gastarbeiter bis zum September 1969 auf 1,5 Millionen ansteigen.

Die neue Phase der Sozialen Marktwirtschaft war gekennzeichnet durch gesamtwirtschaftlich orientierte Mittelfristige Finanzplanung und „Globalsteuerung". Dazu gehörte die jährliche Vorlage und Billigung von Sachverständigenberichten zur „Begutachtung der gesamtwirtschaftlichen Entwicklung" sowie von Regierungsvorlagen über entsprechende Planungen im Sozialbereich (Sozialbudget), für ein verkehrspolitisches Programm bis 1972 (Verlagerung des Güterverkehrs von der Straße auf die Schiene; „Leber-Plan") und (seit 1969) ein Verteidigungs-Weißbuch. Die agrarische Subventionspolitik wurde in den Rahmen der Mittelfristigen Finanzplanung integriert. Der neue Wirtschaftsaufschwung erleichterte den Übergang zu einer Politik der kollektiven Daseinsvorsorge und wurde vor allem Karl Schiller zugute gehalten, der zu einem Spitzenpolitiker der SPD aufrückte.

Eine Reform der Finanzverfassung vom Mai 1969 ermöglichte es, neuen Erfordernissen und Ansprüchen eines hochindustrialisierten Sozialstaats gerecht zu werden. Der Bund erhielt zwar einen geringeren Anteil an der Einkommen- und Körperschaftsteuer (35%) als vorher (37%), aber durch einen neuen Steuerverbund mit den Ländern die Möglichkeit, den Ländern Investitionshilfen zur Erfüllung von drei „Gemeinschaftsaufgaben" zu leisten: Hochschulbau, Regionalförderung und Agrarstrukturpolitik. Mit der Ablösung der bisherigen Bruttoumsatzsteuer durch eine wettbewerbsneutrale Mehrwertsteuer (ab 1. Januar 1968) – zunächst 10%, ab Juli 1968 11% – trug die Bundesrepublik dazu bei, das Steuersystem innerhalb der EWG zu harmonisieren.

Lösung von Gemeinschaftsaufgaben

Die Folgen des Mitte 1967 einsetzenden und sich rasch verstärkenden neuen „Aufschwungs nach Maß" in der Bundesrepublik führten bereits Anfang 1968 zu Differenzen in der Regierung. Strittig war, ob Maßnahmen zur Ankurbelung der Wirtschaft (so Schiller) oder aber solche zum Abbau der Staatsverschuldung (so Strauß) Vorrang erhalten sollten.

Eine von den westlichen Industrieländern ausgehende („importierte") Inflation, enorme Überschüsse im Außenhandel der wieder wirtschaftlich prosperierenden Bundesrepublik und steigende Gold- und Devisenreserven der Bundesbank vergrößerten das ökonomische Ungleichgewicht gegenüber dem Ausland. Angesichts der engen Verflechtung zwischen außenpolitischen, weltwirtschaftlichen und währungspolitischen Zusammenhängen wuchs der internationale Druck auf die Bundesregierung, von den vereinbarten festen Wechselkursen abzugehen und die DM aufzuwerten. In Erwartung einer bevorstehenden Aufwertung kam es zu enormen spekulativen Devisenzuflüssen. Die dadurch gefährdete Geldwertstabilität beunruhigte die Bevölkerung. Entgegen dem Votum der Bundes-

Änderung der Währungsparität?

bank lehnte die Bundesregierung schließlich am 19. November 1968 eine einseitige Aufwertung ab.

Ersatz-Aufwertung   An dieser Linie nationaler Interessenwahrung hielt sie auch bei einer anschließenden Konferenz der Notenbankpräsidenten und Finanzminister der wichtigsten Industriestaaten (Zehner-Gruppe) in Bonn fest. Die statt dessen beschlossene international abgestimmte Stützungsaktion zugunsten der desolaten französischen Währung unterstrich die wirtschaftliche Stärke der Bundesrepublik. Sie erwies sich jedoch für die französische Regierung als derart negativ, daß sich das Bundeskabinett entschloß, in realistischer Einschätzung der eigenen Möglichkeiten einzulenken.

Mit Hilfe eines sofort (30. November) verabschiedeten Gesetzes über Maßnahmen zur außenwirtschaftlichen Absicherung wurden der Import steuerlich um bis zu 4% entlastet (Einfuhrvergütung) und der Export durch eine Sonderumsatzsteuer in gleicher Höhe belastet. Diese „Ersatzaufwertung" der DM zur Verbesserung der internationalen Zahlungsbilanz reichte jedoch nicht aus, die „offene Flanke" gegenüber bald einsetzenden erneuten spekulativen Devisenzuflüssen zu schließen. Die Inflationsrate stieg im folgenden Jahr auf 2,7% an.

b) Außerparlamentarische Opposition und antiparlamentarische Bewegungen

Neomarxistische   Seit Anfang der sechziger Jahre hatte sich das politische Klima in der Bundesrepu-
Fundamentalkritik blik, das durch Nüchternheit und Pragmatismus gekennzeichnet gewesen war, von Grund auf verändert, war ein Wertwandel erfolgt. Nicht mehr der Gedanke an weiteren Aufbau und sicheren Ausbau des innerhalb so weniger Jahre Erreichten bestimmte den Zeitgeist, sondern aktivistisches Begehren nach „Bewegung", „Aufbruch" und „Emanzipation". Die Ablehnung tradierter Arbeits- und Lebensformen sowie herkömmlicher Berufs- und Leistungsorientierung (bei gesteigerter Anspruchshaltung gegenüber staatlichen Leistungen) manifestierte sich im äußeren Erscheinungsbild einer juvenil uniformierten bärtigen Generation („Schäbigkeitslook"). Neuartige Protestformen wurden, nach amerikanischen Vorbildern und solchen aus anderen westlichen Industriestaaten, übernommen, der Generationenkonflikt politisch instrumentalisiert.

Unbehagen an den Erscheinungsformen der technokratisierten Industriegesellschaft und der „amerikanischen Herausforderung Europas" breiteten sich aus. Fundamentalkritik an der liberal-parlamentarischen Demokratie und Überdruß an der herkömmlich-rationalen Krisenbewältigung verbanden sich mit der Sehnsucht nach neuer Sinnstiftung kollektiven Lebens in einer „anderen Republik". Der erfolgreiche Übergang der SPD zu einer Volkspartei („Anpassungspartei") sowie Bildung und Effizienz der Großen Koalition dienten als Anlaß oder Vorwand, um eine Legitimationskrise des Parlamentarismus zu konstruieren. Die Stagnation in der Deutschland- und die Krise der Europapolitik förderten das Wiedererwachen des nationalen Gedankens. Dadurch erhielt der politische Radikalismus in Form der NPD ebenso Auftrieb wie durch die wirtschaftliche Stagnation von 1965/66.

Eine rasch fortschreitende marxistische Re-Ideologisierung („Frankfurter Schule") seit Mitte der sechziger Jahre, die zunächst als Studentenrebellion von West-Berlin ausging, führte zu einer „Bewußtseinsrevolution" [1345: A. BARING, Machtwechsel, 197]. Im Gefolge der Protest- und Emanzipationsbewegung auf der Grundlage eines „Universitätsmarxismus" [127: H. EHMKE, Mittendrin, 80] entstand eine „Neue Linke" mit teilweise anarchistischen, teilweise aber auch totalitären Zügen und Zielsetzungen. Sie äußerte sich in neuartigen Formen kollektiven Lebens- und Protestverhaltens bis hin zu nacktem (Psycho-)Terror und profitierte von einer enormen Fernsehpublizität.

<small>Formierung einer Neuen Linken</small>

Der Sozialistische Deutsche Studentenbund (SDS), von dem sich die SPD bereits 1961 getrennt hatte, bildete in Berlin den Ausgangspunkt einer Außerparlamentarischen Opposition (APO), die einen militanten Antiamerikanismus und Antikapitalismus propagierte (und von der SED unterstützt wurde). Sie setzte sich aus unterschiedlich schattierten Linksgruppen zusammen, eingeschlossen pazifistisch-neutralistische Kreise der seit 1960 aktiven „Ostermarsch-Bewegung" von (Atom-)Rüstungsgegnern und Wehrdienstverweigerern. Hingegen gelang es nicht, die Arbeiterschaft „revolutionsbewußt" zu machen.

Zunächst richtete sich der doktrinäre Aktionismus gegen „verkrustete Strukturen" im Bildungsbereich, vor allem an den inzwischen entstandenen Massenuniversitäten („Ordinarienherrschaft"). Hinter der Forderung nach „Demokratisierung" der Hochschulen durch Mitbestimmung aller Gruppen („Parität") wurden rasch die eigentlichen Ziele sichtbar: die nach Umwandlung der „kapitalistischen" Staats- und Wirtschaftsordnung in ein anarcho-kommunistisches Rätesystem sowie die nach Überwindung des Antikommunismus im Zeichen eines ausufernden „Antifaschismus". Die „bürgerliche" Republik und Gesellschaft sollte von tradierten Autoritäten und Grundwerten, Erziehungsprinzipien und Moralvorstellungen „befreit", Entscheidungsprozesse sollten „transparent" gemacht, das „Establishment" auf allen Ebenen durch eine „aufgeklärte" Gegenelite und eine herrschaftsfreie „Gegenkultur" ersetzt werden.

<small>„Verkrustete Strukturen"</small>

Proteste und Unruhen wurden durch die „Sekundärzündungen" der Medien [117: W. BRANDT, Begegnungen, 270] verstärkt. Sie nahmen gewaltsame Züge an, nachdem am 2. Juni 1967 bei Demonstrationen gegen den Schah von Persien in Berlin ein Student von einem Polizeibeamten erschossen worden war. Daraufhin kam es auch in zahlreichen Städten des Bundesgebiets zu Ausschreitungen, zur Belagerung von Redaktionen („Enteignet Springer") und zu Brandanschlägen in Kaufhäusern, letztere als „Gewalt gegen Sachen" und gegen „Konsumterror" verharmlost. Die APO entwickelte sich zu einer militant-antiparlamentarischen Bewegung und schürte einen zu allgemeiner antiwestlicher Hysterie entwickelten Antiamerikanismus, der durch den eskalierenden Vietnam-Krieg Nahrung erhielt. Ihre Vorbilder waren kommunistische Diktatoren („Freiheitskämpfer") aus ost- bzw. südostasiatischen und lateinamerikanischen Staaten, die durch Übernahme des dort üblichen Führerkults und Massenwahns verherrlicht wurden.

<small>Gewaltaktionen, Straßenkämpfe</small>

"Osterunruhen"   Ein Mordanschlag auf den Berliner SDS-Theoretiker Rudi Dutschke am 11. April (Gründonnerstag) 1968 führte zu einem neuen Höhepunkt von Gewaltdemonstrationen („Osterunruhen"). Bei Straßenschlachten in 26 Städten wurden etwa 400 Personen verletzt; in München gab es zwei Tote. Bundesregierung und Bundestag waren sich einig in dem Entsetzen über die Vorfälle und in dem Bekenntnis, die rechtsstaatliche Ordnung gegen gewalttätige Minderheiten zu sichern, nicht jedoch darüber, auf welche Weise das am zweckmäßigsten geschehen sollte. Die Regierung konnte sich auch nicht darauf verständigen, gegen die NPD und gegen den SDS einen Verbotsantrag beim Bundesverfassungsgericht zu stellen.

Ungeachtet der blutigen Vorfälle in den letzten Tagen äußerte Bundesjustizminister Heinemann (SPD) am 14. April in einer Rundfunkansprache – anders als Bundeskanzler Kiesinger am Tage zuvor – weitgehendes Verständnis selbst für gewalttätige Aktionen von „Teilen der Jugend". Heinemann wurde damit in einer krisenhaften Situation zum „selbsternannten Sprecher der kompromißgeneigten linken Mitte" und zum „Kandidaten der kritischen Jugend" [1345: A. BARING, Machtwechsel, 65, 70].

Bilanz der Gewalt   In einer Sondersitzung des Bundestags am 30. April zog Innenminister Ernst Benda (CDU) eine erschreckende Bilanz der zahllosen Gewaltaktionen, die er dennoch nicht pauschal als „Studentenunruhen" be- bzw. verurteilt wissen wollte. Das Bekenntnis der drei Fraktionen zur Staats- und Rechtsordnung der Bundesrepublik konnte nicht darüber hinwegtäuschen, daß es deren teilweise verunsicherten Exekutivorganen nicht gelungen war, öffentliche Sicherheit und Ordnung aufrecht zu erhalten. Der materielle und vor allem immaterielle Schaden, den die Bundesrepublik auch im Ausland erlitten hatte, war beträchtlich. Die rechtsradikale, aber gewaltlos agierende und von den Medien nicht ständig ins Bild gebrachte NPD profitierte von den Gewalttätigkeiten des „Links-Faschismus" [J. HABERMAS; 127: H. EHMKE, Mittendrin, 81].

Erfolge der NPD   Die Nationaldemokraten erreichten bei den Landtagswahlen in Baden-Württemberg am 28. April 1968 mit 9,8% ihr bisher bestes Wahlergebnis und zogen damit in den siebten Landtag ein. Unter dem Eindruck dieses Ereignisses wie dem der Mai-Unruhen in Paris und der im gleichen Monat anstehenden Beratung der Notstandsverfassung im Bundestag erreichte der Protest der Neuen Linken in der Bundesrepublik einen letzten Höhepunkt. Dabei wurde der gleichzeitige Kampf gegen die Notstandsgesetze von den Gewerkschaften mitgetragen. Gemeinsame Massendemonstrationen, auch ein von einem Kuratorium „Notstand der Demokratie" organisierter „Sternmarsch" am 11. Mai nach Bonn, konnten die Annahme der Notstandsgesetze mit verfassungsändernden Mehrheiten nicht verhindern.

Strategien zur „Systemüberwindung"   Darin lag ein weiterer Grund dafür, daß die APO – die nach Dutschkes Ausscheiden keine vergleichbar akzeptierte Symbolfigur besaß – bald in eine Vielzahl unterschiedlicher Gruppen zerfiel. Kleine Teile von ihnen wechselten in die im September/Oktober 1968 gegründete moskauhörige und von der SED abhängige Deutsche Kommunistische Partei (DKP) über, in der die 1956 verbotene KPD in kaum getarnter Form wiedererstand. Das geschah unter Tolerierung durch die Bundesregierung, die damit gegenüber der sowjetischen Führung ein Zeichen von Entspannungsbereitschaft setzen wollte.

Nachdem der Ansturm der APO gescheitert war, konzentrierte sich der linksradikale Aktionismus zunächst wieder auf die Hochschulen. Sie waren inzwischen bereits teilweise, unter dem Vorzeichen von „Reformen", „umfunktioniert" („Gruppenuniversität") worden. Das neue Ziel sozialistischer und kommunistischer Gruppierungen lautete, die erstrebte „Systemüberwindung" mit Hilfe eines „langen Marsches" (R. Dutschke) durch die Institutionen (Verwaltung, Gerichte, Bildungseinrichtungen, Bundeswehr) zu erreichen. Einzelgänger suchten dieses Ziel in den folgenden Jahren durch Bildung von Untergrundorganisationen und schließlich offenen Terrorismus zu verwirklichen.

Mit dem Rückgang des Einflusses der Neuen Linken verlor auch die NPD rasch ihre Attraktivität. Deren Anhänger, soweit es sich um Protestwähler gehandelt hatte, stimmten bei der Bundestagswahl des folgenden Jahres mehrheitlich für die Unionsparteien. Demgegenüber fand die Masse der „kritischen" Jugend den Weg zur SPD, die dadurch verjüngt, aber auch umgestaltet wurde. Zwischen dem Verfall marxistischer Gruppierungen und dem Aufstieg der „Grünen" und Alternativen sahen spätere Beobachter einen Zusammenhang.

c) Innenpolitische Bilanz und Regierungsführung Kiesingers

Die Regierung der Großen Koalition konnte bereits im ersten Jahr ihrer Tätigkeit einen Teil ihrer Zielsetzungen realisieren, einen anderen Teil, darunter die Notstands- und Finanzverfassung, zur parlamentarischen Verabschiedung vorbereiten. Hingegen gelang es ihr nicht, wie im Koalitionsabkommen vereinbart, ein ab 1973 geltendes neues Wahlrecht einzuführen. Einen entsprechenden Entwurf zugunsten eines Mehrheitswahlrechts in Einzelwahlkreisen legte Innenminister Paul Lücke (CDU) – von Anfang an die treibende Kraft einer Wahlrechtsreform innerhalb seiner Partei – im Frühjahr 1968 vor. Damit fand er jedoch bei den Sozialdemokraten keine Unterstützung. In deren Reihen wuchs die Ansicht, daß ein mehrheitenbildendes, auf ein Zweiparteiensystem zielendes Wahlrecht prinzipiell den Unionsparteien zugute kommen, außer der NPD auch die Freien Demokraten vom Bundestag fernhalten und dadurch die Möglichkeit einer künftigen Koalition der SPD mit ihnen ausschließen würde.

Unter dem Eindruck wachsender Gegnerschaft innerhalb der SPD gegen eine Wahlrechtsänderung ließ deren Führung im März 1968 auf dem Parteitag in Nürnberg kampflos zu, daß das Wahlrechtsproblem zunächst für zwei Jahre vertagt wurde. Daraufhin erklärte Innenminister Lücke am 26. März seinen Rücktritt, enttäuscht darüber, daß sich der Bundeskanzler in dieser Frage, deren Lösung Kiesinger noch im Dezember 1967 als die „eigentliche Bewährungsprobe" der Koalition bezeichnet hatte, vom SPD-Partner abhängig machte. Lücke befürchtete die Rückkehr zu Weimarer Zuständen.

Scheitern der Wahlrechtsreform

Innenpolitische Erfolge Während eine Wahlrechtsreform, die eigentliche Legitimation für die Bildung der Koalition, nicht zustande kam, konnte die Regierung außer in der Finanz- und Wirtschaftspolitik auch in der Innen- und Sozialpolitik Erfolge verzeichnen. Dazu zählt das im Juli 1967 verkündete Parteiengesetz, das die verfassungsrechtliche Stellung und Aufgabe der Parteien sowie deren Willensbildungsprozeß definierte (und bei den Unionsparteien den Abbau ihrer Honoratiorenstruktur beschleunigte). Es regelte ferner die Erstattung von Wahlkampfkosten aus dem Bundeshaushalt („Parteienfinanzierung") für alle Parteien, die 0,5% der Zweitstimmen erreichten. Das Bundesverfassungsgericht hatte im Vorjahr die bis dahin praktizierte Form der Finanzierung aus dem Bundeshaushalt – weil sie die Parteien begünstigte, die im Bundestag vertreten waren – für verfassungswidrig erklärt (wie in der Zeit von 1951 bis 1969 weitere 78 von insgesamt 2356 Bundesgesetzen).

Ausbau des Sozialstaats Reformen des Straf- und Strafvollzugsrechts (Gedanke der Resozialisierung), der Staatsschutzbestimmungen sowie des Nichtehelichenrechts im Zeichen einer „Liberalisierung" erfolgten vor allem auf Drängen der Sozialdemokraten (Justizminister G. Heinemann). Der Ausbau des Sozialstaats schritt aufgrund eines entsprechenden Untersuchungsergebnisses (Sozialquote) fort: Die Pflichtgrenze in der Angestelltenversicherung wurde aufgehoben, so daß ab 1968 alle Angestellten versicherungspflichtig waren. Die Lohnfortzahlung (Juni 1969) im Krankheitsfall stellte Arbeiter den Angestellten gleich und kam mehr als drei Millionen Bürgern zugute. Auf der Grundlage eines Arbeitsförderungsgesetzes vom Mai 1969 wurden Aus- und Fortbildung sowie Umschulung verbessert und die Erfüllung der entsprechenden neuen Aufgaben der Bundesanstalt für Arbeit in Nürnberg (bisher: Bundesanstalt für Arbeitsvermittlung und Arbeitslosenversicherung) übertragen. Ein Berufsbildungsgesetz vom August 1969 ermöglichte es, die Ausbildungsverhältnisse bundeseinheitlich zu regeln.

Annahme der Notstandsverfassung Eine der bedeutendsten Leistungen der Koalition bestand darin, die im Bundestag seit 1960 diskutierte und mehrfach „entschärfte", aber von der SPD, solange sie in der Opposition war, und von den Gewerkschaften erbittert bekämpfte Notstandsverfassung schließlich durchzubringen. Das gelang am 30. Mai 1968 mit der erforderlichen Zweidrittelmehrheit (384 gegen 100 Stimmen). Allerdings stimmten neben den 46 Abgeordneten der oppositionellen FDP auch 53 des linken Flügels der SPD und einer der CDU gegen die Vorlage.

Dieses „17. Gesetz zur Ergänzung des Grundgesetzes" schuf die Möglichkeit, zusammen mit einer Reihe von Vorsorge- und Sicherstellungsgesetzen („einfache Notstandsgesetze") im Spannungs- und Verteidigungsfall mit gestuften Maßnahmen zu reagieren. Mit seinem Inkrafttreten am 28. Juni 1968 endeten die weitergehenden Vorbehaltsrechte der drei Westmächte gemäß Artikel 5 Absatz 2 des Deutschlandvertrags von 1954, nicht aber deren Mitverantwortung für Deutschland als Ganzes und für Berlin. In der Folge wurde keines der „vielen zeitgenössischen Untergangsszenarien" Realität [C. KLESSMANN, in: HZ 246 (1988), 211].

Die Ablehnung der Notstandsverfassung durch die FDP und durch immerhin mehr als ein Viertel der SPD-Abgeordneten erscheint im Rückblick als Schritt auf dem Wege zu einer Annäherung beider Parteien. Sie entdeckten neben der Deutschland- und Ostpolitik auch im Bereich der Rechts- und Bildungspolitik zunehmend Gemeinsamkeiten, da sich die FDP zu einer „Partei des demokratischen und sozialen Liberalismus" (Freiburger Thesen von 1968) entwickelte. Eine entsprechende Koalition nach den nächsten Bundestagswahlen zustande zu bringen, war das Ziel des neuen Vorsitzenden Walter Scheel.

Zum Prüfstein für die Tragfähigkeit eines solchen Bündnisses wurde die Wahl eines neuen Bundespräsidenten. Deren Ausgang hing von den Stimmen der FDP ab, nachdem die Sozialdemokraten frühzeitig hatten erkennen lassen, daß sie dieses Mal, anders als 1954 und 1964, einen eigenen Kandidaten aufstellen würden. Dieser Kandidat war dann nicht, wie vielfach erwartet, Verkehrsminister Georg Leber – der als Verfechter einer Großen Koalition für die FDP nicht wählbar gewesen wäre –, sondern Justizminister Gustav Heinemann. Er galt wegen der von ihm vorangetriebenen Liberalisierung des Straf- und Strafvollzugsrechts als „progressiv" und zeigte Verständnis für die rebellische Protestgeneration. Sein Gegenkandidat war Verteidigungsminister Gerhard Schröder (CDU), der sich innerhalb der Union gegen den Präsidenten des Evangelischen Kirchentags Richard von Weizsäcker durchgesetzt hatte (der dann 1984 gewählt wurde).

Wahl des dritten Bundespräsidenten

Die Grundzüge von Kiesingers Regierungsführung lassen sich an der Art und Weise der Lösung bzw. Nichtlösung zentraler Fragen erkennen. Der Bundeskanzler war zwar ziel- und machtbewußter, als es nach außen hin erschien, konnte jedoch angesichts der Zusammensetzung des Kabinetts – außer ihm neun Minister der Union und neun der SPD, jeweils nach Gruppen, Regionen und Flügeln ausbalanciert – von seiner Richtlinienkompetenz nur sparsam Gebrauch machen. Er vermied nach Möglichkeit Konfrontationen mit dem Koalitionspartner und zog es vor, sich mit den Spitzenpolitikern der drei in der Regierung vertretenen Parteien in kleiner Runde („Kressbronner Kreis") vorab zu verständigen.

Regierungsführung Kiesingers

Dabei kam ihm zustatten, daß die beiden Vorsitzenden der Koalitionsfraktionen im Bundestag, Rainer Barzel und Helmut Schmidt, als „heimliche Nebenregierung" [1376: H. KNORR, Entscheidungsprozeß, 229] den parlamentarischen Prozeß beherrschten und absicherten. Gleichzeitig aber spornten sie auch ihrerseits die Regierung immer wieder an und nahmen damit eine Kontrollfunktion anderer Art wahr, als sie die zahlenmäßig schwache FDP leisten konnte. Die einflußreichsten Persönlichkeiten beider Koalitionspartner, Strauß und Schröder, Schiller und Wehner – letzterer infolge der Passivität von Brandt eine „Art Nebenkanzler" [1345: A. BARING, Machtwechsel, 45] –, waren zwar in die Kabinettsdisziplin eingebunden, ließen sich dadurch jedoch nicht einengen.

Vor allem im dritten Jahr seiner Kanzlerschaft, als beide Partner angesichts der bevorstehenden Bundestagswahl früh auf Konfrontationskurs gingen, suchte Kiesinger Konflikte durch „Ausklammern" zu vertagen und Differenzen mit der ihm eigenen Sprach- und Wortgewandtheit („König Silberzunge") herunterzuspielen.

Konfrontation innerhalb der Koalition

Mit der keineswegs ironisch gemeinten Kennzeichnung des Bundeskanzlers als „wandelnder Vermittlungsausschuß" hatte Regierungssprecher Conrad Ahlers (SPD) dessen Fähigkeiten und Grenzen exakt umschrieben. Dabei kam Kiesinger zugute, daß ihm sein Amtsvorgänger Ludwig Erhard – seit 1967 Ehrenvorsitzender der CDU – keine Schwierigkeiten bereitete, während sich potentielle Konkurrenten innerhalb der Union, in der Kiesinger keine Hausmacht besaß, gegenseitig blockierten.

d) Im Vorfeld des „Machtwechsels"

Vorzeitiger Rücktritt Lübkes

Die Wahl des dritten Bundespräsidenten wurde bereits im Frühjahr 1969 fällig, nachdem Bundespräsident Heinrich Lübke Mitte Oktober 1968 seinen Rücktritt zum 30. Juni des folgenden Jahres angekündigt hatte. Die Begründung für diesen Termin, zweieinhalb Monate vor Ablauf seiner zweiten Amtszeit – um die Wahl seines Nachfolgers aus dem Bundestagswahlkampf im Sommer herauszuhalten –, konnte nicht darüber hinwegtäuschen, daß der Bundespräsident vor einer Medienhetze der „linken Tendenzpresse" [121: K. CARSTENS, Erinnerungen, 377] resigniert hatte. Einer jahrelangen Verleumdungskampagne der SED allein war es nicht gelungen, Lübke wegen seiner Tätigkeit während der Kriegszeit in einem Berliner Architekturbüro zu diffamieren („KZ-Baumeister").

Der inzwischen 76jährige Bundespräsident litt hochgradig an Altersbeschwerden. Er hatte die frühere Sympathie oppositionell eingestellter Presseorgane verloren, nachdem die von ihm bereits seit 1961 hartnäckig geforderte Große Koalition zustande gekommen war. Wegen mancher Ungeschicklichkeiten wurde Lübke zur Zielscheibe der Kritik und hämischen Spotts, vor allem aber deswegen, weil er ebenso beharrlich für traditionelle, „unmodern" gewordene Werte eintrat wie für das Selbstbestimmungsrecht aller Deutschen, und häufig seinen Berliner Amtssitz nutzte. Sein erfolgreicher Einsatz zugunsten von Entwicklungshilfe und Umweltschutz wurde ebenso wenig gewürdigt wie das Ansehen, das er der Bundesrepublik durch zahlreiche Staatsbesuche in der Dritten Welt erworben hatte.

Wahl Heinemanns

Die Wahl des neuen Staatsoberhaupts, die am 5. März 1969 – wiederum, aber zum letzten Mal, in Berlin – erfolgte, war dieses Mal neben den üblichen Erschwernissen des Berlin-Verkehrs seitens der DDR nur von schwachen sowjetischen Protesten begleitet. Infolge der vom FDP-Vorsitzenden Scheel entsprechend eingeschworenen Delegierten seiner Partei ging die Wahl im dritten Wahlgang zugunsten von Heinemann aus, mit 512 gegen 506 Stimmen für Gerhard Schröder (CDU) bei fünf Enthaltungen.

Der SPD-Politiker interpretierte seine Wahl als politische Wende, als „ein Stück Machtwechsel". Diese Formulierung, die im eigenen Lager als verfrühte und nicht unbedingt hilfreiche Prognose galt, wurde wegen ihres Anklangs an die „Machtergreifung" von 1933 heftig kritisiert. Die Diskussion darüber trug dazu bei, der neuen Bündniskonstellation eine Signalwirkung für die kommenden Bundestagswahlen zuzuweisen. Mit Blick darauf suchten sich die Koalitionspartner zunehmend schärfer voneinander abzugrenzen, während sich auf der anderen Seite Kontakte zwischen den Führungsspitzen der SPD und FDP verdichteten.

Die Bundesregierung konnte sich im Mai 1969 nur noch mühsam darauf verständigen, die diplomatischen Beziehungen zu Kambodscha wegen dessen Anerkennung der DDR „einzufrieren". Einige Wochen später brach Pnom Penh diese Beziehungen ab. Die am 26. Juni getroffene Entscheidung zugunsten einer Unverjährbarkeit für Verbrechen des Völkermords erfolgte auch dieses Mal mit großer Mehrheit, allerdings gegen die Stimmen der CSU und FDP. Dann führten Differenzen über die Währungsfrage zum weiteren Zerfall der Koalition. Neue Differenzen innerhalb der Regierung

Die Ende 1968 erreichte halbherzige Lösung der Aufwertungsfrage hielt nicht lange. Im Frühjahr 1969 schufen erneut in die Bundesrepublik einströmende Devisen neue Unsicherheit. Die der Regierung verfügbaren gesetzlichen Möglichkeiten zur außenwirtschaftlichen Absicherung reichten nicht aus, um Konjunktur- und Preisauftrieb zu dämpfen. Schiller und Strauß differierten nunmehr, anders als noch im November 1968, in ihren Ansichten. Der Wirtschaftsminister hielt eine Aufwertung der DM für unumgänglich, um die Währung vor einer „importierten Inflation" zu schützen. Darin ging er mit der Bundesbank einig, deren Zentralbankrat vom April bis zum 11. September 1969 den Diskontsatz insgesamt dreimal, von 3% auf schließlich 6%, erhöhte.

Demgegenüber entschied sich am 9. Mai im Kabinett die Unionsmehrheit gegen eine Aufwertung, vor allem mit Blick auf die Interessen von Exportindustrie und Landwirtschaft, errang damit aber nur einen Augenblickserfolg. Denn die unterlegenen Regierungsmitglieder der SPD traten weder zurück, noch war der Bundeskanzler in der Lage, sie zu entlassen. Der Streit um die Aufwertung und damit um die Geldwert- und Preisstabilität wurde zu einem Hauptthema des Wahlkampfs, verschärft durch die Rivalität zwischen dem Wirtschafts- und Finanzminister. Dadurch erhielt die SPD, vor allem aber Schiller, der längst wegen seiner öffentlichkeitswirksamen Wortschöpfungen („Zielprojektion", „Konzertierte Aktion", „Globalsteuerung") eine medienwirksame Persönlichkeit war, die Möglichkeit, sich als Garant einer aufgeklärten Marktwirtschaft zu profilieren. Während Brandt für „Bewegung" und „Modernität" in der Außen- und Ostpolitik stand, verkörperte Schiller den wirtschaftspolitischen Sachverstand der neuen Sozialdemokratie. Damit erleichterte er es der FDP-Spitze, sich ihr anzunähern. Streit um Aufwertung der DM

Die Unionsparteien, die sich zu lange im Aufwind der für sie günstigen Landtagswahlergebnisse der beiden letzten Jahre wähnten, erhielten drei Tage vor dem Wahltermin die Quittung für ihre Fehleinschätzung der Währungsfrage. Am 25. September mußten die Devisenbörsen vorübergehend geschlossen werden, um den Ansturm einer internationalen Spekulationswelle zu stoppen, bevor die Bundesregierung – es war noch die Kiesingers – zwei Tage nach der Wahl einstimmig beschloß, die Bundesbank zu bitten, den DM-Wechselkurs freizugeben, um vorübergehend durch freies Einpendeln des Kurses (1 US-Dollar = 3,84 DM) eine indirekte Aufwertung zuzulassen. (Das neue Kabinett Brandt beendete am 24. Oktober die Währungsspekulation durch Festlegung der Parität auf 3,66 DM für 1 US-Dollar, was einer Aufwertung der DM um 9,3%, in Dollar gerechnet, entsprach.)

<small>SPD-Sieg bei der Bundestagswahl</small>

Gewinner der Bundestagswahl vom 28. September 1969 war die SPD (42,7%), die mit Hilfe vieler „Schiller-Wähler" und unterstützt von einer breiten „Wählerinitiative" („Bürgerbewegung") erstmals die 40%-Grenze überspringen konnte (1965: 39,3%). Somit hatte sie das von ihr mit dem Experiment der Großen Koalition verbundene Ziel erreicht. Die CDU mußte einen Rückgang der Wählerstimmen von 38,1% auf 36,6% hinnehmen, während die CSU ihren Anteil (9,5%) halten konnte. Da die NPD (4,3%) nicht in den Bundestag gelangte, entfiel die Notwendigkeit, die Große Koalition fortzusetzen. (Die NPD verlor bis 1972 auch die von ihr inzwischen erreichten Mandate in insgesamt sieben Landtagen.) Die FDP, die seit Beginn des Wahlkampfs als F.D.P. firmierte, war von 9,5% auf 5,8% geschrumpft, entschied aber dennoch über die Regierungsbildung.

Brandt und Scheel verständigten sich sofort darauf, eine Koalition ihrer Parteien zu bilden (254 Mandate der SPD und FDP gegenüber 242 der CDU und CSU). Damit wurde das bei der Wahl Heinemanns zum Bundespräsidenten erstmals praktizierte „sozial-liberale" Bündnis – wie es künftig hieß – bestätigt und der von ihm prognostizierte „Machtwechsel" vollzogen. Noch am Abend des Wahltags bewertete der CDU-Politiker Heinrich Krone die Bundestagswahl als das „Ende der [von der Union bestimmten] Politik der letzten zwanzig Jahre" [150: Aufzeichnungen, 201].

<small>SPD/FDP-Koalition</small>

Die neue Koalition verstand sich als Garant für einen neuen Anfang und eine neue Ära. Die Wahl des SPD-Vorsitzenden und bisherigen Außenministers Willy Brandt zum Bundeskanzler am 21. Oktober erfolgte reibungslos, ebenso die anschließende Regierungsbildung, von der – erstmals – die stärkste Fraktion des Bundestags ausgeschaltet blieb. Der glatte Regierungs- und Koalitionswechsel bedeutete keineswegs einen säkularen Einschnitt („kopernikanischer Wandel"), wie ihn ein Bonner Beobachter rückblickend für die mit diesem Zeitpunkt verstärkte „Politisierung der Ministerialbürokratie" gekennzeichnet sah [K. SEEMANN, in: Die Verwaltung 13 (1980), 140]. Er bestätigte vielmehr die Stabilität und Funktionsfähigkeit des parlamentarischen Systems in der Bundesrepublik Deutschland.

F. AUSBLICK

Zwei Jahrzehnte nach ihrer Gründung war die Bundesrepublik Deutschland auf dem Weg zu staatlicher Eigenständigkeit und politischem Selbstverständnis weit fortgeschritten, auch fest in die supranationalen Europäischen und Atlantischen Gemeinschaften integriert – und damit Teil ihres Sicherheitsverbunds. Sie unterschied sich von ihren westlichen Nachbarstaaten nur noch in einem, allerdings zentralen Punkte: Sie verstand sich weiterhin nicht als Nation mit entsprechend ausgeprägter „Staatsräson", sondern als westlicher Teilstaat in Deutschland, der sich durch die Bedingungen seiner Entstehung und den Willen seiner politischen Repräsentanten, in Kenntnis der damit verbundenen Problematik und Verantwortung, in der Kontinuität des Deutschen Reiches sah. {Der geschwundene Provisoriumsvorbehalt}

Hingegen war die Lebenswirklichkeit der weitaus meisten Bürger in der Bundesrepublik Deutschland 1969 nicht von Prämissen und Konsequenzen des Provisoriumsvorbehalts bestimmt, sondern von den Alltagserfahrungen in einem Rechts- und Wohlfahrtsstaat westlich-pluralistischer, liberal-demokratischer Prägung. Mit weiter fortschreitendem Zeitabstand und Generationenwechsel verblaßte die Ausstrahlungskraft von Begriffen wie Wiedervereinigung und Selbstbestimmungsrecht, wurde der Verlust der Nation zunehmend weniger als Belastung oder gar als offene Wunde empfunden. Andererseits erschwerte die fehlende historische Legitimation der Bundesrepublik, zu der ihr auch die Europäische Idee nicht hatte verhelfen können, geistige Neuorientierung; sie trug dazu bei, den doppelten antitotalitären Grundkonsens der Gründerjahre zu lockern. Die Herausbildung eines „Teilstaatenpatriotismus" mit einer entsprechenden Politischen Kultur gelang nicht.

Die Wende vom Herbst 1969 bestätigte den Charakter der „Republik im Wandel", die sich rasch neuen Bewährungsproben gegenübergestellt sah. Das galt für die Außenpolitik im Zeichen des von USA verstärkten Druckes auf Einfügung der Bundesrepublik in internationale Entspannungstendenzen; das galt für Strömungen und Bestrebungen in der Innenpolitik, die durch den Aktionismus der außerparlamentarischen Linken in Richtung auf tiefgreifende Reformen in der Gesellschafts- und Bildungspolitik in Bewegung geraten war; das galt für weiteren Ausbau des Sozialstaats wie für den Abbau tradierter Ordnungsvorstellungen und Institutionen durch „Demokratisierung" aller Lebensbereiche. {Republik im Wandel}

Die inzwischen erreichte feste Verankerung der Bundesrepublik im Westen bot der neuen Regierungskoalition von SPD und FDP die Möglichkeit, unter Ausnutzung der internationalen Entspannungsphase die Ostpolitik zu aktivieren. Eine „Normalisierung" der Beziehungen zur Sowjetunion und zu den übrigen kommunistischen Ostblock-Staaten wurde – durch faktische Anerkennung der von ihnen geforderten „Realitäten" in Gestalt von zwei bzw. (Sonderstatus von West-Berlin) drei deutschen Staaten – rasch erreicht, ohne das deutsch-deutsche Sonderverhältnis substantiell zu verändern. Angesichts der unverändert starren Haltung der Sowjetunion bestand auch weiterhin für die Deutschen jenseits des Eisernen Vorhangs nicht die Möglichkeit, selbst darüber zu entscheiden, ob sie die Einheit Deutschlands in Freiheit vollendet oder aber dessen Zweistaatlichkeit aufrechterhalten wissen wollten.

Die Deutsche Frage weiterhin offen

Infolgedessen hatte die Berliner Mauer als Symbol der Teilung Deutschlands ebenso Bestand wie der an dieser Mauer – wie entlang der gesamten Grenze zwischen der DDR und der Bundesrepublik Deutschland – geltende Schießbefehl für die Sicherheitskräfte der DDR. (Bei Fluchtversuchen aus dem Bereich des SED-Regimes von 1949 bis 1989 wurden mindestens 943 Menschen getötet.) Die Deutsche Frage blieb weiterhin offen, unbeschadet der 1971 erfolgten Regelung des Sonderstatus von West-Berlin durch ein Abkommen der Vier Mächte, die ihrerseits kein Wiedervereinigungsverbot aussprachen.

Der Zwang zur Koexistenz zwischen den Blöcken ging von der Möglichkeit wechselseitiger Abschreckung bzw. Verwundbarkeit durch die Fähigkeit zum nuklearen (Gegen-)Schlag aus. Er bestimmte auch weiterhin das Kräftegleichgewicht zwischen der NATO und dem Warschauer Pakt. Auf ihm beruhte mit dem Fortbestand der Grenzziehung von 1945 in Mitteleuropa die Fortdauer der deutschen Zweistaatlichkeit.

II. Grundprobleme und Tendenzen der Forschung

1. DIE BUNDESREPUBLIK ALS GEGENSTAND DER GESCHICHTSFORSCHUNG[1]

„Wie sehr sie sich dagegen gesträubt hat, die Bundesrepublik Deutschland hat eine Geschichte, und diese soll erzählt werden." Das ist der Kernsatz einer Vorbemerkung von K.D. Bracher, T. ESCHENBURG, J.C. FEST und E. JÄCKEL als Herausgeber der nach wie vor umfassendsten Geschichte der Bundesrepublik Deutschland [291: H.-P. SCHWARZ, Die Ära Adenauer, 1981–1983; 1348: K. HILDEBRAND, Von Erhard, 1984]. Dieser Reihe ist ein eigener Band über die vier Jahre der Besatzungsherrschaft vorangestellt [242: T. ESCHENBURG, 1983]. Die monumentale Gesamtdarstellung, in deren Bänden 6 und 7 K.D. BRACHER, W. JÄGER und W. LINK die Zeit 1969–1982 behandeln, sollte durch „Vergegenwärtigung ihrer Vergangenheit" dazu beitragen, den „eigenen Standort zu erhellen" [242: 8], also ein auf die Bundesrepublik bezogenes demokratisches Geschichtsbewußtsein begründen und dadurch Identität stiften. Diese historisch-politische Zielsetzung bezog ihre leitenden Fragestellungen aus der damals herrschenden Sicht, derzufolge die Geschichte des „ganzen Deutschland" ausgeklammert blieb, selbst diejenige der Sowjetischen Besatzungszone 1945–1949.

<small>Geschichte der Bundesrepublik: Geschichte eines Fragments?</small>

Diese Begrenzung der repräsentativ aufgemachten Reihe fand überwiegend Zustimmung – bisweilen deswegen, weil eine „allzu starke Betonung der gesamtdeutsch-nationalen Komponente" ein von manchen Rezensenten befürwortetes „bundesrepublikanisches Geschichtsbewußtsein" nur hätte behindern können [so J. KOCKA, in: Die Neue Gesellschaft/Frankfurter Hefte 32 (1985), 864]. Die auf Westdeutschland konzentrierte Geschichtssicht löste aber auch – im Unterschied zu früheren, weniger anspruchsvollen einschlägigen Darstellungen – Widerspruch aus [K.D. ERDMANN, in: HZ 236 (1983), 97–103; HZ 251 (1990), 365–380; 199: H. GRIESER, Literaturbericht (1984), 39; DERS., Literaturbericht (1989), 54. Diese Berichte des für ein neutralisiertes Deutschland plädierenden „Patrioten" GRIESER (1984: 199) zeigten Verständnis für die Deutschlandpolitik der Sowjet-

<small>Mehr als Wirtschaftsgeschichte</small>

---

[1] Soweit in Teil II Publikationen erwähnt werden, die im Quellen- und Literaturverzeichnis (Teil III) aufgeführt sind, erscheinen sie mit Kurztitel und vorangestellter Numerierung. Darüber hinaus sind in diesem Teil weitere Titel erwähnt, die jeweils voll zitiert werden.

union und der DDR. Ferner A. BLÄNSDORF, Staat – Nation – Volk, in: GWU 42 (1991), 767–774].

Die Bundesrepublik als das mit Abstand größte Fragment des ehemaligen Reiches entwickelte bereits im Verlauf der fünfziger Jahre Ansätze zu einer „eigenständigen Staatsräson" [268: A. DOERING-MANTEUFFEL, Bundesrepublik (Erstaufl. 1983), 6]. Dieser „Staat aus dem Nichts" [N. TÖNNIES, Stuttgart 1954] wuchs im Selbstverständnis seiner Bürger, auf der Grundlage einer antitotalitären und liberal-demokratischen, der Westintegration verpflichteten Doktrin zu einer staatlichen Einheit. Seine Geschichte in insgesamt 40 Friedensjahren ist mehr als die Summe des Primats des Ökonomischen, auf die sie W. ABELSHAUSER verkürzt hat: „Die Geschichte der Bundesrepublik ist vor allem ihre Wirtschaftsgeschichte" [255: Wirtschaftsgeschichte (Erstaufl. 1983), 8; kritisch dazu 208: K. KELLMANN, Literaturbericht (1986), 120 f.]. Sie rechtfertigte unbeschadet ihrer Unvollendetheit und Offenheit auf die Zukunft hin deren eigenständige Erforschung und Darstellung. Das galt auch im Blick auf die nach 1945 in Westdeutschland geborene oder dorthin übergesiedelte, inzwischen längst in der Überzahl befindliche Bevölkerung. [Dazu W. WEIDENFELD (Hrsg.), Die Identität der Deutschen, Bonn 1983. Über die Folgen des zugleich „Besiegt- und Befreit"-Seins für die deutsche Identität nach 1945 vgl. H.J. ARNDT, Die Besiegten von 1945, Berlin 1978.]

Bedingungen der Bundesrepublik-Forschung

Für den zeitgenössischen Beitrag der Geschichtswissenschaft zur Identitätsfindung bzw. -sicherung bleibt der Bundesrepublik-Ploetz [hrsg. von T. ELLWEIN u. a., Freiburg i.Br. 1985] symptomatisch. (Ein DDR-Ploetz erschien 1988, hrsg. von A. FISCHER, Freiburg i.Br.) 1985 wollte es C. KLESSMANN keineswegs ausschließen, daß eines Tages die „Legitimität einer bundesrepublikanischen Geschichte" [209: Ein stolzes Schiff, 476] ihrerseits ebenso in Frage gestellt werden könne wie die ihr zugrunde liegende Annahme von der Zwangsläufigkeit der teilstaatlichen Entwicklung in den Jahren vor 1949.

Eine Darstellung der Geschichte der Bundesrepublik hatte dreierlei zu beachten: die historische Einheit der Nation und ihres geschichtlichen Bewußtseins, die gemeinsame Tradition und Prägung durch das Reich sowie die dauernde gegenseitige Beeinflussung und Abhängigkeit der beiden deutschen Teilstaaten im Zeichen ihrer besonders gelagerten (Konkurrenz-)Beziehungen. [Dazu vgl. M.R. LEPSIUS, Die Bundesrepublik Deutschland in der Kontinuität und Diskontinuität historischer Entwicklungen, 1983; ND in: DERS., Demokratie in Deutschland, Göttingen 1993, 135–144.] Eine eigenständige, die weltpolitischen Zusammenhänge berücksichtigende Erforschung der Bundesrepublik-Geschichte war auch deswegen gerechtfertigt, weil die der DDR nicht annähernd vergleichbar quellennah dargestellt werden konnte. Sie mußte wegen der im SED-Regime herrschenden systembedingten Hemmnisse in der westlichen Welt mitgeschrieben werden.

Mitverantwortung für die SBZ/DDR-Forschung

Solche Hemmnisse waren die Zugangssperre zu Primärquellen, die ständigen Uminterpretationen und Auslassungen in den von der SED-Propaganda vorgegebenen und ihrer Zensur unterworfenen Darstellungen des marxistisch-leninistischen Geschichtsbildes sowie die „Dürftigkeit der Nachweise" [A. FISCHER, Die

Sowjetunion und die „deutsche Frage", in 316: DERS. u. a., Deutschlandfrage (1984), 44; 398: H.-P. SCHWARZ, Vom Reich (1980), LII]. Über die Geschichtsschreibung als Herrschafts- und Propagandainstrument der SED vgl. das SBZ-Handbuch [M. BROSZAT, H. WEBER (Hrsg.), München 1990, 2. Aufl. 1993]. Dieses Standardwerk (mit Beiträgen von 19 Mitarbeitern) war vor der Oktoberrevolution von 1989 gedruckt, mußte aber später nicht umgeschrieben werden [vgl. R. MORSEY, in: HJb. 111 (1991), 173–177. Vgl. ferner I.-S. KOWALCZUK, Legitimation eines neuen Staates. Parteiarbeiter an der historischen Front. Geschichtswissenschaft in der SBZ/DDR 1945 bis 1961, Berlin 1997].

Die Problematik einer durchgehenden Darstellung der gesamtdeutschen Geschichte nach 1945 blieb unabhängig davon, ob man die „doppelte Staatsgründung" [246: C. KLESSMANN, Erstaufl. 1982] 1949 oder 1955 beginnen ließ oder sie mit Hilfe sozialwissenschaftlich bestimmter Fragestellungen und Methoden zu gliedern suchte. Der Vorschlag von K.D. ERDMANN, in einer „deutschen Geschichte seit der Teilung" die DDR und auch Österreich zu berücksichtigen [Drei Staaten – zwei Nationen – ein Volk?, Kiel 1985; GWU 36 (1985), 671–683] – wie er ihn für die Jahre 1946–1950 in seiner eigenen Darstellung ausgeführt hat [241: Die Zeit der Weltkriege (1976), 789–800] –, ist nicht aufgegriffen worden. {Einschluß von Österreich?}

Hingegen ist die Entwicklung der SBZ/DDR in ersten Überblicksdarstellungen zur deutschen Nachkriegsgeschichte [240: E. DEUERLEIN, 1965; 295: T. VOGELSANG, Erstaufl. 1966; H. LILGE u. a., Deutschland 1945–1963, Hannover 1967, 15. Aufl. 1981] noch jeweils ausführlicher mitbehandelt worden. Das änderte sich seit Anfang der siebziger Jahre [A. GROSSER, Geschichte Deutschlands seit 1945, Erstaufl., 1972; P. BOROWSKY, Deutschland 1963–1969, Hannover 1983; 246: C. KLESSMANN, Staatsgründung, Erstaufl. 1982, und 293: R. STEININGER, Deutsche Geschichte 1945–1961, Erstaufl. 1983; 242: T. ESCHENBURG, Besatzung, 1983]. {Einbeziehung der SBZ/DDR-Geschichte}

Schließlich war der Bezug zur DDR „kaum noch zu greifen" [so U. WENGST, Die Zeit nach 1945, in: AfS 30 (1990), 495], bei C. KLESSMANN [283: Zwei Staaten, Erstaufl. 1988] die Darstellung der Geschichte der Bundesrepublik und diejenige der DDR durch „wasserdichte Schotten unterteilt" [so A.S. MILWARD, in: VfZ 40 (1992), 452]. Inzwischen hat H. KÖHLER die Formel von der „Doppelstaats-Gründung" angesichts der Unvergleichbarkeit der jeweiligen Voraussetzungen als „unsinnig" bezeichnet [Konrad Adenauer und seine deutschlandpolitischen Vorstellungen, in: R. HÜBSCH (Hrsg.), Als die Mauer wuchs, Potsdam 1998, 88–104, hier 91].

Die seit Anfang der siebziger Jahre vornehmlich von Politikwissenschaftlern (G.-J. GLAESSNER, C. LUDZ, W. BLEEK) betriebene Deutschlandforschung scheute den Systemvergleich der DDR mit der Bundesrepublik, und bewertete statt dessen das kommunistische Regime – positiv – nach dessen eigenen Voraussetzungen und Kriterien. (Dazu mehr im Abschnitt „Zweistaatler"-Historiker, s. unten S. 183ff.).

Die eingangs erwähnten Werke über die Geschichte der Bundesrepublik 1949–1963 von H.-P. SCHWARZ [291: Die Ära Adenauer, 1981–1983; dazu kritisch 209: C. {„Erfolgsgeschichte" der Bundesrepublik}

KLESSMANN, Ein stolzes Schiff, 1985] und 1963–1969 von K. HILDEBRAND [1348: Von Erhard, 1984] stellen zugleich herausragende Forschungsleistungen dar, gestützt auf zahlreiche, erstmals erschlossene Primärquellen. Sie sind die nach wie vor umfassendsten und überzeugendsten Gesamtdarstellungen über die von beiden Autoren herausgearbeitete und begründete „Erfolgsgeschichte" der Bundesrepublik bis 1969 hin [H.-P. SCHWARZ: „geglückte Geschichte" bzw. „Stabilitätsgeschichte". Ausblick, in 286: R. LÖWENTHAL, H.-P. SCHWARZ (Hrsg.), Die zweite Republik, Erstaufl. 1974, 927; DERS., Die ausgebliebene Katastrophe. Eine Problemskizze zur Geschichte der Bundesrepublik, in: H. RUDOLPH (Hrsg.), Den Staat denken, Berlin 1990, 151–174]. Später hat J. KOCKA von einer „relativen Erfolgsgeschichte" gesprochen [Strukturgeschichte, historische Erklärung und Sozialgeschichte nach 1989, in: DERS., Vereinigungskrise, Göttingen 1995, 56–63, hier 61].

Zwischenbilanzen   Die erstmals 1983 erschienene Analyse von A. DOERING-MANTEUFFEL [268: Die Bundesrepublik] vermittelt einen vorzüglich komprimierten Überblick über den Forschungsstand. Sie war gleichzeitig als „Zwischenbilanz bisheriger Interpretationen" zur Außenpolitik der Ära Adenauer [5] eine Forschungsleistung sui generis. Das Urteil von K. KELLMANN, wonach dieses „unschätzbare Vademecum für die Adenauer-Forschung" inzwischen „heillos veraltet" sei [208: Literaturbericht (1993), 254], ist zu modifizieren; denn auch Zwischenbilanzen des Forschungsstands behalten ihren Wert im weiterhin rasanten Fortgang der Erforschung und Darstellung der Nachkriegsgeschichte Deutschlands.

Der Überblick von R. STEININGER [293: Deutsche Geschichte 1945–1961, Erstaufl. 1983] ist arg kopflastig. Den Jahren 1945–1949 sind allein 13 der insgesamt 19 Kapitel der Darstellung und Dokumentation – noch dazu vornehmlich britischer Quellen – gewidmet. In dem schon erwähnten Werk von T. ESCHENBURG [244: Besatzung, 1983] stammen etwa 40 Prozent des Textes von zwei Autoren, deren Namen nicht auf dem Titelblatt erscheinen. Beide haben ihren Part, jeweils in erweiterter Form, separat publiziert [238: W. BENZ, Besatzungsherrschaft, Erstaufl. 1984; 239: DERS., Die Gründung, Erstaufl. 1984; 243: H. GRAML, Die Alliierten, 1985].

Historische   Die „leserfreundliche" [Bd. 1, 13] (Taschenbuch-)Geschichte der Bundesrepublik [260: W. BENZ (Hrsg.), Erstaufl. 1983] ist weder als Nationalgeschichte noch als „larmoyanter Versuch" der Geschichte der Teilung der Nation konzipiert worden, sondern als Geschichte der „Menschen des begrenzten Territoriums Bundesrepublik" [11]. Die Verfasser der insgesamt 33 Analysen in Form teilweise stark wertender „historischer Längsschnitte" überlassen es allerdings dem Leser, die erforderlichen Verknüpfungen herzustellen. Die aktualisierte vierbändige Ausgabe von 1989 ist um acht Beiträge, insbesondere zum Komplex Wirtschaft, erweitert worden. Demgegenüber folgte eine von mehreren Autoren verfaßte Überblicksdarstellung [282: H. KISTLER u. a., Bundesdeutsche Geschichte, 1986] wieder der Chronologie. Es handelte sich um eine Zusammenfassung und Fortschreibung (bis 1983) einschlägiger Beiträge für die Zeit ab 1945 aus der Reihe „Informationen zur politischen Bildung" [hrsg. von der Bundeszentrale für politische Bildung in Bonn]. Diese Beiträge liegen inzwischen in neubearbeiteten Einzelausgaben vor: Deutschland 1945–1949 [1998], Deutschland in den fünfziger Jahren [1997] und Deutschland 1961–1974 [1998].

Eine Sonderstellung nahm lange Zeit die auf die Interpretation der Außenpolitik zentrierte Darstellung von A. HILLGRUBER, Deutsche Geschichte nach 1945, ein. Deren Grundlage bildete sein Beitrag „Deutschland zwischen den Weltmächten 1945–1965" [in: T. SCHIEDER (Hrsg.), Deutsche Geschichte im Überblick, Stuttgart 3. Aufl. 1973, 748–805]. Der separaten Publikation von 1974 für die Jahre 1945–1972 [279] folgten rasch weitere Auflagen, in denen HILLGRUBER seine Darstellung zeitlich fortführte [zuletzt bis 1986, Neuaufl. 1996].

Überblicksdarstellungen

Die Geschichte der Bundesrepublik Deutschland von D. THRÄNHARDT [294: Erstaufl. 1986] ist eine in der erweiterten Neuausgabe [1996] bis an die Gegenwart heranführende politikwissenschaftliche Analyse aus sozialliberaler Perspektive. Die gedrängte Darstellung über die Bonner Außenpolitik von C. HACKE [273: Weltmacht, 1988] referiert zuverlässig deren „atemberaubende Erfolgsgeschichte" [10]. In der ergänzten 2. Auflage [1993] brauchten die Passagen für die Zeit bis 1989 nicht umgeschrieben zu werden [3. Aufl. 1997].

In der zweibändigen Geschichte der Bundesrepublik Deutschland von D.L. BARK und D.R. GRESS [256: The History of West-Germany, Erstaufl. 1989] haben beide Autoren deren Verlauf als demokratische Erfolgsgeschichte gewürdigt. Sie verwarfen die revisionistische These amerikanischer Kollegen – wonach die Teilung der Welt stärker der Politik der Westmächte als Stalins zuzurechnen sei – ebenso wie diejenige deutscher Historiker, die die ersten 20 Jahre der Bundesrepublik-Geschichte vornehmlich unter dem Stichwort „Restauration" behandelt haben.

Die bis zum Berliner Mauerbau reichende, auf die Politikgeschichte konzentrierte Überblicksdarstellung von A.M. BIRKE [262: Nation ohne Haus, Erstaufl. 1989] war die zeitlich letzte, die noch von der deutschen Teilperspektive ausging. Darin ist allerdings die Geschichte der SBZ/DDR nur kursorisch einbezogen. Zudem nimmt die Schilderung der vierjährigen Besatzungsherrschaft mehr Raum ein als die der folgenden zwölf Jahre.

„Nation ohne Haus"

An der knappen Überblicksdarstellung des „historisch orientierten Politikwissenschaftlers" K. SONTHEIMER [292: Die Adenauer-Ära (Erstaufl. 1991), 8] überrascht der Aufbau. Kurzen biographischen Würdigungen von Schumacher, Heuss und Adenauer (sowie einer Bonner Romanfigur der frühen fünfziger Jahre) folgt ein chronologischer Aufriß der Ära Adenauer. In einem dritten Teil sind einzelne „Lebensbereiche" analysiert, schließlich vier „große Kontroversen" behandelt. SONTHEIMER würdigt die bis 1963 gelungene Grundlegung der Bundesrepublik als „Ausgangspunkt einer Erfolgsgeschichte" [188]. In der 1993 erschienenen Überblicksdarstellung von P. BOROWSKY bis 1969 hin [264: Deutschland] ist die SBZ/DDR-Geschichte einbezogen.

Die politikwissenschaftlich(-analytisch) konzipierte Geschichte der Außenpolitik der Bundesrepublik von W.F. HANRIEDER (1989) ist in der 2., bis 1994 fortgeschriebenen und erheblich überarbeiteten Auflage [274: 1995] weiterhin (zu) stark auf Literatur aus dem angelsächsischen Raum gestützt. Die erste, 1999 erschienene Gesamtgeschichte der Bundesrepublik Deutschland „bis zur Gegenwart" von M. GÖRTEMAKER behandelt ebenfalls bis 1989/90 hin nur den „westlichen Teil dieser Geschichte". Dabei bezieht der Verfasser die Entwicklung der DDR „nur in dem Maße" ein, „in dem sie für die Entwicklung der Bundesrepublik von Bedeutung" gewesen sei [271: 11 f., 13]. Dieser Konzeption folgt auch die erste Gesamtdarstellung über die Geschichte der Außenpolitik der Bundesrepublik Deutschland von G. SCHÖLLGEN [290: 1999]. Eine durchgehend parallele Behandlung der Geschichte in beiden Teilen Deutschlands seit 1945 – in lexikographischer Form – findet sich bei H.M. MÜLLER, Schlaglichter der deutschen Geschichte, Mannheim 3., überarbeitete und erweiterte Aufl. 1996 [1945–1956: 305–387].

Einbeziehung der „Vorgeschichte"

Für den folgenden Überblick über den Verlauf der Erforschung der Geschichte der Bundesrepublik ist es unerläßlich, die voraufgegangene Epoche der Besatzungsherrschaft in Deutschland einzubeziehen. Deren Entwicklung darf jedoch weder als bruchlose „Vorgeschichte" der Bundesrepublik verstanden noch auf die Geschichte der drei Westzonen und Berlins verkürzt werden. Das geschieht in diesem Überblick – wie im Vorwort erwähnt – nur deswegen, weil nach der bisherigen Konzeption dieser „Grundriß"-Reihe die Geschichte der SBZ/DDR in einem eigenen Band behandelt ist [296: H. WEBER, 3. Aufl. 1999].

2. ZUM VERLAUF DER ERFORSCHUNG DER DEUTSCHEN NACHKRIEGSGESCHICHTE

Forcierte Erforschung der Zeit vor 1945

Eine systematische Beschäftigung mit der Geschichte Deutschlands nach 1945 ist erst verhältnismäßig spät in Gang gekommen. Die Zeitgeschichtsforschung, die sich zunächst etablieren mußte, konzentrierte sich bis in die sechziger Jahre darauf, Entstehung, Verlauf und Scheitern der Weimarer Republik sowie die Herrschaftsordnung und -ausübung des Nationalsozialismus zu untersuchen. [Dazu vgl. H. MÖLLER, Die Weimarer Republik in der zeitgeschichtlichen Perspektive der Bundesrepublik Deutschland während der fünfziger und frühen sechziger Jahre, in 550: E. SCHULIN (Hrsg.), Geschichtswissenschaft (1989), 157–180; 551: W. SCHULZE, Geschichtswissenschaft, 1989.]

Vordringlich zu beantworten war die bohrende Frage nach den „entscheidenden Voraussetzungen und Ermöglichungsfaktoren der nationalsozialistischen Machtergreifung" [E. KOLB, Die Weimarer Republik, München 3. Aufl. 1993, 151] und den Folgen der so deutlich abgeschlossenen, aber in die Gegenwart hineinwirkenden Vergangenheitsgeschichte. [Vgl. K.D. BRACHER, Die doppelte Herausforderung der Nachkriegszeit, in 923: DERS. u. a. (Hrsg.), Staat und Parteien (1992), 747–769.]

Quellenprobleme

Für den von der Geschichtswissenschaft erwarteten und von ihr auch geleisteten Beitrag zur „Bewältigung" der jüngsten Vergangenheit [dazu 1238: N. FREY, Vergangenheitspolitik, 1996] standen ungewöhnlich früh und in ungewöhnlichem

Umfang Primärquellen deutscher Provenienz zur Verfügung. Sie waren 1945 von den Siegermächten vorgefunden, zunächst für politische („Kriegsverbrecher"-) Prozesse ausgewertet und teilweise rasch publiziert worden [die 42 Bände des „Nürnberger Hauptkriegsverbrecherprozesses" bereits 1947–1949, ND München 1984. Vgl. auch H. BOBERACH, Das Nürnberger Urteil gegen verbrecherische Organisationen und die Spruchgerichtsbarkeit der Britischen Zone, in: Zs. für Neuere Rechtsgeschichte 12 (1990), 40–50]. Ähnlich günstig war die „Qualität" des bald zugänglichen staatlichen Schriftguts für die Zeit der Weimarer Republik. So lag es nahe, diese einmalige Situation zu verallgemeinern und neben der ohnedies erforderlichen zeitlichen Distanz zur Erforschung der Nachkriegsgeschichte auch zu lange auf den Zugang zu (zentral-)staatlichem Archivmaterial zu warten [H.-P. SCHWARZ, Die deutsche Frage im Zweiten Weltkrieg und nach 1945, in: NPL 9 (1964), 190–220; 190: E. DEUERLEIN, Versäumnisse (1968), 487 f.].

Trotz raschen institutionellen Ausbaus blieb die zeitgeschichtliche Forschung auf die Epoche 1917–1945 fixiert. Die „durch die Gunst der letzten Jahrzehnte" verwöhnten Historiker überließen die „eigentliche" Zeitgeschichtsforschung vorerst „den Publizisten, Politologen und Juristen" [E. JÄCKEL, E. WEYMAR, Die Funktion der Geschichte in unserer Zeit, Stuttgart 1975, 175]. So trafen erste Versuche einer zeitgeschichtlichen Erforschung mit „publizistischen Selbstdarstellungen der Gegenwart" zusammen [F.K. FROMME, Zur inneren Ordnung in den westlichen Besatzungszonen 1945–1949, in: VfZ 10 (1962), 206–223, hier 206]. Die politische Publizistik hat das „Vor-Urteil des Zeithistorikers" nachhaltig geprägt [268: A. DOERING-MANTEUFFEL, Bundesrepublik (Erstaufl. 1983), 4]. *Zögern vor der Nachkriegsgeschichte*

H.-P. SCHWARZ sah in der Zurückhaltung der Historiographie aber auch die Bestätigung dafür, daß das Ergebnis der in der Übergangsperiode 1945–1949 getroffenen Entscheidungen (Gründung der Bundesrepublik und Herausbildung der liberalen westdeutschen Gesellschaft) überwiegend akzeptiert und positiv bewertet worden sei [Die außenpolitischen Grundlagen des westdeutschen Staates, in 286: R. LÖWENTHAL, H.-P. SCHWARZ (Hrsg.), Die zweite Republik (Erstaufl. 1974), 28]. In Fortsetzung dieser Sicht bezeichnete er es 1982 als „kulturpolitisch bedenklich", daß die schon erwähnte „Erfolgsgeschichte" der Bundesrepublik [s. S. 119 f.] nicht ähnlich nachhaltig lebendig gemacht und thematisiert worden sei, „wie das mit der Geschichte der Hitler-Zeit geschieht" [227: Geschichtsschreibung, 5].

Das Interesse der Forschung zur Nachkriegsgeschichte konzentrierte sich zunächst auf Ursachen und Folgen der Teilung des Reiches (Kriegszielplanung der Alliierten, Festlegung der Besatzungszonen, Entstehung der Oder-Neiße-Linie, Bedeutung der Potsdamer Konferenz) sowie auf einzelne Aspekte der Deutschland- und Besatzungspolitik der vier Siegermächte.

Die im Europa-Archiv (seit 1946) erschienenen Dokumentationen und darstellenden Beiträge des Herausgebers W. CORNIDES [teilweise zusammen mit H. VOLLE] bildeten die Grundlage für die von CORNIDES verfaßte erste Überblicksdarstellung über die Nachkriegsentwicklung [Deutschland zwischen den Welt- *Vom Provisorium zum Definitivum* mächten des Westens und Ostens, in: P. RASSOW (Hrsg.), Deutsche Geschichte im Überblick, Stuttgart 1953, 737–772. Sie erschien 1957 erweitert als Monographie: Die Weltmächte und Deutschland (3. Aufl. 1965); ebenfalls in der 2. Aufl. von P. RASSOW (Hrsg.), Deutsche Geschichte (1962), 747–848]. In der 3. [1987] und 4. Aufl. dieser zeitlich fortgeschriebenen Gesamtdarstellung [M. VOGT (Hrsg.), Deutsche Geschichte von den Anfängen bis zur Gegenwart, Stuttgart 1997] hat P. WULF den Abschnitt „Deutschland nach 1945" (bis 1982) verfaßt. Darin ist auch die Entwicklung der DDR einbezogen [4. Aufl., 776–887].

Seit dem Ausgang der Ära Adenauer wurde das „Provisorium" bzw. „Transitorium" (Theodor HEUSS) Bundesrepublik zunehmend stärker als „Definitivum" empfunden. Auch trugen die „individuellen Beschleunigungserfahrungen des Erlebnishorizonts" [195: P. ERKER, Zeitgeschichte (1993), 234] dazu bei, die „Vorvergangenheit" nicht mehr nach generationsbedingten Abständen zu messen. Schließlich begünstigte die Gewöhnung an die staatliche „Normalität" der Bundesrepublik das Bedürfnis, sich der eigenen Gegenwartsgeschichte zu vergewissern. Das galt nicht zuletzt im Blick auf die inzwischen so anders verlaufene Entwicklung in dem vom SED-Regime geprägten Teilstaat, in dem die Zeitgeschichte überhaupt erst beim „Schwellenjahr" 1945 begann [205: H.G. HOCKERTS, Zeitgeschichte (1993), 116]. Deren prägende SED-parteiliche Interpretation lag bereits 1959 vor [S. DOERNBERG, Die Geburt eines neuen Deutschland 1945 bis 1949, Ost-Berlin].

Das Interesse ausländischer Historiker

Inzwischen hatten Politikwissenschaftler und Historiker im westlichen Ausland Studien zur deutschen Nachkriegsgeschichte veröffentlicht. Von ihnen wurden jedoch nur wenige bei uns stärker beachtet [etwa E.H. LITCHFIELD u. a., Governing Postwar Germany, Ithaca 1953; H. ZINK, The United States in Germany, 1944–1955, New York 1957; J.F. GOLAY, The Founding of the Federal Republic of Germany, Chicago 1958], am ehesten noch die von M. BALFOUR [303: Vier-Mächte-Kontrolle, 1959] und A.J. HEIDENHEIMER [Adenauer and the CDU, The Hague 1960].

Periodisierungsprobleme

Die erste Etappe der Erforschung der Nachkriegsgeschichte in der Bundesrepublik [erster „Verwissenschaftlichungsschub": so 225: A. SCHILDT, Nachkriegszeit (1993), 569] fand ihren Abschluß durch die kurz hintereinander erschienenen Darstellungen von E. DEUERLEIN [240: Deutschland, 1965] und T. VOGELSANG [295: Das geteilte Deutschland, Erstaufl. 1966]. DEUERLEIN hatte bereits zahlreiche Studien zur Deutschlandpolitik der Sieger- und Besatzungsmächte ab 1941 veröffentlicht, war Herausgeber der von ihm begründeten, seit 1958 erscheinenden Dokumente zur Deutschlandpolitik [27: 1955 ff.] und behielt auch künftig die Entwicklung im anderen Teil Deutschlands im Blick [DERS., DDR, München 1966, 4. erweit. Aufl.: DDR 1945–1970, 1972].

Ab Mitte der sechziger Jahre wurde die Nachkriegsgeschichte auf breiter Front als Forschungsobjekt entdeckt, zunächst die der vier Jahre des staatlichen Interregnums. 1992 kritisierte A.S. MILWARD als „betrüblichsten Aspekt" der deutschen Geschichtsschreibung während der letzten zehn Jahre ihre „fortdauernde, fast obsessive Fixierung auf die Besatzungszeit". Dabei habe der Ertrag des „nicht versiegenden Stroms an Publikationen" über die Jahre 1945–1949 hauptsächlich darin bestanden, den geringen Einfluß der Besatzungsmächte auf die deutsche Gesellschaft und Politik aufzuzeigen [in: VfZ 40 (1992), 456].

Seit Mitte der achtziger Jahre gewann das Periodisierungsproblem an Bedeutung. Der mittlerweile erreichte Abstand von der Epochenwende 1945, die Überwindung der „Restaurations"-Polemik der fünfziger Jahre – davon wird noch die Rede sein – sowie die stärkere Einbeziehung sozialgeschichtlicher Perspektiven und lebensgeschichtlicher Erfahrungen („Alltagsgeschichte") führten dazu, in der Nachkriegszeit neue Zäsuren auszumachen und die letzten vier Jahrzehnte in größere Zusammenhänge der deutschen Geschichte des 20. Jahrhunderts einzuordnen. Dabei behielten für die politische Entwicklung der Bundesrepublik bis 1969 hin die Einschnitte von 1955 (Souveränität, NATO-Beitritt), 1961 (Bau der Mauer in Berlin) und 1966 (Bildung der Großen Koalition) Bestand. Nachkriegsgeschichte als Thema

Einen Perspektivenwechsel aus sozialgeschichtlicher Sicht leitete 1983 das Sammelwerk „Sozialgeschichte der Bundesrepublik" ein [266: W. CONZE, M.R. LEPSIUS (Hrsg.)]. Die darin enthaltenen 15 „Beiträge zum Kontinuitätsproblem" – die allerdings den (zu) anspruchsvollen Titel einer umfassenden Sozialgeschichte nicht rechtfertigen [224: G.A. RITTER, Die neuere Sozialgeschichte, 1989] – belegten unterschiedlich langfristige Kontinuitätslinien. [Dazu B. DIESTELKAMP, Kontinuität und Wandel in der deutschen Geschichte des 20. Jahrhunderts, in: Rechtshistorisches Journal 4 (1985), 155–170.] Perspektivenwechsel

Eine weitere „Entschärfung" politikgeschichtlicher zugunsten generationsspezifischer Zäsuren ergab sich aus den Ergebnissen des dreibändigen, auf die Alltagsgeschichte bezogenen Oral-History-Projekts „Lebensgeschichte und Sozialkultur im Ruhrgebiet 1930 bis 1960" [L. NIETHAMMER, A. VON PLATO (Hrsg.), Berlin 1983–1985. Dieser Periodisierung folgte das Projekt „Gesellschaft in Westfalen. Kontinuität und Wandel 1930–1960"; vgl. M. FRESE, M. PRINZ, in: Westfälische Forschungen 51 (1991), 444–467].

Ein nachhaltigeres Echo löste aber erst der 1988 erschienene Sammelband „Von Stalingrad zur Währungsreform" aus, der durchgehend sozial- und alltagsgeschichtliche Erkenntnisse einbezog [571: M. BROSZAT u. a. (Hrsg.)]. Dabei wurde allerdings die bereits im Untertitel („Zur Sozialgeschichte des Umbruchs") angedeutete und in der Einleitung ausgeführte These von der Revolutionierung territorialer und gesellschaftlicher Strukturen und Verhaltensweisen zwischen 1943 und 1948 durch die meisten Beiträge der (insgesamt 14) Mitarbeiter erheblich relativiert, auch die Bedeutung des „Epochenjahrs 1945" verwischt. [Vgl. dazu H.A. WINKLER, in: GG 16 (1990), 403–409.] „Von Stalingrad zur Währungsreform"

Unterschiedliche Zäsuren innerhalb der einzelnen Politik-, Gesellschafts- und Kulturbereiche ergaben sich auch aus den (insgesamt 14) Beiträgen des Sammelbandes „Zäsuren nach 1945" [187: M. BROSZAT (Hrsg.), 1990]. Der Sammelband „Ende des Dritten Reiches – Ende des Zweiten Weltkrieges" [405: H.-E. VOLKMANN (Hrsg.), 1995] vermittelte in 29 Beiträgen umfassende „Problemaufrisse in ihrer interdisziplinären Vielfalt" [G. ROTH, Vorwort, X]. Allerdings fehlt jede Auswertung der neuen Ergebnisse.

Thematisch konzentrierte Längsschnitt-Vergleiche liegen inzwischen auch für andere Bereiche vor [1158: G. SCHULZ (Hrsg.), Wohnungspolitik, 1993; P. ERKER, Ernährungskrise und Nachkriegsgesellschaft. Bauern und Arbeiterschaft in Bayern, Stuttgart 1990]. Noch wenig erforscht hingegen sind geistes- und kulturgeschichtliche Kontinuitäten sowie die der Naturwissenschaften und Technikgeschichte. [Vgl. dazu den Überblick (und Vergleich mit einschlägigen Publikationen aus der DDR) bei C. KLESSMANN, in: Tel Aviver Jb. für deutsche Geschichte 19 (1990), 159–177.]

3. Quellenlage und Literatur

a) Ungedruckte Quellen

Quellenfülle und -auswertung

Für die Erforschung der Nachkriegsgeschichte Deutschlands ist nicht ein Mangel, sondern eher ein Übermaß an ungedruckten wie gedruckten Quellen charakteristisch. Darauf hat bereits früh W. LIPGENS als „ein Hauptproblem jeder zukünftigen Nachkriegsgeschichte" hingewiesen [Die darstellenden Jahrbücher der internationalen Politik seit 1945, in: VfZ 6 (1958), 196–218, hier 212]. Das Problem, angemessene Methoden zu ihrer Erschließung und Auswertung zu entwickeln, ist „nicht irgendwie abstrakt oder generell zu lösen, sondern nur in Relation zu den Fragen, die sich die Zeitgeschichtsforschung stellt" [so 205: H.G. HOCKERTS, Zeitgeschichte (1993), 110. Dazu auch 263: A. M. BIRKE, Bundesrepublik Deutschland (1997)]. In der Bundesrepublik steht staatliches Schriftgut in der Regel 30 Jahre nach seiner Entstehung wissenschaftlicher Benutzung offen, allerdings nicht das als „VS" (Verschlußsache) deklarierte Aktenmaterial. [Hilfreich: D. KRÜGER, Zeitgeschichtsschreibung und informationelle Selbstbestimmung. Archivgesetzgebung im Spannungsfeld von Wissenschaft, Politik und Verwaltung, in: ZfG 45 (1997), 793–817.] Das „Aktensperrfrist-Argument" betrifft in vergleichbarer Weise nicht Forschungen etwa zur Sozial- und Wirtschaftsgeschichte [195: P. ERKER, Zeitgeschichte (1993), 209].

SED-Materialien

Mit der generellen Öffnung der SED-Archive nach 1990 – abgesehen von den Beständen des Ministeriums für Auswärtige Angelegenheiten der DDR in Berlin (in einer dortigen Außenstelle des Politischen Archivs des Auswärtigen Amtes) – ist eine neue Situation eingetreten. Das Schriftgut der staatlichen Zentralverwaltungen und das der meisten Parteien befindet sich im Bundesarchiv, Abt. Berlin. [Vgl. das Verzeichnis der Bestände der Abteilung DDR (Findbücher zu Beständen des Bundesarchivs, Bd. 64, Gesamtred. H. SCHREYER), Koblenz 1998; Die Bestände der Stiftung Archiv der Parteien und Massenorganisationen der DDR im Bundesarchiv. Kurzübersicht. Red. E. DOLATOWSKI u. a., Berlin 1996.] Über die Unterlagen des Staatssicherheitsdienstes sowie über deren Bedeutung für die Zeitgeschichtsforschung informieren K.-D. HENKE, R. ENGELMANN [Aktenlage, Berlin, 2. Aufl. 1996], über die Quellenlage und den Forschungsstand zur Geschichte der Sowjetischen Militäradministration in Deutschland 1945–1949 umfassend J. FOITZIK [Berlin 1999, 492–496]. In welchem Ausmaß von einer entsprechenden Auswertung dieser Bestände auch die Bundesrepublik-Forschung bisherige Ergebnisse ergänzen oder korrigieren muß, läßt sich noch nicht absehen.

In der Bundesrepublik gelangen die Akten der zentralen Bundesbehörden – mit Ausnahme derjenigen des Auswärtigen Amtes, das ein ressorteigenes Politisches Archiv besitzt – über ein Zwischenarchiv in St. Augustin-Hangelar bei Bonn in das Bundesarchiv, Abt. Koblenz, die des Verteidigungsministeriums in das Bundesarchiv-Militärarchiv in Freiburg i.Br. [Vgl. Das Bundesarchiv und seine Bestände, 3. Aufl. bearb. von G. GRANIER u. a., Boppard 1977.] Im Bundesarchiv, Abt. Koblenz wird auch der größte Teil des zwischen 1945 und 1949 erwachsenen Schriftguts der zonalen und überzonalen Institutionen und Organisationen aufbewahrt, in der Abt. Berlin der Bestand für die vergleichbaren zonalen Gremien der SBZ. Über den Aufbau der Verfassungs- und Verwaltungsinstitutionen in den drei Westzonen und deren personelle Verflechtungen bis in die Bundesverwaltung hinein informiert W. VOGEL [106: Westdeutschland, 1956–1983]. Manche Findbücher zu den Beständen des Bundesarchivs [hrsg. vom Bundesarchiv] enthalten vorzügliche behördengeschichtliche Einleitungen. – Das amtliche Schriftgut der Zentralverwaltungen der Länder verwahren bzw. übernehmen deren Hauptstaats- bzw. Landeshauptarchive; die meisten von ihnen haben Bestandsübersichten veröffentlicht. *Archive und Archivalien*

Die Grundlagen zur Erforschung der deutschen Nachkriegsgeschichte bilden aber nicht nur Quellen staatlicher Provenienz im Inland und Ausland [vgl. etwa: W. LIPGENS (Hrsg.), Sources of the History of European Integration (1945–1955). A Guide to Archives of the Community, Leyden 1980], sondern auch einschlägige Bestände von Parteien [vgl. G. BUCHSTAB (Hrsg.), Das Gedächtnis der Parteien. Parteiarchive in Europa, Sankt Augustin 1996], Wirtschaftsunternehmen [dazu vgl. K. VAN EYLL u. a. (Hrsg.), Deutsche Wirtschaftsarchive, 3 Bde., Wiesbaden 1978–1991, Bd. 1: 3., völlig neu bearb. Aufl. Stuttgart 1994], Gewerkschaften, Verbände, Kirchen sowie – je nach Themen- und Fragestellung – anderer Gliederungen und Zweige des öffentlichen Lebens. [Vgl. etwa D. DOWE, Führer zu den Archiven, Bibliotheken und Forschungseinrichtungen zur Geschichte der europäischen Arbeiterbewegung, Bonn 1984.] *Nichtstaatliche Überlieferungen*

Früher als amtliches Schriftgut sind häufig Nachlässe prominenter Persönlichkeiten zugänglich. Über die einschlägigen älteren Bestände informiert W. MOMMSEN, Die Nachlässe in den deutschen Archiven [mit Ergänzungen aus anderen Beständen, 2 Bde., Boppard 1971–1983]. Der Nachlaß Konrad Adenauers wird in der Stiftung Bundeskanzler-Adenauer-Haus in Bad Honnef-Rhöndorf aufbewahrt, derjenige Ludwig Erhards in der Ludwig-Erhard-Stiftung in Bonn, der Nachlaß von Theodor Heuss im Bundesarchiv in Koblenz, der von Kurt Georg Kiesinger und von Gerhard Schröder im Archiv für Christlich-Demokratische *Sonderfall Nachlässe*

Politik der Konrad-Adenauer-Stiftung in Sankt Augustin bei Bonn, der von Willy Brandt und Gustav Heinemann im Archiv der sozialen Demokratie in der Friedrich-Ebert-Stiftung in Bonn, derjenige von Franz Josef Strauß im Archiv für Christlich-Soziale Politik der Hanns-Seidel-Stiftung in München. Der Nachlaß von Thomas Dehler befindet sich im Archiv des Deutschen Liberalismus in der Friedrich-Naumann-Stiftung in Gummersbach, derjenige von Wilhelm Hoegner im Institut für Zeitgeschichte in München, der von Hans Böckler im Archiv des Deutschen Gewerkschaftsbunds (seit 1995 im Archiv der sozialen Demokratie in Bonn). Mit diesen Beispielen sind gleichzeitig die wichtigsten zeitgeschichtlichen „Materiallager" genannt. Deren Inhalt ist über Bestandsverzeichnisse der einzelnen Institutionen zu erschließen.

Parlamentaria   Neben den gedruckten stenographischen Berichten über die Plenarverhandlungen aller Landtage seit 1946 existieren ungedruckte Materialien regionaler, zonaler und überzonaler (quasi-)parlamentarischer Gremien und deren Ausschüsse. Das gilt für den Hamburger Zonenbeirat der britischen Zone und den Frankfurter Wirtschaftsrat sowie den Verwaltungsrat des Vereinigten Wirtschaftsgebiets (im Bundesarchiv, Abt. Koblenz), für die einzelnen Landtage (in den jeweiligen Landtagsarchiven) und ab 1949 für den Deutschen Bundestag (in dessen Archiv, seit 1999 in Berlin, in dem sich auch umfängliche Dokumentationen zu allen Gesetzen befinden) sowie des Bundesrats (im Archiv des Bundesrats in Bonn). Die Protokolle des Vermittlungsausschusses des Bundestags und des Bundesrats für die Jahre 1949–1983 liegen in einer Mikrofiche-Ausgabe vor [hrsg. vom Sekretariat des Bundesrates, München 1986 ff.].

Akten der Westmächte: USA   Die Akten der amerikanischen Besatzungsbehörden bzw. (ab 1955) die des Bündnispartners USA sind im staatlichen Zentralarchiv der USA [dazu vgl. R. WOLFE, U.S. High Commissioner for Germany and Related Records: Sources for the History of the Federal Republic of Germany, 1949–1955, in the U.S. National Archives and Records Administration, in 313: J. M. DIEFENDORF u. a. (Hrsg.), American Policy (1993), 477–499] zugänglich, die Großbritanniens im Public Record Office in Kew, die entsprechenden französischen Bestände in Colmar und Paris (s. bei Randnote 29 und 30). Die mit ca. 20 Mill. Blatt (etwa 3 700 Regalmetern) besonders umfangreichen Bestände der amerikanischen Militärregierung in Deutschland (Office of Military Government for Germany, United States = OMGUS) sind vorbildlich erschlossen und daraus rund sechs Millionen Blatt verfilmt worden. [Vgl. H. WEISS, Abschlußbereicht über das OMGUS-Projekt (1976–1983), in: VfZ 32 (1984), 318–326.] Entsprechende Microfiche-Serien können im Bundesarchiv, Abt. Koblenz und im Institut für Zeitgeschichte in München benutzt werden, regional relevante Teilbestände zudem in einigen Landes- bzw. Hauptstaatsarchiven. [Vgl. C. WEISZ, in 386: OMGUS-Handbuch (Erstaufl. 1994), VII-IX.]

Großbritannien   Ein Verzeichnis der Aktenbestände zur britischen Deutschland- und Besatzungspolitik 1945–1949 im Public Record Office (Kew, Surrey) enthält der Sammelband von A.M. BIRKE, E.A. MAYRING (Hrsg.), Britische Besatzung [184: 1992,

177–181]. Den „Gegenbestand" in deutschen Archiven verzeichnet W. WERNER [ebd., 121–130]; U. REUSCH beschreibt den Verwaltungsaufbau der britischen Kontrollbehörden in London und den der Militärregierung in ihrer Besatzungszone [ebd., 35–57]. Der Sammelband informiert gleichzeitig über die Erschließung von ca. 29 000 Akten in Form eines 15bändigen Sachinventars [A.M. BIRKE (Hrsg.), Britische Militärregierung in Deutschland/Control Commission for Germany, British Element 1945–1955, Hannover 1994].

Über die erst seit 1986 zugänglichen Akten der französischen Besatzungsmacht als Quelle neuer Einsichten in die deutsche Nachkriegsgeschichte informieren R. HUDEMANN [Deutsche Geschichte in französischen Archiven, in: Der Archivar 42 (1989), 475–488], E. WOLFRUM [Das französische Besatzungsarchiv in Colmar, in: GWU 40 (1989), 84–90] und U. LAPPENKÜPER [214: Neue Quellen, 1997]. Frankreich

Von der Möglichkeit, Erinnerungen der Zeitzeugen durch die Methode des „historischen Kreuzverhörs" [H. ROTHFELS, Die Zeit, die dem Historiker zu nahe liegt, in: Festschrift für Hermann Heimpel zum 70. Geburtstag, Bd. 1, Göttingen 1971, 33] als Quelle zu nutzen, wurde inzwischen zunehmend Gebrauch gemacht. Eine frühe Sammlung von Augenzeugenberichten liegt in in der achtbändigen Dokumentation der Vertreibung der Deutschen aus Ost-Mitteleuropa, bearb. von T. SCHIEDER u. a. vor [22: 1954–1963, ND 1984. Dazu vgl. M. BEER, Die Dokumentation der Vertreibung der Deutschen aus Ost-Mitteleuropa, in: GWU 50 (1999), 99–117]. „Historisches Kreuzverhör"

Karl CARSTENS hat 1984 davor gewarnt, sich „zu stark" auf Akten und auf Briefe zu stützen, während „zum Hintergrund einer Situation" das „Zeugnis der Zeitgenossen „ganz unerläßlich" sei [Anmerkungen von Zeitzeugen, in 800: Die Korea-Krise (1986), 89. Ähnlich 97: H. OSTERHELD, „Ich gehe..." (1986), 186 f.]. U. DE MAIZIÈRE hat Nutzen und Gefahren der Oral history aus eigenem Erleben überzeugend reflektiert [in 870: K.A. MAIER u. a. (Hrsg.), Bündnis (1993), 311–316].

Insgesamt ist vor einer Überschätzung der seit den siebziger Jahren expandierenden Oral history als „spezifisch zeitgeschichtlicher Forschungstechnik" [L. NIETHAMMER, Methodische Erfahrungen und Erwägungen zur Oral History, in: DERS., A. VON PLATO (Hrsg.), „Wir kriegen jetzt andere Zeiten", Berlin 1985, 392–440, hier 420] zu warnen. Es ist notwendig, sich des begrenzten Quellenwerts auch systematisch angelegter Interviews bewußt zu bleiben [dazu vgl. H. VORLÄNDER (Hrsg.), Oral History. Mündlich erfragte Geschichte, Göttingen 1990; 759: A.W. SCHERTZ, Die Deutschlandpolitik (1992), 5; 195: P. ERKER, Zeitgeschichte (1993), 211], erst recht der methodischen Grenzen einer überbordenden Erfahrungs- bzw. „Alltagsgeschichte". [Dazu 192: A. DOERING-MANTEUFFEL, Deutsche Zeitgeschichte (1993), 23; A.C.T. GEPPERT, Forschungstechnik oder historische Disziplin? Methodische Probleme der Oral History, in: GWU 45 (1994), 303–323.] Eine institutionalisierte Form des Gesprächs zwischen Zeithistorikern und Zeitzeugen der Adenauer-Ära ist in den „Rhöndorfer Gesprächen" [seit 1979] dokumentiert [bisher 17 Bde., bis 1999, Bonn]. Seit 1992 erscheint eine Reihe Oral history

"Gesprächskreis Geschichte der Friedrich-Ebert-Stiftung" [bisher 15 Hefte, Bonn], seit 1993 die Dokumentation wissenschaftlicher Symposien der Stiftung Haus der Geschichte der Bundesrepublik Deutschland in Bonn [Nach-Denken, bisher 5 Bde.].

b) Gedruckte Quellen

Parlamentaria Die stenographischen Berichte über die Plenarverhandlungen der seit 1946 arbeitenden Parlamente in den einzelnen Ländern liegen gedruckt vor [die der fünf SBZ-Landtage in Nachdrucken, Frankfurt a.M. 1993], im Nachdruck auch die Protokolle und Drucksachen des Frankfurter Wirtschaftsrates 1947–1949 [79: 1977]. Ediert sind die Protokolle des 1. Zonenbeirats der britischen Zone 1946/47 [80: G. STÜBER (Bearb.), 1993–1994], des Landesausschusses und der Landesversammlung der CSU 1945–1948 [15: B. FAIT u. a. (Hrsg.), 1993], der CDU/CSU-Fraktion des Frankfurter Wirtschaftsrates 1947–1949 [13: R. SALZMANN (Bearb.), 1988] und seiner SPD-Fraktion [70: C. STAMM (Bearb.), 1993], ebenso die der Sitzungen der Arbeitsgemeinschaft der CDU/CSU 1946–1950 [72: B. KAFF (Bearb.), 1991], auch Briefe deutscher Sozialisten aus 25 Orten in den Westzonen 1945–1949 [992: H. GREBING u. a., Lehrstücke, 1983].

Ediert sind ferner britische, französische und amerikanische Akten zur Ruhrfrage 1945/46 und zur Entstehung des Landes Nordrhein-Westfalen [65: R. STEININGER (Bearb.), 1988], ergänzt um deutsche Quellen [54: W. HÖLSCHER (Bearb.), 1988], unvollständig publiziert die Protokolle der Beratungen des Zonenausschusses der CDU der britischen Zone 1946–1949 [967: H. PÜTZ (Bearb.), 1975].

„Akten zur Vorgeschichte der Bundesrepublik Deutschland" Die Edition der Akten zur Vorgeschichte der Bundesrepublik Deutschland 1945–1949 [4: 5 Bde., 1976–1983] ist eine Fundgrube zur Erschließung der Vorformen westdeutschen Regierungs- und Verwaltungshandelns oberhalb der Länderebene, eingeschlossen das Verhältnis von Besatzern und Besetzten – allerdings unter fast vollständiger Ausklammerung der französischen Zone [dazu vgl. 63: Quellen zur Geschichte von Rheinland-Pfalz, bearb. von P. BROMMER, 1985] – und mit der Tendenz, die Wiederherstellung deutscher Staatlichkeit zu sehr auf die Gründung der Bundesrepublik hin zu verengen. [Dazu vgl. R. MORSEY, Akten zur Vorgeschichte der Bundesrepublik Deutschland 1945–1949, in: 50 Jahre Institut für Zeitgeschichte, hrsg. von H. MÖLLER, U. WENGST, München 1999.] Von den Biographischen Quellen zur deutschen Geschichte nach 1945 – seit Bd. 16: Biographische Quellen zur Zeitgeschichte – liegen inzwischen 21 Bände vor [115: 1984–1998].

Länderverfassungen Die Entstehung der Länderverfassungen seit 1946 ist anhand der einschlägigen Stenographischen Berichte der einzelnen verfassunggebenden Landesversammlungen [Überblick bei 672: F.R. PFETSCH (Hrsg.), Verfassungsreden (1986), 659] zu verfolgen, die Zusammensetzung der Landtage aus dem Datenhandbuch Länderparlamentarier [83: W. BREUNIG u. a., 1986. Vgl. ferner 664: B. DIESTELKAMP, Verfassunggebung, 1989; 673: F.R. PFETSCH u. a., Ursprünge (1990)]. Erforscht ist die Entstehung aller Länderverfassungen seit 1946 [vgl. im Literaturverzeichnis den Abschnitt 4g) Verfassungspolitik, Länderverfassungen]. Die Einflußnahme der Besatzungsmächte auf die Verfassunggebung ist gesondert untersucht für Bayern [665: B. FAIT, 1998. Vgl. ferner E.J.C. HAHN, The Occupying Powers and the Constitutional Reconstruction of West Germany, 1945–1949, in: DERS. u. a., Cornerstone of Democracy. The West German Grundgesetz, 1949–1989 (German Historical Institute, Washington, D.C. 13), Washington 1995, 7–35].

Von der Edition Der Parlamentarische Rat liegen bisher zwölf Bände vor [56: 1975–1999; eine Auswahl bei M.F. FELDKAMP, Frankfurt a.M. 1999], davon die beiden ersten zu dessen „Vorgeschichte". So enthält Band 1 [bearb. von J.V. WAGNER, 1975; dazu vgl. 418: B. BLANK, Die westdeutschen Länder (1995); H.-G. BORCK u. a. (Hrsg.), 50 Jahre Rittersturzkonferenz 1948–1998, Koblenz 1999] vor allem die Niederschriften über die Konferenzen der elf Ministerpräsidenten der Westzonen untereinander und mit den drei Militärgouverneuren im Juli und August 1948, Band 2 die Materialien des Verfassungskonvents auf Herrenchiemsee aus dem August 1948 [56: P. BUCHER, 1981. Dazu vgl. Haus der bayerischen Geschichte (Hrsg.), Auf dem Weg zum Grundgesetz. Verfassungskonvent auf Herrenchiemsee 1948, Augsburg 1998]. Ediert sind ferner die Protokolle der CDU/CSU-Fraktion im Parlamentarischen Rat [13: R. SALZMANN (Bearb.), 1981. Dazu vgl. W. WERNER, Quellen zur Entstehung des Grundgesetzes, in: F.P. KAHLENBERG (Hrsg.), Aus der Arbeit der Archive, Boppard 1989, 646–681; E. SPEVACK, Amerikanische Einflüsse auf die Entstehung des Grundgesetzes, in: W. KREMP, G. MIELKE (Hrsg.), Atlantische Texte, Bd. 5, Kaiserslautern 1997, 35–70]. {Parlamentarischer Rat}

Quellen zur Geschichte der Europa-Idee liegen in den jeweiligen Originalsprachen vor [W. LIPGENS, W. LOTH (Hrsg.), Documents on the History of European Integration, Bde. 3 und 4: 1945–1950, Berlin 1988–1990]. Im Europa-Archiv (seit 1946) sind laufend die Schlüsseldokumente zur internationalen Politik veröffentlicht [Sammelregister: 1–20. Jg. 1946–1965, 21.-25. Jg. 1966–1970, Bonn 1966–1971].

Bei der Auswertung von Zeitschriften und Zeitungen [dazu vgl. M. PANKRATZ (Red.), Das Microfilmarchiv der deutschsprachigen Presse. Bestandsverzeichnis, Garz bei Berlin 1998 (= 10. Ausg.)] ist die Rolle (und Zensur) der Besatzungsmächte ebenso zu berücksichtigen wie deren unterschiedliche Praxis bei der Vergabe von Lizenzen [516: S. SCHÖLZEL, Pressepolitik 1986; N. FREI, Amerikanische Lizenzpolitik und deutsche Pressetradition. Die Geschichte der Nachkriegszeitung Südost-Kurier, München 1986; W.-D. NAHR, Die befohlene Pressefreiheit, Berlin 1991; P. RZEZNITZECK, Von der Rigorosität in den Pragmatismus. Aspekte britischer Presse- und Informationspolitik im Nachkriegs-Deutschland (1945–1949), Düsseldorf 1989; G. FLECKENSTEIN, Presse in Nordrhein-Westfalen zwischen Lizenzzeit und Landespressegesetz. Der „Beratende Ausschuß für das Pressewesen", in: V. ACKERMANN u. a. (Hrsg.), Anknüpfungen, Essen 1995, 280–301]. H. GRIESER hat davor gewarnt, das „Bewußtsein der deutschen Lizenzöffentlichkeit" nur am Beispiel ausgewählter Zeitschriften zu erforschen [199: Literaturbe- {Zeitungen und Zeitschriften} richt (1984), 38], K. HÖFNER daran erinnert, daß auch in „amtlichen Papieren" dieser Jahre häufig nur aufgeschrieben worden sei, „was auch die Alliierten lesen durften oder lesen sollten" [864: Aufrüstung (1990), 26 f.].

Zur amerikanischen Deutschlandpolitik
Die Reihe Foreign Relations [37: FRUS] bildet eine zentrale Quelle für die Erforschung der amerikanischen Europa- und Deutschlandpolitik, aber auch für die der übrigen Siegermächte. [Dazu vgl. H.R. GUGGISBERG, in: HZ 226 (1978), 622–635; 245 (1987), 107–114.] Inzwischen liegen die für (West-)Europa einschlägigen Bände bis einschließlich 1968 [1995] vor. Weitere Dokumente zur US-Deutschland- und Berlinpolitik sind in einer Microfiche-Dokumentation zugänglich [J.C. AUSLAND u. a. (Hrsg.), The Berlin-Crisis, 1958–1962, Cambridge, Mass. 1992].

Das OMGUS-Handbuch [386: C. WEISZ (Hrsg.), Erstaufl. 1994] informiert umfassend über Entstehung und Geschichte der OMGUS-Zentrale in Berlin und der regionalen amerikanischen Militärregierungen in den Ländern Bayern, Bremen, Hessen und Württemberg-Baden sowie im amerikanischen Sektor Berlins. CLAYS Memoiren [122: 1950] werden ergänzt durch eine Edition aus seinem Nachlaß 1945–1949 [68: J.E. SMITH (Hrsg.), 1974] und frühere US-Protokollsammlungen und Dokumentationen [aufgeführt bei J.H. BACKER, Clay (301: 1983), 367–369]. Die Aufzeichnungen von J.K. POLLOCK vermitteln einen Einblick in die Zielsetzung der amerikanischen Besatzungsmacht und deren Ergebnisse beim Aufbau der Verwaltung [58: Besatzung, 1994].

Britische und französische Quellen
Nur langsam wächst die Reihe der sachthematisch angelegten britischen Aktenedition zur Nachkriegs- und speziell Deutschlandpolitik [21: Documents on British Policy Overseas, seit 1984]. Die schon erwähnte Edition der Akten des 1. Zonenbeirats der britischen Zone 1946/47 [80: G. STÜBER (Bearb.), 1993–1994] ist zu ergänzen durch die Gegenüberlieferung [14: R. UHLIG (Bearb.), Confidential Reports des britischen Verbindungsstabes zum Zonenbeirat 1946–1948, 1989].

Die vom Ministère des Affaires Étrangères herausgegebene Reihe Documents Diplomatiques Français setzt erst Mitte 1954 (Ende des Indochina-Krieges, Scheitern der EVG) ein, geht aber zügig voran [20: bisher 21 Bde., bis 1961, 1987–1997]. Diese Aktenedition ist bei uns noch kaum rezipiert worden.

Zur Potsdamer Konferenz
Der 1984 veröffentlichte erste Band von Reihe I der Dokumente zur Deutschlandpolitik (1941–1945) [27: R.A. BLASIUS (Bearb.)] erschließt einschlägige britische Akten. Erst 1993 ist in deren Reihe II die vom Begründer dieser Dokumentation, E. DEUERLEIN, bereits 1963 angekündigte deutsche Ausgabe aller Deutschland betreffenden Texte der amerikanischen Edition über die Konferenz von Potsdam [37: FRUS 1945/III, 1961] erschienen, ergänzt um weitere einschlägige (vor allem britische) Quellen [G. BIEWER (Bearb.), 3 Bde., 1991]. Eine Auswahl aus der bereits 1963 vorliegenden Übersetzung hatte im gleichen Jahr E. DEUERLEIN veröffentlicht [Potsdam 1945, München. Vgl. ferner 380: B. MEISSNER u. a., Die Deutschlandfrage, 1993].

Briefwechsel
Politisch ergiebig sind die von H.P. MENSING bearbeiteten Briefeditionen von K. ADENAUER 1945–1957 [108: 1983–1998] sowie sein Briefwechsel mit Theodor Heuss [112: 1989] und mit Heinrich von Brentano [114: A. BARING, 1974], ferner

die Briefwechsel von E. REUTER [161: H.E. HIRSCHFELD, H.J. REICHHARDT (Hrsg.), 1974] und K. SCHUMACHER [166: W. ALBRECHT (Hrsg.), 1985], schließlich die Tagebuchbriefe 1955/1963 von T. HEUSS [140: E. PIKART (Hrsg.), 1970]. Hilfreich sind die in großer Zahl vorliegenden Sammlungen von Quellentexten bzw. Dokumentationen für die Jahre 1945–1949 [8: W. BENZ, „Bewegt von der Hoffnung", 1979; 39: H.-J. RUHL (Hrsg.), Frauen, 1988; 52: P. BUCHER (Hrsg.), Nachkriegsdeutschland, 1990; 77: K.A. MAIER, B. THOSS (Hrsg.), Westintegration, 1994].

Auch die Bundesrepublik-Forschung kann sich neben zeitgenössischen Quellen – so etwa die Verhandlungen des Deutschen Bundestags [75] und des Bundesrates [74] (beide auch in einer Microfiche-Reproduktion [München 1980–1984]) – auf die Tätigkeitsberichte der Bundesregierung [ab 1950, hrsg. vom Bundespresse- und Informationsamt, Bonn] sowie Erklärungen, Reden und Interviews der Bundespräsidenten, Bundeskanzler – für Adenauer auch eine Auswahl seiner Teegespräche 1950–1963 [111: H.J. KÜSTERS, H.P. MENSING (Bearb.), 1984–1992] – und Bundesminister [im Bulletin des Presse- und Informationsamtes der Bundesregierung, Bonn, seit 1951] sowie auf eine beachtliche Zahl von Dokumentationen stützen. Von ihnen enthalten die in verschiedene Reihen unterteilten Dokumente zur Deutschlandpolitik [27: seit 1960, begonnen mit Reihe III: 1955–1958] sämtliche einschlägigen Stellungnahmen von Vertretern der vier Siegermächte sowie die deutscher Politiker aus beiden deutschen Republiken. Ab Reihe II (1945–1955, seit 1992) enthalten die DzD jeweils auch bisher ungedruckte Aktenstücke. Dokumentationen

Unter den Editionen geschlossener Quellenbestände sind an erster Stelle die Kabinettsprotokolle der Bundesregierung ab September 1949 zu nennen [45: bisher 9 Bde., bis 1956, seit 1982]. Der Anmerkungsapparat dieser jahrgangsweise fortgesetzten Serie bildet gleichzeitig eine Art Inventar der jeweils zugehörigen Sachakten der einzelnen Ressorts in den einschlägigen Beständen des Bundesarchivs. Diese Reihe wird durch die jahrgangsweise (begonnen mit 1963) publizierten Akten zur Auswärtigen Politik der Bundesrepublik Deutschland ergänzt [3: seit 1994], in Fortsetzung der drei Bände Adenauer und die Hohen Kommissare 1949–1952 [2: F.-L. KROLL, M. NEBELIN (Bearb.), 1989–1990]. Der Edition der Kabinettsprotokolle der Landesregierung von Nordrhein-Westfalen1946–1950 [46: M.A. KANTHER (Bearb.), 1992] und 1950–1954 [G. FLECKENSTEIN u. a. (Bearb.), 1995] folgte die der Protokolle des Bayerischen Ministerrats 1945–1954, bisher 3 Bde., 1945–1946 [59: K.-U. GELBERG (Bearb.), 1995–1997]. Quelleneditionen

Sachthematisch angelegte Editionen gelten der Bildung der ersten Koalitionsregierung von 1949 [5: U. WENGST (Bearb.), 1985] sowie der Entstehung von zwei wichtigen Gesetzen aus der Frühzeit der Bundesrepublik: über die Mitbestimmung in der Montanindustrie 1951 [50: G. MÜLLER-LIST (Bearb.), 1984] sowie über das Bundesverfassungsgericht von 1951 [44: R. SCHIFFERS (Bearb.), 1984]. Dokumentationen liegen vor über Vorgeschichte, Abschluß und Durchsetzung des Petersberger Abkommens von 1949 [66: H. LADEMACHER, W. MÜHLHAUSEN

(Bearb.), 1985], über die Stalin-Noten von 1952 [836: R. STEININGER (Bearb.), 1985] sowie über die Korea-Krise [V. LAITENBERGER (Bearb.), in 809: Die Korea-Krise (1986), 167–463].

Die Sitzungsprotokolle der SPD-Fraktion im Deutschen Bundestag 1949–1966 sind ebenso ediert [69: P. WEBER, W. HÖLSCHER, H. POTTHOFF (Bearb.), 1993] wie die der CDU/CSU-Bundestagsfraktion bis 1953 [11: H. HEIDEMEYER (Bearb.), 1998], ferner die des FDP-Bundesvorstands 1949–1967 [36: U. WENGST, R. SCHIFFERS (Bearb.), 1990–1993]. Das gleiche gilt für die Protokolle des Auswärtigen Ausschusses des Deutschen Bundestages 1949–1953 [6: W. HÖLSCHER (Bearb.), 1998], die des Ausschusses für Gesamtdeutsche Fragen 1949–1953 [41: A. BIEFANG (Bearb.) 1989] und die der Sitzungen des CDU-Bundesvorstands 1950–1965 [10: G. BUCHSTAB (Bearb.), 1986–1998]. Publiziert sind ferner Tagebuchaufzeichnungen Heinrich KRONES zur Deutschland- und Ostpolitik 1954–1969 [150: 1974] und dessen Tagebücher 1945–1961 [151: H.-O. KLEINMANN (Bearb.), 1995]. Die Quellenedition zur Geschichte der Gewerkschaftsbewegung nach 1945 reicht inzwischen bis 1956 [62: 1987–1996].

Memoiren

Der Quellenwert der inzwischen in großer Zahl vorliegenden Memoiren von Politikern, Diplomaten und Militärs, auch aus dem westlichen Ausland, läßt sich nicht generell beurteilen. Er ist aber in einzelnen Fällen – früh beginnend mit L.D. CLAY [122: Entscheidung, 1950] – sehr hoch zu veranschlagen. Das gilt vor allem für die Erinnerungen ADENAUERS [110: 1965–1968] sowie für die von K. CARSTENS [121: 1993].

Audiovisuelle Quellen

Zu den gedruckten Quellen zählen auch Zeitungen bzw. Zeitungsausschnittsammlungen, Presse- und Informationsdienste. [Vgl. H. BOHRMANN, M. ENGLERT (Hrsg.), Handbuch der Pressearchive. Mit einem Anhang Presse-, Rundfunk-, Fernseh-, Filmarchive, München 1984; sowie das Findbuch zur Mikrofiche-Edition: Pressearchiv zur Geschichte Deutschlands sowie zur Internationalen Politik 1949–1960, hrg. vom Fachbereich politische Wissenschaft der Freien Universität Berlin, bearb. von E. HORNSAUDER, U. PESCHKE, München 1996]. „Graue Literatur" in Form politischer Kleinschriften der Adenauer-Zeit (1945–1967) hat K. KÖRNER erschlossen [Börsenblatt für den Deutschen Buchhandel vom 31. Mai 1988, A 197–209].

Noch wenig ausgewertet sind Sammlungen von Fotos, Plakaten [dazu vgl. M. HAGEN, Das politische Plakat als zeitgeschichtliche Quelle, in: GG 4 (1978), 412–436] und Flugblättern [J. ROHWER, Das Fotoarchiv der Bibliothek für Zeitgeschichte (Stuttgart), in deren Jahresbibliographie 52 (1980), 445–454]. Das gilt auch für Ton- und Filmmaterial [I. WILHARM, Lizenzfilme der Nachkriegszeit als Quellen für das historische Bewußtsein der Deutschen, in: Bundeszentrale für politische Bildung (Hrsg.), Bundesrepublik Deutschland: Geschichte – Bewußtsein. Bonn 1989, 187–197; sowie W. VAN KAMPEN, Filmquellen im Ost-West-Konflikt, in: 39. Versammlung deutscher Historiker 1992, Stuttgart 1994, 238–246; J. GRÖSCHL, Die Deutschlandpolitik der Großmächte in der Berichterstattung der deutschen Wochenschauen 1945–1949, Berlin 1997].

Zur Auswertung audiovisueller Quellen vgl. S. POLLERT [Film- und Fernseharchive. Bewahrung und Erschließung audiovisueller Quellen in der Bundesrepublik Deutschland, Potsdam 1996]. Nach K. DUSSEL haben die deutschen Zeithistoriker die Medien und ihre Geschichte „bislang kaum zur Kenntnis genommen" [Amerikanisierung und Postmoderne in der Bundesrepublik. Beiträge der Rundfunkgeschichte zu fächerübergreifenden Diskursen, in: GWU 50 (1999), 221–228, hier 221].

Der ältere Überblick über Bild/Text-Bände von U. SCHNEIDER, G. DELFS, Zeitgeschichtliche Bild/Text-Bände zur deutschen Nachkriegsgeschichte [in: Zeitgeschichte (Wien) 10 (1983), 393–402] ist zu ergänzen [W. BENZ, D. MOOS (Hrsg.), Das Grundgesetz und die Bundesrepublik Deutschland 1949/1989, München 1989; W. BENZ, Deutschland seit 1945, München 1990. Als Sonderpublikation zu erwähnen: W. MARIENFELD, Die Geschichte des Deutschlandproblems im Spiegel der politischen Karikatur, München 2. Aufl. 1991].

Neben positiven Urteilen über die Ergiebigkeit systematischer und vergleichender Analysen von Zeitungen – als „Rückgrat jeder zeitgeschichtlichen Darstellung" [1345: A. BARING, Machtwechsel (Erstaufl. 1982), 16; 398: H.-P. SCHWARZ, Vom Reich (1980), 49; 862: H. HAFTENDORN, Sicherheit (1983), 16; 905: D. KOERFER, Kampf (1987), 13] – stehen zurückhaltendere Einschätzungen angesichts der inzwischen zugänglichen Fülle von Primärquellen [1348: K. HILDEBRAND, Von Erhard (1984), 462; 812: H.J. KÜSTERS, Die Gründung (1982), 25]. Bisweilen informativ, wenngleich in der Regel nicht nachprüfbar sind Informationen der seit 1947 erscheinenden Hamburger Wochenschrift DER SPIEGEL. [Zu dessen „Frühgeschichte" vgl. L. HACHMEISTER, Der Gegnerforscher. Die Karriere des SS-Führers Franz Alfred Six, München 1998, 316–341.]

Zeitungen

Noch nicht systematisch ausgewertet sind Ergebnisse der Meinungsforschung [vgl. 1254: E. NOELLE-NEUMANN, E. PIEL (Hrsg.), Eine Generation später, 1983] wie der Medienforschung [W. FÖRST, Politik, Presse und Rundfunk. Anmerkungen zur Rolle der Medien in der Frühzeit des Bundes, in: F.P. KAHLENBERG (Hrsg.), Aus der Arbeit der Archive, Boppard 1989, 852–865]. Ergebnisse von Presseauswertungen liegen erst vereinzelt vor [F. SCHLUMBERGER, Das Adenauer-Bild in der politischen Publizistik 1949–1955. Die „Frankfurter Allgemeine" als zeitgeschichtliche Quelle, Frankfurt a.M. 1991; A. RIEDL, Liberale Publizistik für Soziale Marktwirtschaft. Die Unterstützung der Wirtschaftspolitik Ludwig Erhards in der Frankfurter Allgemeinen Zeitung und in der Neuen Zürcher Zeitung 1948/49 bis 1957, Regensburg 1992; 733: M. KIEFER, Auf der Suche, 1993]. Die deutsche Heimatvertriebenenpresse ist in einem Bestandsverzeichnis erfaßt [H. CHMIELEWSKI, G. HAGELWEIDE (Bearb.), München 1982].

Meinungsforschung

c) Bibliographien

Inzwischen liegen über die Literatur zu einzelnen Bereichen der deutschen Nachkriegsgeschichte Spezialbibliographien vor, so zur Berlin-Frage und zur Berliner

Beispiele

Mauer [M. Haupt, Die Berliner Mauer, München 1981], zur Geschichte der CDU und CSU [174: G. Hahn; B. Krahe, M. Seibel; T. Schaarschmidt, H. Krengel, 1990–1994, insgesamt ca. 25 000 Titel] sowie der Linksparteien [178: K. Günther, K.T. Schmitz, 1980]. Hilfreich ist eine Bio-Bibliographische Dokumentationsserie zeitgeschichtlicher Texte [C. Cobet (Hrsg.), Deutschlands Erneuerung 1945–1950, Frankfurt a.M. 1985]. Personalbibliographien liegen vor für Willy Brandt (R. Grossgart u. a., Bonn 1990] und Carlo Schmid [H.G. Lehmann, Bonn-Bad Godesberg 1977].

Einzelthemen Andere Bibliographien verzeichnen das Schrifttum zur Deutschlandpolitik [173: M.-L. Goldbach, 1975] wie zur internationalen Politik, zur Europäischen Integration [K. Kujath, Bonn 1977] sowie zur NATO [W. Mücke, in: Jahresbibliographie der Bibliothek für Zeitgeschichte 54 (1982), 423–479; A.R. Norton, NATO, New York 1985], zur Geschichte des Katholizismus [179: U. von Hehl, H. Hürten, 1983; K. Abmeier, K.-J. Hummel, 1997] und (allgemein) zur kirchlichen Zeitgeschichte [K. Kühnbaum u. a., in: Kirchliche Zeitgeschichte, seit Jg. 5 (1992)]. Das gleiche gilt für Bibliographien zur Sozialen Marktwirtschaft 1945/49–1981 [175: K.-P. Dapper, G. Hahn, 1983], zur Verfassungsgerichtsbarkeit des Bundes und der Länder [J. Mackert, F. Schneider, 3 Bde., Tübingen 1971–1982], zum Flüchtlings- und Vertriebenenproblem [180: G. Krallert-Sattler, 1989] sowie zur Liberalismus-Geschichte [in: Jb. zur Liberalismus-Forschung, seit Bd. 1, 1989]. Zahlreiche sachthematische Sammelbände enthalten umfangreiche Literaturverzeichnisse, so etwa zum Berufsbeamtentum und zu den Beamtenorganisationen [T. Kröker, in: C.A. Lückerath (Hrsg.), Berufsbeamtentum und Beamtenorganisationen, Köln 1987, 215–239] und zum politischen Extremismus [1047: U. Backes, E. Jesse, Extremismus (Erstaufl. 1993), 481–530].

Hilfreich ist die Übersicht über die Veröffentlichungen der Wissenschaftlichen Dienste des Deutschen Bundestags und einschlägiger Literatur bei P. Schindler (Bearb.), Datenhandbuch [85: 1984, 1084–1091; 1988, 896–903]. In der Dokumentation Die Auswärtige Politik der Bundesrepublik Deutschland [7: 1972] sind sämtliche zur Außen- und Deutschlandpolitik herausgegebenen „Weißbücher und ähnliche amtliche Veröffentlichungen" aufgeführt [964–970].

Bibliographien zur Die seit 1953 in den VfZ regelmäßig veröffentlichte Bibliographie zur Zeitge-
Zeitgeschichte schichte liegt inzwischen für die Jahre 1953–1995, neugegliedert und mit Registern versehen, in fünf Bänden vor [176: T. Vogelsang, H. Auerbach u. a., 1982–1997]. Die Jahresbibliographie der Bibliothek für Zeitgeschichte in Stuttgart reicht bis 1996 [Bd. 68, Essen 1998].

Die jährlich von der Arbeitsgemeinschaft außeruniversitärer Forschungseinrichtungen in der Bundesrepublik Deutschland (AHF) herausgegebene Historische Bibliographie [München, seit 1987] enthält jeweils auch einen Abschnitt „Deutschland nach 1945". Die von der Berlin-Brandenburgischen Akademie der Wissenschaften herausgegebenen Jahresberichte für deutsche Geschichte, Neue Folge, erschließen das internationale Schrifttum [letzter Bd.: 49 (1997), Berlin 1998]. Hilfreich ist das Gesamtverzeichnis 1953–1992 der Beilage Aus Politik und

Zeitgeschichte der Wochenzeitung Das Parlament [Bundeszentrale für politische Bildung (Hrsg.), Bonn 1993], ebenso das Gesamtregister Deutschland-Archiv 30 Jahre [Opladen 1998]. Eine Sonderstellung nimmt die Bibliographie der Kataloge Historische Ausstellungen 1960–1990 ein [R.A. MÜLLER (Hrsg.), S. SCHUCH (Bearb.), Paderborn 1992].

4. DIE EPOCHE DER BESATZUNGSHERRSCHAFT IN DEN WESTZONEN 1945–1949

a) Überblick über den Verlauf der Forschung

Es war bereits die Rede davon, daß Mitte der sechziger Jahre die Nachkriegsge-   Literaturfülle
schichte Deutschlands, beeinflußt von den Vorentscheidungen der Siegermächte seit 1941, auf breiter Front als Forschungsobjekt entdeckt worden ist. Noch nicht einmal zwei Jahrzehnte später war die Zahl einschlägiger Veröffentlichungen über die Epoche der Besatzungsherrschaft, während der die deutsche Geschichte über mehrere Jahre „sistiert war" [A. HEUSS, Versagen und Verhängnis, Göttingen 1984, 141; vgl. auch H.G. HOCKERTS, Gab es eine Stunde Null? Die politische, gesellschaftliche und wirtschaftliche Situation in Deutschland nach der bedingungslosen Kapitulation, in: S. GRIMM, W. ZIRBS (Hrsg.), Nachkriegszeiten. Die Stunde Null als Realität und Mythos in der deutschen Geschichte, München 1996, 119–156], „kaum mehr überschaubar" [239: W. BENZ, Die Gründung (Erstaufl. 1984), 185].

    Dabei blieb der Gang der Forschung von der Entwicklung der Deutschen Frage   Deutsche Frage
– Teilung Deutschlands und Integration der „provisorischen" Teilstaaten, die sich beide als „Kernstaaten" verstanden, in die weltpolitische Blockbildung – abhängig, wie sie sich im Gefolge des Ost-West-Konflikts herausbildete. Er wurde zudem vom Zugang zu den Quellen beeinflußt, der am frühesten in den USA und Großbritannien erfolgte. Daraufhin thematisierten amerikanische und britische Autoren einzelne Aspekte der Kriegszielpolitik der Siegermächte und ihrer „Behandlung Deutschlands" in einer Epoche, die als „Koalitionsdiktatur fremder souveräner Staaten über die deutschen Gebiete" begonnen hatte [so T. ESCHENBURG am 24. Oktober 1945; vgl. W. BENZ, Staatsneubau nach der bedingungslosen Kapitulation, in: VfZ 33 (1985), 166–213, hier 172].

    Die Erforschung der Geschichte der Bundesrepublik folgte mit entsprechen-   Forschungsverlauf
dem Abstand, um sich nach Öffnung der eigenen Archive um so rascher zu entwickeln. 1986 bedauerte L. NIETHAMMER, daß es nicht gelungen sei, eine „spezifisch zeitgeschichtliche Methodik" zu entwickeln; so werde „auch unsere eigene Geschichte unter der Dominanz politischen Handelns nach dem Fortschritt der Archivöffnungszeiten" betrieben [Stufen der historischen Selbsterforschung der Bundesrepublik Deutschland, in: Nachkriegsjahre der Bundesrepublik Deutschland, Teil 1, hrsg. vom Deutschen Institut für Fernstudien an der Universität Tübingen (1986), 22–34, hier 29]. Das Interesse der Forschung konzentrierte sich

auf Verlauf und Ergebnisse der Kriegskonferenzen der Großen Drei, auf die Konsequenzen der bedingungslosen Kapitulation der Wehrmacht für den Fortbestand des Reiches, auf einzelne Aspekte der Deutschland- und Besatzungspolitik der Siegermächte [vgl. dazu D. MAJER, Grundlagen des Besatzungsrechts 1945–1949, in 405: H.-E. VOLKMANN, Ende des Dritten Reiches (1995), 141–171] sowie des Besatzungsalltags in den vier Zonen und in Berlin, auf Anfänge und Entwicklung des wirtschaftlichen, administrativen, des (partei)politischen, gesellschaftlichen und gewerkschaftlichen Lebens, auf die Auswirkungen der Demokratisierungs- und „Umerziehungs"-Politik (speziell der Entnazifizierung) sowie auf den Neubeginn deutscher Staatlichkeit (Entstehung der Länderverfassungen) und die territoriale Neugliederung (Bildung und Funktion der Länder).

Akzentsetzungen Untersucht wurden Aufbau und Rolle überregionaler Gremien (Länderrat, Zonenbeirat, Deutsches Friedensbüro) sowie suprazonaler Institutionen (Zweizonenverwaltung), die Etappen und Auswirkungen des wirtschaftlichen (Wieder-)Aufbaus, der Währungsreform, des Marshall-Plans und der Berliner Blockade, ebenso die unmittelbare Vorgeschichte der Weststaatsgründung, die Rolle der Ministerpräsidenten, die Entstehung des Grundgesetzes und seine Bewährung im Sinne des programmatischen Buchtitels von F.R. ALLEMANN, Bonn ist nicht Weimar [Köln 1956]. Seit den sechziger Jahren verstärkte sich die Suche nach den Ursachen und Verursachern der Teilung Deutschlands. Eine Bestandsaufnahme im Sinne einer Erfolgsbilanz der ersten 25 Jahre zogen 33 Autoren 1974 in dem Sammelwerk „Die zweite Republik" [286: R. LÖWENTHAL, H.-P. SCHWARZ (Hrsg.)].

Kontroverse Im folgenden sollen nach einem – nicht mehr an einem in der Chronologie ein-
Themen zelner Ereignisse und einzelner Buchtitel orientierten – Überblick über den Gang der Erforschung der Nachkriegsentwicklung einige jener Kontroversen beschrieben werden, die über die Einschätzung dieser Entwicklung entstanden sind. Das gilt insbesondere, da die Deutsche Frage den „Angelpunkt" der deutschen Nachkriegsgeschichte [268: A. DOERING-MANTEUFFEL, Bundesrepublik (Erstaufl. 1983), 8] bildete, für die Interpretation der Gründungsphase der Bundesrepublik, die untrennbar mit derjenigen des Kalten Krieges und des von den USA ausgehenden und unterstützten Wiederaufbaus Westeuropas verbunden blieb. Die in den USA von „Revisionisten" gegen die eigene Regierung gerichtete „Schulddiskussion" um den Ausbruch des Ost-West-Konflikts („ökonomischer Imperialismus") setzte sich, zeitversetzt und verstärkt durch die nach dem Berliner Mauerbau von der SED forcierte innerdeutsche Abgrenzung, in der Bundesrepublik fort. Dabei suchte die DDR-Historiographie – deren Forschungsbeiträge zur Geschichte der Bundesrepublik nicht erwähnenswert sind –, diese Kontroverse durch entsprechende Schuldzuweisungen gegenüber dem Westen zu verstärken.

„Pionierwerke" Mit der 1966 erschienenen grundlegenden Untersuchung von H.-P. SCHWARZ [398: Vom Reich] begann eine neue Etappe der Nachkriegsforschung. SCHWARZ analysierte und typologisierte die geistigen und politischen Voraussetzungen für die Entscheidungsprozesse der Siegermächte, sodann die deutschland- und außenpolitischen Konzeptionen bzw. Alternativen der Besiegten. Auf der so gewonnenen Grundlage einer sich verstärkenden Interaktion beschrieb er dann jene Voraussetzungen, die 1948/49 erfüllt waren, um zwischen Westmächten und Westdeutschem Konsens über den demokratischen Neubau eines westdeutschen Teilstaats und dessen Westintegration zu erreichen. Daß SCHWARZ seine Ergebnisse und Thesen in der Neuauflage von 1980 nur geringfügig zu modifizieren bzw. zu ergänzen brauchte, unterstreicht den Rang dieses „Pionierwerks der westdeutschen Zeitgeschichtsschreibung" [so W. BLEEK, in: NPL 27 (1982), 492, der allerdings kritisierte, daß es zu der „problematischen Tendenz" beigetragen habe, deutsche Nachkriegsgeschichte „lediglich als Vorgeschichte der Bundesrepublik zu verstehen"].

Nahezu zeitgleich bezog G. WETTIG die internationale Entwicklung in seine Darstellung über Entmilitarisierung und Wiederbewaffnung ein [884: 1967]. Schon durch seinen 1943 beginnenden Ansatz entging er der Gefahr, die Epoche der Besatzungsherrschaft zu isolieren. Dem bereits ein Jahr später in den USA (und 1971 in Übersetzung) erschienenen Überblick von J. GIMBEL über die amerikanische Besatzungspolitik [300] folgten keine vergleichbaren Gesamtdarstellungen über die Besatzungspolitik der übrigen Siegermächte.

Die „Fortschritte" in der Erforschung der Deutschlandpolitik der vier Siegermächte beschleunigten sich mit dem Fortschreiten der amerikanischen Quellenpublikation Foreign Relation [37: der Band für 1945 erschien 1968]. Dabei trat der Anteil an der Verantwortung für den Fortbestand der Zonentrennung auf der Schnittlinie des „Eisernen Vorhangs" [dazu vgl. K.-H. MINUTH, „Eiserner Vorhang", in: GWU 15 (1964), 47–48] erst allmählich deutlicher zutage. Schuldzuweisungen

Der insbesondere von E. DEUERLEIN [Frankreichs Obstruktion deutscher Zentralverwaltungen 1945, in: DA 4 (1971), 466–491] und J. GIMBEL vertretenen Ansicht, Frankreich als „Hauptschuldigen" für die Teilung Deutschlands herauszustellen und damit auch als das „Hauptproblem amerikanischer Deutschlandpolitik" der Jahre 1945–1947, haben andere Autoren widersprochen. Sie unterstrichen die Bedeutung der „gewichtigen amerikanisch-sowjetischen Spannungen" dieser Zeit [398: H.-P. SCHWARZ, Vom Reich (1980), XXXVI] und relativierten damit auch die These, daß für die Amerikaner „ihre Verbündeten Frankreich und Sowjetunion gleichermaßen problematisch" gewesen seien [461: G.F. NÜSKE, Württemberg-Hohenzollern (1983), 113].

Im Zuge der Erschließung britischer Archive konnte seit den siebziger Jahren, insbesondere von R. STEININGER [293: Deutsche Geschichte, Erstaufl. 1983, 363–366; 321: J. FOSCHEPOTH, R. STEININGER (Hrsg.), Die britische Deutschlandpolitik, 1985] die eigenständige Rolle der britischen Deutschlandpolitik belegt werden. [I.D. TURNER apostrophierte 1989 R. Steininger als „King of the documenters", in 404: DERS. (Hrsg.), Reconstruction, 334.] Später wurde dann auch der Anteil der „absteigenden Großmacht" Großbritannien [L. KETTENACKER] an der westalliierten Deutschlandplanung näher bestimmt [A. TYRELL, Großbritannien und die Deutschlandplanung der Alliierten 1941–1945, Frankfurt a.M. 1987; L. KETTENACKER, Krieg zur Friedenssicherung, Göttingen 1989]. Britische Zielsetzungen

II. Grundprobleme und Tendenzen der Forschung

Die Wende vom Mai 1946
In London begann der Ernüchterungsprozeß („dramatische Wende" im April 1946; so 293: R. STEININGER, Deutsche Geschichte (Erstaufl. 1983), 172) angesichts der sowjetischen Bedrohung rascher als in Washington. Die neue Zielsetzung lautete „Balance zwischen äußerer Sicherheit, wirtschaftlichem Wiederaufbau und innerer Demokratisierung Deutschlands" [so J. FOSCHEPOTH, Zur deutschen Reaktion auf Niederlage und Besatzung, in 245: L. HERBST (Hrsg.), Westdeutschland (1986), 163]. Unter den dominierenden sicherheitspolitischen Gesichtspunkten spielte die Gründung des Landes Nordrhein-Westfalen – auch zur Abwehr französischer Einflußnahme auf das Ruhrgebiet – ebenso eine Rolle [65: R. STEININGER (Bearb.), Die Ruhrfrage, 1986] wie die wirtschaftliche Stabilisierung der Westzonen. Bei der Errichtung der Bizone, als Auftakt zu einer Weststaatsgründung, war von vornherein eine mögliche Teilung Deutschlands einkalkuliert [346: M. KESSEL, Westeuropa (1989), 52 ff.]. Diese Zielsetzung ergibt sich auch aus mehreren Beiträgen eines informativen Sammelwerks über die britische Deutschlandpolitik [404: I.D. TURNER (Hrsg.), Reconstruction, 1993].

1996 begründete H. MAETZKE [373: Der Union Jack], daß die von den Briten, insbesondere in Berlin, erfahrene „Desillusionierung" über das eigenmächtige Vorgehen der Sowjets in der Viersektorenstadt zur deutschlandpolitischen Kehrtwende führte. In ihrem Föderalisierungskonzept (Bevin-Plan vom Mai 1946) vertrat dann die britische Regierung eine konzeptionelle, in sich kohärente Deutschland- bzw. Besatzungspolitik. Sie zielte auf innere Erneuerung und Wandlung Deutschlands zu einer westlichen Demokratie mit entsprechend verfaßten staatlichen Institutionen [341: K. JÜRGENSEN, Besatzungspolitik, 1997. Auch D. GOSSEL hat den „vermittelnden und verbindenden Einfluß der Briten" auf die Deutschlandpolitik der USA unterstrichen, 326: Briten (1999), 223]. In diesem Zusammenhang gewann die Kulturpolitik hohen Stellenwert [G. CLEMENS, Die britische Kulturpolitik in Deutschland, in 486: DIES. (Hrsg.), Kulturpolitik (1997), 200–218].

Die ausgebliebene Sozialisierung
Strittig ist nach wie vor, warum letztlich die von der Labour-Regierung beabsichtigte Sozialisierung der Schlüsselindustrien an Rhein und Ruhr „ausgeblieben" ist [389: W. RUDZIO, Sozialisierung, 1978] und welche Rolle dabei der wachsende Einfluß der Amerikaner auf die britischen Pläne spielte. Die These von I.D. TURNER [404: Reconstruction (1989), 69], wonach die britische Deutschlandpolitik nicht eine „Unterdrückung" unliebsamer Konkurrenz angestrebt habe, hat W. BÜHRER als „abenteuerliche Konstruktion" verworfen [in: MGM 51 (1992), 552], J. FARQUHARSON indirekt wieder bestätigt [315: Großbritannien, 1998].

Handlungsspielräume deutscher Politiker
In dem Maße, in dem Quellen deutscher Provenienz über punktuelle Funde hinaus verarbeitet werden konnten, ließ sich der Handlungsspielraum deutscher Politiker gegenüber den Alliierten näher bestimmen. Die Frage rückte in den Vordergrund, welche Initiativen von deutscher Seite zur Wiederherstellung der Reichseinheit entwickelt bzw. unterlassen worden sind, insbesondere von seiten der Ministerpräsidenten. Unter diesem Gesichtspunkt wurde die (gescheiterte) Münchener Ministerpräsidenten-Konferenz vom Juni 1947 kontrovers beurteilt,

später auch die Annahme der „Frankfurter Dokumente" durch die elf Länderchefs der drei Westzonen im Juli 1948.

Zu den Kontroversen, die von tagespolitischen Fragestellungen unmittelbar beeinflußt waren, gehörten Auseinandersetzungen um die Frage, ob und in welcher Form bereits 1948/49 – durch Restabilisierung sozialer Eliten und Übernahme entsprechender „kapitalistischer" Vorgaben der US-Regierung, einschließlich des Marshall-Plans – eine „Restauration" erfolgt und in der Bundesrepublik verstärkt worden ist, die deren sozialistische Umgestaltung („Neuordnung") verhindert habe. Einige (inzwischen schon wieder vergessene) Autoren entdeckten verschüttete Erneuerungspotentiale und vermeintlich „versäumte Reformen" in allen Bereichen des öffentlichen Lebens. Kontrovers eingeschätzt wurde auch die Bedeutung der Währungsreform vom Juni 1948 – ohne revolutionäre Umschichtung der tradierten Besitz- und Vermögensverhältnisse – und der gleichzeitig von Ludwig Erhard durchgesetzten Wirtschaftsreform für das rasche Wachstum.

„Restauration" oder „Neuordnung?"

Seit Mitte der siebziger Jahre – nachdem noch K.D. ERDMANN die Jahre der Besatzungsherrschaft in seine Epochendarstellung über die Zeit der Weltkriege einbezogen hatte [241: 1976, 593–804] – verstärkte sich die Erforschung der Nachkriegsgeschichte Deutschlands. Dabei erschien eine große Zahl einschlägiger Studien in Sammelwerken, häufig als Ergebnis voraufgegangener Tagungen und „Nachlese" bereits bekannter Ergebnisse. [Sie enthielten „neben Goldkörnern auch manchen Bleiklumpen", so W. BENZ, Die Gründung, 239: (Erstaufl. 1984), 188. In anderem Zusammenhang sprach W. BENZ von „Materialschlachten" mit Dokumentationen. 183: Deutsche Geschichte nach dem Zweiten Weltkrieg (1987), 413.] B. DIESTELKAMP bezeichnete solche Sammelbände als „Spiegelbilder des modernen Wissenschaftsbetriebes" [in: Rechtshistorisches Journal 4 (1984), 155]. Demgegenüber hat V. HENTSCHEL darauf hingewiesen, daß bei derartigen Sammelwerken infolge ihrer Summierung von Wesentlichem und eher Peripherem sogar die Gefahr eines „rückläufigen Grenznutzens der Forschung" bestehe [in der Rezension von L. HERBST (Hrsg.), Westdeutschland (245: 1990), in: VSWG 78 (1991), 586].

Forschungsvorlauf und -verlauf

b) Zur französischen Deutschlandpolitik

In der lange vernachlässigten Erforschung der französischen Deutschland- und Besatzungspolitik ist seit der Öffnung der französischen Archive (1986) eine grundlegende („revisionistische") Wende zu verzeichnen. Das Bild von der rein destruktiven Besatzungspolitik, von der „Ausbeutungskolonie" [242: T. ESCHENBURG, Besatzung (1983), 96] oder vom „industriellen Kannibalismus" [W. ABELSHAUSER, in: Nachwort zu M. MANZ, Stagnation und Aufschwung in der französischen Besatzungszone 1945–1948 (1968), neu hrsg. von W. ABELSHAUSER, Ostfildern 1985, 106] und der „vergessenen Zone", ist in den Grundfesten erschüttert worden [E. WOLFRUM, Französische Besatzungspolitik in Deutschland nach 1945, in: NPL 35 (1990), 50–62, hier 50; 412: DERS., Besatzungspolitik, 1991]. Je intensi-

Neubewertung der französischen Politik

ver sich die Forschung den verschiedenen Ebenen und Bereichen dieser Politik der „verspäteten Siegermacht" zuwandte, „desto komplexer und verwirrender wurde das Gesamtbild" [S. MARTENS, Zwischen Demokratisierung und Ausbeutung, in 376: DERS. (Hrsg.), Vom „Erbfeind" (1993), 10].

Insbesondere R. HUDEMANN hat konstruktive Neuordnungs- und Demokratisierungsansätze der französischen Deutschland- und Besatzungspolitik herausgearbeitet, die seit 1945 ambivalent gewesen sei [596: Sozialpolitik, 1988]. Sie habe militärische Sicherheit und ökonomische Suprematie erstrebt [auch in 335: DERS., Frankreichs Besatzung, 1993].

Zielkonflikte Die nicht gelösten Zielkonflikte dieser Politik in der Zentrale wie in der Zone – wo die „ökonomisch größtenteils sinnlosen Demontagen" besonders nachhaltig die „möglichen Erfolge der französischen Politik" unterminierten [so 206: R. HUDEMANN, Reparationsgut (1997), 37] – spiegelten sich im Ringen zwischen dem Militärgouverneur General Koenig (Gaullist) und dem zivilen Generalverwalter (1945–1947), dem Sozialisten Laffon [360: A. LATTARD, Zielkonflikte, 1991]. Dabei war die 1946/47 erfolgte Abkehr vom gaullistisch geprägten „Dominanzkonzept" [dazu E. KRAUTKRÄMER, Das Rhénanieprojekt und die Frage der territorialen Gestaltung der französischen Besatzungszone, in 343: J. JURT (Hrsg.), Besatzungszeit (1993), 61–85] nicht von einer eher sozialistisch bestimmten Integrationspolitik beeinflußt, auch nicht nur vom Druck der angelsächsischen Mächte [339: T. ISAJIW, Deutschland (1988), 223 f.]. D. HÜSER belegte in seiner quellengesättigten Untersuchung die ambivalente („doppelte") Deutschlandpolitik der französischen Regierungen [337: 1996]. Sie hielten angesichts der „Germanophobie" in der Öffentlichkeit an unrealistischen Maximalzielen fest, verfolgten aber gleichzeitig inoffiziell eine realistische (Integrations-)politik [W. LOTH kritisierte eine (zu) „revisionistische Attitüde" Hüsers an der bisherigen Forschung, in: HZ 264 (1997), 818; ähnlich 214: U. LAPPENKÜPER, Neue Quellen (1998), 135 f.].

Die französische Politik zur Verhinderung gesamtdeutscher Verwaltungszentralen wurde zunächst von London gedeckt und führte nicht zu einer „Gegenstrategie" der Potsdamer Signatarstaaten [355: E. KRAUS, Ministerien (1990), 345]. Bis Herbst 1946 blockierte auch die Sowjetunion die Errichtung von Zentralverwaltungen [346: M. KESSEL, Westeuropa (1989), 186–200, 221–236. Demgegenüber hielt R. STEININGER in der Rezension dieses Buches an der Version von der französischen „Obstruktionspolitik im Kontrollrat" fest, in: MGM 49 (1991), 252].

Der französische „Sonderweg" Einen „Sonderweg" beschritt die französische Militärregierung seit 1946 mit strukturellen Reformen in der Sozialversicherung und in der Kriegsopferversorgung [596: R. HUDEMANN, Sozialpolitik, 1988]. Sie entsprachen, ebenso wie die Regelung der betrieblichen Mitbestimmung, am ehesten den Vorstellungen der Gewerkschaften wie denen der Sozialdemokratie [412: E. WOLFRUM, Besatzungspolitik, 1991]. Die SP – wie sie zunächst nur hieß – lief gegen die Gründung des Landes Rheinland-Pfalz, diesen „Brückenkopf französischer Sicherheitspolitik", vergeblich Sturm [1000: K. KUSCH, Die Wiedergründung (1989), 57].

HUDEMANNS Revision auch der inzwischen verfestigten Auffassung, nach der Kontrollrat
die französische Obstruktionspolitik im Alliierten Kontrollrat [333: Kontrollrat,
1990] ein (Haupt-)Hindernis zur Realisierung der deutschen Wirtschaftseinheit
gewesen sei, hat Folgen für eine Neubewertung der Tätigkeit des Kontrollrats.
Dort hätten sich – so lautet ein wesentliches Ergebnis der grundlegenden Darstellung von G. MAI [374: Der Alliierte Kontrollrat, 1995] – Frankreich und die
Sowjetunion durch ungehinderten Zugriff auf die Ressourcen ihrer Zonen und
ihre Stellungnahmen gegen eine gemeinsame Verwaltung Deutschland in ihren
„politischen und wirtschaftlichen Möglichkeiten selbst eingeschränkt" [490]. Für
die französische Regierung habe es erst eines „schmerzhaften Lernprozesses
sowie erheblicher amerikanischer Pressionen und Vorleistungen" bedurft, um für
Frankreich auf europäischer Ebene akzeptabel zu machen, was es bis dahin verhindert hatte: die Wiederherstellung (kontrollierter) Staatlichkeit und (eingeschränkter) Gleichbehandlung Deutschlands, als Voraussetzung für dessen Kontrolle durch Integration [491].

Dabei verbesserte sich im Zeichen des eskalierenden Ost-West-Gegensatzes Europäische
Frankreichs Sicherheitslage. Die wirtschaftliche Angliederung des Saargebiets, der Integrations-
Marshall-Plan und das Ruhrstatut [W. BÜHRER, Die französische Ruhrpolitik und politik
das Comeback der westdeutschen Schwerindustriellen 1945–1952, in: P. HÜTTENBERGER, H. G. MOLITOR (Hrsg.), Franzosen und Deutsche am Rhein 1789 – 1918
– 1945, Essen 1989, 27–47] erleichterten der Regierung den Übergang zu einer
Rekonstruktionspolitik, mit dem Ziel einer supranationalen Integration Westdeutschlands.

Diese zunächst nur undeutliche Kehrtwende blieb den Zeitgenossen suspekt [E.
WOLFRUM, Das Bild der „düsteren Franzosenzeit", in 376: S. MARTENS (Hrsg.),
Vom „Erbfeind" (1993), 87–113; 206: R. HUDEMANN, Reparationsgut, 1997. Vgl.
ferner die Beiträge von E. WOLFRUM, P. FÄSSLER und R. GROHNERT in 476: E.
WOLFRUM u. a., Krisenjahre, 1996]. Erst später zeigte sich, daß die Westintegration
der Bundesrepublik für Frankreich die „bestmögliche sicherheitspolitische
Option" bildete [356: W. KRIEGER, Clay (1989), 498].

Inzwischen sind auch für das Gebiet der französisch besetzten Zone die Grün- Parteien, Presse,
dung und Entwicklung von Parteien [937: K. WEITZEL, Vom Chaos, 1989; 1000: K. Kulturpolitik
KUSCH, SPD, 1989; 412: E. WOLFRUM, Besatzungspolitik, 1991; 947: P. FÄSSLER,
Badisch, Christlich und Sozial, 1995; 961: A. MARTIN, CDU, 1997], Gewerkschaften [604: A. LATTARD, Gewerkschaften, 1988] und Presse [516: S. SCHÖLZEL, Pressepolitik, 1986; 512: S. PIEROTH, Parteien und Presse, 1994] breit erforscht. Das
gilt ebenso für die hohe Bedeutung der Kulturpolitik als „dritter Säule" neben der
Sicherheits- und Ausbeutungspolitik [524: S. ZAUNER, Erziehung, 1994 (mit einer
Würdigung der zentralen Rolle des „Erziehungsdirektors" R. Schmittlein); R.
HUDEMANN, Kulturpolitik in der französischen Besatzungszone, in 485: G. CLEMENS (Hrsg.), Kulturpolitik (1994), 185–199].

Mehrfach behandelt ist auch die eigenständige Kirchenpolitik der Militärregierung [zuletzt M. GRESCHAT, in: Zs. für Kirchengeschichte 109 (1998), 216–236,

371–387]. Über abendländisch-föderalistisch wie stammesföderalistische und/ oder politisch motivierte Neugliederungskonzepte im Südwestteil der Zone in den ersten Nachkriegsjahren informiert umfassend J. KLÖCKLER [447: Abendland, 1998].

Eine neue Sicht der Saar-Geschichte

Auf die Notwendigkeit, auch bei der Analyse des Saar-Problems den „revisionistischen" Ansatz zu berücksichtigen, hat K. DÜWELL hingewiesen [in der Rezension des Sammelbands 443: R. HUDEMANN, R. POIDEVIN (Hrsg.), Die Saar (Erstaufl. 1992), in: GiW 8 (1993), 110]. Diese Anregung ist (bzw. war inzwischen bereits) aufgegriffen worden. Den vorläufigen Abschluß einer Fülle neuer Forschungsergebnisse zur Geschichte des Saargebiets/Saarlands bis Mitte der fünfziger Jahre bilden die lehrreiche Monographie von A. HEINEN [439: Saarjahre, 1996] und der imponierende Sammelband von 1997 mit insgesamt 24 Beiträgen R. HUDEMANN u. a. [(Hrsg.), GrenzFall. Das Saarland zwischen Frankreich und Deutschland 1945–1960, St. Ingbert 1997]. Darin informiert R. HUDEMANN einleitend über Neue Methoden, Fragestellungen und Ereignisse der Saar-Geschichte [11–32]. Vgl. auch den Beitrag von M. KIEFER über die Saarfrage in der Diskussion der Bundesrepublik bis 1955 [Nationale Rückgliederung oder Instrument der europäischen Integration?, in 1449: T. MAYER (Hrsg.), „Macht das Tor auf" (1996), 124–170]. G.-H. SOUTOU hat jüngst herausgearbeitet, daß die Regierung de Gaulle ab Frühjahr 1945 einen Anschluß des Saarlands an Frankreich „als die bevorzugte Lösung" erstrebte, dieses Ziel allerdings nur etappenweise, „bis zu einer schrittweisen Eingliederung", zu erreichen suchte [Spielte Frankreich zwischen 1944/45 mit dem Gedanken an einen Anschluß des Saarlandes?, in: P.R. WEILEMANN u. a. (Hrsg.), Macht und Zeitkritik, Paderborn 1999, 225–235, hier 235].

Entnazifizierung

In der französischen Zone wurde die Entnazifizierungspolitik insgesamt flexibler als vor allem in der amerikanischen Zone [grundlegend 509: L. NIETHAMMER, Entnazifizierung, Erstaufl. 1972] praktiziert. Während K.-D. HENKE für Württemberg-Hohenzollern [497: Entnazifizierung, 1981] noch die negativ bestimmten „zeitgenössischen Vorurteile" tradiert hatte [so R. MÖHLER, Entnazifizierung, Demokratisierung, Dezentralisierung – französische Säuberungspolitik im Saarland und in Rheinland-Pfalz, in 376: S. MARTENS (Hrsg.), Vom „Erbfeind" (1993), 157–173, hier 158], belegte R. GROHNERT auch positive Zielsetzungen und die Flexibilität des dezentralisierten Vorgehens für Baden, das aber an gravierender Ungleichbehandlung gescheitert sei [493: 1991; DERS., Das Scheitern der „Selbstreinigung" in Baden, in: C. RAUH-KÜHNE, M. RUCK (Hrsg.), Regionale Eliten zwischen Diktatur und Demokratie, München 1993, 283–303. Darin auch C. RAUH-KÜHNE, Die Unternehmer und die Entnazifizierung der Wirtschaft in Württemberg-Hohenzollern, 305–331].

Nach R. MÖHLER hat die Entnazifizierung in Rheinland-Pfalz und im Saargebiet [507: 1992] zwar keinen dauerhaften Elitenwechsel außer in der politischen Klasse – aber auch hier mit Ausnahme der Verwaltung, in der es sogar eine „Renazifizierung" gegeben habe [396] – bewirkt, aber dazu beigetragen, dem Ziel der

Schaffung eines „demokratischen und friedliebenden Deutschlands" näherzukommen. [Vgl. ferner DERS., Politische Säuberung im Südwesten unter französischer Besatzung, in: K. DÜWELL, M. MATHEUS (Hrsg.), Kriegsende und Neubeginn, Stuttgart 1997, 175–191.]

In der letzten Gesamtdarstellung über die Entnazifizierung in allen Besatzungszonen [C. VOLLNHALS, in 405: H.-E. VOLKMANN, Ende des Dritten Reiches (1995), 369–392] sind auch Formen und Folgen der raschen „Rehabilitierung" einbezogen, die mancherorts durchaus als „Renazifizierung" erschien. [Vgl. ferner 554: DERS., Evangelische Kirche, 1989. Zur Entnazifizierung in Bremen vgl. 488: W.U. DRECHSEL, A. RÖPCKE (Hrsg.), „Denacification", 1992; in Niedersachsen: S. BRÜDERMANN, in 650: D. POESTGES (Hrsg.), Übergang und Neubeginn (1997), 97–118.]

Eine andere, erheblich härtere Form der Bestrafung ehemaliger NS-Aktivisten ist erst spät in das Blickfeld der Forschung gerückt: die Verhaftung und Einweisung in Internierungslager der Alliierten. Dazu vgl. die Auswahlbibliographie deutschsprachiger Veröffentlichungen zur Problematik der alliierten Internierungslager in Deutschland (1945–1950) [zusammengestellt von R. HOFMANN, B. RITSCHER, in 500: R. KNIGGE-TESCHE u. a. (Hrsg.), Internierungspraxis (1993), 140–159] sowie den Forschungsbericht von L. NIETHAMMER [221: Alliierte Internierungslager, 1998]. *Internierungslager*

c) Zonengrenzen, getrennte Reparationsgebiete, Teilung Deutschlands

Die Nachkriegsplanungen der Anti-Hitler-Koalition über eine Annexion deutscher Ostgebiete und territoriale Um- bzw. Neugliederungen („Zerstückelung") Deutschlands waren seit Ende der vierziger Jahre bekannt, auch die Ergebnisse der seit Dezember 1943 tagenden Europäischen Beratenden Kommission [B. MEISSNER, Die Vereinbarungen der Europäischen Beratenden Kommission über Deutschland von 1944/45, in 348: F. KLEIN, B. MEISSNER (Hrsg.), Das Potsdamer Abkommen (1977), 43–57]. Die drei Mächte – ohne Frankreich – hatten sich am 12. September 1944 über die Abgrenzung ihrer künftigen Besatzungszonen im Reich sowie, auf Vorschlag Stalins, auch auf die gemeinsame Verwaltung von Berlin geeinigt [Text 312: E. DEUERLEIN, Die Einheit (1961), 314–318]. Damit war eine „wirkliche Gefahr" geschaffen, „daß dies zu einer de facto Teilung führen könnte" [so P.E. MOSELY, Die Friedenspläne der Alliierten und die Aufteilung Deutschlands, in: Europa-Archiv 5 (1950), 3036]. *Alliierte Nachkriegsplanungen*

Die für die Entstehung der Zonengrenzen maßgebenden Überlegungen und Entscheidungen sind 1975 von T. SHARP [The Wartime Alliance and the Zonal Division of Germany, London; später ausführlicher A. TYRELL, Großbritannien und die Deutschlandplanung der Alliierten 1941–1945, Frankfurt a.M. 1987; L. KETTENACKER, Krieg zur Friedenssicherung. Die Deutschlandplanung der britischen Regierung während des Zweiten Weltkrieges, Göttingen 1989] herausgearbeitet worden. Die amerikanischen Quellen wertete E.F. ZIEMKE aus [The U.S.

Army in the Occupation of Germany, Washington 1975], sowjetische J. LAUFER [Die UdSSR und die Zoneneinteilung Deutschland (1943/44), in: ZfG 43 (1995), 309–331].

Besatzungszonen   Der Verständigung der drei Mächte über die Besatzungszonen folgte kein Abkommen über die westlichen Zufahrtswege nach Berlin [E. DEUERLEIN, Die Entstehung der Luftkorridore nach Berlin, in: DA 2 (1969), 735–764. ADENAUER am 25. August 1961: Die Westmächte seien 1945 „zu dumm" gewesen, sich den Zugang dadurch zu sichern, daß sie „ein Land behalten hätten, durch das sie immer nach Berlin kommen könnten"; 10: CDU-Bundesvorstand, Bd. 3 (1994), 1054. Vgl. J. HACKER, Der Rechtsstatus und die politische Praxis 1945–1989/90, in 422: K. ECKART, M. WILKE (Hrsg.), Berlin (1998), 23–56]. Erst während der Jalta-Konferenz (4.-11. Februar 1945) erklärte sich Stalin damit einverstanden, auch Frankreich eine Besatzungszone in Deutschland zuzugestehen, allerdings nicht auf Kosten des Gebiets der sowjetischen Zone. Ende Juli wurde das endgültige Zonenprotokoll verabschiedet.

Reparationsgebiete   Während für W. LOTH die Teilung bereits in der Verabredung der so ungleichen Verbündeten in ihrer Forderung nach bedingungsloser Kapitulation angelegt war [816: Der Koreakrieg (1985), 355], hat Stalin nach B. MEISSNER durch eigenmächtige Festlegung der deutschen Ostgrenze noch vor der Kapitulation der Wehrmacht „faktisch die erste Teilung Deutschlands" vollzogen [Jalta und die Teilung Europas, in: Beiträge zur Konfliktforschung 15 (1985), 102].

Nach dem 8. Mai 1945 wurden frühere Zerstückelungspläne stillschweigend aufgegeben. Bereits in der Berliner Erklärung der Vier Mächte vom 5. Juni 1945 waren keine zentralen deutschen Verwaltungsstellen mehr erwähnt (wie noch 1944), Indiz für eine „Spaltung Deutschlands entlang der militärischen Demarkationslinien" [241: K.D. ERDMANN, Die Zeit der Weltkriege (1976), 608]. In die gleiche Richtung wirkte die in Potsdam Ende Juli 1945 vereinbarte Regelung, die Zonen- und Reparationsgebiete gleichsetzte [403: H. TIMMERMANN (Hrsg.), Potsdam, 1997]. Diese ökonomische Trennung bedeutete den entscheidenden Schritt zur Teilung Deutschlands und Europas bzw. beschleunigte eine solche Entwicklung.

Gründung der   Nach der faktischen Entscheidung für die Teilung Deutschlands erfolgte deren
Bizone   „Vollzug" durch gegensätzliche Strukturentscheidungen beider rivalisierender Blockmächte in Deutschland im Gefolge wechselseitiger Entfremdung und wachsender Interessengegensätze, die sich nach Beginn des Kalten Krieges verschärften. Der negative Ausgang der Pariser Außenminister-Konferenz vom Juli 1946 – nachdem der sowjetische Außenminister Molotow erneut amerikanische Vorschläge zur Errichtung deutscher Zentralverwaltungen abgelehnt hatte – beschleunigte die von der britischen Regierung beeinflußte Umorientierung der amerikanischen Deutschlandpolitik [A.M. BIRKE, Juniorpartner USA? Die Siegermacht Großbritannien, in 378: H. MEHRINGER u. a. (Hrsg.), Erobert oder befreit? (1999), 19–27]. Die nunmehr von Washington angebotene Verschmelzung der Besatzungszonen fand nur in London [„Geschenk des Himmels", 318: J.

FOSCHEPOTH, Großbritannien (1984), 66] Zustimmung. Nach A. FROHN hat die Politik der Zonenfusion „zwar unbeabsichtigt, doch keineswegs unabsehbar" die Entscheidung zur Teilung Deutschlands getroffen [324: Neutralisierung (1985), 70].

Die spektakuläre Rede des amerikanischen Außenministers Byrnes am 6. September 1946 in Stuttgart ist als eine Art Garantie an die westeuropäischen Länder interpretiert worden, daß die USA den Aufbau eines antikommunistischen Westeuropas, unter Einschluß der westdeutschen Ressourcen, politisch fördern und militärisch stützen würden [243: H. GRAML, Die Alliierten (1985), 185]. Während der amerikanische Militärgouverneur L.D. Clay noch bis zum Frühjahr 1947 an der Möglichkeit einer Viermächte-Verwaltung Deutschlands festhielt [356: W. KRIEGER, Clay, 1987], hatte sich in Washington bereits die neue Konzeption (Truman-Doktrin) der Eindämmungspolitik durchgesetzt [K. SCHWABE, Deutschlandpolitik als Integrationspolitik. Die USA und die Deutsche Frage 1945–1954, in 322: W.-U. FRIEDRICH (Hrsg.), Die USA (1991), 105–113]. In deren Folge ging es vor allem darum, Frankreich für die Westlösung der Deutschlandfrage zu gewinnen.

Eindämmung der sowjetischen Expansion

Angesichts des forcierten Ausbaus der Bizone im Zeichen des Europäischen Wiederaufbauprogramms (Marshall-Plan) dienten Verhandlungen mit der Sowjetunion in zunehmendem Maße der „Herstellung eines Alibis für den gewiß eines Tages kommenden geschichtlichen Prozeß über die Schuld an der Teilung Deutschlands" [398: H.-P. SCHWARZ, Vom Reich (1980), XLIV].

Inzwischen ist die bis in die sechziger Jahre vertretene Ansicht, die der Sowjetunion die Allein- bzw. Hauptschuld an der Teilung Deutschlands zuwies, ebenso überwunden wie die von den USA ausgehende „revisionistische" [vgl. D. JUNKER, Die „revisionistische" Schule in der amerikanischen Historiographie und die Anfänge des Ost-West-Konflikts, in 316: A. FISCHER u. a., Deutschlandfrage (1984), 25–39], die dafür in erster Linie die eigene Regierung verantwortlich machte. Neben der sowjetischen Ausbeutungs- und Willkürpolitik in der SBZ [dazu R. KARLSCH, Allein bezahlt? Die Reparationsleistungen der SBZ/DDR 1945–1953, Berlin 1993] verhinderte auch die bereits erwähnte französische Deutschlandpolitik die Errichtung zentraler deutscher Verwaltungsstellen „im Sinne Potsdams" [D. HÜSER, Frankreich und die Potsdamer Konferenz, in 403: H TIMMERMANN (Hrsg.), Potsdam (1997), 59–84, hier 71].

Ältere Interpretationen

B. MEISSNER hat die Ziele der mehrdeutigen und widersprüchlichen sowjetischen Deutschlandpolitik in Form nebeneinander verfolgter Alternativen so umschrieben: entweder ein selbständiges, aber von der Sowjetunion abhängiges Deutschland, „das unter Umständen den Übergang zu einem kommunistischen Gesamtstaat bilden konnte", oder ein kommunistischer Separatstaat auf der Grundlage der Teilung Deutschlands; der seit 1947 eingeschlagene „aggressive, revolutionäre Kurs" habe seinen Gipfel in der Berliner Blockade erreicht [379: Die sowjetische Deutschlandpolitik (1972), 448]. J. LAUFER interpretierte später die Blockade der Westsektoren in Berlin – die „spätestens seit März" 1948 schritt-

Stalins Deutschlandpolitik

weise errichtet worden sei – als „Gipfelpunkt einer langfristig angestrebten Machtprobe" mit den Westmächten, um diese entweder zur Aufgabe ihrer Weststaatspläne oder aber zum Verlassen Berlins zu zwingen [Die UdSSR und die Ursprünge der Berlin-Blockade 1944–1948, in: DA 31 (1998), 564–579].

Nach V. MASTNY [Moskaus Weg zum Kalten Krieg, München 1980] hat Stalin eine von der Erwartung des baldigen Abzugs der USA aus Europa bestimmte Sowjetisierung ganz Deutschlands angestrebt, nach W. VON BUTTLAR die Teilung Deutschlands als „Ersatzmodell" beständig in Reserve gehalten [310: Ziele (1980), 276 ff.]. Demgegenüber ging D. STARITZ davon aus, daß die Sowjetunion sich von vornherein auf die SBZ konzentriert und auf deren Veränderung im Sinne der kommunistischen Vorstellungen abgezielt habe [Gesamtdeutsche Parteien im Kalkül der Siegermächte, in 320: J. FOSCHEPOTH (Hrsg.), Kalter Krieg (1985), 216; ferner S. SUCKUT, Die Entscheidung zur Gründung der DDR, in: VfZ 39 (1991), 125–175].

Neuinterpretationen

Seit 1980 hat W. LOTH [Die Teilung der Welt, München (Erstaufl.) 1980; 367: DERS., Eindämmung, 1984] Stalins Ziele neu gedeutet, ein gegenseitiges Fehlverständnis der Sowjetunion und der USA angenommen und die deutschlandpolitische Zielsetzung Stalins eher als Reaktion auf das Vorgehen der Westmächte interpretiert. Der sowjetische Diktator sei an der Erhaltung bzw. Wiederherstellung der wirtschaftlichen Einheit Deutschlands schon deswegen interessiert gewesen, um durch Teilhabe an dessen Kontrolle die geforderten Reparationen, vor allem aus einem internationalisierten Ruhrgebiet, zu erhalten. Erst als sich ein gesamtdeutsches Arrangement mit den Westmächten nicht erreichen ließ und diese auch nicht aus Deutschland abzogen, habe die als Alternative offengehaltene Separierung der SBZ die Oberhand gewonnen. [Dazu kritisch S. PAPCKE, in: Europa-Archiv 21 (1990), 626.]

Seit 1990 forcierte W. LOTH seine These, daß Stalin eine „Demokratisierung Deutschlands unter der Obhut der Vier Siegermächte" betrieben und „nur infolge der Unfähigkeit der Kommunisten, sich an demokratische Spielregeln zu halten", schließlich – gegen seinen Willen – beim „sozialistischen Teilstaat" SBZ gelandet sei [371: Ziele (1993), 303–323; DERS., Das ungeliebte Kind. Stalin und die Gründung der DDR, in: E. SCHERSTJANOI (Hrsg.), „Provisorium für längstens ein Jahr". Protokoll des Kolloquiums Die Gründung der DDR, Berlin 1993, 31–38]. 1992 sah W. LOTH die These, nach der die Sowjetunion seit 1946 die Gründung des östlichen Separatstaats betrieben habe, als „definitiv widerlegt" an [746: Die Historiker, 378]. Er führte die Entlastung Stalins („grundsätzlich lernfähig und kompromißfähig") konsequent weiter [Stalin, die deutsche Frage und die DDR, in: DA 28 (1995), 290–298] und betonte umso stärker die Mitverantwortung der „westlichen Seite" für die Entstehung der DDR. LOTH entlarvte Ulbricht als den „Hauptverantwortlichen für den real existierenden Sozialismus der DDR". Dieser „Revolutionär aus eigenem Recht" habe entscheidend zur „Perpetuierung der Ost-West-Spaltung" beigetragen [370: Stalins ungeliebtes Kind, 1994. Die zahlreichen, meist kritischen Rezensionen dieses Buches sind aufgeführt bei H. ALT-

RICHTER, Ein- oder mehrdeutig? Ziele und Konzeptionen sowjetischer Deutschlandpolitik 1945/46, in 378: H. MEHRINGER u. a. (Hrsg.), Erobert oder befreit? (1999), 49 f.].

W. LOTHS Abstützung auf sowjetische Verlautbarungen und Anweisungen, darunter als Hauptquelle Mitschriften W. PIECKS über Gespräche mit Stalin [R. BADSTÜBNER, W. LOTH (Hrsg.), Aufzeichnungen zur Deutschlandpolitik 1945–1954, Berlin 1994], wirft die Frage auf, ob (und gegebenenfalls in welchem Ausmaß) der Dikator seinen Gefolgsleuten sowohl seine wahren Ziele als auch die Methoden zu ihrer Durchsetzung enthüllt hat. So haben R. JESSEN [Die Akten und das Chaos, in: DA 25 (1992), 1202–1203] und D. STARITZ auf die Notwendigkeit hingewiesen, die Informationen, die deutschen Kommunisten in und aus Moskau übermittelt und bisher nur von ihnen – teilweise nur stichwortartig – dokumentiert worden sind, an sowjetischen Quellen zu überprüfen [Einheits- und Machtkalküle der SED (1946–1948), in: E. SCHERSTJANOI (Hrsg.), „Provisorium" (s. S. 148 oben; 80 (1993), 15–31, hier 17. Ebenso 454: J. LAUFER, Auf dem Wege (1993), 28. Nach E. SCHERSTJANOI liegt in der Tatsache, daß die sowjetischen Quellen der Forschung immer nur noch „häppchenweise, mehrfach gefiltert", zur Verfügung gestellt werden, ein Grund dafür, daß die „konzeptionellen Kontinuitäten und Brüche" in Stalins Politik noch „keineswegs restlos ausgeleuchtet" seien; Die Berlin-Blockade 1948/49 im sowjetischen Kalkül, in: ZfG 46 (1998), 495–504, hier 503].

Quellenprobleme

Im Unterschied zu LOTH haben andere Autoren die sowjetische Deutschlandpolitik anders interpretiert und Stalins Entscheidungsfreiheit höher eingeschätzt, auch die Moskauer „Transformationsstrategie" im Sinne der Schaffung einer „sowjetsozialistischen Ordnung" in Deutschland bereits vor Kriegsende entwickelt gesehen [G. WETTIG, Neue Aufschlüsse über Moskauer Planungen für die politisch-gesellschaftliche Ordnung in Deutschland nach dem Zweiten Weltkrieg, in: Jb. für Historische Kommunismusforschung 1995, Berlin 1996, 151–172, hier 171]. Zwei Jahre später formulierte G. WETTIG als seinen Eindruck aus sowjetischen Akten, „daß der Oststaat seit März 1948 in Vorbereitung" gewesen sei [in: R. HÜBSCH (Hrsg.), Als die Mauer wuchs, Potsdam 1998, 107].

Stalins „Transformationsstrategie"

Schon früher war J. LAUFER aufgefallen, daß die sowjetische Politik im Kontrollrat der „strikten und uneingeschränkten Kontrolle über die eigene Zone durchgängig den eindeutigen Vorrang" eingeräumt habe [361: Konfrontation (1993), 69]. An anderer Stelle hatte LAUFER vermerkt, daß mit der bereits 1946 in Moskau getroffenen Entscheidung, sich nicht an einer gesamtdeutschen Währungsreform zu beteiligen, eine „Verselbständigung der SBZ" absehbar gewesen sei [Die UdSSR (1998), 567]. H.J. RUPIEPER urteilte: Stalin habe 1947 die Welt in ein „Friedens- und ein Kriegslager" aufgeteilt [Verpaßte Chancen? Ein Rückblick auf die deutschlandpolitischen Verhandlungen 1952–1955, in: W. LOTH (Hrsg.), Die deutsche Frage, Berlin 1994, 195–213, hier 201].

Im Blick auf die Interessenlage der Blockmächte ist die Einschätzung bzw. Überschätzung der einzigen gesamtdeutschen Ministerpräsidenten-Konferenz –

Die Münchener Ministerpräsidentenkonferenz

ohne einen Vertreter des Saargebiets – vom 6.-8. Juni 1947 in München [Quellen, in 4: Akten zur Vorgeschichte, Bd. 2 (1976), 476–587] als letzte „bedeutende Chance, deutscherseits den Zerfall Deutschlands in die Teilstaaten BRD und DDR zu verhindern" [437: W. GRÜNEWALD, Ministerpräsidentenkonferenz (1971), 497; dazu T. ESCHENBURG: „Wissenschaftlich aufgemachtes Pamphlet", in: Die Zeit 22. Dezember 1972], nicht begründet. Ebenso unbegründet ist die Hypothese von der „historischen Schuld" führender westdeutscher Politiker am Scheitern dieses Treffens [437: W. GRÜNEWALD; 472: R. STEININGER, Ministerpräsidenten-Konferenz, 1975].

Der (außen-)politische Handlungsspielraum der Länderchefs war immer noch denkbar gering, ihre Hoffnung auf das Funktionieren der „Magnettheorie" ungebrochen. Diese Theorie wurde im Mai 1946 vom Leiter des Ernährungsamts in der britischen Besatzungszone, Hans Schlange-Schöningen, formuliert [415: W. ABELSHAUSER, Zur Entstehung, 1979] und 1947 von Kurt Schumacher bekanntgemacht [1463: W. ALBRECHT, Schumacher (1985), 54].

Erfolg des Föderalismus

Aus bayerischer Sicht [dazu auch 448: P.J. KOCK, Bayerns Weg (Erstaufl. 1983), 244–247] war die Konferenz von 1947 ein Erfolg von Ehards Föderalismus-Konzept, zudem Voraussetzung für die ein Jahr später erfolgte Formierung der elf Ministerpräsidenten der drei Westzonen [432: K.-U. GELBERG, Ehard (1992), 86–92; R. JUST, Die Ministerpräsidentenkonferenz in München 1947 und die „Flüchtlingsfrage im Vier-Zonen-Deutschland", in A. FISCHER (Hrsg.), Studien zur Geschichte der SBZ/DDR, Berlin 1993, 137–172]. In der SBZ stärkte der durch das Scheitern ausgelöste „resignative Effekt" die „Zentralisten" und kam Ulbricht zugute, der von vornherein die Sprengung der Konferenz angestrebt hatte [454: J. LAUFER, Auf dem Wege (1993), 50, 52 f.].

Wendepunkt Berlin-Blockade

Spätestens seit der sowjetischen Berlin-Blockade war die West-Alternative für die in den Westzonen lebenden Dreiviertel aller Deutschen nicht mehr zweifelhaft [464: U. PRELL, L. WILKER, Berlin-Blockade, 1987; H.-J. RODENBACH, Die Berliner Blockade und die staatliche Teilung Deutschlands, in 380: B. MEISSNER u. a. (Hrsg.), Deutschlandfrage (1993), 91–115]. Gleichwohl sollen deutsche Politiker und Wirtschaftler die Berlinpolitik der Westmächte nur unzureichend unterstützt haben [450: V. KOOP, Kein Kampf, 1998; Heft 6 der ZfG 46 (1998) enthält sechs Beiträge zur Berlin-Blockade, 485–537].

d) Nicht „verhinderte", sondern „geglückte" wirtschaftliche Neuordnung

„Restaurativer Charakter" der Epoche?

Die Abhängigkeit geschichtlicher Fragestellungen von politischen Postulaten und Kontroversen der Gegenwart trat seit Mitte der sechziger Jahre augenfällig zutage. Vor dem Hintergrund einer „neomarxistischen Renaissance" [G. AMBROSIUS, Staat und Wirtschaft im 20. Jahrhundert, München 1990, 100] wurden Grundlagen und Staatsräson der Bundesrepublik in Frage gestellt und ein neues, destruktives Interpretationskonzept zur Gründungsgeschichte der Bundesrepublik entwickelt. Danach waren deren Entwicklung restaurativ – im Sinne von „reaktionär" – bestimmt und ihre Wirtschaftsordnung und Gesellschaftsverfassung nicht demokratisch legitimiert. Solche Thesen blieben nicht unbeeinflußt von der schon früh entwickelten Restaurationspolemik der DDR-Historiographie und der bereits erwähnten Revisionismus-Diskussion in den USA über die Bedingungen des Kalten Krieges und des dadurch verstärkten Antikommunismus.

Danach hätten die „kapitalistisch" orientierten USA und die von ihnen abhängige britische Regierung ihre Deutschlandpolitik in den Zusammenhang eines weltumpannenden ökonomischen Expansionismus gerückt und Westdeutschland (1.) politisch auf Westkurs gezwungen, (2.) eine sozialistische Umgestaltung der Wirtschafts- und Sozialstruktur – vor allem durch Einspruch gegen Sozialisierungs- und gewerkschaftliche Mitbestimmungsbestrebungen (Hessen, Nordrhein-Westfalen) – „verhindert" [622: E. SCHMIDT, Die verhinderte Neuordnung, Erstaufl. 1970], (3.) eine Demokratiegründung nach nichtmarxistischem Vorbild „verordnet" [513: T. PIRKER, Die verordnete Demokratie, 1977] und (4.) eine „Restauration" des Kapitalismus „erzwungen" [U. SCHMIDT, T. FICHTER, Der erzwungene Kapitalismus. Klassenkämpfe in den Westzonen 1945–1948, Berlin 1971] bzw. determiniert [E.-U. HUSTER u. a., Determinanten der westdeutschen Restauration 1945–1949, Frankfurt a.M. 1972]. *Verhinderte Neuordnung – erzwungener Kapitalismus?*

Die führende Besatzungsmacht habe mittels „Präjudizierung durch Verbot aller Präjudizierungen" [1136: H.-H. HARTWICH, Sozialstaatspostulat (Erstaufl. 1970), 66–70] dazu beigetragen, überkommene Machteliten und Strukturen zu restaurieren. Später hat K. VON BEYME hat von einer „verhinderten Neuordnung" auch mit Blick auf den Städtebau der ersten Nachkriegsjahre gesprochen [Vier Jahrzehnte Wiederaufbau in der Bundesrepublik Deutschland, in: APuZG B 6–7 (1989), 35].

Autoren, die die „komplexe Realität der Nachkriegsjahre" auf ihre sozio-ökonomischen Bezüge reduzierten [268: A. DOERING-MANTEUFFEL, Bundesrepublik (Erstaufl. 1983), 10], bedauerten, daß die Linksparteien 1945 nicht zu einer „Einheit der Arbeiterklasse" zusammengefunden und daß lokale „Arbeiterinitiativen" des Frühsommers 1945 [L. NIETHAMMER u. a. (Hrsg.), Arbeiterinitiative 1945, Wuppertal 1976] keinen Bestand gehabt, kurzum: die Westzonen den „Heilsweg zu einer sozialistischen Erneuerung" verfehlt hätten [398: H.-P. SCHWARZ, Vom Reich (1980), LXIV; ähnlich P. STEINBACH, in: Jb. für die Geschichte Mittel- und Ostdeutschlands 29 (1980), 168].

Die Kritiker einer verpaßten sozialistischen Umwälzung [dazu 211: K. KLOTZBACH, Parteien (1984), 677] gingen vielfach von unterschiedlichen Einzelentscheidungen der Besatzungsmächte aus. Auch traf ihre Prämisse nicht zu, es seien in den Westzonen Sozialisierungsforderungen – die sich im übrigen genauso gegen die Wirtschaftsverwaltung und Demontagepolitik der Alliierten richteten – das zentrale Thema gewesen und entsprechende Postulate gegenüber den Machthabern nicht energisch (genug) vertreten worden. Die ursprünglichen Re-education-Vorstellungen der anglo-amerikanischen Mächte trugen durchaus (links-)sozialistische bzw. (links-)liberale Züge, deckten sich aber nur teilweise mit Postulaten deutscher Linksgruppierungen. *Die Sozialisierungsproblematik*

152 II. Grundprobleme und Tendenzen der Forschung

Unterschiedliche Positionen
Die langwierige Diskussion um die ökonomische Grundlegung des Weststaats [dazu vgl. 389: W. RUDZIO, Sozialisierung, 1978; 634: D. WINKLER, Sozialisierungspolitik, 1979; 357: H. LADEMACHER, Sozialisierungspolitik, 1979; 364: W. LINK, Der Marshall-Plan, 1980; 293: R. STEININGER, Deutsche Geschichte (Erstaufl. 1983), 317–334] mündete schließlich in die (weiterhin offene) Frage nach dem Handlungsspielraum der Deutschen. [Dazu vgl. H. GREBING, Demokratie ohne Demokraten?, in: E. HOLTMANN (Hrsg.), Wie neu war der Neubeginn?, Erlangen 1989, 6–19, hier 10; 356: W. KRIEGER, Clay, 1988.] Im übrigen verfügten die Linksparteien in den drei Westzonen seit 1946/47 nicht über die Mehrheit, weder in den elf Landtagen zusammengenommen, noch 1947–1949 im Wirtschaftsrat der Bizone – in dem Kurt Schumacher die SPD-Fraktion in die Opposition gegen den „Bürgerblock" gezwungen hat [vgl. C. STAMM, in 70: Die SPD-Fraktion (1993), 29] –, noch 1948/49 im Parlamentarischen Rat über Mehrheiten. [Dazu vgl. F.R. PFETSCH, Die Gründergeneration der Bundesrepublik, in: PVS 27 (1986), 237–251.]

Gegenüber der Annahme, daß sich in der amerikanischen Zone im Sommer 1947 (Marshall-Plan, Direktive JCS 1779) die Militärs mit ihren Antisozialisierungsvorstellungen durchgesetzt hätten, hat D. HEIDEN herausgearbeitet, daß (und warum) die von ihm näher gekennzeichneten hessischen Politiker, „und nicht die Besatzungsmacht", einen Erfolg der Sozialisierung (Art. 41 der hessischen Verfassung von 1946) verhindert hätten [590: Sozialisierungspolitik (1997), 830].

Hunger als Hauptproblem
Noch zurückhaltender als in der Frage der Sozialisierung der Schwerindustrie verhielten sich die Besatzungsmächte in bezug auf umfassende Sozial- und Strukturveränderungen im Agrarbereich [631: G.J. TRITTEL, Bodenreform, 1975; 579: U. ENDERS, Bodenreform, 1982], schon um die Ernährungskrise angesichts weltweiter Lebensmittelknappheit nicht zu verschärfen. Der Hunger war das Hauptproblem der Alltagswirklichkeit in der Besatzungszeit [vgl. 628: G. STÜBER, Kampf, 1984; 632: G.J. TRITTEL, Hunger, 1990; P. ERKER, Ernährungskrise und Nachkriegsgesellschaft. Bauern und Arbeiterschaft in Bayern 1943–1953, Stuttgart 1990] und seine „Verwaltung" eine ebenso schwierige wie undankbare Aufgabe [582: W. FELDENKIRCHEN, Agrarpolitik, 1997].

Nach G.J. TRITTEL beschleunigten die Streiks und Hungerproteste im Winter 1947/48 die Entscheidung der amerikanischen Regierung, Westdeutschland in das ERP-Programm einzubeziehen [Hungerkrise und kollektiver Protest in Westdeutschland (1945–1949), in: M. GAILUS, H. VOLKMANN (Hrsg.), Der Kampf um das tägliche Brot, Opladen 1994, 377–391]. P. ERKER hat darauf hingewiesen, daß die Bundesrepublik die aus der Hungerkrise resultierenden sozialen Konflikte „bis in die 1950er Jahre" mitgeschleppt habe [Hunger und sozialer Konflikt in der Nachkriegszeit, ebd., 392–408, hier 407].

„Geglückte Neuordnung" – Demokratiegründung
Die in den siebziger Jahren bereits vereinzelt geforderte Abkehr von der Restaurationsthese [648: L. NIETHAMMER, Reform und Rekonstruktion; 247: J. KOCKA, Neubeginn, 1979] führte im folgenden Jahrzehnt zu einem Paradigma-

wechsel. Bereits 1974 hatte H.-P. SCHWARZ darauf verwiesen, daß die liberaldemokratischen ordnungspolitischen Vorstellungen der USA durch deutsche Wahl- und Mehrheitsentscheidungen legitimiert worden seien; die angeblich verhinderte sozialistische Umgestaltung sei vielmehr eine „geglückte Neuordnung" gewesen [Die außenpolitischen Grundlagen, in 286: R. LÖWENTHAL, H.-P. SCHWARZ (Hrsg.), Die zweite Republik (Erstaufl. 1974), 58 f.; DERS., Die ausgebliebene Katastrophe, in: H. RUDOLPH (Hrsg.), Den Staat denken, Berlin 1990, 151–174]. Erst die mit der neuen sozialmarktwirtschaftlichen Konzeption verbundene Renaissance der Demokratie [249: K. NICLAUSS, „Restauration" oder Renaissance? (1982), 101] ermöglichte den raschen (Wieder-)Anschluß an die westlichen Industriegesellschaften. Für Westdeutschland wurde die Überlagerung und „Durchdringung traditionaler Verhältnisse mit verändernder Dynamik" kennzeichnend [H.G. HOCKERTS, Bürgerliche Sozialreform nach 1945, in: R. VOM BRUCH (Hrsg.), „Weder Kommunismus noch Kapitalismus", München 1985, 246–273, hier 245].

Für W. BENZ war der nach 1945 erfolgte Übergang zum parlamentarischen System ein „eher revolutionärer als restaurativer Akt" [Die Entstehung, in 260: DERS. (Hrsg.), Bundesrepublik, Bd. 1 (1987), 32]. Ähnlich hat M. EPKENHANS die Antithese von Restauration und Neubeginn als „gar nicht vorhandene Alternative" bezeichnet [194: Neuere Literatur (1991), 517]. Das neue Interpretationsmodell der aus dem „Chaos" entstandenen, aber rasch stabilisierten „modernen" Bundesrepublik hat sich in der Forschung längst durchgesetzt [1: W. BÜHRER, Die Adenauer-Ära (1993), 12. Kritischer 1152: M. PRINZ, Demokratische Stabilisierung (1993), 657 f.]. Die auf Restauration oder Neuordnung fixierte Debatte wurde von einer „umfassenden Periodisierungsdiskussion" abgelöst [205: H.G. HOCKERTS, Zeitgeschichte (1993), 120]. *Periodisierungsdiskussion*

e) Der Stellenwert des Marshall-Plans

Im Zusammenhang der „Restaurations"-Debatte und einer stärker polit-ökonomisch akzentuierten Deutschlandforschung erhielt auch der Marshall-Plan [Text: Europa-Archiv 3 (1948), 1385–1394] einen neuen Stellenwert nicht nur für den damit intendierten Wiederaufbau einer liberalen Weltwirtschafts- und Gesellschaftsordnung, sondern auch für den der Wirtschaft in den Westzonen als Voraussetzung für deren politische Stabilisierung und Westintegration. *Mehrzweckwaffe*

Seit Mitte der siebziger Jahre wurde das antisowjetische Motiv dieses multilateralen Initiativprogramms ebenso kontrovers diskutiert wie dessen Einfluß auf die wirtschaftliche Erholung Westdeutschlands. [Dazu vgl. insbesondere die Thesen von W. ABELSHAUSER, die im folgenden Kapitel behandelt sind.] J. GIMBEL [The Origins of the Marshall-Plan, Stanford 1976; DERS., Die Entstehung des Marshallplans, in: O.N. HABERL, L. NIETHAMMER (Hrsg.), Der Marshallplan und die europäische Linke, Frankfurt a.M. 1986, 25–35] interpretierte das ERP als Sofortmaßnahme, ohne dezidiert antisowjetische Zielsetzung, für einen wirtschaftlichen

Wiederaufbau (West-)Deutschlands (als Kernstück des Wiederaufbaus in Europa), der nur so in Frankreich und in den USA hätte durchgesetzt werden können.

Zielsetzungen
Teilergebnisse GIMBELS – so der Nachweis des „Kompetenzwirrwarrs" innerhalb der US-Administration und Auseinandersetzungen mit General Clay wie mit der britischen Regierung über die Deutschlandpolitik – wurden weiter konkretisiert [302: J.H. BACKER, Die Entscheidung, 1981; 356: W. KRIEGER, Clay, 1988; 324: A. FROHN, Neutralisierung, 1985], seine zentrale These vom ERP als „kaschiertes German-Recovery-Programm" [349: M. KNAPP, Deutschland (1977), 26] allerdings behielt Bestand. KNAPP rückte die Entstehung des ERP in globale Zusammenhänge der amerikanischen Nachkriegspolitik sowie in die Tradition der liberalen Weltwirtschafts- und Gesellschaftsordnung). [Vgl. seine Auseinandersetzung mit J. GIMBEL in: PVS 19 (1978), 48–65.]

Europapolitik der USA
Als Verbindungskonzept zwischen der Deutschland- und Europapolitik der USA ermöglichte es der Marshall-Plan gleichzeitig der französischen Regierung, ihre Zone an die Bizone anzunähern [„17. ERP-Staat": so M. KNAPP, Die Anfänge westdeutscher Außenwirtschafts- und Außenpolitik im bizonalen Vereinigten Wirtschaftsgebiet, in 350: DERS. (Hrsg.), Von der Bizonengründung (1984), 47, später sein umfassender Forschungsbericht: Deutschlands Wiedereingliederung in die Weltwirtschaft (1948/49), in 807: F. KNIPPING, K.-J. MÜLLER (Hrsg.), Aus der Ohnmacht (1995), 85–119]. Der neuen politischen Organisation konnte Paris umso eher zustimmen, als die eigenen Wirtschafts- und Sicherheitsinteressen inzwischen durch das Ruhrstatut [vgl. 372: C. LÜDERS, Das Ruhrkontrollsystem, 1988; B. DORFEY, Die Internationale Ruhrbehörde im Spannungsfeld britischer, französischer, belgischer, luxemburgischer und niederländischer Interessen, in: GiW 9 (1994), 75–83] ebenso gewährleistet waren wie durch den Brüsseler Sicherheitspakt (WEU) von 1948. [Vgl. J. GILLINGHAM, Coal, Steel and the Rebirth of Europe, 1945–1955, Cambridge 1991.] Infolge seiner Schutzfunktion vor sowjetischer Expansion verschärfte das ERP den Ost-West-Konflikt [367: W. LOTH, Eindämmung (1994), 614f.]. KNAPP formulierte präzis: „Im Wasserzeichen der Geburtsurkunde der Bundesrepublik sind deshalb die Buchstaben ERP eingeprägt" [349: Deutschland (1977), 38].

Neuinterpretationen
1987 bewertete M.J. HOGAN den Marshall-Plan als erfolgreichen Versuch, in der Linie der New Deal-Politik das Konzept einer staatlich regulierten freien Marktwirtschaft und eines ungehinderten Außenhandels auf Westeuropa zu übertragen. Gleichzeitig korrigierte er Versionen, nach denen die amerikanische Besatzungsmacht in der Wirtschafts- und Sozialpolitik restaurative Ziele verfolgt oder durchgesetzt hätte [The Marshall Plan. America, Britain and the Reconstruction of Western Europe, 1947–1952, Cambridge 1987. Dazu D. PROWE, in: HZ 248 (1989), 483–485].

Unstrittig ist die zentrale Bedeutung des Marshall-Plans für die Rückkehr Westdeutschlands auf die internationale Bühne 1948/49 und für die Eingliederung der Bundesrepublik in den Welthandel. Deren Beteiligung am ERP wurde die "erste Etappe" der Westintegration [577: W. BÜHRER, Westintegration (1997), 417. Ferner W. KNAPP, Der Einfluß des Marshallplans auf die Entwicklung der westdeutschen Außenbeziehungen, in 395: H.-J. SCHRÖDER (Hrsg.), Marshallplan (1990), 209–238. In diesem Sammelband lassen elf weitere Beiträge verschiedener Autoren aus den Jahren 1977–1990 den kontroversen Forschungsverlauf erkennen. Dazu vgl. V. HENTSCHEL, in: VSWG 78 (1991), 583–585]. Die Bedeutung der Marshall-Plan-Hilfe für die Importfinanzierung, Investitionslenkung und Westintegration hat Z. JÀKLI im Zusammenhang staatlicher Subventionspolitik herausgearbeitet [in 395: H.-J. SCHRÖDER (Hrsg.), Marshallplan (1990), 65–68]. Er ermöglichte aber auch eine Liberalisierung des Außenhandels und des Zahlungsverkehrs sowie eine frühe Wiederaufnahme des Exports [588: G. HARDACH, Wirtschaftspolitik, 1991].

Die 1991 in den USA in einem Sammelband erschienenen 13 Referate einer Tagung von 1984 [C.S. MAIER (Hrsg.), The Marshall-Plan and Germany, New York; aktualisierte Übersetzung 375: DERS., G. BISCHOF (Hrsg.), Marshall-Plan, 1992] überschnitten sich teilweise mit den Beiträgen in dem erwähnten Sammelband von H.-J. SCHRÖDER (Hrsg.) [395: 1990]. K. SCHWABE beschrieb die positive Aufnahme des US-Hilfsprogramms in den Westzonen [Das Echo Westdeutschlands auf den Marshall-Plan 1947–49, 261–320, hier 316 f.]. Dabei diente die ERP-Hilfe für Washington auch als Instrument, sicherzustellen, „daß die Bundesrepublik keine separate Ostpolitik betrieb" [so W. LINK, Deutsche Ostpolitik und Zuständigkeit der Alliierten, in: A.M. BIRKE u. a. (Hrsg.), Großbritannien und Ostdeutschland seit 1918, München 1992, 107–120, hier 109]. Nach Ansicht von G. WEHNER hat bei der Entscheidung der USA für das ERP (wie für die Gründung eines westdeutschen Staates) die Verschuldung der Westzonen „in Milliardenhöhe gegenüber den USA" eine wichtige Rolle gespielt [707: Die Westalliierten (1994), 515].

Positive Aufnahme

Eine Bilanz der „unentschiedenen" Diskussion über die Rolle des Marshallplans für das westdeutsche „Wirtschaftswunder" zogen 1995 H. BERGER und A. RITSCHL [306: Die Rekonstruktion]. Sie suchten durch eine Verbindung des „politischen Ansatzes" mit der wirtschaftshistorischen Analyse von Wirkung und Erfolg des ERP den Rekonstruktionsprozeß neu zu bestimmen. Als Ergebnis ihrer Auseinandersetzung mit der umfangreichen Literatur bestätigten sie zunächst (1.) die „eher klassische Sichtweise", die dem Marshallplan entscheidenden Einfluß auf die westdeutsche und westeuropäische Wirtschaftsentwicklung zumaß; dabei habe die wirtschaftliche Rekonstruktion Deutschlands – das in die westeuropäische „Arbeitsteilung" einbezogen wurde – eine notwendige Bedingung der wirtschaftlichen Erholung Gesamteuropas gebildet. Sodann hätten (2.) die USA mit dem Marshallplan ein Geflecht von Institutionen etabliert, das es den Europäern erlaubt habe, ihre „handelspolitischen Kooperationsprobleme kollektiv" dadurch zu überwinden, daß allen Betroffenen wirtschaftliche Anreize geboten worden seien, gleichzeitig aber Deutschland sicherheitspolitisch kontrolliert blieb.

Marshallplan und Wirtschaftswunder

Schließlich habe (3.) der institutionelle Rahmen der Zahlungsunion die Bewältigung der Integration Westdeutschlands in das europäische Handelssystem erleichtert. Ferner seien (4.) die Importüberschüsse der Bundesrepublik nicht allein eine Folge des Korea-Krieges gewesen, sondern die Erwartung künftiger deutscher Exportchancen. Die Lösung der ersten Anpassungskrise der Bundesrepublik an die neue Arbeitsteilung in Europa sei (5.) mit Hilfe der nach dem Marshallplan neu geschaffenen Mechanismen wirtschaftlicher Zusammenarbeit gelungen.

Langfristige Strategie
Nach der Reintegration der Bundesrepublik in den europäischen Handel habe Europa die benötigten Kapitalien aus deutscher Produktion erhalten. Dabei sei ein „wechselseitig vorteilhafter Tausch" an die Stelle von US-finanzierten Ressourcentransfers getreten. Deutschlands Übergang zu einem Nettoexportland habe das exportgeleitete „Wirtschaftswunder" erst möglich gemacht. Da die Überschüsse die nötigen Transfers von Ressourcen für den westeuropäischen Wiederaufbau bereitstellen konnten, sei die Dollarlücke der Nachkriegsjahre bewältigt und der amerikanische Steuerzahler von weiteren Hilfen für Europa entlastet worden: „In dem Management des hierzu erforderlichen institutionellen Wandels liegt der eigentliche Erfolg des Marshallplans als langfristiger Politikstrategie" [519].

Noch ohne Kenntnis dieser Neuinterpretation kam 1996 P. HELDMANN zu folgendem Ergebnis: Der Boom nach der Währungs- und Wirtschaftsreform sei zunächst vor allem der Konsumgüterindustrie zugute gekommen. Die gleiche Rolle habe dann der Koreaboom für die Investitionsgüterindustrie sowie Teile der Grundstoff- und Produktionsgüterindustrie gespielt und schließlich das Investitionshilfegesetz von 1952 für die Montanindustrie [591: Das „Wirtschaftswunder"]. Einen vorläufigen Endpunkt in der „längst nicht mehr überschaubaren Literatur zum Marshallplan" [so W. ABELSHAUSER in der Rezension von W. BÜHRER, in: HZ 267 (1997), 538–540, hier 538] setzte 1997 W. BÜHRER mit seiner umfassenden politikgeschichtlichen Untersuchung über die Eingliederung Westdeutschlands in die internationale Staatenfamilie bis 1961 [577: Westdeutschland].

Demontagen
Angesichts der intensiven Auseinandersetzungen um Zeitpunkt und Geschwindigkeit des wirtschaftlichen Wiederaufbaus fällt auf, daß Umfang und Folgen der Demontagen – eines der „zentralen Themen im kollektiven Bewußtsein der Deutschen nach 1945" [so R. STEININGER in einer Rezension von A. KRAMER, Die britische Demontagepolitik am Beispiel Hamburgs 1945–1950, Hamburg 1991, in: AfS 34 (1994), 728] – nicht annähernd vergleichbar erforscht sind. Dabei wurden deren Konsequenzen „eher unter- als überbewertet" [so 584: H. FIEREDER, Demontagen (1989), 238. Dazu vgl. M. KÖCHLING, Die Demontagepolitik im Spannungsfeld von alliiertem Anspruch und deutscher Wirklichkeit, in: J.-P. BARBIER, L. HEID (Hrsg.), Zwischen Gestern und Morgen. Kriegsende und Wiederaufbau im Ruhrgebiet, Essen 1995, 172–185; DERS., Demontagepolitik und Wiederaufbau in Nordrhein-Westfalen, Essen 1995, mit einer umfangreichen Bibliographie, 369–395].

Nach R. KARLSCH haben die Demontagen für die Westzonen wegen der anschließend erfolgten Modernisierung mittelfristig einen „verkappten Segen für die Industrie" bedeutet [Kriegszerstörungen und Reparationslasten, in 405: H.-E. VOLKMANN (Hrsg.), Ende des Dritten Reiches (1995), 525–556, hier 550; ähnlich auch 315: J. FARQUHARSON, Großbritannien, 1998] und etwa Großbritannien aus den Demontagen – mit Rücksicht auf die USA – nur geringen materiellen Gewinn gezogen. [Dazu vgl. A. CAIRNCROSS, The Price of War. British Policy on German Reparations 1941–1949, Oxford 1986, 194–218.]

Der Versuch, die von den Siegermächten aus je ihren Zonen bzw. deren späteren Folgestaaten entnommenen Reparationen zu berechnen, hat inzwischen zu annähernd vergleichbaren Ergebnissen bzw. Schätzungen geführt [585: J. FISCH, Reparationen, 1992; DERS., Die deutschen Reparationen und die Teilung Europas, in W. LOTH (Hrsg.), Die deutsche Frage in der Nachkriegszeit, Berlin 1994, 67–101; R. KARLSCH, Allein bezahlt? Die Reparationsleistungen der SBZ/DDR 1945–1953, Berlin 1993; DERS., Umfang und Struktur der Reparationsentnahmen aus der SBZ/DDR 1945–1953, in 574: C. BUCHHEIM (Hrsg.), Folgelasten (1995), 45–78]. Reparationsleistungen

Danach sind von den Westzonen bzw. von der Bundesrepublik Deutschland und von der SBZ bzw. der DDR bis 1953 je etwa 53–55 Mrd. Mark (ca. 16,5–16,8 Mrd. $ zu Vorkriegspreisen) aufgebracht worden. Damit lag die Belastung des Bruttosozialprodukts in der SBZ/DDR bis 1953 mit über 25 % etwa 2,5mal höher als in Westdeutschland [585: J. FISCH, Reparationen (1992), 94. Vgl. auch 374: G. MAI, Kontrollrat (1995), 392–395]. Hinzu kamen jeweils die Besatzungskosten und die Konfiskation geistigen Eigentums. Inzwischen ist eine Wende in der sowjetischen Reparationspolitik seit Ende 1946 herausgearbeitet worden: von einer harten Linie durch destruktive Demontagen und gleichzeitige Entnahme aus der laufenden Produktion zu einer pragmatischen Linie durch Aufbau einer Art von „industrieller Gegenstruktur" [R. KARLSCH, B. CIESLA, Vom „Karthago-Frieden" zum Besatzungspragmatismus, in 378: H. MEHRINGER u. a. (Hrsg.), Erobert oder befreit? (1999), 71–92].

Nach J. GIMBEL haben allein die USA bis 1947/48 aus Deutschland durch Patentraub, Forschungskontrolle und Wirtschaftsspionage „versteckte Reparationen" [The Origins of the Marshall-Plan, Oxford 1976, 143–175] in Höhe von ca. 10 Mrd. Dollar entnommen [DERS., Science, Technology, and Reparations. Exploitation and Plunder in Postwar Germany, Stanford, Cal. 1990]. Allerdings sind bei derartigen Schätzungen die langfristigen Milliardenkredite des Marshall-Plans für den wirtschaftlichen Wiederaufbau Westdeutschlands ebenso „gegenzurechnen" wie die späteren Leistungen der Bundesrepublik aus dem Luxemburger Abkommen mit Israel von 1952 und die aus dem Londoner Schuldenabkommen von 1953 [575: C. BUCHHEIM, Die Wiedereingliederung (1990), 69–99]. Schwer zu beziffern ist der Wert der von der Sowjetunion und von Polen annektierten deutschen Ostgebiete [J. FOITZIK in der Rezension von J. FISCH, 585: Reparationen (1992), in: Internationale wissenschaftliche Korrespondenz zur Geschichte der Arbeiterbewegung 30 (1994), 327]. Versteckte Reparationen

f) Reform der Währung und des Wirtschaftssystems 1948

An der Vorbereitung der Währungsreform vom 20. Juni 1948 waren westdeutsche Experten – darunter Ludwig Erhard – in der für sie von den Besatzungsmächten eingerichteten „Sonderstelle Geld und Kredit" stärker beteiligt, als vielfach bekannt [570: M. BRACKMANN, Vom totalen Krieg, 1993. Dazu vgl. die Kritik von A. ABELSHAUSER an dem Versuch des Nachweises einer kontinuierlichen finanzwissenschaftlichen Diskussion über 1945 hinweg, in: HPB 45 (1997), 127]. Die Sanierung der Währung beendete die Epoche des „Armeleutegeldes" [T. ESCHENBURG, Zur Vorgeschichte der Bundesrepublik, in 1343: H. STEFFEN (Hrsg.), Die Gesellschaft, Bd. 1 (1970), 7] und der „Rationen-Gesellschaft" [R. GRIES, Münster 1991] sowie des Schwarzmarkts [W.A. BOELCKE, Der Schwarzmarkt 1945–1948, Braunschweig 1986]. Sie galt in Verbindung mit der sie von Anfang an begleitenden Bewirtschaftungsreform Ludwig Erhards und der Marshall-Plan-Hilfe nahezu zwei Jahrzehnte lang als Hauptursache für das rasche wirtschaftliche Wachstum in den Westzonen und das nahtlos daran anschließende „Wirtschaftswunder" in der Bundesrepublik. [Zur Entstehung des Colm-Dodge-Goldsmith-Plans, der als Grundlage der Währungsreform diente, vgl. W. HOPPENSTEDT, Gerhard Colm. Leben und Werk (1897–1968), Stuttgart 1997, 196 ff.]

Demgegenüber hat sich W. ABELSHAUSER seit 1975 [236: Wirtschaft, 164–170] gegen diese „wirtschaftliche Gründungslegende" der Bundesrepublik gewandt [255: DERS., Wirtschaftsgeschichte (1983), 54–63]. Er datierte den Beginn eines stetigen ökonomischen „Rekonstruktionsprozesses" in der Bizone bereits in den Herbst 1947. Der von Erhard 1948 durchgesetzten ordnungspolitischen Weichenstellung für eine bisher in Deutschland nicht bekannte Wirtschaftsform [dazu W. BECKER, Die Entscheidung für eine neue Wirtschaftsordnung nach 1945, in: R.A. ROTH, W. SEIFERT (Hrsg.), Die zweite deutsche Demokratie, Köln 1990, 67–90] maß er wesentlich geringere Bedeutung für den schnellen wirtschaftlichen Aufschwung der Folgezeit bei als anderen, „systemunabhängigen Wachstumsdeterminanten". Für das Gebiet der französischen Zone hatte M. MANZ bereits 1968 die Bedeutung von Marshall-Plan und Währungsreform für den wirtschaftlichen Aufschwung relativiert [Stagnation und Aufschwung in der französischen Besatzungszone 1945–1948, Diss. Mannheim 1968, neu hrsg. von W. ABELSHAUSER, Ostfildern 1985].

Gegenargumente Die nach einem Modell des ungarischen Wirtschaftswissenschaftlers FRANZ JÁNOSSI [Das Ende der Wirtschaftswunder, Frankfurt a.M. 1986] entwickelten Thesen ABELSHAUSERS wurden von vielen Autoren [aufgezählt bei 285: R. KLUMP, Wirtschaftsgeschichte (1985), 18–21] zustimmend übernommen [Ausnahme 349: M. KNAPP, Marshallplan (1977), 35; 806: DERS., Sorgen (1984), 40]. Die aus wirtschaftswissenschaftlicher Sicht geäußerte grundsätzliche Kritik an Abelshausers empirischer Basis und seinen wirtschaftstheoretischen Ausführungen [H.F. WÜNSCHE, Wirtschaft in Westdeutschland, in: Orientierungen zur Wirtschafts- und Gesellschaftspolitik, Bonn 1979, 37–40; R. KLUMP, Wie ist das „Wirtschaftswun-

der" entstanden?, ebd. 1984, 41–44] blieb zunächst unbeachtet. 1981 unterstrich
K. BORCHARDT die Notwendigkeit einer „Entmythologisierung der Entmythologisierer" [Die Konzeption der Sozialen Marktwirtschaft in heutiger Sicht, in: O.
ISSING (Hrsg.), Zukunftsprobleme der Sozialen Marktwirtschaft, Berlin, 34] und
würdigte die Währungsreform als „quasirevolutionären Gründungsakt" der Bundesrepublik [1086: Die Bundesrepublik (1983), 125].

Inzwischen hatte eine regionalgeschichtliche Untersuchung für Südbaden [R. LAUFER, Industrie und Energiewirtschaft im Land Baden 1945–1952, Freiburg i.Br. 1979; DERS., Die südbadische Industrie unter französischer Besatzung 1945–1949, in 391: C. SCHARF, H.-J. SCHRÖDER (Hrsg.), Die Deutschlandpolitik Frankreichs (1983), 152 f.] die Thesen von MANZ und ABELSHAUSER nicht bestätigt. Später arbeiteten W. BOELCKE [Industrie und Technologie in der französischen Besatzungszone, in: K. MANFRASS, J.-P. RIOUX (Hrsg.), France – Allemagne 1944–1947, Paris 1990, 192 f.] und C. BUCHHEIM die Gründe für das verspätete Wirtschaftswachstum in der französischen Zone heraus [Die Währungsreform in Westdeutschland im Jahre 1948, in: W. FISCHER (Hrsg.), Währungsreform und Soziale Marktwirtschaft, Berlin 1989, 400–402]. *Sonderfall französische Zone*

Gegenüber ABELSHAUSER maßen dann R. KLUMP und H.F. WÜNSCHE [in 809: Die Korea-Krise, 1986] und 1985 erneut A. RITSCHL – ohne Kenntnis der Kritik von R. KLUMP und H.F. WÜNSCHE –der Währungsreform entscheidende Bedeutung für die Produktionsentwicklung zu [618: Die Währungsreform, 1985]. Dadurch sah sich ABELSHAUSER in seiner „inhaltlichen Position" jedoch nicht betroffen [Schopenhauers Gesetz und die Währungsreform, in: VfZ 33 (1985), 218].

Ebenfalls 1985 setzten sich der schon erwähnte Ökonom R. KLUMP [285: Wirtschaftsgeschichte], 1987 zwei Historiker [599: B. KLEMM, G. J. TRITTEL, Vor dem „Wirtschaftswunder"] kritisch mit ABELSHAUSERS Interpretation der Wirtschaftsentwicklung bis 1948 auseinander. [Auf Klumps „Polemik" antwortete W. ABELSHAUSER, in: HZ-Sonderheft 16 (1992), 276.] Auch J. STARBATTY [in der Rezension von R. KLUMP, Wirtschaftsgeschichte, in: Zs. für Unternehmensgeschichte 34 (1989), 51], K. BORCHARDT und C. BUCHHEIM unterstrichen die „Schlüsselrolle" der Währungsreform und der wirtschaftlichen Deregulierung bei der „Initiierung des dynamischen Wirtschaftswachstums" [Die Wirkung der Marshallplan-Hilfe in Schlüsselbranchen der deutschen Wirtschaft, in: VfZ 35 (1987), 317–347; 572: C. BUCHHEIM, Währungsreform, 1988, 231; R. KLUMP, Die Währungsreform von 1948, in: W. FISCHER (Hrsg.), Währungsreform und Soziale Marktwirtschaft, Berlin 1989, 403–422]. 1989 referierte und interpretierte dann C. BUCHHEIM den bisherigen Gang der Debatte [573: Zur Kontroverse]. Sein Ergebnis: die Währungsreform habe sich „gerade durch ihre Verknüpfung mit der Einführung von Marktsteuerung in weiten Bereichen der Wirtschaft" als „Initialzündung für den anhaltenden Wirtschaftsaufschwung" erwiesen [100]. *Fortsetzung der Kontroverse*

Im gleichen Jahr rückte W. ABELSHAUSER seine Forschungsergebnisse zur Funktion des Marshallplans („Hilfe zur Selbsthilfe") beim westdeutschen Wie- *„Wirtschaftshistorikerstreit"* deraufbau [Hilfe und Selbsthilfe, in: VfZ 37, 85–113] in den Zusammenhang des „Paradigma-Wechsels in der Wirtschaftstheorie". Er hielt im „westdeutschen Wirtschaftshistorikerstreit" [so W. ABELSHAUSER, in: HZ-Sonderheft 16 (1992), 276] an seiner Rekonstruktionsthese fest. [In dieser Linie auch D. PETZINA, Kontinuität oder Neubeginn? Aspekte wirtschaftlicher Rekonstruktion nach 1945, in: K. RUDOLPH, C. WICKERT (Hrsg.), Geschichte als Möglichkeit, Essen 1995, 258–269.] Seine Interpretation fand ABELSHAUSER durch die politikwissenschaftliche Arbeit von W. KRUMBEIN [603: Wirtschaftssteuerung, 1989] bestätigt [HZ 257 (1993), 549], während V. HENTSCHEL darin eine entsprechende Eindeutigkeit nicht feststellen konnte [in: VfSWG 77 (1990), 588; ebd., 78 (1991), 584]. G.J. TRITTEL bewertete den Hunger als die „entscheidende Ursache für die Blockierung des wirtschaftlichen Aufschwungs" bis zur Währungsreform [632: 1990].

Inzwischen hatte W. ABELSHAUSER die Ursprünge der Sozialen Marktwirtschaft in die frühen dreißiger Jahre vorverlegt [Die ordnungspolitische Epochenbedeutung der Weltwirtschaftskrise in Deutschland, in 611: D. PETZINA (Hrsg.), Weichenstellungen (1991), 11–29] und damit die ordnungspolitische Zäsur der Nachkriegszeit weiter relativiert. Aus wirtschaftswissenschaftlicher Sicht kam H. HAMEL zu dem Ergebnis, daß letztlich „viele Komponenten" Erhards Erfolg begründet hätten, in erster Linie jedoch sein geschlossenes Konzept und seine Entschlossenheit, es gegen „vielfältige Widerstände" durchzusetzen [Erörterungen zum deutschen Wirtschaftswunder, in: C. HERMANN-PILLATH u. a. (Hrsg.), Marktwirtschaft als Aufgabe, Stuttgart 1994, 47–64, hier 60].

Noch kein Ende   Die Divergenzen in der Beurteilung der Währungs- und Wirtschaftsreform [dazu vgl. einige Beiträge in dem Sammelband: Fünfzig Jahre Deutsche Mark, 1088: 1998] beruhen zum einen auf der Verwendung unterschiedlicher Rekonstruktions- und Wachstumstheorien, zum andern aber in einer gegenwartsbezogenen Fundamentalkritik an „Effizienz und Aktualität des Konzepts der Sozialen Marktwirtschaft" [so G. SCHULZ, in: HJb. 107 (1987), 500]. Zum „Historikerstreit über die Produktionskapazitäten 1948" argumentierte H.O. LENEL 1992 zugunsten der Erhard-Linie [in: Orientierungen zur Wirtschafts- und Gesellschaftspolitik H. 54, 72–77]. Wenig später stützte M. KÖCHLING [Demontagepolitik, Essen 1985] Abelshausers Thesen, der seinerseits die Diskussion weiterführte [Der „Wirtschaftshistorikerstreit" und die Vereinigung Deutschlands, in 181: A. BAUERKÄMPER u. a. (Hrsg.), Doppelte Zeitgeschichte (1998), 404–416].

Bereits früher hatte V. HENTSCHEL einmal den „Wirtschaftshistorikerstreit" zwar als „nützlich", zugleich aber auch als „vergebens" bewertet, weil die Erkenntniskriterien zu seiner Entscheidung „außerhalb unserer wissenschaftlichen Reichweite" lägen [1096: Die Europäische Zahlungsunion (1989), 757].

g) Handlungsspielräume deutscher Politiker

Ringen mit den   Im Zusammenhang mit der Erforschung der Währungs- und Wirtschaftsreform
Machthabern   von 1948 ist deutlich geworden, daß Ludwig Erhard im Juni 1948 seinen Hand-

4. Die Epoche der Besatzungsherrschaft 1945–1949   161

lungsspielraum eigenmächtig erweiterte und damit – weil Clay ihn stützte – Erfolg hatte [564: G. AMBROSIUS, Durchsetzung (1977), 181]. Nach D. PETZINA besaßen deutsche Politiker bei der Formulierung und Umsetzung der „praktischen Wirtschaftspolitik" großen Spielraum [Wirtschaftliche Rekonstruktion im westlichen Deutschland, in: DERS., R. RUPRECHT (Hrsg.), Wendepunkt 1945?, Bochum 2. Aufl. 1992, 62–74, hier 74; DERS., Kontinuität oder Neubeginn? Aspekte wirtschaftlicher Rekonstruktion nach 1945, in: K. RUDOLPH, C. WIKKERT (Hrsg.), Geschichte als Möglichkeit, Essen 1995, 258–269, hier 268].

In anderen Fällen waren es Länderregierungen, Koalitionsmehrheiten oder auch der Verwaltungsrat der Bizone, denen es nach Ausbruch des Kalten Krieges gelang, wenn schon nicht eigene Vorstellungen durchzusetzen, so doch von den Machthabern vorgesehene strukturelle Veränderungen zu verzögern oder zu entschärfen. Das galt für den Bereich der Wirtschafts- und Sozialverfassung – mit Ausnahme der gewerkschaftlichen Mitbestimmung in der Ruhr-Montan-Industrie –, des Schul- und Erziehungssystems, der Verwaltungsstruktur [1201: U. WENGST, Beamtentum, 1988; 1180: C. GARNER, Der öffentliche Dienst, 1993; DERS., in 405: H.-E. VOLKMANN, Ende des Dritten Reiches (1995), 607–674; 390: H.-J. RUPIEPER, Nachkriegsdemokratie (1993), 173–204] und des Agrarsektors (Bodenreform) [dazu 1452: R. MORSEY, Lübke (1997), 171–186], sowie des Kammerwesens. [Dazu D. PROWE, Unternehmer, Gewerkschaften und Staat in der Kammerneuordnung in der britischen Besatzungszone bis 1950, in: W. EUCHNER, D. PETZINA (Hrsg.), Wirtschaftspolitik im britischen Besatzungsgebiet, Düsseldorf 1984, 197–214.] Die auf diese Weise gewahrte Kontinuität verlief keineswegs überall von der ersten unmittelbar in die zweite Republik [647: R. MORSEY, Personal- und Beamtenpolitik, 1977], sondern schloß bisweilen, insbesondere in der Justiz, nahezu ungebrochen auch die der NS-Zeit ein [1175: B. DIESTELKAMP, Die Justiz, 1988; 657: H. WROBEL, Verurteilt, 1989].

Nach R. SCHILLINGER [1157: Lastenausgleich (1985), 109] waren die Handlungsspielräume der Deutschen auf sozialpolitischem Gebiet, zumindest in der amerikanischen Zone, „größer als bislang angenommen". Demgegenüber bewertete H. MOMMSEN den Spielraum für eine „wirkliche Neuordnung" des öffentlichen Dienstes als „außerordentlich gering" [Die Kontinuität der Institution des Berufsbeamtentums und die Rekonstruktion der Demokratie in Westdeutschland, in: F.G. SCHWEGMANN (Hrsg.), Die Wiederherstellung des Berufsbeamtentums nach 1945, Düsseldorf 1986, 65–79, hier 74]. Seine These, daß sich die Deutschen „bereitwillig" mit der Abtrennung des Lastenausgleichs von der Währungsreform abgefunden hätten [110], hat M.L. HUGHES widerlegt. Das Lastenausgleichsgesetz des Wirtschaftsrats von 1948 durfte auf amerikanischen Druck hin keine „sozialistischen" Tendenzen (Kapitalabgabe und staatliche Fondsbildung) enthalten und nur als „Soforthilfegesetz" verabschiedet werden [597: Lastenausgleich (1991), 44]. Unterschiedliche Möglichkeiten

Aufgabe künftiger Forschung wird es bleiben, die nach Zonen, Zielen und Zeitablauf zu unterscheidenden Einflußmöglichkeiten und Handlungsspielräume deutscher Politiker näher zu bestimmen. Es gilt zu klären, inwiefern das „histo- Formen der Interaktion risch Wesentliche" der Besatzungszeit „nicht so sehr die Prärogative der Alliierten" gewesen ist, sondern die – über das Mindestmaß selbstverständlicher Zusammenarbeit bzw. Auftragsverwaltung hinausgehende – „Interaktion zwischen Besatzern und Besetzten" [246: C. KLESSMANN, Staatsgründung (1983), 66] als „ungleichrangigen Autoritäten" [W. MÜHLHAUSEN, Hessen 1945–1950, Frankfurt a.M. 1985, 547]. Dabei bleibt der „Konzepte-Pluralismus" [U. REUSCH, Das Besatzungsregiment der Briten, in: Geschichte, Politik und ihre Didaktik 13 (1985), 181–188, hier 183] der amerikanischen und britischen Regierungsspitzen zu berücksichtigen. [Über Widersprüchlichkeiten im kulturellen Bereich vgl. M. BAUSCH, Die Kulturpolitik der US-amerikanischen Information Control Division in Württemberg-Baden von 1945 bis 1949, Stuttgart 1992; 496: M. HEIN-KREMER, Kulturoffensive, 1996.]

Nach W. JOCHMANN hat in Bremen Bürgermeister Spitta seinen Handlungsspielraum „voll ausgenutzt" [so in der Einleitung zu: U. BÜTTNER, A. VOSS-LOUIS (Hrsg.), Neuanfang auf Trümmern. Die Tagebücher des Bremer Bürgermeisters Theodor Spitta 1945–1947, München 1992, 21]. Die engen Grenzen des Handlungsspielraums deutscher Politiker in Nordrhein-Westfalen hat W. FÖRST aufgezeigt [430: Möglichkeiten, 1981].

Ministerpräsidenten und Weststaatsgründung

Angesichts der alternativlosen Situation im Juli 1948 (Berlin-Blockade) bestand für die westdeutschen Länderchefs keine Möglichkeit, das Angebot der drei Westmächte („Frankfurter Dokumente") zur Übernahme der Mitverantwortung für die Weststaatsgründung zurückzuweisen. Sie waren nicht in der Lage, ihre „ursprüngliche Ablehnung eines Vollstaates" durchzuhalten [433: W. GIESSELMANN, Die Koblenzer Beschlüsse (1987), 348]. Sie entschärften jedoch den Zielkonflikt zwischen nationaler Einheit und Entscheidung für den Weststaat durch die „Kernstaats"-These, den Provisoriumsvorbehalt der Teilstaatsgründung und die Hoffnung auf die Tragfähigkeit der Magnettheorie.

Keine Neugliederung

Daß es den Ministerpräsidenten möglich gewesen wäre, durch „etwas weniger Eile und Botmäßigkeit" die Entwicklung „wohl in eine andere Richtung" zu lenken [293: R. STEININGER, Deutsche Geschichte (Erstaufl. 1983), 296], bleibt Hypothese. E. NOLTE hat von einer „Staatsgründung des verschämten Totalkonsensus" aller relevanten westdeutschen Politiker gesprochen, die sich vor einem unlösbaren Zielkonflikt sahen [385: Deutschland (Erstaufl. 1974), 251]. Gegenüber STEININGERS Annahme, daß der Kreml 1948 wegen Berlin keinen Krieg riskiert hätte [293: 295], ist auf die von ihm entdeckte Befürchtung des britischen Militärgouverneurs von Ende Mai 1948 vor einer Kriegsgefahr zu verweisen [402: Teilung Deutschlands (1983), 57]. Den entscheidenden Beitrag der Länder(chefs) zur Entstehung der Bundesrepublik Deutschland im Juli 1948 hat B. BLANK nachgewiesen [418: Die westdeutschen Länder, 1995]. Eine knappe Mehrheit der Regierungschefs konnte die von den Militärgouverneuren nahegelegte Möglichkeit einer Neugliederung einzelner Länder verhindern [B. DORFEY, Die Teilung der Rheinprovinz und die Versuche zu ihrer Wiedervereinigung (1945–1956), Köln 1992].

5. Schwerpunktthemen der Forschung zur Geschichte der Bundesrepublik

a) Etappen und Bewertungen der Außenpolitik bis 1953

Schwerpunkte und Zäsuren der Außenpolitik der Bundesrepublik Deutschland waren durch Ereignisse der internationalen Politik bestimmt. In Abwandlung der „Eröffnungsfanfare" [192: A. DOERING-MANTEUFFEL, Deutsche Zeitgeschichte (1993), 24] von A. BARING, „Im Anfang war Adenauer" [778: Außenpolitik (1969), 1], hat sich die zutreffendere Bewertung von W. LINK, „Im Anfang war die internationale Politik!" [Die Außenpolitik und internationale Einordnung der Bundesrepublik Deutschland, in: W. WEIDENFELD, H. ZIMMERMANN (Hrsg.), Deutschland-Handbuch, Bonn 1989, 571] durchgesetzt. Ähnlich H. HAFTENDORN: „Im Anfang waren die Alliierten" [in: H.-H. HARTWICH, G. WEWER (Hrsg.), Regieren in der Bundesrepublik V, Opladen 1993, 39]. Im Anfang war nicht Adenauer

Das Interesse an der Erforschung der Außenpolitik war von der Gründungssituation der „provisorischen" Bundesrepublik, ihrer Gefährdung durch den fortdauernden Kalten Krieg und deren stabilisierender Wirkung für den neuen Staat naheliegend. Ein weiterer Grund lag darin, daß ADENAUERS Bedeutung als Außenpolitiker früh herausgearbeitet worden ist, nachdem dessen Memoiren [110: 1965–1968], die fast ausschließlich außenpolitische Entwicklungen und Zusammenhänge schilderten, ungewöhnlich früh eine ungewöhnliche Fülle bis dahin unbekannter erstrangiger Quellen enthielten. [Über Entstehung, Zielsetzung und Quellenwert dieser Memoiren vgl. 1421: H.-P. SCHWARZ, Adenauer, Bd. 2 (1991), 937–961; H.P. MENSING, in: HJb. 104 (1994), 396–411.]

Zunächst richtete sich das Augenmerk – unter Ausklammerung der bereits 1948/49 von der Verwaltung der Bizone erfolgreich betriebenen Außenwirtschaftspolitik [W. BÜHRER, Auftakt in Paris, in: VfZ 36 (1988), 189–232] – auf die „Gründerjahre" des neuen Staates. Sie waren gekennzeichnet durch Adenauers westeuropäische Integrationspolitik, die eine historische Wende einleitete. W. BÜHRER hat Adenauer wegen dessen anfänglicher „Mißachtung" der Außenwirtschaftspolitik als „Erneuerer wider Willen" bezeichnet [1: Die Adenauer-Ära (1993), 15 f.] und seinerseits die einzelnen Etappen des Integrationsprozesses Westdeutschlands in die europäisch-atlantische Gemeinschaft detailliert aufgezeigt. [577: W. BÜHRER, Westdeutschland, 1997]. Interaktion als Kontrollmöglichkeit

Die Wende begann mit dem vom französischen Außenminister Robert Schuman am 9. Mai 1950 gemachten Vorschlag einer westeuropäischen Montanunion [U. LAPPENKÜPER, Der Schuman-Plan. Mühsamer Durchbruch zur deutsch-französischen Verständigung, in: VfZ 42 (1994), 403–445] – ein europäisches Lösungsmodell auch für innerfranzösische Probleme [M. KIPPING, Zwischen Kartellen und Konkurrenz. Der Schuman-Plan und die Ursprünge der europäischen Einigung, Berlin, 1996. Zur distanzierten Haltung Großbritanniens vgl. A. HEINEN, Frankreich, Großbritannien und der Schumanplan, in: G. MÜLLER (Hrsg.),

Deutschland und der Westen, Stuttgart 1998, 65–75]. Wesentlichen Anteil am Zustandekommen dieses Integrationskonzepts hatte Jean Monnet [H. Schröder, Jean Monnet und die amerikanische Unterstützung für die europäische Integrationspolitik (1950–1957), Frankfurt a.M. 1994. Dazu R. Hudemann (Hrsg.), Zur Methodendiskussion in der Erforschung der europäischen Integration, in 798: Ders. u. a. (Hrsg.), Europa im Blick (1995), 99–104; G. Trausch, Der Schuman-Plan zwischen Mythos und Realität, ebd., 105–128.]

Beginn der Integrationspolitik   Mit der im Frühjahr 1955 erlangten Souveränität der Bundesrepublik und ihrem Eintritt in die NATO war eine erste Etappe der von den internationalen Rahmenbedingungen begünstigten Integration Westeuropas erreicht. [839: G. Trausch (Hrsg.), Die Europäische Integration, 1993]. Das seit 1949 bestehende Militärische Sicherheitsamt der Westalliierten [dazu M. Glaser, Witterschlick/Bonn 1992] wurde aufgelöst. Für die Westmächte bedeutete die Einbindung der Bundesrepublik gleichzeitig einen Erfolg eigener Art: „Integration war die höflichste Form für Kontrolle" [so W. Krieger in der Rezension von T.A. Schwartz, America's Germany (765: 1991), in: HZ 257 (1993), 250]. Die Bonner Außenpolitik der folgenden Jahre bis zur Genfer Gipfelkonferenz von 1959 erschien angesichts der forcierten Entspannungsbemühungen der Blockmächte vielfach als „konzeptionsloser Pragmatismus" [268: A. Doering-Manteuffel, Bundesrepublik (Erstaufl. 1983), 45].

„Hallstein-Doktrin"   Diese Politik im Zeichen der „Hallstein-Doktrin" [über deren Genesis, Anwendung und Erosion (bis 1969 hin) vgl. 782: R.M. Booz, „Hallsteinzeit", 1995] seit Ende 1955 [von Adenauer schon am 31. März 1954 angeregt, vgl. 45: Kabinettsprotokolle 1954 (1993), 132] erwies sich als durchaus wirksam, um die DDR international zu isolieren. Sie galt spätestens seit dem Bau der Berliner Mauer („Immobilismus") [dazu V. Koop, Der Bau der Mauer, in: Die politische Meinung 41 (1996), 18–27] als festgefahren, war jedoch, da sich Adenauer nicht auf ein einziges Integrationskonzept festlegen ließ, „komplizierter, flexibler und wandlungsreicher, als das den Verfechtern simplifizierender Klischees gefallen kann" [H.-P. Schwarz, Die Zentralmacht Europas, Berlin 1994, 280]. Seit Ende der fünfziger Jahre erschien eine „Lösung der Deutschen Frage" nur noch im Sinne der sowjetischen Zwei-Staaten-Theorie realistisch. Auch für viele Zeithistoriker galt Adenauers Deutschland- bzw. Wiedervereinigungspolitik als gescheitert. (Vgl. Kap. 5g.)

Überblicksdarstellungen   Seit 1969 lag mit der Arbeit von A. Baring, Außenpolitik in Adenauers Kanzlerdemokratie [778], die fundierte Fallstudie eines „zeitgeschichtlich orientierten Politikwissenschaftlers" und Gegners der Adenauerschen Politik [so A. Hillgruber, in: HZ 214 (1972), 446] über die Entstehung der Europäischen Verteidigungsgemeinschaft vor. Barings Interesse galt der Person und den („machiavellistischen") Methoden des Bundeskanzlers, mit deren Hilfe es ihm gelungen sei, sein selbstgeschaffenes außenpolitisches Informationsmonopol zu wahren, Entscheidungsprozesse in Gang zu bringen und durchzusetzen. Mit dem Scheitern der Europäischen Verteidigungsgemeinschaft sah Baring auch Adenauers Integrationspolitik gescheitert. Erstmals kam das personelle und interessenbedingte Geflecht in den verschiedenen Bonner Diskussionsgremien und Entscheidungszentren in den Blick, eingeschlossen das wegen seiner effizienten Arbeit unter Hans Globke gewürdigte Bundeskanzleramt. [Dazu 1436: K. GOTTO (Hrsg.), Staatssekretär, 1980; 1243: N. JACOBS, Globke, 1992.]

In seiner Analyse der außenpolitischen „Fernziele" Adenauers reduzierte BARING dessen Weltbild auf das eines föderalistisch-westeuropäischen (Rheinbund-)Politikers im Sinne der zeitgenössischen nationalstaatlich verengten Adenauer-Kritik. Die trotz ihres strukturanalytischen Ansatzes stark personalisierte Darstellung wirkte der Legende vom Bundeskanzler der „einsamen Entschlüsse" entgegen, huldigte aber einem „negativen Heroenkult" [H.-P. SCHWARZ, in: FAZ vom 17. April 1970]. Er wurde in der 2. Auflage dieses Werkes (1982) noch dadurch unterstrichen, daß dessen einleitender Satz „Im Anfang war Adenauer" zum Buchtitel avancierte.

Den ersten außenpolitischen Gesamtüberblick vermittelte W. BESSON [261: 1970]. Seine Absicht war es, das „Bewegungsgesetz" des zu lange auf den Provisoriumsvorbehalt fixierten „mittleren Staates" zu entdecken, aus dieser Normalität die „Staatsräson" der Bundesrepublik abzuleiten und einen „westdeutschen Patriotismus" [459] zu entwickeln. Demgegenüber hat H.-P. SCHWARZ wenig später die Westbindung als „Staatsräson" beschrieben [in: ZfP 22 (1975), 307–337], K.D. BRACHER die „freiheitlich-demokratische Identität mit dem Westen" [Betrachtungen zur Entwicklung des Staatsverständnisses in der Bundesrepublik Deutschland, in: M. HÄTTICH (Hrsg.), Zum Staatsverständnis der Gegenwart, München 1987, 101–110, hier 110]. Staatsräson

BESSON gewann seinen Beurteilungsmaßstab aus rascher Zustimmung zur Ostpolitik des neuen Kurses nach dem „Machtwechsel" von 1969. [Dazu vgl. 268: A. DOERING-MANTEUFFEL, Bundesrepublik (Erstaufl. 1983), 46–48.] Auch der Adenauer-kritische Überblick von G. ZIEBURA, Die deutsch-französischen Beziehungen [Pfullingen 1970], war der Absicht verpflichtet, die „konstruktive Ostpolitik" der Regierung Brandt zu unterstützen.

Eine Gegenposition entwickelte 1970 B. BANDULET in seiner deskriptiv-analytischen Darstellung der Bonner Außenpolitik [777: Adenauer]. Als erster beschrieb er die vergeblichen Versuche Adenauers („Globke-Plan" und andere Pläne) um einen Interessenausgleich mit der Sowjetunion nach 1958. Wenige Jahre später waren mit der Publikation von Aufzeichnungen GLOBKES [789: Überlegungen] und KRONES [150: Zur Deutschland- und Ostpolitik] die entsprechenden Quellen verfügbar [dazu K. GOTTO, Adenauers Deutschland- und Ostpolitik 1954–1963, in: 150: R. MORSEY, K. REPGEN (Hrsg.), Adenauer-Studien III, 1974, 3–91]. Planungen nach 1957/58

Bereits Anfang der siebziger Jahre hatte sich H.-P. SCHWARZ gegen eine chronologisch-schematische Epocheneinteilung von Adenauers Außenpolitik gewandt. Er hielt sie nach der Zäsur von 1954/55 nicht für defensiv und unflexibel, sondern darauf gerichtet, durch faktische Gleichberechtigung in der westlichen Allianz einseitige Verständigungsversuche der Vier Mächte oder der beiden Supermächte Bewertung über den Kopf der betroffenen Deutschen hinweg („Potsdam-Komplex") zu verhindern. Angesichts der fortbestehenden sowjetischen Bedrohung habe Adenauer einen defensiv-antisowjetischen Kurs gegen Osten und eine innovativ-kooperative Integrationspolitik nach Westen hin durchgehalten [Das außenpolitische Konzept Konrad Adenauers, in: R. MORSEY, K. REPGEN (Hrsg.), Adenauer-Studien I, Mainz 1971, 71–108].

Kontinuitätslinien
1972 bezog P. NOACK [288: Deutsche Außenpolitik seit 1945; so in der Erstaufl.] stärker technologische und waffentechnische Entwicklungen als Faktoren der Außenpolitik ein (zeitlich fortgeführt in der 2. Aufl. 1981). Die 1972 vom Auswärtigen Amt herausgegebene Dokumentation über die Auswärtige Politik der Bundesrepublik Deutschland [7] rückte die umstrittene Ostpolitik der Regierung Brandt in die Kontinuität der Westbindung und damit in die Staatsräson der Bundesrepublik, die W. LINK später als „Westbindung plus Ostverbindung" umschrieb [Die außenpolitische Staatsräson der Bundesrepublik Deutschland, in: M. FUNKE u. a. (Hrsg.), Demokratie und Diktatur, Bonn 1987, 400–416].

Die von A. BARING 1974 [114] veröffentlichten Teile der Korrespondenz Heinrich von Brentanos mit Adenauer 1949–1964 ließen den Unionspolitiker und Außenminister (1955–1961) als „Westdogmatiker" erscheinen. [Zur Korrektur dieses seitdem tradierten Forschungsstands (Brentano als bloßes Sprachrohr Adenauers) vgl. 734: D. KOSTHORST, Brentano, 1993. Weitere Teile ihrer Korrespondenz, insbesondere des „[streng] geheimen" Briefwechsels, wurden später in der Edition der Briefe Adenauers veröffentlicht, 108: H.P. MENSING (Bearb.), seit 1983.]

„Aufbruchstimmung" in der Forschung
In der Fülle von Publikationen, die 1976 aus Anlaß der 100. Wiederkehr von Adenauers Geburtstag erschienen, spiegelte sich die inzwischen erfolgte „Verklärung" des ersten Bundeskanzlers [1253: E. NOELLE-NEUMANN, 1976]. Die „Aufbruchstimmung" in der Forschung [H.-P. SCHWARZ, Der unbekannte Adenauer, in 1417: H. KOHL (Hrsg.), Adenauer 1976, 589] führte aber noch nicht zu einer schlüssigen Gesamtdarstellung der Außenpolitik. Sie konnte H.-P. SCHWARZ dann im Rahmen seiner schon erwähnten zweibändigen Geschichte für die Ära Adenauer vorlegen [291: 1981–1983] und – auf der Grundlage weiterer neu erschlossener Quellen – in seiner grundlegenden Adenauer-Biographie [1421: 1986–1991] vertiefen.

Inzwischen hatte 1976 W. WEIDENFELD [842: Adenauer] die geistigen Grundlagen der westeuropäischen Integrationspolitik Adenauers systematisch untersucht mit dem Ergebnis, daß dieser Politik „etwas charakteristisch Bruchstückhaftes" aneigne [220]. Den „Einfluß der Geschichte" gerade auch auf Adenauers Westpolitik konnte A. POPPINGA [1419: Geschichtsverständnis, 1975] nachweisen.

Unterschiedliche Prioritätensetzungen
1983 hat H. HAFTENDORN [862 (Erstaufl.): Sicherheit] den Zusammenhang von Sicherheitspolitik im Westbündnis und Entspannung im Dialog mit den Staaten des Ostblocks (bzw. deren sowjetischer Vormacht) für die Zeit 1955–1982 überzeugend herausgearbeitet. Dabei führte die Verfasserin eine frühere Untersuchung über Abrüstungs- und Entspannungspolitik zwischen 1955–1974 [Düsseldorf 1974] weiter. Sie bewertete den Prioritätenkonflikt zwischen der Bündnis- und

Sicherheitspolitik sowie zwischen der Deutschland- und Ostpolitik so lange als bedeutungslos, wie es nur darauf angekommen sei, den „vor allem von den USA vorgezeichneten Weg aus Einsicht und nicht aus Zwang zu gehen" [736 f.].

Die ausführliche Monographie über die Außenpolitik der Bundesrepublik Deutschland (und zwar bis 1989 hin) von W.F. HANRIEDER [274: Deutschland, Europa, Amerika, 1991, amerik. Ausg. 1989, in der 2., völlig überarbeit. und erweit. Aufl. bis 1994 fortgeführt, 1995], war politikwissenschaftlich-systematisch konzipiert. HANRIEDER analysierte die Bonner „Doppeleindämmung" (Sicherheit für Deutschland und Sicherheit vor Deutschland) vornehmlich als Annex der US-Außenpolitik und ihrer globalen Sicherheitsstrategie.

Intensiv erforscht sind Vorgeschichte [Y.A. JELINEK, R.A. BLASIUS, Ben Gurion und Adenauer im Waldorf Astoria. Gesprächsaufzeichnungen vom israelisch-deutschen Gipfeltreffen in New York am 14. März 1960, in: VfZ 45 (1997), 309–344], Zustandekommen und Ergebnisse des Israel-Vertrags von 1952, dieser „Kommerzialisierung der Sühne" [so 1: W. BÜHRER, Die Adenauer-Ära (1993), 20; 1182: C. GOSCHLER, Wiedergutmachung, 1992; ferner A. SYWOTTEK, Über die Anfänge der deutsch-israelischen Wirtschaftsbeziehungen, in: P. FREIMARK u. a. (Hrsg.), Juden in Deutschland, Bamberg 1991, 450–465]. Über „freundschaftliche Ratschläge" des westlichen Auslands auf den Entscheidungsprozeß in Bonn vgl. Y.A. JELINEK [801: Die Krise (1990), 113–139].

Israel-Vertrag

Inzwischen sind auch die 1958–1965 erfolgten Waffenlieferungen („Ausrüstungshilfe") an Israel bekannt. Die vage Formulierung, Adenauer habe „gegen Ende der fünfziger Jahre" Israel „vereinzelt mit Kriegsmaterial beliefert" [R. THEIS, Wiedergutmachung zwischen Moral und Interesse, Frankfurt a.M. 1989, 273], läßt nicht annähernd Umfang, Qualität und Dauer dieser mit Bundesverteidigungsminister (1956–1962) Strauß insgeheim ausgehandelten und dem Auswärtigen Amt nicht bekannten Lieferungen erahnen [169: F.J. STRAUSS, Erinnerungen (1989), 342, 345; 3: AAPD 1963–1965 (1994–1996), in den Registern; R.A. BLASIUS, Eine wechselvolle Reise. Die deutsch-israelischen Beziehungen 1952–1956, in 738: G. LANGGUTH (Hrsg.), Adenauers Weichenstellungen (1994), 115–140; R.A. BLASIUS, Geschäftsfreund statt diplomatische Beziehungen. Zur Israel-Politik 1962/63, in 1350: DERS. (Hrsg.), Von Adenauer (1994), 154–210]. Über die langwierigen Verhandlungen, die 1953 zum Abschluß des Londoner Schuldenabkommens führten, hat deren Leiter Hermann Josef ABS mehrfach berichtet [zuletzt 776: Entscheidungen, 1991].

b) Verteidigungsbeitrag, EVG, Sicherheitspolitik

Zu den am besten erforschten Teilbereichen gehört die Integrations- und Sicherheitspolitik bis Mitte der fünfziger Jahre. Das gilt für Planung, Vorbereitung und innenpolitische Durchsetzung des Verteidigungsbeitrags, für das Scheitern der EVG (30. August 1954) und die anschließenden Verhandlungen zur Aufnahme der Bundesrepublik in die NATO.

Der Verteidigungsbeitrag

Nach den wegweisenden Untersuchungen von G. WETTIG [884: Entmilitarisierung, 1967] und A. BARING [778: Außenpolitik, 1969] wurde seit Anfang der siebziger Jahre die Bewaffnung der Bundesrepublik zu einem vielbehandelten Thema [864: K. HÖFNER, Die Aufrüstung, 1990]. In ihrer zunächst ablehnenden Haltung zum Wehrbeitrag wurde die SPD von außerparlamentarischen, teilweise pazifistisch-neutralistischen Kräften unterstützt [912: H.K. RUPP, Außerparlamentarische Opposition, 1980]. Eine wirkliche „Remilitarisierung" bedeutete der Wehrbeitrag nur für eine kleine Gruppe früherer Angehöriger der Wehrmacht.

Adenauers Sicherheitsmemorandum
Lange Zeit blieb unbekannt, daß Adenauers vielzitiertes „Angebot" deutscher Streitkräfte in seinem Sicherheitsmemorandum vom 29. August 1950 eine Vorgeschichte hat. Der Bundeskanzler bot bereits Anfang Juni den drei Hohen Kommissaren „erstmals offen deutsche Soldaten für die gemeinsame Verteidigung Westeuropas" an, und zwar in Form von Freiwilligenverbänden, die in einer „internationalen Legion" auf französischem Boden „unauffällig" ausgebildet und von Frankreich entsprechend kontrolliert werden könnten. Aus der Reaktion seiner Gesprächspartner entnahm Adenauer, daß sie inzwischen bereits einen Verteidigungsbeitrag der Bundesrepublik als „notwendig in ihr Kalkül" einbezogen hatten. Der drei Wochen später begonnene Korea-Krieg beschleunigte dann die Planungen über einen Aufbau deutscher Verteidigungskräfte [N. WIGGERSHAUS, Zur Frage der Planung für die verdeckte Aufstellung westdeutscher Verteidigungskräfte in Konrad Adenauers sicherheitspolitischer Konzeption 1950, in: H.-L. BORGERT u. a., Dienstgruppen und westlicher Verteidigungsbeitrag, Boppard 1982, 38–42].

Der Rücktritt von Bundesinnenminister Heinemann
Im innenpolitischen Kampf um den Wehrbeitrag kam dem Rücktritt von Bundesinnenminister Heinemann am 10. Oktober 1950 eine wichtige Rolle zu. Nach den frühen Darstellungen Heinemanns ist das Kabinett über den Inhalt („Angebot eines Verteidigungsbeitrags") des von Adenauer am 29. August 1950 den Westmächten zugeleiteten „Sicherheitsmemorandums" [67: K. VON SCHUBERT, Sicherheitspolitik, Bd. 1, 1977] nicht informiert und an der entsprechenden Willensbildung nicht beteiligt worden [876: K. VON SCHUBERT, Wiederbewaffnung (1970), 39; 246: C. KLESSMANN, Staatsgründung (Erstaufl. 1982), 231].

Inzwischen konnte Heinemanns Version [1438: D. KOCH, Heinemann (1972), 168–177] – gegen einschlägige Passagen der Adenauer-Biographie von P. WEYMAR [München 1955, 532–550] – widerlegt werden, wonach die Sicherheitsfrage im Kabinett nicht behandelt worden sei. E. KOSTHORST hatte bereits 1972 [1448: Kaiser, 155] erkannt, daß der Innenminister am 10. Oktober 1950 nicht ernsthaft mit der Annahme seines (zweiten) Rücktrittsgesuchs gerechnet hat [dazu 108: ADENAUER, Briefe 1949–1951 (1985), 278–292; 1200: U. WENGST, Staatsaufbau (1984), 265 f.].

Militärstrategische Planungen der USA
Gut informiert sind wir, insbesondere durch das inzwischen abgeschlossene Projekt des Militärgeschichtlichen Forschungsamts in Freiburg (inzwischen in Potsdam), Anfänge westdeutscher Sicherheitspolitik 1945–1956 [849: 4 Bde., 1982–1997]. In teilweise sehr umfangreichen Beiträgen werden der Zusammen-

hang von Verteidigungsbeitrag und Westintegration, die damit verbundenen militärstrategischen Planungen und deren Realisierung sowie die völkerrechtlichen und rüstungswirtschaftlichen Aspekte behandelt. Der „fast revolutionär zu nennende Umbruch" der US-Militärstrategie [C. GREINER, Die alliierten militärstrategischen Planungen zur Verteidigung Westeuropas 1947–1950, Bd. 1, 119–318, hier 316; dazu in Auswertung amerikanischer Quellen 851: F. BUCHHOLZ, Diskussionen, 1991] führte nach Ausbruch des Korea-Krieges zu einer von den Westeuropäern angestrebten Einbindung der USA in das Gleichgewichtssystem Europas. In dessen militärisch-strategischer Ausformung blieb eine Lücke für einen späteren Verteidigungsbeitrag der Bundesrepublik, den zunächst Frankreich blokkierte.

Ein entsprechender Beitrag [885: N. WIGGERSHAUS, (1982), 324–402] wurde von Paris, aber nur in Form einer Europäischen Verteidigungsgemeinschaft (Pleven-Plan) akzeptiert, gleichzeitig jedoch verzögert, während die USA eine „NATO-Lösung" für die Bundesrepublik vorgesehen hatten. Der Bundeskanzler zog aus seinen sicherheitspolitischen Erwägungen personelle und institutionelle Konsequenzen („Zentrale für Heimatdienst" als militärische Planungsstelle), vernachlässigte jedoch die Abstützung seiner Sicherheitspolitik [R.G. FOERSTER, Innenpolitische Aspekte der Sicherheit Westdeutschlands 1947–1950, in 849: ANFÄNGE, Bd. 1 (1982), 403–575]. Dem Aufbau der Dienststelle Blank [dazu 1185: D. KRÜGER, Das Amt Blank, 1993, ferner das Kapitel „Vom Amt Blank zum Verteidigungsministerium" bei W. ABELSHAUER, Wirtschaft und Rüstung, Bd. 4 (849: 1996), 128–139] kam zugute, daß Streitkräfte als „möglicher Störfaktor" fehlten und damit jeder Anknüpfungspunkt für einen wie immer gearteten Militarismus. Die Konzeption des „Staatsbürgers in Uniform" und die staatsrechtliche Einordnung der Streitkräfte waren wichtige Bedingungen für die Wiederbewaffnung [875: H.-J. RAUTENBERG, Zur Standortbestimmung (1982), 737–879].

 In weiteren Sammelwerken zur Entmilitarisierung und Aufrüstung in Mitteleuropa 1945–1956 [A. FISCHER u. a., Entmilitarisierung und Aufrüstung in Mitteleuropa 1945–1956, Herford 1983] sowie über die Wiederbewaffnung in Deutschland [855: A. FISCHER (Hrsg.), 1986] sind auch die entsprechenden Entwicklungen in der SBZ/DDR sowie in Österreich einbezogen. Für seine Analyse von Adenauers Ringen 1950 mit den Westmächten um einen Verteidigungsbeitrag konnte R. STEININGER französische, amerikanische und britische Archivalien einbeziehen [879: Wiederbewaffnung, 1989]. *Der Aufbau deutscher Streitkräfte*

Bereits 1970 hatte G. ZIEBURA [478: Die deutsch-französischen Beziehungen seit 1945, Pfullingen] das Scheitern der EVG keineswegs als Endpunkt für Adenauers Integrationsbestrebungen verstanden, sondern als „heilsame Krise" [65] für eine Verbesserung der deutsch-französischen Beziehungen. Dieses Urteil bestätigten die Beiträge eines einschlägigen Sammelbands [H.-E. VOLKMANN, W. SCHWENGLER (Hrsg.), Die Europäische Verteidigungsgemeinschaft, Boppard 1985]. Danach muß auch die These von einer „Alleinschuld" der französischen Seite am Scheitern der EVG relativiert werden, da dem EVG-Projekt die zunächst *Scheitern der EVG* vorgesehene „politische Einbindung" (Europäische Politische Union) fehlte [W. LIPGENS, Die Bedeutung des EVG-Projekts für die politische europäische Einigungsbewegung, ebd., 9–30].

Zudem hatte sich der Vertragsinhalt inzwischen weit von den ursprünglichen Interessen Frankreichs auf Kontrolle der Bundesrepublik entfernt [W. MEIER-DÖRNBERG, Politische und militärische Faktoren bei der Planung des deutschen Verteidigungsbeitrages, ebd., 271–290]. Die militärische Führung unterstützte die Regierung in ihrem Widerstand gegen Souveränitätsverzicht, und arbeitete bereits insgeheim an der Schaffung einer eigenen Atomstreitmacht [P. GUILLEN, Die französische Generalität, die Aufrüstung der Bundesrepublik und die EVG (1950–1954), ebd., 125–158].

In Fortsetzung seiner Fallstudie von 1977 [873: Das Scheitern], in der P. NOACK der gescheiterten Brüsseler Konferenz vom 19.-22. August 1954 größere Bedeutung als der Ablehnung des EVG-Vertrags durch die französische Nationalversammlung beigemessen hatte, interpretierte er [ebd., 239–254] den instrumentellen Charakter der EVG für die Bundesregierung als „notwendiges Übel" auf dem Weg zu der primär erstrebten und von Bonn mitgeformten Europäischen Politischen Union; nur die NATO konnte militärische Sicherheit gewährleisten. Auch für W. WEIDENFELD [Adenauer und die EVG, ebd., 255–270] bildete der 30. August 1954 keine „Epochenzäsur", da es von nun an (nur) darum gegangen sei, andere Wege zur europäischen Integration zu suchen [ähnlich 287: W. LOTH, Der Weg (Erstaufl. 1989), 111. Dazu auch T. A. SCHWARTZ, Die USA und das Scheitern der EVG, in 880: R. STEININGER u. a. (Hrsg.), Eindämmung (1993), 75–98].

„Schwarzer Tag" für Europa Durch Adenauers Interpretation des Scheiterns der EVG als „schwarzer Tag für Europa" [110: Erinnerungen 1953–1955 (1966), 289] ist kaum beachtet worden, daß er bereits Ende 1951 den Gedanken erwogen hatte, im Falle eines Scheiterns des Pleven-Planes „eventuell der NATO" beizutreten [Im Zentrum der Macht. Das Tagebuch von Staatssekretär Otto Lenz 1951–1953, bearb. von K. GOTTO u. a., Düsseldorf 1989, 193]. Seit 1953 hatte der Bundeskanzler keineswegs unbeirrt mit einem positiven Ausgang der Ratifizierungsdebatte in Paris gerechnet. [Vgl. seine Äußerungen in einem Interview am 2. Juli 1954 (Bulletin vom 3. Juli 1954, 1085), am 25. August 1954 an Heuss (141: HEUSS-ADENAUER, Vaterland (1989), 162) und am 11. Oktober 1954 im CDU-Bundesvorstand; 10: Bd. 2 (1989), 248 f.]

„Ersatzlösungen" vorbereitet oder nicht? Nach K. A. MAIER wurden „spätestens" seit Anfang Juli 1954 im Amt Blank Alternativen für den Fall des Scheiterns der EVG ausgearbeitet, mit denen der Bundeskanzler allerdings „nicht von sich aus" an die Alliierten herangetreten sei [869: Die internationalen Auseinandersetzungen um die Westintegration (1990), 202]. Demgegenüber soll Adenauer, U. DE MAIZIÈRE zufolge, der Dienststelle Blank die „vorsorgliche Vorbereitung alternativer Lösungen untersagt" haben [in 870: K.A. MAIER u. a. (Hrsg.), Bündnis (1993), 315]. Auch Hallstein soll es – nach den Memoiren von U. SAHM – „förmlich untersagt" haben, im Auswärtigen Amt über Alternativen nachzudenken [„Diplomaten taugen nichts", Düsseldorf 1994,

147. G. DIEHL zog sich den Ärger Hallsteins zu, als er am 22. August 1954 das Scheitern der EVG in Paris prognostizierte. Zwischen Politik und Presse. Bonner Erinnerungen 1949–1969, Frankfurt a.M. 1994, 133 f.]. Dabei waren im Auswärtigen Amt bereits seit dem Herbst 1953 – offensichtlich auf Weisung des Bundeskanzlers [788: G. VON GERSDORFF, Adenauers Außenpolitik (1994), 263] – „Ersatzlösungen" vorbereitet worden [135: W.G. GREWE, Rückblenden (1979), 194].

Im Rückblick hat die von Mendès-France vorgenommene „brutale Operation", durch die er den EVG-Vertrag zur Entscheidung brachte, „befreiend" gewirkt und sich das Scheitern der EVG als „Glücksfall" erwiesen [228: H.-P. SCHWARZ, Die Fünfziger Jahre (1989), 480]. Der „Glücksfall" des Scheiterns der EVG

Die Ergebnisse eines Sammelbands über die westliche Verteidigungsgemeinschaft 1948–1950 mit 19 Referaten einer Tagung von 1985 [887: N. WIGGERSHAUS, R.G. FOERSTER (Hrsg.), 1988] sind durch vier umfangreiche, auf breiter internationaler Quellengrundlage basierende Fallstudien für die EVG-Phase ergänzt bzw. ersetzt worden [849: Anfänge, Bd. 2, 1990].

H.-E. VOLKMANN [883: Die innenpolitische Dimension Adenauerscher Sicherheitspolitik, 235–604] belegte auf der Grundlage zeitgenössischer Umfrageergebnisse, wie groß die Mehrheit der Bevölkerung war, die eine Bewaffnung der Bundesrepublik abgelehnt hat. Davon unbeirrt vermochte sich der Bundeskanzler durchzusetzen und seinen Handlungsspielraum zu erweitern. Die fortbestehende Bedrohung durch die Sowjetunion erleichterte es, wichtige politische und gesellschaftliche Gruppen für einen Verteidigungsbeitrag zu gewinnen. Dessen Planung im Rahmen der EVG [871: W. MEIER-DÖRNBERG, 605–756] bereitete dem Amt Blank enorme Schwierigkeiten. [Das unterstreicht K. KRASKE, Anfänge der Öffentlichkeitarbeit in der Dienststelle Blank, in: B. THOSS (Hrsg.), Vom Kalten Krieg zur deutschen Einheit, München 1995, 63–71.] Komplikationen

Eine Pionierstudie, auch in methodischer Hinsicht, ist die Untersuchung von L. KÖLLNER und H.-E. VOLKMANN über die finanzwissenschaftlichen, finanzwirtschaftlichen und finanzpolitischen Aspekte des deutschen Beitrags zur EVG [849: Anfänge, Bd. 2 (1990), 757–873]. Zwischen der EVG und ihrem Finanzierungssystem auf der einen und dem unvollkommenen europäischen Wirtschafts- und Finanzsystem auf der anderen Seite fehlten Verständnis und Wille für einen „integrationspolitischen Schulterschluß" [873].

Das Gefühl der britischen Regierung, viel, aber „nicht genug" getan zu haben, um die EVG zu retten [800: H.-H. JANSEN, Großbritannien (1992), 263], beflügelte die Bemühungen von Außenminister Eden, die französische Regierung für eine Bewaffnung der Bundesrepublik und deren Beitritt zur WEU und zur NATO zu gewinnen. Damit verband London die Zusage zur Stationierung eigener Truppen [O. MAGER, Die Stationierung der britischen Rheinarmee, Baden-Baden 1990]. Die britische Politik eröffnete dem Bundeskanzler ein „bisher unterschätztes Maß an Mitwirkungschancen" [788: G. VON GERSDORFF, Außenpolitik (1994), 352]. Britische Hilfestellung

Die rasche Zustimmung der französischen Regierung zum NATO-Beitritt der Bundesrepublik verschaffte Mendès-France freie Hand, das nationale Atomprojekt in Gang zu setzen. Eine eigene „force de frappe" bedeutete ein dauerhaftes Übergewicht gegenüber der Bundesrepublik und stärkte die eigene Position gegenüber den USA und Großbritannien [G.-H. SOUTOU, Die Nuklearpolitik der Vierten Republik, in: VfZ 37 (1989), 605–610; J. BARIÉTY, Frankreich und das Scheitern der EVG, in 880: R. STEININGER u. a. (Hrsg.), Eindämmung (1993), 99–131].

Alternativplanungen Im dritten Band der Reihe „Anfänge westdeutscher Sicherheitspolitik" [849: 1993] sind die Entscheidungsprozesse, die zur „NATO-Option" führten, wiederum in Einzelfallstudien, ausführlich behandelt. [Dazu vgl. auch F.H. HELLER, J.R. GILLINGHAM (Hrsg.), NATO. The Founding of the Atlantic Alliance and the Integration of Europe, New York 1992]. B. THOSS beschreibt den Weg der Bundesrepublik Deutschland zur WEU und zur NATO nach dem Scheitern der EVG bis 1956 hin [881: 1–234]. Dessen Gelingen begünstigte einen erfolgreichen Abschluß der schwierigen Verhandlungen mit Frankreich über die Saarfrage. [Dazu vgl. M. KERKHOFF, Großbritannien, die Vereinigten Staaten und die Saarfrage (1945–1954), Stuttgart 1996; M. ELZER, Adenauer und die Saarfrage nach dem Scheitern der EVG, in: VfZ 46 (1998), 667–708; DERS., In Distanz zu Adenauers Saarabkommen vom 23. 10. 1954. Die rheinland-pfälzische CDU als unbeugsame Verfechterin der „deutschen Saar", in: Jb. für westdeutsche Landesgeschichte 24 (1998), 457–543.]

Bei der Durchsetzung der Pariser Verträge und der Wehrverfassung (1954–1956), gegen erbitterten Widerstand innerhalb der Koalition wie der SPD-Opposition und der „Ohne-mich-Stimmung" in der Bevölkerung, kam der Bundesregierung die verbreitete Bedrohungsangst zugute [854: H. EHLERT, Innenpolitische Auseinandersetzungen, 235–562. Über das 1954 gegründete Kuratorium Unteilbares Deutschland als Sammlung deutschlandpolitischer Gegenspieler Adenauers vgl. 735: L. KREUZ, 1980; 751: C. MEYER, Deutschlandpolitische Doppelstrategie, 1997]. Der anfangs schleppende Aufbau der Streitkräfte in einer „großen Wehrkoalition" führte immer wieder zu Irritationen bei den Amerikanern [860: C. GREINER, Die militärische Eingliederung, 561–850]. GREINER geht davon aus, daß der Bundeskanzler nach Erringung der Souveränität an einem raschen Aufbau der Bundeswehr nicht interessiert gewesen sei. G. MEYER beschreibt, wie sich in der Bundeswehr bis 1960/61 das von den Alliierten mißtrauisch beobachtete Konzept der „Inneren Führung" mit dem Ideal des „Staatsbürgers in Uniform" durchgesetzt hat, das Adenauer unterstützte [872: 851–1162]. So blieb der Primat der Politik gewahrt. [Dazu H. SCHUBERT, Zur Entstehung, Entwicklung und Bewährung der Konzeption der Inneren Führung, in: B. THOSS (Hrsg.), Vom Kalten Krieg (s. S. 171, 1995), 297–321.]

NATO-Geschichte In einem Sammelband von 1993 zur NATO-Geschichte 1949–1956 [870: K.A. MAIER u. a. (Hrsg.), Bündnis] sind 14 Referate einer Tagung von 1990 vereinigt, auf der einschlägig ausgewiesene Autoren – eine „Art Wandertruppe an Forschern mit wechselnder Zusammensetzung" – die „Neukartierung der Vergangenheit ein

Stück" weitergeschrieben haben [so J. DÜLFFER, in: FAZ vom 11. August 1993]. Deutlich wird die Bedeutung der Kontrolle über Deutschland. [Vgl. weitere Beiträge zur Sicherheitspolitik und Bündnisstrategie von C. GREINER, N. WIGGERSHAUS und G. VON GERSDORFF, in 807: F. KNIPPING, K.-J. MÜLLER (Hrsg.), Aus der Ohnmacht (1995), 155–232.] Der 4. und letzte Band der Reihe „Anfänge westdeutscher Sicherheitspolitik" [849: 1996] besteht aus zwei instruktiven Monographien. W. ABELSHAUSER beschreibt die verzögerte Aufrüstung bis 1957 hin, eingeschlossen die komplizierte Finanzierung des Verteidigungsbeitrags. Für die meisten Industriellen behielt der „zivile" Außenhandel Vorrang vor Rüstungsaufträgen [Wirtschaft und Rüstung in den frühen fünfziger Jahren, 1–185]. In seiner Untersuchung des völkerrechtlichen Status der Bundesrepublik 1949–1955 [Der doppelte Anspruch. Souveränität und Sicherheit, 187–566] analysiert W. SCHWENGLER das Vertragsgeflecht des beschränkt souveränen Staates auf dem Weg zur Sicherheit und Gleichberechtigung im Bündnis (über weite Strecken hin allerdings als Darstellung der allgemeinen Entwicklung).

c) Keine Teilhabe an Nuklearwaffen

Inzwischen ist durch sukzessive Erschließung bisher unzugänglicher (NATO-) Quellen im Rahmen eines transatlantischen Nuclear-History-Programm die Erforschung der „Nuklearisierung der westlichen Verteidigung" fortgeschritten [856: P. FISCHER, Das Projekt, 1992; 858: DERS., Atomenergie, 1994] und vorerst abgeschlossen. [Die Bibliographie von G. BRENKE, Die Nukleargeschichte der Bundesrepublik Deutschland, Ebenhausen 1989, war rasch überholt.] Dabei sind die von Adenauer und dem „Atomminister" Strauß (seit Oktober 1956 Verteidigungsminister) ausgehenden Initiativen sowie die von ihnen angestrebten, aber nicht erreichten Ziele – nukleare Mitwirkung im Bündnis [877: H.-P. SCHWARZ, Adenauer und die Kernwaffen, 1989; U. DE MAIZIÈRE, Zur Mitwirkung der Bundesrepublik Deutschland an der Nuklearstrategie der NATO (1955–1972), in: K.D. BRACHER u. a. (Hrsg.), Deutschland zwischen Krieg und Frieden, Bonn 1990, 277–290] – deutlich geworden, auch die unzureichende Informationspolitik der Bundesregierung [D. BALD, Die Atombewaffnung der Bundeswehr, Bremen 1994; A.F. GABLIK, Strategische Planungen in der Bundesrepublik Deutschland (1955–1967), Baden-Baden 1996].

Nuklearpolitik

Der 1954 auf der Londoner Neunmächte-Konferenz von Adenauer ausgesprochene Verzicht auf die Herstellung von ABC-Waffen bedeutete keinen Verzicht auch auf eine nukleare Option der Bundesrepublik [868: M. KÜNTZEL, Bonn und die Bombe, 1992. Über den Einfluß der Alliierten Vorbehaltsrechte auf den Bonner Kernwaffenverzicht vgl. H. RIECKE, Die Bundesrepublik Deutschland als Nichtkernwaffenstaat, in 727: H. HAFTENDORN, H. RIECKE (Hrsg.), „...die volle Macht eines souveränen Staates" (1996), 187–226].

Nach der 1954 begonnenen Ausrüstung der Bundeswehr mit Trägerwaffen im Zusammenhang einer neuen militärstrategischen NATO-Konzeption [866: C.

NATO-Sicherheitsgarantie

HOPPE, Zwischen Teilhabe, 1993. Zur Unterschätzung der Langzeitwirkung der Nuklearwaffen vgl. O. THEILER, Die Rezeption der NATO-Nuklearstrategie durch die Bundeswehr 1953 bis 1956, in: MGM 54 (1995), 450–452] scheiterte an de Gaulle eine erst im Vorjahr insgeheim vereinbarte nukleare Kooperation mit Frankreich und Italien [856: P. FISCHER, Das Projekt, 1992]. Bonn blieb auf die Sicherheitsgarantie der NATO und speziell die Bereitschaft der USA zur Abschreckung angewiesen. (Am späteren Atomwaffensperrvertrag von 1968 konnte die Bundesregierung Kiesinger Änderungen durchsetzen, die eine nukleare Teilhabe offenhielten.)

Die Änderung der amerikanischen Militärdoktrin in Richtung eines Verzichts auf den Einsatz von Atomwaffen führte zwischen 1960 und 1963 nicht zu einer „deutsch-französischen Strategiegemeinschaft" [G.-H. SOUTOU, De Gaulle, Adenauer und die gemeinsame Front gegen die amerikanische Nuklearstrategie, in: E.W. HANSEN u. a. (Hrsg.), Politischer Wandel, organisierte Gewalt und nationale Sicherheit, München 1995, 491–518]. Immerhin gelang nur zehn Wochen nach dem Mauerbau der Abschluß eines Geheimabkommens über einen Devisenausgleich mit den USA als Voraussetzung für die Kontinuität amerikanischer Truppenstationierung [1125: H. ZIMMERMANN, Strauß, 1999]. Nach der Kuba-Krise von 1962 trat an die Stelle bloß nuklearer Drohungen ein Bündel politisch-militärischer Möglichkeiten.

Flexible Strategie · Vier Fallstudien des Entscheidungsprozesses zur Beilegung der von de Gaulle inszenierten „NATO-Glaubwürdigkeitskrise" von 1966/67 von H. HAFTENDORN [Kernwaffen und die Glaubwürdigkeit der Allianz. Die NATO-Krise von 1966/67, Baden-Baden 1994] bedeuteten einen qualitativen Sprung in der Erforschung der Bündnisbeziehungen im Zeichen des nuklearen Patts. Es ging der amerikanischen Administration seit Anfang der sechziger Jahre um eine flexiblere Gestaltung der Nuklearstrategie, um zur Beilegung regional begrenzter Krisen von der Festlegung auf den Automatismus der sofortigen „Massiven Abschreckung" – durch Einsatz von Nuklearwaffen – loszukommen.

Harmel-Bericht · Nachdem der Versuch, gemeinsam mit den USA eine Multilaterale Atomstreitmacht zur See (MLF) zu erreichen – „um de Gaulle vom potentiellen Bündnispartner Bundesrepublik zu isolieren und den politischen Wert der force de frappe zu relativieren" [B. SCHMITT, Frankreich und die Nukleardebatte der Atlantischen Allianz 1956–1966, München 1998, 233] – 1965 gescheitert war, gelang 1967 eine Einigung auf ein neues operatives Konzept der „Flexiblen Antwort"; es erforderte gleichzeitig eine Verstärkung der konventionellen Bewaffnung. Für die Zustimmung der europäischen NATO-Partner vom Dezember 1967 zu den künftigen Aufgaben der Allianz („Harmel-Bericht": Sicherheit und Entspannung) trugen neu entwickelte kooperative Strukturen, u. a. eine „Nukleare Planungsgruppe", bei. [Weitergeführt bei H. HAFTENDORN, Das Projekt einer multilateralen NATO-Atomstreitmacht (MLF), in: MGM 54 (1995), 417–450. Zur jüngsten Bilanz vgl. 874: R. POMMERIN, „Bonn ohne Bombe", 1999.]

d) Die Kontroverse um die Stalin-Note vom 10. März 1952

Von allen Kontroversen über außen- und deutschlandpolitische Weichenstellungen seit 1949 ist diejenige über die Stalin-Note vom 10. März 1952 und den sich daran anschließenden „Notenkrieg" (Außenminister Eden) mit den Regierungen der Westmächte bis zum September 1952 [16: E. JÄCKEL, Die deutsche Frage (1957), 23–37; 37: FRUS 1952–1954 (1986), 169 ff.] die bedeutsamste. Dabei geht es um Klärung verschiedener Fragen: (1.) Wie ernsthaft war das Angebot des Kreml zu Verhandlungen über ein neutralisiertes „Potsdam-Deutschland", (2.) ist mit dessen Ablehnung („Nicht-Ausloten") durch die Regierungen der Westmächte eine – bis zur Einigung Deutschlands 1990 hieß es oftmals: letzte – Chance zu einer nationalstaatlichen Wiedervereinigung versäumt worden (oder nicht), und welchen Einfluß hat (3.) Adenauer auf die Haltung der Westmächte genommen?

Der Notenkrieg im Frühjahr 1952

Anfang März 1952 standen die Verhandlungen zum Abschluß der Westverträge vor einem erfolgreichen Abschluß. Er sollte jede Rückkehr zum System von Potsdam – Verständigung zwischen den vier Siegermächten über Deutschland ohne Beteiligung Deutscher – ausschließen. Inwieweit es darüber hinaus gelingen würde, die Westmächte auch auf aktive Mitwirkung bei der Wiederherstellung der Einheit Deutschlands zu verpflichten, war noch offen. Erneute Störmanöver der östlichen Seite wurden erwartet, verbunden mit weitgehenden Konzessionen Moskaus, zu denen Adenauer bereits seit dem Frühjahr 1951 das Angebot einer Neutralisierung Deutschlands sowie die Bereitschaft zu freien Wahlen rechnete [111: Teegespräche 1950–1954 (1984), 38 f.].

In diese Situation traf die „Stalin-Note" vom 10. März 1952 an die Regierungen der Westmächte mit dem Angebot zu Verhandlungen über einen Friedensvertrag für ein neutralisiertes (Rumpf-)Deutschland unter Beteiligung einer gesamtdeutschen Regierung. Adenauer betrachtete die östliche Initiative, die den Westmächten schon wegen des Angebots von Verhandlungen über eigene deutsche Streitkräfte unannehmbar erschien [713: H. BUCHHEIM, Deutschlandpolitik (1984), 59; 820: N. MEYER-LANDRUT, Frankreich (1988), 42; 757: H.-J. RUPIEPER, Der besetzte Verbündete (1991), 296], als neues Störmanöver, um den Abschluß der Westverträge zu verhindern. Er war mit den Verbündeten darin einig, zu diesem Zeitpunkt nicht mit der Sowjetunion zu verhandeln. Demgegenüber drängten einzelne Politiker der CDU [dazu vgl. 145: J. KAISER, Gewerkschafter (1988), 108–114; A. DOERING-MANTEUFFEL, Adenauer, Kaiser, Heinemann, in 771: J. WEBER (Hrsg.), Die Republik (1989), 18–46], verstärkt die der SPD-Opposition und einzelne Publizisten, darauf, die Ernsthaftigkeit von Stalins Angebot „auszuloten". Hingegen lehnte der Regierende Bürgermeister von Berlin, Ernst Reuter (SPD), eine Neutralisierung Deutschlands als Preis für die Einheit ab [H.-J. RUPIEPER, Verpaßte Chancen? Ein Rückblick auf die deutschlandpolitischen Verhandlungen 1952–1955, in: W. LOTH (Hrsg.), Die deutsche Frage in der Nachkriegszeit, Berlin 1994, 195–213, hier 204].

Kontroverse Interpretationen

Die Verfechter des Wiedervereinigungsgedankens erhielten 1956 Auftrieb. Der Publizist Paul SETHE [dazu vgl. 1414: R. ZITELMANN, Adenauers Gegner (1991), 149–181] machte die Formel von der „versäumten Gelegenheit" zur Wiedervereinigung Deutschlands populär. [Dazu vgl. 1247: M. KITTEL, Legende, 1993.] Dabei bezweifelte er, daß das sowjetische Angebot „ehrlich gemeint war" [Zwischen Bonn und Moskau, Stuttgart 1956, 36–66]. Bereits 1955 hatte Gustav Heinemann, Vorsitzender der neutralistischen Splittergruppe Gesamtdeutsche Volkspartei, von der 1952 verpaßten Chance gesprochen [1438: D. KOCH, Heinemann (1972), 234 ff.].

„Verpaßte Gelegenheit"? Schließlich nahmen Heinemann (SPD) und Thomas Dehler (FDP) in einer berühmt gewordenen Nachtsitzung des Bundestags am 23./24. Januar 1958 eine „gnadenlose Generalabrechnung" [268: A. DOERING-MANTEUFFEL, Bundesrepublik (Erstaufl. 1983), 69] mit der Deutschlandpolitik der Regierung Adenauer vor. Dabei wurde die „vergiftende Legende" von der vermeintlich verpaßten Gelegenheit „wiedergeboren" [H. GRAML, in 833: H.-P. SCHWARZ (Hrsg.), Die Legende (1982), 36 f.]. Inzwischen hat sich der „Slogan von den versäumten Gelegenheiten" des Frühjahrs 1952, zumindest als Frage, tief in das „kollektive Unterbewußtsein einer ganzen Generation" [H.-P. SCHWARZ, ebd., 13] eingegraben. Die zeitgenössische Frontstellung prägt auch die zeitgeschichtliche Betrachtung. Dabei flossen „Zeitgeschichte" und „Wirkungsgeschichte" ineinander [K.D. BRACHER, ebd., 92; ähnlich A. BARING, ebd., 82].

„Propaganda-" contra „Angebotsthese" Eine Reihe von Historikern betrachtete das sowjetische Angebot als Täuschungs- und Störmanöver („Propagandathese"), andere als Möglichkeit von Verhandlungschancen („Angebotsthese") [725: C.M. GLADIS, Wiedervereinigungsmodelle (1990), 161–176]. In der Konsequenz der „Angebotsthese" lag der Vorwurf, die Westmächte hätten, von Adenauer entsprechend beeinflußt, eine reale Chance zur Wiedervereinigung verpaßt. Im Zusammenhang dieser Diskussion spielte die Frage eine Rolle, ob die sowjetische Führung 1952 bereit gewesen ist, das SED-Regime und die DDR zu opfern und entsprechende Rückwirkungen in den Satellitenstaaten in Kauf zu nehmen. Auch war ungeklärt, ob bzw. in welcher Weise Stalins Vorgehen mit der DDR-Führung abgesprochen war.

„Kremlologie" Da für die Antwort auf die entscheidende Frage nach den Absichten der Kreml-Führung im Frühjahr 1952 außer ihren diplomatischen Noten andere Primärquellen bis Anfang der neunziger Jahre fehlten, stützte sich die Beurteilung („Kremlologie") vornehmlich auf „indiziengestützte Plausibilitätsschlüsse unter Irrtumsvorbehalt" [so: B. BONWETSCH, Deutschlandpolitische Alternativen der Sowjetunion 1949–1955, in: Deutsche Studien 24 (1986), 320–340, hier 326]. Die in der zweiten Moskauer Note vom 9. April 1952 enthaltene Bereitschaft, auch über die Durchführung „freier gesamtdeutscher Wahlen" zu verhandeln, bedeutete kein substantielles Zugeständnis; denn die bisher abgehaltenen (und alle späteren) ‚Wahlen' in der DDR und anderen Ostblockstaaten waren für Kommunisten keineswegs „unfrei". [Dazu vgl. H. FRANK, Wahlen in der SBZ/DDR, in: Die Haltung der Sowjetunion gegenüber freien demokratischen und geheimen Wahlen in

Deutschland nach 1945, Köln 1988, 93–107; J. LAUFER, Die SED und die Wahlen (1948–1950), in: E. SCHERSTJANOI (Hrsg.), „Provisorium für längstens ein Jahr", Berlin 1993, 101–124.]

Im Zuge der bis 1988 hin geführten und immer weiter ausgeuferten Diskussion [für deren Nachzeichnung sei ausnahmsweise auf die erste Auflage dieses Werkes verwiesen, 161–166] blieb R. STEININGER seit 1983 [293: Deutsche Geschichte, 409–450] der hartnäckigste Verfechter der „Angebotsthese" [836: Eine Chance?, 1986; 837: Eine vertane Chance, 1990]. 1989 schob er als vermeintlich weiteren Beleg zur Stütze seiner These den Hinweis nach, daß im Planungsstab des State Department die theoretische Möglichkeit von Wahlen im November [Freie, gesamtdeutsche Wahlen am 16. November 1952?, in 771: J. WEBER (Hrsg.), Die Republik, 88–111, hier 105–108] durchgespielt worden sei [nach R. NEEBE im Dezember 1952; Wahlen als Test, in: MGM 46 (1989), 139–162].

H.-P. SCHWARZ hat 1989 präzisiert: Adenauers Weigerung, 1952 einen Aufschub bei der Westintegration zu erwirken, um die deutschlandpolitischen Möglichkeiten auszuloten, sei ein „deutsches Stabilitätsopfer" in einer labilen internationalen Konstellation gewesen [228: Die Fünfziger Jahre, 484]. — Die „unausrottbare Legende"

Seit 1990 wird der „Finnlandisierungsversuch von 1952" [so K. HORNUNG, in: Epoche 6 (1982), 31–35], die „unausrottbare Legende von den angeblich verpaßten Gelegenheiten" [135: W.G. GREWE, Rückblenden (1979), 412], neu diskutiert [wenig später auch M. KITTEL, Genesis einer Legende. Die Diskussion um die Stalin-Noten in der Bundesrepublik Deutschland 1952–1958, in: VfZ 41 (1993), 355–389]. M. LINDEMANN sah in der Aktion Stalins beide Elemente (Propaganda- und Alibifunktion) enthalten. Das Ziel der Sowjetunion sei die „Kaltstellung Adenauers" gewesen, und Moskau habe zu keinem Zeitpunkt „das Regime in der DDR zur Disposition" gestellt. [Die Haltung der Sowjetunion zur Eingliederung der Bundesrepublik Deutschland in das westliche Bündnissystem 1949–1955, in: Historische Mitteilungen 4 (1991), 23–49].

Unter Auswertung von Notizen W. Piecks über Besprechungen der SED-Führungsspitze in Moskau vom 29. März bis 8. April 1952 bewertete auch W. OTTO 1991 die damalige Politik Stalins wie die der SED als doppelgleisig. Allerdings hätten sich die Ziele der DDR-Machthaber – gesamtdeutsche Wahlen und Einheit auf der einen sowie massierter Aufbau des „Sozialismus" plus militärischer Aufrüstung auf der anderen Seite – „eigentlich gegenseitig" ausgeschlossen [Sowjetische Deutschlandnote 1952, in: Beiträge zur Geschichte der Arbeiterbewegung, H. 3 (1991), 374–389, hier 379]. — Neue Interpretationen

Demgegenüber kam G. WETTIG 1992 zu dem Ergebnis, daß Stalin keineswegs eine „Absicht zur Verständigung" habe erkennen lassen [845: Die Stalin-Note, 162]. Ein Jahr später wies WETTIG – unter erstmaliger Auswertung sowjetischer Akten – nach, daß der Kreml von vornherein mit einer ablehnenden Haltung der Regierungen im Westen gerechnet habe. [Während W. LOTH davon ausging, daß alle „entscheidenden Vorgänge und Überlegungen" Stalins nicht dokumentiert seien – 746: Der Historiker (1992), 382; auch in: DERS., Die deutsche Frage in der

Nachkriegszeit (Berlin 1994), 28 –, hat N.M. NAIMARK (in anderem Zusammenhang) darauf hingewiesen, daß die „sowjetischen Verfasser von Berichten" immer nur das geschrieben hätten, „was von ihnen erwartet wurde". Die Sowjetische Militäradministration in Deutschland und die Frage des Stalinismus, in: ZfG 43 (1995), 289–307, hier 305.] Nach WETTIG ist das mit der März-Note verknüpfte „Aktionsprogramm" bereits seit dem Herbst 1951 mit der SED-Führung abgesprochen gewesen. Dabei habe man im Kreml die Möglichkeit einer Mobilisierung der Deutschen in der Bundesrepublik gegen ihre Regierung und gegen die Westmächte über- und die antikommunistische Stimmung unterschätzt [846: Die Deutschland-Note (1993), 804].

Demgegenüber hat E. SCHERSTJANOI für den Frühsommer 1952 „sowjetischen Verständigungswillen" in Moskau festgestellt [Zur aktuellen Debatte um die Stalin-Note 1952, in: DA 27 (1994), 181–185, hier 185]. Die „breite Zustimmung" in der zeitgenössischen Presse zur Ablehnung der Stalin-Versuchung belegte M. KIEFER [733: Auf der Suche, 1993]. Nach einer späteren Mitteilung von Stalins Mitarbeiter V. Falin besaß der Diktator „Zugang zu den meisten dieser Akten [gemeint: des geheimen Schriftwechsels der Westmächte von 1952] schon Tage nach ihrem Entstehen" [Politische Erinnerungen, Berlin 1993, 311].

Weiterhin offene Fragen

Eine Analyse der Deutschlandpolitik Berijas vom Frühjahr 1953 ergab für G. WETTIG die Bestätigung, daß die „überwältigende Mehrheit" der sowjetischen Führung" niemals bereit gewesen sei, vom sozialistischen Charakter der DDR Abstriche zu machen „oder zuzulassen" [in: DA 26 (1993), 674–682, hier 682. In diesem Sinne 1993 ebenfalls (unter Einbettung der „Kontroversen um die Stalin-Noten von 1952" in die internationale Situation) J. BECKER, Eine neue Dolchstoßlegende?, in: V. DOTTERWEICH (Hrsg.), Kontroversen der Zeitgeschichte, München 1998, 181–206]. Demgegenüber begründete K. LARRES seine Ansicht, daß Berija und Malenkow im Frühjahr/Frühsommer 1953 „wahrscheinlich, wenn nicht mit Gewißheit" bereit gewesen seien, die DDR aus dem Einflußbereich Moskaus zu entlassen und die deutsche Wiedervereinigung zu ermöglichen [Neutralisierung oder Westintegration? Churchill, Adenauer, die USA und der 17. Juni 1953, in: DA 27 (1994), 568–585, hier 584]. Nach den Memoiren des sowjetischen Diplomaten W.S. SEMJONOW war die 1952er Initiative von Berija „inspiriert", um die Westmächte in der nationalen Frage „in die Enge zu treiben" [Von Stalin bis Gorbatschow, Berlin 1995, 392].

Auch R. ZITELMANN vertrat [in: Westbindung, Frankfurt a.M. 1993] erneut das „Märchen" [so A. BARING, in: FAZ vom 2. März 1994] von den 1952 verpaßten Chancen. Ebenso sah W. LOTH in Stalins Avancen eine Chance zur baldigen Wiederherstellung der Einheit, wenngleich zu Moskauer Bedingungen [370: Stalins ungeliebtes Kind (1994), 175–184; DERS., Stalin, die deutsche Frage und die DDR, in: DA 28 (1995), 290–298].

Jüngster Forschungsstand

In der Folge setzte sich G. WETTIG – inzwischen auf der Grundlage auch Moskauer Quellen – erneut mit den Thesen LOTHS auseinander [in: DA 28 (1995), 280–289; DERS., Stalin – Patriot und Demokrat?, ebd., 743–750] und kritisierte dabei auch methodische Fehler. WETTIG untermauerte seine Argumentation, wonach es Stalin gelungen sei, den Westen mit seinem „Demokratiebegriff" zu täuschen [„Transformationsstrategie", 747]. Der Diktator habe den „sowjetsozialistischen Fortschritt" in der SBZ/DDR zielbewußt durchgesetzt, gleichzeitig aber mit gesamtdeutscher Propaganda verbunden [748].

1997 hat G. WETTIG seine frühere Position erneut bekräftigt, wonach die – nach einem „halbjährigen Ausarbeitungsprozeß" entstandene – Stalin-Note auf Grund von Belegen aus der internen Moskauer Diskussion eine Propaganda-Aktion gewesen sei [Stalin und die deutsche Frage, in: Osteuropa 47 (1997), 1259–1273]. WETTIG erinnerte wiederholt daran, daß der Einigungsprozeß an „Systemvorgaben im sowjetischen Sinne gebunden" sein und „mittels Einvernehmen zwischen der westdeutschen Seite und dem SED-Regime hergestellt" werden sollte. Dabei habe Stalin nicht erwartet, daß die Westmächte und/oder die Bundesrepublik den so formulierten Verhandlungsvorschlag annehmen würden. Der Diktator sei an westlicher Verhandlungsbereitschaft nicht interessiert gewesen.

Nach P. MÄRZ hat Wettig mit seinen jüngsten, auf sowjetischen Quellen beruhenden Interpretationen für die „ernsthafte Forschung jahrzehntelangen Spekulationen ein Ende bereitet" [Wiedervereinigung und Westbindung, in 720: K. ECKART u. a., Wiedervereinigung (1998), 675–700, hier 681]. Ähnlich aus einer anderen Perspektive H. KÖHLER: „kein ernsthaftes Verhandlungsangebot" Stalins [in: R. HÜBSCH (Hrsg.), Als die Mauer wuchs, Potsdam 1998, 108]. Die vorläufig diese nunmehr jahrzehntelange Diskussion abschließende Darstellung findet sich bei G. WETTIG [408: Bereitschaft (1999), 205–234].

Ende der Spekulationen

e) Zur Deutschlandpolitik Adenauers bis 1958

Seit Adenauers ablehnender Haltung gegenüber Stalins Angebot von 1952 an die drei Westmächte zu Verhandlungen über die Voraussetzungen für eine Wiederherstellung der Einheit Potsdam-Deutschlands ist die Vermutung geäußert worden, daß der erste Bundeskanzler nicht willens gewesen sei, im Sinne der Präambel des Grundgesetzes und seiner darauf bezogenen Äußerungen alles zu tun, um in freier Selbstbestimmung die Einheit und Freiheit Deutschlands zu vollenden (wobei von vielen Kritikern der Zusatz „in freier Selbstbestimmung" unbeachtet blieb). Er habe vielmehr die von 1945 an erstrebte Einbindung eines liberal-demokratisch fundierten Westdeutschlands in eine Union westeuropäischer Staaten als Endziel angesehen und für die Westintegration („absolute Priorität") die dauernde Teilung der Nation in Kauf genommen [R. STEININGER, J. FOSCHEPOTH u. a.].

Zielsetzungen

Unstrittig ist, daß sich der erste Bundeskanzler der Restauration eines um seine Ostgebiete verkleinerten Nationalstaats widersetzte. Er ging davon aus, daß dessen Preis ein vom Westen abgekoppeltes und isoliertes, neutralisiertes und infolgedessen – nach Abzug der USA aus Europa – sowjetischer Einflußnahme offenliegendes Westeuropa sein würde, in dem Deutschland die Möglichkeit eines Sonderwegs („Schaukelpolitik" zwischen West und Ost) offenstände.

Zielkonflikt zwischen Westintegration und Wiedervereinigung

Insofern gab es für Adenauer bis 1954 („Deutschlandvertrag" – der Ausdruck stammte von O. LENZ [Im Zentrum der Macht. Das Tagebuch von Staatssekretär Otto Lenz 1951–1953, bearb. von K. GOTTO u. a., Düsseldorf 1989, 315] bzw. 1955 (Beitritt zur NATO) keinen Zielkonflikt und später höchstens einen solchen „temporärer Art" [1419: A. POPPINGA, Adenauers Geschichtsverständnis (1975), 146] zwischen der Westintegration der Bundesrepublik – als Fundament einer neuen friedenswahrenden europäischen Ordnung – und der Wiederherstellung der Einheit eines deutschen Staates, der aus freier Entscheidung im Westen verankert war und dessen Grenzen in einem Friedensvertrag bestimmt werden sollten. [Über (parteiinterne) Gegenpositionen, J. Kaiser u. a., vgl. 1414: R. ZITELMANN, Adenauers Gegner (1991), 29–52. Ferner: T. MAYER, Adenauer und die politischen Frondeure in der Entstehungsphase der Bundesrepublik, in 1449: DERS. (Hrsg.), „Macht das Tor auf" (1996), 95–113; K.-E. HAHN, Westbindung unter Vorbehalt. Bonner Diplomaten und die Deutschlandpolitik von 1949 bis 1959, in: R. ZITELMANN (Hrsg.), Westbindung, Frankfurt a.M. 1993, 151–172.] Die Politik westlicher Geschlossenheit sollte langfristig zu einer durch die „Magnetwirkung" des „Kernstaats" Bundesrepublik auf die Deutschen in der „Sowjetzone" begünstigten Überwindung der Teilung führen, die Adenauer „stets als das zentrale Problem der deutschen Politik" angesehen hat [125: F. VON ECKARDT, Leben (1967), 259].

Schwindendes Interesse der Westmächte

Unklar in Adenauers Konzeption blieb allerdings, aufgrund welcher weltpolitischen Veränderungen Verhandlungen zwischen den politisch geschlossen und entschlossen auftretenden Westmächten – das war mit dem mißverständlichen Begriff „Politik der (nichtmilitärischen) Stärke" gemeint – und der Sowjetunion erfolgreich sein könnten. Dabei blieb Adenauer dabei, daß die Sowjetunion über die Gewährung des Selbstbestimmungsrechts nur mit einem starken Partner verhandeln werde. Seit Mitte der fünfziger Jahre waren die Westmächte im Gefolge der neuen Entspannungspolitik jedoch nicht gewillt, um der Wiedervereinigung Deutschlands willen „besondere Opfer" zu bringen [so ADENAUER am 13. Dezember 1955; 111: Teegespräche (1986), 32]. Gleichwohl nutzte der Bundeskanzler die im Deutschlandvertrag von 1954 der Bundesregierung eingeräumte Möglichkeit, sich gegen eine Politik der Verbündeten zu wehren, die offen auf „Konsolidierung des Status quo der deutschen Teilung" zielte, auch gegen Tendenzen, „politisch riskante Experimente" im Umgang mit der Sowjetunion auf Kosten deutscher Interessen zu wagen [135: W.G. GREWE, Rückblenden (1979), 213].

Vermutungen über Moskaus Deutschlandpolitik

In dem Maße, in dem die Teilung Deutschlands nicht mehr als (wesentliche) Ursache der weltpolitischen Spannung erschien, wurde dessen Wiedervereinigung nicht mehr zur Voraussetzung westlicher Entspannungspolitik, sondern höchstens als deren Ergebnis – im Zuge einer veränderten internationalen Konstellation – erwartet. Das Interesse der Sowjetunion an einer Änderung in ihrer Deutschlandpolitik sah Adenauer darin begründet, daß (1.) die große Mehrheit der Deutschen in der DDR den Kommunismus ablehnte, (2.) die Sowjetunion dauerhaft mit inneren, vornehmlich wirtschaftlichen Schwierigkeiten zu kämpfen habe – dieses Argument erstmals 1952 [111: ADENAUER, Teegespräche (1985), 301] – und (3.) Selbständigkeitsbestrebungen in ihren Satellitenstaaten ebenso berücksichtigen müsse wie (4.) die Möglichkeit künftiger kriegerischer Verwicklungen mit Rotchina. [Das China-Argument dominierte seit Adenauers Besuch in Moskau 1955, bei dem Chruschtschow mehrfach entsprechende Besorgnisse geäußert hatte (110: K. ADENAUER, Erinnerungen 1953–1955 (1966), 527 f.), und spielte 1962/63 wieder eine zentrale Rolle.] Der Bundeskanzler erwartete keineswegs eine „politische Totalkapitulation" der Sowjetunion [so 279: A. HILLGRUBER, Geschichte (Erstaufl. 1983), 53].

Unstrittig ist, daß seine Äußerungen über Zeitpunkt und Möglichkeiten einer Wiedervereinigung nicht frei von Widersprüchen waren [1419: A. POPPINGA, Adenauers Geschichtsverständnis (1975), 135]. Das galt auch für seine Behandlung des Kriegsgefangenenproblems, das bis zu dessen Lösung – während der Moskauer Verhandlungen des Bundeskanzlers 1955 – innenpolitischen Sprengstoff darstellte. [Dazu vgl. D. RIESENBERGER (Hrsg.), Das Deutsche Rote Kreuz, Konrad Adenauer und das Kriegsgefangenenproblem, Bremen 1994.] Es bestand eine Diskrepanz zwischen Adenauers „skeptischer Beurteilung des politisch Möglichen und seinen verbalen Bekenntnissen" zur Wiedervereinigung, „soweit er sie mit – meist recht fragwürdigen – Vorhersagen über Mittel, Wege und Zeitpunkt ihrer Verwirklichung ausschmückte" [W.G. GREWE, Die Stalin-Note, Adenauers Moskau-Reise und seine Haltung zur deutschen Frage im Jahr 1953, in 726: DERS., Die deutsche Frage (1986), 132–142, hier 142].

Widersprüchliche Äußerungen Adenauers

Daß dem ersten Bundeskanzler neben dem Glauben an die politische Standfestigkeit des eigenen Volkes das unerläßliche Vertrauen in dessen „patriotischen Durchhaltewillen" gefehlt habe, war für K. GOTTO [Realist und Visionär. Der Deutschland- und Ostpolitiker Konrad Adenauer, in: Politik und Kultur (1975), 99–118, hier 115] die „vielleicht schwächste Stelle" des Wiedervereinigungskonzepts Adenauers, verbunden mit dessen Sorge, daß der Wille zur Wiedervereinigung eines Tages in Nationalismus umschlagen könne. [Dazu vgl. die spätere Umkehrung dieser Formel („Der Realist als Visionär") bei K. GOTTO, in: Die Politische Meinung 35, H. 249 (1990), 6–13, hier 8.]

f) Deutschland- und ostpolitische Planungen 1958–1963

„Mir ist... vielfach vorgeworfen worden, ich hätte mich um die Frage der Wiedervereinigung Deutschlands zu wenig bemüht.... Eines Tages werden sich ja die Archive öffnen. Dann wird man sehen, welche Angebote Sowjetrußland von unserer, durch mich geführten Seite aus gemacht worden sind, und zwar während der ganzen Jahre." Diese Äußerung von Exkanzler Adenauer auf dem Bundesparteitag der CDU im März 1966 [Protokoll, 171] bezog sich auf Überlegungen, die seit 1955 verfestigte Teilung Deutschlands auf einem anderen Wege als dem nationalstaatlicher Wiedervereinigung wenn schon auf absehbare Zeit nicht überwin-

Zeitweilige Hinnahme des Status quo

den, so doch für die Deutschen jenseits des Eisernen Vorhangs erträglicher machen zu können.

Solche Überlegungen, auch in Richtung auf Vereinbarungen über einen Gewaltverzicht, waren seit der Moskau-Reise Adenauers (1955) angestellt worden und hatten bis zu ausformulierten Vorschlägen (vom „Österreich-Plan" 1958 bis zum „Stillhalteabkommen" von 1963) geführt. H. KÖHLER hat militärstrategische Überlegungen zur internationalen Entspannung bereits aus den Jahren 1953–1955 („Heusinger-Plan") als Beleg dafür bewertet, daß „auch unter der Fuchtel Adenauers" insgeheim höchst unkonventionelle Vorschläge erarbeitet worden seien [in der Rezension von 757: H.-J. RUPIEPER, Der besetzte Verbündete (1991), in: MGM 52 (1993), 220].

„Freiheit vor Einheit" Der Grundgedanke dieser Überlegungen bestand darin, von der Sowjetunion das Zugeständnis menschlicher Erleichterungen und schließlich politischer Freiheitsrechte für die Bevölkerung in der DDR und in Ost-Berlin – gemäß der Menschenrechtskonvention der UNO vom 10. Dezember 1948 – zu erreichen und dafür auf Zeit den territorialen Status quo hinzunehmen („Freiheit vor Einheit"). Hinweise auf diese Arkanpolitik fanden sich 1967 in ADENAUERS Erinnerungen [110: 1955–1959, 369–379]. Weitere Überlegungen in dieser Richtung konnte 1970 B. BANDULET [777: Adenauer, 230–233] mitteilen. 1972 wurden Teile eines „Burgfriedensplans" von 1962 bekannt [7: Die Auswärtige Politik, 472 f.].

Konkrete Planungen 1974 konnte K. GOTTO den „Globke-Plan" (in zwei Versionen von 1959 und 1960) veröffentlichen [in 150: R. MORSEY, K. REPGEN (Hrsg.), Adenauer-Studien III, 202–209], ergänzt um weitere Quellen [ebd., 134–201. Dazu vgl. ferner 789: H. GLOBKE, Überlegungen, 1976; 151: H. KRONE, Tagebücher (1995), 591 im Register]. An der Ausarbeitung des „Stillhalteabkommens" von 1962, einer Weiterentwicklung von Burgfriedensüberlegungen, war das Auswärtige Amt beteiligt [B. MEISSNER (Hrsg.), in 51: Moskau – Bonn (1975), 752, Anm. 151]. Die „sensationellen" Vorschläge Adenauers [H.-P. SCHWARZ, Die deutschlandpolitischen Vorstellungen Konrad Adenauers, in 767: DERS. (Hrsg.), Entspannung (1979), 34] liefen der damaligen Linie der Regierung wie der Opposition diametral entgegen. So wiederholte noch 1963 der Regierende Bürgermeister Willy Brandt seine Formel von 1961, wonach die DDR „weder deutsch, noch demokratisch, noch Republik" sei, sondern ein „erbärmlicher Satellitenstaat" [W. BRANDT, Reden 1961–1965, ausgew. und eingeleitet von H. BORTFELD, Köln 1965, 24].

Kein Äquivalent für die Sowjetunion Die erwähnten Vorschläge enthielten sämtlich einen letztlich nicht lösbaren inneren Widerspruch: Der Sowjetunion sollten zwar Garantien für eine militärische Neutralität der DDR und eine Interimslösung für Berlin gegeben werden; die dafür geforderte Gewährung politischer Freiheiten für die Deutschen in der DDR und in Ost-Berlin hätte jedoch deren Option zugunsten eines „Anschlusses" an die Bundesrepublik, nach dem Vorbild des Saarlands, bzw. die „verzweifelte Abwanderung" aus der DDR nicht verhindern können [1421: H.-P. SCHWARZ, Adenauer, Bd. 1 (1986), 402–439]. Insofern gab es in der Tat für Moskau keinen adäquaten Preis. Andererseits konnte es sich jedoch, „solange das politische

Bewußtsein in Deutschland noch von der Kriegsgeneration geprägt war", keine
frei gewählte Regierung erlauben, auf die ehemals deutschen Ostgebiete zu verzichten [L. KETTENACKER, Die Oder-Neiße-Linie als Faustpfand, in: A.M. BIRKE
u. a. (Hrsg.), Großbritannien und Ostdeutschland seit 1918, München 1992, 61–
78, hier 77; 787: A. FROHN, Adenauer und die deutschen Ostgebiete, 1996].

Nach K. GOTTO wollte der Bundeskanzler mit den mehrfach variierten Überlegungen die Vier Mächte auf eine Lösung der Deutschen Frage „vorprogrammieren" [Adenauers Deutschland- und Ostpolitik 1954–1963, in 150: R. MORSEY, K.
REPGEN (Hrsg.), Adenauer-Studien III, 1974, 1–91, hier 35] und für den Fall des
Scheiterns der amerikanisch-sowjetischen Berlin-Gespräche eine „Auffanglinie"
aufbauen, um dadurch die Deutsche Frage als „Verhandlungs- und Konzessionsobjekt" aus dem Dialog der Supermächte herauszulösen [72]. H. HAFTENDORN
bewertete den Globke-Plan vor allem als „taktischen Schachzug", um Moskau
den Hebel „Berlin" zu entwinden, „mit dem es immer wieder die Westbindung der
Bundesrepublik in Frage stellen konnte", sowie als Versuch, ihn der Sowjetunion
„als ‚Zwischenstation' auf dem Wege zur Wiedervereinigung" akzeptabel zu
machen [862: Sicherheit (Erstaufl. 1983), 86. P. SIEBENMORGEN sprach von „Notfalloperationen"; 835: Gezeitenwechsel (1990), 387]. Die nationalstaatliche Einheit hätte unschwer neu konstituiert werden können: durch gesamtdeutsche Wahlen „aus dem Recht der Volkssouveränität" [713: H. BUCHHEIM, Deutschlandpolitik (1984), 103].

Interpretationen

Aber nicht Adenauers Pläne für den Rückzug auf eine bedingte und zeitlich
begrenzte Anerkennung des Status quo in Mitteleuropa waren sein „letztes Wort"
zur Deutschen Frage, sondern seine „ziemlich waghalsige, letztlich aber doch
erfolgreiche Weigerung, die Sicherung West-Berlins mit der Aufgabe von Grundsatzpositionen in der deutschen Frage zu erkaufen" [829: H.-P. SCHWARZ, Ostpolitik (1981), 219]. Es blieb bei der „realpolitisch perspektivlosen Verteidigung" der
Bonner Rechtsposition [291: DERS., Die Ära Adenauer 1957–1963 (1983), 379],
die die völkerrechtliche Möglichkeit zur Lösung der Deutschen Frage offenhielt.

Offenhalten der
Deutschen Frage

Der erste Bundeskanzler hat das langfristige Ziel der Wiederherstellung der
Einheit Deutschlands in Freiheit zu keinem Zeitpunkt aufgegeben. Noch am
26. April 1963 sprach er von der Hoffnung, „daß eines Tages Ostdeutschland in
irgendeiner Form wieder in Freiheit zu uns zurückkehren kann" [752: R. MORSEY,
Die Deutschlandpolitik (1991), 44]. Nach G. VON GERSDORFF war Westdeutschland für Adenauer kein „Endziel", sondern seine „vorläufige Aktionsbasis", von
der aus er mit „engen transatlantischen Verflechtungen" westeuropäische und
gesamtdeutsche Aktionen anstrebte" [788: Adenauers Außenpolitik (1994), 352].

g) Befürworter der Zweistaatlichkeit

In den achtziger Jahren suchte eine Reihe westdeutscher Historiker die „Wiedervereinigungspolitik" Adenauers als ausschließlich taktisch gemeinte Verschleierung („Rhetorik") zur legitimatorischen Absicherung der Westintegration zu ent-

„Wiedervereinigungspolitik"

larven. [Kennzeichnend der Sammelband 724: J. Foschepoth (Hrsg.), Adenauer, Erstaufl. 1988.] Einige von ihnen, darunter R. Steininger, J. Foschepoth, C. Klessmann, W. Loth, H.-E. Volkmann, sprachen nur mehr von der „Wiedervereinigungsrhetorik", dieser „Lebenslüge" der Bundesrepublik Deutschland bzw. der Bundesregierung [ebenfalls H.A. Winkler, Das Ende der Nachkriegszeit, in: W. von Sternburg, Geteilte Ansichten bei einer vereinigten Nation, Frankfurt a.M. 1990, 268–275, hier 268].

Unpassende Vergleiche
Gleichzeitig traten sie in der öffentlichen Diskussion für den Fortbestand der deutschen Zweistaatlichkeit ein [Belege bei 1257: H.-P. Schwarz, Wiedervereinigung (1993), 693 f.], die sie zudem „nicht selten" aus der deutschen Geschichte „rational zu begründen versuchten" [G.A. Ritter, Der Umbruch von 1989/90 und die Geschichtswissenschaft, München 1995, 9. Dazu vgl. E. Jesse: „Es müßte geprüft werden, ob zwischen dem Abrücken nach Wiedervereinigung und der Relativierung des Freiheitsgedankens ein untergründiger Zusammenhang besteht." Doppelte Vergangenheitsbewältigung in Deutschland, in: E. Jesse, K. Löw (Hrsg.), Vergangenheitsbewältigung, Berlin 1997, 11–26, hier 17]. In dem 1989 erschienenen Deutschland-Handbuch. Eine doppelte Bilanz 1949–1989 [W. Weidenfeld, H. Zimmermann (Hrsg.), Bonn] behandelten 44 Verfasser in parallelen Beiträgen „den gleichen Gegenstand für Deutschland (West) wie für Deutschland (Ost)" [11]. Diese unbewertete Gegenüberstellung von thematischen Bereichen und Zahlen suggeriert eine Vergleichsmöglichkeit unvergleichbarer politischer Systeme.

Voreilige Festlegungen
Im Rückblick bleibt die „Voreiligkeit" erstaunlich, mit der Historiker die Existenz eines kommunistischen Staates in Deutschland „gewissermaßen als letztes Wort der deutschen Geschichte" zu akzeptieren empfahlen [1257: H.-P. Schwarz, Wiedervereinigung (1993), 699]. Sie verkannten, „daß in der Politik letztlich allein das zählt, was ein Staatsmann völkerrechtlich und staatsrechtlich verbindlich äußert und vertraglich festklopfen läßt" [H.-P. Schwarz, Die Bedeutung Adenauers für die deutsche und europäische Geschichte, in: J. Becker u. a. (Hrsg.), Wiedervereinigung in Mitteleuropa, München 1992, 175–184, hier 181 f.].

Nach der Einigung Deutschlands gab W. Loth im Blick auf die von ihm mitbeeinflußten Diskussionen um die Deutschlandpolitik Adenauers den Rat, künftig „mehr denn je" darauf zu achten, „präzise" zu argumentieren und sich dabei „so gut wie möglich von politischen Auseinandersetzungen" freizuhalten [746: Der Historiker (1992), 382]. Dieses Postulat war berechtigt; denn die „Zweistaatler" [so 1257: H.-P. Schwarz, Wiedervereinigung (1993), 699] hatten durchweg mit ihrer Fachkompetenz argumentiert. Ihre entsprechenden, überaus zahlreichen Beiträge sind verzeichnet [„mit nicht immer überzeugender Handhabung des Zeigestocks": so H.G. Hockerts, Zeitgeschichte (205: 1993), 125] bei J. Hacker [1240: Deutsche Irrtümer, Erstaufl. 1992. Vgl. ferner E.F. Jung, Kalte Krieger und falsche Propheten, in: Die Politische Meinung 38 (1993), 63–69; K. Schroeder, J. Staadt, Zeitgeschichte in Deutschland vor und nach 1989, in: APuZG B 26 (1997), 15–29].

C. KLESSMANN hat seine Fehlprophetien über die „endgültige Teilung" Deutschlands als „erfreulichen Irrtum" eingestanden [246: Staatsgründung (1991), 11 f.; 283: DERS., Zwei Staaten (1997), 9], zugleich allerdings vor der vermeintlichen Gefahr gewarnt, „die westdeutsche Geschichte umzuinterpretieren und Adenauers Politik visionäre Züge zu verleihen" [ebd., 585, unter Bezug auf K. GOTTO, Der Realist als Visionär (s. oben S. 181). Vgl. dazu 752: R. MORSEY, Die Deutschlandpolitik (1991), 46–48]. Im gleichen Jahr beurteilte K. SONTHEIMER die Tatsache, daß sich die Wiedervereinigung Deutschlands 1990 im Rahmen der westlichen Demokratie und unter Beibehaltung der Bindung Deutschlands an den Westen vollziehen konnte, als eine „späte Rechtfertigung" von Adenauers Politik der Westintegration [292: Die Adenauer-Ära (Erstaufl. 1991), 199]. Die Richtigkeit der Magnettheorie

Demgegenüber wiederholte C. KLESSMANN seine Warnung vor einer „deterministischen Interpretation deutscher Nachkriegsgeschichte" im Sinne einer „Richtigkeit" des Konzepts der „Magnettheorie", die 1990 „scheinbar ihre glänzende Bestätigung erhalten" habe [210: Verflechtung (1993), 488, 497]. Charakteristisch für die Schwierigkeit, nach der Wiedervereinigung bisher vertretene Positionen zu halten, ist der 1990 erschienene Sammelband „Die deutsche Frage als internationales Problem" [H.-J. SCHRÖDER (Hrsg.), Stuttgart]. Noch während der Drucklegung der 1987 gehaltenen und im Frühjahr 1989 überarbeiteten Referate zogen zwei Autoren ihre „bereits gesetzten Beiträge" zurück, während I. GEISS seinen Text durch ein Nachwort kommentierte [36–37].

H.-P. SCHWARZ hat das bereits 1990 begonnene „Umdenken" der zuvor auf die „Zweistaatlichkeit" eingeschworenen Historiker" an Beispielen belegt [1257: Wiedervereinigung (1993), 683–704; DERS., Die Zentralmacht Europas, Berlin 1994, 58–60; 229: DERS., Der Ort der Bundesrepublik (1996), 24]. E. JESSE hielt fest, daß das erstmals 1991 erschienene Handwörterbuch zur deutschen Einheit [W. WEIDENFELD, K.-R. KORTE (Hrsg.), Bonn] „bereits vor 1989 geplant" gewesen sei: „Wäre es noch 1989 herausgekommen, hätte sich für viele Autoren ein Desaster ergeben" [Wahrnehmung der DDR in der Politik, der Publizistik und der Wissenschaft – vor 1989 und danach, in: H. TIMMERMANN (Hrsg.), Diktaturen in Europa im 20. Jahrhundert – der Fall DDR, Berlin 1996, 3–16, hier 11]. H.A. WINKLER hat 1994, in der Einleitung einer Neubearbeitung des Sammelbands Wendepunkte deutscher Geschichte [hrsg. von C. STERN und H.A. WINKLER, Frankfurt a.M. 1979 u.ö.] darauf hingewiesen, daß der Beitrag von J. KOCKA [1945: Neubeginn oder Restauration?, Frankfurt a.M., 159–192] „im Licht der neuesten Entwicklungen ... teilweise neu geschrieben worden" sei [Wendepunkte, 7]. „Zweistaatler"-Historiker

Inzwischen hat sich die von K.D. BRACHER bereits früher so bezeichnete „doppelte" bzw. „doppelbödige" Zeitgeschichte Deutschlands [Zeitgeschichtliche Erfahrungen als aktuelles Problem, in: APuZG B 11 (1986), 3–14] zu einer „dreifachen Zeitgeschichte" [U. HERBERT, „Drei deutsche Vergangenheiten", in 181: A. BAUERKÄMPER (Hrsg.), Doppelte Zeitgeschichte (1998), 376–390] ausgeweitet. Dadurch ergeben sich neue Deutungen der Vergangenheit. Es gilt, durch „eine Art innerer Wiedervereinigung der Zeitgeschichte" [205: H.G. HOCKERTS, Zeitge- „Dreifache Zeitgeschichte"

schichte (1993), 127] die „zweistaatliche Strukturierung deutscher Zeitgeschichte" [so J. KOCKA, Die Geschichte der DDR als Forschungsproblem, in: DERS. (Hrsg.), DDR-Forschung, Berlin 1993, 9–26, hier 13] im Sinne einer „deutsch-deutschen Beziehungsgeschichte" zu überwinden [210: C. KLESSMANN, Verflechtung und Abgrenzung (1993), 32. Ebd. 31 auch eine Entgegnung auf die „einseitige Kritik" von J. HACKER, Deutsche Irrtümer]. K. SCHÖNHOVEN hält eine historiographische Neuvermessung der deutschen Nachkriegsgeschichte für notwendig [226: Aufbruch (1999), 123].

6. INNENPOLITISCHE EINZELKOMPLEXE

a) Die Auseinandersetzung mit der NS-Vergangenheit

Die Verjährungs- Zu den folgenschwersten innenpolitischen Veränderungen gehört das Schwinden
debatte des 1948/49 vorhandenen „historischen Grundbestands" in Form der Bejahung der westlichen Demokratie und des „doppelten antitotalitären Konsenses" [K.D. BRACHER, Die Bewährung der Zweiten Republik, in 1348: K. HILDEBRAND, Von Erhard (1984), 11]. Dieser Grundbestand besaß auch – ebenso wie die Hinwendung zu Europa – eine „vergangenheitsentlastende Kompensationsfunktion" [835: P. SIEBENMORGEN, Gezeitenwechsel (1990), 102].

Die politische Auseinandersetzung mit der NS-Vergangenheit („Bewältigung") begann bereits in den Anfangsjahren der Bundesrepublik, führte aber (noch) nicht zum „Betroffenheitskult" einer neuen Generation. [Dazu vgl. H. GRAML, Die verdrängte Auseinandersetzung, in 187: M. BROSZAT (Hrsg.), Zäsuren (1990), 169–183; D. GARBE, Äußerliche Abkehr, Erinnerungsverweigerung und „Vergangenheitsbewältigung", in 1341: A. SCHILDT, A. SYWOTTEK (Hrsg.), Modernisierung (1993), 693–716.] Willy Brandt hat es 1976 als „große innenpolitische Realisierung Adenauers" bewertet, „nicht so harte Maßstäbe" an diejenigen angelegt zu haben, „die im Dritten Reich engagiert gewesen waren" [in 1417: H. KOHL (Hrsg.), Adenauer, 63–67, hier 66].

Im Umgang der „bundesdeutschen Gesellschaft" mit der NS-Vergangenheit in den fünfziger Jahren erkannte H. BERGHOFF eine Entwicklung von der „weitgehenden Erinnerungsverweigerung zur ersten Etappe einer aufrichtigen Auseinandersetzung" [1232: Zwischen Verdrängung, 1998. Kritischer: N. FREI, Vergangenheitspolitik in den fünfziger Jahren, in 1251: W. LOTH, B.-A. RUSINEK (Hrsg.), Verwandlungspolitik (1998), 79–92]. In der zweiten Hälfte dieses Jahrzehnts endete die „Erinnerungsverweigerung" durch „gemeinsames Beschweigen brauner Biographieanteile" [1250: D. VAN LAAK, Gespräche (1993), 130]. Die Auseinandersetzung mit der jüngsten Geschichte verstärkte sich nach 1961 (Eichmann- und Auschwitz-Prozesse) und schuf ein neues Problembewußtsein.

Halbherzige Eine Beschäftigung mit der NS-Vergangenheit ist zu keiner Zeit etwa verhin-
Beschäftigung dert worden [U. WENGST, Geschichtswissenschaft und „Vergangenheitsbewältigung" in Deutschland nach 1945 und nach 1989/90, in: GWU 36 (1995), 189–205],

wenngleich sie zeitweise vornehmlich, und nicht selten „halbherzig" [so G. JASPER, Wiedergutmachung und Westintegration, in 245: L. HERBST (Hrsg.), Westdeutschland (1986), 183–202], durch Strafprozesse erfolgte [1242: C. HOFFMANN, „Vergangenheitsbewältigung", 1990; A. BLANKENAGEL, Verfassungsgerichtliche Vergangenheitsbewältigung, in: Zs. für Neuere Rechtsgeschichte 13 (1991), 67–82]. In den sechziger Jahren paßte ein „Insistieren auf einer spezifisch deutschen Leidensgeschichte nicht mehr in die Debatte" [H. AMMON, Stiefkind der Zunft, in: FAZ vom 5. September 1997. Zur „Verjährungsdebatte" um die Mitte der sechziger Jahre vgl. E. BENDA, in: Staatslexikon, Bd. 11, Freiburg i.Br. 7. Aufl. 1970, 583–590].

Nach B. DIESTELKAMP hat ein „sozialpsychologischer Schutzmechanismus" für die Mehrheit der Deutschen das Weiterleben „mit zwar gebrochenem Selbstbewußtsein, aber ohne Identitätsverlust" ermöglicht [640: Rechtsgeschichte (1985), 206]. Für H. LÜBBE war die Tabuisierung der Vergangenheit der Preis für die innere Stabilisierung der Bundesrepublik [Der Nationalsozialismus im deutschen Nachkriegsbewußtsein, in: HZ 236 (1983), 579–599]. G. ROELLECKE hingegen hat die „unbewältigte Vergangenheit" als ein „nur rhetorisches Problem" bewertet, weil aus der „Singularität der NS-Verbrechen – abgesehen von immer neuen Geldforderungen – keine weiteren Konsequenzen gezogen werden" [Der Nationalsozialismus als politisches Layout der Bundesrepublik Deutschland, in: Der Staat 28 (1989), 505–524, hier 512].

Insbesondere die zögerliche und allzu vordergründige Beschäftigung der Justiz mit der eigenen Vergangenheit löste Kritik aus [W. BENZ, Zum Umgang mit der nationalsozialistischen Vergangenheit in der Bundesrepublik, in: J. DANYEL (Hrsg.), Die geteilte Vergangenheit. Zum Umgang mit Nationalsozialismus und Widerstand in beiden deutschen Staaten, Berlin 1995, 47–60; 1233: W. BERGMANN u. a. (Hrsg.), Schwieriges Erbe, 1995; K.-D. GODAU-SCHÜTTKE, Ich habe nur dem Recht gedient. Die Renazifizierung der Schleswig-Holsteinischen Justiz nach 1945, Baden-Baden 1993; J. FRIEDRICH, Die kalte Amnestie. NS-Täter in der Bundesrepublik, München 1994; B. KASTEN, Pensionen für NS-Verbrecher in der Bundesrepublik 1949–1963, in: Historische Mitteilungen 7 (1994), 262–284]. *Zögerliche Strafverfolgung*

Noch 1991 ging C. KLESSMANN von einer „völlig unzureichenden Auseinandersetzung" mit der NS-Vergangenheit aus [246: Staatsgründung, 17]. Zwei Jahre später widerlegte M. KITTEL in einer Untersuchung der veröffentlichten Meinung – gegen R. GIORDANO [Die zweite Schuld oder von der Last, ein Deutscher zu sein, Hamburg 1987] die These von der „Verdrängung" der NS-Vergangenheit nach 1945; die Auseinandersetzung mit der „NS-Zeit und ihren Folgen" sei von Anfang an ein „zentrales Thema der bundesdeutschen Politik" gewesen [1247: Legende (1993), 386. U. HERBERT sah darin eine „teilweise polemische Antwort"; NS-Eliten in der Bundesrepublik, in 1251: W. LOTH, B.-A. RUSINEK (Hrsg.), Verwandlungspolitik (1998), 93–115, hier 94]. *Verwandlungspolitik*

Im selben Jahr begründete H.G. HOCKERTS die Geburt der westdeutschen Zeitgeschichte „aus dem Geist der Vergangenheitsbewältigung" [205: Zeitgeschichte,

118], während C. GOSCHLER die Wiedergutmachung [1182: Wiedergutmachung, 1992] auch als Vergangenheitsbewältigung würdigte [in: Bohemia 34 (1993), 295–304; DERS., Nachkriegsdeutschland und die Verfolgten des Nationalsozialismus, in 405: H.-E. VOLKMANN (Hrsg.), Ende des Dritten Reiches (1995), 317–342]. Einen Zusammenhang zwischen der „personellen Vergangenheitsbewältigung" (Amnestierungskampagnen) und der Westintegration der Bundesrepublik belegte U. BROCHHAGEN [1234: Nach Nürnberg, 1994].

Die doppelte Erblast

Inzwischen war der „Umgang" mit der NS-Vergangenheit um den mit der SED-Erblast erweitert und von ihr überlagert worden. Die deutsch-deutschen Beziehungen bis 1989 kamen als Vergleichsmöglichkeit zunehmend in den Blick [R. ECKERT u. a. (Hrsg.), Wendezeiten – Zeitenwende. „Entnazifizierung" und „Entstalinisierung", Hamburg 1991; U. HERBERT, O. GROEHLER (Hrsg.), Zweierlei Bewältigung, Hamburg 1992; E. JESSE (Hrsg.), „Entnazifizierung" und „Entstasifizierung" als politisches Problem, in: J. ISENSEE (Hrsg.), Vergangenheitsbewältigung durch Recht, Berlin 1992, 9–36; B. FAULENBACH, Die doppelte „Vergangenheitsbewältigung", in: J. DANYEL (Hrsg.), Die geteilte Vergangenheit (s. S. 187, 1995), 107–125].

Dabei erwies sich ein Vergleich der „braunen" und der „roten Diktatur" als unerläßlich für eine Urteilsbildung. [Dazu auch E. JESSE, Doppelte Vergangenheitsbewältigung in Deutschland, in: E. JESSE, K. LÖW (Hrsg.), Vergangenheitsbewältigung, Berlin 1997, 11–26.] A. SCHILDT hat als Gemeinsamkeit aller NS-belasteten Eliten einen „Verzicht auf ein Engagement gegen die neue demokratische Ordnung" und eine „freiwillige Einordnung" in diese Ordnung konstatiert [NS-Eliten in der Bundesrepublik Deutschland, in: Geschichte, Politik und ihre Didaktik 24 (1996), 20–32, hier 29].

Vergangenheitspolitik

In seiner quellennahen Analyse über die komplexe „Vergangenheitspolitik" in den Anfangsjahren der Bundesrepublik belegte N. FREI [1238: 1996] die Zielsetzung und Praktiken (u. a. durch Amnestierung von Belasteten) zur Beendigung der politischen Säuberungen als „Schlußstrich" unter eine unrühmliche Vergangenheit wie als Voraussetzung für die Integration von Millionen ehemaliger „Mitläufer". FREI hat an anderer Stelle daran erinnert, daß die – den Siegermächten oft unterstellte – Kollektivschuldthese eine „deutsche Erfindung" gewesen sei: Kein Dokument der Siegermächte hätte eine Kollektivschuld postuliert [in: Rechtswissenschaftliches Journal 16 (1997), 621–634]. Jüngste Bilanzen des Umgangs mit der NS-Vergangenheit in der Bundesrepublik vermitteln die Sammelbände „Verwandlungspolitik" [1251: W. LOTH, B.-A. RUSINEK (Hrsg.), 1998, mit Beiträgen u. a. von A. SCHILDT, D. VAN LAAK, N. FREI, U. HERBST und M. RUCK] sowie Redaktion Kritische Justiz (Hrsg.), Die juristische Aufarbeitung des Unrechts-Staats [Baden-Baden 1998].

An dieser Stelle sei an einen in Vergessenheit geratenen Vorgang erinnert: Am 5. September 1961 schlug der Regierende Bürgermeister von Berlin, Willy Brandt, vor, die (1958 errichtete) Zentralstelle der Landesjustizverwaltungen zur Aufklärung von NS-Verbrechen in Salzgitter künftig auch mit der juristischen Erfassung des SED-Unrechts zu beauftragen. Für diesen Vorschlag spreche die „nahezu völlige Identität der jetzt vom SED-Regime angewandten Methoden mit denen des Nationalsozialismus" [H. SAUER, H.-O. PLUMEYER, Der Salzgitter Report, München 1991, Dok. 5, o.S. Die Erfassungsstelle wurde im November 1961 errichtet. 1988/89 zogen sich die von der SPD geführten Landesregierungen aus deren Finanzierung zurück].

Inzwischen wird zunehmend stärker die Vergangenheitsbewältigung bzw. -politik nach 1945/49 in Deutschland mit derjenigen anderer Staaten Europas verglichen [K.-D. HENKE, H. WOLLER (Hrsg.), Politische Säuberung in Westeuropa, München 1991; H. QUARITSCH, Theorie der Vergangenheitsbewältigung, in: Der Staat 31 (1992), 519–551; H. KÖNIG (Hrsg.), Vergangenheitsbewältigung am Ende des zwanzigsten Jahrhunderts, Opladen 1998].

b) Regierungs- und Verfassungssystem

Die umfängliche Verfassungsgeschichte von Baden-Württemberg [1275: P. FEUCHTE, 1983] ist bisher die einzige einschlägige regionale Darstellung geblieben. Die rechtsgeschichtlich akzentuierte Einführung in die Verfassungsgeschichte der Bundesrepublik von K. KROEGER [1184: 1993] gilt der „Fortentwicklung der Grundstrukturen des Bonner Grundgesetzes" [VIII]. Über den Aufbau aller Zweige der Bundesverwaltung [über deren Beginn vgl. 1200: U. WENGST, Staatsaufbau, 1984] sowie die Entwicklung des Verhältnisses von Parlament, Regierung und Verwaltung informieren zahlreiche Beiträge in Band 5 der Deutschen Verwaltungsgeschichte [281: K.G.A. JESERICH u. a. (Hrsg.), 1987]. Über die Errichtung und Entwicklung einzelner Ressorts existieren nur wenige neuere Arbeiten, so über das Amt Blank [1185: D. KRÜGER, 1993], das Auswärtige Amt [1177: H.-J. DÖSCHER, 1995; 1188: C.M. MÜLLER, Relaunching Diplomacy, 1996] und das Bundesministerium des Innern [S. FRÖLICH u. a., Bonn 1997].

Innenpolitische Einzelfragen

Das Interesse der Forschung an der innenpolitischen Entwicklung konzentrierte sich zunächst auf Zustandekommen und Folgen einzelner, nicht selten „spektakulärer" (verfassungs-)politischer Ereignisse. Dazu zählen die Regierungsbildung von 1949 [1200: U. WENGST, 1984], die Korea-Krise 1950/51 [809: H.F. WÜNSCHE, 1986], die Krise vor der Wahl des Bundespräsidenten von 1959 [zuletzt 1452: R. MORSEY, Lübke (1997), 254–267], die Vorgeschichte der Gründung des Zweiten Deutschen Fernsehens von 1961 [1265: K. WEHMEIER, 1979; 479: H. BAUSCH, Rundfunkpolitik, 1980] und die „Spiegel-Affäre" von 1962 [J. SCHÖPS (Hrsg.), Die Spiegel-Affäre des Franz Josef Strauß, Reinbek 1983. Der Hamburger Innensenator Helmut Schmidt (SPD) soll die Redaktion des „Spiegel" über die beabsichtigte Durchsuchung der Redaktionsräume informiert haben: R. GEHLEN, Verschlußsache, Mainz 1980, 66]. Der anschließende Versuch zur Bildung einer Großen Koalition führte erst 1966 zum Erfolg [1381: R. MORSEY, Vorgeschichte, 1994; 1392: U. WIRZ, Guttenberg, 1997; 1389: K. SCHÖNHOVEN, Die Entscheidung, 1998].

„Spiegel-Affäre"

II. Grundprobleme und Tendenzen der Forschung

Adenauers „Kanzlerdemokratie"

Viel diskutiert wurden die Ursachen und Folgen des Wohlstandswachstums [dazu vgl. D. GROSSER, Das Wirtschaftswunder (1948–1973), in 1094: DERS. u. a., Marktwirtschaft (1988), 80–99], aber ebenso die Änderungen des Regierungsstils in der Ära Adenauer. Die von ihm begründete und geprägte, für die Stabilisierung der Bundesrepublik so wichtige „Kanzlerdemokratie" ist überwiegend auf die Zeit von 1953–1961 eingegrenzt worden [916: H.-P. SCHWARZ (Hrsg.), Adenauers Regierungsstil, 1991; 894: A. DOERING-MANTEUFFEL, Kanzlerdemokratie, 1991]. Erhards Führungsschwäche in der Kanzlerdemokratie hat H. OBERREUTER belegt [in: M. MOLS (Hrsg.), Normative und institutionelle Ordnungsprobleme des modernen Staates, Paderborn 1990, 214–234]. Erst in den letzten Jahren ist die durchaus prägende Rolle der Bundespräsidenten in der Kanzlerdemokratie zu einem stärker beachteten Thema geworden [909: R. MORSEY, 1989; 902: W. JÄGER, 1994]. Die Überblicksdarstellung von G. SCHOLZ [1411: Bundespräsidenten, 1990] ist nur ab der 2. Auflage (1992) benutzbar, die der Verfasser aufgrund massiver Kritik [R. MORSEY, in: Die Verwaltung 24 (1991), 65–71] erheblich überarbeitet hat.

Bestandsaufnahme

Eine Reihe von „Bestandsaufnahmen" [H.W. RICHTER (Hrsg.), Bestandsaufnahme, München 1962] der deutschen oder „Deutschland-Bilanz" [so der Untertitel von K.D. BRACHER (Hrsg.), Nach 25 Jahren, München 1970] sind in unterschiedlichem „Jubiläumsabstand" von 1945 bzw. 1949 erschienen, massiert dann aus Anlaß des 40jährigen Bestehens der Bundesrepublik Deutschland 1989 [888: W. BENZ, D. MOOS (Hrsg.), Das Grundgesetz]. Dabei überwog in den früh publizierten Bänden eine eher kritische Bewertung nahezu aller Bereiche der vornehmlich als „restaurativ" gekennzeichneten Ära Adenauer.

Aus größerem zeitlichen Abstand verfaßte Betrachtungen konnten zunehmend Erträge der Forschung einbeziehen. Sie rückten auch die inzwischen deutlicher erkennbaren positiven Züge der Entwicklung einer allmählich Nicht-Mehr-Provisoriumsrepublik stärker in den Vordergrund, registrierten die inzwischen erfolgte „Verklärung" Adenauers [1253: E. NOELLE-NEUMANN, 1976] und entdeckten schließlich deren schon erwähnte Erfolgs- bzw. Stabilitätsgeschichte.

Der Bonner Parlamentarismus

Nach Studien zu einzelnen Aspekten des Bonner Parlamentarismus begann dessen Erforschung mit dem Standardwerk von G. LOEWENBERG [907: Parlamentarismus, 1969]. Inzwischen kennen wir das Zustandekommen wichtiger Gesetze, eingeschlossen die darauf jeweils gestaltend bzw. retardierend einwirkenden Kräfte auch im vorparlamentarischen Raum. [Vgl. die Übersicht bei 85: P. SCHINDLER, Datenhandbuch (1984), 721–729; Datenhandbuch (1988), 606–610; DERS., Einzelfallstudien zur Gesetzgebung des Bundes – eine Bibliographie, in: G. HAHN, H. KIRCHNER (Hrsg.), Parlament und Bibliothek, München 1986, 432–449.]

Zu ergänzen sind einige ältere bzw. nach 1987 erschienene Untersuchungen, so zum Montanmitbestimmungsgesetz von 1951 [609: G. MÜLLER, Mitbestimmung, 1987; 617: N. RANFT, Vom Objekt, 1988]; zum 1. Strafrechtsänderungsgesetz von 1951 [1197: R. SCHIFFERS, Zwischen Bürgerfreiheit, 1989]; zum Betriebsverfassungsgesetz von 1952 [1087: D. BUCHHAAS, 1985]; zum Investitionshilfegesetz von 1952 [1079: H.R. ADAMSEN, 1981]; zum Lastenausgleichsgesetz von 1952 [1318: L. WIEGAND, 1992], sowie zur Entstehung des früheren Entschädigungsgesetzes der amerikanischen Besatzungszone [H.-D. KREIKAMP, in 1183: L. HERBST, C. GOSCHLER (Hrsg.), Wiedergutmachung (1989), 61–75]; zum ersten Bundesentschädigungsgesetz von 1953 [1182: C. GOSCHLER, Wiedergutmachung (1992), 286–305]; zum Bundesvertriebenengesetz von 1953 und seinen Ergänzungen bis 1961 hin [1297: H. HEIDEMEYER, Flucht, 1994]; zum Straffreiheitsgesetz von 1954 [1238: N. FREY, Vergangenheitspolitik (1996), 100–131]; zum Bundesevakuierungsgesetz von 1953 [602: M. KRAUSE, Flucht vor dem Bombenkrieg, 1997]; zum Personalvertretungsgesetz von 1955 [M.-L. RECKER, in 1143: J. KOCKA (Hrsg.), Von der Arbeiterbewegung (1994), 446–461] und zum Ladenschlußgesetz von 1956 [H.-D. KREIKAMP, in: F.P. KAHLENBERG (Hrsg.), Aus der Arbeit der Archive, Boppard 1989, 866–892].

Erforscht ist ferner die Entstehung des 1. (1950) und 2. (1956) Wohnungsbaugesetzes [623: G. SCHULZ, Wiederaufbau (1994), 211–314]; des Gesetzes über die Rentenreform von 1957 [1137: H.G. HOCKERTS, 1980]; des Kartellgesetzes (gegen Wettbewerbsbeschränkungen) von 1957 [R. ROBERT, Konzentrationspolitik in der Bundesrepublik, Berlin 1976; V. BERGHAHN, in 918: L. ALBERTIN, W. LINK (Hrsg.), Politische Parteien (1981), 301–324]; des Gesetzes über eine Altershilfe für Landwirte von 1957 [W. FELDENKIRCHEN, D.P. HERRMANN, in: Zs. für Agrargeschichte und Agrarsoziologie 36 (1988), 78–97]; des Bundesbankgesetzes von 1957 [V. HENTSCHEL, Die Entstehung des Bundesbankgesetzes 1947–1957, in: Bankhistorisches Archiv 14 (1988), 3–31, 79–115]; des 1. Bundesvermögensgesetzes von 1961 [1090: Y. DIETRICH, Eigentum, 1996] und des Stabilitätsgesetzes von 1967 [1394: E. OSTERWALD, 1982].

Weitere Einzelgesetze

Zu gescheiterten Gesetzentwürfen zählt der Versuch einer Bundespressegesetzgebung 1951/52 [N. FREI, in: H. WAGNER (Hrsg.), Idee und Wirklichkeit des Journalismus, München 1988, 75–91] und der einer Krankenversicherungsreform in der 3. und 4. Wahlperiode [F. NASCHOLD, Kassenärzte und Krankenversicherungsreform, Freiburg i.Br. 1967].

Das Thema „Adenauer und der Deutsche Bundestag" [908: R. MORSEY, 1986] verdient weitere Bearbeitung. Für die zweite Hälfte der sechziger Jahre belegte K. HILDEBRAND [1348: Von Erhard (1984), 50–83] die auch angesichts der Aktivitäten extremer Gruppierungen (NPD, APO) gestiegene Bedeutung des Bundestags. Noch wenig Interesse hat die Rolle des Bundesrats im parlamentarischen Prozeß gefunden. [K.E. POLLMANN, Sozialpolitik im bundesstaatlichen System. Die Mitwirkung des Bundesrats an den arbeitsrechtlichen und sozialen Bundesgesetzen 1949–1953, in 1143: J. KOCKA (Hrsg.), Von der Arbeiterbewegung (1994), 429–445.]

Bundestag und Bundesrat

Ergebnis einer Flut von politikwissenschaftlichen Publikationen zur Theorie und Praxis des parlamentarischen Systems war die Anerkennung des westlichen Teilstaats als „gefestigtes Provisorium". Überwunden ist die ältere Annahme von

„Gefestigtes Provisorium"

der Benachteiligung und strukturellen Chancenlosigkeit der Opposition im Wohlfahrtsstaat.

Historische Wahlforschung Neben der „klassischen" historischen Wahlforschung [100: G.A. RITTER, M. NIEHUSS, Wahlen, 1991; für eine Region 922: D. BERG-SCHLOSSER u. a. (Hrsg.), Hessen 1946–1994, 1994] hat sich inzwischen eine eigenständige, systemtheoretisch und sozialwissenschaftlich ausgerichtete Wahlforschung etabliert. Mit ihrer extrem „verfremdeten" Fachterminologie, mit ihren ungewöhnlich ausdifferenzierten und kompliziert formulierten Erkenntnissen und Ergebnissen erreicht sie allerdings nur noch Experten. [Einen guten Überblick über die historische Wahlforschung vermittelt 213: T. KÜHNE, Wahlrecht (1993), 481–547.]

c) Parteien

Parteien und Wahlrecht Bei der Erforschung der Geschichte der Parteien und des Parteiensystems sowie derjenigen des Wahlsystems und Wahlrechts [seit 670: E.H.M. LANGE, Wahlrecht, 1975] ist zunehmend stärker der Zusammenhang mit bzw. die Abhängigkeit von politisch-gesellschaftlichen Entwicklungen und wahlsoziologischen Gegebenheiten berücksichtigt worden. Über den Verlauf der Diskussion um Wahlsystem und Wahlrechtsänderungen informieren E. JESSE [903: Wahlrecht (1985), 24–45] und U. WENNER [Sperrklauseln im Wahlrecht der Bundesrepublik Deutschland, Frankfurt a.M. 1986]. Politikwissenschaftlich-systematisch konzipiert sind die meisten der Gesamtüberblicke über die Entwicklung des Parteiensystems in der Bundesrepublik [933: A. MINTZEL, H. OBERREUTER (Hrsg.), Parteien, 1992; 220: O. NIEDERMAYER, R. STÖSS (Hrsg.), Stand und Perspektiven, 1993].

Wieder- und Neugründungen Schon die ersten Untersuchungen über die Wieder- und Neugründung von Parteien [später: D.E. ROGERS, Politics after Hitler. The Western Allies and the German Party System, London 1995] machten deutlich, daß die politischen Lager unterschiedliche Lehren aus der NS-Vergangenheit gezogen hatten. Die SPD als Traditionspartei leitete aus ihrer Verfolgung in den Jahren des Hitler-Regimes den Anspruch auf politische Führung im Nachkriegsdeutschland ab. Nach der 1946 mit Gründung der SED [1004: F. MORAW, Die Parole der „Einheit", Erstaufl. 1973] abgeschlossenen Auseinandersetzung zwischen „Hannover" (K. Schumacher) und „Berlin" (O. Grotewohl) blieb der in Schumacher verkörperte kämpferische Antikommunismus zunächst für Selbstverständnis und Politik der SPD maßgebend. [Dazu vgl. S. MILLER, Kurt Schumacher im Urteil von Zeitgenossen, in 1143: J. KOCKA (Hrsg.), Von der Arbeiterbewegung (1994), 156–172.]

Im Zuge der Erforschung der Gründungsgeschichte von CDU und CSU wurden auch Traditionen wie historische Vorbelastungen der neuen Parteien sichtbar [938: W. BECKER, CDU und CSU, 1987; 961: A. MARTIN, Die Entstehung, 1995]. Einerseits galt das, seit 1871 wiederholt erstrebte Gelingen einer interkonfessionellen Parteibildung als säkulares Ereignis – „gewissermaßen die politische Überwindung der Folgen des westfälischen Friedens" [M.R. LEPSIUS, Bundesrepublik, in: Nachkriegsgesellschaften im historischen Vergleich, hrsg. vom Institut für

Zeitgeschichte, München 1982, 33–39, hier 39]. Andererseits blieb jedoch der historische Nord-Süd-Gegensatz des politischen Katholizismus in der Gründung und Fortexistenz von zwei Unionsparteien bestehen.

Alle politischen Hauptströmungen und Sozialbewegungen, die zunächst in dem von allen Besatzungsmächten lizenzierten Vier-Parteien-Modell (mit jeweils regionalen Besonderheiten) gebündelt worden waren, knüpften an politisch-soziale Milieus aus der Zeit vor 1933 an. [Grundlegend: M.R. Lepsius, Parteiensystem und Sozialstruktur (1966). ND in: M.R. Lepsius, Demokratie in Deutschland, Göttingen 1993, 25–50.] Politisch-soziale Milieus

Von den zahlreichen politischen Gruppierungen der fünfziger Jahre sind bereits früh die beiden Antisystem-Parteien untersucht worden, die 1952 bzw. 1956 vom Bundesverfassungsgericht verboten worden sind: die Sozialistische Reichspartei [vgl. auch den Abschnitt „Aufstieg und Verbot der Sozialistischen Reichspartei 1951/52" bei 1238: N. Frei, Vergangenheitspolitik (1996), 326–360; 1059: O. Sowinski, Die Deutsche Reichspartei, 1998] und die KPD [1054: H. Kluth, 1959; 1055: P. Major, 1997]. Später richtete sich das Interesse auf diejenigen Parteien, die im Verlauf des Konzentrationsprozesses der fünfziger Jahre von der politischen Bildfläche verschwanden. Antisystem-Parteien

Das galt für die Deutsche Partei [zuletzt 1068: I. Nathusius, 1992; dazu die Biographie Heinrich Hellweges von C. Schmidt, 1441: 1991], den Block der Heimatvertriebenen und Entrechteten (BHE) – dem mit der gesellschaftlichen Integration seiner Wähler die Basis entzogen wurde [936: R. Stöss, Parteien-Handbuch (1983), 1424–1459] –, die Bayernpartei [1076: I. Unger, 1979; 978: K. Wolf, 1982], die Wirtschaftliche Aufbau-Vereinigung [1077: H. Woller, 1982], die Gesamtdeutsche Volkspartei [1067: J. Müller, 1990; dazu vgl. H. Vorländer, Oral History-Projekt Gesamtdeutsche Volkspartei (GVP), in: Ders. (Hrsg.), Oral History. Mündlich erfragte Geschichte, Göttingen 1990, 83–104], die Deutsche Zentrumspartei [1072: U. Schmidt, 1987. Dazu vgl. die Biographie Helene Wessels von E. Friese, 1476: 1995] und die DKP [1063: M. Wilke u. a., 1990]. Die 1968 gegründete DKP blieb ein unbedeutendes Anhängsel der SED [H.-P. Müller, Gründung und Frühgeschichte der DKP im Licht der SED-Akten, in: K. Schroeder (Hrsg.), Geschichte und Transformation des SED-Staates, Berlin 1994, 251–285]. Andere regionale Gruppierungen, die keinen vergleichbaren „Biographen" gefunden haben, sind in dem schon erwähnten Parteien-Handbuch [936: R. Stöss (Hrsg.), 1983] durch teilweise umfangreiche Beiträge vertreten. Nicht-etablierte Parteien

Daß die nicht-etablierten Kleinparteien innerhalb des (Volks-)Parteiensystems der Bundesrepublik Deutschland durchaus eine Rolle gespielt haben, ergab die Arbeit von M. Rowold [1070: Im Schatten, 1974; M. Rowold, S. Immerfall, Im Schatten, in 1071: A. Mintzel, H. Oberreuter (Hrsg.), Parteien (1992), 362–420]. Frühe Aufmerksamkeit fand die 1964 gegründete Nationaldemokratische Partei Deutschlands (NPD), die rasch wieder zerfiel, nachdem ihr vorübergehend der Einzug in sieben Landtage gelungen war [H.W. Schmollinger, in 936: R. Stöss (Hrsg.), Parteien-Handbuch (1983), 1922–1994; 1049: P. Dudek, H.-G.

JASCHKE, Rechtsextremismus 1 (1984), 280–355]. Den weiterhin existierenden Rechts- wie Linksextremismus behalten U. BACKES und E. JESSE seit Jahren im Auge [Politischer Extremismus, 1047: Erstaufl. Bonn 1989].

Christlich-Soziale Union
Die Erforschung der Geschichte der CSU, dieser „großen bayerischen Staats- und Mehrheitspartei" [A. MINTZEL, CSU, in 988: DERS., H. OBERREUTER (Hrsg.), Parteien (1992), 221], blieb lange Zeit Domäne von A. MINTZEL. Er hat seine Darstellung von 1975 [962] und 1977 mit der Dominanz organisationssoziologischer Fragestellungen (und Antworten) durch zahlreiche Einzelstudien ergänzt und aktualisiert [zuletzt: Bayern und die CSU, in 951: Hanns-Seidel-Stiftung (Hrsg.), Volkspartei (1995), 195–252]. Nach der Edition vertraulicher Berichte aus den „Lehrjahren" der CSU [955: K.-D. HENKE, H. WOLLER (Hrsg.), 1984] und derjenigen der Protokolle des Landesausschusses und der Landesversammlung 1946–1948 [15: B. FAIT u. a. (Hrsg.), 1993] ist inzwischen die Frühgeschichte der CSU in eigenen Darstellungen gewürdigt worden [948: B. FAIT, Die Anfänge, 1995; 969: T. SCHLEMMER, Aufbruch, 1998].

Auf welche Weise die CSU seit 1949 überproportionalen Einfluß auch auf die Koalitionsbildungen und die Bundespolitik ausüben konnte, hat G. MÜCHLER [965: CDU/CSU, 1976] beschrieben, später H. OBERREUTER [Konkurrierende Kooperation, in 951: Hanns-Seidel-Stiftung (Hrsg.), Volkspartei (1995), 319–332], und das „schwierige Bündnis" mit der CDU als „Einparteikoalition" bezeichnet [W. PAULY: „intraparteiliches Bündnis"; Christliche Demokraten und Christlich-Soziale, Diss. Trier 1981]. In seiner vergleichenden Analyse der CDU in Baden-Württemberg und der CSU verwischt W. BURGER [Freiburg i.Br. 1984] die Eigenständigkeit der bayerischen Landespartei. Bis Ende der fünfziger Jahre bestand ein „besonderes Konkurrenzverhältnis" („Bruderstreit") der CSU zur Bayernpartei [978: K. WOLF, Erstaufl. 1982].

Keine Volkspartei?
Der Vorschlag A. MINTZELS, die CSU seit ihrer Reorganisation in den sechziger Jahren zu den „Massen- und Apparatparteien modernen Typs" zu zählen – und durch diesen Terminus generell den der „Klassen- und Volksparteien" zu ersetzen –, hat sich nicht durchgesetzt, genausowenig wie der von R. STÖSS: „Demokratische Massenlegitimationspartei" [936: Parteien-Handbuch (1983), 168].

Der gleiche Negativbefund galt für die Anregung von A. MINTZEL, den analytischen Begriff der Volkspartei – entgegen seinem eigenen Buchtitel „Die Volkspartei" [Opladen 1984] – durch „Großparteien" zu ersetzen [Der Parteienstaat der Bundesrepublik, in: R. HETTLAGE (Hrsg.), Die Bundesrepublik, München 1990, 155–158; DERS., Der akzeptierte Parteienstaat, in 187: M. BROSZAT (Hrsg.), Zäsuren (1990), 84. Dazu vgl. auch D. LEHNERT, Zur historischen Soziographie der „Volkspartei" in: AfS 29 (1989), 1–33]. Als Ergebnis einer Bilanz über Stand und Defizite der CSU-Forschung registrierte MINTZEL das Fehlen einer „aktuellen Gesamtdarstellung" [in 220: O. NIEDERMAYER, R. STÖSS (Hrsg.), Stand (1993), 81–118]. Einen vorläufigen „Ersatz" dafür bietet der von der Hanns-Seidel-Stiftung hrsg. Sammelband über diese Volkspartei [951: 1995].

Biographien
Inzwischen liegt eine Reihe von Biographien über führende CSU-Politiker vor,

so über Anton Pfeiffer [C. REUTTER, München 1987], Joseph Müller [1455: F.H. HETTLER, 1991], Hanns Seidel [1467: H.F. GROSS, 1992] und Fritz Schäffer [1457: C. HENZLER, 1994]. Wesentliche Ergänzungen finden sich in Katalogen von Ausstellungen, so zum Gedenken an Fritz Schäffer [P.C. HARTMANN, O. ALTENDORFER (Hrsg.), 100 Jahre Fritz Schäffer, Passau 1988] und Hans Ehard [Dr. Hans Ehard 1887–1980. Ausstellungskataloge der Staatlichen Archive Bayerns, Nr. 22, München 1988]. Die Studie von K.-U. GELBERG über Ehards Politik bis 1954 [432: 1992] ist über weite Strecken hin auch eine Geschichte der CSU. [Dazu R. MORSEY, Das föderalistische Konzept Hans Ehards, in: Zs. für bayerische Landesgeschichte 56 (1993), 769–775.]

Die meisten der älteren Überblicksdarstellungen zur Geschichte der nach 1945 von einer „Traditionskompagnie" geführten SPD [H. GREBING, Demokratie ohne Demokraten?, in: E. HOLTMANN (Hrsg.), Wie neu war der Neubeginn?, Erlangen 1989, 10] wirken inzwischen, abgesehen von einer Reihe weiterhin gültiger Spezialstudien, wie Bausteine des überwölbenden Werkes von K. KLOTZBACH [998: Staatspartei, 1982]. Er konnte sich für seine grundlegende Untersuchung der Programmatik, Politik und Organisation der SPD bis zu dem von ihrer Führungsspitze erreichten Wandel zu einer Volks- und Regierungspartei im Bund – der Begriff „Staatspartei" war mißverständlich – auf eine ungewöhnliche Fülle neu erschlossener Quellen stützen. Die von KLOTZBACH herausgearbeitete Diskrepanz zwischen der reformbewußten Führung um den bzw. neben dem Parteivorsitzenden (seit 1952) Ollenhauer und der dem Traditionsmilieu verhafteten „Basis" entsprach der verzögerten Entwicklung des ebenfalls unterschiedlich verlaufenen sozialen Strukturwandels auf dem Weg zur Herausbildung einer „Arbeitnehmergesellschaft" [M.R. LEPSIUS, in: Nachkriegsgesellschaften im historischen Vergleich, München 1982, 52] dieser Jahre. SPD

Inzwischen liegt eine Anzahl biographischer Würdigungen führender Sozialdemokraten vor, so über Ernst Reuter [W. BRANDT, R. LOWENTHAL, München 1957], Kurt Schumacher [1463: W. ALBRECHT, 1985], Fritz Erler [1432: H. SOELL, 1976], Wilhelm Hoegner [1446: P. KRITZER, 1979], Adolf Arndt [D. GOSEWINKEL, Bonn 1991] und Carlo Schmid [1460: P. WEBER, 1996]. Hingegen fehlen neben weiteren Regionalstudien solche über den Anteil der SPD an der Prägung einzelner Länder und die von dort ausgehenden Einflüsse auf die Bundes- oder gar Europapolitik. Biographien

Die Durchsetzung des Volkspartei-Konzepts 1960–1966 („Gemeinsamkeitskurs") beschrieb B.W. BOUVIER [982: Zwischen Godesberg, 1990], die Modernisierung in den 1950er Jahren im regionalen Vergleich H. GREBING [Von der „Traditionskompagnie" zur „Staatspartei", in 1143: J. KOCKA (Hrsg.), Von der Arbeiterbewegung (1994), 205–221]. Gesamtüberblicke vermitteln H. SCHMITT [in 933: A. MINTZEL, H. OBERREUTER (Hrsg.), Parteien (1992), 133–171] und S. HEIMANN [in 220: O. NIEDERMAYER, R. STÖSS (Hrsg.), Stand (1993), 147–186]. Mit der Edition der SPD-Fraktionsprotokolle 1949–1966 [69: P. WEBER, W. HÖLSCHER, H. POTTHOFF (Bearb.), 1993] ist eine systematische Auswertung der bisher nicht systematisch gewürdigten Oppositionspolitik möglich. Volkspartei

Christlich-Demo-   Die zahlreichen Studien zu Einzelthemen der CDU-Geschichte sind bibliogra-
kratische Union   phisch erfaßt [174: G. HAHN, Bibliographie, 1982, mit zwei Fortsetzungsbänden
bis 1990, 1990–1994]. Über das „Erbe des Kirchenkampfes" für die Gründung der
überkonfesionellen Volkspartei der Mitte informieren die neueren Beiträge von
W. HAHN und H. MAIER [in 960: G. LANGGUTH (Hrsg.), In Verantwortung (1996),
25–38 bzw. 11–24]. Der Aufstieg der CDU blieb von der 1950 erfolgten Gründung der Bundespartei an – und vorher schon für das Gebiet der britischen Zone –
mit Person und Zielsetzung Adenauers verknüpft [954: H. HEITZER, CDU, 1988].

1981 arbeitete D. BUCHHAAS [940: Volkspartei] die Entwicklung der Union über
eine Sammelpartei zum Prototyp einer Volkspartei während der sechziger Jahre
heraus. In der bis 1980 reichenden, handbuchartig-informierenden Darstellung
beider Unionsparteien beschrieb P. HAUNGS [952: 1983] deren Organisations-,
Programm- und Entwicklungsgeschichte, sodann die Einbettung beider Parteien
in die „soziale und politische Konfliktstruktur der Gesellschaft" und deren Positionen im nationalen und internationalen Parteiensystem. Diese Darstellung hat P.
HAUNGS für die CDU als „Prototyp einer Volkspartei" fortgeschrieben [Die
CDU, in: 933: A. MINTZEL, H. OBERREUTER (Hrsg.), Parteien (1992), 172–216].
Zu einer „modernen Volkspartei" wurde die Union erst nach dem Abschied von
der „Kanzlerpartei" und weiterem Abbau konfessioneller und landsmannschaftli-
cher Gegebenheiten [970: W. SCHÖNBOHM, Die CDU, 1985. Dazu vgl. auch den
Überblick von U. SCHMIDT, Die CDU, in 936: R. STÖSS (Hrsg.), Parteien-Hand-
buch (1983), 490–660. Aus dem Blickwinkel der politischen Soziologie analysierte I. VON WINTER die christlichen Demokraten [in 220: O. NIEDERMAYER, R.
STÖSS (Hrsg.), Stand (1993), 57–80].

Fehlende Regional-   H. HÜRTEN hat den Beitrag christlicher Demokraten „zum geistigen und politi-
geschichten   schen Wiederaufbau und zur europäischen Integration" [in 956: W. BECKER, R.
MORSEY (Hrsg.), Christliche Demokratie (1988), 213–223] konkretisiert. [Dazu
auch T. OPPELLAND, Der Evangelische Arbeitskreis der CDU/CSU, in 966: 1998.]
Im Unterschied zu Analysen über innerparteiliche Willensbildungsprozesse und
Entscheidungsstrukturen sind Überblicksdarstellungen zur Geschichte der CDU
für einzelne Regionen noch selten [973: P.-L. WEINACHT, Baden-Württemberg,
1978; 979: W. WOLF (Hrsg.), Hessen, 1986; L. GRUBER, Die CDU-Landtagsfraktion in Nordrhein-Westfalen 1946–1980, Düsseldorf 1998].

Biographien   Während Jakob Kaiser bereits früh in einer vierbändigen Biographie gewürdigt
worden war [E. NEBGEN, Der Widerstandskämpfer, Stuttgart 2. Aufl. 1970; E.
KOSTHORST, Der Arbeiterführer, ebd. 1967; 1447: W. CONZE, 1969, und 1448: E.
KOSTHORST, 1972], fanden seitdem auch Hermann Ehlers [1428: A. MEIER, 1991],
Ludwig Erhard [V. LAITENBERGER, Göttingen 1986; 1429: V. HENTSCHEL, 1996],
Karl Arnold [D. HÜWEL, Düsseldorf 1980] und Heinrich Lübke [1452: R. MOR-
SEY, 1996] ihren Biographen, Adenauer mit dem grundlegenden Werk von H.-P.
SCHWARZ [1421: 1986–1991; dazu K. GÜNTHER, in: PVS 33 (1992), 280–288],
gefolgt von H. KÖHLER [1416: 1995]. Andere CDU-Politiker sind in Festschriften
oder biographischen Sammelwerken gewürdigt [1410: W. MÜHLHAUSEN, C.

REGIN (Hrsg.), Treuhänder, 1991; 1413: R. MORSEY bzw. J. ARETZ u. a. (Hrsg.), Zeitgeschichte, Bde. 2–8, 1975–1997].

Erst 1987 hat W. BECKER den Gründungs- und Entwicklungsprozeß der Unionsparteien unter dem Vorzeichen „Antitotalitarismus als politische Dimension des Christentums" in allen vier Zonen und den einzelnen Ländern bis 1950 vergleichend behandelt [938. Dazu die Auseinandersetzung mit A. MINTZEL in: PVS 29 (1989), 668–673; 30 (1989), 390 f. Ferner W. BECKER, Zur Geschichte und Konzeption der Christlichen Demokratie, in: G. BAADTE, A. RAUSCHER (Hrsg.), Christen und Demokratie, Köln 1991, 11–39]. Neben dem existenzsichernden Interkonfessionalismus in der frühen CDU [A. DOERING-MANTEUFFEL, in 542: J.-C. KAISER, A. DOERING-MANTEUFFEL (Hrsg.), Christentum (1990), 109–121] gab es nach 1949 auch „interkonfessionelle Irritationen" [N. TRIPPEN, in 923: K.D. BRACHER u. a. (Hrsg.), Staat und Parteien (1992), 345–377]. Überblicksdarstellungen

1993 hat H.-O. KLEINMANN [957] die Geschichte der CDU bis 1982 in einem gerafften Gesamtüberblick dargestellt. Dabei bezog er die Ausschüsse der Partei ebenso ein wie die einzelnen Landesverbände [„Aufwertung der Provinz", 379]. Hingegen waren bereits früh Idee und Wirkungen eines „christlichen Sozialismus" in der CDU mehrfach untersucht (und in der Regel überbetont) worden. [Zuletzt 971: R. UERTZ, 1981.] Die seit 1994 vom Archiv für christlich-demokratische Politik der Konrad-Adenauer-Stiftung herausgegebenen Jahresbände Historisch-Politische Mitteilungen (HPM) [Köln] enthalten regelmäßig auch Beiträge zur Geschichte der Unionsparteien.

Die Geschichte der FDP hat bisher „ein eher marginales Interesse" gefunden [1042: K. SCHRÖDER, FDP (1985), 11]. Dieses Defizit ist auch Spiegelbild der Unsicherheit über die Grundlagen und die (wechselnde) Rolle der Liberalen im Parteiensystem. Die Memoiren des früheren FDP-Vorsitzenden (1960–1968) und zeitweiligen Bundesministers E. MENDE [156: Freiheit, 1984; Wende, 1986] sowie die Aufzeichnungen von Wolfgang SCHOLLWER [164: Liberale Opposition, 1991; FDP im Wandel, 1994] gehören zu den wichtigsten Quellen für die Beurteilung der FDP-Politik bis 1969, ergänzt um die Darstellung von F. KLINGL über die außenpolitischen Vorstellungen („Reichsvision") Thomas Dehlers [„Das ganze Deutschland soll es sein", München 1987] sowie dessen Biographie von U. WENGST [1427: 1997] und die von K.-J. MATZ über Reinhold Maier [1453: 1989]. Biographien

Regionalgeschichtliche Arbeiten galten der Gründungsgeschichte der bayerischen FDP [B. MAUCH, München 1981], der Demokratischen Volkspartei in Württemberg-Baden [G. SERFAS, Heidelberg 1986] und der verwirrenden Organisationsstruktur der Liberalen in der britischen Zone 1946–1948 [1042: K. SCHRÖDER, FDP, 1985; 57: GRINGMUT, L. ALBERTIN (Bearb.), 1995]. Der Obertitel einer Geschichte der Gründungsphase für alle vier Zonen, „Zwischen liberaler Milieupartei und nationaler Sammlungsbewegung" [1026: D. HEIN, FDP, 1985], verdeutlicht die Spannweite dieser Partei auch nach 1949.

Die Darstellung von T. RÜTTEN [1039: Liberalismus, 1984] bezog die Entwicklung der Deutschland- und Gesellschaftspolitik auch der „ostdeutschen Libera- Freie Demokratische Partei len" (LDPD) bis 1955 ein. In der Monographie von S.J. GLATZEDER über eine alternative Deutschlandpolitik [1024: 1980] kamen ausgiebig die deutschlandpolitischen Überlegungen von Karl Georg Pfleiderer zur Sprache, die in seiner Partei allerdings erst seit Ende der fünfziger Jahre aufgegriffen wurden. [Dazu vgl. 731: H.-H. JANSEN, Pfleiderers Gegenentwürfe Adenauers, 1997.] An der Entwicklung der „neuen Ostpolitik" nach 1966 [C. HEITMANN, in 1027: FDP, 1989] war W. Schollwer entscheidend beteiligt [vgl. V. ERHARD, Die Schollwer-Papiere von 1962 und 1967 – Meilensteine auf dem Weg der FDP zur Neuen Deutschland- und Ostpolitik, in 1028: R. HÜBSCH, J. FRÖLICH (Hrsg.), Deutsch-deutscher Liberalismus (1997), 237–251]. Auch methodisch ergiebig ist die Auswertung der Einschätzung der FDP in den Berichten der US-Diplomatie 1950–1957 aus Bonn [H.-H. JANSEN, in 1029: 1996]. Vergleichende Beobachtungen über andere Parteien fehlen noch.

Überblicksdarstellungen

Unbeschadet der Überblicksdarstellung von J. DITTBERNER [1021: FDP, 1987] haben G. PAPKE [1035: Zum Stand (1991), 41] und E. JESSE [Parteien, in 933: A. MINTZEL, H. OBERREUTER (Hrsg.), Parteien (1992), 46] daran erinnert, daß eine „wissenschaftlich anspruchsvolle Gesamtdarstellung" der FDP immer noch fehle. Der jüngste Überblick von H. VORLÄNDER [Die FDP, ebd., 266–318] ist zu ergänzen durch den informativen Beitrag von T. SCHILLER über den Stand der FDP-Forschung [in 220: O. NIEDERMAYER, R. STÖSS (Hrsg.), Stand (1993), 118–146]. Inzwischen sind mit der Edition der Protokolle des FDP-Bundesvorstands 1950–1967 [36: 1989–1993] weitere zentrale Quellenbestände für eine Darstellung verfügbar. Das seit 1989 von der Friedrich-Naumann-Stiftung herausgegebene Jb. zur Liberalismusforschung enthält regelmäßig Beiträge zur Geschichte der FDP.

Parteien-Handbuch

In der um Typologisierung bemühten Bilanz parteiengeschichtlicher und -soziologischer Forschung der Bundesrepublik 1983–1984 [936: R. STÖSS (Hrsg.), Parteien-Handbuch] haben 17 Autoren insgesamt 47 Parteien bzw. parteienähnliche Gruppierungen behandelt. In diesem voluminösen Sammelwerk, das der Herausgeber mit einem „ziemlich diffusen, marxistisch fundierten Ansatz" eingeleitet hat [so 211: K. KLOTZBACH, Die Zeit nach 1945 (1988), 643], ist jede (Splitter-) Gruppierung einbezogen. Nützlich ist die Übersicht über die Parteien und die Presse der Parteien und Gewerkschaften in der Bundesrepublik Deutschland 1945–1974 [H.W. SCHMOLLINGER, R. STÖSS, München 1975].

d) Verbände

Kein „Verbändestaat"

Die Ausdifferenzierung des Verbändewesens der Bundesrepublik während der ersten drei Jahrzehnte ging mit einer Befestigung des Systems organisierter Interessen einher. Die Pluralismustheorie legitimierte die „Gruppenpluralität" [1129: U. VON ALEMANN, Organisierte Interessen (1989), 152]. Die Forschung hat sich früh auf die demokratiepraktische Seite der Verbände konzentriert und es unternommen, entsprechende Einflüsse auf das Zustandekommen von konkreten Gesetzesvorhaben [vgl. die einschlägigen Titel bei 85: P. SCHINDLER (Bearb.),

6. Innenpolitische Einzelkomplexe 199

Datenhandbuch (1984), 174] bzw. deren Scheitern nachzuweisen. [Vgl. 1130: U. VON ALEMANN, R.G. HEINZE (Hrsg.), Verbände (1979), mit einem Überblick über die Forschung: 12–37.]

Trotz zahlreicher Untersuchungen über die Rolle der Interessengruppen im parlamentarischen System der Bundesrepublik [K. SONTHEIMER, Parteien und Verbände in den Anfangsjahren der Bundesrepublik (1949–1955), in: M. FUNKE (Hrsg.), Entscheidung für den Westen, Bonn 1988, 77–92], dessen pluralistische Grundlage sich nicht zu einem „Verbändestaat" weiter- bzw. fehlentwickelt hat [vgl. J. WEBER, Verbändestaat – oder was sonst?, in: E. JESSE (Hrsg.), Bundesrepublik Deutschland und Deutsche Demokratische Republik, Berlin 4. Aufl. 1985, 115–123], ist die „Binnengeschichte" selbst großer Verbände noch wenig bekannt, am ehesten die der Vertriebenen [1166: M.M. WAMBACH, 1971; speziell in Nordrhein-Westfalen 1161: J.-D. STEINERT, 1986]. Neben den Gewerkschaften gelten der Deutsche Bauernverband und die Vertriebenenverbände als Musterbeispiel für erfolgreichen Lobbyismus [1163: H.-P. ULLMANN, Interessenverbände (1988), 247–255. Regionale Beispiele: F.J. BAUER, Der Bayerische Bauernverband, die Bodenreform und das Flüchtlingsproblem 1945–1952, in: VfZ 31 (1983), 443–482; A. HOHENSTEIN, Bauernverbände und Landwirtschaftskammern in Niedersachsen 1945–1954, Hildesheim 1990. Für einen kleineren Verband, den Bund katholischer Unternehmer: K.-D. SCHMIDT, Soziale Gerechtigkeit durch unternehmerische Initiative, Paderborn 1994]. Einen umfassenden Überblick über Aufgaben und Tätigkeit (weniger die Einflußnahme) in einem großen Flächenland vermittelt der Sammelband Verbände in Baden-Württemberg [hrsg. von H. SCHNEIDER, Stuttgart 1987].

Erst spät sind Stellung und Einfluß der organisierten Unternehmerschaft gewürdigt worden [614: W. PLUMPE, Vom Plan, 1987; R. SCHULZE, Unternehmerische Interessenvertretung in Westdeutschland nach dem Ende des Zweiten Weltkrieges, in: Tel Aviver Jb. für deutsche Geschichte 19 (1990), 283–311]. Die Darstellung von V. BERGHAHN [1083: Unternehmer und Politik, 1985] präsentiert „zu wenig an eigener neuer Forschung" [so C. BUCHHEIM, in: Zs. für Unternehmensgeschichte 34 (1989), 52]. Noch selten sind Biographien von Repräsentanten der Wirtschaftseliten [Ausnahme 1084: V.R. BERGHAHN, P.J. FRIEDRICH, O.A. Friedrich (1993), allerdings auf zu schmaler Quellenbasis]. — Einflußmöglichkeiten

Untersucht ist der Einfluß der Verbände beim Wiederaufbau der Ruhrindustrie [1080: H.A. ADAMSEN, Investitionshilfe, 1981], auch auf das erste Vermögensbildungsgesetz von 1961 [1090: Y. DIETRICH, Eigentum (1996), 392–398]. Der Einfluß des Bundesverbandes der Deutschen Industrie (BDI) [dazu W. BÜHRER, Der BDI und die Außenpolitik der Bundesrepublik in den fünfziger Jahren, in: VfZ 40 (1992), 241–261] beruhte zunächst auch auf direktem Zugang seines langjährigen Präsidenten (1949–1971) zu Bundeskanzler Adenauer: Fritz Berg wurde nicht selten gegen die ordnungspolitischen Vorstellungen des Bundeswirtschaftsministers in Anspruch genommen. [Unergiebig: C. SILBER-BONZ, Pferdmenges und Adenauer, Bonn 1997.] Der BDI und der Deutsche Industrie- und Handelstag (DIHT) — Beispiele

vermochten jahrelang das erst 1957 verabschiedete Gesetz gegen Wettbewerbsbeschränkungen zu verzögern [R. ROBERT, Konzentrationspolitik in der Bundesrepublik, Berlin 1976]. Das gleiche gelang Ärzteverbänden mit der erst 1961 zustande gekommenen Reform der Krankenversicherung.

„Politischen Machtverlust" hat H.-P. ULLMANN beim Zentralverband des deutschen Handwerks und der Hauptgemeinschaft des Deutschen Einzelhandels festgestellt [1163: Interessenverbände (1988), 235–263]. Über die Entstehung und die Einflußnahmen des Zentralverbands der Fliegergeschädigten, Evakuierten und Währungsgeschädigten informiert M. KRAUSE [602: Flucht vor dem Bombenkrieg (1997), 233–245]. Trotz der „ungewöhnlich intensiven" historischen Verbandsforschung steht eine „Gesamtdarstellung zur Geschichte der Interessenverbände" noch aus [H. KAELBLE, in: HZ 250 (1990), 116].

„Herrschaft der Verbände"?
T. ESCHENBURG hat seine frühe Warnung vor einer „Herrschaft der Verbände" [Stuttgart 1955] – damals allerdings schon mit einem Fragezeichen versehen, was nicht immer beachtet worden ist – später nicht bestätigt gefunden [DERS., Das Jahrhundert der Verbände, Berlin 1989, 125 f.]. Inzwischen waren die Verbände [1129: U. VON ALEMANN, Interessen, 1989] als legitime Teilnehmer am politischen Willensbildungsprozeß akzeptiert [so W. BÜHRER, Interessenpluralismus oder Herrschaft der Verbände?, in: W. BENZ (Hrsg.), Sieben Fragen an die Bundesrepublik, München 1989, 136–153]. Die personelle Verflechtung zwischen der Bonner Ministerialbürokratie und „gesellschaftlichen Gruppeninteressen" 1949–1984 hat B. BENZNER detailliert untersucht [1171: Ministerialbürokratie, 1989]. Eine Fundamentalkritik am Parlamentarismus bezog die am Pluralismus ein [1250: D. VAN LAAK, Gespräche (1993), 161].

DGB
Die Gründung der nach Industrieverbänden gegliederten Einheitsgewerkschaft in Form des DGB zählt ebenso wie die der Unionsparteien zu den offensichtlichsten Kontinuitätsbrüchen von 1945. Ihre Anfänge in den Westzonen sind vor allem von S. MIELKE umfassend dokumentiert und erforscht [62: Quellen; DERS., Die Neugründung der Gewerkschaften in den westlichen Besatzungszonen, in 275: H.-O. HEMMER, K.T. SCHMITZ (Hrsg.), Gewerkschaften (1990), 18–83]. Ebenso sind Organisationsstrukturen, Mitgliederentwicklung und Tarifpolitik mehrfach behandelt worden. Über den DGB-Vorsitzenden (1956–1962) Willi Richter liegt eine umfangreiche Biographie vor [G. BEIER, Köln 1978]. Wenig bekannt hingegen ist noch die interne Meinungsbildung [W. SCHROEDER, Facetten der deutschlandpolitischen Diskussion des DGB in der Adenauer-Ära, in 1013: K. SCHÖNHOVEN, D. STARITZ (Hrsg.), Sozialismus (1993), 281–300]. Zu den wenigen Darstellungen über die Einflußnahme des DGB auf außenpolitische Entscheidungen [dazu H. GREBING, in 275: H.-O. HEMMER, K.T. SCHMITZ (Hrsg.), Gewerkschaften (1990), 149–182] zählt die Arbeit von E.-D. KÖPPER [1107: Gewerkschaften, 1982].

Die Durchsetzung der paritätischen Mitbestimmung in der Montanindustrie von 1951 [1162: H. THUM, 1982; 50: G. MÜLLER-LIST, 1985; 617: N. RANFT, 1988] ist für die Zustimmung der Gewerkschaften zum Schuman-Plan erreicht worden

[H.-E. VOLKMANN, Der DGB, Adenauer und der Schuman-Plan, in: ZfG 44 (1996), 223–246]; sie begründete eine systemimmanent-pragmatische Reformpolitik. [Vgl. M. SCHNEIDER, Demokratisierungs-Konsens zwischen Unternehmern und Gewerkschaften?, in 1341: A. SCHILDT, A. SYWOTTEK (Hrsg.), Modernisierung (1993), 207–222.] Das Betriebsverfassungsgesetz von 1952 [1087: D. BUCHHAAS, Gesetzgebung, 1985] galt allerdings als politische Niederlage des DGB. Es fehlen Untersuchungen über die strukturellen oder personellen Verflechtungen der Gewerkschaften mit bzw. entsprechende Distanzierungen von der SPD. [Andere Desiderata, insbesondere über die Binnenstruktur des DGB, sind aufgeführt bei 191: K. DITT, Gewerkschaften (1993), 660–663. Für einen regionalen Bereich vgl. H.-C. HERMANN, Sozialer Besitzstand und gescheiterte Sozialpartnerschaft. Sozialpolitik und Gewerkschaften im Saarland von 1945 bis 1955, Saarbrücken 1996.]

Die „Notwendigkeit einer wissenschaftlichen Aufarbeitung" der Geschichte des Deutschen Beamtenbundes hat R. SALZMANN unterstrichen [Probleme der Darstellung der Geschichte des DBB, in: C.A. LÜCKERATH (Hrsg.), Berufsbeamtentum und Beamtenorganisationen, Köln 1987, 141–147, hier 142]. Vorarbeiten dazu enthält der Band Lebensbilder der Vorsitzenden des Deutschen Beamtenbundes [T. KRÖKER, W. SCHMITZ (Hrsg.), Köln 1992]. Nach wie vor fehlen „Unternehmensgeschichtliche Forschungen" [195: P. ERKER, Zeitgeschichte (1993), 233]. Zu den Ausnahmen zählen die Beiträge zur Geschichte der Deutschen Bank 1945–1957 [C.-L. HOLTFRERICH] und 1957 bis zur Gegenwart [H.E. BÜSCHGEN, in: L. GALL u. a., Die Deutsche Bank 1870–1995, München 1995, 409–578, 579–877]. Über die Kammern als Repräsentanten allgemeiner wirtschaftlicher Interessen informiert H. WINKEL [Industrie- und Handelskammern in der Bewährung 1945–1956, in 611: D. PETZINA (Hrsg.), Weichenstellungen (1991), 145–163]. *Der Deutsche Beamtenbund*

Wie bei parteigeschichtlichen Darstellungen besteht auch bei solchen zur Unternehmens- und Gewerkschaftsgeschichte leicht die Gefahr einer „Hausgeschichtsschreibung" [so C. WEISCHER in der Rezension von 275: H.-O. HEMMER, K.T. SCHMITZ (Hrsg.), Gewerkschaften (1990), in: NPL 37 (1992), 307]. Noch fehlen Analysen der Gewerkschaftspolitik, „deren Ergebnisse dann auch in die Gesamtgeschichte der Bundesrepublik Deutschland Eingang finden sollten" [so M. SCHNEIDER, in: AfS 33 (1993), 736]. *Desiderata*

e) Kirchen

Die Überblicksdarstellung [1227: F. SPOTTS, 1976] über das Verhältnis beider Kirchen zur Politik in „Deutschland" (behandelt wird nur das in den Westzonen und in der Bundesrepublik) ist methodisch und sachlich unzulänglich, die von T.M. GAULY [1211: Kirche, 1990] kritisch-informativ, abgewogen H. MAIER, Die Kirchen [in 286: R. LÖWENTHAL, H.-P. SCHWARZ (Hrsg.), Die zweite Republik (Erstaufl. 1974), 494–515]. Umfassend untersucht ist die Entwicklung der Bezie- *Kirchen und Politik* hungen zwischen dem Staat und beiden Kirchen [J. LISTL, D. PIRSON (Hrsg.), Handbuch des Staatskirchenrechts der Bundesrepublik Deutschland, 2 Bde., Berlin 2., grundlegend neubearb. Aufl. 1994].

In einer soziologischen Analyse „konfessioneller Kultur" hat G. SCHMIDTCHEN bemerkenswerte, historisch begründete Unterschiede im Verhalten des zahlenmäßig annähernd gleichgewichtigen Anteils von Protestanten und Katholiken in der Bundesrepublik herausgearbeitet und die Katholiken als die „eigentlichen Entdecker der Bundesrepublik als einer neuen politischen Heimat" bezeichnet [1225: Protestanten (Erstauflage 1973), 245]. Die Bedeutung beider Kirchen für die Struktur der Gesellschaft in den fünfziger Jahren spiegelt ihre Plazierung als einleitende Beiträge [530: W.K. BLESSING; 556: C. VOLLNHALS] in dem Sammelband Von Stalingrad zur Währungsreform [571: M. BROSZAT u. a. (Hrsg.), Erstaufl. 1988]. Die Auseinandersetzung um die (Wieder-)Gründung christlicher Gewerkschaften behandelte W. SCHRÖDER [Der Sozialkatholizismus als Gegenstand der Zeitgeschichtsforschung. Wandel und Defizite der Forschung am Beispiel der katholischen Gewerkschaftsbewegung in den fünfziger Jahren, in 535: A. DOERING-MANTEUFFEL, K. NOWAK (Hrsg.), Kirchliche Zeitgeschichte (1996), 262–283].

Die Auflösung des spezifischen Milieus

Seit Ende der fünfziger Jahre lockerte sich die 1945 zunächst aufrechterhaltene Geschlossenheit des organisierten Katholizismus [K.E. LÖNNE, Katholizismus 1945, in 405: H.-E. VOLKMANN (Hrsg.), Ende des Dritten Reiches (1995), 745–769; 1216: A. LANGNER (Hrsg.), Katholizismus, 1978; 1222: A. RAUSCHER (Hrsg.), Kirche und Staat, 1979]. Der wirtschaftliche Aufstieg drängte die Religion „als Mittel gesellschaftlicher Integration" zurück; die sozial-kulturelle Binde- und Prägekraft des Katholizismus und sein spezifisches „Milieu" in den fünfziger Jahren („Sattelzeit") begannen sich aufzulösen [K. GABRIEL, Zwischen Tradition und Modernisierung. Katholizismus und katholisches Milieu in den 50er Jahren der Bundesrepublik, in 535: A. DOERING-MANTEUFFEL, K. NOWAK (Hrsg.), Kirchliche Zeitgeschichte (1996), 248–262]. M.E. RUFF spricht von einem im „hochindustrialisierten" Nordrhein-Westfalen verlaufenden „Prozeß der ‚Entfremdung' des katholischen Glaubens" [Katholische Jugendarbeit und junge Frauen in Nordrhein-Westfalen 1945–1962, in: AfS 38 (1998), 263–284, hier 265]. Der Katholizismus wurde in die „allgemeine Erwerbs-, Konsum- und Freizeitkultur" eingeschmolzen [so H.G. HOCKERTS, in 203: U. VON HEHL, K. REPGEN (Hrsg.), Katholizismus (1988), 93–96, hier 94].

Äquidistanz zu den Parteien

Möglichkeiten und Gewicht der Einflußnahme auf politische Entscheidungen nahmen rasch ab. [1207: A. DOERING-MANTEUFFEL, Kirche, 1982; M. HÖLLEN, Katholizismus und Deutschlandfrage, in 542: J.-C. KAISER, A. DOERING-MANTEUFFEL (Hrsg.), Christentum (1990), 122–144.] Durch die Wandlung der SPD zu einer Volkspartei veränderte sich das Verhältnis der Kirche zu den Parteien im Sinne zunehmender Äquidistanz [1219: D. OBERNDÖRFER u. a. (Hrsg.), Wandel, 1985; 914: K. SCHMITT, Konfession und Wahlverhalten, 1989]. Mit dem Fortschreiten des Pluralisierungsprozesses und dem Schwinden des Verbandswesens verlor der Sozialkatholizismus an Bedeutung [vgl. 1226: W. SCHROEDER, Katholizismus, 1992]. Im Gefolge des Zweiten Vatikanischen Konzils (1962–1965) gewannen Laien eine stärkere Position, verstärkte sich aber auch ein Kritizismus innerhalb der Kirche. Das „katholische Milieu" löste sich schließlich auf. [Zu den Wandlungen des katholischen Milieus: W. LOTH, Integration und Erosion, in: DERS. (Hrsg.), Deutscher Katholizismus im Umbruch zur Moderne, Stuttgart 1991, 266–281; Arbeitskreis für kirchliche Zeitgeschichte (Münster), Katholiken zwischen Tradition und Moderne. Das katholische Milieu als Forschungsaufgabe, in: Westfälische Forschungen 43 (1993), 588–654; C. KÖSTERS, A. LIEDHEGENER, Historische Milieus als Forschungsaufgabe, ebd. 48 (1998), 593–601.]

In der evangelischen Kirche, in der die nach 1945 vielfach erwartete „Rechristianisierung" ebenfalls nicht erfolgt ist [G. BESIER, Zwischen Neuanfang und Restauration, in 405: H.-E. VOLKMANN (Hrsg.), Ende des Dritten Reiches (1995), 709–743], löste sich das protestantische Milieu bereits seit den fünfziger Jahren auf [C. KLESSMANN, Kontinuitäten und Veränderungen im protestantischen Milieu, in 1341: A. SCHILDT, A. SYWOTTEK (Hrsg.), Modernisierung (1993), 403–417]. In einem schmerzvollen Prozeß des Umdenkens erfolgte eine allmähliche positive Neuorientierung gegenüber dem demokratischen Staat [M. GRESCHAT, Die Kirchen in den beiden deutschen Staaten nach 1945, in: GWU 42 (1991), 267–284. Dazu 1224: T. SAUER, Westorientierung, 1999]. Zu den Veränderungen gehörte auch, daß „der in das politische Leben... eintretende evangelische Theologe eine häufige Erscheinung wurde", während in der katholischen Kirche der politische Prälat verschwand [U. SCHEUNER, Die Stellung der evangelischen Kirche und ihr Verhältnis zum Staat in der Bundesrepublik 1949–1963, in 1222: A. RAUSCHER (Hrsg.), Kirche und Staat (1979), 121–150, hier 145. Dazu vgl. D. GRYPA, Zur innerkirchlichen Diskussion um die politische Betätigung katholischer Geistlicher in Bayern nach dem Zweiten Weltkrieg, in: Beiträge zur Eichstätter Geschichte 92/93 (1999/2000), 531–576].

Keine Rechristianisierung

Die für die fünfziger Jahre typischen, aber in den eigenen Reihen umstrittenen „Worte" der evangelischen Kirche in die Öffentlichkeit [1204: D. BUCHHAAS-BIRKHOLZ (Bearb.), „Zum politischen Weg", 1989] erreichten öffentliche Bedeutung im folgenden Jahrzehnt. Mit den „Denkschriften" der EKD schob sich ein „neuer Typ kirchlichen Denkens" [so M. HECKEL, Kirche und Staat nach evangelischem Verständnis, in: J. LISTL, D. PIRSON (Hrsg.), Handbuch des Staatskirchenrechts (s. S. 202, Bd. 1, 1994), 157–208, hier 189] in den Vordergrund. Umstritten blieb insbesondere die „Ost-Denkschrift" vom Oktober 1965, die zur Anerkennung der Oder-Neiße-Grenze aufforderte.

Wirken in die Öffentlichkeit

Im Unterschied dazu schwächte sich die Wirkung von „Wahlhirtenbriefen" des katholischen Episkopats zugunsten christlicher Parteien ab. An deren Stelle traten Erklärungen des Zentralkomitees der deutschen Katholiken [zu dessen Entwicklung (bis 1970) 1212: T. GROSSMANN, Zwischen Kirche, 1991]. In den großen politischen Auseinandersetzungen [zur Kritik der Evangelischen Landeskirchen in

Rheinland und in Westfalen an der Wiederbewaffnung vgl. A. PERMIEN, Protestantismus und Wiederbewaffnung 1950–1955, Köln 1994] standen Anhänger Karl Barths („Linksprotestanten") in der Regel an der Seite der SPD, während der Episkopat und die Mehrzahl der Katholiken die Unionsparteien unterstützten [914: K. SCHMITT, Konfession, 1989]. Noch 1990 registrierte H.-C. KRAUS das (im Vergleich zur Erforschung des politischen Katholizismus) relativ geringe Interesse an der „Aufarbeitung der Geschichte des politischen Protestantismus" [in: Der Staat 29 (1990), 468].

Persönlichkeiten Über den Einfluß der offiziellen Vertreter beider Kirchen bei der Bundesregierung (Wilhelm Böhler und Heinrich Tenhumberg, bzw. Hermann Kunst) auf Bonner Sach- und Personalentscheidungen gibt es bisher nur Hinweise [so J. NIEMEYER, Institutionalisierte Kontakte zwischen Kirche und staatlich-politischen Instanzen, in 1222: A. RAUSCHER (Hrsg.), Kirche (1979), 69–93; B. VAN SCHEWICK, Böhler, in: Staatslexikon, Bd. 1, Freiburg i.Br. 7. Aufl. 1985, 863–864]. – Erste Informationen über Art, Umfang und Folgen „kirchlicher Transferleistungen" in die DDR vermittelte A. VOLZE [in: DA 24 (1991), 59–66]. Andere Beispiele finden sich in einzelnen Beiträgen des Sammelwerks U. VON HEHL, H.G. HOCKERTS (Hrsg.), Der Katholizismus – gesamtdeutsche Klammer in den Jahrzehnten der Teilung? [Paderborn 1996].

7. SOZIALER WANDEL UND MODERNITÄT IM SOZIALSTAAT

a) Reformgesetze

Das umstrittene Sozialstaatspostulat Der im Artikel 20 des Grundgesetzes enthaltene Grundsatz, wonach die Bundesrepublik ein „demokratischer und sozialer Bundesstaat" ist (Artikel 28: „sozialer Rechtsstaat"), wurde von Staatsrechtlern bereits seit 1953 unter Hinweis auf die im Grundgesetz verankerten klassischen Grundrechte relativiert [E. FORSTHOFF, Rechtsstaat im Wandel. Verfassungsrechtliche Abhandlungen 1950–1964, Stuttgart 1964, 27–56] bzw. dem Rechtsstaatsprinzip nachgeordnet [W. WEBER, Die verfassungsrechtlichen Grenzen sozialstaatlicher Forderungen, in: Der Staat 4 (1965), 409–439]. Andere Autoren hielten auch das Modell eines „demokratischen Sozialismus" für verfassungskonform [so der Politikwissenschaftler H.-H. HARTWICH; 1136: Sozialstaatspostulat, Erstaufl. 1970. Dagegen P. HÄBERLE, in: Archiv des öffentlichen Rechts 100 (1975), 336 f.]. Später distanzierte sich HARTWICH von Sozialstaatsmodellen „geschlossener Art" [Sozialstaatspostulat und sozialer Wandel, in: GWU 30 (1979), 733–747, hier 741]. Nach U. KARPEN enthält das Grundgesetz genügend Spielraum für eine „ordnungs-verwirklichende oder situationsgebundene Wirtschaftspolitik" [Grundgesetz und Wirtschaftsordnung, Melle 4. Aufl. 1986, 47].

Lastenausgleich und Rentenreform Auf dem Wege zum Sozialstaat kam zwei Reformwerken zentrale Bedeutung zu: dem Lastenausgleichsgesetz von 1952 [1318: L. WIEGAND, Lastenausgleich,

1992] und der Rentenreform von 1957. Im Zuge der Erforschung des Entscheidungsprozesses beim Lastenausgleich (Stichtag: Währungsreform, 21. Juni 1948) ist zudem die bedeutende Rolle des vorangegangenen, auch auf Drängen der Amerikaner beschlossenen „Soforthilfegesetzes" des Frankfurter Wirtschaftsrats vom April 1949 deutlich geworden, ebenso dessen „pazifizierende Wirkung" [1157: R. SCHILLINGER, Lastenausgleich (1985), 293] für den Wahlausgang vom 14. August 1949.

Zielsetzungen, Zustandekommen und Folgen der „dynamischen Rente" (1957) sind durch bahnbrechende Forschungen von H.G. HOCKERTS [vor allem 1137: Sozialpolitische Entscheidungen, 1980] aufgehellt, auch in ihren Fernwirkungen [DERS., Vorsorge und Fürsorge, in 1341: A. SCHILDT, A. SYWOTTEK (Hrsg.), Modernisierung (1993), 223–241]. Der von HOCKERTS herausgearbeitete Anteil Adenauers am Zustandekommen dieses Reformwerks führte dazu, den ersten Bundeskanzler – wie schon durch sein Eingreifen beim Mitbestimmungsgesetz in der Montanindustrie von 1951 – auch als „Innenpolitiker" zu entdecken.

Nur W. TREUE hat 1986 diese Reform global als den „wohl schwersten" von Adenauers – nicht näher präzisierten – wirtschafts- und sozialpolitischen Fehlern bezeichnet [Robert Pferdmenges, in: Rheinisch-Westfälische Wirtschaftsbiographien, Bd. 13, Münster 1986, 220]. Dabei stützte er sich auf Bedenken von Pferdmenges. Dieser Vorsitzende der Bundesvereinigung des privaten Bankgewerbes hatte 1956 – wie auch Finanzminister Schäffer [dazu 1095: D. GROSSER, Die Rolle Fritz Schäffers (1990), 77] und Wirtschaftsminister Erhard – wegen befürchteter finanzieller Fernwirkungen gegen die Dynamisierung der Renten opponiert [vgl. 1137: H.G. HOCKERTS, Sozialpolitische Entscheidungen (1980), 335. V. HENTSCHEL: „Nichts von dem, was Erhard vorausgesagt hatte, trat ein." 1429: Erhard (1996), 271].

Kritik an der „Dynamischen Rente"

Mit Blick nicht nur auf die Rentenreform hat H.-P. SCHWARZ von einer für Adenauer „charakteristischen Unbedenklichkeit in bezug auf die langfristigen Finanzierungsmöglichkeiten" seiner Vorhaben gesprochen [Adenauer als politischer Neuerer, in 738: G. LANGGUTH (Hrsg.), „Macht bedeutet Verantwortung" (1994), 13–46, hier 33]. Die Auseinandersetzungen innerhalb der CDU beim Ringen um die Vermögensverteilung (bis zum ersten Vermögensbildungsgesetz von 1961) hat Y. DIETRICH dargestellt [1090: Eigentum, 1996].

Der seit 1952 langanhaltende wirtschaftliche Aufschwung („Wohlstandsexplosion"), der erst die Verteilungsspielräume für eine dynamische Sozialpolitik schuf, beendete eine Periode der Unsicherheit. Er trug in entscheidendem Maße zur Stabilisierung und Legitimierung der Demokratie in der Bundesrepublik bei. Gleichwohl läßt sich ein ursächlicher Zusammenhang von Demokratie und Wohlstand „im strengen Sinne" [1086: K. BORCHARDT, Bundesrepublik (1983), 20] nicht beweisen. Einen überzeugenden Erfahrungswert hingegen lieferte der Zusammenhang von Sozialismus und wirtschaftlicher Dauerkrise im SED-beherrschten Teilstaat. Die Bezugnahme auf die „negative Vergleichsgesellschaft" wirkte im Westen affirmativ und stabilisierend [M.R. LEPSIUS, Die Teilung Deutschlands

Demokratie und Wohlstand, Modernisierung

und die deutsche Nation, in 918: L. ALBERTIN, W. LINK (Hrsg.), Parteien (1981), 417–449, hier 436].

b) Modernisierung und Periodisierung

Kontinuität und Wandel

Die in den siebziger Jahren verbreitete Alternative „Restauration" oder Neuordnung ist überholt. H.-P. SCHWARZ hat 1984 einen Paradigmawechsel eingeleitet und einen „qualitativen Schub in der Modernisierungsgeschichte" bewirkt [1160: Modernisierung, 280]. Erstmals beschrieb er dessen Formen, Ausmaß und Folgen für die Bereiche des wirtschaftlichen, gesellschaftlichen („posttotalitäre Ideenlandschaft") und kulturellen Lebens („Verwestlichung") [„Der Geist der fünfziger Jahre", in 291: Die Ära Adenauer 1949–1957 (1981), 375–464; 228: DERS., Die Fünfziger Jahre, 1989; später 292: K. SONTHEIMER, Die Adenauer-Ära (Erstaufl. 1991), 133–158].

1990 bilanzierte H.-P. SCHWARZ die bereits in den fünfziger Jahren gelungene „Versöhnung der Modernisierungsprozesse in den verschiedenen Dimensionen" [Die ausgebliebene Katastrophe. Eine Problemskizze zur Geschichte der Bundesrepublik, in: H. RUDOLPH (Hrsg.), Den Staat denken, Berlin 1990, 151–174, hier 165]. Das von ihm entdeckte „Modernisierungs-Paradigma" als Nachkriegszäsur [so 225: A. SCHILDT, Nachkriegszeit (1993), 573] lieferte einen „anspruchsvollen Interpretationsrahmen" für die „positive Nachzeichnung" der Entwicklung der Bundesrepublik und ihrer gesellschaftlichen Entwicklung. Sie bedeutete gleichzeitig eine Abkehr auch vom kulturellen deutschen Sonderweg [J. KOCKA, Nach dem Ende des Sonderwegs, in 181: A. BAUERKÄMPER u. a. (Hrsg.), Doppelte Zeitgeschichte (1998), 364–375].

Die frühe Erkenntnis vom Nationalsozialismus als ungewolltem Wegbereiter der liberal-demokratischen Stabilisierung und Modernisierung für die Gesellschaft der Bundesrepublik [1324: R. DAHRENDORF, Gesellschaft (1965), 432 ff.] ist zunächst kaum aufgegriffen, später dann problematisiert und in ihren Ergebnissen durchweg minimiert worden. [Dazu vgl. M. PRINZ, Ralf Dahrendorfs „Gesellschaft und Demokratie" als epochenübergreifende Interpretation des Nationalsozialismus, in 197: M. FRESE, M. PRINZ, Politische Zäsuren (1996), 755–778; DERS., Ein Grenzfall: Nationalsozialismus und Modernisierung, in: D. BREUER, G. CEPL-KAUFMANN (Hrsg.), Moderne und Nationalsozialismus im Rheinland, Paderborn 1997, 21–33.]

Langzeitanalysen

Inzwischen war – wie eingangs erwähnt – durch wirtschafts- und sozialgeschichtliche Langzeitanalysen die Orientierung am Epochenjahr 1945 allmählich aufgegeben worden und eine Periodisierungsdiskussion in Gang gekommen. Bisherige Zäsuren der politischen Geschichte wurden relativiert und entschärft. [Dazu L. NIETHAMMER, Zum Wandel der Kontinuitätsdiskussion, in 245: L. HERBST (Hrsg.), Westdeutschland (1986), 65–84; 187: M. BROSZAT (Hrsg.), Zäsuren, 1990; 1158: G. SCHULZ, Wohnungspolitik, 1993; V.R. BERGHAHN, Zur Bedeutung des wirtschafts- und sozialgeschichtlichen Zugriffs auf die deutsche Nachkriegsgeschichte, in 193: A. DOERING-MANTEUFFEL (Hrsg.), Adenauerzeit (1993), 97–109.] Mit neuen Instrumentarien suchte man „sozusagen im zeitlichen Längsschnitt und sachlichen Querschnitt die jeweiligen Mischungsverhältnisse von Kontinuitäten und Diskontinuitäten" zu bestimmen [205: H.G. HOCKERTS, Zeitgeschichte (1993), 120].

Sichtbar wurden dabei Kontinuitäten und Entwicklungslinien über größere Zeiträume hinweg [dazu vgl. B. DIESTELKAMP, Kontinuität und Wandlung der Rechtsordnung 1945 bis 1955, in 245: L. HERBST (Hrsg.), Westdeutschland (1986), 85–106; zahlreiche Beiträge in 405: H.-E. VOLKMANN (Hrsg.), Ende des Dritten Reiches, 1995; ferner für den öffentlichen Dienst 1194: M. RUCK, Korpsgeist, 1996], ebenso solche vom Reich zur Bundesrepublik [571: M. BROSZAT u. a. (Hrsg.), Von Stalingrad, Erstaufl. 1993], in anderer Weise aber auch zur DDR. K. VON BEYME hielt allerdings den „personalisierten Epochenbegriff" („Ära Adenauer") für brauchbarer, „als es dem Sozialwissenschaftler gemeinhin erscheint" [Die politische Willensbildung der Bundesrepublik Deutschland der 50er Jahre im internationalen Vergleich, in 1341: A. SCHILDT, A. SYWOTTEK (Hrsg.), Modernisierung (1993), 819–833, hier 822]. 1992 hat H.G. HOCKERTS den „Zäsurcharakter" der späten fünfziger Jahre herausgearbeitet [204: Das Ende der Ära Adenauer]. Die 1993 formulierte Aussage von M. PRINZ, daß die Sozialgeschichte der „alten Bundesrepublik noch nicht geschrieben" sei [1152: Demokratische Stabilisierung (1993), 655], gilt vornehmlich für die Zeit nach 1960. Inzwischen expandiert die von ihm postulierte „Zeitsozialgeschichte" [ebd.].

Entwicklungslinien

So sind nahezu alle Bereiche der Gesellschaftsgeschichte der Bundesrepublik in den fünfziger Jahren erforscht und unter dem Zentralbegriff „Modernisierung im Wiederaufbau" (in insgesamt 52 Beiträgen) in einem Sammelband zusammengefaßt [1341: A. SCHILDT, A. SYWOTTEK (Hrsg.), 1993]. Das gilt für Technik- und Umweltgeschichte [dazu vgl. J. RADKAU, Umweltprobleme als Schlüssel zur Periodisierung der Technikgeschichte, in: Technikgeschichte 57 (1990), 345–361], Städteplanung und Wohnungsbau, Verkehr und Freizeit, Sozial- und Konfessionsverhalten [fortgeführt in einer Reihe von Einzelstudien, so 1104: D. KLENKE, Verkehrspolitik, 1993; 1123: M. WILDT, „Konsumgesellschaft", Erstaufl. 1994; C. PFISTER (Hrsg.), Das 1950er Syndrom. Der Weg in die Konsumgesellschaft, Stuttgart 1995; 1121: S. SÜDBECK, Motorisierung, 1994; B. SCHMUCKI, Neuere Forschungen zur Motorisierung, in: AfS 35 (1995), 582–597; T. KÜHNE, Massenmobilisierung und Verkehrspolitik, in: NPL 41 (1996), 196–229; 1156: A. SCHEYBANI, Handwerk und Kleinhandel, 1996]. Notwendig wäre eine Fortschreibung für das folgende Dezennium mit seinen „Alternativbewegungen sowie dem weiteren Vordringen des Dienstleistungssektors und des öffentlichen Dienstes".

„Modernisierung im Wiederaufbau"

P. ERKER beschrieb die sechziger Jahre als „Gelenkzeit zwischen den in Konsolidierungsprozessen auslaufenden Problemen der Gründerjahre" und dem Aufbau eines schließlich „dramatisch in den Vordergrund rückenden Veränderungspotentials" [so 195: Zeitgeschichte (1993), 220]. Die These V. BERGHAHNS von der „Amerikanisierung" der westdeutschen Industrie nach 1945 [1083: Unternehmer,

1985; DERS., Zur Bedeutung des wirtschafts- und sozialgeschichtlichen Zugriffs auf die deutsche Nachkriegsgeschichte, in 193: A. DOERING-MANTEUFFEL (Hrsg.), Adenauerzeit (1993), 97–109] hat P. ERKER erheblich relativiert [„Amerikanisierung" der westdeutschen Wirtschaft?, in 499: K. JARAUSCH, H. SIEGRIST (Hrsg.), Amerikanisierung (1997), 137–145], H.-J. RUPIEPER auch die „Amerikanisierung in Politik und Verwaltung" als „höchst problematisch" bewertet [ebd., 49–66].

Die „Bewußtseinsrevolution" von 1968
1982 hat A. BARING Ursachen und Folgen der „Bewußtseinsrevolution" von 1968 umfassend beschrieben [1345: Machtwechsel, 197], 1984 K. HILDEBRAND den Geist dieser „so windungsreichen" Übergangszeit und die Umrisse einer von neomarxistischen „Sinnproduzenten" teilweise gewaltsam angestrebten „neuen Gesellschaft" [1348: Von Erhard, 417–444. Dazu vgl. H. KLAGES, Traditionsbruch als Herausforderung, Frankfurt a.M. 1993]. 1967/68 markierte das Ende der „Nachkriegszeit" in einem engeren (bis 1989 üblichen) Sinn, gleichzeitig auch einen ersten Höhepunkt im „transnationalen Prozeß des Wertewandels der westlichen Industriegesellschaften" [192: A. DOERING-MANTEUFFEL, Zeitgeschichte (1993), 1]. Dazu zählten auch die Diskreditierung des (seit 1961 ohnehin angeschlagenen) amerikanischen Vorbilds, die „Enttabuisierung" des bisherigen ideologischen Gegners im Osten [ebd., 6], auch die Herausbildung eines neuen, „antibürgerlichen" Lebensstils. [Dazu das Kapitel „Die wilden Jahre". Jugend in den 60er und 70er Jahren, in: G. BRUNN, J. REULECKE, Kleine Geschichte Nordrhein-Westfalens (1996), 176–185.]

Die „mobilisierte Gesellschaft"
Die Herausbildung einer Arbeitnehmer- und Konsumgesellschaft – die H. SCHELSKY 1953 mit einer lange nachwirkenden Formel allzu plakativ als „nivellierte kleinbürgerlich-mittelständische Gesellschaft" umschrieben hatte [1337: Wandlungen. Dazu vgl. H. BRAUN, Helmut Schelskys Konzept einer „nivellierten Mittelstandsgesellschaft" und die Bundesrepublik der 50er Jahre, in: AfS 29 (1989), 199–223], führte zu einer raschen Entproletarisierung und zum Ende der „Proletarität" [J. MOOSER, Arbeiterleben in Deutschland 1900–1970, Frankfurt a.M. 1984]. In Umkehrung früherer Klassenbildungsprozesse erfolgte in der „mobilisierten Gesellschaft" [D. HILGER, in 286: R. LÖWENTHAL, H.-P. SCHWARZ (Hrsg.), Die zweite Republik (Erstaufl. 1974), 95–122] eine „Klassen-Entbildung" [so 205: H.G. HOCKERTS, Zeitgeschichte (1993), 122].

c) Integration der Vertriebenen

Vertreibung und Flucht
Die bereits Ende der vierziger Jahre begonnene Erforschung der Vertreibung und Flucht [1302: E. LEMBERG, F. EDDING (Hrsg.), 1959] ist anschließend lange Zeit unterbrochen gewesen. In den sechziger Jahren paßte ein „Insistieren auf einer spezifisch deutschen Leidensgeschichte nicht mehr in die Debatte" [H. AMMON, Stiefkind der Zunft, in: FAZ vom 5. September 1997]. Die Forschung wurde seit Anfang der achtziger Jahre [1292: F.J. BAUER, Flüchtlinge, 1982; 304: W. BENZ (Hrsg.), Vertreibung, Erstaufl. 1982] intensiviert. [Vgl. 200: U. HAERENDEL,

Flüchtlinge (1990), 35–42.] Die 1989 erschienene Bibliographie zum Flüchtlings- und Vertriebenenproblem [180: G. KRALLERT-SATTLER] verzeichnete – allerdings unter Einschluß von Österreich und der Schweiz – bereits mehr als 4000 Titel.

In den ersten Nachkriegsjahren hat die Hoffnung vieler Vertriebener im Zeichen des „Homo Barackensis" [V. ACKERMANN, Westdeutsche Flüchtlingslager in den 1950er Jahren, in: DERS. u. a. (Hrsg.), Anknüpfungen, Essen 1995, 330–346] auf Rückkehr in ihre Heimat mit dazu beigetragen, einen „Lastenausgleich" hinauszuschieben [1157: R. SCHILLINGER, Lastenausgleich (1985), 73 f.]. Ein 1974 fertiggestellter Bericht des Bundesarchivs „Vertreibung und Vertreibungsverbrechen 1945–1948", von der Bundesregierung Schmidt unter Verschluß gehalten, ist erst 1989 veröffentlicht worden [hrsg. von der Kulturstiftung der deutschen Vertriebenen, Bonn].

Die wirtschaftliche und politische Integration der Vertriebenen und Flüchtlinge Integration
– dieses „fünften Standes" [so der CDU- und Vertriebenenpolitiker Linus KATHER am 28. August 1948 auf dem Parteitag der CDU der britischen Zone; 967: H. PÜTZ (Bearb.), Adenauer (1975), 601] – war mit „erheblichen sozialen Anpassungskosten" verbunden [E. HOLTMANN, Flüchtlinge in den 50er Jahren, in 1341: A. SCHILDT, A. SYWOTTEK (Hrsg.), Modernisierung (1993), 349–361], ist jedoch rasch gelungen, schneller als die gesellschaftliche und kulturelle Eingliederung. Infolge der „konservativ-leistungsorientierten Einstellung" dieser großen Bevölkerungsgruppe [so 1: W. BÜHRER, Die Adenauer-Ära (1993), 19] ist die Bildung eines Protestpotentials ausgeblieben. [Vgl. H. GRIESER, Die ausgebliebene Radikalisierung, Wiesbaden 1980; K. MEGERLE, Die Radikalisierung blieb aus, in 1102: H. KAELBLE (Hrsg.), Der Boom (1992), 107–126.]

Dabei spielte eine Rolle, daß die amerikanische Besatzungsmacht mit ihrer Assimilations- und Gleichberechtigungspolitik darauf gedrungen hat, eine „Lager-Radikalisierung" zu verhindern. S. SCHRAUT spricht geradezu von einem „verordneten Wunder" [1313: Die Flüchtlingsaufnahme (1995), 474]. Bei den Heimatvertriebenen bildete sich kein Sonderbewußtsein, wohl aber ein „regionales kulturelles Bewußtsein" heraus [182: M. BEER, Flüchtlinge (1997), 166].

Nach P. WALDMANN bewirkte die Integration der Vertriebenen einen „Moder- Modernisierung
nisierungsschub unter konservativen Vorzeichen" [Die Eingliederung der ostdeutschen Vertriebenen in die westdeutsche Gesellschaft, in 237: J. BECKER u. a. (Hrsg.), Vorgeschichte (Erstaufl. 1979), 163–192, hier 188]. Hingegen hat, wie schon früher W. ABELSHAUER [255: Wirtschaftsgeschichte (1983), 95 f.], auch P. ERKER davor gewarnt, den Modernisierungseffekt zu überschätzen [so auch für Rheinland-Pfalz M. SOMMER (1317: 1990)]; denn gerade das Arbeitskräftepotential der Flüchtlinge habe wirtschaftliche Innovationen eher verzögert [195: Zeitgeschichte (1993), 222]. Bereits 1952 hatte F. EDDING auf diese Problematik hingewiesen [Die Flüchtlinge als Belastung und Antrieb der westdeutschen Wirtschaft, Kiel]. Zur „Passivseite des Integrationserfolges" vgl. auch F.J. BAUER [Zwischen „Wunder" und Strukturzwang, in 416: W. BECKER (Hrsg.), Kapitulation (1987), 73–95] sowie insbesondere die Arbeiten des Streiters gegen den „Mythos der

schnellen Integration", P. LÜTTINGER [Integration der Vertriebenen. Eine empirische Analyse, Frankfurt a.M. 1989].

<small>Wechselseitiger Angleichungsprozeß</small>
Inzwischen wird die Integration – wobei dieser Terminus sowohl den Zustand als auch den Eingliederungsvorgang beschreibt – stärker als wechselseitiger Prozeß (gegenseitige „Angleichung") verstanden [V. ACKERMANN, Integration, in 1291: K.J. BADE (Hrsg.), Neue Heimat (1990), 106–127] bis hin zu der These, daß die Bundesrepublik „im Grunde selber erst das Ergebnis dieses erfolgreichen Integrationsprozesses" gewesen sei [F. WIESEMANN, Flüchtlingspolitik und Flüchtlingsintegration in Westdeutschland, in: APuZG B 35 (1989), 35–44]. Unstrittig ist die Bedeutung der Flüchtlinge als regionaler Wirtschaftsfaktor [1299: D. KLEINERT, Flüchtlinge, 1988].

<small>Regionalstudien für Süddeutschland</small>
Untersucht sind – in neueren Studien – Aufnahme und Eingliederung der Flüchtlinge und Vertriebenen in einzelnen Besatzungszonen [S. SCHRAUT, Flüchtlingsaufnahme 1945–1949. Amerikanische Besatzungszone und demokratischer Wiederaufbau im Konflikt, München 1995] und Ländern bzw. Regionen, so für Bayern [B. SALLINGER, Die Integration der Heimatvertriebenen im Landkreis Günzburg nach 1945, München 1992; U. HAERENDEL, Berufliche Mobilität von Flüchtlingen im Nachkriegsbayern, Frankfurt a.M. 1994; G. NEUMANN, Die Medien und die Flüchtlingsfrage in Bayern von 1945 bis 1953, München 1994; J. MAIER u. a., Die soziale und wirtschaftliche Eingliederung von Flüchtlingen und Heimatvertriebenen in Bayern, München 1996; 1295: R. ENDRES, 1998]; Württemberg-Baden [C. GROSSER u. a. (Hrsg.), Flüchtlingsfrage – das Zeitproblem. Amerikanische Besatzungspolitik, deutsche Verwaltung und die Flüchtlinge in Württemberg-Baden 1945–1949, Mannheim 1993; 1313: S. SCHRAUT, Flüchlingsaufnahme, 1995]; Hessen [W. ECKERT, Neuanfang in Hessen, Wiesbaden 1993; 1307: R. MESSERSCHMIDT, Aufnahme, 1995; 1319: Y.R. WINKLER, Flüchtlingsorganisationen, 1998].

<small>Andere Regionen</small>
Ebenfalls liegen neuere Regionalstudien für die Länder bzw. einzelne Regionen der britischen Zone vor: Niedersachsen [D. VON DER BRELIE-LEWIN, „Dann kamen die Flüchtlinge". Der Wandel des Landkreises Fallingbostel vom Rüstungszentrum im „Dritten Reich" zur Flüchtlingshochburg nach dem Zweiten Weltkrieg, Hildesheim 1990; H. GREBING, Flüchtlinge und Parteien in Niedersachsen, Hannover 1990; R. SCHULZE, „Die Ansprüche kamen erst später". Zur Integration der Flüchtlinge und Vertriebenen in Niedersachsen, in: Deutsche Stimmen 32 (1995), 259–287; K.J. BADE (Hrsg.), Fremde im Land. Zuwanderung und Eingliederung im Raum Niedersachsen seit dem Zweiten Weltkrieg, Osnabrück 1997]; Nordrhein-Westfalen [F. WIESEMANN, Zweite Heimat Nordrhein-Westfalen. Zur Flüchtlingsproblematik in den Jahren 1945 bis 1960, in: Westfälische Forschungen 39 (1989), 430–439; A. HUFSCHMIDT, „_ und dann blieben wir doch". Flüchtlinge und Vertriebene in Lippe 1945–1953, Detmold 1994; 1290: V. ACKERMANN, Der „echte" Flüchtling, 1995]; Hamburg [E. GLENSK, Die Aufnahme und Eingliederung der Vertriebenen und Flüchtlinge in Hamburg 1945–1953, Hamburg 1994]; Bremen [U. WEIHER, Die Eingliederung der Flüchtlinge und Vertriebenen in Bremerhafen 1945–1960, Bremen 1992; DERS., Flüchtlings-

situation und Flüchtlingspolitik. Untersuchungen zur Eingliederungen der Flüchtlinge in Bremen 1945–1961, Bremen 1998]; Schleswig-Holstein [R.L. WERTZ, Flüchtlinge und Vertriebene in Schleswig-Holstein, in: Kulturstiftung der deutschen Vertriebenen (Hrsg.), Forum für Kultur und Politik, H. 13, Bonn 1995, 3–33].

Für die Länder der französischen Zone: Rheinland-Pfalz [M. SOMMER, Flüchtlinge und Vertriebene in der französisch besetzten Zone und auf dem Gebiet des heutigen Bundeslandes Rheinland-Pfalz 1945 bis 1955, ebd., 49–61]; Württemberg-Hohenzollern [A. KÜHNE, Entstehung, Aufbau und Funktion der Flüchtlingsverwaltung in Württemberg-Hohenzollern 1945–1952, Sigmaringen 1999]; im Südwesten [182: M. BEER (Hrsg.), Flüchtlinge, 1994]. – Eine Übersicht über Flüchtlinge und Vertriebene in den vier Zonen vermitteln J.-D. STEINERT, Die große Flucht und die Jahre danach [in 405: H.-E. VOLKMANN (Hrsg.), Ende des Dritten Reiches (1995), 557–579] und M. FRANTZIOCH-IMMENKEPPEL, Die Vertriebenen in der Bundesrepublik Deutschland [in: APuZG B 28 (1996), 3–13].

1986 sind das Ausmaß der Vertreibung und der erzwungenen Völkerwanderung über einen größeren Zeitraum hin (1940–1985) zusammengestellt [1311: G. REICHLING, T. 1] und die deutschen „Nachkriegsverluste unter Vertriebenen und Verschleppten" mit 3,2 bis 3,3 Millionen errechnet worden [H. NAWRATIL, München 1986]. Die erste Gesamtdarstellung der westdeutschen Politik gegenüber den Flüchtlingen und „Zuwanderern" aus der SBZ/DDR – ca. 2,75 Millionen Personen (unter Einbeziehung der Rückwanderer) – bis 1961 hat H. HEIDEMEYER zusammenfassend dargestellt und in den deutsch-deutschen Systemkonflikt eingebettet [1297: 1994]. Verluste

Die im Zuge des allgemeinen wirtschaftlichen Aufschwungs ohne soziale Erschütterungen rasch erfolgte Eingliederung von etwa 12 Millionen Menschen in die westdeutsche Gesellschaft [dazu 1301: A. LEHMANN, Im Fremden ungewollt zuhaus, 1993] war eines der „größten Nachkriegswunder" [W. BENZ, Flucht und Vertreibung, in: DERS. (Hrsg.), Legenden, Lügen, Vorurteile, München 2. Aufl. 1992, 88; H.-W. RAUTENBERG: „Wohl eigentlich das größte Nachkriegswunder": Die Wahrnehmung von Flucht und Vertreibung in der deutschen Nachkriegsgeschichte bis heute, in: APuZG B 53 (1997), 34–48, hier 36; 1310: DERS., Erfolge und Probleme (1999), 29] und einer der „wichtigsten sozialgeschichtlichen Vorgänge dieses Jahrhunderts" [199: H. GRIESER, Literaturbericht (1989), S. 49]. Die Bilanz wie auch Desiderata der „zeitgeschichtlichen Eingliederungsforschung" [230: A. SYWOTTEK, Flüchtlingseingliederung (1989), 45 f.] enthalten die informativen Forschungsberichte von E. WOLFRUM [234: Zwischen Geschichtsschreibung, 1996], M. BEER [in: Forum für Kultur und Politik H. 13 (1995), 35–47; 182: DERS., Flüchtlinge, 1997] und M. SCHWARTZ [Vertreibung und Vergangenheitspolitik. Ein Versuch über geteilte deutsche Nachkriegsidentitäten, in: DA 30 (1997), 177–195]. Den jüngsten Forschungsstand vermitteln die 19 Beiträge des Sammelwerks D. HOFFMANN, M. SCHWARTZ (Hrsg.) [1298: Geglückte Integration?, 1999, mit einer ausführlichen Bibliographie, 365–388]. Ein „Nachkriegswunder"

Kirchen und Hei-   Beide Kirchen haben sich früh der Heimatvertriebenen angenommen und mit
matvertriebene   kirchlichen Hilfskomitees die „Keimzellen der späteren Landsmannschaften"
[362: H.G. LEHMANN, Der Oder-Neiße-Konflikt (1979), 115 f.] geschaffen [1312:
H. RUDOLPH, Evangelische Kirche, 1984–1985; M. SKORVAN, Das Hilfswerk der
Evangelischen Kirche und seine Flüchtlingsarbeit in Hessen 1945–1955, Wiesbaden 1995, sowie aus katholischer Sicht F. LORENZ (Hrsg.), Schicksal Vertreibung,
Köln 1980]. K.-L. SOMMER relativierte die Beiträge der kirchlichen Zeitgeschichte
(„kirchenzentrierte Darstellungen und Erklärungsmuster") zur Flüchtlingsforschung und suchte einen neuen Ansatz aus sozialgeschichtlicher Perspektive
[Zwischen nationalen Rechtswahrungsansprüchen, ‚kirchlicher Neuordnung'
und praktizierter Nächstenliebe. Die evangelische Kirche und die Flüchtlinge in
den ersten Nachkriegsjahren, in 1314: S. SCHRAUT, T. GROSSER (Hrsg.), Die
Flüchtlingsfrage (1996), 395–420]. Über den Beitrag des Wohnungsbaus von seiten beider Kirchen zur Integration liegen eigene Darstellungen vor [M. LANGEN
bzw. R. SIMON, in 1295: R. ENDRES (Hrsg.), Bayerns vierter Stamm (1998), 55–76
bzw. 77–94].

Binnenwanderung   Inzwischen ist auch die Binnenwanderung während der ersten Jahre der Bundesrepublik in den Blick der Forschung gekommen. Sie führte zu einer unterschiedlichen Entwicklung im Bevölkerungswachstum der einzelnen Bundesländer und ist für die „Homogenisierung der zunächst völlig ‚durcheinandergeratenen' Bevölkerungsstrukturen als auch für die Wirtschaftsentwicklung von erheblicher Bedeutung" gewesen [209: C. KLESSMANN, Ein stolzes Schiff (1985), 493].
Ähnliches gilt für die zeitversetzt stattfindende Fluchtbewegung aus der DDR
und für den zunächst allgemein als vorübergehendes Phänomen verstandenen
Zustrom ausländischer „Gastarbeiter", deren Zahl von 73 000 (1954) bis auf 1,5
Millionen (1969) anstieg [1294: S. BETHLEHEM, Heimatvertreibung, 1982; H.
ESSER, Gastarbeiter, in 260: W. BENZ (Hrsg.), Die Bundesrepublik, Bd. 2 (Erstaufl.
1983), 127–156; J.-D. STEINERT, Arbeit in Westdeutschland. Die Wanderungsvereinbarungen mit Italien, Spanien, Griechenland und der Türkei und der Beginn
der organisierten Anwerbung ausländischer Arbeitskräfte, in: AfS 35 (1995), 197–
209; DERS., „Chianti am Rhein". Der Ruhrbergbau als Zuwanderungsziel 1945–
1995, in: GiW 12 (1997), 135–149]. Übergreifend: K.J. BADE, Auswanderung –
Wanderarbeiter – Gastarbeiter [Ostfildern 1984].

d) Einzelprobleme

Spätheimkehrer   Erstaunlich spät kam die Problematik der Displaced Persons [340: W. JACOB-
und Kriegs-   MEYER, Vom Zwangsarbeiter, 1985] in den Blick der Forschung, aber ebenso die
gefangene   der Kriegsgefangenen [Sowjetische Kriegsgefangene in Deutschland, deutsche
Kriegsgefangene in der Sowjetunion, hrsg. vom Haus der Geschichte der Bundesrepublik Deutschland, Red. H.W. HÜTTER, E. ROMMERSKIRCHEN, Düsseldorf
1995; H.H. MEYER, Kriegsgefangene im Kalten Krieg, hrsg. von H. MAYER, Osnabrück 1998] und „Spätheimkehrer" [625: A.L. SMITH, Heimkehr, 1985]. Das glei-

che gilt für die von den Siegermächten eingerichteten Internierungslager [522: H. WEMBER, Umerziehung, 1991; 500: R. KNIGGE-TESCHE u. a. (Hrsg.), Internierungspraxis, 1993].

Die provokante These von J. BACQUE, wonach 1945/46 mehr als eine Million deutscher Soldaten in amerikanischen und französischen „Rheinwiesenlagern" umgekommen sei [Der geplante Tod, Frankfurt a.M. 1989 u.ö.], ist von A.L. SMITH überzeugend widerlegt worden [626: Die „vermißte Million", 1992]. Hingegen fehlt noch immer eine Sozialgeschichte der Kriegsgefangenschaft. [Dazu vgl. den Abschnitt „Spätheimkehrer und historisch-politisches Bewußtsein" bei 1229: P. STEINBACH, Die Fünfziger Jahre (1990), 427–433.] Die 1955 Adenauer in Moskau zugestandene Rückkehr der letzten Kriegsgefangenen aus der UdSSR [D. RIESENBERGER (Hrsg.), Das Deutsche Rote Kreuz, Konrad Adenauer und das Kriegsgefangenenproblem, Bremen 1994] war von Chrustschow bereits vorher der SED-Spitze mitgeteilt worden [B. IHME-TUCHEL, Die SED und die deutschen Kriegsgefangenen in der Sowjetunion zwischen 1949 und 1955, in: DA 27 (1994), 490–503; DIES., Die Entlassung der deutschen Kriegsgefangenen im Herbst 1955 im Spiegel der Diskussion zwischen SED und KPdSU, in: MGM 53 (1994), 449–465].

Relativ spät ist auch die Familienpolitik zu einem ergiebigen Forschungsgegenstand geworden [vgl. das Literaturverzeichnis bei M. TEXTOR, Familienpolitik, Bonn 1991, 197–205; ferner Bundesministerium für Familie und Senioren (Hrsg.), 40 Jahre Familienpolitik in der Bundesrepublik Deutschland, Neuwied 1993]. *Familienpolitik – Frauenproblematik*

Das gilt erst recht für speziell frauen- und familiengeschichtliche Fragestellungen im Zusammenhang der Erforschung gesellschaftlicher Kontinuitätslinien. [Vgl. B. WILLENBACHER, Zerrüttung und Bewährung der Nachkriegsfamilie, in 503: M. BROSZAT u. a. (Hrsg.), Von Stalingrad (Erstaufl. 1988), 595–618.] Bis Ende der achtziger Jahre waren „Frauen und ihre Problematik" in der Bundesrepublik-Forschung „nicht aufgetaucht" [so U. FREVERT, Frauen auf dem Weg zur Gleichberechtigung, in 187: M. BROSZAT (Hrsg.), Zäsuren (1990), 113–130, hier 113. Dazu vgl. den Forschungsbericht von K. HARTEWIG, in 201: AfS 35 (1995), 419–444]. Die 1945 zunächst erfolgte „Restauration der traditionellen Kernfamilie" hatte keinen Bestand [M. NIEHUSS, Kontinuität und Wandel der Familie in den fünfziger Jahren, in 1341: A. SCHILDT, A. SYWOTTEK(Hrsg.), Modernisierung (1993), 316–334, hier 334; J. MOOSER, Arbeiter, Angestellte und Frauen in der „nivellierten Mittelstandsgesellschaft", ebd., 362–376; 1148: M. NIEHUSS, Die Familie, 1995].

Die „Nachkriegsfamilie" begann sich im Zuge eines umfassenden Wertewandels („Werteumsturzes") im folgenden Dezennium aufzulösen [H. MEULEMANN, Wertwandel in der Bundesrepublik zwischen 1950 und 1980, in 1149: D. OBERNDÖRFER u. a. (Hrsg.), Wirtschaftlicher Wandel (1985), 391–411; H. KLAGES, Verlaufsanalyse eines Traditionsbruchs, in 923: K.D. BRACHER u. a. (Hrsg.), Staat und Parteien (1992), 517–544]. In einem beschleunigten Emanzipationsprozeß rück- *Wertewandel* ten immer mehr auch verheiratete Frauen in das außerhäusliche Berufsleben ein. Damit wiederum veränderten sich das Alltagsverhalten und die Lebensverhältnisse der davon betroffenen Familien. Das betraf auch das generationsspezifische Verhalten im Zeichen einer neuen „Jugendkultur" [vgl. U. PREUSS-LAUSITZ u. a. (Hrsg.), Kriegskinder, Konsumkinder, Krisenkinder. Zur Sozialisationsgeschichte seit dem Zweiten Weltkrieg, Köln 1988; T. GROTUM, Die Halbstarken. Zur Geschichte einer Jugendkultur der 50er Jahre, Frankfurt a.M. 1994].

Mit der Ausdehnung der Freizeit (durch Verkürzung der Arbeitszeit und Verlängerung des Urlaubs begann ein „Urlaubstourismus" [1339: A. SCHILDT, Moderne Zeiten, 1995], mit dem Beginn des Fernsehzeitalters seit Anfang der sechziger Jahre die Ausbildung einer „Konsum-" und „Freizeitgesellschaft" [B. SCHORB, Freizeit, Fernsehen und neue Medien 1960–1990, in: AfS 33 (1993), 425–457; 1341: A. SCHILDT, A. SYWOTTEK, Modernisierung, 1993]. Eine wichtige Trägergruppe der „Nachkriegs-Bürgergesellschaft" blieben die „bürgerlichen Akademiker". [Vgl. H. SIEGRIST, Der Akademiker als Bürger. Die westdeutschen gebildeten Mittelklassen 1945–1965 in historischer Perspektive, in: W. FISCHER-ROSENTHAL, P. ALHEIT (Hrsg.), Biographien in Deutschland, Opladen 1995, 118–136.]

Wohnungsbau und -politik

Inzwischen hat die Erforschung der Wohnungsbau- und Wohnungspolitik zunehmend stärkeres Interesse gefunden, auch im Vergleich zu anderen europäischen Lösungen [A. SCHILDT, A. SYWOTTEK (Hrsg.), Massenwohnung und Eigenheim, Frankfurt a.M. 1988; 1158: G. SCHULZ (Hrsg.), Wohnungspolitik, 1993]. Nach einer Reihe einschlägiger Vorarbeiten hat G. SCHULZ in einer quellengestützten Monographie die Wohnungsbaupolitik 1945–1957, besonders intensiv ab 1948, umfassend dargestellt [623: 1994], auch deren personelle (Minister: Eberhard Wildermuth, Staatssekretär Hermann Wandersleb) und institutionelle Seite (Entstehung des Wohnungsbauministeriums) einbezogen. Den von der Koalition durchgesetzten, öffentlich geförderten „Sozialen Wohnungsbau" („Familienheim-Förderung", „Eigentum schützt vor Radikalisierung") hat die SPD, wenngleich unter teilweise anderer Zielsetzung („sozialistische Aufgabe"), auch über die Länder mitgestaltet und mit dazu beigetragen, mit der raschen Beendigung des „Wohnungselends" die sozialstaatliche Fundierung der Bundesrepublik dauerhaft zu festigen. [Dazu vgl. A. VON SALDERN, Von der „guten Stube" zur „guten Wohnung". Zur Geschichte des Wohnens in der Bundesrepublik Deutschland, in: AfS 35 (1995), 227–254.] Die Forcierung des Sozialen Wohnungsbaus und die konsequent betriebene Liberalisierung des Wohnungsmarktes beendeten früh die Wohnraumbewirtschaftung [G. WAGNER, Sozialstaat gegen Wohnungsnot. Wohnraumbewirtschaftung und Sozialer Wohnungsbau im Bund und in Nordrhein-Westfalen 1950–1970, Paderborn 1995].

III. Quellen und Literatur

Aus Gründen der Platzersparnis werden Reihentitel und Untertitel – soweit der Titel keiner entsprechenden Verdeutlichung bedarf – fortgelassen. Das gleiche gilt in der Regel für herausgebende Institutionen, während namentlich genannte Herausgeber bzw. Bearbeiter aufgeführt sind. – Darstellungen zur Parteiengeschichte für die Jahre 1945–1949 sind nicht in Abschnitt B. 4 ausgewiesen, sondern in B. 5c einbezogen.

A. QUELLEN UND HILFSMITTEL

1. Aktenpublikationen, Editionen, Dokumentationen[1]

1. Die Adenauer-Ära. Die Bundesrepublik Deutschland 1949–1963, hrsg. von W. Bührer, München 1993.
2. Adenauer und die Hohen Kommissare 1949–1952, hrsg. von H.-P. Schwarz in Verbindung mit R. Pommerin, bearb. von F.-L. Kroll, M. Nebelin, 2 Bde., München 1989–1990.
3. Akten zur Auswärtigen Politik der Bundesrepublik Deutschland. Haupthrsg.: H.-P. Schwarz. Wissenschaftlicher Leiter: R.A. Blasius; 1949–1950: bearb. von D. Kosthorst, M.F. Feldkamp; 1963: bearb. von M. Lindemann, I.D. Pautsch; 1964: bearb. von W. Hölscher, D. Kosthorst; 1965: bearb. von M. Lindemann, I.D. Pautsch; 1966: bearb. von M. Peter, H. Rosenbach; 1967: bearb. von I.D. Pautsch u. a.; 1968: bearb. von M. Lindemann, M. Peter, München 1994–1999.
4. Akten zur Vorgeschichte der Bundesrepublik Deutschland 1945–1949. Bd. 1: Sept. 1945-Dez. 1946, bearb. von W. Vogel, C. Weisz; Bd. 2: Jan.-Juni 1947, bearb. von W. Werner; Bd. 3: Juni-Dez. 1947, bearb. von G. Plum; Bd. 4: 1948, bearb. von C. Weisz u. a.; Bd. 5: Jan.-Sept. 1949, bearb. von H.-D. Kreikamp, München 1976–1983. Sonderausgabe in 9 Bänden, München 1989.
5. Auftakt zur Ära Adenauer. Koalitionsverhandlungen und Regierungsbildung 1949, bearb. von U. Wengst, Düsseldorf 1985.
6. Der Auswärtige Ausschuß des Deutschen Bundestages. Sitzungsprotokolle 1949–1953, bearb. von W. Hölscher, 2 Bde., Düsseldorf 1998.
7. Die Auswärtige Politik der Bundesrepublik Deutschland, hrsg. vom Auswärtigen Amt, Köln 1972.
8. „Bewegt von der Hoffnung aller Deutschen". Zur Geschichte des Grundgesetzes. Entwürfe und Diskussionen 1941–1949, hrsg. von W. Benz, München 1979.
9. Die Bundesrepublik Deutschland und Frankreich. Dokumente 1949–1963, 3 Bde., hrsg. von H. Möller, K. Hildebrand, bearb. von U. Lappenküper u. a., München 1997.
10. CDU-Bundesvorstand. Die Protokolle des CDU-Bundesvorstands, bearb. von G. Buchstab. (Bd. 1:) 1950–1953: Adenauer: „Es mußte alles neu gemacht werden"; (Bd. 2:) 1953–1957: Adenauer: „Wir haben wirklich etwas

---

[1] In diesem Teil sind Editionen und Dokumentationen nach der Reihenfolge der Sachtitel geordnet.

geschaffen"; (Bd. 3:) 1957–1961: Adenauer: „... um den Frieden zu gewinnen"; (Bd. 4:) 1961–1965: Adenauer: „Stetigkeit in der Politik", Stuttgart bzw. (ab Bd. 2) Düsseldorf 1986–1998.

11. Die CDU/CSU-Fraktion im Deutschen Bundestag. Sitzungsprotokolle 1949–1953, bearb. von H. HEIDEMEYER, Düsseldorf 1998.
12. Die CDU/CSU im Frankfurter Wirtschaftsrat. Protokolle der Unionsfraktion 1947–1949, bearb. von R. SALZMANN, Düsseldorf 1988.
13. Die CDU/CSU im Parlamentarischen Rat. Sitzungsprotokolle der Unionsfraktion, bearb. von R. SALZMANN, Stuttgart 1981.
14. Confidential Reports des britischen Verbindungsstabes zum Zonenbeirat 1946–1948, hrsg. von R. UHLIG, Frankfurt a.M. 1989.
15. Die CSU 1945–1948. Protokolle und Materialien zur Frühgeschichte der Christlich-Sozialen Union, hrsg. von B. FAIT u. a., 3 Bde., München 1993.
16. Die deutsche Frage 1952–1956. Notenwechsel und Konferenzdokumente der vier Mächte, hrsg. von E. JÄCKEL, Frankfurt a.M. 1957.
17. Deutsche Geschichte 1962–1983. Dokumente, hrsg. von I. WILHARM, 2 Bde., Frankfurt a.M. 1985.
18. Die deutsche Ostpolitik 1961–1970. Dokumentation, hrsg. von B. MEISSNER, Köln 1970.
19. Deutschland im ersten Nachkriegsjahr. Berichte von Mitgliedern des Internationalen Sozialistischen Kampfbundes (ISK) aus dem besetzten Deutschland 1945/46, hrsg. und bearb. von M. RÜTHER u. a., München 1998.
20. Documents Diplomatiques Français, hrsg. vom Ministère des Affaires Étrangères, bisher 21 Bde. (1954–1960), Paris 1987–1996.
21. Documents on British Policy Overseas, hrsg. von R. BULLEN, M.E. PELLY. Ser. I, bisher 7 Bde. (1945–1950), Ser. II, bisher 4 Bde. (1950–1955), London 1984–1995.
22. Dokumentation der Vertreibung der Deutschen aus Ost-Mitteleuropa, bearb. von einer Kommission unter Leitung von T. SCHIEDER, 5 Bde., 3 Beihefte, Bonn 1953–1963. ND München 1984 und 1995.
23. Dokumentation zur Deutschlandfrage. Von der Atlantik-Charta 1941 bis zur Berlin-Sperre 1961, hrsg. von H. VON SIEGLER, 5 Bde., Bonn 1961–1970; Bde. 1–3 2. Aufl. 1961; Annexband 2. Aufl. 1970.
24. Dokumente des geteilten Deutschland. Quellentexte zur Rechtslage des Deutschen Reiches, der Bundesrepublik Deutschland und der Deutschen Demokratischen Republik, hrsg. von I. VON MÜNCH, 2 Bde., (1) Stuttgart 2. Aufl. 1976, (2) ebd. 1974.
25. Dokumente zur Berlin-Frage 1944–1966, bearb. von W. HEIDELMEYER, G. HINRICHS, München 4. Aufl. 1987; Dokumente 1967–1986, hrsg. von H.H. MAHNKE, München 1987.
26. Dokumente zur Bildungspolitik der Parteien in der Bundesrepublik Deutschland 1945–1970, hrsg. von G. SCHARFENBERG, 3 Bde., Berlin 1971.

27. Dokumente zur Deutschlandpolitik. Wissenschaftl. Leitung: E. DEUERLEIN (seit 1972: K. D. BRACHER, H.-A. JACOBSEN; seit 1992: H.-A. JACOBSEN, H.-P. SCHWARZ; seit 1996: K. HILDEBRAND, H.-P. SCHWARZ). 1. Reihe (1939–1945): bisher 7 Bde., Frankfurt a.M. 1984–1991; 2. Reihe (1945–1955): bisher 7 Bde., Frankfurt a.M. 1992–1997; 3. Reihe (1955–1958): 9 Bde., Frankfurt a.M. 1961–1969; 4. Reihe (1958–1966): 22 Bde., Frankfurt a.M. 1971–1981; 5. Reihe (1966–1969): bisher 4 Bde., Frankfurt a.M. 1984–1987.
28. Dokumente zur Geschichte der kommunistischen Bewegung in Deutschland. Reihe 1945/1946, bearb. von G. BENSER u. a., 6 Bde., München 1993–1997.
29. Dokumente zur parteipolitischen Entwicklung in Deutschland seit 1945, hrsg. von O.K. FLECHTHEIM, 9 Bde., Berlin 1962–1971.
30. Die Entstehung der Hessischen Verfassung von 1946. Eine Dokumentation, hrsg. und eingel. von H. BERDING, bearb. von H. BERDING, K. LANGE, Wiesbaden 1996.
31. Die Entstehung der Verfassung für Rheinland-Pfalz. Eine Dokumentation, bearb. von H. KLAAS, Boppard 1978.
32. Die Entstehung der Verfassung von Berlin. Eine Dokumentation, hrsg. von H.J. REICHHARDT u. a., 2 Bde., Berlin 1990.
33. Die Entstehung des Bundeslandes Baden-Württemberg. Eine Dokumentation, bearb. von P. SAUER, Ulm 1977.
34. Die Entstehung des Grundgesetzes der Bundesrepublik Deutschland 1949. Eine Dokumentation, hrsg. von M.F. FELDKAMP, Stuttgart 1999.
35. Erklärungen zur Deutschlandpolitik. Eine Dokumentation von Stellungnahmen, Reden und Entschließungen des Bundes der Vertriebenen – Vereinigte Landsmannschaften und Landesverbände, bearb. von W. BLUMENTHAL, B. FASSBENDER, Teil I: 1949–1972, Bonn 1984.
36. FDP-Bundesvorstand. Sitzungsprotokolle 1949–1960, bearb. von U. WENGST, 2 Bde.; Sitzungsprotokolle 1960–1967, bearb. von R. SCHIFFERS, Düsseldorf 1990–1993.
37. Foreign Relations of the United States. Diplomatic Papers 1945 ff., Washington D.C. 1968 ff. (bis: 1964–1968), 1995.
38. Frauen in der deutschen Nachkriegszeit. Quellen und Materialien, hrsg. von A. KUHN, 2 Bde., Düsseldorf 1984–1986.
39. Frauen in der Nachkriegszeit 1945–1963, hrsg. von K.-J. RUHL, München 1988.
40. Friedenssicherung durch Verteidigungsbereitschaft. Deutsche Sicherheitspolitik 1949–1989. Dokumente, hrsg. von H.-A. JACOBSEN u. a., Mainz 1990.
41. Der Gesamtdeutsche Ausschuß. Sitzungsprotokolle des Ausschusses für gesamtdeutsche Fragen des Deutschen Bundestages 1949–1953, bearb. von A. BIEFANG, Düsseldorf 1998.

42. Gleichberechtigung als Verfassungsauftrag. Eine Dokumentation zur Entstehung des Gleichberechtigungsgesetzes vom 18. Juni 1957, bearb. von G. MÜLLER-LIST, Düsseldorf 1996.
43. Die großen Regierungserklärungen der deutschen Bundeskanzler von Adenauer bis Schmidt. Eingel. und komment. von K. VON BEYME, München 1979.
44. Grundlegung der Verfassungsgerichtsbarkeit. Das Gesetz über das Bundesverfassungsgericht vom 12. März 1951, bearb. von R. SCHIFFERS, Düsseldorf 1984.
45. Die Kabinettsprotokolle der Bundesregierung Bde. 1–3 (1949, 1950 und 1950: Wortprotokolle), bearb. von U. ENDERS, K. REISER; Bd. 4: 1951, bearb. von U. HÜLLBÜSCH; Bd. 5: 1952, bearb. von K. VON JENA; Bd. 6: 1953, bearb. von U. ENDERS, K. REISER; Bd. 7: 1954, bearb. von U. HÜLLBÜSCH, T. TRUMPP; Bd. 8: 1955, bearb. von M. HOLLMANN, K. VON JENA; Bd. 9: 1956, bearb. von U. HÜLLBÜSCH, Boppard bzw. (ab Bd. 7) München 1982–1998.
46. Die Kabinettsprotokolle der Landesregierung von Nordrhein-Westfalen 1946–1950: 2 Bde., bearb. von M.A. KANTHER; 1950–1954: 2 Bde., bearb. von G. FLECKENSTEIN u. a.; 1954–1958: 2 Bde., bearb. von V. ACKERMANN, Siegburg 1992–1997.
47. Der Kompromiß von Treysa. Die Entstehung der Evangelischen Kirche in Deutschland (EKD) 1945. Eine Dokumentation, hrsg. von G. BESIER, bearb. von M. LOSCH, G. BEIER, Weinheim 1995.
48. Die Lastenausgleichsgesetze. Dokumente zur Entwicklung des Gedankens, der Gesetzgebung und der Durchführung, hrsg. vom Bundesminister für Vertriebene, Flüchtlinge und Kriegsgeschädigte, 11 Bde., Bonn 1962–1968.
49. „Mein Gott, was soll aus Deutschland werden?" Die Adenauer-Ära 1949–1963, hrsg. von K.-J. RUHL, München 1985.
50. Montanmitbestimmung. Das Gesetz über die Mitbestimmung der Arbeitnehmer in den Aufsichtsräten und Vorständen der Unternehmen des Bergbaus und der Eisen und Stahl erzeugenden Industrie vom 21. Mai 1951, bearb. von G. MÜLLER-LIST, Düsseldorf 1984.
51. Moskau – Bonn. Die Beziehungen zwischen der Sowjetunion und der Bundesrepublik Deutschland 1955–1973. Dokumentation, hrsg. von B. MEISSNER, 2 Bde., Köln 1975.
52. Nachkriegsdeutschland 1945-1949, hrsg. von P. BUCHER, Darmstadt 1990.
53. Neubeginn und Restauration. Dokumente zur Vorgeschichte der Bundesrepublik Deutschland 1945–1949, hrsg. von K.-J. RUHL, München 2. Aufl. 1984.
54. Nordrhein-Westfalen. Deutsche Quellen zur Entstehungsgeschichte des Landes 1945/46, bearb. von W. HÖLSCHER, Düsseldorf 1988.
55. Parlamentarischer Rat. Verhandlungen des Hauptausschusses, Bonn 1948–1949.

56. Der Parlamentarische Rat 1948–1949. Akten und Protokolle. Bd. 1: Vorgeschichte, bearb. von J.V. WAGNER; Bd. 2: Der Verfassungskonvent auf Herrenchiemsee, bearb. von P. BUCHER; Bd. 3: Ausschuß für Zuständigkeitsabgrenzung, bearb. von W. WERNER; Bd. 4: Ausschuß für das Besatzungsstatut, bearb. von W. WERNER; Bd. 5: Ausschuß für Grundsatzfragen, bearb. von E. PIKART, W. WERNER; Bd. 6: Ausschuß für Wahlrechtsfragen, bearb. von H. ROSENBACH; Bd. 7: Entwürfe zum Grundgesetz, bearb. von M. HOLLMANN; Bd. 8: Die Beziehungen des Parlamentarischen Rates zu den Militärregierungen, bearb. von M.F. FELDKAMP; Bd. 9: Plenum, bearb. von W. WERNER; Bd. 10: Ältestenrat, Geschäftsordnungsausschuß und Überleitungsausschuß, bearb. von M.F. FELDKAMP; Bd. 11: Interfraktionelle Besprechungen, bearb. von M.F. FELDKAMP; Bd. 12: Finanzausschuß, bearb. von M.F. FELDKAMP, Boppard bzw. (seit Bd. 9) München 1975–1999.

57. Politischer Liberalismus in der britischen Besatzungszone 1946–1948. Führungsorgane und Politik der FDP, bearb. von L. ALBERTIN, H.F.W. GRINGMUTH, Düsseldorf 1995.

58. J.K. POLLOCK, Besatzung und Staatsaufbau nach 1945. Occupation Diary and Private Correspondence 1945–1948, hrsg. von I. KRÜGER-BULCKE, München 1994.

59. Die Protokolle des Bayerischen Ministerrats 1945–1954, bisher 3 Bde., 1945–1946, bearb. von K.-U. GELBERG, München 1995–1997.

60. Die Protokolle des Rates der Evangelischen Kirche in Deutschland. 1945–1948, bearb. von C. NICOLAISEN, N.A. SCHULZE, 2 Bde., Göttingen 1995–1997.

61. Quellen zur Entstehung der Verfassung von Baden-Württemberg, bearb. von P. FEUCHTE, 8 Bde., Stuttgart 1986–1992.

62. Quellen zur Geschichte der deutschen Gewerkschaftsbewegung im 20. Jahrhundert. Bd. 6: Organisatorischer Aufbau der Gewerkschaften 1945–1949, bearb. von S. MIELKE u. a.; Bd. 7: Gewerkschaften in Politik, Wirtschaft und Gesellschaft 1945–1949, bearb. von S. MIELKE u. a.; Bd. 8: Die Gewerkschaften und die Angestelltenfrage 1945–1949, bearb. von S. MIELKE; Bd. 9: Die Industriegewerkschaft Metall in den Jahren 1956 bis 1963, bearb. von F. MEKEL; Bd. 10: Die Industriegewerkschaft Metall in der frühen Bundesrepublik 1950–1956, bearb. von W. DÖRRICH, K. SCHÖNHOVEN; Bd. 11: Der Deutsche Gewerkschaftsbund 1949 bis 1956, bearb. von J. KAISER, Köln 1987–1999.

63. Quellen zur Geschichte von Rheinland-Pfalz während der französischen Besatzung. März 1945 bis August 1949, bearb. von P. BROMMER, Mainz 1985.

64. Quellen zur staatlichen Neuordnung Deutschlands 1945–1949, hrsg. von H.-D. KREIKAMP, Darmstadt 1994.

65. Die Ruhrfrage 1945/46 und Entstehung des Landes Nordrhein-Westfalen. Britische, amerikanische und französische Akten, bearb. von R. STEININGER, Düsseldorf 1988.

66. Sicherheit, Kontrolle, Souveränität. Das Petersberger Abkommen vom 22. November 1949. Eine Dokumentation, hrsg. von H. LADEMACHER, W. MÜHLHAUSEN, Melsungen 1985.
67. Sicherheitspolitik der Bundesrepublik Deutschland. Dokumentation 1945–1977, hrsg. von K. VON SCHUBERT, 2 Bde., Köln 1978–1979.
68. J.E. SMITH (Hrsg.), The Papers of General Lucius D. Clay: Germany 1945–1949, 2 Bde., Bloomington 1974.
69. Die SPD-Fraktion im Deutschen Bundestag. Sitzungsprotokolle 1949–1957, bearb. von P. WEBER, 2 Bde.; Sitzungsprotokolle 1957–1961, bearb. von W. HÖLSCHER; Sitzungsprotokolle 1961–1966, 2 Bde., bearb. von H. POTTHOFF, Düsseldorf 1993.
70. Die SPD-Fraktion im Frankfurter Wirtschaftsrat 1947–1949. Protokolle, Aufzeichnungen, Rundschreiben, bearb. von C. STAMM, Bonn 1993.
71. Die Strafverfolgung von NS-Verbrechen 1945–1978. Eine Dokumentation, hrsg. von A. RÜCKERL, Heidelberg 1979.
72. Die Unionsparteien 1946–1950. Protokolle der Arbeitsgemeinschaft der CDU/CSU Deutschlands und der Konferenzen der Landesvorsitzenden, bearb. von B. KAFF, Düsseldorf 1991.
73. Ursachen und Folgen. Vom deutschen Zusammenbruch 1918 und 1945 bis zur staatlichen Neuordnung Deutschland in der Gegenwart. Eine Urkunden- und Dokumentensammlung zur Zeitgeschichte, hrsg. von H. MICHAELIS, E. SCHRAEPLER, Bde. 23–26, Berlin (1976–1978).
74. Verhandlungen des Bundesrates. 1.-346. Sitzung, Bonn 1949–1969.
75. Verhandlungen des Deutschen Bundestages. Stenographische Berichte. 1.-6. Wahlperiode 1949–1969, Bonn 1949–1969.
76. Weniger Länder – mehr Föderalismus? Die Neugliederung des Bundesgebietes im Widerstreit der Meinungen 1948/49–1990. Eine Dokumentation, bearb. von R. SCHIFFERS, Düsseldorf 1996.
77. Westintegration, Sicherheit und deutsche Frage. Quellen zur Außenpolitik in der Ära Adenauer 1949–1963, hrsg. von K.A. MAIER, B. THOSS, Darmstadt 1994.
78. Wiedervereinigung und Sicherheit Deutschlands. Eine dokumentarische Diskussionsgrundlage, hrsg. von H. VON SIEGLER, 2 Bde., Bonn 6. Aufl. 1967–1968.
79. Wörtliche Berichte und Drucksachen des Wirtschaftsrates des Vereinigten Wirtschaftsgebietes 1947–1949, bearb. von C. WEISZ, H. WOLLER, 5 Bde. mit einem Erschließungsband, München 1977.
80. Zonenbeirat. Zonal Advisory Council 1946–1948. Protokolle und Anlagen, 1.-11. Sitzung 1946/47, bearb. von G. STÜBER, 2 Bde., Düsseldorf 1993–1994.

2. Nachschlagewerke, Chroniken, Hilfsmittel

81. Archiv der Gegenwart, Jg. 15, 1945 ff. (bis 1955: Keesing's Archiv der Gegenwart), Wien 1946 ff., Bonn seit 1956.
82. H.U. Behn, E. Eisenacher, Politische Zeittafel 1949–1979. Drei Jahrzehnte Bundesrepublik Deutschland, Bonn 1981.
83. W. Breunig u. a., Datenhandbuch Länderparlamentarier 1945–1953, Frankfurt a.M. 1986.
84. Chronologie zur Finanzgeschichte 1945–1969, bearb. von K.-D. Wagner u. a., Bonn 1993.
85. Datenhandbuch zur Geschichte des Deutschen Bundestages 1949 bis 1982, bearb. von P. Schindler, Baden-Baden 3. Aufl. 1984; Datenhandbuch 1980 bis 1987, ebd. 1988.
86. C.A. Fischer (Hrsg.), Wahlhandbuch für die Bundesrepublik Deutschland, 2 Bde., Paderborn 1990.
87. Handbuch politischer Institutionen und Organisationen 1945–1949, bearb. von H. Potthoff in Zusammenarbeit mit R. Wenzel, Düsseldorf 1983.
88. U. Heilemann u. a., Wirtschaftspolitische Chronik der Bundesrepublik 1960 bis 1995, Stuttgart 1996.
89. Die Internationale Politik. Jahrbücher des Forschungsinstituts der Deutschen Gesellschaft für Auswärtige Politik 1955–1968/69, München 1958–1974.
90. G.G. Kopper, Medien- und Kommunikationspolitik der Bundesrepublik Deutschland. Ein chronologisches Handbuch 1944 bis 1988, München 1992.
91. W. Kraushaar, Die Protest-Chronik 1949–1959, 4 Bde., Hamburg 1996.
92. H.G. Lehmann, Deutschland-Chronik 1945–1995, Bonn 1995.
93. H. Müller-Roschach, Die deutsche Europapolitik 1949 bis 1977. Eine politische Chronik, Bonn 2. Aufl. 1980.
94. E. Noelle, E.P. Neumann (Hrsg.), Jahrbuch der öffentlichen Meinung 1947–1955 (mit Fortsetzungen bis 1973), Allensbach 1956–1974.
95. E. Noelle-Neumann, E. Piel (Hrsg.), Eine Generation später. Bundesrepublik Deutschland 1953–1979, München 1983.
96. H. Osterheld, Außenpolitik unter Bundeskanzler Ludwig Erhard 1963–1966. Ein dokumentarischer Bericht aus dem Kanzleramt, Düsseldorf 1992.
97. Ders., „Ich gehe nicht leichten Herzens...". Adenauers letzte Kanzlerjahre. Ein dokumentarischer Bericht, Mainz 2. Aufl. 1987.
98. Presse- und Informationsamt der Bundesregierung (Hrsg.), Deutschland im Wiederaufbau. Tätigkeitsbericht der Bundesregierung (ab 1960: Deutsche Politik, ab 1966: Jahresbericht der Bundesregierung), Bonn 1950–1970.
99. Dass. (Hrsg.), Regierung Adenauer 1949–1963. Generalredactor: H. Arntz, Wiesbaden 1963.

100. G.A. RITTER, M. NIEHUSS, Wahlen in Deutschland 1946–1991, München 1991.

101. R. RYTLEWSKI, M. OPP DE HIPT, Die Bundesrepublik Deutschland in Zahlen 1945/49–1980. Ein sozialgeschichtliches Arbeitsbuch, München 1987.

102. SBZ-Handbuch. Staatliche Verwaltungen, Parteien, gesellschaftliche Organisationen und ihre Führungskräfte in der Sowjetischen Besatzungszone Deutschlands 1945–1949, hrsg. von M. BROSZAT, H. WEBER, München 2. Aufl. 1993.

103. A.C. STORBECK, Die Regierungen des Bundes und der Länder seit 1945, München 1970.

104. Streiten um das Staatsfragment. Theodor Heuss und Thomas Dehler berichten von der Entstehung des Grundgesetzes, bearb. von P. OSTERMANN, M.F. FELDKAMP, hrsg. von T. HERTFELDER, J.C. HESS, Stuttgart 1999.

105. Synopse zur Deutschlandpolitik 1941 bis 1973, bearb. von W. WEBER, W. JAHN, Göttingen 1973.

106. W. VOGEL, Westdeutschland 1945–1950. Der Aufbau von Verfassungs- und Verwaltungseinrichtungen über den Ländern der drei westlichen Besatzungszonen, T. 1, Koblenz 1956, T. 2 und 3, Boppard 1964–1983.

3. MEMOIREN, BRIEFE, REDEN, INTERVIEWS

107. Abgeordnete des Deutschen Bundestages. Aufzeichnungen und Erinnerungen, hrsg. vom DEUTSCHEN BUNDESTAG (bisher 15 Bde.), Boppard 1982–1996.

108. K. ADENAUER, Briefe 1945–1947, 1947–1949, 1949–1951, 1951–1953, 1953–1955, 1955–1957, 6 Bde., bearb. von H.P. MENSING, hrsg. von R. MORSEY, H.-P. SCHWARZ, Berlin 1983–1998.

109. DERS., „Die Demokratie ist für uns eine Weltanschauung". Reden und Gespräche (1946–1967), hrsg. von F. BECKER, Köln 1998.

110. DERS., Erinnerungen 1945–1953; Erinnerungen 1953–1955; Erinnerungen 1955–1959; Erinnerungen 1959–1963, Fragmente, Stuttgart 1965–1968.

111. DERS., Teegespräche 1950–1954, 1955–1958, 1959–1961, 1961–1963, 4 Bde.; Bd. 1–3: bearb. von H.J. KÜSTERS, Bd. 4: bearb. von H.P. MENSING, hrsg. von R. MORSEY, H.-P. SCHWARZ, Berlin 1984–1992.

112. Konrad Adenauer – Theodor Heuss, Unter vier Augen. Gespräche aus den Gründerjahren 1949–1959, bearb. von H.P. MENSING, hrsg. von R. MORSEY, H.-P. SCHWARZ, Berlin 1997.

113. E. BAHR, Zu meiner Zeit, München 1996.

114. A. BARING unter Mitarbeit von B. VON OETINGER, K. MAYER, Sehr verehrter Herr Bundeskanzler! Heinrich von Brentano im Briefwechsel mit Konrad Adenauer 1949–1964, Hamburg 1974.

115. Biographische Quellen zur deutschen Geschichte nach 1945, Bde. 1–15,

hrsg. von W. BENZ; Bde. 16–21: Biographische Quellen zur Zeitgeschichte, hrsg. von W. RÖDER, U. WENGST, München 1984–1998.

116. K. BIRRENBACH, Meine Sondermissionen. Rückblick auf zwei Jahrzehnte bundesdeutscher Außenpolitik, Düsseldorf 1984.
117. W. BRANDT, Begegnungen und Einsichten. Die Jahre 1960–1975, München 2. Aufl. 1978.
118. DERS., Über den Tag hinaus. Eine Zwischenbilanz, Hamburg 1974.
119. DERS., Erinnerungen. Mit den „Notizen zum Fall G." Erweit. Ausg., Berlin 1994.
120. H. VON BRENTANO, Deutschland, Europa und die Welt. Reden zur deutschen Außenpolitik, hrsg. von F. BÖHM, Bonn 1962.
121. K. CARSTENS, Erinnerungen und Erfahrungen, hrsg. von K. VON JENA, R. SCHMOECKEL, Boppard 1993.
122. L.D. CLAY, Entscheidung in Deutschland, Frankfurt a.M. 1950 (amerik. Ausg. 1949).
123. H. CZAJA, Unterwegs zum kleinsten Deutschland? Mangel an Solidarität mit den Vertriebenen. Marginalien zu 50 Jahren Ostpolitik, Frankfurt a.M. 1996.
124. T. DEHLER, Reden und Aufsätze, Köln 1969.
125. F. VON ECKARDT, Ein unordentliches Leben, Düsseldorf 1967.
126. H. EHLERS, Ausgewählte Reden, Aufsätze und Briefe 1950–1954, hrsg. von K.D. ERDMANN, bearb. von R. WENZEL, Boppard 1991.
127. H. EHMKE, Mittendrin, Berlin 1994.
128. O. EMMINGER, D-Mark, Dollar, Währungskrisen. Erinnerungen eines ehemaligen Bundesbankpräsidenten, Stuttgart 1986.
129. L. ERHARD, Erbe und Auftrag. Aussagen und Zeugnisse, hrsg. von K. HOHMANN, Düsseldorf 2. Aufl. 1978.
130. DERS., Wohlstand für alle, bearb. von W. LANGER, Düsseldorf 8. Aufl. 1964.
131. DERS., Gedanken aus fünf Jahrzehnten. Reden und Schriften, hrsg. von K. HOHMANN, Düsseldorf 1988.
132. E. GERSTENMAIER, Reden und Aufsätze, 2 Bde., Stuttgart 1956–1962.
133. DERS., Streit und Friede hat seine Zeit. Ein Lebensbericht, Frankfurt a.M. 1979.
134. J.B. GRADL, Stets auf der Suche. Reden, Äußerungen und Aufsätze zur Deutschlandpolitik, hrsg. von C. HACKE, Köln 1979.
135. W.G. GREWE, Rückblenden 1976–1951, Frankfurt a.M. 1979.
136. G.W. HEINEMANN, Reden und Schriften, 3 Bde., hrsg. von D. KOCH, H. LINDEMANN, Frankfurt a.M. 1975–1977.
137. T. HEUSS, Aufzeichnungen 1945–1947, hrsg. von E. PIKART, Tübingen 1966.
138. DERS., Die großen Reden, 2 Bde., Tübingen 1965.
139. DERS., Politiker und Publizist. Aufsätze und Reden, ausgew. und komment. von M. VOGT, Tübingen 1984.
140. DERS., Tagebuchbriefe 1955–1963, hrsg. von E. PIKART, Tübingen 1970.

141. Heuss-Adenauer, Unserem Vaterlande zugute. Der Briefwechsel 1948–1963, bearb. von H.P. MENSING, hrsg. von R. MORSEY, H.-P. SCHWARZ, Berlin 1989.
142. W. HOEGNER, Der schwierige Außenseiter, München 1959.
143. J. HOFFMANN, Das Ziel war Europa. Der Weg der Saar 1945–1955, München 1963.
144. W. KAISEN, Meine Arbeit, mein Leben, München 1967.
145. J. KAISER, Gewerkschafter und Patriot. Eine Werkauswahl, hrsg. von T. MAYER, Köln 1988.
146. DERS., Wir haben Brücke zu sein. Reden und Aufsätze zur Deutschlandpolitik, Köln 1988.
147. L. KATHER, Die Entmachtung der Vertriebenen, 2 Bde., München 1964–1965.
148. K.G. KIESINGER, Stationen 1949–1969, Tübingen 1969.
149. DERS., Die Große Koalition 1966–1969. Reden und Erklärungen des Bundeskanzlers, hrsg. von D. OBERNDÖRFER, Stuttgart 1979.
150. H. KRONE, Aufzeichnungen zur Deutschland- und Ostpolitik 1954–1969, in: R. MORSEY, K. REPGEN (Hrsg.), Adenauer-Studien, Bd. 3, Mainz 1974, 134–201.
151. DERS., Tagebücher. Bd. 1: 1945–1961, bearb. von H.-O. KLEINMANN, Düsseldorf 1995.
152. H. KÜHN, Aufbau und Bewährung. Die Jahre 1945–1978, Hamburg 1981.
153. E. LEMMER, Manches war doch anders, Frankfurt a.M. 1968.
154. John McCloys Reden zu Deutschland- und Berlinfragen, hrsg. von E.J. FISCHER, H.-D. FISCHER, Berlin 1986.
155. R. MAIER, Ein Grundstein wird gelegt. Die Jahre 1945–1947; Erinnerungen 1948–1953, Tübingen 1964–1966.
156. E. MENDE, Die neue Freiheit. 1945–1961; Von Wende zu Wende. 1962–1982, München 1984–1986.
157. F. MEYERS, gez Dr. Meyers. Summe eines Lebens, Düsseldorf 1982.
158. E. OLLENHAUER, Reden und Aufsätze, hrsg. von F. SÄNGER, Berlin 2. Aufl. 1977.
159. H. PÜNDER, Von Preußen nach Europa, Stuttgart 1968.
160. Reden der deutschen Bundespräsidenten Heuss, Lübke, Heinemann, Scheel, eingel. von D. STERNBERGER, München 1979.
161. E. REUTER, Artikel, Briefe, Reden, Bde. 3 und 4 (1946–1953), bearb. von H.J. REICHHARDT, hrsg. von H.E. HIRSCHFELD, H.J. REICHHARDT, Berlin 1974–1975.
162. C. SCHMID, Erinnerungen, München 1979.
163. H. SCHNEIDER, Das Wunder an der Saar, Stuttgart 2. verb. Aufl. 1974.

164. W. Schollwer, Liberale Opposition gegen Adenauer. Aufzeichnungen 1957–1961, München 2. Aufl. 1991; FDP im Wandel. Aufzeichnungen 1961–1966, hrsg. von M. Fassbender, München 1994.
165. G. Schröder, Wir brauchen eine heile Welt. Politik in und für Deutschland, hrsg. von A. Rapp, Düsseldorf 1963.
166. K. Schumacher, Reden, Schriften, Korrespondenzen 1945–1952, hrsg. von W. Albrecht, Berlin 1985.
167. G. Stoltenberg, Wendepunkte. Stationen deutscher Politik 1947–1990, Berlin 1997.
168. F.J. Strauss, Signale. Beiträge zur deutschen Politik 1969–1978. Ausgewählt und eingel. von W. Scharnagl, München 1978.
169. Ders., Die Erinnerungen, Berlin 1989.
170. H. Wehner, Wandel und Bewährung. Ausgewählte Reden und Schriften 1930–1980, hrsg. von G. Jahn, Frankfurt a.M. 5. Aufl. 1981.
171. R. von Weizsäcker, Vier Zeiten. Erinnerungen, Berlin 1997.

B. LITERATUR

1. Bibliographien

172. Berlin-Bibliographie, bearb. von H. Zopf, G. Heinrich (bis 1960); 1961–1966, bearb. von U. Scholz, R. Strohmeyer; 1967–1977, bearb. von U. Scholz, Berlin 1965–1984.
173. Bibliographie zur Deutschlandpolitik 1941–1974, bearb. von M. L. Goldbach u. a., Redaktion: A. Tyrell; 1975–1982, bearb. von K. Schröder, Frankfurt a.M. 1975–1983.
174. Bibliographie zur Geschichte der CDU und CSU 1945–1980, erstellt von G. Hahn, Stuttgart 1982; 1981–1986. Mit Nachträgen 1945–1980, erstellt von B. Krahe, M. Seibel; 1987–1990, bearb. von T. Schaarschmidt, H. Krengel, Düsseldorf 1990–1994.
175. Bibliographie zur Sozialen Marktwirtschaft. Die Wirtschafts- und Gesellschaftsordnung der Bundesrepublik Deutschland 1945/49–1981, bearb. von K.-P. Dapper, G. Hahn, Baden-Baden 1983. Forts.: Bibliographie zur Sozialen Marktwirtschaft, Bonn 1982 ff.
176. Bibliographie zur Zeitgeschichte 1953–1995, begr. von T. Vogelsang, bearb. von H. Auerbach u. a., 5 Bde., München 1982–1997. Forts. in: VfZ 44 (1997) ff.
177. N. Diederich u. a., Wahlstatistik in Deutschland. Bibliographie der deutschen Wahlstatistik 1848–1975, München 1976.
178. K. Günther, K.T. Schmitz, SPD, KPD/DKP, DGB in den Westzonen und in der Bundesrepublik Deutschland 1945–1975. Eine Bibliographie, 2. Aufl. bearb. von V. Mettig, Bonn 1980.
179. Der Katholizismus in der Bundesrepublik Deutschland 1945–1980. Eine Bibliographie, hrsg. von U. von Hehl, H. Hürten; 1980–1993, hrsg. von K. Abmeier, K.-J. Hummel, Mainz/Paderborn 1983–1997.
180. G. Krallert-Sattler, Kommentierte Bibliographie zum Flüchtlings- und Vertriebenenproblem in der Bundesrepublik Deutschland, in Österreich und in der Schweiz, München 1989.

2. Forschungs- und Literaturberichte, Periodisierungsfragen

181. A. Bauerkämper u. a. (Hrsg.), Doppelte Zeitgeschichte. Deutsch-deutsche Beziehungen 1945–1990, Bonn 1998.
182. M. Beer, Flüchtlinge – Ausgewiesene – Neubürger – Heimatvertriebene. Flüchtlingspolitik und Flüchtlingsintegration in Deutschland nach 1945, begriffsgeschichtlich betrachtet, in: M. Beer u. a. (Hrsg.), Migration und Integration. Aufnahme und Eingliederung im historischen Wandel, Stuttgart 1997, 145–167.

183. W. BENZ, Deutsche Geschichte nach dem Zweiten Weltkrieg. Probleme und Tendenzen zeitgeschichtlicher Forschung in der Bundesrepublik, in: Tel Aviver Jahrbuch für deutsche Geschichte 16 (1987), 398–422.

184. A.M. BIRKE, E.A. MAYRING (Hrsg.), Britische Besatzung in Deutschland. Aktenerschließung und Forschungsfelder, London 1992.

185. K.D. BRACHER, Doppelte Zeitgeschichte im Spannungsfeld politischer Generationen, in: B. HEY, P. STEINBACH (Hrsg.), Zeitgeschichte und Politisches Bewußtsein, Köln 1986, 53–71.

186. G. BRAUN, Die Geschichte der Sowjetischen Besatzungszone im Spiegel der Forschung. Die zeithistorische Erforschung der Westzonen zum Vergleich (Teil I), in: Jb. für Historische Kommunismusforschung 1995, Berlin 1996, 275–305.

187. M. BROSZAT (Hrsg.), Zäsuren nach 1945. Essays zur Periodisierung der deutschen Nachkriegsgeschichte, München 1990.

188. E. CONZE, Abschied von der Diplomatiegeschichte? Neuere Forschungen zur Rolle der Bundesrepublik in den internationalen Beziehungen 1949–1969, in: HJb. 116 (1996), 137–154.

189. E. DEUERLEIN, Forschungsgrundlage und Forschungsproblematik 1945–1949, in: Politische Studien 22 (1972), H. 195, 45–67.

190. DERS., Versäumnisse und Aufgaben der Deutschlandforschung, in: DA 1 (1968), 485–494.

191. K. DITT, Gewerkschaften im 19. und 20. Jahrhundert, in: AfS 33 (1993), 645–663.

192. A. DOERING-MANTEUFFEL, Deutsche Zeitgeschichte nach 1945, in: VfZ 41 (1993), 1–29.

193. DERS. (Hrsg.), Adenauerzeit. Stand, Perspektiven und methodische Aufgaben der Zeitgeschichtsforschung (1945–1967), Bonn 1993.

194. M. EPKENHANS, Neuere Literatur zur britischen Deutschland- und Besatzungspolitik 1945–1949, in: Westfälische Forschungen 41 (1991), 517–529.

195. P. ERKER, Zeitgeschichte als Sozialgeschichte. Forschungsstand und Forschungsdefizite, in: GG 19 (1993), 202–238.

196. B. FAIT, Entstehung der Länderverfassungen in West-Deutschland. Ein Bericht zur Forschungssituation, in: Jb. der historischen Forschung 1989 (1990), 25–31.

197. M. FRESE, M. PRINZ (Hrsg.), Politische Zäsuren und gesellschaftlicher Wandel im 20. Jahrhundert, Paderborn 1996.

198. L. GALL, Die Bundesrepublik in der Kontinuität der deutschen Geschichte, in: HZ 239 (1984), 603–613.

199. H. GRIESER, Literaturbericht Deutsche Geschichte seit 1945, in: GWU 32 (1981), 372–390, 437–453, 506–520; 34 (1983), 785–804; 35 (1984), 38–64, 97–120, 159–188, 240–262; 40 (1989), 36–64, 96–125, 171–190.

200. U. HAERENDEL, Flüchtlinge und Vertriebene in der Bundesrepublik Deutschland. Forschungen zu ihrer Integration, in: Jb. der historischen Forschung in der Bundesrepublik Deutschland 1989 (1990), 35–42.

201. K. HARTEWIG, Neue Forschungen zur Frauen- und Geschlechtergeschichte, in: AfS 35 (1995), 419–444.

202. U. VON HEHL, Der deutsche Katholizismus nach 1945 in der zeitgeschichtlichen Forschung, in: J.-C. KAISER, A. DOERING-MANTEUFFEL (Hrsg.), Christentum (Nr. 542), 146–175.

203. DERS., K. REPGEN (Hrsg.), Der deutsche Katholizismus in der zeitgeschichtlichen Forschung, Mainz 1988.

204. H.G. HOCKERTS, Das Ende der Ära Adenauer. Zur Periodisierung der Bundesrepublikgeschichte, in: W. BECKER, W. CHROBAK (Hrsg.), Staat, Kultur, Politik, Kallmünz/Opf. 1992, 461–475.

205. DERS., Zeitgeschichte in Deutschland. Begriff, Methoden, Themenfelder, in: HJb. 113 (1993), 98–127.

206. R. HUDEMANN, Reparationsgut oder Partner? Zum Wandel in der Forschung über Frankreichs Deutschlandpolitik nach 1945, in: APuZG B 6 (1997), 31–40.

207. H. KAELBLE, Europabewußtsein, Gesellschaft und Geschichte. Forschungsstand und Forschungschancen, in: HZ, Beiheft, N.F. 21, München 1995, 1–30.

208. K. KELLMANN, Literaturbericht Deutsche Geschichte nach 1945, in: GWU 36 (1985), 582–598; 37 (1986), 49–63, 120–130; 40 (1989), 353–381; 44 (1993), 243–269.

209. C. KLESSMANN, Ein stolzes Schiff und krächzende Möven. Die Geschichte der Bundesrepublik und ihre Kritiker, in: GG 11 (1985), 476–494.

210. DERS., Verflechtung und Abgrenzung – Umrisse einer gemeinsamen deutschen Nachkriegsgeschichte, in: K. SCHÖNHOVEN, D. STARITZ (Hrsg.), Sozialismus (Nr. 1013), 486–499.

211. K. KLOTZBACH, Parteien und Gesellschaft. Zu Tendenzen und Problemen der Parteienforschung nach 1945, in: AfS 13 (1973), 1–21; 24 (1984), 667–690; 26 (1986), 629–664; 28 (1988), 634–646.

212. J. VON KRUEDENER, Die moderne deutsche Wirtschaftsgeschichte in den Gesamtdarstellungen seit 1945, in: GG 10 (1984), 257–282.

213. T. KÜHNE, Wahlrecht, Wahlverhalten, Wahlkultur, in: AfS 33 (1993), 481–547.

214. U. LAPPENKÜPER, Neue Quellen und Forschungen zu den deutsch-französischen Beziehungen... (1944–1963), in: Francia 24/3 (1997), 133–151.

215. H.P. MENSING, Quellenforschung zur Adenauerzeit – Schwerpunkte, Resultate, Defizite, in: A. DOERING-MANTEUFFEL (Hrsg.), Adenauerzeit (Nr. 193), 31–46.

216. H. MÖLLER, Zeitgeschichte, Fragestellungen, Interpretationen, Kontroversen, in: APuZG B 2 (1988), 3–16.

217. DERS., Die Relativität historischer Epochen. Das Jahr 1945 in der Perspektive des Jahres 1989, ebd. B 18–19 (1995), 3–9.

218. A. MOHR, Politische Identität um jeden Preis? Zur Funktion der Landesgeschichtsschreibung in den Bundesländern, in: NPL 35 (1990), 222–274.

219. R. MORSEY, Zum Verlauf und Stand der Adenauer-Forschung, in: H. KOHL (Hrsg.), Adenauer 1876/1976 (Nr. 1417), 139–146.

220. O. NIEDERMAYER, R. STÖSS (Hrsg.), Stand und Perspektiven der Parteienforschung in Deutschland, Opladen 1993.

221. L. NIETHAMMER, Alliierte Internierungslager in Deutschland nach 1945. Vergleich und offene Fragen, in: A. VON PLATO (Hrsg.), Studien und Berichte, in: Sowjetische Speziallager in Deutschland 1945 bis 1950, Bd. 1, bearb. von R. POSSEKEL, Berlin 1998, 97–114.

222. F. PINGEL, Politik deutscher Institutionen in den westlichen Besatzungszonen 1945–1948, in: NPL 25 (1980), 341–358.

223. H. REIFELD, „Sieger sein verpflichtet?" Recht, Verwaltung und politische Neuorientierung im besetzten Deutschland 1945–1949, in: NPL 32 (1987), 422–438.

224. G.A. RITTER, Die neuere Sozialgeschichte in der Bundesrepublik Deutschland, in: J. KOCKA (Hrsg.), Sozialgeschichte im internationalen Überblick, Darmstadt 1989, 19–88.

225. A. SCHILDT, Nachkriegszeit. Möglichkeiten und Probleme einer Periodisierung der westdeutschen Geschichte nach dem Zweiten Weltkrieg und ihrer Einordnung in die deutsche Geschichte des 20. Jahrhunderts, in: GWU 44 (1993), 567–584.

226. K. SCHÖNHOVEN, Aufbruch in die sozialliberale Ära. Zur Bedeutung der 60er Jahre in der Geschichte der Bundesrepublik, in: GG 25 (1999), 123–145.

227. H.-P. SCHWARZ, Geschichtsschreibung und politisches Selbstverständnis, in: APuZG B 36 (1982), 1–16.

228. DERS., Die Fünfziger Jahre als Epochenzäsur, in: J. HEIDEKING u. a. (Hrsg.), Wege in die Zeitgeschichte, Berlin 1989, 473–496.

229. DERS., Der Ort der Bundesrepublik in der deutschen Geschichte, Opladen 1996.

230. A. SYWOTTEK, Flüchtlingseingliederung in Westdeutschland. Stand und Probleme der Forschung, in: APuZG B 51 (1989), 38–46.

231. C. VOLLNHALS, Kirchliche Zeitgeschichte nach 1945, in: J.-C. KAISER, A. DOERING-MANTEUFFEL (Hrsg.), Christentum (Nr. 542), 176–191.

232. G. WEWER, „Unmoralisches Verhältnis" oder notwendiges Spannungsfeld? Neuere Literatur zum Thema Kirchen und Politik, Staat und Kirche, in: NPL 33 (1988), 189–225.

233. E. WOLFRUM, Die Besatzungsherrschaft der Franzosen 1945 bis 1949 in der Erinnerung der Deutschen, in: GWU 46 (1995), 567–582.

234. DERS., Zwischen Geschichtsschreibung und Geschichtspolitik. Forschungen zu Flucht und Vertreibung nach dem Zweiten Weltkrieg, in: AfS 36 (1996), 500–522.
235. R. ZITELMANN, Die Deutsche Frage. Analysen und Standpunkte, in: Zs. für Politik 37 (1990), 322–349.

3. GESAMT- UND TEILDARSTELLUNGEN

a) 1945–1949/55

236. W. ABELSHAUSER, Wirtschaft in Westdeutschland 1945–1948, Stuttgart 1975.
237. J. BECKER u. a. (Hrsg.), Vorgeschichte der Bundesrepublik Deutschland. Zwischen Kapitulation und Grundgesetz, München 2. Aufl. 1987.
238. W. BENZ, Von der Besatzungsherrschaft zur Bundesrepublik, Frankfurt a.M. Neuaufl. 1991.
239. DERS., Die Gründung der Bundesrepublik. Von der Bizone zum souveränen Staat, München 5. überarb. und erweit. Aufl. 1999.
240. E. DEUERLEIN, Deutschland nach dem Zweiten Weltkrieg 1945–1955, Konstanz 1965.
241. K.D. ERDMANN, Die Zeit der Weltkriege, Stuttgart 1976 (als Taschenbuchausgabe: Das Ende des Reiches und die Entstehung der Republik Österreich, der Bundesrepublik Deutschland und der Deutschen Demokratischen Republik, München 9. Aufl. 1989).
242. T. ESCHENBURG, Jahre der Besatzung 1945–1949, Stuttgart 1983.
243. H. GRAML, Die Alliierten und die Teilung Deutschlands. Konflikte und Entscheidungen 1941–1948, Frankfurt a.M. 1985.
244. H. GREBING u. a., Die Nachkriegsentwicklung in Westdeutschland 1945–1949, 2 Bde., Stuttgart 1980.
245. L. HERBST (Hrsg.), Westdeutschland 1945–1955. Unterwerfung, Kontrolle, Integration, München 1986.
246. C. KLESSMANN, Die doppelte Staatsgründung. Deutsche Geschichte 1945–1955, Bonn 5. überarb. und erweit. Aufl. 1991.
247. J. KOCKA, 1945: Neubeginn oder Restauration? Deutschland 1945–1949, in: C. STERN, H.A. WINKLER (Hrsg.), Wendepunkte deutscher Geschichte 1848–1945, Frankfurt a.M. 1979, 141–168.
248. W. LOTH, Die Teilung der Welt. Geschichte des Kalten Krieges 1941–1955, München 8. Aufl. 1990.
249. K. NICLAUSS, „Restauration" oder Renaissance der Demokratie? Die Entstehung der Bundesrepublik Deutschland 1945–1949, Berlin 1982.
250. DERS., Der Weg zum Grundgesetz. Demokratiegründung in Westdeutschland 1945–1949, Paderborn 1998.
251. M. OVERESCH, Deutschland 1945–1949. Vorgeschichte und Gründung der Bundesrepublik, Königstein/Ts. 1979.

252. D. STARITZ, Die Gründung der DDR, München 3. überarb. und erweit. Aufl. 1995.
253. M. STOLLEIS, Besatzungsherrschaft und Wiederaufbau deutscher Staatlichkeit 1945–1949, in: J. ISENSEE, P. KIRCHHOF (Hrsg.), Handbuch des Staatsrechts der Bundesrepublik Deutschland, Bd. 1, Heidelberg 1987, 173–217.
254. H.A. WINKLER (Hrsg.), Politische Weichenstellungen im Nachkriegsdeutschland 1945–1953, Göttingen 1979.

b) 1945/49–1969

255. W. ABELSHAUSER, Wirtschaftsgeschichte der Bundesrepublik Deutschland (1945–1980), Frankfurt a.M. 7. Aufl. 1993.
256. D.L. BARK, D.R. GRESS, The History of West Germany 1945–1988, 2 Bde., Oxford 1989.
257. J. BECKER (Hrsg.), Dreißig Jahre Bundesrepublik. Tradition und Wandel, München 1979.
258. P. BENDER, Episode oder Epoche? Zur Geschichte des geteilten Deutschland, München 2. Aufl. 1996.
259. DERS., Die „Neue Ostpolitik". Vom Mauerbau bis zur Vereinigung, München überarb. und erweit. Neuausg. 1995.
260. W. BENZ (Hrsg.), Die Geschichte der Bundesrepublik Deutschland, 3 Bde., Frankfurt a.M. 1983, erweit. Ausg.: 4 Bde. 1989.
261. W. BESSON, Die Außenpolitik der Bundesrepublik Deutschland, München 1970. ND Frankfurt a.M. 1973.
262. A.M. BIRKE, Nation ohne Haus. Deutschland 1945–1961, Berlin 2. Aufl. 1994.
263. DERS., Die Bundesrepublik Deutschland. Verfassung, Parlament und Parteien, München 1997.
264. P. BOROWSKY, Deutschland 1945 bis 1969, Hannover 1993.
265. K.D. BRACHER (Hrsg.), Europa in der Krise. Innengeschichte und Weltpolitik seit 1917, Frankfurt a.M. 1979.
266. W. CONZE, M.R. LEPSIUS (Hrsg.), Sozialgeschichte der Bundesrepublik Deutschland, Stuttgart 2. Aufl. 1985.
267. Deutscher Bundestag (Hrsg.): Materialien der Enquete-Kommission „Aufarbeitung von Geschichte und Folgen der SED-Diktatur in Deutschland" (12. Wahlperiode des Deutschen Bundestages). Bde. V/1–3: Deutschlandpolitik, innerdeutsche Beziehungen und internationale Rahmenbedingungen, Baden-Baden 1995.
268. A. DOERING-MANTEUFFEL, Die Bundesrepublik Deutschland in der Ära Adenauer, Darmstadt 2. Aufl. 1988.
269. C. FÜHR, C.-L. FURCK (Hrsg.), Handbuch der deutschen Bildungsgeschichte, Bd. VI: 1945 bis zur Gegenwart. Erster Teilbd.: Bundesrepublik Deutschland, München 1998.

270. H. GLASER, Deutsche Kultur. Ein historischer Überblick von 1945 bis zur Gegenwart, Bonn 1997.
271. M. GÖRTEMAKER, Geschichte der Bundesrepublik Deutschland. Von der Gründung bis zur Gegenwart, München 1999.
272. W.G. GREWE, Deutsche Außenpolitik der Nachkriegszeit, Stuttgart 1960.
273. C. HACKE, Weltmacht wider Willen. Die Außenpolitik der Bundesrepublik Deutschland, Frankfurt a.M. aktualis. und erweit. Neuausg. 1997.
274. W.E. HANRIEDER, Deutschland, Europa, Amerika. Die Außenpolitik der Bundesrepublik Deutschland 1949–1994, Paderborn 2. völlig überarb. und erweit. Aufl. 1995.
275. H.-O. HEMMER, K.T. SCHMITZ (Hrsg.), Geschichte der Gewerkschaften in der Bundesrepublik Deutschland, Köln 1990.
276. L. HERBST, Option für den Westen. Vom Marshallplan bis zum deutsch-französischen Vertrag, München 2. Aufl. 1996.
277. K. HILDEBRAND, Integration und Souveränität. Die Außenpolitik der Bundesrepublik Deutschland 1949–1982, Bonn 1991.
278. DERS., Die Außenpolitik der Bundesrepublik Deutschland 1949–1989, in: GWU 45 (1994), 611–625.
279. A. HILLGRUBER, Deutsche Geschichte 1945–1986. Die „deutsche Frage" in der Weltpolitik, Stuttgart 8. Aufl. 1996.
280. DERS., Europa in der Weltpolitik der Nachkriegszeit 1945–1963. 4. Aufl., durchges. und wesentlich ergänzt von J. DÜLFFER, München 1993.
281. K.G.A. JESERICH u. a. (Hrsg.), Deutsche Verwaltungsgeschichte, Bd. 5: Die Bundesrepublik Deutschland, Stuttgart 1987.
282. H. KISTLER u. a., Bundesdeutsche Geschichte. Die Entwicklung der Bundesrepublik Deutschland seit 1945, Bonn 1986.
283. C. KLESSMANN, Zwei Staaten, eine Nation. Deutsche Geschichte 1955–1970, Bonn 2. überarb. und erweit. Aufl. 1997.
284. DERS., Teilung und Wiederherstellung der nationalen Einheit (1945–1990), in: U. DIRLMEIER u. a., Deutsche Geschichte, Stuttgart 1999, 345–414.
285. R. KLUMP, Wirtschaftsgeschichte der Bundesrepublik Deutschland, Stuttgart 1985.
286. R. LÖWENTHAL, H.-P. SCHWARZ (Hrsg.), Die zweite Republik. 25 Jahre Bundesrepublik Deutschland, Stuttgart 3. Aufl. 1979.
287. W. LOTH, Der Weg nach Europa. Die Geschichte der europäischen Integration 1939–1957, Göttingen 3. Aufl. 1996.
288. P. NOACK, Die Außenpolitik der Bundesrepublik Deutschland, Düsseldorf 2. Aufl. 1981.
289. H.K. RUPP, Politische Geschichte der Bundesrepublik Deutschland, Stuttgart 2. Aufl. 1982.
290. G. SCHÖLLGEN, Die Außenpolitik der Bundesrepublik Deutschland. Von den Anfängen bis zur Gegenwart, München 1999.

291. H.-P. Schwarz, Die Ära Adenauer. Gründerjahre der Republik 1949–1957; Epochenwechsel 1957–1963, 2 Bde., Stuttgart 1981–1983.
292. K. Sontheimer, Die Adenauer-Ära, München 2. Aufl. 1996.
293. R. Steininger, Deutsche Geschichte 1945–1961. Darstellung und Dokumente, 2 Bde., Frankfurt a.M. erweit. Neuausg. 1996.
294. D. Thränhardt, Geschichte der Bundesrepublik Deutschland, Frankfurt a.M. erweit. Neuausg. 1996.
295. T. Vogelsang, Das geteilte Deutschland, München 12. Aufl. 1983.
296. H. Weber, Die DDR 1945–1990, München 3. überarb. und erweit. Aufl. 1999.
297. J. Weber (Hrsg.), Geschichte der Bundesrepublik Deutschland (1945–1963), 5 Bde., München 1978–1998 (einzelne Bde. in 2.-4. Aufl.).
298. W. Weidenfeld, K.-R. Korte (Hrsg.), Handwörterbuch zur deutschen Einheit, Frankfurt a.M. 1992.
299. H. Winkel, Die Wirtschaft im geteilten Deutschland 1945–1970, Wiesbaden 1974.
300. P. Wulf, Deutschland nach 1945, in: M. Vogt (Hrsg.), Deutsche Geschichte. Von den Anfängen bis zur Gegenwart, Stuttgart 4. erweit. Aufl. 1997, 776–887.

4. Die Besatzungszeit 1945–1949

a) Siegermächte, Potsdamer Konferenz, Deutsche Frage

301. J.H. Backer, Die deutschen Jahre des Generals Clay. Der Weg zur Bundesrepublik 1945–1949, München 1983 (amerik. Ausg. 1983).
302. Ders., Die Entscheidung zur Teilung Deutschlands. Die amerikanische Deutschlandpolitik 1943–1948, München 1981 (amerik. Ausg. 1978).
303. M. Balfour, Vier-Mächte-Kontrolle in Deutschland 1945–1946, Düsseldorf 1959 (engl. Ausg. 1956).
304. W. Benz (Hrsg.), Die Vertreibung der Deutschen aus dem Osten, Frankfurt a.M. 1985, Neuausg. 1995.
305. Ders., Potsdam 1945. Besatzungsherrschaft und Neuaufbau im Vier-Zonen-Deutschland, München 3. Aufl. 1994.
306. H. Berger, A. Ritschl, Die Rekonstruktion der Arbeitsteilung in Europa. Eine neue Sicht des Marshallplans in Deutschland 1947–1951, in: VfZ 43 (1995), 473–519.
307. A.M. Birke, Juniorpartner der USA? Die Siegermacht Großbritannien, in: H. Mehringer (Hrsg.), Erobert oder befreit? (Nr. 378), 19–27.
308. H. Bodensieck u. a., Die Deutschlandfrage von der staatlichen Teilung Deutschlands bis zum Tode Stalins, Berlin 1994.
309. U. Borsdorf, L. Niethammer (Hrsg.), Zwischen Befreiung und Besatzung. Analysen des US-Geheimdienstes über Positionen und Strukturen deutscher Politik 1945, Wuppertal 1976.

310. W. VON BUTTLAR, Ziele und Zielkonflikte der sowjetischen Deutschlandpolitik 1945–1947, Stuttgart 1980.

311. C. DAHM, H.-J. TEBARTH (Bearb.), George Marshall, Deutschland und die Wende im Ost-West-Konflikt, Bonn 1997.

312. E. DEUERLEIN, Die Einheit Deutschlands. Bd. 1: Die Erörterungen und Entscheidungen der Kriegs- und Nachkriegskonferenzen 1941–1949, Frankfurt a.M. 2. Aufl. 1961 (mehr nicht ersch.).

313. J.M. DIEFENDORF u. a. (Hrsg.), American Policy and the Reconstruction of West-Germany, 1945–1955, Cambridge, Mass. 1993.

314. A. DOERING-MANTEUFFEL, Die deutsche Teilung, der Kalte Krieg und die Deutschlandpolitik der Sowjetunion 1945–1952, in: GUW 38 (1987), 744–753.

315. J. FARQUHARSON, Großbritannien und die deutschen Reparationen nach dem Zweiten Weltkrieg, in: VfZ 46 (1998), 43–67.

316. A. FISCHER u. a., Die Deutschlandfrage und die Anfänge des Ost-West-Konflikts 1945–1949, Berlin 1984.

317. R.G. FOERSTER, Innenpolitische Aspekte der Sicherheit Westdeutschlands 1947–1950, in: ANFÄNGE, Bd. 1 (Nr. 849), 403–575.

318. J. FOSCHEPOTH, Großbritannien und die Deutschlandfrage auf den Außenministerkonferenzen 1946/47 (1984). ND in: J. FOSCHEPOTH, R. STEININGER (Hrsg.), Britische Deutschland- und Besatzungspolitik (Nr. 321), 65–85.

319. DERS., Großbritannien, die Sowjetunion und die Westverschiebung Polens, in: MGM 34 (1983), 61–90.

320. DERS. (Hrsg.), Kalter Krieg und Deutsche Frage. Deutschland im Widerstreit der Mächte 1945–1952, Göttingen 1985.

321. DERS., R. STEININGER (Hrsg.), Die britische Deutschland- und Besatzungspolitik 1945–1949, Paderborn 1985.

322. W.-U. FRIEDRICH (Hrsg.), Die USA und die Deutsche Frage 1945–1990, Frankfurt a.M. 1991.

323. R. FRITSCH-BOURNAZEL, Die Sowjetunion und die deutsche Teilung. Die sowjetische Deutschlandpolitik 1945–1979, Opladen 1979.

324. A. FROHN, Neutralisierung als Alternative zur Westintegration. Die Deutschlandpolitik der Vereinigten Staaten von Amerika 1945–1949, Frankfurt a.M. 1985.

325. J. GIMBEL, Amerikanische Besatzungspolitik in Deutschland 1945–1949, Frankfurt a.M. 1971 (amerik. Ausg. 1968).

326. D. GOSSEL, Briten, Deutsche und Europa. Die Deutsche Frage in der britischen Außenpolitik 1945–1962, Stuttgart 1999.

327. M. GÖRTEMAKER, Zwischen Krieg und Frieden. Die Potsdamer Konferenz 1945, in: APuZG B 28 (1995), 13–24.

328. G. HARDACH, Der Marshall-Plan. Auslandshilfe und Wiederaufbau in Westdeutschland 1948–1952, München 1994.

329. J. Heideking, Pragmatismus und kontinentale Vision. Der Marshall-Plan als Anstoß zur europäischen Integration, in: W. Pyta, L. Richter (Hrsg.), Gestaltungskraft des Politischen, Berlin 1998, 305–330.

330. K.-D. Henke, Politik der Widersprüche. Zur Charakteristik der französischen Militärregierung in Deutschland nach dem Zweiten Weltkrieg, in: VfZ 30 (1982), 500–537.

331. Ders., Die amerikanische Besetzung Deutschlands, München 2. Aufl. 1996.

332. R. Hudemann, Anfänge der Wiedergutmachung. Französische Besatzungszone 1945–1950, in: GG 13 (1987), 181–216.

333. Ders., Frankreich und der Kontrollrat 1945–1947, in: K. Manfrass, J.-P. Rioux (Hrsg.), France – Allemagne 1944–1947, Paris 1990, 97–118.

334. Ders., De Gaulle und der Wiederaufbau in der französischen Besatzungszone nach 1945, in: W. Loth, R. Picht (Hrsg.), De Gaulle, Deutschland und Europa, Opladen 1991, 153–167.

335. Ders., Frankreichs Besatzung in Deutschland, in: J. Jurt (Hrsg.), Von der Besatzungszeit (Nr. 343), 237–253.

336. Ders., Weichenstellungen in der französischen Deutschlandpolitik, in: J. Weber (Hrsg.), Die Bundesrepublik, Bd. 5 (Nr. 297), 112–129.

337. D. Hüser, Frankreichs „doppelte Deutschlandpolitik". Dynamik aus der Defensive – Planen, Entscheiden, Umsetzen in gesellschaftlichen und wirtschaftlichen, innen- und außenpolitischen Krisenzeiten 1944–1950, Berlin 1996.

338. Institut Français de Stuttgart (Hrsg.), Die französische Deutschlandpolitik zwischen 1945 und 1949, Tübingen 1987.

339. T. Isajiw, Was soll aus Deutschland werden? Konzeptionen, Weg und Ergebnis der französischen Deutschlandpolitik 1940–1948, Diss. Münster 1988.

340. W. Jacobmeyer, Vom Zwangsarbeiter zum Heimatlosen Ausländer. Die Displaced Persons in Westdeutschland 1945–1951, Göttingen 1985.

341. K. Jürgensen, Die britische Besatzungspolitik 1945–1949, in: APuZG B 6 (1997), 15–29.

342. J. Jurt (Hrsg.), Die „Franzosenzeit" im Lande Baden von 1945 bis heute, Freiburg i.Br. 1992.

343. Ders. (Hrsg.), Von der Besatzungszeit zur deutsch-französischen Kooperation, Freiburg i. Br. 1993.

344. M. Kerkhoff, Großbritannien, die Vereinigten Staaten und die Saarfrage 1945 bis 1954, Stuttgart 1996.

345. M. Kessel, „L'Empêcheur de la Danse en Ronde": Französische Deutschlandpolitik 1945–1947, in: S. Martens (Hrsg.), Vom „Erbfeind" (Nr. 376), 65–85.

346. Dies., Westeuropa und die deutsche Teilung. Englische und französische Deutschlandpolitik auf den Außenministerkonferenzen von 1945 bis 1947, München 1989.

347. M. KIPPING, Zwischen Kartellen und Konkurrenz. Der Schuman-Plan und die Ursprünge der europäischen Einigung 1944–1952, Berlin 1996.

348. F. KLEIN, B. MEISSNER (Hrsg.), Das Potsdamer Abkommen und die Deutschlandfrage. T. 1: Geschichte und rechtliche Grundfragen, Stuttgart 1977; B. MEISSNER, T. VEITER (Hrsg.), T. 2: Berliner Deklaration und Sonderfragen, Wien 1987.

349. M. KNAPP, Deutschland und der Marshallplan, in: C. SCHARF, H.-J. SCHRÖDER (Hrsg.), Stabilisierung (Nr. 393), 19–43.

350. DERS. (Hrsg.), Von der Bizonengründung zur ökonomisch-politischen Westintegration, Frankfurt a.M. 1984.

351. DERS., Deutschlands Wiedereingliederung in die Weltwirtschaft. Außenwirtschaftspolitische Vorentscheidungen in der Gründungsphase der Bundesrepublik 1948/49, in: F. KNIPPING, K.-J. MÜLLER (Hrsg.), Aus der Ohnmacht (Nr. 807), 85–119.

352. F. KNIPPING, Que faire de l'Allemagne? Die französische Deutschlandpolitik 1945–1950, in: DERS., E. WEIDENFELD (Hrsg.), Eine ungewöhnliche Geschichte. Deutschland – Frankreich seit 1870, Bonn 1987, 141–155.

353. DERS., J. LE RIDER (Hrsg.), Frankreichs Kulturpolitik in Deutschland, 1945–1950, Tübingen 1987.

354. I. KOLBOOM, Frankreich und die staatliche Neuordnung Deutschlands 1945–1949, in: W. ASHOLT, H. THOMA (Hrsg.), Frankreich, ein unverstandener Nachbar (1945–1990), Bonn 1990, 51–86.

355. E. KRAUS, Ministerien für das ganze Deutschland? Der Alliierte Kontrollrat und die Frage gesamtdeutscher Zentralverwaltungen, München 1990.

356. W. KRIEGER, General Lucius D. Clay und die amerikanische Deutschlandpolitik 1945–1949, Stuttgart 2. Aufl. 1988.

357. H. LADEMACHER, Die britische Sozialisierungspolitik im Rhein-Ruhr-Raum 1945–1948 (1979). ND in: J. FOSCHEPOTH, R. STEININGER (Hrsg.), Britische Deutschland- und Besatzungspolitik (Nr. 321), 101–117.

358. K. LARRES, Politik der Illusionen. Churchill, Eisenhower und die deutsche Frage 1945–1955, Göttingen 1995.

359. C.F. LATOUR, T. VOGELSANG, Okkupation und Wiederaufbau. Die Tätigkeit der Militärregierung in der amerikanischen Besatzungszone Deutschlands 1944–1947, Stuttgart 1973.

360. A. LATTARD, Zielkonflikte französischer Besatzungspolitik in Deutschland. Der Streit Laffon-Koenig 1945–1947, in: VfZ 39 (1991), 1–35.

361. J. LAUFER, Konfrontation oder Kooperation? Zur sowjetischen Politik in Deutschland und im Alliierten Kontrollrat 1945–1948, in: A. FISCHER (Hrsg.), Studien zur Geschichte der SBZ/DDR, Berlin 1993, 57–80.

362. H.G. LEHMANN, Der Oder-Neiße-Konflikt, München 1979.

363. C. LILGE, Die Entstehung der Oder-Neiße-Linie als Nebenprodukt alliierter Großmachtpolitik während des Zweiten Weltkrieges, Frankfurt a.M. 1995.

364. W. LINK, Der Marshall-Plan und Deutschland, in: APuZG B 50 (1980), 3–18.
365. DERS., Die amerikanische Deutschlandpolitik 1945–1949, in: Studien zur Deutschlandfrage, hrsg. vom Göttinger Arbeitskreis, Bd. 7, Berlin 1984, 7–23.
366. W. LIPGENS, Die Anfänge der europäischen Einigungspolitik 1945–1950. T. I: 1945–1947, mit zwei Beiträgen von W. LOTH, Stuttgart 1977.
367. W. LOTH, Die doppelte Eindämmung. Überlegungen zur Genesis des Kalten Krieges 1945–1947, in: HZ 238 (1984), 611–631.
368. DERS., Die Franzosen und die deutsche Frage 1945–1949, in: C. SCHARF, H.-J. SCHRÖDER (Hrsg.), Die Deutschlandpolitik Frankreichs (Nr. 391), 27–48.
369. DERS., Die Europa-Diskussion in den deutschen Besatzungszonen, in: DERS. (Hrsg.), Die Anfänge der europäischen Integration 1945–1950, Bonn 1990, 103–128.
370. DERS., Stalins ungeliebtes Kind. Warum Moskau die DDR nicht wollte, Berlin 1994.
371. DERS., Ziele sowjetischer Deutschlandpolitik nach dem Zweiten Weltkrieg, in: K. SCHÖNHOVEN, D. STARITZ (Hrsg.), Sozialismus und Kommunismus im Wandel, Köln 1993, 303–323.
372. C. LÜDERS, Das Ruhrkontrollsystem. Entstehung und Entwicklung im Rahmen der Westintegration Westdeutschlands 1947–1953, Frankfurt a.M. 1988.
373. H. MAETZKE, Der Union Jack in Berlin. Das britische Foreign Office, die SBZ und die Formulierung britischer Deutschlandpolitik 1945/47, Konstanz 1996.
374. G. MAI, Der Alliierte Kontrollrat in Deutschland 1945–1948, München 1995.
375. C.S. MAIER, G. BISCHOF (Hrsg.), Deutschland und der Marshall-Plan, Baden-Baden 1992.
376. S. MARTENS (Hrsg.), Vom „Erbfeind" zum „Erneuerer". Aspekte und Motive der französischen Deutschlandpolitik nach dem Zweiten Weltkrieg, Sigmaringen 1993.
377. W. MAUSBACH, Zwischen Morgenthau und Marshall. Das wirtschaftspolitische Deutschlandkonzept der USA 1944–1947, Düsseldorf 1996.
378. H. MEHRINGER u. a. (Hrsg.), Erobert oder befreit? Deutschland im internationalen Kräftefeld und die Sowjetische Besatzungszone (1945/46), München 1999.
379. B. MEISSNER, Die sowjetische Deutschlandpolitik, 1945–1955, in: D. GEYER (Hrsg.), Osteuropa-Handbuch. Sowjetunion: Außenpolitik 1917–1955, Köln 1972, 448–501.
380. DERS. u. a., Die Deutschlandfrage von Jalta und Potsdam bis zur staatlichen Teilung Deutschlands 1949, Berlin 1993.
381. DERS., Die Sowjetunion und Deutschland von Jalta bis zur Wiedervereinigung. Ausgew. Beiträge, Köln 1995.

382. DERS. u. a. (Hrsg.), Das Potsdamer Abkommen und die Deutschlandfrage. III. Teil: Rückblick nach 50 Jahren, Wien 1996.
383. R. MORSEY, Der Weg zur Bundesrepublik Deutschland, in: K.G.A. JESERICH u. a. (Hrsg.), Deutsche Verwaltungsgeschichte (Nr. 281) 87–99.
384. N.M. NAIMARK, Die Russen in Deutschland. Die sowjetische Besatzungszone 1945 bis 1949, Berlin 1997.
385. E. NOLTE, Deutschland und der Kalte Krieg, Stuttgart 2. Aufl. 1985.
386. OMGUS-Handbuch. Die amerikanische Militärregierung in Deutschland 1945–1949, hrsg. von C. WEISZ, München 2. Aufl. 1996.
387. U. POHLMANN, Die Saarfrage und die Alliierten 1942–1948, Frankfurt a.M. 1993.
388. R. POMMERIN, Von Berlin nach Bonn. Die Alliierten, die Deutschen und die Hauptstadtfrage nach 1945, Köln 1989.
389. W. RUDZIO, Die ausgebliebene Sozialisierung an Rhein und Ruhr. Zur Sozialisierungspolitik von Labour-Regierung und SPD 1945–1948, in: AfS 18 (1978), 1–39.
390. H.-J. RUPIEPER, Die Wurzeln der westdeutschen Nachkriegsdemokratie. Der amerikanische Beitrag 1945–1952, Opladen 1993.
391. C. SCHARF, H.-J. SCHRÖDER (Hrsg.), Die Deutschlandpolitik Frankreichs und die Französische Zone 1945–1949, Wiesbaden 1983.
392. DIES. (Hrsg.), Die Deutschlandpolitik Großbritanniens und die Britische Zone 1945–1949, Wiesbaden 1979.
393. DIES. (Hrsg.), Politische und ökonomische Stabilisierung Westdeutschlands 1945–1949. Fünf Beiträge zur Deutschlandpolitik der westlichen Alliierten, Wiesbaden 1977.
394. U. SCHNEIDER, Zur Deutschland- und Besatzungspolitik Großbritanniens im Rahmen der Vier-Mächte-Kontrolle Deutschlands von Kriegsende bis Herbst 1945, in: MGM 31 (1982), 77–112.
395. H.-J. SCHRÖDER (Hrsg.), Marshallplan und westdeutscher Wiederaufstieg, Stuttgart 1990.
396. K. SCHWABE, Die amerikanische Deutschlandpolitik 1945–1953, in: H. BODENSIECK u. a., Die Deutschlandfrage (Nr. 308), 37–62.
397. DERS., Der Marshall-Plan und Europa, in: R. HUDEMANN u. a. (Hrsg.), Europa (Nr. 798), 167–189.
398. H.-P. SCHWARZ, Vom Reich zur Bundesrepublik. Deutschland im Widerstreit der außenpolitischen Konzeptionen in den Jahren der Besatzungsherrschaft 1945–1949, Stuttgart 2. erweit. Aufl. 1980.
399. R. STEININGER, Die britische Deutschlandpolitik in den Jahren 1945/46, in: APuZG B 1–2 (1982), 28–47.
400. DERS., Reform und Realität. Ruhrfrage und Sozialisierung in der anglo-amerikanischen Deutschlandpolitik 1947/48, in: VfZ 27 (1979), 167–240.
401. DERS., Die Rhein-Ruhr-Frage im Kontext britischer Deutschlandpolitik 1945/46, in: H.A. WINKLER (Hrsg.), Politische Weichenstellungen (Nr. 254), 111–166.

402. DERS., Wie die Teilung Deutschlands verhindert werden sollte. Der Robertson-Plan aus dem Jahre 1948, in: MGM 33 (1983), 49–89.
403. H. TIMMERMANN (Hrsg.), Potsdam 1945, Berlin 1997.
404. I.D. TURNER (Hrsg.), Reconstruction in Post-War Germany. British Occupation Policy and the Western Zones, 1945–55, Oxford 1989.
405. H.-E. VOLKMANN (Hrsg.), Ende des Dritten Reiches – Ende des Zweiten Weltkriegs. Eine perspektivische Rückschau, München 1995.
406. W. VOGEL, Vertane Chancen? (I) Die Deutschlandfrage in den Konzeptionen der Sieger 1945–1955; (II) Die Deutschlandfrage in den Konzeptionen der Besiegten 1945–1955, in: GWU 41 (1990), 65–80, 396–417.
407. D. WAIBEL, Von der wohlwollenden Despotie zur Herrschaft des Rechts. Entwicklungsstufen der amerikanischen Besatzung Deutschlands 1944–1949, Tübingen 1996.
408. G. WETTIG, Bereitschaft zur Einheit in Freiheit? Die sowjetische Deutschland-Politik 1945–1955, München 1999.
409. N. WIGGERSHAUS, Von Potsdam zum Pleven-Plan. Deutschland in der internationalen Konfrontation 1945–1950, in: Anfänge, Bd. 1 (Nr. 849), 1–118.
410. F.R. WILLIS, France, Germany and the New Europe 1945–1967, Oxford 2. Aufl. 1968.
411. E. WOLFRUM, Französische und deutsche Neugliederungspläne für Südwestdeutschland 1945/46, in: ZGO 137 (1989), 428–452.
412. DERS., Französische Besatzungspolitik und deutsche Sozialdemokratie. Politische Neuansätze in der „vergessenen Zone" bis zur Bildung des Südweststaates 1945–1952, Düsseldorf 1991.
413. H.-J. WÜNSCHEL, Die Teilungspläne der Alliierten und die Forderung Frankreichs nach Abtrennung des linken Rheinufers 1943–1947, in: Jb. für westdeutsche Landesgeschichte 5 (1979), 357–372.
414. A.M. DE ZAYAS, Die Anglo-Amerikaner und die Vertreibung der Deutschen, Berlin 8. Aufl. 1996.

b) Länder und Zonen, überzonale Gremien, Berlin-Problematik

415. W. ABELSHAUSER, Zur Entstehung der „Magnet-Theorie" in der Deutschlandpolitik. Ein Bericht von Hans Schlange-Schöningen über einen Staatsbesuch in Thüringen im Mai 1946, in: VfZ 27 (1979), 661–679.
416. W. BECKER (Hrsg.), Die Kapitulation von 1945 und der Neubeginn in Deutschland, Köln 1987.
417. W. BENZ, Von der Bizone zum souveränen Staat, München 3. Aufl. 1989.
418. B. BLANK, Die westdeutschen Länder und die Entstehung der Bundesrepublik. Zur Auseinandersetzung um die Entstehung der Frankfurter Dokumente vom Juli 1948, München 1995.
419. G. BRUNN (Hrsg.), Neuland. Nordrhein-Westfalen und seine Anfänge 1945/46, Essen 1986.

420. L. DISCHLER, Das Saarland 1945–1956, 3 Bde., Hamburg 1956–1957.
421. H.A. DOMMACH, Von Potsdam nach Frankfurt. Der Reichsrechnungshof im NS-Staat und die Neuordnung der staatlichen Finanzkontrolle im demokratischen Nachkriegsdeutschland, Berlin 1988.
422. K. ECKART, M. WILKE (Hrsg.), Berlin, Berlin 1998.
423. A. ECKHARDT, Oldenburg und die Gründung des Landes Niedersachsen, in: Niedersächsisches Jb. für Landesgeschichte 55 (1983), 15–70.
424. S. EICHLER, Die Länderneuordnung in der britisch besetzten Zone Deutschlands 1945–1946, Diss. Kiel 1995.
425. J. FIJALKOWSKI u. a., Berlin – Hauptstadtanspruch und Westintegration, Opladen 1967.
426. M.E. FOELZ-SCHROETER, Föderalistische Politik und nationale Repräsentation 1945–1947. Westdeutsche Länderregierungen, zonale Bürokratien und politische Parteien im Widerstreit, Stuttgart 1974.
427. W. FÖRST (Hrsg.), Entscheidungen im Westen, Köln 1979.
428. DERS., Geschichte Nordrhein-Westfalens, Bd. 1: 1945–1949, Köln 1970.
429. DERS. (Hrsg.), Land und Bund, Köln 1981.
430. DERS., Möglichkeiten und Grenzen deutscher Politik in Nordrhein-Westfalen im Zeitalter der Besatzungsherrschaft, in: Rheinische Vierteljahrsblätter 45 (1981), 265–286.
431. DERS. (Hrsg.), Die Länder und der Bund. Beiträge zur Entstehung der Bundesrepublik Deutschland, Essen 1989.
432. K.-U. GELBERG, Hans Ehard. Die föderalistische Politik des bayerischen Ministerpräsidenten 1946–1954, Düsseldorf 1992.
433. W. GIESSELMANN, Die Koblenzer Beschlüsse vom 10. Juli 1948 – eine Alternative zur Weststaatsgründung, in: GWU 38 (1987), 335–351.
434. H. GLASER u. a. (Hrsg.), So viel Anfang war nie. Deutsche Städte 1945–1949, Berlin 1989.
435. M. GÖGLER u. a. (Hrsg.), Das Land Württemberg-Hohenzollern 1945–1952, Sigmaringen 1982.
436. H. GRIESER, Schleswig-Holstein und die Reichseinheit (1945–1949), in: Zs. der Gesellschaft für Schleswig-Holsteinische Geschichte 106 (1981), 201–288.
437. W. GRÜNEWALD, Die Münchener Ministerpräsidentenkonferenz 1947, Meisenheim 1971.
438. B. HÄUPEL, Die Gründung des Landes Thüringen, Köln 1998.
439. A. HEINEN, Saarjahre. Politik und Wirtschaft im Saarland 1945–1955, Stuttgart 1996.
440. F.-J. HEYEN (Hrsg.), Rheinland-Pfalz entsteht. Beiträge zu den Anfängen des Landes Rheinland-Pfalz in Koblenz 1945–1951, Boppard 1984.
441. R. HILDEBRANDT, Kampf um Weltmacht. Berlin als Brennpunkt des Ost-West-Konflikts, Opladen 1987.

442. W. HÖLSCHER, Die Länderbildung in der britischen Besatzungszone, in: A.M. BIRKE, E.A. MAYRING (Hrsg.), Britische Besatzung (Nr. 184), 81–101.
443. R. HUDEMANN, R. POIDEVIN (Hrsg.), Die Saar 1945–1955, München 2. Aufl. 1995.
444. P. HÜTTENBERGER, Nordrhein-Westfalen und die Entstehung seiner parlamentarischen Demokratie, Siegburg 1973.
445. H. HURWITZ, Demokratie und Antikommunismus in Berlin nach 1945, 4 Bde., Köln 1983–1990.
446. K. JÜRGENSEN, Entscheidung für das Bundesland Schleswig-Holstein, in: H. BOOCKMANN u. a. (Hrsg.), Geschichte und Gegenwart, Neumünster 1980, 625–672.
447. J. KLÖCKLER, Abendland – Alpenland – Alemannien. Frankreich und die Neugliederungsdiskussion in Südwestdeutschland 1945–1947, München 1998.
448. P.J. KOCK, Bayerns Weg in die Bundesrepublik, Stuttgart 2. Aufl. 1988.
449. E. KONSTANZER, Die Entstehung des Landes Baden-Württemberg, Stuttgart 1969.
450. V. KOOP, Kein Kampf um Berlin? Deutsche Politik zur Zeit der Berlin-Blokkade 1948/1949, Bonn 1998.
451. G. KOTOWSKI, H.J. REICHHARDT, Berlin als Hauptstadt im Nachkriegsdeutschland und Land Berlin 1945–1985, Berlin 1987.
452. H. KÜPPERS, Staatsaufbau zwischen Bruch und Tradition. Geschichte des Landes Rheinland-Pfalz 1946–1955, Mainz 1990.
453. M. LANZINNER, Zwischen Sternenbanner und Bundesadler. Bayern im Wiederaufbau 1945–1958, Regensburg 1996.
454. J. LAUFER, Auf dem Wege zur staatlichen Verselbständigung der SBZ. Neue Quellen zur Münchener Konferenz der Ministerpräsidenten 1947, in: J. KOCKA (Hrsg.), DDR-Forschung, Berlin 1993, 27–55.
455. H. MAINZER, Die Entstehung des Landes Niedersachsen, in: M. OVERESCH (Hrsg.), Zeitenwende, Hannover 1986, 134–156.
456. A. MOHR, Hessen und der Länderrat des amerikanischen Besatzungsgebietes, Frankfurt a.M. 1999.
457. R. MORSEY, Entscheidung für den Westen. Die Rolle der Ministerpräsidenten in den drei Westzonen im Vorfeld der Bundesrepublik Deutschland 1947–1949 (1974). ND in: DERS., Von Windthorst (Nr. 753), 435–468.
458. DERS. (Hrsg.), Konrad Adenauer und die Gründung der Bundesrepublik Deutschland, Bonn 2. Aufl. 1986.
459. DERS., Im Vorfeld der Weststaatsgründung. Die Rolle des Ministerpräsidenten von Rheinland-Pfalz Peter Altmeier im Juli 1948 (1989). ND in: DERS., Von Windthorst (Nr. 753), 485–497.
460. W. MÜHLHAUSEN, „...die Länder zu Pfeilern machen...". Hessens Weg in die Bundesrepublik Deutschland 1945–1949, Wiesbaden 1989.
461. G.F. NÜSKE, Württemberg-Hohenzollern als Land der französischen Besat-

zungszone in Deutschland 1945–1952, in: Zs. für Hohenzollerische Geschichte 18 (1982), 179–278; 19 (1983), 103–194.
462. M. OVERESCH, Gesamtdeutsche Illusion und westdeutsche Realität. Von den Vorbereitungen für einen deutschen Friedensvertrag zur Gründung des Auswärtigen Amts der Bundesrepublik Deutschland 1946–1949/51, Düsseldorf 1978.
463. H. PIONTKOWITZ, Anfänge westdeutscher Außenpolitik 1946–1949. Das Deutsche Büro für Friedensfragen, Stuttgart 1978.
464. U. PRELL, L. WILKER, Berlin-Blockade und Luftbrücke 1948/49, Berlin 1987.
465. T. PÜNDER, Das bizonale Interregnum. Die Geschichte des Vereinigten Wirtschaftsgebiets 1946–1949, Waiblingen 1966.
466. A. RÖPCKE, Entstehung, Status und Verwaltung der amerikanischen Enklave Bremen, in: Bremisches Jb. 66 (1988), 423–453.
467. K.-J. RUHL, Neuanfang in Nordhrein-Westfalen. Zur sozialen und wirtschaftlichen Entwicklung der Jahre 1945–1948, in: Rheinische Vierteljahrsblätter 58 (1994), 227–257.
468. A. SCHLEGELMILCH, Hauptstadt im Zonendeutschland. Die Entstehung der Berliner Nachkriegsdemokratie 1945–1949, Berlin 1993.
469. R.H. SCHMIDT, Saarpolitik 1945–1957, 3 Bde., Berlin 1959–1962.
470. U. SCHNEIDER, Niedersachsen 1945, Hannover 1985.
471. H. SCHWARZMAIER (Hrsg.), Landesgeschichte und Zeitgeschichte. Kriegsende 1945 und demokratischer Neubeginn am Oberrhein, Karlsruhe 1980.
472. R. STEININGER, Zur Geschichte der Münchener Ministerpräsidenten-Konferenz 1947, in: VfZ 23 (1975), 375–453.
473. S. SUCKUT, Die Entscheidung zur Gründung der DDR, in: VfZ 39 (1991), 125–175.
474. T. VOGELSANG, Koblenz, Berlin und Rüdesheim. Die Option für den westdeutschen Staat im Juli 1948, in: Festschrift für Hermann Heimpel zum 70. Geburtstag, Bd. 1, Göttingen 1971, 161–179.
475. P.-L. WEINACHT (Hrsg.), Gelb-rot-gelbe Regierungsjahre. Badische Politik nach 1945, Sigmaringendorf 1988.
476. E. WOLFRUM u. a., Krisenjahre und Aufbruchszeit. Alltag und Politik im französisch besetzten Baden 1945–1949, München 1996.
477. H.-J. WÜNSCHEL, Rheinland-Pfalz. Beiträge zur Geschichte eines neuen Landes, Landau 1997.
478. G. ZIEBURA, Die deutsch-französischen Beziehungen seit 1945, Pfullingen 1970, überarbeitete und aktualis. Neuausgabe 1997.

c) (Um-)Erziehung, Entnazifizierung, Kulturpolitik, Massenmedien

479. H. BAUSCH, Rundfunkpolitik nach 1945, 2 Bde., München 1980.
480. W. BENZ, Die Entnazifizierung der Richter, in: B. DIESTELKAMP, M. STOLLEIS (Hrsg.), Justizalltag im Dritten Reich, Frankfurt a.M. 1988, 112–130.

481. W. BIERBACH (Bearb.), Der neue WDR. Dokumente zur Nachkriegsgeschichte des Westdeutschen Rundfunks, Köln 1978.
482. H. BORCHERS, K.W. VOWE, Die zarte Pflanze Demokratie. Amerikanische Re-education in Deutschland im Spiegel ausgewählter politischer und literarischer Zeitschriften (1945–1949), Tübingen 1979.
483. D. VON DER BRELIE-LEWIEN, Katholische Zeitschriften in den Westzonen 1945–1949, Göttingen 1986.
484. K.-E. BUNGENSTAB, Umerziehung zur Demokratie? Re-education-Politik im Bildungswesen der US-Zone 1945–1949, Düsseldorf 1970.
485. G. CLEMENS (Hrsg.), Kulturpolitik im besetzten Deutschland 1945–1949, Stuttgart 1994.
486. DIES., Britische Kulturpolitik in Deutschland 1945–1949, Stuttgart 1997.
487. V. DOTTERWEICH, „Arrest" and „Removal". Die amerikanische Besatzungsdirektive JCS 1067 und die Entnazifizierungskonzeption der Westmächte, in: W.L. BERNECKER, V. DOTTERWEICH (Hrsg.), Deutschland in den internationalen Beziehungen des 19. und 20. Jahrhunderts, München 1996, 287–316.
488. W.U. DRECHSEL, A. RÖPCKE (Hrsg.), „Denacification". Zur Entnazifizierung in Bremen, Bremen 1992.
489. S. FRIEDRICH, Rundfunk und Besatzungsmacht. Organisation, Programm und Hörer des Südwestfunks 1945 bis 1949, Baden-Baden 1991.
490. J. FÜRSTENAU, Entnazifizierung, Neuwied 1969.
491. K.-H. FÜSSL, Die Umerziehung der Deutschen. Jugend und Schule unter den Siegermächten des Zweiten Weltkriegs 1945–1955, Paderborn 1994.
492. H. GEHRING, Amerikanische Literaturpolitik in Deutschland 1945–1953, Stuttgart 1976.
493. R. GROHNERT, Die Entnazifizierung in Baden 1945–1949, Stuttgart 1991.
494. M. HALBRITTER, Schulreformpolitik in der britischen Zone von 1945 bis 1949, Weinheim 1979.
495. M. HEINEMANN, Umerziehung und Wiederaufbau. Die Bildungspolitik der Besatzungsmächte in Deutschland und Österreich, Stuttgart 1981.
496. M. HEIN-KREMER, Die amerikanische Kulturoffensive. Gründung und Entwicklung der amerikanischen Information Centers in Westdeutschland und West-Berlin 1945–1955, Köln 1996.
497. K.-D. HENKE, Politische Säuberung unter französischer Besatzung. Die Entnazifizierung in Württemberg-Hohenzollern, Stuttgart 1981.
498. H. HURWITZ, Die Stunde Null der deutschen Presse. Die amerikanische Pressepolitik in Deutschland 1945–1949, Köln 1972.
499. K. JÜRGENSEN, Kulturpolitik und Politik der Re-edukation in der britischen Zone, in: W. BECKER (Hrsg.), Die Kapitulation (Nr. 416), 127–139.
500. R. KNIGGE-TESCHE u. a. (Hrsg.), Internierungspraxis in Ost- und Westdeutschland nach 1945, Erfurt 1993.
501. K. KOSZYK, Pressepolitik für Deutsche 1945–1949, Berlin 1986.

502. C.-D. KROHN, P. VON ZUR MÜHLEN (Hrsg.), Rückkehr und Aufbruch nach 1945. Deutsche Remigranten im öffentlichen Leben Nachkriegsdeutschlands, Marburg 1997.

503. H. KÜPPERS, Bildungspolitik im Saarland 1945–1955, Saarbrücken 1984.

504. R. LUTZEBÄCK, Die Bildungspolitik der britischen Militärregierung im Spannungsfeld zwischen „education" und „re-education" in ihrer Besatzungszone, insbesondere in Schleswig-Holstein und Hamburg in den Jahren 1945–47, 2 Bde., Frankfurt a.M. 1991.

505. F. MERKEL, Rundfunk und Gewerkschaften in der Weimarer Republik und in der frühen Nachkriegszeit, Potsdam 1996.

506. A.J. MERRITT, R.L. MERRITT (Hrsg.), The OMGUS-Survey 1945–1949. Public Opinion in Occupied Germany, Urbana 1970.

507. R. MÖHLER, Entnazifizierung in Rheinland-Pfalz und im Saarland unter französischer Besatzung von 1945 bis 1952, Mainz 1992.

508. W. MÜLLER, Schulpolitik in Bayern im Spannungsfeld von Kultusbürokratie und Besatzungsmacht 1945–1949, München 1995.

509. L. NIETHAMMER, Entnazifizierung in Bayern, Frankfurt a.M. 1972. Neuaufl. u.d.T.: Die Mitläuferfabrik, Bonn 1982.

510. H. OBERREUTER, J. WEBER (Hrsg.), Freundliche Feinde? Die Alliierten und die Demokratiegründung in Deutschland, München 1996.

511. G. PAKSCHIES, Umerziehung in der britischen Zone 1945–1949, Weinheim 1979.

512. S. PIEROTH, Parteien und Presse in Rheinland-Pfalz 1945–1971, Mainz 1994.

513. T. PIRKER, Die verordnete Demokratie. Grundlagen und Erscheinungen der „Restauration", Berlin 1977.

514. T. RÖLLE, Der britische Einfluß auf den Aufbau des Nordwestdeutschen Rundfunks von 1945–1948, Diss. Kiel 1990.

515. A. RUGE-SCHATZ, Umerziehung und Schulpolitik in der französischen Besatzungszone 1945–1949, Frankfurt a.M. 1977.

516. S. SCHÖLZEL, Die Pressepolitik in der französischen Besatzungszone 1945–1949, Mainz 1986.

517. W. SCHÜTTE, Der deutsche Nachkriegsrundfunk und die Gründung der Rundfunkanstalten, in: W.B. LERG, R. STEININGER (Hrsg.), Rundfunk und Politik 1923–1973, Berlin 1975, 217–241.

518. E. STRAUB, „Verwestlichung" als Erziehungsprogramm, in: R. ZITELMANN (Hrsg.), Westbindung, Berlin 1993, 323–342.

519. J. VAILLANT (Hrsg.), Französische Kulturpolitik in Deutschland 1945–1949, Konstanz 1984 (franz. Ausg. 1981).

520. C. VOLLNHALS (Hrsg.), Entnazifizierung. Politische Säuberung und Rehabilitierung in den vier Besatzungszonen 1945–1949, München 1991.

521. DERS., Die Hypothek des Nationalprotestantismus. Entnazifizierung und Strafverfolgung von NS-Verbrechen nach 1945, in: GG 18 (1992), 51–69.

522. H. WEMBER, Umerziehung im Lager. Internierung und Bestrafung von Nationalsozialisten in der britischen Besatzungszone, Essen 1991.

523. M. WILLE, Entnazifizierung in der Sowjetischen Besatzungszone Deutschlands 1945–48, Magdeburg 1993.

524. S. ZAUNER, Erziehung und Kulturmission. Frankreichs Bildungspolitik in Deutschland 1945–1949, München 1994.

d) Kirchen, Hochschulen, Wissenschaft

525. H. AUERBACH, Französische Besatzungsmacht, Katholische Kirche und CDU in Württemberg-Hohenzollern 1945–1947, in: J. JURT (Hrsg.), Von der Besatzungsmacht (Nr. 343), 140–167.

526. C. BAGINSKI, La politique religieuse de la France en Allemagne occupée 1945–1949, Villeneuve-d'Arcq (Nord) 1997.

527. G. BESIER u. a. (Hrsg.), Kirche nach der Kapitulation, 2 Bde., Göttingen 1989–1990.

528. DERS., G. SAUTER, Wie Christen ihre Schuld bekennen. Die Stuttgarter Erklärung 1945, Göttingen 1985.

529. A.M. BIRKE, Katholische Kirche und Politik in der Phase des Neubeginns 1945–1950, in: V. CONZEMIUS u. a. (Hrsg.), Die Zeit nach 1945 (Nr. 534), 180–193.

530. W.K. BLESSING, „Deutschland in Not, wir im Glauben…". Kirche und Kirchenvolk in einer katholischen Region 1933–1949, in: M. BROSZAT u. a. (Hrsg.), Von Stalingrad (Nr. 571), 3–111.

531. A. BOYENS u. a., Kirchen in der Nachkriegszeit, Göttingen 1979.

532. J. BRAUTMEIER, Forschungspolitik in Nordrhein-Westfalen 1945–1961, Düsseldorf 1983.

533. J.S. CONWAY, Die Rolle der Kirchen bei der „Umerziehung" in Deutschland, in: U. BÜTTNER (Hrsg.), Das Unrechtsregime, Bd. 2, Hamburg 1986, 359–370.

534. V. CONZEMIUS u. a. (Hrsg.), Die Zeit nach 1945 als Thema kirchlicher Zeitgeschichte, Göttingen 1988.

535. A. DOERING-MANTEUFFEL, K. NOWAK (Hrsg.), Kirchliche Zeitgeschichte, Stuttgart 1996.

536. M. GRESCHAT, Zwischen Aufbruch und Beharrung. Die evangelische Kirche nach dem Zweiten Weltkrieg, in: V. CONZEMIUS u. a. (Hrsg.), Die Zeit nach 1945 (Nr. 534), 99–126.

537. DERS., Die Schuld der Kirche. Dokumente und Reflexionen zur Stuttgarter Schulderklärung vom 18./19. Oktober 1945, München 1982.

538. J. HEIDEKING, USA und deutsche Kirchen. Beobachtung, Planungen und Besatzungspolitik 1942 bis 1949, in: A. DOERING-MANTEUFFEL, J. MEHLHAUSEN (Hrsg.), Christliches Ethos und der Widerstand gegen den Nationalsozialismus in Europa, Stuttgart 1995, 119–138.

539. M. HEINEMANN (Hrsg.), Hochschuloffiziere und Wiederaufbau des Hochschulwesens in Westdeutschland 1945–1952, 3 Bde., Hildesheim 1990–1991.

540. H. HERBERT, Kirche zwischen Aufbruch und Tradition, Stuttgart 1989.
541. W. JOCHMANN, Evangelische Kirche und Politik in der Phase des Neubeginns 1945–1950, in: V. CONZEMIUS u. a. (Hrsg.), Die Zeit nach 1945 (Nr. 534), 194–212.
542. J.-C. KAISER, A. DOERING-MANTEUFFEL (Hrsg.), Christentum und politische Verantwortung. Kirchen im Nachkriegsdeutschland, Stuttgart 1990.
543. J. KÖHLER, D. VAN MELIS (Hrsg.), Siegerin in Trümmern. Die Rolle der katholischen Kirche in der deutschen Nachkriegsgesellschaft, Stuttgart 1998.
544. B. LEHMANN, Katholische Kirche und Besatzungsmacht im Spiegel der OMGUS-Akten, München 1994.
545. H. NOORMANN, Protestantismus und politisches Mandat 1945–1949, 2 Bde., Gütersloh 1985.
546. M. RENNER, Nachkriegsprotestantismus in Bayern, München 1991.
547. W.H. PEHLE, P. SILLEM (Hrsg.), Wissenschaft im geteilten Deutschland, Frankfurt a.M. 1992.
548. A. RAUSCHER (Hrsg.), Kirche und Katholizismus 1945–1949, Paderborn 1977.
549. K. REPGEN, Die Erfahrung des Dritten Reiches und das Selbstverständnis der deutschen Katholiken nach 1945, in: V. CONZEMIUS u. a. (Hrsg.), Die Zeit nach 1945 (Nr. 534), 127–179.
550. E. SCHULIN (Hrsg.), Deutsche Geschichtswissenschaft nach dem Zweiten Weltkrieg (1945–1965), München 1989.
551. W. SCHULZE, Deutsche Geschichtswissenschaft nach 1945, München 1989.
552. G. STÜBER, Politische Repräsentation und demokratisches Experiment. Der Zonenbeirat der britischen Besatzungszone 1946–1948 und seine Auseinandersetzung mit kirchlichen Themen, in: Jb. der Gesellschaft für niedersächsische Kirchengeschichte 91 (1993), 163–187.
553. J. THIERFELDER, Die Kirchenpolitik der vier Besatzungsmächte und die evangelische Kirche nach der Kapitulation 1945, in: GG 18 (1992), 5–21.
554. C. VOLLNHALS, Evangelische Kirche und Entnazifizierung 1945–1949, München 1989.
555. DERS., Entnazifizierung und Selbstreinigung im Urteil der evangelischen Kirche. Dokumente und Reflexionen 1945–1949, München 1989.
556. DERS., Die Evangelische Kirche zwischen Traditionswahrung und Neuorientierung, in: M. BROSZAT u. a. (Hrsg.), Von Stalingrad (Nr. 571), 113–167.

e) Währung, Wirtschaft, Sozialordnung, Gewerkschaften

557. W. ABELSHAUSER, Der Ruhrkohlenbergbau seit 1945, München 1984.
558. DERS., Wirtschaft und Besatzungspolitik in der Französischen Zone 1945–1949, in: C. SCHARF, H.-J. SCHRÖDER (Hrsg.), Die Deutschlandpolitik Frankreichs (Nr. 391), 111–139.

559. DERS., Hilfe und Selbsthilfe. Zur Funktion des Marshallplans beim westdeutschen Wiederaufbau, in: VfZ 37 (1989), 85–113.
560. H. AFFLERBACH, C. CORNELISSEN (Hrsg.), Sieger und Besiegte. Materielle und ideelle Neuorientierungen nach 1945, Tübingen 1997.
561. H.D. AHRENS, Demontage. Nachkriegspolitik der Alliierten, München 1982.
562. H. ALTRICHTER, Die verhinderte Neuordnung? Sozialisierungsforderungen und Parteienpolitik in den Westzonen 1945–1948, in: GWU 35 (1984), 351–364.
563. DERS., Sozialismus oder Marktwirtschaft? Die Diskussion um die wirtschaftliche Neuordnung in den Westzonen 1945–1948, in: K.-H. RUFFMANN, H. ALTRICHTER (Hrsg.), „Modernismus" versus „Sozialismus". Formen und Strategien sozialen Wandels im 20. Jahrhundert, Erlangen 1983, 187–227.
564. G. AMBROSIUS, Die Durchsetzung der Sozialen Marktwirtschaft in Westdeutschland 1945–1949, Stuttgart 1977.
565. G. BEIER, Der Demonstrations- und Generalstreik am 12. November 1948, Frankfurt a.M. 1975.
566. W. BENZ, Zwischen Hitler und Adenauer. Studien zur deutschen Nachkriegsgesellschaft, Frankfurt a.M. 1991.
567. K. VON BEYME u. a. (Hrsg.), Neue Städte aus Ruinen. Deutscher Städtebau der Nachkriegszeit, München 1992.
568. K. BORCHARDT, C. BUCHHEIM, Die Wirkung der Marshallplan-Hilfe in Schlüsselbranchen der deutschen Wirtschaft, in: VfZ 35 (1987), 317–347.
569. C. BOYER, Zwischen Zwangswirtschaft und Gewerbefreiheit. Handwerk in Bayern 1945–1949, München 1992.
570. M. BRACKMANN, Vom totalen Krieg zum Wirtschaftswunder. Die Vorgeschichte der westdeutschen Währungsreform 1948, Essen 1993.
571. M. BROSZAT u. a. (Hrsg.), Von Stalingrad zur Währungsreform. Sozialgeschichte des Umbruchs in Deutschland, München 3. Aufl. 1990.
572. C. BUCHHEIM, Die Währungsreform 1948 in Westdeutschland, in: VfZ 36 (1988), 189–231.
573. DERS., Zur Kontroverse über die Währungsreform für die Wachstumsdynamik in der Bundesrepublik Deutschland, in: P. HAMPE (Hrsg.), Währungsreform (Nr. 587), 86–100.
574. DERS. (Hrsg.), Wirtschaftliche Folgelasten des Krieges in der SBZ/DDR, Baden-Baden 1995.
575. DERS., Die Wiedereingliederung Westdeutschlands in die Weltwirtschaft 1945–1958, München 1990.
576. DERS., Die Errichtung der Bank deutscher Länder und die Währungsreform in Westdeutschland, in: DEUTSCHE BUNDESBANK (Hrsg.), Fünfzig Jahre (Nr. 1088), 91–140.
577. W. BÜHRER, Westdeutschland in der OEEC. Eingliederung, Krise, Bewährung 1947–1961, München 1997.

578. W. DURTH, N. GUTSCHOW, Träume in Trümmern. Planungen zum Wiederaufbau zerstörter Städte im Westen Deutschlands 1940–1950, 2 Bde., Braunschweig 1988.

579. U. ENDERS, Die Bodenreform in der amerikanischen Besatzungszone 1945–1949 unter besonderer Berücksichtigung Bayerns, Ostfildern 1982.

580. P. ERKER, Ernährungskrise und Nachkriegsgesellschaft. Bauern und Arbeiterschaft in Bayern 1943–1953, Stuttgart 1990.

581. DERS., Hunger und sozialer Konflikt in der Nachkriegszeit, in: M. GAILUS, H. VOLKMANN (Hrsg.), Der Kampf um das tägliche Brot, Opladen 1994, 392–408.

582. W. FELDENKIRCHEN, Agrarpolitik im Nachkriegsdeutschland, in: H.-J. GERHARD (Hrsg.), Struktur und Dimension, Bd. 2, Stuttgart 1997, 266–291.

583. M. FICHTER, Einheit und Organisation. Der Deutsche Gewerkschaftsbund im Aufbau 1945 bis 1949, Köln 1990.

584. H. FIEREDER, Demontagen in Deutschland nach 1945. Unter besonderer Berücksichtigung der Montanindustrie, in: Zs. für Unternehmensgeschichte 34 (1989), 209–239.

585. J. FISCH, Reparationen nach dem Zweiten Weltkrieg, München 1992.

586. K. FRANZEN, Die Steuergesetzgebung in Westdeutschland (1945–1961), Bremen 1994.

587. P. HAMPE (Hrsg.), Währungsreform und Soziale Marktwirtschaft, München 1989.

588. G. HARDACH, Transnationale Wirtschaftspolitik. Der Marshall-Plan in Deutschland 1947–1952, in: D. PETZINA (Hrsg.), Ordnungspolitische Weichenstellungen (Nr. 611), 67–100.

589. Haus der Geschichte der Bundesrepublik Deutschland (Hrsg.), Markt oder Plan. Wirtschaftsordnungen in Deutschland 1945–1961, Frankfurt a.M. 1997.

590. D. HEIDEN, Sozialisierungspolitik in Hessen 1946–1967, 2 Bde., Münster 1997.

591. P. HELDMANN, Das „Wirtschaftswunder" in Westdeutschland. Überlegungen zu Periodisierung und Ursachen, in: AfS 36 (1996), 323–344.

592. G. HELWIG, H.M. NICKEL (Hrsg.), Frauen in Deutschland 1945–1992, Bonn 1993.

593. H.G. HOCKERTS, Deutsche Nachkriegssozialpolitik vor dem Hintergrund des Beveridge-Plans, in: W.J. MOMMSEN, W. MOCK (Hrsg.), Die Entstehung des Wohlfahrtsstaates in Großbritannien und Deutschland 1850–1950, Stuttgart 1982, 325–350.

594. DERS. (Hrsg.), Drei Wege deutscher Sozialstaatlichkeit. NS-Diktatur, Bundesrepublik und DDR im Vergleich, München 1998.

595. T. HORSTMANN, Die Alliierten und die deutschen Großbanken. Bankenpolitik nach dem Zweiten Weltkrieg in Westdeutschland, Bonn 1991.

596. R. HUDEMANN, Sozialpolitik im deutschen Südwesten zwischen Tradition und Neuordnung 1945–1953, Mainz 1988.
597. M.L. HUGHES, Lastenausgleich unter Sozialismusverdacht. Amerikanische Besorgnisse 1945–1949, in: VfZ 39 (1991), 37–53.
598. K. JARAUSCH, H. SIEGRIST (Hrsg.), Amerikanisierung und Sowjetisierung in Deutschland 1945–1970, Frankfurt a.M. 1997.
599. B. KLEMM, G.J. TRITTEL, Vor dem „Wirtschaftswunder". Durchbruch zum Wachstum oder Lähmungskrise?, in: VfZ 35 (1987), 571–624.
600. C. KLESSMANN, P. FRIEDEMANN, Streiks und Hungermärsche im Ruhrgebiet 1946–1948, Frankfurt a.M. 1977.
601. M. KÖCHLING, Demontagepolitik und Wiederaufbau in Nordrhein-Westfalen, Essen 1995.
602. M. KRAUSE, Flucht vor dem Bombenkrieg. „Umquartierungen" im Zweiten Weltkrieg und die Wiedereingliederung der Evakuierten in Deutschland 1943–1963, Düsseldorf 1997.
603. W. KRUMBEIN, Wirtschaftssteuerung in Westdeutschland 1945 bis 1949. Organisationsformen und Steuerungsmethoden am Beispiel der Eisen- und Stahlindustrie in der britischen/Bi-Zone, Stuttgart 1989.
604. A. LATTARD, Gewerkschaften und Arbeitgeber in Rheinland-Pfalz unter französischer Besatzung 1945–1949, Mainz 1988.
605. J. LAUFER, Die UdSSR und die deutsche Währungsfrage 1944–1948, in: VfZ 46 (1998), 455–485.
606. W. LINK, Deutsche und amerikanische Gewerkschaften und Geschäftsleute 1945–1975, Düsseldorf 1978.
607. S. MIELKE u. a., Organisatorischer Aufbau der Gewerkschaften 1945–1949, Köln 1987.
608. G. MÜLLER, Die Grundlagen der westdeutschen Wirtschaftsordnung im Frankfurter Wirtschaftsrat 1947–1949, Frankfurt a.M. 1982.
609. DIES., Mitbestimmung in der Nachkriegszeit, Düsseldorf 1987.
610. M. NIEHUSS, Frauen in den Familien 1945–1970, in: H. AFFLERBACH, C. CORNELISSEN (Hrsg.), Sieger und Besiegte (Nr. 560), 273–293.
611. D. PETZINA (Hrsg.), Ordnungspolitische Weichenstellungen nach dem Zweiten Weltkrieg, Berlin 1991.
612. DERS., W. EUCHNER (Hrsg.), Wirtschaftspolitik im britischen Besatzungsgebiet 1945–1949, Düsseldorf 1984.
613. T. PIRKER (Hrsg.), Die bizonalen Sparkommissare, Opladen 1992.
614. W. PLUMPE, Vom Plan zum Markt. Wirtschaftsverwaltung und Unternehmerverbände in der britischen Zone, Düsseldorf 1987.
615. M. POHL (Hrsg.), Geschichte der deutschen Kreditwirtschaft seit 1945, Frankfurt a.M. 1998.
616. J. RADKAU, Aufstieg und Krise der deutschen Atomwirtschaft 1945 bis 1975, Reinbek 1983.

617. N. RANFT, Vom Objekt zum Subjekt. Montanmitbestimmung, Sozialklima und Strukturwandel im Bergbau seit 1945, Köln 1988.
618. A. RITSCHL, Die Währungsreform von 1948 und der Wiederaufstieg der westdeutschen Industrie, in: VfZ 33 (1985), 136–165.
619. K.-H. ROTHENBERGER, Die Hungerjahre nach dem Zweiten Weltkrieg. Ernährungs- und Landwirtschaft in Rheinland-Pfalz 1945–1950, Boppard 1980.
620. K.-J. RUHL, Verordnete Unterordnung. Berufstätige Frauen zwischen Wirtschaftswachstum und konservativer Ideologie in der Nachkriegszeit (1945–1963), München 1994.
621. H. SCHLANGE-SCHÖNINGEN (Hrsg.), Im Schatten des Hungers. Dokumentarisches zur Ernährungspolitik und Ernährungswirtschaft in den Jahren 1945–1949, bearb. von J. ROHRBACH, Hamburg 1955.
622. E. SCHMIDT, Die verhinderte Neuordnung 1945–1952, Frankfurt a.M. 8. Aufl. 1981.
623. G. SCHULZ, Wiederaufbau in Deutschland. Die Wohnungsbaupolitik in den Westzonen und der Bundesrepublik von 1945 bis 1957, Düsseldorf 1994.
624. D. SCHUSTER, Die deutschen Gewerkschaften seit 1945, Düsseldorf 1973. ND Königstein/Ts. 1974.
625. A.L. SMITH, Heimkehr aus dem Zweiten Weltkrieg. Die Entlassung der deutschen Kriegsgefangenen, Stuttgart 1985.
626. DERS., Die „vermißte Million". Zum Schicksal deutscher Kriegsgefangener nach dem Zweiten Weltkrieg, München 1992.
627. H. SOWADE, Wegbereiter des Wiederaufstiegs. Die Industrie- und Handelskammern und die Rekonstruktion der Außenbeziehungen der westdeutschen Wirtschaft 1945–1949/50, München 1992.
628. G. STÜBER, Der Kampf gegen den Hunger 1945–1950. Die Ernährungslage in der britischen Zone Deutschlands, insbesondere in Schleswig-Holstein und Hamburg, Neumünster 1984.
629. I. TORNOW, Die deutschen Unternehmerverbände 1945–1950, in: J. BECKER u. a. (Hrsg.), Vorgeschichte (Nr. 237), 235–260.
630. W. TREUE, Die Demontagepolitik der Westmächte nach dem Zweiten Weltkrieg. Unter besonderer Berücksichtigung ihrer Wirkung auf die Wirtschaft in Niedersachsen, Göttingen 1967.
631. G.J. TRITTEL, Die Bodenreform in der Britischen Zone 1945–1949, Stuttgart 1975.
632. DERS., Hunger und Politik. Die Ernährungskrise in der Bizone (1945–1949), Frankfurt a.M. 1990.
633. B. WEISBROD (Hrsg.), Von der Währungsreform zum Wirtschaftswunder. Wiederaufbau in Niedersachsen, Hannover 1998.
634. D. WINKLER, Die amerikanische Sozialisierungspolitik in Deutschland 1945–1948, in: H.A. WINKLER (Hrsg.), Politische Weichenstellungen (Nr. 254), 88–110.
635. M.W. WOLFF, Die Währungsreform in Berlin 1948/49, Berlin 1991.

f) Justiz, Rechtsordnung, Verwaltung

636. G. AMBROSIUS, Funktionswandel und Strukturveränderung der Bürokratie 1945–1949: Das Beispiel der Wirtschaftsverwaltung, in: H.A. WINKLER (Hrsg.), Politische Weichenstellungen (Nr. 254), 167–207.
637. W. BENZ, Versuche zur Reform des öffentlichen Dienstes in Deutschland 1945–1952, in: VfZ 29 (1981), 216–245.
638. D.J. BLUM, Das passive Wahlrecht der Angehörigen des öffentlichen Dienstes in Deutschland nach 1945 im Widerstreit britisch-amerikanischer und deutscher Vorstellungen und Interessen, Göppingen 1972.
639. M. BROSZAT, Siegerjustiz oder strafrechtliche „Selbstreinigung". Aspekte der Vergangenheitsbewältigung der deutschen Justiz während der Besatzungszeit 1945–1949, in: VfZ 29 (1981), 477–544.
640. B. DIESTELKAMP, Rechtsgeschichte als Zeitgeschichte. Historische Betrachtungen zur Entstehung und Durchsetzung der Theorie vom Fortbestand des Deutschen Reiches als Staat nach 1945, in: Zs. für Neuere Rechtsgeschichte 7 (1985), 181–207.
641. DERS. u. a. (Hrsg.), Zwischen Kontinuität und Fremdbestimmung. Zum Einfluß der Besatzungsmächte auf die deutsche und japanische Rechtsordnung 1945 bis 1950, Tübingen 1996.
642. DERS., Die rechtliche Situation in den Westzonen und der jungen Bundesrepublik, in: R. SCHRÖDER (Hrsg.), 8. Mai 1945 – Befreiung oder Kapitulation?, Berlin 1997, 51–70.
643. C. ENGELI, Neuanfänge der Selbstverwaltung nach 1945, in: G. PÜTTNER (Hrsg.), Handbuch der kommunalen Wissenschaft und Praxis, Bd. 1, Berlin 1981, 114–132.
644. T. ESCHENBURG, Regierung, Bürokratie und Parteien 1945–1949, in: VfZ 24 (1976), 58–74.
645. C. GARNER, „Zerschlagung des Berufsbeamtentums?" Der deutsche Konflikt um die Neuordnung des öffentlichen Dienstes 1946–1948 am Beispiel Nordrhein-Westfalens, in: VfZ 39 (1991), 55–101.
646. DERS., Schlußfolgerungen aus der Vergangenheit? Die Auseinandersetzung um die Zukunft des deutschen Berufsbeamtentums nach dem Ende des Zweiten Weltkriegs, in: H.-E. VOLKMANN (Hrsg.), Ende des Dritten Reiches (Nr. 405), 607–674.
647. R. MORSEY, Personal- und Beamtenpolitik im Übergang von der Bizonen- zur Bundesverwaltung (1947–1950), in: DERS. (Hrsg.), Verwaltungsgeschichte, Berlin 1977, 191–238.
648. L. NIETHAMMER, Zum Verhältnis von Reform und Rekonstruktion in der US-Zone am Beispiel der Neuordnung des öffentlichen Dienstes (1973). ND in: W.-D. NARR, D. THRÄNHARDT (Hrsg.), Die Bundesrepublik Deutschland, Königstein/Ts. 1979, 47–59.
649. H. PIETSCH, Militärregierung, Bürokratie und Sozialisierung. Zur Entwicklung des politischen Systems in den Städten des Ruhrgebietes 1945 bis 1948, Duisburg 1978.

650. S. POESTGES (Redaktion), Übergang und Neubeginn. Beiträge zur Verfassungs- und Verwaltungsgeschichte Niedersachsens in der Nachkriegszeit, Göttingen 1997.
651. U. REUSCH, Deutsches Berufsbeamtentum und britische Besatzung. Planung und Politik 1943–1947, Stuttgart 1985.
652. DERS., Beamtentum und Beamtenrecht in der Besatzungsära, in: C.A. LÜKKERATH (Hrsg.), Berufsbeamtentum und Beamtenorganisationen, Köln 1987, 53–77.
653. W. RUDZIO, Die Neuordnung des Kommunalwesens in der Britischen Zone, Stuttgart 1968.
654. U. SPRINGORUM, Enstehung und Aufbau der Verwaltung in Rheinland-Pfalz nach dem Zweiten Weltkrieg (1945–1947), Berlin 1982.
655. M. STOLLEIS, Rechtsordnung und Justizpolitik 1945–1949, in: N. HORN (Hrsg.), Europäisches Rechtsdenken in Geschichte und Gegenwart, Bd. 1, München 1982, 383–407.
656. J.R. WENZLAU, Der Wiederaufbau der Justiz in Nordwestdeutschland 1945 bis 1949, Königstein/Ts. 1979.
657. H. WROBEL, Verurteilt zur Demokratie. Justiz und Justizpolitik in Deutschland 1945–1949, Heidelberg 1989.

g) Verfassungspolitik, Länderverfassungen

658. W. BENZ, Der Verfassungskonvent von Herrenchiemsee, in: APuZG B 32–33 (1998), 13–19.
659. H. BERDING (Hrsg.), Die Entstehung der Hessischen Verfassung von 1946, Wiesbaden 1996.
660. B. BEUTLER, Das Staatsbild in den Länderverfassungen nach 1945, Berlin 1973.
661. A.M. BIRKE, Die aufgezwungene Demokratie? Zur Verfassungspolitik in den westlichen Besatzungszonen, in: J. HEIDEKING u. a. (Hrsg.), Wege in die Zeitgeschichte, Berlin 1989, 151–164.
662. G. BRAAS, Die Entstehung der Länderverfassungen in der Sowjetischen Besatzungszone Deutschlands 1946/47, Köln 1987.
663. W. BREUNIG, Verfassunggebung in Berlin 1945–1950, Berlin 1990.
664. B. DIESTELKAMP, Verfassunggebung in den Westzonen nach 1945, in: Zs. für neuere Rechtsgeschichte 11 (1989), 168–183.
665. B. FAIT, Demokratische Erneuerung unter dem Sternenbanner. Amerikanische Kontrolle und Verfassunggebung in Bayern 1946, Düsseldorf 1998.
666. P. FEUCHTE, Zur Verfassung des Landes Baden von 1947, in: ZGO 143 (1995), 443–494.
667. O. GILLIAR, Die Entstehung der badischen Verfassung vom 19. Mai 1947, in: Das Markgräflerland 1982, 3–43.
668. A. KESSLER, Die Entstehung der Landesverfassung der Freien Hansestadt Bremen vom 21. Oktober 1947, Diss. Bremen 1996.

669. W. KRINGE, Machtfragen. Die Entstehung der Verfassung für das Land Nordrhein-Westfalen 1946–1950, Frankfurt a.M. 1988.
670. E.H.M. LANGE, Wahlrecht und Innenpolitik. Entstehungsgeschichte und Analyse der Wahlgesetzgebung und Wahlrechtsdiskussion im westlichen Nachkriegsdeutschland 1945–1956, Meisenheim am Glan 1975.
671. A. MOHR, Die Entstehung der Verfassung für Rheinland-Pfalz, Frankfurt a.M. 1987.
672. F.R. PFETSCH (Hrsg.), Verfassungsreden und Verfassungsentwürfe. Länderverfassungen 1946–1953, Frankfurt a.M. 1986.
673. DERS. u. a., Ursprünge der Zweiten Republik. Prozesse der Verfassungsgebung in den Westzonen und in der Bundesrepublik, Opladen 1990.
674. DERS., Zur Verfassung des Landes Baden im Mai 1947, in: P.-L. WEINACHT (Hrsg.), Gelb-rot-gelbe Regierungsjahre (Nr. 475), 127–147.
675. M. SANDER, Die Verfassung des Saarlandes, in: R. HUDEMANN, R. POIDEVIN (Hrsg.), Die Saar (Nr. 443), 237–252.
676. A. SCHERB, Präventiver Demokratieschutz als Problem der Verfassungsgebung nach 1945, Frankfurt a.M. 1987.
677. B. VAN SCHEWICK, Die katholische Kirche und die Entstehung der Verfassungen in Westdeutschland 1945–1950, Mainz 1980.
678. E. SCHMIDT, Staatsgründung und Verfassungsgebung in Bayern. Die Entstehung der Bayerischen Verfassung vom 8. Dezember 1946, 2 Bde., München 1997.
679. W. THIEME, Entstehung des Landes Hamburg und seiner Verfassung, in: W. HOFFMANN, H.-J. KOCH (Hrsg.), Hamburgisches Staats- und Verwaltungsrecht, Frankfurt a.M. 1988, 1–31.
680. S. WALLER, Die Entstehung der Landessatzung von Schleswig-Holstein vom 13. 12. 1949, Frankfurt a.M. 1988.

h) Parlamentarischer Rat, Konstituierung der beiden deutschen Staaten

681. R. ANSELM, Verchristlichung der Gesellschaft? Die Rolle des Protestantismus in den Verfassungsdiskussionen beider deutscher Staaten 1948/49, in: J.-C. KAISER, A. DOERING-MANTEUFFEL (Hrsg.), Christentum (Nr. 542), 63–87.
682. W. BECKER, Um Verfassungstheorie, Föderalismus und Parteipolitik. Zwei Kontoversen im Parlamentarischen Rat, in: K.D. BRACHER u. a. (Hrsg.), Staat und Parteien (Nr. 923), 841–861.
683. M. BERMANSEDER, Die europäische Idee im Parlamentarischen Rat, Berlin 1998.
684. A.M. BIRKE, Großbritannien und der Parlamentarische Rat, in: VfZ 42 (1994), 313–359.
685. K.-B. VON DOEMMING u. a., Entstehungsgeschichte der Artikel des Grundgesetzes (Jb. des öffentlichen Rechts der Gegenwart, NF Bd. 1), Tübingen 1951.

686. K. DREHER, Ein Kampf um Bonn, München 1979.
687. D. DÜDING, Bayern und der Bund. Bayerische „Opposition" während der Grundgesetzberatungen im Parlamentarischen Rat (1948/49), in: Der Staat 29 (1990), 355–370.
688. M.F. FELDKAMP, Der Parlamentarische Rat, Göttingen 1998.
689. F.K. FROMME, Von der Weimarer Verfassung zum Bonner Grundgesetz, Tübingen 2. Aufl. 1962.
690. H.-J. GRABBE, Die deutsch-alliierte Kontroverse um den Grundgesetzentwurf im Frühjahr 1949, in: VfZ 26 (1978), 393–418.
691. G. HIRSCHER, Sozialdemokratische Verfassungspolitik und die Entstehung des Bonner Grundgesetzes. Eine biographietheoretische Untersuchung zur Bedeutung Walter Menzels, Bochum 1989.
692. O. JUNG, Grundgesetz und Volksentscheid. Gründe und Reichweite der Entscheidung des Parlamentarischen Rates gegen Formen direkter Demokratie, Opladen 1994.
693. A. KUBE, T. SCHNABEL (Hrsg.), Südwestdeutschland und die Entstehung des Grundgesetzes, Villingen-Schwenningen 1989.
694. E.H.M. LANGE, Der Parlamentarische Rat und die Entstehung des ersten Bundestagswahlgesetzes, in: VfZ 20 (1972), 280–318.
695. DERS., Die Diskussion um die Stellung des Staatsoberhauptes 1945–1949 mit besonderer Berücksichtigung der Erörterungen im Parlamentarischen Rat, in: VfZ 26 (1978), 601–651.
696. DERS., Die Länder und die Entstehung des Grundgesetzes, in: GiW 4 (1989), 145–159; 5 (1990), 55–68.
697. DERS., Die Würde des Menschen ist unantastbar. Der Parlamentarische Rat und das Grundgesetz, Heidelberg 1993.
698. D. LUTZ, Krieg und Frieden als Rechtsfrage im Parlamentarischen Rat 1948/49, Baden-Baden 1982.
699. R. MORSEY, Die Entstehung des Bundesrates im Parlamentarischen Rat, in: Der Bundesrat als Verfassungsorgan (Nr. 891), 63–77.
700. DERS., Die Bildung der ersten Regierungskoalition 1949. Adenauers Entscheidungen von Frankfurt und Rhöndorf am 20. und 21. August 1949 (1978). ND in: DERS., Von Windthorst (Nr. 753), 535–552.
701. DERS., Nordrhein-Westfalen und der Parlamentarische Rat (1981). ND in: DERS., Von Windthorst (Nr. 753), 498–517.
702. DERS., Die letzte Krise im Parlamentarischen Rat und ihre Bewältigung (März/April 1949) (1989). ND: DERS., Von Windthorst (Nr. 753), 518–534.
703. DERS., Die Rolle Konrad Adenauers im Parlamentarischen Rat 1948/49, hrsg. von der Stiftung Bundeskanzler-Adenauer-Haus, Bad Honnef-Rhöndorf 1998.
704. V. OTTO, Das Staatsverständnis des Parlamentarischen Rates, Düsseldorf 1971.

705. V. Schockenhoff, Wirtschaftsverfassung und Grundgesetz. Die Auseinandersetzungen in den Verfassungsberatungen 1945–1949, Frankfurt a.M. 1986.
706. W. Sörgel, Konsensus und Interessen. Eine Studie zur Entstehung des Grundgesetzes für die Bundesrepublik Deutschland, Stuttgart 1969. ND Opladen 1985.
707. G. Wehner, Die Westalliierten und das Grundgesetz. Die Londoner Sechsmächtekonferenz, Freiburg i.Br. 1994.

5. Die Ära Adenauer 1949–1963

a) Deutschlandpolitik, Berlin-Problematik

708. J. Arenth, Der Westen tut nichts! Transatlantische Kooperation während der zweiten Berlin-Krise (1958–1962) im Spiegel neuer amerikanischer Quellen, Frankfurt a.M. 1993.
709. J.C. Ausland, Kennedy, Khrushev and the Berlin-Cuba Crisis, 1961–1964, Oslo 1996.
710. A. Baring, Der 17. Juni 1953, Stuttgart 3. Aufl. 1983.
711. D. Blumenwitz u. a., Die Deutschlandfrage vom 17. Juni 1953 bis zu den Genfer Viermächtekonferenzen von 1955, Berlin 1990.
712. C. Bremen, Die Eisenhower-Administration und die zweite Berlin-Krise 1958–1961, Berlin 1998.
713. H. Buchheim, Deutschlandpolitik 1949–1972. Der politisch-diplomatische Prozeß, Stuttgart 1984.
714. H.M. Catudal, Kennedy in der Mauer-Krise, Berlin 1981.
715. K. Dittmann, Adenauer und die deutsche Wiedervereinigung. Die politische Diskussion des Jahres 1952, Düsseldorf 1981.
716. K. Doehring u. a., Deutschlandvertrag, westliches Bündnis und Wiedervereinigung, Berlin 1985.
717. A. Doering-Manteuffel, Konrad Adenauer – Jakob Kaiser – Gustav Heinemann. Deutschlandpolitische Positionen in der CDU, in: J. Weber (Hrsg.), Die Bundesrepublik, Bd. 5 (Nr. 297), 18–46.
718. Ders., Die deutsche Teilung, der Kalte Krieg und die Deutschlandpolitik der Sowjetunion 1945–1952, in: GWU 38 (1987), 744–753.
719. R. Dohse, Der Dritte Weg. Neutralitätsbestrebungen in Westdeutschland zwischen 1945 und 1955, Hamburg 1974.
720. K. Eckart u. a., Wiedervereinigung Deutschlands, Berlin 1998.
721. D. Felken, Dulles und Deutschland. Die amerikanische Deutschlandpolitik 1953–1959, Bonn 1993.
722. A. Fischer (Hrsg.), 40 Jahre Deutschlandpolitik im internationalen Kräftefeld, Köln 1989.

723. R.G. FOERSTER, Innenpolitische Aspekte der Sicherheit Westdeutschlands 1947–1950, in: Anfänge, Bd. 1 (Nr. 849), 403–575.
724. J. FOSCHEPOTH, Adenauer und die Deutsche Frage, Göttingen 2. Aufl. 1990.
725. C.M. GLADIS, Alliierte Wiedervereinigungsmodelle für das geteilte Deutschland, Frankfurt a.M. 1990.
726. W.G. GREWE, Die deutsche Frage und die Ost-West-Spannung, Herford 1986.
727. H. HAFTENDORN, H. RIECKE (Hrsg.), „... die volle Macht eines souveränen Staates...". Die Alliierten Vorbehaltsrechte als Rahmenbedingung westdeutscher Außenpolitik 1949–1990, Baden-Baden 1996.
728. K.-E. HAHN, Wiedervereinigungspolitik im Widerstreit, Hamburg 1993.
729. L. HAUPTS, Adenauer und die deutsche Einheit, in: Geschichte in Köln H. 32 (1992), 5–27.
730. A. HILLGRUBER, Alliierte Pläne für eine „Neutralisierung" Deutschlands 1945–1955, Opladen 1987.
731. H.-H. JANSEN, Karl Georg Pfleiderers Gegenentwürfe zur Deutschlandpolitik Adenauers, in: HPM 4 (1997), 35–71.
732. T. JANSEN, Abrüstung und Deutschland-Frage, Mainz 1968.
733. M. KIEFER, Auf der Suche nach nationaler Identität und Wegen zur deutschen Einheit. Die deutsche Frage in der überregionalen Tages- und Wochenpresse der Bundesrepublik 1949–1955, Frankfurt a.M. 2. Aufl. 1993.
734. D. KOSTHORST, Brentano und die deutsche Einheit. Die Deutschland- und Ostpolitik des Außenministers im Kabinett Adenauer 1955–1961, Düsseldorf 1993.
735. L. KREUZ, Das Kuratorium Unteilbares Deutschland, Opladen 1980.
736. H.-J. KÜSTERS, Konrad Adenauer und Willy Brandt in der Berlin-Krise 1958–1963, in: VfZ 40 (1992), 483–542.
737. DERS., Wiedervereinigung durch Konföderation? Die informellen Unterredungen zwischen Bundesminister Fritz Schäffer, NVA-General Vincenz Müller und Sowjetbotschafter Georgij Maksimowitsch Puschkin 1955/56, in: VfZ 40 (1992), 107–153.
738. G. LANGGUTH (Hrsg.), „Macht bedeutet Verantwortung". Adenauers Weichenstellungen für die heutige Politik, Köln 1994.
739. DERS., Konrad Adenauer: „Vater" der Wiedervereinigung oder „Spalter" Deutschlands? (Nr. 738), 75–93.
740. M. LINDEMANN, Die Deutschlandfrage auf der Gipfelkonferenz und der Außenministerkonferenz in Genf 1955, in: D. BLUMENWITZ u. a., Die Deutschlandfrage (Nr. 711), 177–205.
741. DIES., Die Haltung der Sowjetunion zur Eingliederung der Bundesrepublik Deutschland in das westliche Bündnissystem 1949–1955, in: Historische Mitteilungen 4 (1991), 23–49.
742. K. LINSEL, Charles de Gaulle und Deutschland 1914–1969, Sigmaringen 1998.

743. W. LINK, Neuanstöße in der Deutschlandpolitik 1961–1973, in: A. FISCHER (Hrsg.), Vierzig Jahre Deutschlandpolitik im internationalen Kräftefeld, Köln 1989, 32–41.

744. E. LOHSE, Östliche Lockungen und westliche Zwänge. Paris und die deutsche Teilung 1949 bis 1955, München 1995.

745. W. LOTH, Ost-West-Konflikt und deutsche Frage, München 1989.

746. DERS., Die Historiker und die Deutsche Frage, in: HJb. 112 (1992), 366–382.

747. D. MAHNCKE, Das Berlin-Problem – die Berlin-Krise 1958–1961/62, in: Enquete-Kommission (Nr. 267), 1766–1821.

748. R. MARCOWITZ, Charles de Gaulle und die Westdeutschen in der Berlin-Krise 1958–1963, in: H. KLUETING (Hrsg.), Nation, Nationalismus, Postnation, Köln 1992, 203–218.

749. V. MAURER, Macmillan und die Berlin-Krise 1958/59, in: VfZ 44 (1996), 229–256.

750. B. MEISSNER, G. ZIEGER (Hrsg.), Staatliche Kontinuität unter besonderer Berücksichtigung der Rechtslage Deutschlands, Köln 1983.

751. C. MEYER, Die deutschlandpolitische Doppelstrategie. Wilhelm Wolfgang Schütz und das Kuratorium Unteilbares Deutschland (1954–1972), Landsberg 1997.

752. R. MORSEY, Die Deutschlandpolitik Adenauers, Opladen 1991.

753. DERS., Von Windthorst zu Adenauer. Ausgewählte Aufsätze zu Politik, Verwaltung und politischem Katholizismus im 19. und 20. Jahrhundert, hrsg. von U. VON HEHL u. a., Paderborn 1997.

754. D. PROWE, Der Brief Kennedys an Brandt vom 18. August 1961, in: VfZ 33 (1985), 373–383.

755. DERS., „Ich bin ein Berliner". Kennedy, die Mauer und die „verteidigte Insel" West-Berlin im ausgehenden Kalten Krieg im Spiegel amerikanischer Akten, in: Berlin in Geschichte und Gegenwart, Berlin 1989, 143–167.

756. J. RÜHLE, G. HOLZWEISSIG, 13. August 1961. Die Mauer von Berlin, Köln 1981.

757. H.-J. RUPIEPER, Der besetzte Verbündete. Die amerikanische Deutschlandpolitik 1949–1955, Opladen 1991.

758. E. SCHERSTJANOI, Die sowjetische Deutschlandpolitik nach Stalins Tod 1953, in: VfZ 46 (1998), 497–549.

759. A.W. SCHERTZ, Die Deutschlandpolitik Kennedys und Johnsons, Köln 1992.

760. G. SCHILDT, Die Kennedy-Administration und die Berlin-Krise von 1961, in: ZfG 42 (1994), 703–711.

761. H.-J. SCHRÖDER, Amerikanische Deutschlandpolitik im Kalten Krieg 1954–1961, in: W.-U. FRIEDRICH (Hrsg.), Die USA (Nr. 322), 129–165.

762. E. SCHULZ, Die sowjetische Deutschlandpolitik (1955–1973), in: D. GEYER (Hrsg.), Osteuropa-Handbuch. Sowjetunion: Außenpolitik 1955–1973, Köln 1976, 229–293.

763. K. SCHWABE, Deutschlandpolitik als Integrationspolitik: Die USA und die Deutsche Frage 1945–1954, in: W.-U. FRIEDRICH (Hrsg.), Die USA (Nr. 322), 105–128.

764. W. SCHUMACHER, Konrad Adenauer und die Saar, in: R. HUDEMANN, R. POIDEVIN (Hrsg.), Die Saar (Nr. 443), 49–74.

765. T.A. SCHWARTZ. America's Germany. John McCloy and the Federal Republic of Germany, Cambridge, Mass. 1991.

766. H.-P. SCHWARZ (Hrsg.), Berlin-Krise und Mauerbau, Bonn 1985.

767. DERS. (Hrsg.), Entspannung und Wiedervereinigung. Deutschlandpolitische Vorstellungen Konrad Adenauers 1955–1958, Stuttgart 1979.

768. DERS., Adenauer als politischer Neuerer, in: G. LANGGUTH (Hrsg.), „Macht bedeutet Verantwortung" (Nr. 738), 13–46.

769. W. STÜTZLE, Kennedy und Adenauer in der Berlin-Krise 1961–1962, Bonn-Bad Godesberg 1973.

770. B. THOSS, Die Lösung der Saarfrage 1954/55, in: VfZ 38 (1990), 225–288.

771. J. WEBER (Hrsg.), Die Republik der fünfziger Jahre. Adenauers Deutschlandpolitik auf dem Prüfstand, München 1989.

772. G. WETTIG, Die Sowjetunion, die DDR und die Deutschland-Frage 1965–1976, Stuttgart 2. Aufl. 1977.

773. DERS., Stadien der sowjetischen Deutschland-Politik, in: DA 23 (1990), 1070–1078.

774. U. WETZLAUGK, Berlin und die deutsche Frage, Köln 1985.

775. DERS., Die Alliierten in Berlin, Berlin 1988.

b) Auswärtige Beziehungen, Westintegration, Ostpolitik

776. H.J. ABS, Entscheidungen 1949–1953. Die Entstehung des Londoner Schuldenabkommens, Mainz 2. Aufl. 1991.

777. B. BANDULET, Adenauer zwischen West und Ost, München 1970.

778. A. BARING, Außenpolitik in Adenauers Kanzlerdemokratie. Bonns Beitrag zur Europäischen Verteidigungsgemeinschaft, München 1969, seit 2. Aufl. u.d.T.: Im Anfang war Adenauer, 3. Aufl. München 1984.

779. W. BENZ, Erzwungenes Ideal oder zweitbeste Lösung? Die Prägung der Bundesrepublik durch die Alliierten, in: DERS., Zwischen Hitler und Adenauer, Frankfurt a.M. 1991, 203–213.

780. S.O. BERGGÖTZ, Nahostpolitik in der Ära Adenauer. Möglichkeiten und Grenzen 1949–1963, Düsseldorf 1998.

781. D. BINGEN, Die Polenpolitik der Bonner Republik von Adenauer bis Kohl 1949–1991, Baden-Baden 1997.

782. R.M. BOOZ, Hallsteinzeit. Deutsche Außenpolitik 1955–1972, Bonn 1995.

783. C. BUCHHEIM, Das Londoner Schuldenabkommen, in: L. HERBST (Hrsg.), Westdeutschland (Nr. 245), 219–229.

784. E. Conze, Die gaullistische Herausforderung. Die deutsch-französischen Beziehungen in der amerikanischen Europapolitik 1958–1963, München 1995.

785. P. Fischer, Der diplomatische Prozeß der Entstehung des Deutsch-Französischen Vertrages von 1963, in: VfZ 41 (1993), 101–116.

786. J. Foschepoth, Churchill, Adenauer und die Neutralisierung Deutschlands, in: DA 17 (1984), 1286–1301.

787. A. Frohn, Adenauer und die deutschen Ostgebiete in den fünfziger Jahren, in: VfZ 44 (1996), 485–525.

788. G. von Gersdorff, Adenauers Außenpolitik gegenüber den Siegermächten 1954, München 1994.

789. H. Globke, Überlegungen und Planungen in der Ostpolitik Adenauers, in: D. Blumenwitz u. a. (Hrsg.), Adenauer, Bd. 1 (Nr. 1415), 665–672.

790. H. Graml, Nationalstaat oder westeuropäischer Teilstaat. Die sowjetischen Noten vom Jahre 1952 und die öffentliche Meinung in der Bundesrepublik Deutschland, in: VfZ 25 (1977), 821–864.

791. Ders., Die Legende von der verpaßten Gelegenheit. Zur sowjetischen Notenkampagne des Jahres 1952, in: VfZ 29 (1981), 307–341.

792. Ders., Die März-Note von 1952 – Legende und Wirklichkeit, Melle 1988.

793. H. von der Groeben, Aufbaujahre der Europäischen Gemeinschaft. Das Ringen um den Gemeinsamen Markt und die Politische Union (1958–1966), Baden-Baden 1982.

794. H. Guldin, Die Bundesrepublik Deutschland auf dem Weg zur souveränen Gleichberechtigung (1949 bis 1952), Frankfurt a.M. 1990.

795. W.F. Hanrieder, Die stabile Krise. Ziele und Entscheidungen der bundesrepublikanischen Außenpolitik 1949–1979, Düsseldorf 1971 (amerik. Ausg. 1970).

796. K. Hildebrand, Adenauer und Sowjetrußland 1963–1967, in: D. Albrecht u. a. (Hrsg.), Politik und Konfession, Berlin 1983, 519–533.

797. A. Hillgruber, Adenauer und die Stalin-Note vom 10. März 1952, in: D. Blumenwitz u. a. (Hrsg.), Adenauer, Bd. 2 (Nr. 1415), 111–130.

798. R. Hudemann u. a. (Hrsg.), Europa im Blick der Historiker. Europäische Integration im 20. Jahrhundert, München 1995.

799. P. Hünseler, Die außenpolitischen Beziehungen der Bundesrepublik Deutschland zu den arabischen Staaten von 1949–1980, Frankfurt a.M. 1990.

800. H.-H. Jansen, Großbritannien, das Scheitern der EVG und der NATO-Beitritt der Bundesrepublik Deutschland, Bochum 1992.

801. Y.A. Jelinek, Die Krise der Shilumim/Wiedergutmachungs-Verhandlungen im Sommer 1952, in: VfZ 38 (1990), 113–139.

802. K. von Jena, Versöhnung mit Israel? Die deutsch-israelischen Verhandlungen bis zum Wiedergutmachungsabkommen von 1952, in: VfZ 34 (1986), 457–480.

803. N. Katzer, „Eine Übung im Kalten Krieg". Die Berliner Außenministerkonferenz von 1954, Köln 1994.
804. L. Kettenacker, Die Oder-Neiße-Linie als Faustpfand, in: A.M. Birke u. a. (Hrsg.), Großbritannien und Ostdeutschland seit 1918, München 1992, 61–79.
805. M. Kittel, Genesis einer Legende. Die Diskussion um die Stalin-Noten in der Bundesrepublik 1952–1958, in: VfZ 41 (1993), 355–389.
806. M. Knapp, Sorgen unter Partnern. Zum Verhältnis zwischen den USA und der Bundesrepublik Deutschland, Hannover 1984.
807. F. Knipping, K.-J. Müller (Hrsg.), Aus der Ohnmacht zur Bündnismacht. Das Machtproblem in der Bundesrepublik Deutschland 1945–1960, Paderborn 1995.
808. L. Köllner, H.-E. Volkmann, Finanzwissenschaftliche, finanzwirtschaftliche und finanzpolitische Aspekte eines deutschen Beitrags zur EVG, in: Anfänge, Bd. 2 (Nr. 849), 757–873.
809. Die Korea-Krise als ordnungspolitische Herausforderung der deutschen Wirtschaftspolitik. Redaktion: H.F. Wünsche, Stuttgart 1986.
810. D. Kosthorst, Primat der Politik als Primat der Bündnispolitik. Zum Streit um das Röhrenembargo gegen die UdSSR, in: R.A. Blasius (Hrsg.), Von Adenauer (Nr. 1350), 97–117.
811. H.J. Küsters, Adenauers Europapolitik in der Gründungsphase der Europäischen Wirtschaftsgemeinschaft, in: VfZ 31 (1983), 646–673.
812. Ders., Die Gründung der Europäischen Wirtschaftsgemeinschaft, Baden-Baden 1982.
813. Ders., Die Europapolitik der Bundesrepublik Deutschland im Spannungsfeld von EWG- und EFTA-Gründung 1956–1958, in: R. Hudemann (Hrsg.), Europa im Blick der Historiker. Europäische Integration im 20. Jahrhundert, München 1995, 203–240.
814. Ders., Souveränität und ABC-Waffen-Verzicht. Deutsche Diplomatie auf der Londoner Neunmächte-Konferenz 1954, in: VfZ 42 (1994), 499–536.
815. Ders., Zwischen Vormarsch und Schlaganfall. Das Projekt der Europäischen Politischen Gemeinschaft und die Haltung der Bundesrepublik Deutschland (1951–1954), in: G. Trausch (Hrsg.), Die europäische Integration vom Schuman-Plan bis zu den Verträgen von Rom, Baden-Baden 1993, 259–293.
816. W. Loth, Der Korea-Krieg und die Staatswerdung der Bundesrepublik, in: J. Foschepoth (Hrsg.), Kalter Krieg (Nr. 320), 335–361.
817. P. März, Die Bundesrepublik zwischen Westintegration und Stalin-Noten, Frankfurt a.M. 1982.
818. E. Majonica, Bonn – Peking. Die Beziehungen der Bundesrepublik Deutschland zur Volksrepublik China, Stuttgart 1971.
819. F.A. Mayer, Adenauer and Kennedy. A Study in German-American Relations, 1961–1963, London 1996.

820. N. MEYER-LANDRUT, Frankreich und die deutsche Einheit. Die Haltung der französischen Regierung und Öffentlichkeit zu den Stalin-Noten 1952, München 1988.

821. B. MEISSNER, Adenauer und die Sowjetunion von 1955 bis 1959, in: D. BLUMENWITZ u. a. (Hrsg.), Adenauer, Bd. 2 (Nr. 1415), 192–219.

822. DERS., Die politischen Beziehungen zwischen der Bundesrepublik Deutschland und der Sowjetunion seit der Berlin-Krise, in: Jb. der Albertus-Universität Königsberg/Pr. 26/27 (1986), 183–206.

823. R. MEYER VON ACHENBACH, Gedanken über eine konstruktive deutsche Ostpolitik. Eine unterdrückte Denkschrift aus dem Jahr 1953, hrsg. von J.H. SCHOEPS, Frankfurt a.M. 1986.

824. G. NIEDHART u. a. (Hrsg.), Deutschland in Europa. Nationale Interessen und internationale Ordnung im 20. Jahrhundert, Mannheim 1997.

825. H. ROSENBACH, Der Preis der Freiheit. Die deutsch-amerikanischen Verhandlungen über den Devisenausgleich (1961–1967), in: VfZ 46 (1998), 709–746.

826. N. SAGI, Wiedergutmachung für Israel, Stuttgart 1981.

827. K. SCHWABE (Hrsg.), Die Anfänge des Schuman-Plans 1950/51, Baden-Baden 1988.

828. DERS. (Hrsg.), Adenauer und die USA, Bonn 1994.

829. H.-P. SCHWARZ, Adenauers Ostpolitik, in: W.F. HANRIEDER, H. RÜHLE (Hrsg.), Im Spannungsfeld der Weltpolitik, Stuttgart 1981, 207–232.

830. DERS., Adenauer und Europa, in: VfZ 27 (1979), 471–523.

831. DERS. (Hrsg.), Adenauer und Frankreich. Die deutsch-französischen Beziehungen 1958–1969, Bonn 1985.

832. DERS., Adenauer und Rußland, in: F.J. KRONECK, T. OPPERMANN (Hrsg.), Im Dienste Deutschlands und des Rechtes, Baden-Baden 1981, 365–389.

833. DERS. (Hrsg.), Die Legende von der verpaßten Gelegenheit. Die Stalin-Note vom 10. März 1952, Stuttgart 1982.

834. DERS., Die Politik der Westbindung oder die Staatsräson der Bundesrepublik, in: ZfP 22 (1975), 307–337.

835. P. SIEBENMORGEN, Gezeitenwechsel. Aufbruch zur Entspannungspolitik, Bonn 1990.

836. R. STEININGER, Eine Chance zur Wiedervereinigung? Die Stalin-Note vom 10. März 1952. Eine Darstellung und Dokumentation auf der Grundlage unveröffentlichter britischer und amerikanischer Akten, Bonn 2. Aufl. 1986.

837. DERS., Eine vertane Chance. Die Stalin-Note vom 10. März 1952 und die Wiedervereinigung, Bonn 3. Aufl. 1990 (= Einleitung zu Nr. 836).

838. B. THOSS, Die Doppelkrise von Suez und Budapest in ihren Auswirkungen auf Adenauers Sicherheits- und Europapolitik 1956/57, in: W. HEINEMANN, N. WIGGERSHAUS (Hrsg.), Das internationale Krisenjahr 1956, München 1999, 573–588.

839. G. TRAUSCH (Hrsg.), Die Europäische Integration vom Schuman-Plan bis zu den Verträgen von Rom, Baden-Baden 1993.
840. H.-E. VOLKMANN, Adenauer, der DGB und der Schuman-Plan, in: ZfG 44 (1996), 223–246.
841. J. WEBER, Wiedervereinigung durch Neutralisierung? Gesamtdeutsche Appelle der SED und das Angebot Stalins von 1952, in: DERS. (Hrsg.), Geschichte der Bundesrepublik Deutschland, Bd. 1 (Nr. 297), 167–178.
842. W. WEIDENFELD, Konrad Adenauer und Europa, Bonn 1976.
843. P. WEILEMANN, Die Anfänge der Europäischen Atomgemeinschaft, Baden-Baden 1983.
844. G. WETTIG, Die sowjetische Deutschland-Note vom 10. März 1952, in: DA 15 (1982), 130–148.
845. DERS., Die Stalin-Note vom 10. März 1952 als geschichtswissenschaftliches Problem, in: DA 25 (1992), 157–167.
846. DERS., Die Deutschland-Note vom 10. März 1952 auf der Basis diplomatischer Akten des russischen Außenministeriums, in: DA 26 (1993), 786–805.
847. DERS., Stalin und die deutsche Frage. Die Note vom 10. März 1952, in: Osteuropa 47 (1997), 1259–1273.
848. M. WOLFFSOHN, Das deutsch-israelische Wiedergutmachungsabkommen von 1952 im internationalen Zusammenhang, in: VfZ 36 (1988), 691–731.

c) Sicherheit, Verteidigung

849. Anfänge westdeutscher Sicherheitspolitik 1945–1956. Bd. 1: R.G. FOERSTER u. a., Von der Kapitulation bis zum Pleven-Plan; Bd. 2: L. KÖLLNER u. a., Die EVG-Phase; Bd. 3: H. EHLERT u. a., Die NATO-Option; Bd. 4: W. ABELSHAUSER, W. SCHWENGLER, Wirtschaft und Rüstung, Souveränität und Sicherheit, München 1982–1997.
850. H. BRILL, Bogislaw von Bonin im Spannungsfeld zwischen Wiederbewaffnung, Westintegration, Wiedervereinigung, 2 Bde., Baden-Baden 1987–1989.
851. F. BUCHHOLZ, Strategische und militärpolitische Diskussionen in der Gründungsphase der Bundeswehr 1949–1960, Frankfurt a.M. 1991.
852. M. CIOC, Abschreckung und Verteidigung. Die Kontroverse über die Atombewaffnung in der Ära Adenauer 1949–1963, in: L. HERBST u. a. (Hrsg.), Vom Marshallplan (Nr. 1097), 501–514.
853. M. ECKERT, Die Anfänge der Atompolitik in der Bundesrepublik Deutschland, in: VfZ 37 (1989), 115–143.
854. H. EHLERT, Innenpolitische Auseinandersetzungen um die Pariser Verträge und die Wehrverfassung 1954 bis 1956, in: Anfänge, Bd. 3 (Nr. 849), 235–560.
855. A. FISCHER (Hrsg.), Wiederbewaffnung in Deutschland nach 1945, Berlin 1986.

856. P. FISCHER, Das Projekt einer trilateralen Nuklearkooperation. Französisch-deutsch-italienische Geheimverhandlungen 1957/1958, in: HJb. 112 (1992), 143–156.

857. DERS., Die Reaktion der Bundesregierung auf die Nuklearisierung der westlichen Verteidigung (1952–1958), in: MGM 52 (1993), 105–132.

858. DERS., Atomenergie und staatliches Interesse. Die Anfänge der Atompolitik in der Bundesrepublik Deutschland 1949–1955, Baden-Baden 1994.

859. M. GLASER, Das Militärische Sicherheitsamt der Westalliierten von 1949 bis 1955, Witterschlick 1992.

860. C. GREINER, Die militärische Eingliederung der Bundesrepublik Deutschland in die WEU und in die NATO 1954 bis 1957, in: Anfänge, Bd. 3 (Nr. 849), 561–850.

861. E. HÄCKEL, Die Bundesrepublik Deutschland und der Atomwaffensperrvertrag, Bonn 1989.

862. H. HAFTENDORN, Sicherheit und Entspannung. Zur Außenpolitik der Bundesrepublik Deutschland 1955–1982, Baden-Baden 2. Aufl. 1986.

863. J.G. HERSHBERG, „Explosion in the Offing": German Rearmement and American Diplomacy, 1953–1955, in: Diplomatic History 16 (1992), 511–549.

864. K. HÖFNER, Die Aufrüstung Westdeutschlands. Willensbildung, Entscheidungsprozesse und Spielräume westdeutscher Politik 1945 bis 1950, München 1990.

865. D. HOFMANN, Truppenstationierung in der Bundesrepublik Deutschland. Die Vertragsverhandlungen mit den Westmächten 1951–1959, München 1997.

866. C. HOPPE, Zwischen Teilhabe und Mitsprache. Die Nuklearfrage in der Allianzpolitik Deutschlands 1959–1966, Baden-Baden 1993.

867. Der Kampf um den Wehrbeitrag, hrsg. vom Institut für Staaatslehre und Politik e.V., 3 Bde., München 1952–1958.

868. M. KÜNTZEL, Bonn und die Bombe. Deutsche Atomwaffenpolitik von Adenauer bis Brandt, Frankfurt a.M. 1992.

869. K.A. MAIER, Die internationalen Auseinandersetzungen um die Westintegration der Bundesrepublik Deutschland und um ihre Bewaffnung im Rahmen der Europäischen Verteidigungsgemeinschaft, in: Anfänge, Bd. 2 (Nr. 849), 1–234.

870. DERS. u. a. (Hrsg.), Das Nordatlantische Bündnis 1949–1956, München 1993.

871. W. MEIER-DÖRNBERG, Die Planung des Verteidigungsbeitrages der Bundesrepublik Deutschland im Rahmen der EVG, in: Anfänge, Bd. 2 (Nr. 849), 605–756.

872. G. MEYER, Zur inneren Entwicklung der Bundeswehr bis 1960/61, in: Anfänge, Bd. 3 (Nr. 849), 851–1162.

873. P. NOACK, Das Scheitern der Europäischen Verteidigungsgemeinschaft. Entscheidungsprozesse vor und nach dem 30. August 1954, Düsseldorf 1977.
874. R. POMMERIN, „Bonn ohne Bombe". Zur Nuklearwaffenabstinenz der Bundesrepublik Deutschland, in: P.R. WEILEMANN u. a. (Hrsg.), Macht und Zeitkritik, Paderborn 1999, 327–343.
875. H.-J. RAUTENBERG, Zur Standortbestimmung für künftige deutsche Streitkräfte, in: Anfänge, Bd. 1 (Nr. 849), 737–879.
876. K. VON SCHUBERT, Wiederbewaffnung und Westintegration. Die innere Auseinandersetzung um die militärische und außenpolitische Orientierung der Bundesrepublik 1950–1952, Stuttgart 2. Aufl. 1972.
877. H.-P. SCHWARZ, Adenauer und die Kernwaffen, in: VfZ 37 (1989), 565–593.
878. J. STEINHOFF, R. POMMERIN, Strategiewechsel. Bundesrepublik und Nuklearstrategie in der Ära Adenauer-Kennedy, Baden-Baden 1992.
879. R. STEININGER, Wiederbewaffnung. Die Entscheidung für einen westdeutschen Verteidigungsbeitrag: Adenauer und die Westmächte 1950, Erlangen 1989.
880. DERS. u. a. (Hrsg.), Die doppelte Eindämmung. Europäische Sicherheit und deutsche Frage in den Fünfzigern, Mainz 1993.
881. B. THOSS, Der Beitritt der Bundesrepublik Deutschland zur WEU und NATO im Spannungsfeld von Blockbildung und Entspannung (1954–1956), in: Anfänge, Bd. 3 (Nr. 849), 1–234.
882. DERS., H.-E. VOLKMANN (Hrsg.), Zwischen Kaltem Krieg und Entspannung. Sicherheits- und Deutschlandpolitik der Bundesrepublik im Mächtesystem der Jahre 1953–1956, Boppard 1988.
883. H.-E. VOLKMANN, Die innenpolitische Dimension Adenauerscher Sicherheitspolitik in der EVG-Phase, in: Anfänge, Bd. 2 (Nr. 849), 235–604.
884. G. WETTIG, Entmilitarisierung und Wiederbewaffnung in Deutschland 1943–1955, München 1967.
885. N. WIGGERSHAUS, Die Entscheidung für einen westdeutschen Verteidigungsbeitrag, in: Anfänge, Bd. 1 (Nr. 849), 324–402.
886. DERS., Aspekte westdeutscher Bedrohungsperzeptionen 1946–1959. Wahrnehmungen durch Adenauer und die militärischen Verantwortlichen, in: F. KNIPPING, K.-J. MÜLLER (Hrsg.), Aus der Ohnmacht (Nr. 807), 169–200.
887. DERS., R.G. FOERSTER (Hrsg.), Die westliche Sicherheitsgemeinschaft 1948–1950, Boppard 1988.

d) Parlamentarismus, Regierungssystem, Wahlen

888. W. BENZ, D. MOOS (Hrsg.), Das Grundgesetz und die Bundesrepublik Deutschland 1949–1989, München 1989.
889. K.D. BRACHER, Die Kanzlerdemokratie – Antwort auf das deutsche Staatsproblem?, in: DERS., Zeitgeschichtliche Kontroversen, München 3. Aufl. 1980, 119–159.

890. H. BUCHHEIM (Hrsg.), Konrad Adenauer und der Deutsche Bundestag, Bonn 1986.
891. Bundesrat (Hrsg.), Der Bundesrat als Verfassungsorgan und politische Kraft. Wiss. Redaktion: D.A. SCHEUING, Darmstadt 1974. ND 1987.
892. Ders. (Hrsg.), Vierzig Jahre Bundesrat. Tagungsband, Baden-Baden 1989.
893. W.F. DEXHEIMER, Koalitionsverhandlungen in Bonn 1961, 1965, 1969, Bonn 1973.
894. A. DOERING-MANTEUFFEL, Strukturmerkmale der Kanzlerdemokratie, in: Der Staat 30 (1991), 1–18.
895. T. ESCHENBURG, Zur politischen Praxis in der Bundesrepublik Deutschland, 3 Bde., München 1964–1972.
896. G. FABRITIUS, Der Bundesrat. Transmissionsriemen für die Unitarisierung der Bundesrepublik? Geschichte der Koalitionsbildung in den Bundesländern, in: ZfParl. 7 (1976), 448–460.
897. J.W. FALTER u. a. (Hrsg.), Wahlen und politische Einstellungen in der Bundesrepublik Deutschland, Frankfurt a.M. 1989.
898. K. GÜNTHER, Der Kanzlerwechsel in der Bundesrepublik. Adenauer – Erhard – Kiesinger, Hannover 1970.
899. P. HAUNGS, Kanzlerdemokratie in der Bundesrepublik Deutschland: Von Adenauer bis Kohl, in: ZfP 33 (1986), 44–66.
900. R. HRBEK (Hrsg.), Personen und Institutionen in der Entwicklung der Bundesrepublik Deutschland, Kehl 1985.
901. DERS. (Hrsg.), Miterlebt, mitgestaltet: Der Bundesrat im Rückblick, Stuttgart 1989.
902. W. JÄGER, Von der Kanzlerdemokratie zur Koordinationsdemokratie, in: ZfP 35 (1988), 15–32.
903. E. JESSE, Wahlrecht zwischen Kontinuität und Reform. Eine Analyse der Wahlsystemdiskussion und der Wahlrechtsänderungen in der Bundesrepublik Deutschland 1949–1983, Düsseldorf 1985.
904. D. KOERFER, Schwierige Geburten. Die Regierungsbildungen 1961, 1962, 1963 und 1965, in: W. MISCHNICK (Hrsg.), Verantwortung für die Freiheit. 40 Jahre F.D.P., Stuttgart 1989, 156–192.
905. DERS., Kampf ums Kanzleramt. Erhard und Adenauer, Stuttgart 1987.
906. J. KÜPPER, Die Kanzlerdemokratie. Voraussetzungen, Strukturen und Änderungen des Regierungsstils in der Ära Adenauer, Frankfurt a.M. 1985.
907. G. LOEWENBERG, Parlamentarismus im politischen System der Bundesrepublik Deutschland, Tübingen 1969 (amerik. Ausg. 1967).
908. R. MORSEY, Konrad Adenauer und der Deutsche Bundestag, in: H. BUCHHEIM (Hrsg.), Adenauer (Nr. 890), 14–40.
909. DERS., Der Bundespräsident in der Kanzlerdemokratie. Amtsverständnis, Amtsführung und Traditionsbildung von Theodor Heuss bis Walter Scheel (1949–1979) (1990). ND in: DERS., Von Windthorst (Nr. 753), 571–590.

910. D. OBERNDÖRFER, K. SCHMITT (Hrsg.), Parteien und regionale politische Traditionen in der Bundesrepublik Deutschland, Berlin 1991.

911. M.-L. RECKER, Wahlen und Wahlkämpfe in der Bundesrepublik Deutschland 1949–1969, in: G.A. RITTER (Hrsg.), Wahlen und Wahlkämpfe in Deutschland, Düsseldorf 1997, 267–309.

912. H.K. RUPP, Außerparlamentarische Opposition in der Ära Adenauer. Der Kampf gegen die Atombewaffnung in den fünfziger Jahren, Köln 3. Aufl. 1984.

913. G. SCHÄFER, C. NEDELMANN (Hrsg.), Der CDU-Staat. Analysen zur Verfassungswirklichkeit der Bundesrepublik, 2 Bde., Frankfurt a.M. 4. Aufl. 1976.

914. K. SCHMITT, Konfession und Wahlverhalten in der Bundesrepublik Deutschland, Berlin 1989.

915. DERS., Wahlen, Parteieliten, politische Einstellungen, Frankfurt a.M. 1990.

916. H.-P. SCHWARZ (Hrsg.), Konrad Adenauers Regierungsstil, Bonn 1991.

917. K.-L. SOMMER, Der Bundesrat als außenpolitische Kontrollinstanz in den Anfangsjahren der Bundesrepublik Deutschland, in: ZfParl. 23 (1992), 537–556.

e) Parteien

e1) Allgemein

918. L. ALBERTIN, W. LINK (Hrsg.), Politische Parteien auf dem Weg zur parlamentarischen Demokratie in Deutschland, Düsseldorf 1981.

919. U. VON ALEMANN (Hrsg.), Parteien und Wahlen in Nordrhein-Westfalen, Köln 1985.

920. W. BECKER, Die Entwicklung der politischen Parteien im Saarland 1945–1955 nach französischen Quellen, in: R. HUDEMANN, R. POIDEVIN (Hrsg.), Die Saar 1945–1955 (Nr. 443), 253–296.

921. W. BENZ u. a., Einheit der Nation. Diskussionen und Konzeptionen zur Deutschlandpolitik der großen Parteien seit 1945, Stuttgart 1978.

922. D. BERG-SCHLOSSER u. a. (Hrsg.), Parteien und Wahlen in Hessen 1946–1993, Marburg 1994.

923. K.D. BRACHER u. a. (Hrsg.), Staat und Parteien, Berlin 1992.

924. J. DITTBERNER, Die Bundesparteitage der CDU und der SPD von 1946 bis 1968, Augsburg 1969.

925. DERS., R. EBBIGHAUSEN (Hrsg.), Parteiensystem in der Legitimationskrise. Studien und Materialien zur Soziologie der Parteien in der Bundesrepublik Deutschland, Opladen 1973.

926. A. DOERING-MANTEUFFEL, „Verzicht ist Verrat". Beharrung und Wandel in den deutschlandpolitischen Vorstellungen der Bundestagsparteien 1949–1966, in: Jb. für die Geschichte Mittel- und Ostdeutschlands 29 (1980), 120–130.

927. H. von der Dunk, H. Lademacher (Hrsg.), Auf dem Weg zum modernen Parteienstaat, Melsungen 1986.
928. J. Frölich (Hrsg.), „Bürgerliche Parteien" in der SBZ/DDR. Zur Geschichte von CDU, LDP(D), DBP und NDPD 1945 bis 1953, Köln 1994.
929. J. Gabbe, Parteien und Nation. Zur Rolle des Nationalbewußtseins für die politischen Grundorientierungen der Parteien in der Anfangsphase der Bundesrepublik, Meisenheim 1976.
930. H.-J. Grabbe, Unionsparteien, Sozialdemokratie und Vereinigte Staaten von Amerika 1945–1966, Düsseldorf 1983.
931. R. Kunz u. a. (Hrsg.), Programme der politischen Parteien in der Bundesrepublik Deutschland, München 1979.
932. R. Marcowitz, Option für Paris? Unionsparteien, SPD und Charles de Gaulle 1958 bis 1969, München 1996.
933. A. Mintzel, H. Oberreuter (Hrsg.), Parteien in der Bundesrepublik Deutschland, Opladen 2. aktualis. und erweit. Aufl. 1992.
934. H. Möller, Deutschland zwischen Ost und West. Die deutschen Parteien und die Westintegration nach 1945, in: K.D. Bracher u. a. (Hrsg.), Staat und Parteien (Nr. 923), 771–802.
935. D. Staritz (Hrsg.), Das Parteiensystem der Bundesrepublik, Opladen 2. Aufl. 1980.
936. R. Stöss (Hrsg.), Parteien-Handbuch. Die Parteien der Bundesrepublik Deutschland 1945–1980, 2 Bde., Opladen 1983–1984. ND: 4 Bde., Opladen 1986 [mit 47 Einzelbeiträgen].
937. K. Weitzel, Vom Chaos zur Demokratie. Die Entstehung der Parteien in Rheinland-Pfalz 1945–1947, Mainz 1989.

e2) CDU und CSU

938. W. Becker, CDU und CSU 1945–1950, Mainz 1987.
939. Ders., Die europäische Einigung und die deutschen Unionsparteien. Von den Anfängen in der Nachkriegszeit bis zur Gegenwart, in: HPM 1 (1994), 135–154.
940. W. Buchhaas, Die Volkspartei. Programmatische Entwicklung der CDU 1950–1973, Düsseldorf 1981.
941. G. Buchstab, Der Ellwanger Freundeskreis der CDU/CSU, in: W. Becker, W. Chrobak (Hrsg.), Staat, Kultur, Politik. Beiträge zur Geschichte Bayerns und des Katholizismus, Kallmünz/Opf. 1992, 431–441.
942. Ders., Zwischen „Zauber und Donner". Die CDU/CSU und de Gaulle, in: W. Loth, R. Picht (Hrsg.), De Gaulle, Deutschland und Europa, Opladen 1991, 95–107.
943. Ders., K. Gotto (Hrsg.), Die Gründung der Union, München 2. Aufl. 1990.
944. W. Burger, Die CDU in Baden-Württemberg und die CSU in Bayern, Freiburg i.Br. 1984.

945. K.-H. DEDRING, Adenauer - Erhard - Kiesinger. Die CDU als Regierungspartei 1961–1969, Pfaffenweiler 1989.
946. J. DOMES, Mehrheitsfraktion und Bundesregierung. Aspekte des Verhältnisses der Fraktion der CDU/CSU im 2. und 3. Deutschen Bundestag zum Kabinett Adenauer, Köln 1964.
947. P. FÄSSLER, Badisch, Christlich und Sozial. Zur Geschichte der BCSV/CDU im französisch besetzten Land Baden (1945–1952), Frankfurt a.M. 1995.
948. B. FAIT, Die Anfänge der CSU 1945–1948, München 1995.
949. F. FOCKE, Sozialismus aus christlicher Verantwortung. Die Idee eines christlichen Sozialismus in der katholisch-sozialen Bewegung und in der CDU, Wuppertal 2. Aufl. 1981.
950. L. GRUBER, Die CDU-Landtagsfraktion in Nordrhein-Westfalen 1946–1980, Düsseldorf 1998.
951. Hanns-Seidel-Stiftung (Hrsg.), Geschichte einer Volkspartei. 50 Jahre CSU 1945–1995, München 1995.
952. P. HAUNGS, Die Christlich Demokratische Union Deutschlands (CDU) und die Christlich Soziale Union in Bayern (CSU), in: H.-J. VEEN (Hrsg.), Christlich-demokratische und konservative Parteien in Westeuropa, Bd. 1, Paderborn 1983, 9–194, 269–308.
953. DERS., Die CDU, in: A. MINTZEL, H. OBERREUTER (Hrsg.), Parteien (Nr. 933), 172–216.
954. H. HEITZER, Die CDU in der britischen Zone 1945–1949, Düsseldorf 1988.
955. K.-D. HENKE, H. WOLLER (Hrsg.), Lehrjahre der CSU. Eine Nachkriegspartei im Spiegel vertraulicher Berichte an die amerikanische Militärregierung, Stuttgart 1984.
956. H. HÜRTEN, Der Beitrag Christlicher Demokraten zum geistigen und politischen Wiederaufbau und zur europäischen Integration nach 1945: Bundesrepublik Deutschland, in: W. BECKER, R. MORSEY (Hrsg.), Christliche Demokraten in Europa, Köln 1988, 213–223.
957. H.-O. KLEINMANN, Geschichte der CDU 1945–1982, Stuttgart 1993.
958. J. KUROPKA, 40 Jahre Christlich-Demokratische Union im Oldenburger Land, Oldenburg 1987.
959. G. LANGGUTH (Hrsg.), Politik und Plakat. 50 Jahre Plakatgeschichte am Beispiel der CDU, Bonn 1995.
960. DERS. (Hrsg.), In Verantwortung für Deutschland. 50 Jahre CDU, Köln 1996.
961. A. MARTIN, Die Entstehung der CDU in Rheinland-Pfalz, Mainz 1995.
962. A. MINTZEL, Die CSU. Anatomie einer konservativen Partei 1945–1972, Opladen 2. Aufl. 1978.
963. DERS., Die Christlich-Soziale Union in Bayern, in: A. MINTZEL, H. OBERREUTER (Hrsg.), Parteien (Nr. 933), 217–265.
964. R. MORSEY, Katholizismus und Unionsparteien in der Ära Adenauer, in: A. LANGNER (Hrsg.), Katholizismus (Nr. 1216), 33–59.

965. G. MÜCHLER, CDU/CSU. Das schwierige Bündnis, München 1976.
966. T. OPPELLAND, Der Evangelische Arbeitskreis der CDU/CSU, 1952–1969, in: HPM 5 (1998), 105–143.
967. H. PÜTZ (Bearb.), Konrad Adenauer und die CDU der britischen Besatzungszone 1946–1949, Bonn 1975.
968. G. RINSCHE (Hrsg.), Frei und geeint. Europa in der Politik der Unionsparteien, Köln 1997.
969. T. SCHLEMMER, Aufbruch, Krise und Erneuerung. Die Christlich-Soziale Union 1945 bis 1955, München 1998.
970. W. SCHÖNBOHM, Die CDU wird moderne Volkspartei. Selbstverständnis, Mitglieder, Organisation und Apparat 1950–1980, Stuttgart 1985.
971. R. UERTZ, Christentum und Sozialismus in der frühen CDU, Stuttgart 1981.
972. J. WEBERLING, Für Freiheit und Menschenrechte. Der Ring Christlich-Demokratischer Studenten (RCDS) 1945–1986, Düsseldorf 1990.
973. P.-L. WEINACHT (Hrsg.), Die CDU in Baden-Württemberg und ihre Geschichte, Stuttgart 1978.
974. K. WEITZEL, Von der CSVP zur CDU. Die Gründung der CDU in Rheinhessen 1945 bis 1947, Frankfurt a.M. 1982.
975. H.G. WIECK, Christliche und Freie Demokraten in Hessen, Rheinland-Pfalz, Baden und Württemberg 1945/46, Düsseldorf 1958.
976. DERS., Die Entstehung der CDU und die Wiedergründung des Zentrums im Jahre 1945, Düsseldorf 1953.
977. M. WILDE, Die SBZ-CDU 1945–1947, München 1998.
978. K. WOLF, CSU und Bayernpartei. Ein besonderes Konkurrenzverhältnis 1948–1960, Köln 2. Aufl. 1984.
979. W. WOLF (Hrsg.), CDU Hessen 1945–1985, Köln 1986.

e3) SPD

980. W. ALBRECHT, Der Sozialistische Deutsche Studentenbund (SDS), Bonn 1994.
981. M. G. M. ANTONI, Sozialdemokratie und Grundgesetz, 2 Bde., Berlin 1991–1992.
982. B.W. BOUVIER, Zwischen Godesberg und Großer Koalition. Der Weg der SPD in die Regierungsverantwortung, Bonn 1990.
983. H.J. BRAUNS u. a., Die SPD in der Krise. Die deutsche Sozialdemokratie seit 1945, Frankfurt a.M. 1976.
984. T. BREHM, SPD und Katholizismus – 1957 bis 1966, Frankfurt a.M. 1989.
985. DERS., Gesellschaft im Wandel. Zur Annäherung von Katholizismus und Sozialdemokratie während der fünfziger und sechziger Jahre, in: J.-C. KAISER, A. DOERING-MANTEUFFEL (Hrsg.), Christentum (Nr. 542), 109–121.
986. W. BUSCHFORT, Das Ostbüro der SPD. Von der Gründung bis zur Berlin-Krise, München 1991.

987. E. Czerwick, Oppositionstheorien und Außenpolitik. Eine Analyse sozialdemokratischer Deutschlandpolitik 1955 bis 1966, Königstein/Ts. 1981.

988. D. Dowe (Hrsg.), Partei und soziale Bewegung. Kritische Beiträge zur Entwicklung der SPD seit 1945, Bonn 1993.

989. D. Düding, Zwischen Tradition und Innovation. Die sozialdemokratische Landtagsfraktion in Nordrhein-Westfalen 1946–1966, Bonn 1995.

990. T. Enders, Die SPD und die äußere Sicherheit. Zum Wandel der sicherheitspolitischen Konzeption der Partei in der Zeit der Regierungsverantwortung (1966–1982), Melle 1987.

991. T. Fichter, SDS und SPD, Wiesbaden 1988.

992. H. Grebing u. a., Lehrstücke in Solidarität. Briefe und Biographien deutscher Sozialisten 1945–1949, München 1983.

993. G. Gruner, M. Wilke (Hrsg.), Sozialdemokraten im Kampf um die Freiheit. Die Auseinandersetzungen zwischen SPD und KPD in Berlin 1945/46, München 1981.

994. K. Günther, Sozialdemokratie und Demokratie 1946–1966, Bonn 1979.

995. R. Hrbek, Die SPD – Deutschland und Europa. Die Haltung der Sozialdemokratie zum Verhältnis von Deutschland-Politik und West-Integration (1945–1957), Bonn 1972.

996. J. Hütter, SPD und nationale Sicherheit. Internationale und innenpolitische Determinanten des Wandels der sozialdemokratischen Sicherheitspolitik 1959–1961, Meisenheim 1975.

997. A. Kaden, Einheit oder Freiheit. Die Wiedergründung der SPD 1945/46, Hannover 1964. ND Bonn 1980.

998. K. Klotzbach, Der Weg zur Staatspartei. Programmatik, praktische Politik und Organisation der deutschen Sozialdemokratie 1945 bis 1965, Berlin 1982. ND 1996 (mit aktualis. Literaturverzeichnis und einem Nachwort von K. Schönhoven, 603–611).

999. Ders., SPD und Katholische Kirche nach 1945, in: AfS 29 (1989), XXXVIII-XLVII.

1000. K. Kusch, Die Wiedergründung der SPD in Rheinland-Pfalz nach dem Zweiten Weltkrieg (1945–1951), Mainz 1989.

1001. U.F. Löwke, Die SPD und die Wehrfrage 1949–1955, Bonn 1976.

1002. S. Miller, Die SPD vor und nach Godesberg, Bonn 3. Aufl. 1978.

1003. M. Möller, Evangelische Kirche und Sozialdemokratische Partei in den Jahren 1945–1950, Göttingen 1984.

1004. F. Moraw, Die Parole der „Einheit" und die Sozialdemokratie. Zur parteiorganisatorischen und gesellschaftspolitischen Orientierung der SPD in der Periode der Illegalität und in der ersten Phase der Nachkriegszeit 1933–1948, Bonn 2. aktualis. Aufl. 1990.

1005. H. Nowka, Das Machtverhältnis zwischen Partei und Fraktion in der SPD, Köln 1973.

1006. F. OSTERROTH, D. SCHUSTER, Chronik der deutschen Sozialdemokratie. Bd. 3: Nach dem Zweiten Weltkrieg, Berlin 2. Aufl. 1978.

1007. T. PIRKER, Die SPD nach Hitler. Die Geschichte der Sozialdemokratischen Partei Deutschlands 1945–1965, Berlin 2. Aufl. 1977.

1008. J. SCHADT, W. SCHMIERER (Hrsg.), Die SPD in Baden-Württemberg und ihre Geschichte, Stuttgart 1979.

1009. A. SCHIRMER, Die Deutschlandpolitik der SPD in der Phase des Übergangs vom Kalten Krieg zur Entspannungspolitik 1955–1970, Münster 1987.

1010. H. SCHMITT, Die Sozialdemokratische Partei Deutschlands, in: A. MINTZEL, H. OBERREUTER (Hrsg.), Parteien (Nr. 933), 133–171.

1011. K.T. SCHMITZ, Deutsche Einheit und Europäische Integration. Der sozialdemokratische Beitrag zur Außenpolitik der Bundesrepublik Deutschland unter besonderer Berücksichtigung des programmatischen Wandels einer Oppositionspartei, Bonn 1978.

1012. K. SCHÖNHOVEN, Sozialdemokratie im Wandel. Selbstverständnis und Sozialstruktur der SPD in den sechziger und siebziger Jahren, in: A. BAUERKÄMPER u. a. (Hrsg.), Doppelte Zeitgeschichte (Nr. 181), 158–167.

1013. DERS., D. STARITZ (Hrsg.), Sozialismus und Kommunismus im Wandel, Köln 1993.

1014. K.-L. SOMMER, Gustav Heinemann und die Entwicklung der SPD in den sechziger Jahren, München 1980.

1015. W. TORMIN, Die Geschichte der SPD in Hamburg 1945–1950, Hamburg 1994.

1016. E. WERNER, Im Dienst der Demokratie. Die bayerische Sozialdemokratie nach der Wiedergründung 1945, München 1982.

1017. L. WILKER, Die Sicherheitspolitik der SPD 1956–1966, Bonn-Bad Godesberg 1977.

e4) FDP

1018. L. ALBERTIN (Hrsg.), Politischer Liberalismus in der Bundesrepublik, Göttingen 1980.

1019. B. BODE, Liberal-Demokraten und „deutsche Frage". Zum politischen Wandel einer Partei in der Sowjetischen Besatzungszone und in der DDR zwischen 1945 und 1961, Frankfurt a.M. 1997.

1020. C. BRAUERS, Liberale Deutschlandpolitik 1949–1969, Münster 1993.

1021. J. DITTBERNER, FDP - Partei der zweiten Wahl, Opladen 1987.

1022. R. ENGELMANN, Brüchige Verbindungen. Die Beziehungen zwischen FDP und LDPD 1956–1966, in: DERS., P. ERKER, Annäherung und Abgrenzung, München 1993, 13–132.

1023. F. GLASHAUSER, Die Bildungs- und Kulturpolitik der bayerischen FDP, München 1988.

1024. S.J. GLATZEDER, Die Deutschlandpolitik der FDP in der Ära Adenauer, Baden-Baden 1980.

1025. J.M. GUTSCHER, Die Entwicklung der FDP von ihren Anfängen bis 1961, Königstein/Ts. 2. Aufl. 1984.

1026. D. HEIN, Zwischen liberaler Milieupartei und nationaler Sammlungsbewegung. Gründung, Entwicklung und Struktur der Freien Demokratischen Partei 1945–1949, Düsseldorf 1985.

1027. C. HEITMANN, FDP und neue Ostpolitik, Sankt Augustin 1989.

1028. R. HÜBSCH, J. FRÖLICH (Hrsg.), Deutsch-deutscher Liberalismus im Kalten Krieg. Zur Deutschlandpolitik der Liberalen 1945–1970, Potsdam 1997.

1029. H.-H. JANSEN, Die FDP in den Berichten der US-Diplomatie 1950–1957, in: Jb. zur Liberalismus-Forschung 8 (1996), 157–193.

1030. P. JEUTTER, EWG – Kein Weg nach Europa. Die Haltung der Freien Demokratischen Partei zu den Römischen Verträgen 1957, Bonn 1985.

1031. H. KAACK, Die F.D.P. Grundriß und Materialien zur Geschichte, Struktur und Programmatik, Meisenheim am Glan 3. Aufl. 1979.

1032. D. KOERFER, Die FDP in der Identitätskrise. Die Jahre 1966–1969 im Spiegel der Zeitschrift „liberal", Stuttgart 1981.

1033. A. KRAMER, Die FDP und die äußere Sicherheit. Zum Wandel der sicherheitspolitischen Konzeption der Partei von 1966 bis 1982, Bonn 1995.

1034. B. MAUCH, Die bayerische FDP. Portrait einer Landespartei 1945–1949, München 1981.

1035. G. PAPKE, Zum Stand der Forschung zur Geschichte der Freien Demokratischen Partei, in: Liberal 33 (1991), 34–41.

1036. DERS., Unser Ziel ist die unabhängige FDP. Die Liberalen und der Machtwechsel in Nordrhein-Westfalen 1956, Baden-Baden 1992.

1037. DERS., Liberale Ordnungskraft, nationale Sammlungsbewegung oder Mittelstandspartei? Die FDP-Fraktion in Nordrhein-Westfalen 1946–1966, Düsseldorf 1998.

1038. P. ROTHMUND, E.R. WIEHN (Hrsg.), Die F.D.P./DVP in Baden-Württemberg und ihre Geschichte, Stuttgart 1979.

1039. T. RÜTTEN, Der deutsche Liberalismus 1945 bis 1955, Baden-Baden 1984.

1040. T. SCHILLER, Stand, Defizite und Perspektiven der FDP-Forschung, in: O. NIEDERMAYER, R. STÖSS (Hrsg.), Stand und Perspektiven (Nr. 220), 118–146.

1041. M. SCHMIDT, Die FDP und die deutsche Frage 1949–1960, Münster 1995.

1042. K. SCHRÖDER, Die FDP in der britischen Besatzungszone 1946–1948, Düsseldorf 1985.

1043. G. SERFAS, „Lieber Freiheit ohne Einheit als Einheit ohne Freiheit". Der Neubeginn der Demokratischen Volkspartei in Württemberg-Baden 1945/46, Heidelberg 1986.

1044. M. SIEKMEIER, Restauration oder Reform? Die FDP in den sechziger Jahren – Deutschland- und Ostpolitik zwischen Wiedervereinigung und Entspannung, Köln 1998.

1045. H. VORLÄNDER, Die Freie Demokratische Partei, in: A. MINTZEL, H. OBERREUTER (Hrsg.), Parteien (Nr. 933), 266–318.

1046. D. WAGNER, FDP und Wiederbewaffnung, Boppard 1978.

e5) Extremistische Gruppierungen

1047. U. BACKES, E. JESSE, Politischer Extremismus in der Bundesrepublik Deutschland, Berlin 4. Aufl. 1996.

1048. W. BENZ (Hrsg.), Rechtsextremismus in der Bundesrepublik, Frankfurt a.M. 4. Aufl. 1994.

1049. P. DUDEK, H.-G. JASCHKE, Entstehung und Entwicklung des Rechtsextremismus in der Bundesrepublik, 2 Bde., Opladen 1984.

1050. U. HAUTH, Die Politik von KPD und SED gegenüber der westdeutschen Sozialdemokratie (1945–1948), Frankfurt a.M. 1978.

1051. A. HERBST u. a. (Hrsg.), Die SED. Geschichte, Organisation, Politik. Ein Handbuch, Berlin 1997.

1052. G. KEIDERLING (Hrsg.), „Gruppe Ulbricht" in Berlin April bis Juni 1945. Von den Vorbereitungen im Sommer 1944 bis zur Wiedergründung der KPD im Juni 1945. Eine Dokumentation, Berlin 1993.

1053. DERS., Scheinpluralismus und Blockparteien. Die KPD und die Gründung der Parteien in Berlin 1945, in: VfZ 45 (1997), 257–296.

1054. H. KLUTH, Die KPD in der Bundesrepublik. Ihre politische Tätigkeit und Organisation 1945–1956, Opladen 1959.

1055. P. MAJOR, The Death of the KPD. Communism and Anti-Communism in West-Germany, 1945–1956, Oxford 1997.

1056. H.-P. MÜLLER, Gründung und Frühgeschichte der DKP im Licht der SED-Akten, in: K. SCHROEDER (Hrsg.), Geschichte und Transformation des SED-Staates, Berlin 1994, 251–285.

1057. W. MÜLLER, Die Gründung der SED – Alte Kontroversen und neue Positionen um die Zwangsvereinigung 1946, in: Jb. für Historische Kommunismusforschung 1996, Berlin 1997, 163–179.

1058. G. PFEIFFER, H.-G. STRICKERT (Hrsg.), Der KPD-Prozeß, 3 Bde., Karlsruhe 1955–1956.

1059. O. SOWINSKI, Die Deutsche Reichspartei (1950–1965), Frankfurt a.M. 1998.

1060. E. WALDMAN, Die Sozialistische Einheitspartei Westberlins und die sowjetische Berlinpolitik, Boppard 1972.

1061. H. WEBER, Herausbildung und Entwicklung des Parteiensysstems in der SBZ/DDR, in: APuZG B 16–17 (1996), 3–11.

1062. B. WEISBROD (Hrsg.), Rechtsradikalismus in der politischen Kultur der Nachkriegszeit. Die verzögerte Normalisierung in Niedersachsen, Hannover 1995.

1063. M. WILKE u. a., Die Deutsche Kommunistische Partei (DKP), Köln 1990.

1064. DERS. (Hrsg.), Anatomie der Parteizentrale. Die KPD/SED auf dem Weg zur Macht, Berlin 1998.

e6) Sonstige Parteien

1065. S. Appelius, Pazifismus in Westdeutschland. Die Deutsche Friedensgesellschaft 1945–1968, 2 Bde., Aachen 1991.

1066. K. Hirsch, Rechts von der Union. Personen, Organisationen, Parteien, München 1989.

1067. J. Müller, Die Gesamtdeutsche Volkspartei. Entstehung und Politik unter dem Primat nationaler Wiedervereinigung 1950–1957, Düsseldorf 1990.

1068. I. Nathusius, Am rechten Rande der Union. Der Weg der Deutschen Partei bis 1953, Diss. Mainz 1992.

1069. F. Neumann, Der Block der Heimatvertriebenen und Entrechteten 1950–1960, Meisenheim am Glan 1968.

1070. M. Rowold, Im Schatten der Macht. Zur Oppositionsrolle der nicht-etablierten Parteien in der Bundesrepublik, Düsseldorf 1974.

1071. Ders., S. Immerfall, Im Schatten der Macht. Nicht-etablierte Kleinparteien, in: A. Mintzel, H. Oberreuter (Hrsg.), Parteien (Nr. 933), 362–420.

1072. U. Schmidt, Zentrum oder CDU, Opladen 1987.

1073. Dies., Zentrumspartei oder Union – Zur Archäologie eines Parteienkonflikts nach 1945, in: M. Frese, M. Prinz (Hrsg.), Politische Zäsuren (Nr. 197), 649–666.

1074. U. Sommer, Die Liberal-Demokratische Partei Deutschlands, Münster 1996.

1075. R. Stöss, Vom Nationalismus zum Umweltschutz. Die Deutsche Gemeinschaft/Aktionsgemeinschaft Unabhängiger Deutscher im Parteiensystem der Bundesrepublik, Opladen 1980.

1076. I. Unger, Die Bayernpartei. Geschichte und Struktur 1945–1957, Stuttgart 1979.

1077. H. Woller, Die Loritz-Partei. Geschichte, Struktur und Politik der Wirtschaftlichen Aufbau-Vereinigung (WAV) 1945–1955, Stuttgart 1982.

f) Währung, Wirtschaft, Landwirtschaft, Wohnungsbau

1078. W. Abelshauser, Ansätze „korporativer Marktwirtschaft" in der Korea-Krise der frühen fünfziger Jahre, in: VfZ 30 (1982), 715–756.

1079. H.R. Adamsen, Faktoren und Daten der wirtschaftlichen Entwicklung in der Frühphase der Bundesrepublik Deutschland 1948–1954, in: AfS 18 (1978), 217–244.

1080. Ders., Investitionshilfe für die Ruhr. Wiederaufbau, Verbände und Soziale Marktwirtschaft 1948–1952, Wuppertal 1981.

1081. C.M. Andres, Die bundesdeutsche Luft- und Raumfahrtindustrie 1945–1970, Frankfurt a.M. 1996.

1082. J. Bellers, Außenwirtschaftspolitik der Bundesrepublik Deutschland 1949–1989, Münster 1990.

1083. V. BERGHAHN, Unternehmer und Politik in der Bundesrepublik, Frankfurt a.M. 1985.

1084. DERS., P.J. FRIEDRICH, Otto A. Friedrich, ein politischer Unternehmer, Frankfurt a. M. 1993.

1085. U. BEYENBURG-WEIDENFELD, Wettbewerbstheorie, Wirtschaftspolitik und Mittelstandsförderung 1948–1963, Stuttgart 1992.

1086. K. BORCHARDT, Die Bundesrepublik in den säkularen Trends der wirtschaftlichen Entwicklung (1983). ND in: DERS., Wachstum, Krisen, Handlungsspielräume in der Wirtschaftspolitik, Göttingen 1982, 125–150.

1087. D. BUCHHAAS, Gesetzgebung im Wiederaufbau. Schulgesetz in Nordrhein-Westfalen und Betriebsverfassungsgesetz, Düsseldorf 1985.

1088. Deutsche Bundesbank (Hrsg.), Fünfzig Jahre Deutsche Mark. Notenbank und Währung in Deutschland seit 1948, München 1998.

1089. M. DICKHAUS, Die Bundesbank im westeuropäischen Wiederaufbau. Die internationale Währungspolitik der Bundesrepublik Deutschland 1948 bis 1958, München 1996.

1090. Y. DIETRICH, Eigentum für jeden. Die vermögenspolitischen Initiativen der CDU und die Gesetzgebung 1950–1961, Düsseldorf 1996.

1091. DERS., Franz Etzel als Finanzpolitiker, in: HPM 2 (1995), 175–187.

1092. U. ENGELHARDT, Strukturelemente der Bundesrepublik Deutschland. Überlegungen zum Problem historischer Kontinuität am Beispiel der Betriebsverfassung, in: VSWG 69 (1982), 373–392.

1093. D. GROSSER (Hrsg.), Der Staat in der Wirtschaft der Bundesrepublik, Opladen 1985.

1094. DERS. u. a., Soziale Marktwirtschaft, Stuttgart 1988.

1095. DERS., Die Rolle Fritz Schäffers als Finanzminister in den ersten beiden Kabinetten Konrad Adenauers, in: W.J. MÜCKL (Hrsg.), Föderalismus (Nr. 1110), 67–80.

1096. V. HENTSCHEL, Die Europäische Zahlungsunion und die deutschen Devisenkrisen 1950/51, in: VfZ 37 (1989), 715–758.

1097. L. HERBST u. a. (Hrsg.), Vom Marshallplan zur EWG, München 1990.

1098. F. VON HEYL, Der innerdeutsche Handel mit Eisen und Stahl 1945–1972, Köln 1997.

1099. C.-L. HOLTFRERICH, Geldpolitik bei festen Wechselkursen (1948–1970), in: Deutsche Bundesbank (Hrsg.), Fünfzig Jahre (Nr. 1088), 347–433.

1100. P. HÜTTENBERGER, Wirtschaftsordnung und Interessenpolitik in der Kartellgesetzgebung der Bundesrepublik 1949–1957, in: VfZ 24 (1976), 287–307.

1101. Z. JÁKLI, Vom Marshallplan zum Kohlepfennig. Grundrisse der Subventionspolitik in der Bundesrepublik Deutschland 1948–1982, Opladen 1990.

1102. H. KAELBLE (Hrsg.), Der Boom 1948–1973. Gesellschaftliche und wirtschaftliche Folgen in der Bundesrepublik Deutschland und in Europa, Opladen 1992.

1103. W. KALTEFLEITER, Wirtschaft und Politik in Deutschland. Konjunktur als Bestimmungsfaktor des Parteiensystems, Köln 2. Aufl. 1968.

1104. D. KLENKE, „Freier Stau für freie Bürger". Die Geschichte der bundesdeutschen Verkehrspolitik 1949–1994, Darmstadt 1995.

1105. U. KLUGE, Vierzig Jahre Agrarpolitik in der Bundesrepublik Deutschland, 2 Bde., Hamburg 1989.

1106. R. KLUMP (Hrsg.), 40 Jahre Deutsche Mark, Stuttgart 1989.

1107. E.-D. KÖPPER, Gewerkschaften und Außenpolitik. Die Stellung der westdeutschen Gewerkschaften zur wirtschaftlichen und militärischen Integration der Bundesrepublik in die Europäische Gemeinschaft und in die NATO, Frankfurt a.M. 1982.

1108. H.-D. KREIKAMP, Deutsches Vermögen in den Vereinigten Staaten. Die Auseinandersetzung um seine Rückführung als Aspekt der deutsch-amerikanischen Beziehungen 1952–1962, Stuttgart 1979.

1109. H. LAMPERT, Die Wirtschafts- und Sozialordnung der Bundesrepublik Deutschland, München 11. Aufl. 1992.

1110. W.J. MÜCKL (Hrsg.), Föderalismus und Finanzpolitik. Gedenkschrift für Fritz Schäffer, Paderborn 1990.

1111. W.D. MÜLLER, Geschichte der Kernenergie in der Bundesrepublik Deutschland, Stuttgart 1990.

1112. J. MUSCHEID, Die Steuerpolitik in der Bundesrepublik Deutschland 1949–1982, Berlin 1986.

1113. D. NAKATH, Zur politischen Bedeutung des Innerdeutschen Handels in der Nachkriegszeit (1948/49–1960), in: C. BUCHHEIM (Hrsg.), Wirtschaftliche Folgelasten (Nr. 574), 221–244.

1114. R. NEEBE, Technologietransfer und Außenhandel in den Anfangsjahren der Bundesrepublik Deutschland, in: VSWG 76 (1989), 49–75.

1115. H. PAUL-CALM, Ostpolitik und Wirtschaftsinteressen in der Ära Adenauer (1955–1963), Frankfurt a.M. 1981.

1116. H. POHL (Hrsg.), Adenauers Verhältnis zu Wirtschaft und Gesellschaft, Bonn 1992.

1117. M. POHL, Wiederaufbau. Kunst und Technik der Finanzierung 1947–1953, Frankfurt a.M. 1973.

1118. J. ROESLER, Handelsgeschäfte im Kalten Krieg. Die wirtschaftliche Motivation für den deutsch-deutschen Handel zwischen 1949 und 1961, in: C. BUCHHEIM (Hrsg.), Wirtschaftliche Folgelasten (Nr. 574), 193–220.

1119. M. SCHUMACHER, Staatsgründung im Wirtschaftsaufschwung. Anfänge und Entwicklungstendenzen der westdeutschen Nachkriegsdemokratie (1949–1953), in: L. ALBERTIN, W. LINK (Hrsg.), Politische Parteien (Nr. 918), 261–275.

1120. H.-P. SCHWARZ (Hrsg.), Die Wiederherstellung des deutschen Kredits. Das Londoner Schuldenabkommen, Stuttgart 1982.

1121. T. SÜDBECK, Motorisierung, Verkehrsentwicklung und Verkehrspolitik in der Bundesrepublik Deutschland der 1950er Jahre, Stuttgart 1994.

1122. H. VAN DER WEE, Der gebremste Wohlstand. Wiederaufbau, Wachstum und Strukturwandel der Weltwirtschaft seit 1945, München 1984.

1123. M. WILDT, Am Beginn der „Konsumgesellschaft". Mangelerfahrung, Lebenshaltung, Wohlstandshoffnung in Westdeutschland in den Fünfziger Jahren, Hamburg 2. Aufl. 1995.

1124. A. WILKENS (Hrsg.), Die deutsch-französischen Wirtschaftsbeziehungen 1945–1960, Sigmaringen 1997.

1125. H. ZIMMERMANN, Franz Josef Strauss und der deutsch-amerikanische Währungskonflikt in den sechziger Jahren, in: VfZ 47 (1999), 57–85.

g) Sozialordnung, Gewerkschaften, Verbände

1126. W. ABELSHAUSER, Erhard oder Bismarck? Die Richtungsentscheidung der deutschen Sozialpolitik am Beispiel der Reform der Sozialversicherung in den Fünfziger Jahren, in: GG 22 (1996), 376–392.

1127. B. ACKERMANN, Der Deutsche Bauernverband im politischen Kräftespiel der Bundesrepublik, Tübingen 1970.

1128. J. ALBER, Der Sozialstaat in der Bundesrepublik Deutschland 1950–1983, Frankfurt a.M. 1989.

1129. U. VON ALEMANN, Organisierte Interessen in der Bundesrepublik, Opladen 2. Aufl. 1989.

1130. DERS., R.G. HEINZE (Hrsg.), Verbände und Staat, Opladen 1979.

1131. K. ARMINGEON, Gewerkschaften in der Bundesrepublik Deutschland 1950–1985, in: ZfParl. 28 (1987), 7–34.

1132. M. ARNOLD, Die Entstehung des Betriebsverfassungsgesetzes 1952, Diss. Freiburg i.Br. 1978.

1133. R. BARTHOLOMÄI u. a. (Hrsg.), Sozialpolitik nach 1945, Bonn 1977.

1134. J. BERGMANN u. a., Gewerkschaften in der Bundesrepublik, Frankfurt a.M. 3. Aufl. 1979.

1135. H. BRAUN, Das Streben nach „Sicherheit" in den fünfziger Jahren, in: AfS 18 (1978), 279–306.

1136. H.-H. HARTWICH, Sozialstaatspostulat und gesellschaftlicher Status quo, Opladen 3. Aufl. 1980.

1137. H.G. HOCKERTS, Sozialpolitische Entscheidungen im Nachkriegsdeutschland. Alliierte und deutsche Sozialversicherungspolitik 1945 bis 1957, Stuttgart 1980.

1138. DERS., Integration der Gesellschaft. Gründungskrise und Sozialpolitik in der frühen Bundesrepublik (1986). ND in: M. FUNKE (Hrsg.), Entscheidung für den Westen, Bonn 1988, 39–57.

1139. DERS., Metamorphosen des Wohlfahrtsstaats, in: M. BROSZAT (Hrsg.), Zäsuren (Nr. 187), 35–45.

1140. A. JOOSTEN, Die Frau, das „segenspendende Herz der Familie". Familienpolitik als Frauenpolitik in der „Ära Adenauer", Pfaffenweiler 1990.
1141. G. KLEINHENZ, H. LAMPERT, Zwei Jahrzehnte Sozialpolitik in der Bundesrepublik Deutschland, in: Ordo 22 (1971), 103–158.
1142. DIES., Der Wiederbeginn freiheitlicher Sozialpolitik nach dem Kriege, in: K. HOHMANN u. a. (Hrsg.), Grundtexte zur Sozialen Marktwirtschaft, Bd. 2, Stuttgart 1988, 159–171.
1143. J. KOCKA u. a. (Hrsg.), Von der Arbeiterbewegung zum modernen Sozialstaat, München 1994.
1144. H. KORTE, Entwicklung und Bedeutung von Arbeitsimigration und Ausländerbeschäftigung in der Bundesrepublik Deutschland zwischen 1950 und 1979, in: H. MOMMSEN, W. SCHULZE (Hrsg.), Vom Elend der Handarbeit, Stuttgart 1981, 537–560.
1145. S. MIELKE, F. VILMAR, Die Gewerkschaften in der Bundesrepublik Deutschland, in: S. MIELKE (Hrsg.), Internationales Gewerkschafts-Handbuch, Opladen 1983, 337–383.
1146. J. MOOSER, Abschied von der „Proletarität", in: W. CONZE, M.R. LEPSIUS (Hrsg.), Sozialgeschichte (Nr. 266), 143–186.
1147. R. NAVE-HERZ (Hrsg.), Wandel und Kontinuität der Familie in der Bundesrepublik Deutschland, Stuttgart 1988.
1148. M. NIEHUSS, Die Familie in der Bundesrepublik Deutschland im Spiegel der Demographie 1945–1960, in: AfS 35 (1995), 211–226.
1149. D. OBERNDÖRFER u. a. (Hrsg.), Wirtschaftlicher Wandel, religiöser Wandel und Wertwandel, Berlin 1985.
1150. A. PELINKA, Gewerkschaften im Parteienstaat, Berlin 1980.
1151. T. PIRKER, Die blinde Macht. Die Gewerkschaftsbewegung in Westdeutschland, 2 Bde., München 1960.
1152. M. PRINZ, Demokratische Stabilisierung, Problemlagen von Modernisierung im Selbstbezug und historischer Kontinuität – Leitbegriffe einer Zeitsozialgeschichte, in: Westfälische Forschungen 43 (1993), 655–675.
1153. K. REPGEN (Hrsg.), Die dynamische Rente in der Ära Adenauer und heute, Stuttgart 1978.
1154. G.A. RITTER, Der Sozialstaat. Entstehung und Entwicklung im internationalen Vergleich, München, 2. erw. Aufl. 1991.
1155. W. RUDZIO, Die organisierte Demokratie. Parteien und Verbände in der Bundesrepublik Deutschland, Stuttgart 2. Aufl. 1982.
1156. A. SCHEYBANI, Handwerk und Kleinhandel in der Bundesrepublik Deutschland. Sozialökonomischer Wandel und Mittelstandspolitik 1949–1961, München 1996.
1157. R. SCHILLINGER, Der Entscheidungsprozeß beim Lastenausgleich 1945–1952, St. Katharinen 1985.
1158. G. SCHULZ (Hrsg.), Wohnungspolitik im Sozialstaat. Deutsche und europäische Lösungen 1918–1960, Düsseldorf 1993.

1159. DERS., Wohnungspolitik und Wirtschaftsordnung. Die Auseinandersetzungen um die Integration der Wohnungspolitik in die Marktwirtschaft (1945–1960), in: D. PETZINA (Hrsg.), Ordnungspolitische Weichenstellungen nach dem Zweiten Weltkrieg, Berlin 1991, 123–143.

1160. H.-P. SCHWARZ, Modernisierung oder Restauration? Einige Vorfragen zur künftigen Sozialgeschichtsforschung über die Ära Adenauer, in: K. DÜWELL, W. KÖLLMANN (Hrsg.), Rheinland-Westfalen im Industriezeitalter, Bd. 3, Wuppertal 1984, 278–293.

1161. J.-D. STEINERT, Vertriebenenverbände in Nordrhein-Westfalen 1945–1954, Düsseldorf 1986.

1162. H. THUM, Mitbestimmung in der Montanindustrie, Stuttgart 1982.

1163. H.-P. ULLMANN, Interessenverbände in Deutschland, Frankfurt a.M. 1988.

1164. H.J. VARAIN (Hrsg.), Interessenverbände in Deutschland, Köln 1973.

1165. G. WAGNER, Sozialstaat gegen Wohnungsnot. Wohnraumbewirtschaftung und sozialer Wohnungsbau im Bund und in Nordrhein-Westfalen 1950–1970, Paderborn 1995.

1166. M.M. WAMBACH, Verbändestaat und Parteienoligopol. Macht und Ohnmacht der Vertriebenenverbände, Stuttgart 1971.

1167. J. WEBER, Die Interessengruppen im politischen System der Bundesrepublik Deutschland, Stuttgart 1977.

1168. H.A. WINKLER, Stabilisierung durch Schrumpfung. Der gewerbliche Mittelstand in der Bundesrepublik, in: W. CONZE, M.R. LEPSIUS (Hrsg.), Sozialgeschichte (Nr. 266), 187–209.

1169. H.F. ZACHER, Sozialpolitik und Verfassung im ersten Jahrzehnt der Bundesrepublik Deutschland, Berlin 1980.

h) Rechtsordnung, Verfassung, Verwaltung, Wiedergutmachung

1170. R. ALBIEZ (Hrsg.), Der überspielte Volkswille. Die Badener im südwestdeutschen Neugliederungsgeschehen (1945–1970), Baden-Baden 2. Aufl. 1992.

1171. B. BENZNER, Ministerialbürokratie und Interessengruppen, Baden-Baden 1989.

1172. W. BLEEK, Verwaltung und öffentlicher Dienst, in: W. BENZ (Hrsg.), Die Bundesrepublik, Bd. 1 (Nr. 260), 63–91.

1173. A. VON BRÜNNECK, Politische Justiz gegen Kommunisten in der Bundesrepublik Deutschland 1949–1968, Frankfurt a.M. 1978.

1174. Bundesminister der Finanzen in Zusammenarbeit mit W. SCHWARZ (Hrsg.), Die Wiedergutmachung nationalsozialistischen Unrechts durch die Bundesrepublik Deutschland, 6 Bde., München 1974–1987.

1175. B. DIESTELKAMP, Die Justiz nach 1945 und ihr Umgang mit der eigenen Vergangenheit, in: B. DIESTELKAMP, M. STOLLEIS (Hrsg.), Justizalltag im Dritten Reich, Frankfurt a.M. 1988, 162–166.

1176. A. DITTMANN, Die Bundesverwaltung, Tübingen 1983.
1177. H.-J. DÖSCHER, Verschworene Gesellschaft. Das Auswärtige Amt unter Adenauer zwischen Neubeginn und Kontinuität, Berlin 1995.
1178. E. FÉAUX DE LA CROIX, H. RUMPF, Der Werdegang des Entschädigungsrechts unter national- und völkerrechtlichem und politologischem Aspekt, München 1985.
1179. M. GANTE, § 218 in der Diskussion. Meinungs- und Willensbildung 1945–1976, Düsseldorf 1991.
1180. C. GARNER, Der öffentliche Dienst in den fünfziger Jahren, in: A. SCHILDT, A. SYWOTTEK (Hrsg.), Modernisierung (Nr. 1341), 759–790.
1181. F.-O. GILLES, Die verkannte Macht. Determinanten der Nachkriegsgeschichte der Institution Rechnungshof, Berlin 1986.
1182. C. GOSCHLER, Wiedergutmachung. Westdeutschland und die Verfolgten des Nationalsozialismus (1945–1954), München 1992.
1183. L. HERBST, C. GOSCHLER (Hrsg.), Wiedergutmachung in der Bundesrepublik Deutschland, München 1989.
1184. K. KROEGER, Einführung in die Verfassungsgeschichte der Bundesrepublik Deutschland, München 1993.
1185. D. KRÜGER, Das Amt Blank. Die schwierige Gründung des Bundesministeriums für Verteidigung, Freiburg i.Br. 1993.
1186. D. MERTEN, R. MORSEY (Hrsg.), 30 Jahre Grundgesetz, Berlin 1979.
1187. R. MORSEY, K. REPGEN (Hrsg.), Christen und Grundgesetz, Paderborn 1989.
1188. C.M. MÜLLER, Relaunching German Diplomacy. The Auswärtiges Amt in the 1950es, Münster 1996.
1189. K.W. NÖRR (Hrsg.), 40 Jahre Bundesrepublik Deutschland – 40 Jahre Rechtsentwicklung, Tübingen 1990.
1190. C. PROSS, Wiedergutmachung, Frankfurt a.M. 1988.
1191. M.-L. RECKER, „Bonn ist nicht Weimar" – Zu Struktur und Charakter des politischen Systems der Bundesrepublik Deutschland in der Ära Adenauer, in: GWU 44 (1993), 287–307.
1192. K. REPGEN, Bundesverfassungsgerichts-Prozesse als Problem der Zeitgeschichtsforschung, in: K.D. BRACHER u. a. (Hrsg.), Staat und Parteien (Nr. 923), 863–881.
1193. H. ROMEYK, Kleine Verwaltungsgeschichte Nordrhein-Westfalens, Siegburg 1988.
1194. M. RUCK, Korpsgeist und Staatsbewußtsein. Beamte im deutschen Südwesten 1928 bis 1972, München 1996.
1195. S. SCHAUB, Der verfassungsändernde Gesetzgeber 1949–1980, Berlin 1984.
1196. R. SCHIFFERS, „Ein mächtiger Pfeiler im Bau der Bundesrepublik". Das Gesetz über das Bundesverfassungsgericht vom 12. März 1951, in: VfZ 32 (1984), 66–102.

1197. DERS., Zwischen Bürgerfreiheit und Staatsschutz. Wiederherstellung und Neufassung des politischen Strafrechts in der Bundesrepublik Deutschland 1949–1951, Düsseldorf 1989.

1198. DERS. (Bearb.)., Verfassungsschutz und parlamentarische Kontrolle in der Bundesrepublik Deutschland 1949–1957. Mit einer Dokumentation zum „Fall John" im Bundestagsausschuß zum Schutz der Verfassung, Düsseldorf 1997.

1199. R. WAHL, F. ROTTMANN, Die Bedeutung der Verfassung und der Verfassungsgerichtsbarkeit in der Bundesrepublik im Vergleich zum 19. Jahrhundert und zu Weimar, in: W. CONZE, M.R. LEPSIUS (Hrsg.), Sozialgeschichte (Nr. 266), 339–386.

1200. U. WENGST, Staatsaufbau und Regierungspraxis 1948–1953. Zur Geschichte der Verfassungsorgane der Bundesrepublik Deutschland, Düsseldorf 1984.

1201. DERS., Beamtentum zwischen Reform und Tradition. Beamtengesetzgebung in der Gründungsphase der Bundesrepublik Deutschland 1948–1953, Düsseldorf 1988.

1202. H. DE WITH (Hrsg.), Deutsche Rechtspolitik. Entwicklungen und Tendenzen in der Bundesrepublik Deutschland seit 1949, Heidelberg 2. neubearb. Aufl. 1980.

i) Bildung, Wissenschaft, Kirchen

1203. W. BÖHM, H.E. TENORTH (Hrsg.), Deutsche pädagogische Zeitgeschichte 1960–1973, Kastellaun 1977.

1204. D. BUCHHAAS-BIRKHOLZ (Bearb.), „Zum politischen Weg unseres Volkes". Politische Leitbilder und Vorstellungen im deutschen Protestantismus 1945–1952, Düsseldorf 1989.

1205. A. DOERING-MANTEUFFEL, Katholizismus und Wiederbewaffnung. Die Haltung der deutschen Katholiken gegenüber der Wehrfrage 1948–1955, Mainz 1981.

1206. DERS., Rheinischer Katholik im Kalten Krieg. Das „christliche Europa" in der Weltsicht Konrad Adenauers, in: M. GRESCHAT, W. LOTH (Hrsg.), Die Christen und die Entstehung der Europäischen Gemeinschaft, Stuttgart 1994, 237–246.

1207. DERS., Kirche und Katholizismus in der Bundesrepublik der fünfziger Jahre, in: HJb. 102 (1982), 113–134.

1208. DERS., Die Kirchen und die EVG, in: H.-E. VOLKMANN, W. SCHWENGLER (Hrsg.), Die Europäische Verteidigungsgemeinschaft, Boppard 1985, 317–336.

1209. K. GABRIEL, Zwischen Tradition und Modernisierung. Katholizismus und katholisches Milieu in den fünfziger Jahren der Bundesrepublik, in: A. DOERING-MANTEUFFEL, K. NOWAK (Hrsg.), Kirchliche Zeitgeschichte (Nr. 535), 248–262.

1210. W. GAGEL, Geschichte der politischen Bildung in der Bundesrepublik Deutschland 1945–1989, Opladen 1994.

1211. T.M. GAULY, Kirche und Politik in der Bundesrepublik Deutschland 1945–1976, Bonn 1990.

1212. T. GROSSMANN, Zwischen Kirche und Gesellschaft. Das Zentralkomitee der deutschen Katholiken 1945–1970, Mainz 1991.

1213. E. HELLER, Macht, Kirche, Politik. Der Briefwechsel zwischen den polnischen und deutschen Bischöfen im Jahre 1965, hrsg. von G. LESSER, Köln 1992.

1214. R. HÖLLEN, Katholizismus und Deutschlandfrage, in: J.-C. KAISER, A. DOERING-MANTEUFFEL (Hrsg.), Christentum (Nr. 542), 122–144.

1215. K. HÜFNER u. a., Hochkonjunktur und Flaute: Bildungspolitik in der Bundesrepublik Deutschland 1967–1980, Stuttgart 1986.

1216. A. LANGNER (Hrsg.), Katholizismus im politischen System der Bundesrepublik 1949–1963, Paderborn 1978.

1217. DERS. (Hrsg.), Katholizismus, Wirtschaftsordnung und Sozialpolitik 1945–1963, Paderborn 1980.

1218. A.R. MICHAELIS, R. SCHMID, Wissenschaft in Deutschland. Niedergang und neuer Aufstieg, Stuttgart 1983.

1219. D. OBERNDÖRFER u. a. (Hrsg.), Wirtschaftlicher Wandel, religiöser Wandel und Wertwandel. Folgen für das politische Verhalten in der Bundesrepublik Deutschland, Berlin 1985.

1220. C. OEHLER, Hochschulentwicklung in der Bundesrepublik Deutschland seit 1945, Frankfurt a.M. 1989.

1221. B. PLÉ, Wissenschaft und säkulare Mission. „Amerikanische Sozialwissenschaft" im politischen Sendungsbewußtsein der USA und im geistigen Aufbau der Bundesrepublik Deutschland, Stuttgart 1990.

1222. A. RAUSCHER (Hrsg.), Kirche und Staat in der Bundesrepublik 1949–1963, Paderborn 1979.

1223. DERS. (Hrsg.), Katholizismus, Rechtsethik und Demokratiediskussion 1945–1963, Paderborn 1981.

1224. T. SAUER, Westorientierung im deutschen Protestantismus? Vorstellungen und Tätigkeit des Kronberger Kreises, München 1999.

1225. G. SCHMIDTCHEN, Protestanten und Katholiken. Soziologische Analyse konfessioneller Kultur, München 2. Aufl. 1979.

1226. W. SCHROEDER, Katholizismus und Einheitsgewerkschaft. Der Streit um den DGB und der Niedergang des Sozialkatholizismus in der Bundesrepublik bis 1960, Bonn 1992.

1227. F. SPOTTS, Kirchen und Politik in Deutschland, Stuttgart 1976 (amerik. Ausg. 1973).

1228. T. STAMM, Zwischen Staat und Selbstverwaltung. Die deutsche Forschung im Wiederaufbau 1945–1965, Köln 1981.

1229. P. STEINBACH, Die Fünfziger Jahre – eine Herausforderung an Staat und Kirche, in: Kirchliche Zeitgeschichte 3 (1990), 413–439.

1230. N. TRIPPEN, Interkonfessionelle Irritationen in den ersten Jahren der Bundesrepublik, in: K.D. BRACHER u. a. (Hrsg.), Staat und Parteien (Nr. 923), 345–377.

1231. J. VOGEL, Kirche und Wiederbewaffnung. Die Haltung der Evangelischen Kirche in Deutschland in den Auseinandersetzungen um die Wiederbewaffnung der Bundesrepublik 1949–1956, Göttingen 1978.

k) Massenmedien, Öffentliche Meinung, Vergangenheitsbewältigung

1232. H. BERGHOFF, Zwischen Verdrängung und Aufarbeitung. Die bundesdeutsche Gesellschaft und ihre nationalsozialistische Vergangenheit in den Fünfziger Jahren, in: GWU 49 (1998), 96–114.

1233. W. BERGMANN u. a. (Hrsg.), Schwieriges Erbe. Der Umgang mit Nationalsozialismus und Antifaschismus in Österreich, der DDR und der Bundesrepublik Deutschland, Frankfurt a.M. 1995.

1234. U. BROCHHAGEN, Nach Nürnberg. Vergangenheitsbewältigung und Westintegration in der Ära Adenauer, Hamburg 1994.

1235. F. A. BUCHWALD, Adenauers Informationspolitik und das Bundespresseamt 1952–1959, Diss. Mainz 1992.

1236. A. DOERING-MANTEUFFEL, Dimensionen von Amerikanisierung in der deutschen Gesellschaft, in: AfS 35 (1995), 1–24.

1237. H.-D. FISCHER, Parteien und Presse in Deutschland seit 1945, Bremen 1971.

1238. N. FREI, Vergangenheitspolitik. Die Anfänge der Bundesrepublik und die NS-Vergangenheit, München 2. Aufl. 1997.

1239. R. FRITZE, Der Südwestfunk in der Ära Adenauer, Baden-Baden 1992.

1240. J. HACKER, Deutsche Irrtümer. Schönfärber und Helfershelfer der SED-Diktatur im Westen. Erweit. und durchgeseh. Taschenbuchausg., Frankfurt a.M. 1994.

1241. K.-G. VON HASE (Hrsg.), Konrad Adenauer und die Presse, Stuttgart 1988.

1242. C. HOFFMANN, Die „justizielle" Vergangenheitsbewältigung in der Bundesrepublik Deutschland, in: U. BACKES u. a. (Hrsg.), Die Schatten der Vergangenheit, Frankfurt a.M. 1990, 497–521.

1243. N. JACOBS, Der Streit um Dr. Hans Globke in der öffentlichen Meinung der Bundesrepublik Deutschland 1949–1973, 2 Bde., Diss. Bonn 1992.

1244. K. JASPERS, Lebensfragen der deutschen Politik, München 1963.

1245. E. JESSE, „Vergangenheitsbewältigung" in der Bundesrepublik Deutschland, in: Der Staat 26 (1987), 539–565.

1246. DERS., K. LÖW (Hrsg.), Vergangenheitsbewältigung, Berlin 1997.

1247. M. KITTEL, Die Legende von der ‚Zweiten Schuld'. Vergangenheitsbewältigung in der Ära Adenauer, Frankfurt a.M. 1993.

1248. H. KLAGES, Verlaufsanalyse eines Traditionsbruchs. Untersuchungen zum Einsetzen des Wertewandels in der Bundesrepublik Deutschland in den 60er Jahren, in: K.D. BRACHER u. a. (Hrsg.), Staat und Parteien (Nr. 923), 517–544.

1249. H. KÜPPERS, Adenauer und Altmeier im Fernsehstreit 1958–1961, in: VfZ 35 (1987), 625–659.

1250. D. VAN LAAK, Gespräche in der Sicherheit des Schweigens. Carl Schmitt in der politischen Geistesgeschichte der frühen Bundesrepublik, Berlin 1993.

1251. W. LOTH, B.-A. RUSINEK (Hrsg.), Verwandlungspolitik. NS-Eliten in der westdeutschen Nachkriegsgesellschaft, Frankfurt a.M. 1998.

1252. A.J. MERRITT, R.L. MERRITT (Hrsg.), Public Opinion in Semisovereign Germany. The HICOG Surveys, 1949–1955, Urbana 1980.

1253. E. NOELLE-NEUMANN, Die Verklärung. Adenauer und die öffentliche Meinung 1949 bis 1976, in: D. BLUMENWITZ u. a. (Hrsg.), Adenauer, Bd. 2 (Nr. 1415), 523–554.

1254. DIES., E. PIEL (Hrsg.), Eine Generation später. Bundesrepublik Deutschland 1953–1979, München 1983.

1255. A. RÜCKERL, NS-Verbrechen vor Gericht. Versuch einer Vergangenheitsbewältigung. Heidelberg 2. Aufl. 1984.

1256. G.S. SCHAAL, A. WÖLL (Hrsg.), Vergangenheitsbewältigung. Modelle der politischen und sozialen Integration in der bundesdeutschen Nachkriegsgeschichte, Baden-Baden 1997.

1257. H.-P. SCHWARZ, Mit gestopften Trompeten. Die Wiedervereinigung Deutschlands aus der Sicht westdeutscher Historiker, in: GWU 44 (1993), 683–704.

1258. J. SEIFERT (Hrsg.), Die Spiegel-Affäre. 2 Bde., Freiburg i.Br. 1966.

1259. P. STEINBACH, Nationalsozialistische Gewaltverbrechen. Die Diskussion in der deutschen Öffentlichkeit nach 1945, Berlin 1981.

1260. DERS., Vergangenheitsbewältigung, in: R.A. ROTH, W. SEIFERT (Hrsg.), Die zweite deutsche Demokratie, Köln 1990, 109–160.

1261. R. STEININGER, Deutschlandfunk – die Vorgeschichte einer Rundfunkanstalt 1949–1961, Berlin 1977.

1262. G. STÖTZEL, M. WENGELER, Kontroverse Begriffe. Geschichte des öffentlichen Sprachgebrauchs in der Bundesrepublik Deutschland, Berlin 1995.

1263. C. VOLLNHALS, Zwischen Verdrängung und Aufklärung. Die Auseinandersetzung mit dem Holocaust in der frühen Bundesrepublik, in: U. BÜTTNER (Hrsg.), Die Deutschen und die Judenverfolgung im Dritten Reich, Hamburg 1992, 357–392.

1264. J. WEBER, P. STEINBACH (Hrsg.), Vergangenheitsbewältigung durch Strafverfahren? NS-Prozesse in der Bundesrepublik Deutschland, München 1984.

1265. K. WEHMEIER, Die Geschichte des ZDF. T. 1: Entstehung und Entwicklung 1961–1966, Mainz 1979.

1266. B. WIDMAIER, Die Bundeszentrale für politische Bildung, Frankfurt a.M. 1987.

1267. E. WOLFRUM, Geschichtspolitik und deutsche Frage. Der 17. Juni im nationalen Gedächtnis der Bundesrepublik (1953–89), in: GG 24 (1998), 382–411.

1268. G. ZEHNER (Hrsg.), Der Fernsehstreit vor dem Bundesverfassungsgericht, 2 Bde., Karlsruhe 1964–1965.

l) Föderalismus, Länder

1269. R. ALBIEZ u. a. (Hrsg.), Der überspielte Volkswille. Die Badener im südwestdeutschen Neugliederungsgeschehen (1945–1970), Baden-Baden 1992.

1270. U. VON ALEMANN (Hrsg.), Parteien und Wahlen in Nordrhein-Westfalen, Köln 1985.

1271. H. BOLDT (Hrsg.), Nordrhein-Westfalen und der Bund, Köln 1989.

1272. R. BOVERMANN (Hrsg.), Das Ruhrgebiet. Ein starkes Stück Nordrhein-Westfalen. Politik in der Region 1946–1996, Essen 1996.

1273. G. BRUNN, J. REULECKE, Kleine Geschichte von Nordrhein-Westfalen 1946–1996, Stuttgart 1996.

1274. E. DEUERLEIN, W.D. GRUNER, Die politische Entwicklung Bayerns 1945 bis 1972, in: M. SPINDLER (Hrsg.), Handbuch der Bayerischen Geschichte, Bd. IV/1, München 2. Aufl. 1979, 538–617.

1275. P. FEUCHTE, Verfassungsgeschichte von Baden-Württemberg, Stuttgart 1983.

1276. M. FRIEDRICH, Landesparlamente in der Bundesrepublik, Opladen 1975.

1277. M. GÖGLER u. a., Das Land Württemberg-Hohenzollern 1945–1952, Sigmaringen 1982.

1278. M.T. GREVEN, H.-G. SCHUMANN (Hrsg.), 40 Jahre Hessische Verfassung – 40 Jahre Politik in Hessen, Opladen 1989.

1279. J. HARTMANN (Hrsg.), Handbuch der deutschen Bundesländer, Frankfurt a.M. 3. erweit. und aktualis. Aufl. 1997.

1280. P. HAUNGS (Hrsg.), 40 Jahre Rheinland-Pfalz, Mainz 1986.

1281. H.W. HERRMANN, G.W. SANTE, Geschichte des Saarlands, Saarbrücken 1987.

1282. F.-J. HEYEN (Hrsg.), Geschichte des Landes Rheinland-Pfalz, Freiburg i.Br. 1981.

1283. H. KLATT (Hrsg.), Baden-Württemberg und der Bund, Stuttgart 1989.

1284. Nordrhein-Westfalen. Ein Land in seiner Geschichte. Aspekte und Konturen 1946–1996, Redaktion: C. REINICKE u. a., Münster 1996.

1285. M. SCHAAB, G. RICHTER (Hrsg.), Baden-Württemberg und der Föderalismus in der Bundesrepublik Deutschland (1949–1989), Stuttgart 1991.

1286. A. SCHARFF, Geschichte Schleswig-Holsteins, Freiburg i.Br. 5. Aufl. 1991.

1287. G. SCHNATH u. a., Geschichte des Landes Niedersachsen, Freiburg i.Br. 5. aktualis. Aufl. 1988.

1288. A. SYWOTTEK, Hamburg seit 1945, in: W. JOCHMANN (Hrsg.), Hamburg. Geschichte der Stadt und ihrer Bewohner, Bd. 2, Hamburg 1986, 377–466.

1289. J. THIERFELDER, U. UFFELMANN (Redaktion), Der Weg zum Südweststaat, Karlsruhe 1991.

m) Flüchtlinge, Heimatvertriebene, Gastarbeiter

1290. V. ACKERMANN, Der „echte" Flüchtling. Deutsche Vertriebene und Flüchtlinge aus der DDR 1945–1961, Osnabrück 1995.

1291. K.J. BADE (Hrsg.), Neue Heimat im Westen: Vertriebene, Flüchtlinge, Aussiedler, Münster 1990.

1292. F.J. BAUER, Flüchtlinge und Flüchtlingspolitik in Bayern 1945–1950, Stuttgart 1982.

1293. M. BEER (Hrsg.), Zur Integration der Flüchtlinge und Vertriebenen im deutschen Südwesten nach 1945, Sigmaringen 1994.

1294. S. BETHLEHEM, Heimatvertreibung, DDR-Flucht, Gastarbeiter-Zuwanderung. Wanderungsströme und Wanderungspolitik in der Bundesrepublik Deutschland, Stuttgart 1982.

1295. R. ENDRES (Hrsg.), Bayerns vierter Stamm. Die Integration der Flüchtlinge und Heimatvertriebenen nach 1945, Köln 1998.

1296. M. FRANTZIOCH, Die Integration der Vertriebenen und ihr Einfluß auf die Gesellschaft der Bundesrepublik Deutschland, in: Deutsche Studien 32 (1995), 242–258.

1297. H. HEIDEMEYER, Flucht und Zuwanderung aus der SBZ/DDR 1945/1949–1961, Düsseldorf 1994.

1298. D. HOFFMANN, M. SCHWARTZ (Hrsg.), Geglückte Integration? Spezifika und Vergleichbarkeiten der Vertriebenen-Eingliederung in der SBZ/DDR, München 1999.

1299. U. KLEINERT, Flüchtlinge und Wirtschaft in Nordrhein-Westfalen 1945–1961, Düsseldorf 1988.

1300. H. KÖRNER, Der Zustrom von Arbeitskräften in die Bundesrepublik Deutschland 1950–1972, Frankfurt a.M. 1976.

1301. A. LEHMANN, Im Fremden ungewollt zuhaus. Flüchtlinge und Vertriebene in Westdeutschland 1945–1990, München 2. Aufl. 1993.

1302. E. LEMBERG, F. EDDING (Hrsg.), Die Vertriebenen in Westdeutschland. Ihre Eingliederung und ihr Einfluß auf Gesellschaft, Wirtschaft, Politik und Geistesleben, 3 Bde., Kiel 1959.

1303. G. LÜTTINGER, R. ROSSMANN, Integration der Vertriebenen, Frankfurt a.M. 1989.

1304. J. MAIER u. a., Die soziale und wirtschaftliche Wiedereingliederung von Flüchtlingen und Heimatvertriebenen in Bayern, München 1996.

1305. K. MEGERLE, Die Radikalisierung blieb aus. Zur Integration gesellschaftlicher Gruppen in der Bundesrepublik Deutschland während des Nachkriegsbooms, in: H. KAELBLE (Hrsg.), Der Boom (Nr. 1102), 107–126.

1306. H.J. VON MERKATZ (Hrsg.), Aus Trümmern wurden Fundamente. Vertriebene, Flüchtlinge, Aussiedler, Düsseldorf 1979.

1307. R. MESSERSCHMIDT, „Wenn wir nur nicht lästig fallen...". Aufnahme und Integration der Vertriebenen und Flüchtlinge in Hessen (1945–1955), Frankfurt a.M. 1991.

1308. DERS., Aufnahme und Integration der Vertriebenen und Flüchtlinge in Hessen 1945–1950. Zur Geschichte der hessischen Flüchtlingsverwaltung, Wiesbaden 1995.

1309. P.P. NAHM, Der Lastenausgleich, Stuttgart 2. Aufl. 1967.

1310. H.-W. RAUTENBERG, Erfolge und Probleme bei der Eingliederung der deutschen Heimatvertriebenen in der frühen Nachkriegszeit, in: C. DAHM, H.-J. TEBARTH (Bearb.), Die Staaten des östlichen Europa auf dem Weg in die europäische Integration, Bonn 1999, 9–29.

1311. G. REICHLING, Die deutschen Vertriebenen in Zahlen. Teil 1: Umsiedler, Verschleppte, Vertriebene, Aussiedler 1940–1985; Teil 2: Eingliederung in der Bundesrepublik Deutschland, Teil 1: Bonn ND 1995, Teil 2: 1989.

1312. H. RUDOLPH, Evangelische Kirche und Vertriebene 1945 bis 1972, 2 Bde., Göttingen 1984–1985.

1313. S. SCHRAUT, Die Flüchtlingsaufnahme in Württemberg-Baden (1945–1949), München 1995.

1314. DIES., T. GROSSER (Hrsg.), Die Flüchtlingsfrage in der deutschen Nachkriegsgesellschaft, Mannheim 1996.

1315. R. SCHULZE u. a. (Hrsg.), Flüchtlinge und Vertriebene in der westdeutschen Nachkriegsgeschichte, Hildesheim 1987.

1316. M. SCHWARTZ, Vertreibung und Vergangenheitspolitik, in: DA 30 (1997), 177–195.

1317. M. SOMMER, Flüchtlinge und Vertriebene in Rheinland-Pfalz, Mainz 1990.

1318. L. WIEGAND, Der Lastenausgleich in der Bundesrepublik Deutschland 1949 bis 1985, Frankfurt a.M. 1992.

1319. Y.R. WINKLER, Flüchtlingsorganisationen in Hessen 1945–1954, Wiesbaden 1998.

n) Gesellschaft, Kultur, Literatur

1320. F.R. ALLEMANN, Zwischen Stabilität und Krise. Etappen der deutschen Politik 1955–1963, München 1963.

1321. D. BÄNSCH (Hrsg.), Die fünfziger Jahre. Beiträge zu Politik und Kultur, Tübingen 1985.

1322. D. BERG-SCHLOSSER, J. SCHISSLER (Hrsg.), Politische Kultur in Deutschland, Opladen 1987.

1323. K.M. BOLTE, Deutsche Gesellschaft im Wandel, 2 Bde., Opladen 2. Aufl. 1967–1970.
1324. R. DAHRENDORF, Gesellschaft und Demokratie in Deutschland, München 1965 u.ö.
1325. E. ENDRES, Die Literatur der Adenauerzeit, München 1983.
1326. H. GREBING, Konservative gegen die Demokratie. Konservative Kritik an der Demokratie in der Bundesrepublik nach 1945, Frankfurt a.M. 1971.
1327. J. HAMPEL u. a., Alltagsmaschinen. Die Folgen der Technik in Haushalt und Familie, Berlin 1991.
1328. J. HERMAND, Kultur im Wiederaufbau. Die Bundesrepublik Deutschland 1945–1965, Stuttgart 1986.
1329. I. JUCHLER, Die Studentenbewegung in den Vereinigten Staaten und der Bundesrepublik Deutschland der sechziger Jahre, Berlin 1996.
1330. C. KLESSMANN, „Das Haus wurde gebaut aus den Steinen, die vorhanden waren" – Zur kulturgeschichtlichen Kontinuitätsdiskussion nach 1945, in: Tel Aviver Jb. für deutsche Geschichte 19 (1990), 159–177.
1331. R. KLETT (Hrsg.), Stationen einer Republik, Stuttgart 1979.
1332. D. LATTMANN (Hrsg.), Die Literatur der Bundesrepublik Deutschland, München 1973.
1333. G. PICHT, Die deutsche Bildungskatastrophe, Freiburg i.Br. 1964.
1334. P. REICHEL, Politische Kultur der Bundesrepublik, Opladen 1981.
1335. W. SCHEEL (Hrsg.), Die andere deutsche Frage. Kultur und Gesellschaft der Bundesrepublik Deutschland nach dreißig Jahren, Stuttgart 1981.
1336. DERS. (Hrsg.), Nach 30 Jahren. Die Bundesrepublik Deutschland, Stuttgart 1979.
1337. H. SCHELSKY, Wandlungen der deutschen Familie in der Gegenwart, Stuttgart 4. Aufl. 1960.
1338. DERS., Auf der Suche nach Wirklichkeit. Gesammelte Aufsätze, Düsseldorf 1965.
1339. A. SCHILDT, Moderne Zeiten. Freizeit, Massenmedien und „Zeitgeist" in der Bundesrepublik der 50er Jahre, Hamburg 1995.
1340. DERS., Zwischen Abendland und Europa. Studien zur westdeutschen Ideenlandschaft der 50er Jahre, München 1999.
1341. DERS., A. SYWOTTEK (Hrsg.), Modernisierung im Wiederaufbau. Die westdeutsche Gesellschaft der 50er Jahre, Bonn 1993.
1342. E. SIEPMANN (Hrsg.), Die fünfziger Jahre. Kalter Krieg und Capri-Sonne. Politik, Alltag, Opposition, Berlin 1981.
1343. H. STEFFEN (Hrsg.), Die Gesellschaft in der Bundesrepublik, 2 Bde., Göttingen 1970–1971.
1344. H. TÜMMLER, „Deutschland, Deutschland über alles". Zur Geschichte und Problematik unserer Nationalhymne, Köln 1979.

6. Die Kanzlerschaften Erhards und Kiesingers 1963–1969

a) Überblicksdarstellungen

1345. A. BARING in Zusammenarb. mit M. GÖRTEMAKER, Machtwechsel. Die Ära Brandt-Scheel, Stuttgart 4. Aufl. 1993.
1346. E. DEUERLEIN, Deutschland 1963–1970, Hannover 6. Aufl. 1979.
1347. T. ELLWEIN, Krisen und Reformen. Die Bundesrepublik seit den sechziger Jahren, München 2. Aufl. 1993.
1348. K. HILDEBRAND, Von Erhard zur Großen Koalition, Stuttgart 1984.

b) Auswärtige Beziehungen, Ostpolitik

1349. D. BISCHOFF, Franz Josef Strauß, die CSU und die Außenpolitik, Meisenheim am Glan 1973.
1350. R.A. BLASIUS (Hrsg.), Von Adenauer zu Erhard. Studien zur Auswärtigen Politik der Bundesrepublik Deutschland 1963, München 1994.
1351. DERS., Erwin Wickert und die Friedensnote der Bundesregierung vom 25. März 1966, in: VfZ 43 (1995), 539–553.
1352. G. BUCHSTAB, Geheimdiplomatie zwischen zwei bequemen Lösungen. Zur Ost- und Deutschlandpolitik Kiesingers, in: K.D. BRACHER u. a. (Hrsg.), Staat und Parteien (Nr. 923), 873–901.
1353. F. EIBL, Die deutsch-französischen Konsultationen vom 3./4. Juli 1964 und de Gaulles „Angebot" einer nuklearen Zusammenarbeit, in: K.G. KICK u. a. (Hrsg.), Wandel durch Beständigkeit. Studien zur deutschen und internationalen Politik, Berlin 1998, 389–408.
1354. G. HEYDEMANN, Deutschlandpolitische Neuansätze der 60er Jahre, in: HPM 1 (1994), 15–37.
1355. K. HILDEBRAND, Der provisorische Staat und das ewige Frankreich. Die deutsch-französischen Beziehungen 1963–1969, in: HZ 240 (1985), 283–311.
1356. W. HÖLSCHER, Krisenmanagement in Sachen EWG. Das Scheitern des Beitritts Großbritanniens und die deutsch-französischen Beziehungen, in: R.A. BLASIUS (Hrsg.), Von Adenauer (Nr. 1350), 9–44.
1357. K. KAISER, Die neue Ostpolitik, in: W.F. HANRIEDER, H. RÜHLE (Hrsg.), Im Spannungsfeld der Weltpolitik, Stuttgart 1981, 233–250.
1358. D. KROEGEL, Einen Anfang finden! Kurt Georg Kiesinger in der Außen- und Deutschlandpolitik der Großen Koalition, München 1997.
1359. E. KUPER, Frieden durch Konfrontation und Kooperation. Die Einstellung von Gerhard Schröder und Willi Brandt zur Entspannungspolitik, Stuttgart 1974.
1360. U. LAPPENKÜPER, „Ich bin ein wirklich guter Europäer". Ludwig Erhards Europapolitik 1949–1966, in: Francia 18 (1991), 85–121.

1361. H.G. LEHMANN, Öffnung nach Osten. Die Ostreisen Helmut Schmidts und die Entstehung der Ost- und Entspannungspolitik, Bonn 1984.
1362. M. LINDEMANN, Anfänge einer neuen Ostpolitik? Handelsvertragsverhandlungen und die Errichtung von Handelsvertretungen in den Ostblock-Staaten, in: R.A. BLASIUS (Hrsg.), Von Adenauer (Nr. 1350), 45–96.
1363. W. LINK, Die Deutschlandpolitik der Bundesregierungen Erhard und der Großen Koalition (sowie die dazu geführte Diskussion in Parlament und Öffentlichkeit), in: Enquete-Kommission (Nr. 267), 1676–1743.
1364. M. MÜLLER, Politik und Bürokratie. Die MBFR-Politik der Bundesrepublik Deutschland zwischen 1967 und 1973, Baden-Baden 1988.
1365. I.D. PAUTSCH, Im Sog der Entspannungspolitik. Die USA, das Teststopp-Abkommen und die Deutschland-Frage, in: R.A. BLASIUS (Hrsg.), Von Adenauer (Nr. 1350), 118–153.
1366. G. SCHMID, Entscheidung in Bonn. Die Entstehung der Ost- und Deutschlandpolitik 1969/1970, Köln 1979.
1367. R. SCHMOECKEL, B. KAISER, Die vergessene Regierung. Die große Koalition 1966 bis 1969 und ihre langfristigen Wirkungen, Bonn 1991.
1368. H.-P. SCHWARZ, Die Regierung Kiesinger und die Krise in der ČSSR 1968, in: VfZ 47 (1999), 159–186.
1369. H. ZIMMERMANN, „...they have got to put something in the family pot!" The Burden-Sharing Problem in German-American Relations 1960–1967, in: German History 14 (1996), 325–346.

c) *Regierungssystem, Wahlen, Protestbewegungen*

1370. K. BOHNSACK, Bildung von Regierungskoalitionen, dargestellt am Beispiel der Koalitionsentscheidung der F.D.P. von 1969, in: ZfParl. 7 (1976), 400–425.
1371. H. DICHGANS, Das Unbehagen in der Bundesrepublik. Ist die Demokratie am Ende? Düsseldorf 1968.
1372. P. DOHMS, Studentenbewegung und nordrhein-westfälische Landespolitik in den 60er und 70er Jahren, in: GiW 12 (1997), 175–201.
1373. P. GÖLLNER, Politisch-historische Beiträge zu Ludwig Erhards Kanzlerschaft und Sturz, Diss. Edling 1986.
1374. P. HAUNGS, Wahlkampf und Wählerverhalten 1969, in: ZfParl. 1 (1970), 90–106.
1375. I. JUCHLER, Die Studentenbewegungen in den Vereinigten Staaten und der Bundesrepublik Deutschland der sechziger Jahre, Berlin 1996.
1376. H. KNORR, Der parlamentarische Entscheidungsprozeß während der Großen Koalition 1966 bis 1969, Meisenheim 1975.
1377. H. KORTE, Eine Gesellschaft im Aufbruch. Die Bundesrepublik Deutschland in den sechziger Jahren, Frankfurt a.M. 1987.
1378. G. LANGGUTH, Protestbewegung. Entwicklung, Niedergang, Renaissance. Die Neue Linke seit 1968, Köln 2. Aufl. 1984.

1379. P. Lücke, Ist Bonn doch Weimar? Der Kampf um das Mehrheitswahlrecht, Frankfurt a.M. 1968.

1380. I. Marssolek, H. Potthoff (Hrsg.), Durchbruch zum modernen Deutschland? Die Sozialdemokratie in der Regierungsverantwortung 1966–1982, Essen 1995.

1381. R. Morsey, Die Vorgeschichte der Großen Koalition von 1966, in: J. Kocka u. a. (Hrsg.), Von der Arbeiterbewegung (Nr. 1143), 462–478.

1382. D. Oberndörfer, Kurt Georg Kiesinger und die Große Koalition, in: Ders. (Hrsg.), Kiesinger (Nr. 1451), 323–373.

1383. H. Oberreuter, Führungsschwäche in der Kanzlerdemokratie: Ludwig Erhard, in: M. Mols u. a. (Hrsg.), Normative und institutionelle Ordnungsprobleme des modernen Staates, Paderborn 1990, 214–234.

1384. K.A. Otto, Vom Ostermarsch zur APO. Geschichte der außerparlamentarischen Opposition in der Bundesrepublik 1960–1970, Frankfurt a.M. 3. Aufl. 1982.

1385. P.A. Richter, Die Außerparlamentarische Opposition in der Bundesrepublik Deutschland 1966 bis 1968, in: I. Gilcher-Holtey (Hrsg.), 1968 – Vom Ereignis zum Gegenstand der Geschichtswissenschaft, Göttingen 1998, 35–55.

1386. A. Rummel (Hrsg.), Die Große Koalition 1966–1969, Freudenstadt 1969.

1387. A.H. Schneider, Helmut Schmidt und die Große Koalition 1966–1969, Paderborn 1999.

1388. M. Schneider, Demokratie in Gefahr? Der Konflikt um die Notstandsgesetze. Sozialdemokratie, Gewerkschaften und intellektueller Protest (1958–1968), Bonn 1986.

1389. K. Schönhoven, Entscheidung für die Große Koalition. Die Sozialdemokratie in der Regierungskrise im Spätherbst 1966, in: W. Pyta, L. Richter (Hrsg.), Gestaltungskraft des Politischen, Berlin 1998, 379–397.

1390. K.-G. von Stackelberg, Attentat auf Deutschlands Talisman. Ludwig Erhards Sturz, Stuttgart 1967.

1391. J. Wiesner, Die neuen politischen Protest-„Bewegungen" in zeitgeschichtlicher und demokratie-theoretischer Sicht, in: Jb. für christliche Sozialwissenschaften 25 (1984), 89–136.

1392. U. Wirz, Karl Theodor von und zu Guttenberg und das Zustandekommen der Großen Koalition, Grub am Forst 1997.

d) Finanzpolitik, Wirtschaft

1393. G. Narr-Lindner, Grenzen monetärer Steuerung. Die Restriktionspolitik der Bundesbank 1964–1974, Frankfurt a.M. 1984.

1394. E. Osterwald, Die Entstehung des Stabilitätsgesetzes, Frankfurt a.M. 1982.

1395. H. Vogel, Solide Finanzpolitik. Franz Josef Strauß als Bundesfinanzminister, in: F. Zimmermann (Hrsg.), Anspruch (Nr. 1471), 94–108.

1396. F. Voss, Franz Josef Strauß. Der Finanzminister der Großen Koalition, in: P.M. Schmidthuber u. a. (Hrsg.), Beiträge zur politischen Ökonomie, Bonn 1989, 283–292.

1397. F.-U. Willeke u. a., Die Aufwertungsdebatte in der BRD in den Jahren 1968 und 1969, in: Hamburger Jb. für Wirtschafts- und Gesellschaftspolitik 16 (1971), 287–316.

1398. H.F. Wünsche, Ludwig Erhards Gesellschafts- und Wirtschaftskonzeption, Stuttgart 1986.

7. Biographien

a) Sammelbände

Die in diesen Bänden enthaltenen (Kurz-)Biographien sind im folgenden Abschnitt [b) Einzelne Persönlichkeiten] nicht verzeichnet.

1399. G. Baumgartner, D. Hebig (Hrsg.), Biographisches Handbuch der SBZ/DDR 1945–1990, 2 Bde., München 1996–1997.

1400. W.L. Bernecker, V. Dotterweich (Hrsg.), Persönlichkeit und Politik in der Bundesrepublik Deutschland. Politische Porträts, 2 Bde., Göttingen 1982.

1401. C.H. Casdorff (Hrsg.), Demokraten. Profile unserer Republik, Königstein/Ts. 1983.

1402. Christliche Demokraten der ersten Stunde, hrsg. von der Konrad-Adenauer-Stiftung, Bonn 1966.

1403. W. Först (Hrsg.), Aus dreißig Jahren. Rheinisch-Westfälische Politiker-Porträts, Köln 1979.

1404. L. Gall (Hrsg.), Die großen Deutschen unserer Epoche, ergänzte Ausg. Frankfurt a.M. 1995.

1405. G. Gaus, Zur Person. Porträts in Frage und Antwort, 2 Bde., München 1964–1966.

1406. R. Hellwig (Hrsg.), Die Christdemokratinnen, Stuttgart 1984.

1407. W. Huber (Hrsg.), Protestanten in der Demokratie. Positionen und Profile im Nachkriegsdeutschland, München 1990.

1408. H. Klein (Hrsg.), Die Bundeskanzler, Berlin 3., aktualis. Aufl. 1995.

1409. D. Mahncke, T. Jansen (Hrsg.), Persönlichkeiten der Europäischen Integration, Bonn 1981.

1410. W. Mühlhausen, C. Regin (Hrsg.), Treuhänder des deutschen Volkes. Die Ministerpräsidenten der westlichen Besatzungszonen nach den ersten freien Landtagswahlen, Melsungen 1991.

1410a. T. Oppelland (Hrsg.), Deutsche Politiker 1949–1969, 2 Bde., Darmstadt 1999.

1410b. H. Sarkowicz (Hrsg.), Sie prägten Deutschland. Eine Geschichte der Bundesrepublik in politischen Portraits, München 1999.

1411. G. Scholz, Die Bundespräsidenten, Bonn 3., überarb. Aufl. 1996.
1412. W. von Sternburg (Hrsg.), Die deutschen Kanzler von Bismarck bis Schmidt, Königstein/Ts. 1985. ND Berlin 1998.
1413. Zeitgeschichte in Lebensbildern. Aus dem deutschen Katholizismus des 19. und 20. Jahrhunderts, Bde. 1–2 hrsg. von R. Morsey, Mainz 1973–1975; Bde. 3–9 hrsg. von J. Aretz u. a., Mainz 1979–1999.
1414. R. Zitelmann, Adenauers Gegner. Streiter für die Einheit, Erlangen 1991.

b) Einzelne Persönlichkeiten

Konrad Adenauer

1415. D. Blumenwitz u. a. (Hrsg.), Konrad Adenauer und seine Zeit, 2 Bde., Stuttgart 1976.
1416. H. Köhler, Konrad Adenauer, Frankfurt a.M. 1994.
1417. H. Kohl (Hrsg.), Konrad Adenauer 1876/1976, Stuttgart 2., erweit. Aufl. 1976.
1418. H. Osterheld, Konrad Adenauer, Stuttgart 1987.
1419. A. Poppinga, Konrad Adenauer. Geschichtsverständnis, Weltanschauung und politische Praxis, Stuttgart 1975.
1420. Dies., „Das Wichtigste ist der Mut". Konrad Adenauer – die letzten fünf Kanzlerjahre, Bergisch Gladbach 1994.
1421. H.-P. Schwarz, Adenauer. Der Aufstieg 1876–1952; Der Staatsmann 1952–1967, Stuttgart 1986–1991.

Egon Bahr

1422. D.S. Lutz (Hrsg.), Das Undenkbare denken. Festschrift für Egon Bahr zum 70. Geburtstag, Baden-Baden 1992.
1423. A. Vogtmeier, Egon Bahr und die deutsche Frage, Bonn 1996.

Willy Brandt

1424. K. Harpprecht, Willy Brandt, München 2. Aufl. 1971.
1425. B. Marshall, Willy Brandt, Bonn 1993.
1426. C. Stern, Willy Brandt mit Selbstzeugnissen und Bilddokumenten, Reinbek 1975.

Thomas Dehler

1427. U. Wengst, Thomas Dehler 1897–1967, München 1997.

Hermann Ehlers

1428. A. Meier, Hermann Ehlers, Bonn 1991.

Ludwig Erhard

1429. V. Hentschel, Ludwig Erhard, München 1996.
1430. K. Hohmann, Ludwig Erhard (1897–1977), in: A. Wendehorst, G. Pfeiffer (Hrsg.), Fränkische Lebensbilder 11 (1984), 211–245.

1431. G. Schröder u. a. (Hrsg.), Ludwig Erhard. Beiträge zu seiner politischen Biographie, Frankfurt a.M. 1972.

Fritz Erler

1432. H. Soell, Fritz Erler, 2 Bde., Berlin 1976.

Franz Etzel

1433. A. Müller-Armack, B. Schmidt (Hrsg.), Wirtschafts- und Finanzpolitik im Zeichen der Sozialen Marktwirtschaft. Festgabe für Franz Etzel, Stuttgart 1967.

Eugen Gerstenmaier

1434. B. Heck (Hrsg.), Widerstand, Kirche, Staat. Eugen Gerstenmaier zum 70. Geburtstag, Frankfurt a.M. 1976.

1435. H. Kunst (Hrsg.), Für Freiheit und Recht. Eugen Gerstenmaier zum 60. Geburtstag, Stuttgart 1966.

Hans Globke

1436. K. Gotto (Hrsg.), Der Staatssekretär Adenauers, Stuttgart 1980.

Walter Hallstein

1437. W. Loth u. a. (Hrsg.), Walter Hallstein – Der vergessene Europäer?, Bonn 1995.

Gustav Heinemann

1438. D. Koch, Heinemann und die Deutschlandfrage, München 1972.

1439. H. Lindemann, Gustav Heinemann, München 1978.

1440. U. Schütz, Gustav Heinemann und das Problem des Friedens im Nachkriegsdeutschland, Münster 1993.

Heinrich Hellwege

1441. C. Schmidt, Heinrich Hellwege, der vergessene Gründervater, Stade 1991.

Theodor Heuss

1442. H. Hamm-Brücher, H. Rudolph, Theodor Heuss. Eine Bildbiographie, Stuttgart 1983.

1443. F. Henning, Heuss, Gerlingen 1984.

1444. H. Möller, Theodor Heuss, Bonn 1990.

1445. E. Pikart, Theodor Heuss und Konrad Adenauer, Stuttgart 1976.

Wilhelm Hoegner

1446. P. Kritzer, Wilhelm Hoegner, München 1979.

Jakob Kaiser

1447. W. Conze, Jakob Kaiser. Politiker zwischen Ost und West 1945–1949, Stuttgart 1969. ND 1985.

1448. E. KOSTHORST, Jakob Kaiser. Bundesminister für gesamtdeutsche Fragen 1949–1957, Stuttgart 1972. ND 1985.

1449. T. MAIER (Hrsg.), „Macht das Tor auf". Jakob-Kaiser-Studien, Berlin 1996.

KURT GEORG KIESINGER

1450. Führung und Bildung in der heutigen Welt. Hrsg. zum 60. Geburtstag von Ministerpräsident Kurt Georg Kiesinger, Stuttgart 1964.

1451. D. OBERNDÖRFER (Hrsg.), Begegnungen mit Kurt Georg Kiesinger, Stuttgart 1984.

HEINRICH LÜBKE

1452. R. MORSEY, Heinrich Lübke, Paderborn 1996.

REINHOLD MAIER

1453. K.-J. MATZ, Reinhold Maier (1889–1971), Düsseldorf 1989.

GEBHARD MÜLLER

1454. T. RITTERSPACH, W. GEIGER (Hrsg.), Festschrift für Gebhard Müller, Tübingen 1970.

JOSEF MÜLLER

1455. F.H. HETTLER, Josef Müller („Ochsensepp"), München 1991.

ERICH OLLENHAUER

1456. B. SEEBACHER-BRANDT, Ollenhauer – Biedermann und Patriot, Berlin 1984.

FRITZ SCHÄFFER

1457. C. HENZLER, Fritz Schäffer. 1945–1967, München 1994.

WALTER SCHEEL

1458. H.-D. GENSCHER (Hrsg.), Heiterkeit und Härte. Walter Scheel in seinen Reden und im Urteil von Zeitgenossen, Stuttgart 1984.

CARLO SCHMID

1459. G. TADDEY (Hrsg.), Carlo Schmid. Mitgestalter der Nachkriegsentwicklung im deutschen Südwesten, Stuttgart 1997.

1460. P. WEBER, Carlo Schmid, München 1996.

HELMUT SCHMIDT

1461. J. CARR, Helmut Schmidt, Düsseldorf aktualis. und erweit. Neuauflage 1993.

GERHARD SCHRÖDER

1462. H. KUNST u. a. (Hrsg.), Dem Staate verpflichtet. Festschrift für Gerhard Schröder, Stuttgart 1980.

Kurt Schumacher

1463. W. Albrecht, Kurt Schumacher, Bonn 1985.
1464. P. Merseburger, Kurt Schumacher, Berlin Neuausg. 1997.
1465. A. Scholz, W.G. Oschilewski (Hrsg.), Turmwächter der Demokratie. Ein Lebensbild von Kurt Schumacher, 3 Bde., Berlin 1953–1954.
1466. G. Scholz, Kurt Schumacher, Düsseldorf 1988.

Hanns Seidel

1467. H.F. Gross, Hanns Seidel 1901–1961, München 1992.

Franz Josef Strauss

1468. K. Carstens u. a. (Hrsg.), Franz Josef Strauß. Erkenntnisse, Standpunkte, Ausblicke, München 1985.
1469. W. Krieger, Franz Josef Strauß, Göttingen 1995.
1470. W. Scharnagl, Franz Josef Strauß, Percha 3. Aufl. 1988.
1471. F. Zimmermann (Hrsg.), Anspruch und Leistung. Widmungen für Franz Josef Strauß, Stuttgart 1980.

Herbert Wehner

1472. A. Freudenhammer, K. Vater, Herbert Wehner, München 1978.
1473. G. Jahn u. a. (Hrsg.), Herbert Wehner, Köln 1976.
1474. G. Scholz, Herbert Wehner, Düsseldorf 1986.

Richard von Weizsäcker

1475. F. Pflüger, Richard von Weizsäcker, Stuttgart 1990.

Helene Wessel

1476. E. Friese, Helene Wessel (1898–1969), Essen 1993.

ÜBERLEGUNGEN ZUR FORSCHUNG SEIT 2000

Der hier zur Verfügung stehende Raum erlaubt es nicht, wie zunächst vorgesehen, das bisherige Quellen- und Literaturverzeichnis, das in 41 Sachgebiete unterteilt ist, durch jeweils auch nur einen seit 1999/2000 erschienenen einschlägigen Titel zu ergänzen; denn deren Zahl ist inzwischen zu groß geworden. Entsprechende Titel sind in den untergliederten Abschnitten der jährlich erscheinenden Bibliographien verzeichnet: der Bibliographie der VfZ, herausgegeben vom Institut für Zeitgeschichte in München, der Historischen Bibliographie der Arbeitsgemeinschaft (außeruniversitärer) historischer Forschungseinrichtungen in der Bundesrepublik Deutschland, ebenfalls in München, und den Jahresberichten für deutsche Geschichte der Berlin-Brandenburgischen Akademie der Wissenschaften in Berlin.

Inzwischen ist die Gründungs- und Frühgeschichte der Bundesrepublik Deutschland, speziell die der „Ära Adenauer", auch wegen neu zugänglich gewordener bzw. deklassifizierter Quellenbestände, ein vielbeackertes Forschungsfeld. Kennzeichnend für den fortgeschrittenen Zeitabstand und den Untergang der DDR sind veränderte Leitperspektiven, aber auch eine neue Periodisierung der Nachkriegsgeschichte über bisher starre Jahresgrenzen, so die Zäsuren 1945 bzw. 1990, hinaus („Der lange Weg nach Westen"), aber ebenso betonte Akzentuierung etwa einer einzelnen Dekade („Die langen sechziger Jahre"). Überproportional zugenommen hat die Zahl von Gender Studies sowie von Arbeiten zur „Erinnerungskultur" bzw. „Belastungsgeschichte" der Bundesrepublik, zur Geschichtspolitik („Geschichte als Waffe") und zur medialen Dimension von Politik, ebenfalls zu den Themen Flucht, Vertreibung und Migration. Das gilt ferner für vergleichend angelegte Untersuchungen sowohl unter Einbeziehung der DDR als auch internationaler bzw. transnationaler Perspektiven. Konjunktur haben schließlich Arbeiten zur Landeszeit- und Regionalgeschichte. Wiederentdeckt wurden traditionelle Politikbereiche, die allerdings nicht selten als *neue* oder *moderne* erscheinen, so etwa Diplomatie-, Politik-, Kultur- (kulturalistische), Gesellschafts- oder sogar Ideengeschichte.

Inzwischen liegen Überblicksdarstellungen zur deutschen Geschichte der Nachkriegszeit vor, die zeitlich bis 1990 oder darüber hinaus reichen und in denen, allerdings in unterschiedlichem Maße, die Geschichte der DDR einbezogen ist. Die langfristig angelegten zeitgeschichtlichen Editionsvorhaben konnten von den herausgebenden Institutionen, überregionalen wie regionalen Historischen Kommissionen und Instituten, Stiftungen und Archiven, zügig fortgesetzt werden. Weiter zugenommen hat die Flut von Aufsätzen und die von Sammelbänden, nicht minder die von Festschriften und von Publikationen aus Anlaß von Gedenktagen oder ‚runden' Jubiläen. Die Quellen- und Literaturverzeichnisse mancher zeitgeschichtlicher Publikationen haben einen Umfang erreicht, der noch im ersten Drittel des 20. Jahrhunderts vielfach für Dissertationen ausreichte. Es bleibt Aufgabe der Forschung, die „doppelte Zeitgeschichte" beider deutscher Staaten, auch für die ersten Nachkriegsdezennien, miteinander zu verknüpfen und in das Koordinatensystem des Ost-West-Konflikts einzuordnen.

Anhang

ZEITTAFEL

1945

7./8.5.	Kapitulation der Wehrmacht in Reims bzw. Berlin-Karlshorst.
5.6.	„Berliner Erklärung" der vier Siegermächte zur Übernahme der Regierungsgewalt in Deutschland.
10.6.-5.7.	Zulassung von Parteien durch die SMAD in Berlin und in der SBZ.
17.7.-2.8.	Potsdamer Konferenz der Staats- und Regierungschefs der USA, Großbritanniens und der Sowjetunion.
Juli-Okt.	Bildung von Ländern in der französischen und amerikanischen Zone.
27.7.	Errichtung von Zentralverwaltungen in Berlin auf Befehl der SMAD.
15.8.	Kapitulation Japans.
Aug.-Sept.	Zulassung von Parteien und Gewerkschaften in den Westzonen.
20.11.	Beginn des Prozesses gegen die „Hauptkriegsverbrecher" in Nürnberg. Urteile 30.9.-1. 10. 1946.

1946

20.-27.1.	Gemeinderatswahlen in der amerikanischen Zone.
26.3.	Alliierter Industrieplan für Deutschland.
21.-23.4.	Gründungsparteitag der SED in Berlin.
25.5.	Einstellung der Reparationslieferungen aus der amerikanischen Zone an die Sowjetunion.
30.6.	Wahlen zu den Verfassunggebenden Landesversammlungen in der amerikanischen Zone.
30.6.	Einführung des Interzonenpasses.
6.9.	US-Außenminister Byrnes erläutert in Stuttgart eine Wende der amerikanischen Außen- und Deutschlandpolitik.
20.10.	Landtagswahlen in der SBZ und in Berlin.
1.12.	Landtagswahlen in der amerikanischen Zone.
22.12.	Wirtschaftlicher Anschluß des Saargebiets an Frankreich.

1947
1.1.	Errichtung des Vereinigten Wirtschaftsgebiets der amerikanischen und britischen Zone (Bizone).
13.3.	Verkündung der Truman-Doktrin.
20.4.	Landtagswahlen in der britischen Zone.
18.5.	Landtagswahlen in der französischen Zone.
5.6.	US-Außenminister Marshall kündigt in Harvard European Recovery Program („Marshall-Plan") an.
5.-8.6.	Ergebnislose (und einzige) Konferenz der Ministerpräsidenten der vier Zonen in München.
14.6.	Errichtung der Deutschen Wirtschaftskommission als Leitinstanz der Zentralverwaltungen der SBZ.
25.6.	Konstituierung des (ersten) Wirtschaftsrats der Bizone in Frankfurt a.M.
29.8.	Erhöhung der Industrieproduktion für die Bizone.

1948
9.2.	Neuorganisation der Bizone (Zweiter Wirtschaftsrat).
23.2.-6.3.	Deutschland-Konferenz der drei Westmächte in London (1. Session).
17.3.	Brüsseler Fünfmächtepakt („Westunion"): Großbritannien, Frankreich, Benelux-Staaten.
20.3.	Letzte Sitzung des Alliierten Kontrollrats in Berlin.
20.4.-2.6.	Deutschland-Konferenz der drei Westmächte und der Benelux-Staaten in London (2. Session) für „Westlösung" der Deutschen Frage.
7.6.	„Londoner Empfehlungen" der Sechsmächte-Konferenz.
21.6.	Währungsreform in den drei Westzonen; am 23.6. in den Westsektoren von Berlin und in der SBZ (24.6.).
24.6.	Beginn der Blockade der Westsektoren Berlins durch die Sowjetunion.
1.7.	Übergabe der „Frankfurter Dokumente" an die Regierungschefs der elf Länder in den drei Westzonen.
10.-23.8.	Verfassungskonvent auf Herrenchiemsee.
1.9.	Zusammentritt des Parlamentarischen Rates in Bonn. Wahl Adenauers zum Präsidenten.
30.11.	SED spaltet Berliner Magistrat (2.12. Bildung eines eigenen Magistrats für die Westsektoren der Stadt).
28.12.	Londoner Sechsmächte-Abkommen über Internationale Ruhrbehörde (Ruhrstatut).

1949
4.4.	Gründung der Nordatlantischen Verteidigungsgemeinschaft (NATO) in Washington.
8.4.	Abkommen der Westmächte zur Fusion der drei Westzonen.
10.5.	Der Parlamentarische Rat wählt Bonn zur vorläufigen Bundeshauptstadt.
12.5.	Aufhebung der Berlin-Blockade durch die Sowjetunion.
23.5.	Das Grundgesetz für die Bundesrepublik Deutschland wird verkündet und tritt in Kraft.
14.8.	Wahlen zum 1. Deutschen Bundestag.
12.9.	Wahl von Heuss (FDP) zum Bundespräsidenten.
15.9.	Wahl Adenauers (CDU) zum Bundeskanzler. Bildung einer Regierung aus CDU, CSU, FDP und DP.
21.9.	Das Besatzungsstatut tritt in Kraft. Ablösung der drei Militärgouverneure durch Hohe Kommissare.
7.10.	Die Verfassung der zur DDR erklärten SBZ tritt in Kraft. Staatspräsident (11.10.): Pieck (SED), Ministerpräsident (12.10.): Grotewohl (SED).
12.-14.10.	Gründungskongreß des DGB in München. Vorsitzender: Böckler.
31.10.	Bundesrepublik Mitglied der Organisation für europäische wirtschaftliche Zusammenarbeit (OEEC).
3.11.	Wahl Bonns zur Bundeshauptstadt
22.11.	Unterzeichnung des Petersberger Abkommens.
30.11.	Beitritt der Bundesregierung zur Internationalen Ruhrbehörde.

1950
7.3.	Vorschlag Adenauers für eine politische Union mit Frankreich.
22.3.	Vorschlag der Bundesregierung zur Durchführung gesamtdeutscher Wahlen unter Kontrolle der UNO.
24.4.	1. Gesetz über den Sozialen Wohnungsbau.
1.5.	Aufhebung der Lebensmittelrationierung.
9.5.	Vorschlag Schumans zur Vereinigung der westeuropäischen Montanindustrie („Schuman-Plan").
15.6.	Bundestag beschließt den Beitritt der Bundesrepublik zum Europarat.
25.6.	Beginn des Krieges in Korea.
5.8.	Verkündigung der Charta der Heimatvertriebenen in Stuttgart.
11.8.	Europarat für europäische Armee mit deutschen Kontingenten.
20.-22.10.	1. Bundesparteitag der CDU in Goslar. Wahl Adenauers zum Vorsitzenden.
26.10.	Errichtung der „Dienststelle Blank" als Vorläufer des späteren Verteidigungsministeriums (ab 6.6.1955).

30.10.	Vorschlag eines Gesamtdeutschen Konstituierenden Rates durch DDR-Ministerpräsident Grotewohl.

1951

15.1.	Bundesregierung besteht gegenüber DDR auf freien Wahlen als ersten Schritt zur Wiedervereinigung.
6.3.	1. Revision des Besatzungstatuts.
15.3.	Errichtung des Auswärtigen Amtes. Übernahme des Außenministeriums durch Adenauer.
18.4.	Unterzeichnung des Vertrags über die Gründung der Europäischen Gemeinschaft für Kohle und Stahl (EGKS).
21.4.	Bundesrepublik tritt Allgemeinem Zoll- und Handelsabkommen (GATT) bei.
2.5.	Bundesrepublik wird vollberechtigtes Mitglied des Europarats, Saarland assoziiertes Mitglied.
21.5.	Gesetz über die Mitbestimmung in der Montanindustrie.
9.7.	Erklärung der drei Westmächte über die Beendigung des Kriegszustands mit Deutschland.
27.9.	Bundestag verabschiedet Wahlordnung für freie Wahlen in ganz Deutschland unter Aufsicht der UNO.
28.9.	Konstituierung des Bundesverfassungsgerichts in Karlsruhe.
9.12.	Volksentscheid in Baden, Württemberg-Baden und Württemberg-Hohenzollern zugunsten der Bildung Baden-Württembergs (25. 4. 1952).
21.12.	Aufhebung des Ruhrstatuts.

1952

11.1.	Bundestag stimmt Vertrag über die Gründung der „Europäischen Gemeinschaft für Kohle und Stahl" (Montanunion) zu.
1.3.	Rückgabe der Insel Helgoland.
10.3.	Vorschlag der Sowjetunion an die drei Westmächte zu Verhandlungen über einen Friedensvertrag mit (Potsdam-)Deutschland.
2.5.	Dritte Strophe des Deutschlandlieds zur Nationalhymne bestimmt.
13.5.	Ablehnende Antwort der Westmächte auf die 2. „Stalin-Note" vom 9.4.
26.5.	Unterzeichnung des Vertrags über die Beziehungen der Bundesrepublik zu den Westmächten („1. Deutschlandvertrag") und von Zusatzverträgen in Bonn.
27.5.	Unterzeichnung des Vertrags über die Europäische Verteidigungsgemeinschaft (EVG) in Paris.
23.7.	Der Vertrag über die Montanunion (EGKS) tritt in Kraft.
14.8.	Bundesrepublik wird Mitglied des Internationalen Währungsfonds (IWF) und der Weltbank.

20.8.	Tod des SPD-Vorsitzenden Schumacher (Nachfolger ab 27.9. Ollenhauer).
1.9.	Das Gesetz über den Lastenausgleich tritt in Kraft.
10.9.	Unterzeichnung des Wiedergutmachungsabkommens mit Israel in Luxemburg.
11.10.	Verkündigung des Betriebsverfassungsgesetzes.
23.10.	Bundesverfassungsgericht verbietet die Sozialistische Reichspartei.

1953

27.2.	Unterzeichnung des Londoner Abkommens über die Regelung der deutschen Auslandsschulden.
10.3.	Erweiterte Versammlung der Montangemeinschaft billigt Vertragsentwurf über Gründung einer Europäischen Politischen Gemeinschaft.
19.3.	Bundestag ratifiziert Deutschland- und EVG-Vertrag.
16./17.6.	Volksaufstand in Ost-Berlin und zahlreichen Städten der DDR.
25.6.	Bundestag verabschiedet Wahlgesetz mit Zweitstimme und verschärfter Sperrklausel.
6.9.	Wahlen zum 2. Deutschen Bundestag.
9.-20.10.	Wiederwahl Adenauers zum Bundeskanzler. Bildung seiner 2. Regierung aus CDU, CSU, FDP, DP und GB/BHE.

1954

25.1.-18.2.	Ergebnislose Außenminister-Konferenz der Vier Mächte in Berlin über Deutschland.
26.2.	Bundestag beschließt Erste Wehrergänzung zum Grundgesetz.
17.7.	Wiederwahl von Heuss in Berlin zum Bundespräsidenten.
30.8.	Ablehnung des EVG-Vertrags durch die französische Nationalversammlung.
28.9.-3.10.	Neunmächte-Konferenz in London empfiehlt Aufnahme der Bundesrepublik in WEU und NATO.
19.-23.10.	Konferenz der Westmächte und der Bundesrepublik in Paris („2. Deutschlandvertrag").

1955

25.1.	Sowjetunion erklärt Kriegszustand mit Deutschland für beendet.
5.5.	Die Pariser Verträge treten in Kraft. Durch Aufhebung des Besatzungsstatuts wird die Bundesrepublik bedingt souverän.
7.5./9.5.	Beitritt der Bundesrepublik zur WEU und zur NATO.
1.-3.6.	Außenminister der Montanunion beschließen in Messina Bildung eines Gemeinsamen Marktes (EWG) und einer Europäischen Atomgemeinschaft (EURATOM).

17.-23.7. Ergebnislose Deutschland-Konferenz der Regierungschefs der Vier Mächte („Gipfelkonferenz") in Genf.
23.7. Gesetz über die Rechtstellung der Freiwilligen für die Bundeswehr.
26.7. Chruschtschow verkündet in Berlin die sowjetische Zwei-Staaten-Doktrin für Deutschland.
8.-14.9. Adenauer mit einer Regierungsdelegation in Moskau.
20.9. Sowjetunion gewährt der DDR bedingte Souveränität.
22./23.9. Bundestag billigt die Moskauer Vereinbarungen über die Aufnahme diplomatischer Beziehungen.
23.10. Ablehnung des „Saarstatuts" durch die Bevölkerung des Saarlands. Rücktritt der Regierung Hoffmann (CVP).
27.10.-16.11. Ergebnislose Außenminister-Konferenz der Vier Mächte in Genf.

1956
2.1. Einberufung der ersten Bundeswehr-Einheiten (Freiwillige).
25.2. Ausscheiden der FDP aus der Regierungskoalition. Bildung der Freien Volkspartei (23.4.).
6.3. Bundestag verabschiedet 2. Wehrergänzung des Grundgesetzes und das Soldatengesetz.
4.6. Einigung mit Frankreich (Luxemburger Abkommen) und Eingliederung des Saarlands in die Bundesrepublik (politisch zum 1. 1. 1957, wirtschaftlich zum 1. 1. 1960).
17.8. Bundesverfassungsgericht verbietet KPD mit Hilfs- und Nachfolgeorganisationen.
16.10. Umbildung der Bundesregierung. Strauß (CSU) wird Verteidigungsminister.
20./21.10. Außenministerkonferenz der Staaten der Montanunion über EURATOM und Gemeinsamen Markt.
30.11. Gewaltverzichtsangebot an Polen.

1957
1.1. Eingliederung des Saarlands in die Bundesrepublik.
21.1. Bundestag verabschiedet Gesetz über Rentenreform („Dynamische Rente").
25.3. Unterzeichnung der Römischen Verträge über Europäische Wirtschaftsgemeinschaft (EWG) und Europäische Atomgemeinschaft (EURATOM).
1.4. Einberufung der ersten Wehrpflichtigen. Ernennung General Speidels zum Befehlshaber der NATO-Landstreitkräfte in Europa-Mitte.
23.5. Deutschlandplan der SPD veröffentlicht.
18.6. Verkündigung des Gleichberechtigungsgesetzes.

4.7.	Bundestag verabschiedet Gesetz gegen Wettbewerbsbeschränkungen.
29.7.	„Berliner Erklärung" der drei Westmächte und der Bundesrepublik zur deutschen Einheit.
15.9.	Wahlen zum 3. Deutschen Bundestag.
19.10.	Abbruch der diplomatischen Beziehungen zu Jugoslawien („Hallstein-Doktrin").
22.10.	Wiederwahl Adenauers zum Bundeskanzler. Regierungsbildung aus CDU, CSU und DP.

1958

1.1.	Die „Römischen Verträge" über die EWG und EURATOM treten in Kraft.
7.3./19.3.	Adenauer schlägt Moskau eine „Österreich-Lösung" für die DDR vor.
25.3.	Bundestag beschließt Ausrüstung der Bundeswehr mit Kernwaffen im Rahmen der NATO.
19.4.	Demonstrationen der Aktion „Kampf dem Atomtod".
2.7.	Bundestag billigt die Bildung eines Viermächte-Gremiums für die Lösung der Deutschen Frage.
30.7.	Bundesverfassungsgericht erklärt eine Volksabstimmung über die atomare Bewaffnung der Bundeswehr für verfassungswidrig.
14./15.9.	Erstes Treffen Adenauers mit de Gaulle.
27.11.	„Berlin-Ultimatum" der Sowjetunion.
31.12.	Antwort der drei Westmächte auf das sowjetische Berlin-Ultimatum. 5. 1. 1959 Antwort der Bundesregierung.

1959

19.2.	Wahl des ersten Wehrbeauftragten (von Grolman) durch den Bundestag.
18.3.	Deutschlandplan der SPD und der FDP (20.3.).
11.5.-20.6.	Deutschlandkonferenz der Außenminister der Vier Mächte in Genf (1. Session). Beobachterdelegationen der Bundesrepublik und der DDR.
1.7.	Wahl Lübkes (CDU) in Berlin zum Bundespräsidenten.
5.7.	Wirtschaftliche Eingliederung des Saarlands.
13.7.-5.8.	Deutschlandkonferenz in Genf (2. Session).
3.8.	Unterzeichnung der Zusatzvereinbarungen zum NATO-Truppenstatut, dem die Bundesrepublik beitritt.
13.-15.11.	Parteitag der SPD. Verabschiedung des „Godesberger Programms".
23.12.	Das Gesetz über die friedliche Nutzung der Kernenergie wird verkündet.

1960

16./17.5.	Pariser „Gipfelkonferenz" gescheitert.
29.6.	Privatisierung des Volkswagenwerks vom Bundestag beschlossen (erste „Volksaktien" bereits 1959).
30.6.	SPD bekennt sich zur westeuropäischen Integrations- und Bündnispolitik.
1.7.	Ausscheiden der DP aus der Regierungskoalition.

1961

28.2.	Bundesverfassungsgericht erklärt „Deutschland-Fernsehen-GmbH" für verfassungswidrig.
6.3.	Erste Aufwertung der DM.
18.3.	Landesversammlung der CSU in München. Bundesverteidigungsminister Strauß zum Vorsitzenden gewählt.
4.5.	Bundestag billigt NATO-Truppenstatut und Bundessozialhilfegesetz.
4.6.	Berlin-Memorandum der Sowjetunion (11./12.6. Ablehnung durch die Westmächte).
25.7.	Erklärung Kennedys zur Berlin-Frage („Three Essentials").
13.8.	Beginn der Errichtung der Berliner Mauer durch das SED-Regime.
19.-21.8.	Besuch des US-Vizepräsidenten Johnson in Bonn und Berlin.
17.9.	Wahlen zum 4. Deutschen Bundestag.
7.11.	Erneute (4.) Wahl Adenauers zum Bundeskanzler. Bildung einer Regierungskoalition aus CDU, CSU und FDP.

1962

14.2.	Sowjetische Störaktionen gegen den Berlin-Verkehr.
6.6.	Adenauer unterbreitet Moskau das Angebot für einen „Burgfrieden".
4.-9.9.	Staatsbesuch de Gaulles in der Bundesrepublik.
22.-28.10.	Kuba-Krise.
26.10.	Beginn der „Spiegel-Affäre".
19.11.	Rücktritt der FDP-Bundesminister.
2.12.	Scheitern der Verhandlungen zur Bildung einer Großen Koalition.
13.12.	Bildung der 5. Regierung Adenauer (CDU, CSU und FDP).
18.12.	Röhren-Embargo gegen die Sowjetunion.

1963

22.1.	Unterzeichnung des Vertrags über deutsch-französische Zusammenarbeit in Paris.
6.2.	Adenauer erklärt die Bereitschaft der Bundesrepublik zur Teilnahme an einer multilateralen Atomstreitmacht der NATO (MLF).
7.3.	Abschluß eines deutsch-polnischen Handelsabkommens.
1.4.	Das Zweite Deutsche Fernsehen nimmt seinen Sendebetrieb auf.

17.6.	Nationaler Gedenktag des deutschen Volkes zum 10. Jahrestag des Volksaufstands in Ost-Berlin und der DDR.
23.-26.6.	Staatsbesuch Kennedys in der Bundesrepublik und West-Berlin.
19.8.	Beitritt der Bundesrepublik zum Abkommen über den Atomteststopp.
15.10.	Rücktritt Adenauers als Bundeskanzler.
16.10.	Wahl Erhards zum Bundeskanzler. Regierungsbildung aus CDU, CSU und FDP.
17.10.	Errichtung von Handelsvertretungen mit Rumänien und Ungarn (9.11.).
17.12.	1. Passierscheinabkommen für den Besuch von West-Berlinern in Ost-Berlin.

1964

14.2.	Konstituierung des Sachverständigenrats zur Begutachtung der gesamtwirtschaftlichen Entwicklung.
15./16.2.	Sonderparteitag der SPD in Bonn. Wahl Brandts zum Vorsitzenden und Kanzlerkandidaten.
6.3.	Handelsabkommen mit Bulgarien.
1.7.	Wiederwahl Lübkes in Berlin zum Bundespräsidenten.
24.9.	2. Passierscheinabkommen für den Besuch von West-Berlinern in Ost-Berlin.
28.11.	Gründung der NPD in Hannover.
2.12.	DDR-Regierung verfügt Zwangsumtausch für Besucher der DDR und Ost-Berlins.

1965

25.3.	Bundestag verlängert Verjährungsfrist für nationalsozialistische Verbrechen.
8.4.	Vertrag über die Fusion von EGKS, EURATOM und EWG zur EG. Die Fusionierung erfolgt am 1. 7. 1967.
12.5.	Ankündigung der Aufnahme diplomatischer Beziehungen zu Israel (11.8. Botschafteraustausch). Die meisten arabischen Staaten brechen Beziehungen zur Bundesrepublik ab.
18.-25.5.	Staatsbesuch der britischen Königin Elisabeth II. in der Bundesrepublik.
11./12.6.	de Gaulle in Bonn.
15.7.	Errichtung des Deutschen Bildungsrats.
19.8.	Urteile im Auschwitz-Prozeß in Frankfurt a.M.
19.9.	Wahlen zum 5. Deutschen Bundestag.
20.10.	Erneute Wahl Erhards zum Bundeskanzler. Regierungsbildung aus CDU, CSU und FDP.

1966

28./29.1.	„Luxemburger Kompromiß": Beilegung der EG-Krise.
21.-23.3.	Bundesparteitag der CDU in Bonn. Wahl Erhards zum Vorsitzenden und Adenauers zum Ehrenvorsitzenden.
25.3.	„Friedensnote" der Bundesregierung.
9.-14.5.	Bundeskongreß des DGB. Ablehnung der Notstandsgesetze.
29.6.	Die SED sagt den mit der SPD vereinbarten Redneraustausch ab.
27.10.	Rücktritt der vier FDP-Bundesminister.
6.11.	Landtagswahlen in Hessen. Erstmals NPD-Abgeordnete in einem Landesparlament.
30.11.	Rücktritt von Bundeskanzler Erhard nach Scheitern von Koalitionsverhandlungen zwischen CDU, CSU und FDP.
1.12.	Wahl Kiesingers (CDU) zum Bundeskanzler einer Regierung der Großen Koalition. Außenminister und Vizekanzler: Brandt (SPD).
8.12.	SPD/FDP-Koalitionsbildung in Nordrhein-Westfalen unter Ministerpräsident Kühn.

1967

31.1.	Aufnahme diplomatischer Beziehungen mit Rumänien.
19.4.	Tod Adenauers.
22./23.5.	Bundesparteitag der CDU in Braunschweig. Wahl Kiesingers zum Vorsitzenden, Erhards zum Ehrenvorsitzenden.
8.6.	Bundestag verabschiedet Stabilitätsgesetz.
27.5.-4.6.	Besuch des Schah von Persien in der Bundesrepublik und in West-Berlin.
28.6.	Bundestag verabschiedet Parteiengesetz.
1.7.	Fusion der Organe der EG in Brüssel. Rücktritt Hallsteins als Präsident der EWG-Kommission.
3.8.	Errichtung von Handelsvertretungen mit der Tschechoslowakei vereinbart.
6.-8.9.	Bundestag billigt Mittelfristige Finanzplanung und Konjunkturprogramm.
13./14.12.	NATO-Ministerrat verabschiedet Harmel-Bericht.

1968

1.1.	Ablösung der Umsatzsteuer durch die Mehrwertsteuer.
26.3.	Rücktritt von Bundesinnenminister Lücke (CDU) wegen der nicht erreichten Wahlrechtsreform.
11.-17.4.	Demonstrationen der APO nach Mordanschlag auf Dutschke.
28.4.	Landtagswahlen in Baden-Württemberg. NPD erhält 9,8% Wählerstimmen.
30.5.	Bundestag beschließt Ergänzung des Grundgesetzes durch Notstandsverfassung.

1.7.	Zollunion der EG tritt in Kraft.
21.8.	Invasion von Truppen des Warschauer Paktes in die ČSSR.
19.11.	Bundesregierung beschließ Maßnahmen zur außenwirtschaftlichen Absicherung.

1969

8.2.-.5.3.	Behinderung des Berlin-Verkehrs durch die DDR.
26./27.2.	Staatsbesuch Nixons in der Bundesrepublik und in West-Berlin.
5.3.	Wahl Heinemanns (SPD) in Berlin zum Bundespräsidenten (1.7. Amtsbeginn).
4.6.	Die Bundesregierung beschließt, die diplomatischen Beziehungen zu Kambodscha einzufrieren.
11.6.	Kambodscha bricht die diplomatischen Beziehungen mit der Bundesrepublik ab.
26.6.	Der Bundestag verlängert die Verjährungsfrist für Völkermord.
28.9.	Wahlen zum 6. Deutschen Bundestag.
21.10.	Wahl Brandts zum Bundeskanzler. Bildung einer SPD/FDP-Koalition.

Quelle: Die auswärtige Politik der Bundesrepublik Deutschland. Herausgegeben vom Auswärtigen Amt. Köln 1972. (Karte 1)

ABKÜRZUNGSVERZEICHNIS

Begriffe, Institutionen, Parteien
BHE   Block der Heimatvertriebenen und Entrechteten
BP   Bayernpartei
CDU   Christlich-Demokratische Union Deutschlands
CSU   Christlich-Soziale Union
DGB   Deutscher Gewerkschaftsbund
DKP   Deutsche Kommunistische Partei
DP   Deutsche Partei
DRP   Deutsche Reichspartei
EG   Europäische Gemeinschaft
EGKS   Europäische Gemeinschaft für Kohle und Stahl
ERP   European Recovery Program („Marshall-Plan")
EURATOM   Europäische Atomgemeinschaft
EVG   Europäische Verteidigungsgemeinschaft
EWG   Europäische Wirtschaftsgemeinschaft
FDP   Freie Demokratische Partei
FVP   Freie Volkspartei
FRUS   Foreign Relations of the United States
GB   Gesamtdeutscher Block
KPD   Kommunistische Partei Deutschlands
NATO   North Atlantic Treaty Organization
ND   Nachdruck bzw. Neudruck
NPD   Nationaldemokratische Partei Deutschlands
NSDAP   Nationalsozialistische Deutsche Arbeiterpartei
OEEC   Organization für European Economic Cooperation
OMGUS   Office of Military Government, United States (amerikanische Militärregierung in Deutschland)
SBZ   Sowjetische Besatzungszone
SED   Sozialistische Einheitspartei Deutschlands
SMAD   Sowjetische Militäradministration in Deutschland
SPD   Sozialdemokratische Partei Deutschlands
UN(O)   United Nations (Organization)
WAV   Wirtschaftliche Aufbau-Vereinigung
WEU   Westeuropäische Union

Zeitschriften, Periodica
AAPD   Akten zur Auswärtigen Politik der Bundesrepublik Deutschland
AfS   Archiv für Sozialgeschichte
APuZG   Aus Politik und Zeitgeschichte
DA   Deutschland-Archiv

DzD	Dokumente zur Deutschlandpolitik
EA	Europa-Archiv
GG	Geschichte und Gesellschaft
GWU	Geschichte in Wissenschaft und Unterricht
HJb.	Historisches Jahrbuch
HPB	Das historisch-politische Buch
HPM	Historisch-Politische Mitteilungen
HZ	Historische Zeitschrift
MGM	Militärgeschichtliche Mitteilungen
NPL	Neue Politische Literatur
PVS	Politische Vierteljahresschrift
VfZ	Vierteljahrshefte für Zeitgeschichte
VSWG	Vierteljahrschrift für Sozial- und Wirtschaftsgeschichte
ZfParl.	Zeitschrift für Parlamentsfragen
ZfP	Zeitschrift für Politik
ZG	Zeitschrift für die Geschichte des Oberrheins

TABELLEN

I. Ergebnisse der Bundestagswahlen 1949–1969

In % der gültigen Zweitstimmen.
Die Zahl der Mandate entspricht dem Stand zu Beginn der Legislaturperiode. Die Zahl der Berliner Abgeordneten ist in Klammern hinzugefügt. Aufgeführt sind nur diejenigen Parteien, die und soweit sie jeweils Mandate erringen konnten. Stimmen, die auf diese Parteien bei späteren Wahlen entfielen, sind unter „Sonstige" mitgezählt.
Die Abgeordneten der CDU und CSU schlossen sich regelmäßig zur CDU/CSU-Fraktion zusammen.

	14. Aug. 1949	6. Sept. 1953	15. Sept. 1957	17. Sept. 1961	9. Sept. 1965	28. Sept. 1969
Wahlberechtigte	31 207 620	33 202 287	35 400 923	37 440 715	38 510 395	38 677 235
Gültige Zweitstimmen	(23 732 398)[1]	27 551 272	29 905 428	31 550 901	32 620 442	32 966 024
Ungültige Zweitstimmen	(763 216)[1] (3,1 %)	928 278 (3,3 %)	1 167 466 (3,8 %)	1 298 723 (4 %)	795 765 (2,4 %)	557 040 (1,7 %)
Wahlbeteiligung	78,5 %	86,0 %	87,8 %	87,7 %	86,8 %	86,7 %
	% Mandate	% Mandate	% Mandate	% Mandate	% Mandate	% Mandate
CDU	25,2 139 (+ 2)	36,4 243 (+ 6)	39,7 270 (+ 8)	35,8 242 (+ 9)	38,1 245 (+ 6)	36,6 242 (+ 8)
CSU	5,8	8,8	10,5	9,5	9,5	9,5
SPD	29,2 131 (+ 5)	28,8 151 (+ 11)	31,8 169 (+ 12)	36,2 190 (+ 13)	39,3 202 (+ 15)	42,7 227 (+ 13)
FDP	11,9 52 (+ 1)	9,5 48 (+ 5)	7,7 41 (+ 2)	12,8 67	9,5 49 (+ 1)	5,8 30 (+ 1)
BP	4,2 17					
DP	4,0 17	3,3 15	3,4 17			
KPD	5,7 15					
WAV	2,9 12					
Zentrum	3,1 10	0,8 3[2]				
DKP, DRP	1,8 5					
GB/BHE		5,9 27				
Sonstige	5,9 4	7,5 –	7,1[3] –	4,8 –	3,6 –	5,4[4] –
Gesamtzahl	402 (+ 8)	487 (+ 22)	497 (+ 22)	499 (+ 22)	496 (+ 22)	499 (+ 22)

[1] 1949: Erststimmen infolge des geltenden Wahlrechts, das keine Zweitstimmen kannte. – [2] Aufgrund eines Wahlabkommens mit der CDU. – [3] Darunter der GB/BHE mit 4,6 %. – [4] Darunter die NPD mit 4,3 %.

Quelle: P. Schindler, Datenhandbuch zur Geschichte des Deutschen Bundestages 1949 bis 1982, Baden-Baden, 3. Aufl., 31–37, 84–87. Dieses Handbuch enthält allerdings – wie die meisten Darstellungen und Dokumentationen – keine Gesamtübersicht, sondern führt die Ergebnisse der einzelnen Wahlen jeweils getrennt auf, wobei die für die CDU und die CSU abgegebenen Stimmen nicht gesondert ausgewiesen sind.

II. Stimmentwicklung der Parteien bei den Bundestagswahlen 1949–1969

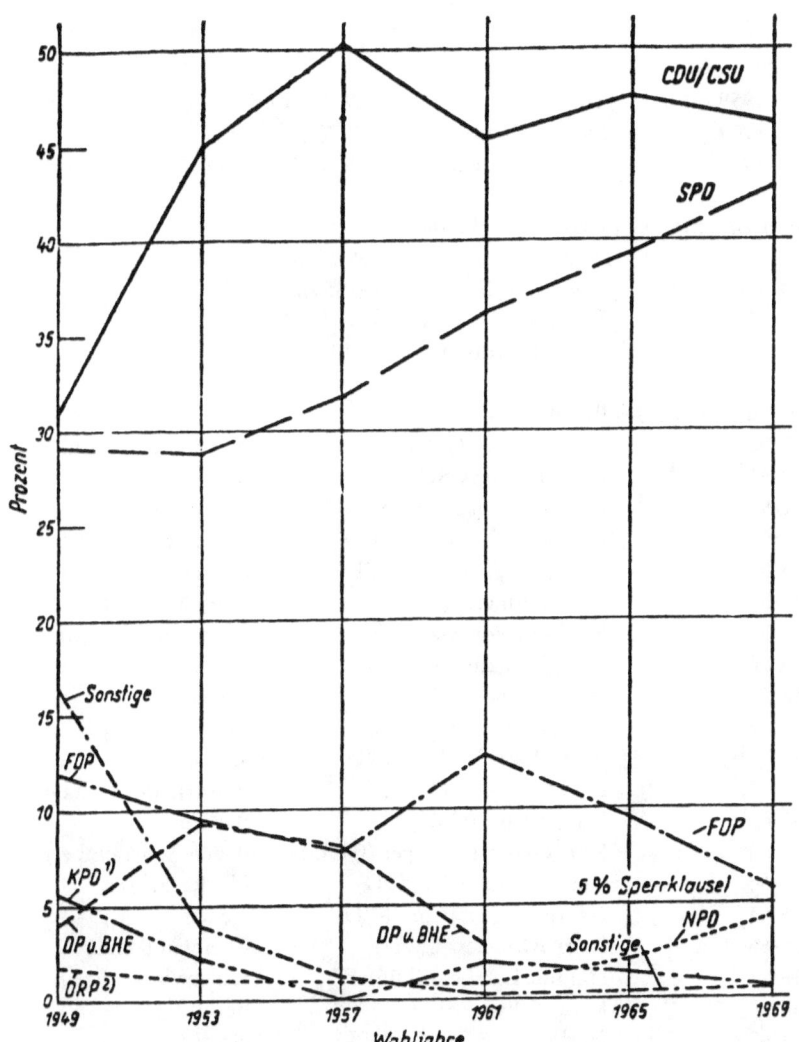

[1] KPD-Linie nach 1957: Deutsche Friedensunion. – [2] Deutsche Reichspartei-Linie nach 1961: NPD.

Quelle: B. Vogel, D. Nohlen, R.-O. Schultze, Wahlen in Deutschland, Berlin 1971, 205.

III. Bundespräsidenten und Präsidenten des Deutschen Bundestags und des Bundesrats

Die Bundespräsidenten
1949–1959	Theodor Heuss (1884–1963), (FDP)
1959–1969	Heinrich Lübke (1894–1972), (CDU)
1969–1974	Gustav Heinemann (1899–1975), (SPD)

Die Präsidenten des Deutschen Bundestags
1949–1950	Erich Köhler (1892–1958), (CDU)
1950–1954	Hermann Ehlers (1904–1954), (CDU)
1954–1969	Eugen Gerstenmaier (1906–1986), (CDU)
1969–1972	Kai-Uwe von Hassel (1913–1997), (CDU)

Die Präsidenten des Bundesrats
1949/50	Karl Arnold (CDU)	Nordrhein-Westfalen
1950/51	Hans Ehard (CSU)	Bayern
1951/52	Hinrich Wilhelm Kopf (SPD)	Niedersachsen
1952/53	Reinhold Maier (FDP)	Baden-Württemberg
1953/54	Georg August Zinn (SPD)	Hessen
1954/55	Peter Altmeier (CDU)	Rheinland-Pfalz
1955/56	Kai-Uwe von Hassel (CDU)	Schleswig-Holstein
1956/57	Kurt Sieveking (CDU)	Hamburg
1957/58	Willy Brandt (SPD)	Berlin
1958/59	Wilhelm Kaisen (SPD)	Bremen
1959/60	Franz Josef Röder (CDU)	Saarland
1960/61	Franz Meyers (CDU)	Nordrhein-Westfalen
1961/62	Hans Ehard (CSU)	Bayern
1962/63	Kurt Georg Kiesinger (CDU)	Baden-Württemberg
1963/64	Georg Diederichs (SPD)	Niedersachsen
1964/65	Georg August Zinn (SPD)	Hessen
1965/66	Peter Altmeier (CDU)	Rheinland-Pfalz
1966/67	Helmut Lemke (CDU)	Schleswig-Holstein
1967/68	Klaus Schütz (SPD)	Berlin
1968/69	Herbert Weichmann (SPD)	Hamburg
1969/70	Franz Josef Röder (CDU)	Saarland

Die Amtsübergabe erfolgte bis 1956 jeweils am 7. September, seit 1957 am 1. November.

IV. Die Bundesregierungen 1949–1969

Wahl-periode	Regierungs-bildung[1]	Ende der Koalition	Bundeskanzler	Koalition	Zahl der Mandate[2]
1.	20. 9. 1949	6. 9. 1953[3]	Adenauer (CDU)	CDU, CSU, FDP, DP	209
2.	20. 10. 1953	23. 7. 1955	Adenauer (CDU)	CDU, CSU, FDP, DP, GB/BHE[4]	334
	23. 7. 1955	25. 2. 1956	Adenauer (CDU)	CDU, CSU, FDP[5], DP	315
	31. 3. 1956	15. 9. 1957[3]	Adenauer (CDU)	CDU, CSU, DP, DA (FVP), DP (FVP)[5]	281
3.	29. 10. 1957	1. 7. 1960	Adenauer (CDU)	CDU, CSU, DP[7]	287
	1. 7. 1960	17. 9. 1961[3]	Adenauer (CDU)	CDU, CSU	286
4.	14. 11. 1961	19. 11. 1962	Adenauer (CDU)	CDU, CSU, FDP[6]	309
	19. 11. 1962	11. 12. 1962	Adenauer (CDU)	CDU, CSU	241
	11. 12. 1962	16. 10. 1963	Adenauer (CDU)	CDU, CSU, FDP[9]	308
	16. 10. 1963	19. 9. 1965[3]	Erhard (CDU)	CDU, CSU, FDP	308
5.	20. 10. 1965	28. 10. 1966	Erhard (CDU)	CDU, CSU, FDP[10]	294
	28. 10. 1966	1. 12. 1966	Erhard (CDU)	CDU, CSU	245
	1. 12. 1966	28. 9. 1969[3]	Kiesinger (CDU)	CDU, CSU, SPD	447

[1] Datum der Ministervereidigung. – [2] Zu Beginn der Koalition. – [3] Tag der Bundestagswahl. – [4] Am 23. 7. Austritt aus der Koalition. – [5] 16 FDP-Abgeordnete (Euler-Gruppe), darunter die 4 FDP-Minister, verlassen ihre Fraktion am 23. 2.; die FDP tritt am 25. 2. aus der Koalition aus. – [6] Neuer Koalitionspartner ist die Fraktion „Arbeitsgemeinschaft Freier Demokraten", später „Demokratische Arbeitsgemeinschaft" (DA), der aus der FDP ausgetretenen Abgeordneten (vgl. Anm. 5). Am 26. 6. 1956 Umbenennung in Freie Volkspartei (FVP), am 14. 3. 1957 Zusammenschluß mit der DP (FVP). – [7] 9 Abgeordnete der DP, darunter die beiden Kabinettsmitglieder, verlassen ihre Fraktion. – [8] Die 5 FDP-Minister treten zurück. – [9] Wiedereintritt der FDP in die Koalition.

Quelle: P. Schindler, Datenhandbuch zur Geschichte des Deutschen Bundestages, Baden-Baden, 3. Aufl. 1984, 294–296, 356–361. – Staatslexikon der Görres-Gesellschaft, Bd. 1, Freiburg i. Br. 7. Aufl. 1985, 938.

V. Die deutsche Bevölkerung der Vertreibungsgebiete
(Zahlen in Tausend)

Herkunftsgebiete (Gebietsstand 1937)	Vor der Vertreibung Deutsche Bevölkerung bei Kriegsende	in der Heimat zurückgeblieben und zurückgehalten[3]	Nach der Vertreibung (1945 bis 1950) Aus der Heimat vertrieben	Tote und Vermißte während der Vertreibung (Vertreibungsverluste)	Vertreibungsverluste in % der deutschen Bevölkerung bei Kriegsende
Deutsche Ostgebiete	9303	1134	6944	1225	13,2
Ostpreußen	2385	173	1935	277	11,6
Ost-Pommern	1822	61	1432	329	18,1
Ost-Brandenburg	615	18	424	173	28,1
Schlesien	4481	882	3153	446	10,0
Deutsche Siedlungsgebiete außerhalb der Reichsgrenzen von 1937[1]	7255	1583	4786	886	12,2
Baltische Staaten[2]	240	19	170	51	21,1
Danzig	380	6	284	90	23,7
Polen	1293	436	672	185	14,3
Tschechoslowakei	3447	259	2921	267	7,7
Ungarn	601	338	206	57	9,5
Jugoslawien	510	87	287	136	26,6
Rumänien	785	438	246	101	12,9
Insgesamt	16558	2717	11730	2111	12,7
			16558		

[1] Ausschl. der Sowjetunion. – [2] Einschl. des Memelgebiets. – [3] Einschl. vermutlich noch lebender Kriegsgefangener und Vermißter (1950: ca. 72 000).

VI. Vertriebene[1] und Flüchtlinge[2]

Land	Stand: 13. 9. 1950 Vertriebene Personen 1000	Stand: 13. 9. 1950 Vertriebene % der Wohnbevölkerung	Stand: 13. 9. 1950 Flüchtlinge Personen 1000	Stand: 13. 9. 1950 Flüchtlinge % der Wohnbevölkerung	Stand: 31. 12. 1960 Vertriebene Personen 1000	Stand: 31. 12. 1960 Vertriebene % der Wohnbevölkerung	Stand: 31. 12. 1960 Flüchtlinge Personen 1000	Stand: 31. 12. 1960 Flüchtlinge % der Wohnbevölkerung
Schleswig-Holstein	856	33,0	134	5,2	644	27,9	156	6,7
Hamburg	116	7,2	68	4,2	263	14,3	170	9,3
Niedersachsen	1848	27,2	369	5,4	1677	25,5	508	7,7
Bremen	48	8,6	21	3,8	114	16,1	58	8,2
Nordrhein-Westfalen	1323	10,0	379	2,9	2601	16,4	1178	7,4
Hessen	715	16,5	166	3,8	892	18,7	356	7,4
Rheinland-Pfalz	136	4,5	46	1,5	312	9,1	170	5,0
Baden-Württemberg	856	13,3	144	2,2	1394	18,0	492	6,4
Bayern	1932	21,0	228	2,5	1800	18,9	386	4,1
Saarland	.	.	.	.	30[3]	2,8	10[3]	0,9
Berlin (West)	148	6,9	80	3,7	175[3]	8,0	138[3]	6,2
Bundesgebiet	7978	16,7	1635	3,3	9902	17,7	3682	6,5

[1] Als *Vertriebene* werden hier alle Deutschen angesehen, die am 1. 9. 1939 in den zur Zeit unter fremder Verwaltung stehenden Ostgebieten des Deutschen Reiches (Gebietsstand 31. 12. 1937) oder im Ausland gewohnt haben, einschließlich ihrer nach 1939 geborenen Kinder. – [2] Unter *Flüchtlingen* sind hier die Zugewanderten im Sinn der Bundesstatistik zu verstehen, d. h. alle Deutschen, die am 1. 9. 1939 in der späteren Sowjetischen Besatzungszone oder in Berlin gewohnt haben, einschl. ihrer nachher geborenen Kinder. – [3] Geschätzt. – Seit dem 1. 1. 1961 findet keine Fortschreibung der Vertriebenenzahlen mehr statt.

Quelle: Regierung Adenauer 1949–1963, hrsg. vom Presse- und Informationsamt der Bundesregierung, Wiesbaden 1963, 52, 54.

VII. Bruttosozialprodukt, Erwerbsfähigkeit und Preisniveauentwicklung in der Bundesrepublik 1950–1969

Jahr	Bruttosozialprodukt in Mrd. DM nominal	Bruttosozialprodukt in Mrd. DM real[2]	Wachstumsrate des realen Bruttosozialprodukts	Erwerbspersonen in 1000	Arbeitslosenquote	Preisindex des privaten Verbrauchs 1962 = 100	Veränderung in Prozentpunkten
	1	2	3	4	5	6	7
1950	98,10	143,60		21 577	10,4	78,0	
1951	120,00	158,60	+ 10,4	21 952	9,1	84,1	+ 6,1
1952	137,00	172,70	+ 8,9	22 289	8,5	85,5	+ 1,4
1953	147,70	186,90	+ 8,2	22 684	7,6	84,2	– 1,3
1954	158,60	200,80	+ 7,4	23 216	7,1	84,7	+ 0,5
1955	181,40	224,90	+ 12,0	23 758	5,2	86,0	+ 1,3
1956	200,50	241,30	+ 7,3	24 196	4,2	87,9	+ 1,9
1957	218,50	255,00	+ 5,7	24 602	3,5	90,1	+ 2,2
1958	234,30	264,50	+ 3,7	24 807	3,6	92,3	+ 2,2
1959	254,90	283,80	+ 7,3	24 857	2,5	93,3	+ 1,0
1960	284,70	309,40	+ 9,0	25 027	1,2	94,2	+ 0,9
1960[1]	303,00	613,40		26 518	1,3	94,1	
1961	331,40	643,10	+ 4,8	26 772	0,9	97,1	+ 3,0
1962	360,50	671,70	+ 4,4	26 845	0,7	100/57,5[3]	+ 2,9
1963	382,10	692,50	+ 3,1	26 930	0,9	59,2	+ 1,7
1964	419,60	738,50	+ 6,6	26 922	0,8	60,6	+ 1,4
1965	458,20	778,70	+ 5,4	27 034	0,7	62,6	+ 2,0
1966	487,40	799,30	+ 2,6	26 962	0,7	64,8	+ 2,2
1967	493,70	798,90	– 0,1	26 409	2,1	65,9	+ 1,1
1968	533,70	847,90	+ 6,1	26 291	1,5	66,9	+ 1,0
1969	597,80	911,60	+ 7,5	26 535	0,8	68,3	+ 1,4

[1] Ab 1960 mit Saarland und Berlin (West). – [2] Bis 1960 in Preisen von 1962, ab 1960 in Preisen von 1976. – [3] Bis 1962 in Preisen von 1962, ab 1962 in Preisen von 1976.

Quelle: Jahresgutachten des Sachverständigenrats der Bundesregierung zur Begutachtung der gesamtwirtschaftlichen Entwicklung, Jahresgutachten 1973/74, 206, 216 f., 262. – Staatslexikon der Görres-Gesellschaft, Bd. 1, Freiburg i. Br. 7. Aufl. 1985, 973 f.

VIII. Öffentliche Ausgaben nach Funktionen 1950–1969

Zeit[1]	Gesamte Ausgaben[3]	Verteidigung	Öffentliche Sicherheit und Rechtsschutz	Schulwesen	Hochschulen und Forschung	Soziale Sicherung	Gesundheit, Sport, Erholung	Wohnungswesen, Raumordnung[4]	Wirtschaftsförderung[5]	Verkehrs- und Nachrichtenwesen	Übrige Bereiche
	Mio. DM										
1950[2]	28141	4695	1128	1675	408	7595	1014	3446	1936	1271	4973
1953	44307	5529	2008	3014	714	12648	1571	4644	2434	2079	9666
1956	59907	7259	2507	4146	1072	15587	2194	5828	4251	3726	13337
1959	76574	9519	3076	5339	1772	20101	2917	7196	4913	5359	16382
1961	95275	13175	3710	6583	2437	22151	3774	7588	6339	6853	22665
1962	107234	17094	3997	7222	3010	23887	4357	8923	7344	8400	23000
1963	117140	19433	4546	8187	3474	24153	5022	8987	9042	9807	24489
1964	128109	19008	4870	9389	4371	27805	5723	10033	9618	10888	26404
1965	140581	19284	5313	10741	5132	31302	6339	10149	10621	11316	30384
1966	146722	19809	5729	11715	5588	32433	6811	9832	9886	11664	33255
1967	155944	21314	5946	12217	6206	34968	7126	9043	10520	12669	35935
1968	159190	17856	6298	12991	6682	35910	7607	9040	12130	13118	37558
1969	174723	20304	6998	15004	7770	37249	8441	9056	12942	15289	41670
	in %										
1950	100	16,7	4,0	6,0	1,5	27,0	3,6	12,2	6,9	4,5	17,7
1953	100	12,5	4,5	6,8	1,6	28,5	3,5	10,5	5,5	4,7	21,8
1956	100	12,1	4,2	6,9	1,8	26,0	3,7	9,7	7,1	6,2	22,3
1959	100	12,4	4,0	7,0	2,3	26,3	3,8	9,4	6,4	7,0	21,4
1961	100	13,8	3,9	6,9	2,6	23,2	4,0	8,0	6,7	7,2	23,8
1962	100	15,9	3,7	6,7	2,8	22,3	4,1	8,3	6,8	7,8	21,4
1963	100	16,6	3,9	7,0	3,0	20,6	4,3	7,7	7,7	8,4	20,8
1964	100	14,8	3,8	7,3	3,4	21,7	4,5	7,8	7,5	8,5	20,6
1965	100	13,7	3,8	7,6	3,7	22,3	4,5	7,2	7,6	8,0	21,6
1966	100	13,5	3,9	8,0	3,8	22,1	4,7	6,7	6,7	8,0	22,7
1967	100	13,7	3,8	7,8	4,0	22,4	4,6	5,8	6,7	8,1	23,0
1968	100	11,2	4,0	8,2	4,2	22,6	4,8	5,7	7,6	8,2	23,6
1969	100	11,6	4,0	8,6	4,4	21,3	4,8	5,2	7,4	8,8	23,8

[1] Die Angaben für die Staatsausgaben beziehen sich auf Rechnungsjahre; 1950 bis 1959 jeweils vom 1. April bis 31. März des folgenden Jahres; ab 1961 Kalenderjahre. – [2] 1950: ohne Berlin (West), alle folgenden Jahre: einschl. Berlin (West). – [3] Ausgaben der Gebietskörperschaften, des Lastenausgleichsfonds, des ERP-Sondervermögens (ab 1962) und der Deutschen Gesellschaft für öffentliche Arbeiten AG (ab 1955). – [4] Einschl. kommunale Gemeinschaftsdienste. – [5] Ernährung, Landwirtschaft, Forsten sowie Energie- und Wasserwirtschaft, Gewerbe und Dienstleistungen. – Differenzen in den Summen durch Runden der Zahlen.

Quelle: Währung und Wirtschaft in Deutschland 1876–1975, hrsg. von der Deutschen Bundesbank, Frankfurt a.M. 1976, 699.

IX. Die Länder der Bundesrepublik Deutschland (Stand: 31. Dezember 1962)

Land	Hauptstadt	Fläche[1]		Bevölkerung am 31.12.1962[2]	Bevölkerungszunahme 1939–1962		Bevölkerungsdichte am 31.12.1962 Einwohner	
		qkm	sq miles	1000	1000	%	je qkm	je sq mile
Schleswig-Holstein	Kiel	15 658	6 045	2 351,3	762,3	48,0	150	389
Hamburg		747	289	1 847,5	135,6	7,0	2 472	6 404
Niedersachsen	Hannover	47 386	18 296	6 732,1	2 192,4	48,3	142	368
Bremen		404	156	718,3	155,4	27,6	1 779	4 607
Nordrhein-Westfalen	Düsseldorf	33 977	13 119	16 194,7	4 259,4	35,7	477	1 234
Hessen	Wiesbaden	21 108	8 150	4 936,9	1 457,8	41,9	234	606
Rheinland-Pfalz	Mainz	19 831	7 657	3 474,5	514,5	17,4	175	454
Saarland	Saarbrücken	2 567	991	1 096,9	187,3	20,6	427	1 107
Baden-Württemberg	Stuttgart	35 750	13 803	7 990,6	2 514,2	45,9	224	579
Bayern	München	70 550	27 239	9 731,2	2 647,1	37,4	138	357
Bundesgebiet ohne Berlin		247 978	95 744	55 073,8	14 825,8	38,6	222	575
Berlin (West)		481	186	2 174,2	−576,3	−21,0	4 520	11 708
Bundesgebiet einschl. Berlin (West)	Bonn	248 459	95 930	57 248,0	14 249,5	33,1	230	597

[1] Auf der Grundlage der vorläufigen Ergebnisse der Volkszählung vom 6. Juni 1962 fortgeschriebene Bevölkerung.

Quelle: Regierung Adenauer 1949–1963, hrsg. vom Presse- und Informationsamt der Bundesregierung, Wiesbaden 1963, 101.

REGISTER

Personenregister

Der Name Adenauer ist nicht aufgenommen.

Abelshauser, W. 11, 118, 141, 150, 153, 156, 158 ff., 169, 173, 209
Abmeier, K. 136
Abrassimow, P. 63
Abs, H.J. 29, 167
Ackermann, V. 131, 209 f.
Adamsen, H.R. 191, 199
Ahlers, C. 11, 112
Albertin, L. 191, 197, 206
Albertz, H. 81
Albrecht, W. 133, 150, 195
Alemann, U. von 198 ff.
Alheit, P. 214
Allemann, F.R. 77, 138
Altendorfer, O. 195
Altmeier, P. 316
Altrichter, H. 148 f.
Ambrosius, G. 150, 161
Ammon, H. 187, 208
Arndt, A. 195
Arndt, H.J. 118
Aretz, J. 197
Arnold, K. 21, 54, 196, 316
Attlee, C.R. 2
Auerbach, H. 136
Augstein, R. 76
Ausland, J.C. 132

Baadte, G. 197
Backer, J.H. 132, 154
Backes, U. 136, 194
Bacques, J. 213
Bade, K.J. 210 ff.
Badstübner, R. 149
Bahr, E. 81
Bald, D. 173
Balfour, M. 124
Bandulet, B. 165, 182
Barbier, P. 156
Bariéty, J. 172
Baring, A. 24, 107 f., 132, 135, 163 ff., 168, 176, 178, 208
Bark, D.L. 121
Barth, K. 204

Barzel, R. 79, 95 f., 111
Bauer, F.J. 199, 208 f.
Bauerkämper, A. 160, 185, 206
Bausch, H. 189
Bausch, M. 162
Becker, J. 178, 184, 209
Becker, W. 158, 192, 196 f., 209
Beer, M. 129, 209, 211
Beier, G. 200
Benda, E. 108, 187
Ben Gurion, D. 167
Benz, W. 27, 66, 120, 133, 135, 137, 141, 153, 187, 190, 200, 208, 211 f.
Benzner, B. 200
Berg, F. 199
Berger, H. 155
Berghahn, V. 191, 199, 206 f.
Berghoff, H. 186
Bergmann, W. 187
Berg-Schlosser, D. 192
Berija, L.P. 36, 178
Besier, G. 203
Besson, W. 165
Bethlehem, S. 212
Bevin, E. 7, 140
Beyme, K. von 151, 207
Biefang, A. 134
Biewer, G. 132
Birke, A.M. 121, 126, 128 f., 146, 155, 183
Bischof, G. 155
Bismarck, O. von 22
Blänsdorf, A. 118
Blank, B. 131, 162
Blank, T. 32, 40, 169 f., 189
Blankenagel, A. 187
Blasius, R.A. 132, 167
Bleek, W. 119, 138
Blessing, W.K. 202
Boberach, H. 123
Böckler, H. 50, 128, 301
Böhler, W. 204
Boelcke, W. 158 f.
Bohrmann, H. 134
Bonwetsch, B. 176

Booz, R.M.   67, 164
Borchardt, K.   159, 205
Borck, H.-G.   131
Borgert, H.-L.   168
Borowsky, P.   119, 121
Bortfeld, H.   182
Bouvier, B.W.   195
Bracher, K.D.   1, 26, 117, 122, 165, 173, 176, 185 f., 190, 197, 213
Brackmann, M.   158
Brandt, W.   62 ff., 81 f., 91, 99, 102, 104, 107, 111, 113 f., 128, 136, 165, 182, 186, 188, 195, 307 ff., 316
Braun, H.   208
Brelie-Levin, D. von der   210
Brenke, G.   173
Brentano, H. von   40, 65, 79, 132, 166
Breuer, D.   206
Breunig, W.   130
Brochhagen, U.   188
Brommer, P.   130
Broszat, M.   119, 125, 186, 194, 202, 206 f., 213
Bruch, R. vom   153
Brunn, G.   208
Bucher, E.   91
Bucher, P.   131, 133
Buchhaas(-Birkholz), D.   92, 191, 196, 201, 203
Buchheim, C.   157, 159, 199
Buchheim, H.   27, 42, 61, 175, 183
Buchholz, F.   169
Buchstab, G.   127, 134
Bührer, W.   140 f., 143, 153, 155 f., 163, 167, 199 f., 209
Büschgen, H.E.   201
Büttner, U.   162
Bulganin, N.A.   41
Burger, W.   194
Buttlar, W. von   15, 148
Byrnes, J.F.   7 f., 147, 299

Cairncross, A.   157
Carstens, K.   64, 84, 87, 112, 129
Chmielewski, H.   135
Chruschtschow, N.S.   40 f., 59, 61 ff., 181, 213, 304
Churchill, W.L.S.   1 f., 8, 30, 37
Ciesla, B.   157
Clay, L.D.   134, 147, 154, 161
Clemens, G.   140, 143
Cobet, C.   136

Colm, G.   158
Conze, W.   125, 196
Cornides, W.   123
Czepel-Kaufmann, G.   206

Dahrendorf, R.   206
Danyel, J.   187 f.
Dapper, K.P.   136
Dehler, T.   33, 54, 128, 176, 197
Delfs, G.   135
Deuerlein, E.   3, 17, 96, 119, 123 f., 132, 138, 145 f.
Diederichs, G.   316
Diefendorf, J.M.   128
Diehl, G.   171
Diestelkamp, B.   125, 130, 141, 161, 187, 207
Dietrich, Y.   191, 199, 205
Ditt, K.   201
Dittberner, E.   198
Dodge, J.   158
Dönitz, K.   2
Doering-Manteuffel, A.   31, 40, 118, 120, 123, 129, 138, 151, 163 f., 165, 175, 190, 197, 202, 207 f.
Doernberg, S.   3, 124
Döscher, H.-J.   189
Dolatowski, E.   126
Domes, J.   77
Dorfey, B.   154, 162
Dotterweich, V.   178
Dowe, D.   127
Drechsel, W.U.   145
Dudek, P.   193
Dülffer, J.   173
Düwell, K.   144 f.
Dulles, J.F.   36, 60
Dussel, K.   135
Dutschke, R.   108 f., 308

Eckardt, F. von   180
Eckart, K.   146, 179
Eckert, R.   188
Edding, F.   208 f.
Eden, R.A.   38, 41, 175
Ehard, H.   9, 14, 150, 195, 316
Ehlers, H.   54, 196, 316
Ehlert, H.   172
Ehmke, H.   107 f.
Eisenhower, D.D.   36, 41, 61
Elisabeth II.   307
Ellwein, T.   118

Personenregister 325

Elzer, M.   172
Enders, U.   152
Endres, R.   212
Engelmann, R.   127
Englert, M.   134
Epkenhans, M.   153
Erdmann, K.D.   117, 119, 141, 146
Erhard, L.   17, 21, 29, 44 ff., 53, 55, 70 f., 73 ff., 79 f., 82 ff., 87 f., 91–98, 112, 127, 141, 158, 160, 190, 196, 199, 205, 307 f., 317
Erhard, V.   198
Erker, P.   124, 126, 129, 152, 201, 207 f.
Erler, F.   82, 85, 94, 195
Eschenburg, T.   117, 119 f., 137, 141, 150, 158, 200
Esser, H.   212
Etzel, F.   74
Euchner, W.   161
Eyll, K. van   127

Fäßler, P.   143
Fait, B.   130 f., 194
Falin, V.   175
Farquharson, J.E.   140, 157
Faulenbach, B.   188
Faure, E.   41
Feldenkirchen, W.   152, 181
Feldkamp, M.F.   131
Fest, J.C.   117
Feuchte, P.   189
Fichter, T.   151
Fiereder, H.   156
Filbinger, H.   97
Fisch, J.   5, 29, 157
Fischer, A.   118 f., 147, 150, 169
Fischer, P.   173 f.
Fischer, W.   159
Fischer-Rosenthal, W.   214
Fleckenstein, G.   131
Först, W.   162
Foerster, R.G.   169, 173
Foitzik, J.   157
Forsthoff, E.   204
Foschepoth, J.   139 f., 147 f., 179, 184
François-Poncet, A.   27
Frank, H.   176
Franke, E.   102
Frantziok-Immenkeppel, M.   211
Frei, N.   122, 131, 186, 188, 191, 193
Freimark, P.   167
Frese, M.   125, 206

Frevert, U.   48, 213
Friedrich, J.   187
Friedrich, O.A.   199
Friedrich, P.J.   199
Friedrich, W.-U.   147
Friese, E.   193
Frölich, J.   198
Frölich, S.   189
Frohn, A.   147, 154, 183
Fromme, F.K.   123
Funke, M.   166, 199

Gablik, A.F.   173
Gabriel, K.   203
Gailus, M.   152
Gall, L.   201
Garbe, D.   186
Garner, C.   161
Gaulle, C. de   59, 61, 68 f., 78, 80, 83 ff., 102 f., 144, 174, 305 ff.
Gauly, T.M.   201
Gehlen, R.   189
Geiss, I.   185
Gelberg, K.-U.   133, 195
Genscher, H.-D.   102
Geppert, A.C.T.   129
Gersdorff, G. von   171, 173, 183
Gerstenmaier, E.   54, 95, 316
Giesselmann, W.   162
Gillingham, J.   154, 172
Gimbel, J.   139, 153 f., 157
Giordano, R.   187
Gladis, C.M.   175
Glaessner, G.-J.   119
Glaser, H.   11, 164
Glatzeder, S.J.   198
Globke, H.   77, 165, 182
Godau-Schüttke, K.-D.   187
Görtemaker, M.   122
Golay, J.F.   124
Goldbach, M.-L.   136
Goldsmith, R.   158
Gomulka, W.   102
Goschler, C.   167, 188, 191
Gosewinkel, D.   195
Gossel, D.   140
Gotto, K.   165, 170, 180 ff., 185
Graml, H.   18, 27, 66, 120, 147, 176, 186
Granier, G.   127
Grebing, H.   130, 152, 195, 200, 210
Greiner, C.   169, 172 f.
Greschat, M.   143, 203

Gress, D.R. 121
Grewe, W.G. 38, 173, 177, 180 f.
Gries, R. 158
Grieser, H. 117, 131, 209, 211
Grimm, S. 137
Gringmut, L. 197
Groehler, O. 188
Gröschl, J. 134
Grohnert, R. 143 f.
Grolmann, H. von 305
Gross, H.F. 195
Grosser, A. 119
Grosser, C. 210
Grosser, D. 190, 205
Grossgart, R. 136
Grossmann, T. 203, 212
Grotewohl, O. 15, 192, 301 f.
Grotum, T. 214
Gruber, L. 196
Grünewald, W. 150
Grypa, D. 203
Günther, K. 79, 136, 196
Guggisberg, H.R. 132
Guillen, P. 170
Guttenberg, Karl Theodor zu 189

Haberl, O.N. 153
Habermas, J. 108
Hachmeister, L. 135
Hacke, C. 121
Hacker, J. 146, 184, 186
Häberle, P. 204
Haerendel, U. 208, 210
Hättich, M. 165
Haftendorn, H. 42, 101, 135, 166, 173 f., 183
Hagelweide, G. 135
Hagen, M. 134
Hahn, E.J.C. 131
Hahn, G. 136, 190, 196
Hahn, K.-E. 180
Hahn, W. 196
Hallstein, W. 56 f., 84, 102, 170 f., 308
Hamel, H. 160
Hanrieder, W.F. 79, 121, 167
Hansen, E.W. 174
Hardach, G. 155
Harmel, P. 174
Hartewig, K. 213
Hartmann, P.C. 195
Hartwich, H.-H. 151, 163, 204
Hassel, K.-U. von 82, 316

Haungs, P. 196
Haupt, M. 136
Hausenstein, W. 10
Heckel, M. 203
Hehl, U. von 136, 202, 204
Heid, L. 156
Heidemeyer, H. 134, 211
Heiden, D. 152
Heidenheimer, A.J. 124, 191
Heimann, S. 195
Hein, D. 197
Heinemann, G. XI, 31, 79, 108, 110 ff., 114, 128, 168, 175 f., 309, 316
Heinen, A. 144, 163
Hein-Kremer, M. 162
Heinze, R.G. 199
Heitmann, C. 198
Heitzer, H. 196
Heldmann, P. 156
Heller, F.H. 172
Hellwege, H. 193
Hemmer, H.-O. 200 f.
Henke, K.-D. 49, 127, 144, 189, 194
Hentschel, V. 141, 153, 160, 191, 196, 205
Henzler, C. 195
Herbert, U. 185, 187 f.
Herbst, L. 49, 140 f., 187 f., 191, 206 f.
Hermann, H.-C. 201
Hermann-Pillath, H. 160
Herrmann, D.P. 191
Hettlage, R. 194
Hettler, F.H. 195
Heusinger, A. 182
Heuss, A. 137
Heuss, T. 6, 11, 21, 74, 121, 123, 127, 132 f., 170, 301, 303, 316
Heyen, F.-J. 154
Hildebrand, K. 80, 83, 93, 102, 117, 120, 135, 186, 191, 208
Hilger, D. 208
Hillgruber, A. XI, 7, 11, 23, 34, 59, 121, 164, 181
Hirschfeld, H.E. 133
Hitler, A. 1
Hockerts, H.G. 24, 48, 71 ff., 124, 126, 137, 153, 184 f., 187, 191, 202, 204 f., 207 f.
Höfner, K. 132, 168
Hoegner, W. 128, 195
Höllen, M. 202
Hölscher, W. 130, 134, 195
Hoffmann, C. 187

Hoffmann, D. 211
Hoffmann, J. 39, 273, 304
Hoffmann, S. 149
Hofmann, R. 145
Hogan, M.J. 154
Hohenstein, A. 199
Holtfrerich, C.-L. 201
Holtmann, E. 152, 195, 209
Hoppe, C. 174
Hoppenstedt, W. 158
Hornsauder, E. 134
Hornung, K. 177
Hudemann, R. 129, 142 ff., 164
Hübsch, R. 119, 149, 179, 198
Hürten, H. 136, 196
Hüser, D. 142, 147
Hüttenberger, P. 143
Hütter, H.W. 212
Hüwel, D. 196
Hufschmidt, A. 210
Hughes, M.L. 161
Hummel, K.-J. 136
Huster, E.-U. 151

Ihme-Tuchel, B. 213
Immerfall, S. 193
Isajiw, T. 142
Isensee, J. 188
Issing, O. 159

Jacobmeyer, W. 212
Jacobs, N. 165
Jäckel, E. 117, 123, 175
Jäger, W. 117, 190
Jàkli, Z. 155
Jánossi, F. 158
Jansen, H.-H. 171, 198
Jarausch, K. 208
Jaschke, H.-G. 194
Jasper, G. 187
Jaspers, K. 66
Jelinek, Y.A. 167
Jeserich, K.G.A. 189
Jesse, E. 136, 184 f., 188, 192, 194, 198 f.
Jessen, R. 149
Jochmann, W. 162
Johnson, L.B. 64, 80, 85, 95, 306
Jürgensen, K. 140
Jung, E.F. 184
Junker, D. 147
Jurt, J. 142
Just, R. 150

Kaelble, H. 200, 209
Kaff, B. 130
Kahlenberg, F.P. 131, 135, 191
Kaisen, W. 316
Kaiser, J. 12, 36, 175, 180, 196
Kaiser, J.-C. 197, 202
Kaiser, K. 65
Kaltefleiter, W. 53
Kampen, W. van 134
Kanther, M.A. 133
Karlsch, R. 147, 157
Karpen, U. 204
Kasten, B. 187
Kather, L. 209
Kellmann, K. 118, 120
Kennan, G.F. 3
Kennedy, J.F. 62 ff., 67, 69, 93, 306 f.
Kerkhoff, M. 172
Kessel, M. 140, 142
Kettenacker, L. 139, 183
Kiefer, M. 135, 144, 178
Kiesinger, K.G. 84, 96–104, 108–114, 127, 174, 308, 316 f.
Kipping, M. 163
Kirchner, H. 190
Kistler, H. 120
Kittel, M. 176 f., 187
Klages, H. 208, 213
Klein, F. 145
Kleinert, D. 210
Kleinhenz, G. 49, 51, 71
Kleinmann, H.-O. 134, 197
Klemm, B. 159
Klenke, D. 207
Klessmann, C. 10, 23, 110, 118 ff., 126, 162, 168, 184 ff., 203, 212
Klingl, F. 197
Klöckler, J. 144
Klotzbach, K. 76, 151, 195, 198
Klump, R. 158 f.
Kluth, H. 193
Knapp, M. 25, 154 f., 158
Knigge-Tesche, R. 145, 213
Knipping, F. 154, 173
Knorr, H. 111
Koch, D. 168, 176
Kock, P.J. 150
Kocka, J. 117, 120, 152, 185 f., 191 f., 195, 206
Köchling, M. 156, 160
Köhler, E. 21, 54, 316
Köhler, H. 119, 179, 182, 196

Köllner, L. 171
König, H. 189
Koenig, P. 142
Koerfer, D. 74
Köpper, E.-D. 200
Körner, K. 134
Kösters, C. 203
Kogon, E. 6
Kohl, H. 166, 186
Kolb, E. 122
Koop, V. 150, 164
Kopf, H.W. 316
Korte, K.-R. 185
Kosthorst, D. 167
Kosthorst, E. 166, 196
Kowalczuk, I.-S. 119
Krahe, B. 136
Krallert-Sattler, G. 136, 209
Kramer, A. 156
Kraske, K. 171
Kraus, E. 142
Kraus, H.-C. 204
Krause, M. 191, 200
Krautkrämer, E. 142
Kreikamp, H.-D. 191
Kremp, W. 131
Krengel, H. 136
Kreuz, L. 172
Krieger, W. 143, 147, 152, 154, 164
Kritzer, P. 195
Kroeger, K. 189
Kröker, T. 136, 201
Kroll, F.-L. 133
Krone, H. 61, 65, 114, 134, 165f., 182
Krüger, D. 126, 169, 189
Krumbein, W. 160
Kühn, H. 97, 308
Kühnbaum, K. 136
Kühne, A. 211
Kühne, T. 192, 207
Küntzel, M. 173
Küsters, H.J. 133, 135
Kujath, K. 136
Kunst, H. 204
Kusch, K. 142f.

Laak, D. van 186, 188, 200
Lademacher, H. 133, 152
Laffon, E. 142
Laitenberger, V. 92, 134, 196
Lampert, H. 44, 49, 51, 71
Lange, E.H.M. 192

Langen, M. 212
Langguth, G. 167, 196, 205
Langner, A. 202
Lappenküper, U. 93, 129, 142, 163
Larres, K. 178
Lattard, A. 142f.
Laufer, J. 146f., 149f., 159, 177
Laufer, R. 147, 149
Leber, G. 111
Lehmann, A. 211
Lehmann, H.G. 87, 136, 212
Lehnert, D. 194
Lemberg, E. 208
Lemke, H. 316
Lenel, H.O. 160
Lenz, O. 166, 170, 180
Lepsius, M.R. 118, 125, 192f., 195, 205
Liedhegener, A. 203
Lilge, H. 119
Lindemann, M. 177
Link, W. 28, 117, 152, 155, 163, 166, 191, 206
Lipgens, W. 126f., 131, 170
Listl, J. 202f.
Litchfield, E.H. 124
Lönne, K.E. 202
Lösche, P. 93
Löw, K. 184, 188
Loewenberg, G. 190
Löwenthal, R. 48, 120, 123, 138, 153, 195, 201, 208
Lorenz, F. 212
Loth, W. 131, 142, 146, 148f., 154, 157, 170, 175, 177f., 184, 186ff., 203
Ludz, C. 119
Lübbe, H. 187
Lübke, H. 79, 92, 112, 189, 196, 305, 307, 316
Lücke, P. 109, 308
Lückerath, C.A. 136, 201
Lüders, C. 154
Lüttinger, P. 210

Mackert, J. 136
März, P. 179
Maetzke, H. 140
Mager, O. 171
Mai, G. 143, 157
Maier, C.S. 155
Maier, H. 196, 201
Maier, J. 210
Maier, K.A. 129, 133, 170, 172

Maier, R.   54, 197, 316
Maizière, U.   de 129, 170, 173
Majer, D.   138
Major, P.   193
Malenkow, G.M.   36, 178
Manfrass, K.   159
Manz, M.   141, 158 f.
Marienfeld, W.   135
Marshall, G.C.   9, 300
Martens, S.   142 ff.
Martin, A.   143, 192
Mastny, V.   148
Matheus, M.   145
Matz, K.-J.   197
Mauch, B.   197
Mayer, H.   212
Mayer, T.   144, 180
Mayring, E.A.   128
McCloy, J.J.   27, 45
Megerle, K.   209
Mehringer, H.   146, 149
Meier, A.   196
Meier-Dörnberg, W.   170 f.
Meissner, B.   2, 60, 132, 145 ff., 150, 182
Mende, E.   75, 79, 82, 101, 197
Mendès-France, P.   171 f.
Mensing, H.P.   132 f., 163, 166
Menzel, W.   19
Messerschmidt, R.   210
Meulemann, H.   213
Meyer, C.   172
Meyer, H.H.   211
Meyer, G.   172
Meyer-Landrut, N.   175
Meyers, F.   95, 97, 316
Mielke, S.   131, 200
Miller, S.   182
Milward, A.S.   119, 124
Mintzel, A.   192 ff., 198
Minuth, K.-H.   138
Mischnick, W.   102
Mitscherlich, A. und M.   90
Möhler, R.   144
Möller, A.   102
Möller, H.   122, 130
Molitor, H.G.   143
Molotow, W.M.   37, 41, 146
Mols, M.   190
Mommsen, H.   161
Mommsen, W.   127
Monnet, J.   28, 56, 164
Moos, D.   135, 190

Mooser, J.   48, 208
Moraw, F.   192
Morsey, R.   119, 130, 161, 165 f., 182 ff., 189 ff., 195 ff.
Mosely, P.E.   145
Müchler, G.   194
Mücke, W.   136
Mühlhausen, W.   133, 162, 196
Müller, C.M.   189
Müller, G.   163, 190
Müller, H.M.   122
Müller, H.-P.   193
Müller, J.   193
Müller, J. (München)   195
Müller, K.-J.   154, 173
Müller, R.A.   137
Müller-Armack, A.   44
Müller-List, G.   133, 200

Nahr, W.-D.   131
Naimark, N.M.   178
Naschold, F.   191
Nasser, G.A.   84
Nathusius, I.   193
Nawratil, H.   211
Nebelin, M.   133
Nebgen, E.   196
Neebe, R.   177
Neumann, G.   210
Niclauß, K.   153
Niedermayer, O.   192, 194 f., 198
Niehuss, M.   192, 213
Niemeyer, J.   204
Niethammer, L.   125, 129, 137, 144 f., 151 ff., 193, 206
Nixon, R.   309
Noack, P.   166, 170
Noelle-Neumann, E.   135, 166, 190
Nolte, E.   15, 162
Norton, A.R.   136
Nowak, K.   202
Nüske, G.F.   139

Oberndörfer, D.   202, 213
Oberreuter, H.   190, 192 ff., 198
Oldenhage, K.   127
Ollenhauer, E.   51, 53, 55, 195, 303
Oppelland, T.   196
Osterheld, H.   129
Osterwald, E.   191
Otto, W.   177

Pahlawi, Reza M. 107, 308
Pankraz, M. 131
Papcke, S. 148
Papke, G. 198
Pauly, W. 194
Permin, A. 204
Peschke, U. 134
Petzina, D. 160f., 201
Pfeiffer, A. 185
Pferdmenges, R. 199, 205
Pfetsch, F.R. 130, 152
Pfister, C. 207
Pfleiderer, K.G. 198
Picht, G. 93
Pieck, W. 15, 177, 301
Piel, E. 135
Pieroth, S. 143
Pikart, E. 33
Pirker, T. 151
Pirson, D. 202f.
Plato, A. von 125, 129
Pleven, R. 31
Plumeyer, H.-O. 189
Plumpe, W. 199
Poestges, D. 145
Poidevin, R. 144
Pollert, S. 135
Pollmann, K.E. 181
Pollock, J.K. 132
Pommerin, R. 174
Poppinga, A. 166, 180f.
Potthoff, H. 134, 195
Prell, U. 150
Preuss-Lausitz, U. 214
Prinz, M. 125, 153, 206f.
Prowe, D. 64, 154
Pünder, H. 13
Pütz, H. 130, 209

Quaritsch, H. 189

Radkau, J. 207
Ranft, N. 190, 200
Rassow, P. 124
Rauh-Kühne, C. 144
Rauscher, A. 197, 202ff.
Rautenberg, H.-J. 169, 211
Recker, M.-L. 191
Regin, L. 197
Reichhardt, H.J. 133
Reichling, G. 211
Repgen, K. 165f., 182f., 202

Reulecke, J. 208
Reusch, U. 129, 162
Reuter, E. 19, 133, 175, 195
Reutter, C. 195
Rey, J. 103
Richter, H.W. 190
Richter, W. 200
Riecke, H. 173
Riedl, A. 135
Riesenberger, D. 181, 213
Rioux, J.-P. 159
Ritscher, B. 145
Ritschl, A. 155
Ritter, G.A. 124, 184, 192
Robert, R. 191, 200
Robertson, B.H. 27, 162
Rodenbach, H.-J. 150
Röder, F.J. 316
Roellecke, G. 187
Röpcke, A. 145
Röpke, W. 17
Rogers, D.E. 192
Rohwer, J. 134
Rommerskirchen, E. 212
Roosevelt, F.D. 1, 4f.
Roth, G. 126
Roth, R.A. 158
Rothfels, H. 129
Rowold, M. 193
Ruck, M. 144, 188, 207
Rudolph, H. 120, 153, 206, 212
Rudolph, K. 160f.
Rudzio, W. 140, 152
Rütten, T. 197
Ruff, M.E. 202
Ruhl, H.-J. 133
Rupieper, H.-J. 149, 161, 175, 182, 208
Rupp, H.K. 168
Ruprecht, R. 161
Rusinek, B.-A. 186ff.
Rzeznitzeck, P. 139

Sahm, U. 170
Saldern, A. von 214
Sallinger, B. 210
Salzmann, R. 130f., 201
Sauer, H. 189
Sauer, T. 203
Schaarschmidt, T. 136
Schäffer, F. 45f., 55, 69, 71, 77, 195, 205
Scharf, C. 159
Scheel, W. 101f., 111f., 114

Personenregister

Schelsky, H.   48, 208
Scherstjanoi, E.   148 f., 177 f.
Schertz, A.W.   129
Scheuner, U.   203
Schewick, B. van   204
Scheybani, A.   207
Schieder, T.   121, 129
Schiffers, R.   134, 190
Schildt, A.   XIV, 124, 186, 188, 201, 203, 205 f., 209, 213 f.
Schiller, K.   104 f., 111, 113 f.
Schiller, T.   198
Schillinger, R.   51, 205, 209
Schindler, P.   136, 190, 198
Schlange-Schöningen, H.   150
Schlemmer, T.   193
Schlumberger, F.   135
Schmid, C.   19, 74, 136, 193, 195
Schmidt, E.   151
Schmidt, H.   102, 111, 151, 189, 209
Schmidt, K.-D.   199
Schmidt, U.   193, 196
Schmidtchen, G.   66, 202
Schmitt, B.   174
Schmitt, H.   195
Schmitt, K.   202, 204
Schmittlein, R.   143
Schmitz, K.T.   136, 200 f.
Schmitz, W.   201
Schmollinger, H.W.   193, 198
Schmucki, B.   207
Schneider, F.   136
Schneider, H.   199
Schneider, M.   201
Schneider, U.   135
Schneider, W.   184
Schöllgen, G.   122
Schölzel, S.   131, 143
Schönbohm, W.   196
Schönhoven, K.   186, 189, 200
Schöps, J.   189
Schollwer, W.   197 f.
Scholz, G.   190
Schorb, B.   214
Schraut, S.   209 f., 212
Schreyer, H.   126
Schreiber, W.   71
Schröder, G.   65, 67, 79, 81 f., 86, 95 f., 111 ff., 127
Schröder, H.   164
Schröder, H.-J.   155, 159, 185
Schröder, K.   197

Schroeder, K.   184, 193
Schröder, W.   200, 202 f.
Schubert, K. von   32, 168, 172
Schuch, S.   137
Schütz, K.   316
Schukow, G.K.   3
Schulin, E.   122
Schulz, G.   126, 160, 191, 206, 214
Schulze, R.   199, 210
Schumacher, K.   12, 17, 21, 53, 55, 121, 133, 150, 152, 192, 195, 303
Schumacher, M.   17
Schuman, R.   28, 163, 301
Schwabe, K.   147, 155
Schwartz, M.   211
Schwartz, T.A.   164, 170
Schwarz, H.-P.   16, 22, 43, 46, 57, 63, 69, 117, 119 f., 123, 135, 138 f., 147, 151, 153, 163 ff., 171, 173, 176 f., 182 ff., 190, 196, 201, 205 f., 208
Schwarzhaupt, E.   75
Schwegmann, F.G.   161
Schwengler, W.   169, 173
Seemann, K.   114
Seibel, M.   136
Seidel, H.   194 f.
Seifert, W.   158
Semjonow, W.S.   178
Serfas, G.   197
Sethe, P.   36, 176
Sharp, T.   145
Siebenmorgen, P.   183, 186
Siegrist, H.   208, 214
Silber-Bonz, C.   199
Simon, R.   212
Sieveking, K.   316
Skorvan, M.   212
Smith, A.L.   212 f.
Smith, J.E.   132
Soell, H.   195
Sokolowski, W.D.   16
Sommer, K.-L.   212
Sommer, M.   209, 211
Sontheimer, K.   121, 185, 199, 206
Soutou, G.-H.   144, 172, 174
Sowinski, O.   193
Spaak, P.-H.   56
Speidel, H.   304
Spevack, E.   131
Spitta, T.   162
Spotts, F.   201
Springer, A.   107

Staadt, J. 184
Stackelberg, K.-G. von 97
Stalin, J.W. 1 ff., 8, 23, 30, 35 f., 58, 121, 134, 145 ff., 175 ff.
Stamm, C. 130, 152
Stammberger, W. 76
Starbatty, J. 159
Staritz, D. 148 f., 200
Steffen, H. 158
Steinbach, P. 6, 91, 151, 213
Steinert, J.-D. 199, 211
Steininger, R. 8, 119 f., 130, 134, 139 f., 142, 150, 152, 156, 162, 169 f., 177, 179, 184
Stern, C. 185
Sternburg, W. von 184
Stöss, R. 193 ff., 198
Stolleis, M. 13
Stoph, W. 99
Strauß, F.J. 58, 66, 76, 83, 94 f., 104 f., 111, 113, 128, 167, 173 f., 189, 304, 306
Stüber, G. 130, 132, 152
Suckut, S. 148
Südbeck, S. 207
Sywottek, A. 167, 186, 201, 203, 205 ff., 209, 213 f.

Tenhumberg, H. 204
Textor, M. 213
Theiler, O. 174
Theis, R. 167
Thoß, B. 133, 171 f.
Thränhardt, D. 121
Thum, H. 200
Timmermann, H. 146 f., 185
Tjulpanow, S. 4
Tönnies, N. 118
Trausch, G. 164
Treue, W. 205
Trippen, N. 197
Trittel, G.J. 152, 159 f.
Truman, H.S. 2
Turner, I.D. 139 f.
Tyrell, A. 139, 145

Uertz, R. 197
Uhlig, R. 132
Ulbricht, W. 2, 15, 99, 148, 170
Ullmann, H.-P. 199 f.
Unger, I. 193

Vogel, W. 127
Vogelsang, T. 119, 124, 136

Vogt, M. 124
Volkmann, H. 152
Volkmann, H.-E. 125, 138, 145, 157, 161, 169, 171, 184, 188, 201 f., 207, 211
Volle, H. 123
Volze, A. 204
Vollnhals, C. 145, 202
Vorländer, H. 129, 198
Voss-Louis, A. 162

Wagner, G. 214
Wagner, H. 191
Wagner, J.V. 131
Waldmann, P. 209
Walter, F. 93
Wambach, M.M. 199
Wandersleb, H. 214
Weber, H. 119, 122
Weber, J. 175, 177, 199
Weber, K. 91
Weber, P. 134, 195
Weber, W. 204
Wehmeier, K. 189
Wehner, G. 155
Wehner, H. 60, 62, 94, 97, 111
Weichmann, H. 316
Weidenfeld, W. 118, 163, 166, 170, 184 f.
Weiher, U. 210
Weilemann, P.R. 144
Weinacht, P.-L. 196
Weischer, W. 201
Weiss, H. 128
Weisz, C. 128, 132
Weitzel, K. 143
Weizsäcker, R. von 111
Wember, H. 213
Wengst, U. 119, 130, 133 f., 161, 168, 186, 189, 197
Wenner, U. 192
Werner, W. 129, 131
Wertz, R.L. 211
Wessel, H. 193
Westrick, L. 95
Wettig, G. 133, 139, 149, 168, 177 ff.
Wewer, G. 163
Weyer, W. 97
Weymar, E. 123, 168
Wickert, C. 160 f.
Wiegand, L. 191, 204
Wiesemann, F. 210
Wiggershaus, N. 168 f., 173
Wildermuth, E. 214

Wildt, M.   207
Wilharm, I.   134
Wilke, M.   146, 193
Wilker, L.   150
Willenbacher, B.   213
Winkel, H.   201
Winkler, D.   152
Winkler, H.A.   125, 184 f.
Winkler, Y.R.   210
Winter, I. von   196
Wirz, U.   189
Wolf, K.   193 f.
Wolf, W.   196
Wolfe, R.   128

Wolfrum, E.   129, 141 ff., 211
Woller, H.   189, 193
Wrobel, H.   161
Wünsche, H.F.   158 f., 189

Zauner, S.   143
Ziebura, G.   165, 169
Ziemke, E.F.   145
Zimmermann, H.   163, 174, 184
Zink, H.   124
Zinn, G.A.   316
Zirbs, W.   137
Zitelmann, R.   176, 178, 180
Zundel, R.   96

Sachregister

Abrüstung 42 f., 57 f., 61, 66, 82, 86, 100 f., 103, 166
- s.a. Rüstung(skontrolle)
Ägypten 84
Algerien-Krieg 68
Allgemeines Zoll- und Handelsabkommen (GATT) 29, 45, 302
Alliierte Hohe Kommission 21, 27, 30, 32, 40, 44, 168, 301
Alliierter Kontrollrat 1 ff., 4 ff., 9, 13, 16, 143, 149, 300
Alltagsgeschichte 128
Amnestien 6, 188
Angestellte 47, 70, 110
Antiamerikanismus 107
„Antifaschistische Ausschüsse" 11
Antikommunismus 25, 90, 107, 151, 192
Antitotalitarismus 115, 186, 197
Arabische Staaten 84, 86, 307
Arbeit, Arbeiterschaft 11 f., 14, 46, 70, 87 f., 104, 110
- Gastarbeiter 70, 87, 105, 212
Arbeiterräte 11, 151
Arbeitsbeschaffung 44, 104
Arbeitsgemeinschaft außeruniversitärer historischer Forschungseinrichtungen 136
Arbeitsgerichtsgesetz 51
Arbeitslosigkeit 24, 44, 46, 69, 71, 94, 105
- Versicherung 110
Arbeitszeit 48, 69
Archive 126 ff., 137, 139, 141, 178
Atomwaffen 30, 58, 170 f., 173 f., 305
- USA 18, 36, 62, 67, 101
- Sowjetunion 59
- Großbritannien und Frankreich 62, 172
- Gleichgewicht 36, 42, 62, 79 f., 83, 116
- Bundesrepublik 39, 65, 83, 95, 101, 305 f.
- Teststopp 67, 82, 84, 102 f., 174, 307
Auschwitz-Prozeß 89, 91, 186, 307
Auslandsschulden, Regelung 1953 29, 47, 159, 167, 303
Außenhandel(spolitik) 29 f., 44, 46 f., 81, 104 ff., 154 ff., 163, 307
Außenminister-Konferenzen der Vier Mächte
- 1945 7
- 1946 7 f., 146
- 1947 8 ff., 15, 22
- 1951 34
- 1954 37 ff., 41, 56, 303
- 1955 41, 56, 304
- 1959 60 f., 74, 305
- - der Westmächte
- - 1950/51 34 f.
Außerparlamentarische Opposition 40, 58, 106 ff., 115, 168, 191, 308
Auswärtiges Amt 27, 29, 40, 127, 167, 170 f., 182, 302

Baden 8, 144, 159, 302
Baden-Württemberg 96 f., 108, 189, 194, 199, 302, 308, 316, 319, 322
Baltische Staaten 318
Bank deutscher Länder 44 ff., 71
Baulandbeschaffungsgesetz 47
Bayern 12, 20, 52 f., 95 f., 131 ff., 203, 209 f., 316, 319, 322
Bayernpartei 52 f., 193, 314
Belgien 39
Benelux-Staaten 16, 28, 32, 38, 56, 300
Berlin 38, 132, 303, 316, 319, 322
- Viermächtestatus 1 f., 22 f., 37 f., 49, 56, 59 f., 68, 81 f., 116, 145, 183
- Sektoren 2, 4, 18
- - West-Berlin
- - Wahlen 12, 18 ff., 76, 81, 299
- - Währungsreform 18, 300
- - Blockade 18, 20, 22 f., 64, 138, 147, 150, 162, 300 f.
- - Zugang 18, 20, 60 ff., 65 ff., 101, 146
- - Parteien 12
- - und EWG 57
- - Krisen 18 f., 59, 63 ff., 67, 69, 74 f., 79, 82, 183, 305 f., 309
- - Studentenbewegung 107
- - Passierschein-Abkommen 82, 307
- Viermächteabkommen 1971 61
- Ost-Berlin 299, 304
- - Zentralverwaltungen 5, 7 f., 15
- - Magistrat 300
- - Hauptstadt der DDR 23
- - Aufstand 1953 37, 43, 64, 303, 307
- - Schikanen 34, 99, 112
- - Mauer(bau) 63 ff., 70, 82, 115 f., 121, 125, 138, 164, 174, 306

Berlin-Brandenburgische Akademie der
  Wissenschaften 136
„Berliner Erklärung"
- 1945 2, 10, 299
- 1957 58, 61, 305
Besatzungskosten 5, 29
Besatzungsstatut 8, 17, 21, 27, 29 ff., 39 f.,
  301 ff.
Betriebsverfassungsgesetz 51, 190, 200,
  303
Bevölkerungswachstum 70
Bildungspolitik 73, 89, 92, 107, 110 f.,
  115
- „Katastrophe" 93
Bizone 7 ff., 13 ff., 17, 21, 49 f., 128, 138,
  140, 147, 152, 154, 161, 163, 300
Block der Heimatvertriebenen und Ent-
  rechteten (BHE) 25, 40, 52, 193, 314 f.
Bodenreform 152, 161
Bonn 19, 21 f., 27, 32, 108, 300 ff., 306 ff.
Brandenburg 14, 318
Braunschweig 308
Bremen 12, 17, 52, 132, 145, 209, 211,
  316, 319, 322
Bremerhafen 210
Breschnew-Doktrin 101
Brüssel 5, 16, 38, 57, 84, 300
Buchenwald 15
Bürgerräte 11
Bulgarien 81, 99, 307
Bundesanstalt für Arbeit 50, 110
Bundesanwaltschaft 76
Bundesarchiv 126 ff., 133, 209
Bundesbank 46, 94, 105 f., 113, 191
Bundesentschädigungsgesetz 51
Bundeskanzleramt 165
Bundesministerium der Verteidigung 32,
  40, 76, 95, 104
Bundesministerium für gesamtdeutsche
  Fragen 79, 82
Bundesministerium für Gesundheit 75
Bundesministerium für wirtschaftliche
  Zusammenarbeit 75
Bundespräsident 112, 190
- Wahl
- - 1949 21, 301
- - 1954 303
- - 1957 305
- - 1959 74 f., 189, 305
- - 1964 94, 307
- - 1969 99, 111 f., 309
Bundesrat 21, 34, 96, 128, 133, 191

Bundesregierungen 317
- Bildung
- - 1949 21, 189, 301
- - 1953 303
- - 1957 305
- - 1961 75, 306
- - 1962 75 f., 306
- - 1963 79, 307
- - 1965 307
- - 1966 97, 308
- - 1969 114, 309
- Regierungserklärungen
- - 1949 21, 26
- - 1953 71
- - 1957 71
- - 1963 80, 87
- - 1965 92
- - 1966 98
Bundesrepublik Deutschland
- Gründung 19 ff.
- Flagge 23
- Souveränität 40
- Selbstverständnis 25, 117 ff.
- Erforschung 117 ff.
- Erfolgsgeschichte 119 ff., 190
- Systemvergleich mit DDR 119
- Periodisierung 125, 153, 206 ff.
Bundestag 21 f., 27, 34, 39, 54, 82, 90,
  128, 133 f., 191
- „Sofortprogramm zur Wiedervereinigung" 10.6.1953 37
- Sitzungen
- - 23./24.1.1958 176
- - 20.3.1958 66
- - 2.7.1958 59
- Wahlen 314 f.
- - 1949 21, 52, 205, 301
- - 1953 37, 53, 77, 303
- - 1957 54 f., 72, 74, 305
- - 1961 64, 67, 75, 79, 306
- - 1965 85, 87, 91, 93, 96, 307
- - 1969 109, 111, 113 f., 309
Bundesverband der deutschen Industrie 199
Bundesverfassungsgericht 20, 75, 108,
  133, 193, 302
- Verteidigungsbeitrag 33
- Parteienverbote 52 f., 303 f.
- Parteienfinanzierung 110
- Atomare Bewaffnung 305
- Deutschland-Fernsehen-GmbH 75,
  306

Bundesversicherungsanstalt für Angestellte 50
Bundeswehr 321
- Aufbau 30, 32, 38 ff., 42, 58, 81, 139, 168 f., 171 ff., 303 f.
- Atomare Bewaffnung 58, 65, 305
- und Gesellschaft 95
- Wehrbeauftragter 305
- Wehrdienstverweigerer 107
- Unterwanderung 109
Bund katholischer Unternehmer 199
Burgfriedensplan 66, 182, 306

Camp David 61
China, Volksrepublik 32, 57, 66, 80, 83 f., 96, 98, 102, 181
Christlich-Demokratische Union (CDU) 45, 52, 91 f., 95 f., 110, 172, 192, 196 f.
- Gründung, Zonenausschuß 12, 14, 130
- im Wirtschaftsrat 13, 17, 21
- im Parlamentarischen Rat 19, 21
- Programme 21, 93
- Bundestagswahlen 21, 37, 52 ff., 72, 74, 91, 114, 314 f.
- Vorsitz 21, 94, 97, 112, 301, 308
- Parteitage 92, 181, 209, 301, 308
- CDUD 12, 14
- Arbeitsgemeinschaft CDU/CSU 12
- „Atlantiker"/„Gaullisten" 67, 89 ff., 96
Christlicher Sozialismus 197
Christlich-Soziale Union (CSU) 12 f., 17, 19 ff., 91, 101, 110, 192, 194
- Bundestagswahlen 21, 37, 52 f., 72, 74, 91, 114, 314 f.
- Vorsitz 306
Colmar 128

Dänemark 39, 68
Danzig 318
Demokratische Volkspartei (DVP) 197
Demontage(politik) 3, 5, 24 f., 27, 142, 151, 156 f.
Deutsche Bank 200
Deutsche Demokratische Republik 25, 32, 37, 58, 63, 67, 84, 87, 100, 103, 118 f., 122, 157
- Archive 126
- Gründung 22 f.
- Verfassung 22 f., 301
- Volkskammer 34, 90
- Flagge 23
- Streitkräfte 30, 35, 41

- Staatssicherheitsdienst 126
- Passierscheinabkommen 307
- Volksaufstand 1953 103
- Souveränität 38, 42, 56, 60, 304
- Beistandsvertrag mit Sowjetunion 81
- und EWG 57, 81
- Abgrenzung 27, 68, 98 f.
- Geschichtsschreibung 118 f., 138, 151, 186
- Systemvergleich mit Bundesrepublik 119
- s.a. Interzonenhandel, Innerdeutscher Handel; Flüchtlinge, Flucht
Deutsche Frage, Teilung Deutschlands 22 ff., 26, 33, 41, 57 ff., 62 f., 65 f., 85 f., 147, 305
- Teilung 1945 2, 4, 7 ff., 16, 80, 98 ff., 137 f., 164
- Offenhalten 37, 65 f., 86, 115 f.
- Zwei/Drei-Staaten-Theorie 41 f., 78, 82, 99, 116,
Deutsche Kommunistische Partei (DKP) 108 f., 193, 314
Deutsche Ostgebiete 2, 23, 26, 46, 85, 145, 157, 179, 183, 209, 318 f.
- s.a. Oder-Neiße-Linie
Deutsche Partei (DP) 13, 17, 19, 21, 52 ff., 193, 306, 314 f.
Deutscher Bauernverband 199 f.
Deutscher Beamtenbund 201
Deutscher Bildungsrat 89, 307
Deutsche Reichspartei (DRP) 52, 193, 314 f.
Deutscher Gewerkschaftsbund (DGB) 25, 58, 128, 200, 301, 308
- s.a. Gewerkschaften
Deutscher Industrie- und Handelstag 199
Deutscher Volkskongreß 22
Deutscher Volksrat 22 f.
Deutsches Friedensbüro 138
Deutsches Gemeinschaftswerk 92
Deutsches Institut für Fernstudien 137
Deutsches Manifest 40
Deutsche Welle 75
Deutsche Wirtschaftskommission 15, 22, 300
Deutsche Zentrumspartei 19, 53, 193, 314
Deutschland-Fernsehen-GmbH 75, 306
- s.a. Fernsehen

Deutschlandfunk 75
Deutschlandvertrag 1954 32 ff., 39, 61, 110, 180, 302 f.
Dienststelle Blank 32, 40, 170, 271, 301
– s.a. Bundesministerium der Verteidigung
Displaced Persons s. Zwangsarbeiter
Dortmund 87
Dritte Welt 67, 80, 84, 100, 112
Düsseldorf 21, 92, 95

Eichmann-Prozeß 89, 186
Eigentumsbildung 51
Eisenach 2
Eiserner Vorhang 5, 8, 23, 36, 43, 63, 79, 116, 139
Elbe-Grenze 2, 7, 30
Ellwanger Kreis 19
Elysee-Vertrag 68, 82, 277, 306
Energiewirtschaft 45 f., 95
Entmilitarisierung 189
Entnazifizierung 1, 3, 5 f., 12, 49, 89 f., 138, 144 f., 188
Entspannung(spolitik) 36, 41 ff., 57, 65, 67, 80, 85 ff., 98 ff., 115, 164, 166, 180
Entstalinisierung 188
Entwaffnung 1, 3, 30, 139
Entwicklungshilfe 67, 75, 84, 112
Ernährungskrise 126, 152, 160
Europäische Atomgemeinschaft (EURATOM) 56 f., 103, 303 ff., 307
Europäische Beratende Kommission 145
Europäische Gemeinschaft (EG) 103, 307 ff.
Europäische Gemeinschaft für Kohle und Stahl (EGKS) s. Montanunion
Europäische Politische Gemeinschaft 32, 303
Europäische Politische Union 102, 170
Europäisches Parlament 57, 84
Europäisches Sicherheitssystem 37, 41 f., 60, 102
Europäisches Verteidigungsgemeinschaft (EVG) 30 ff., 34 f., 38, 56, 132, 167, 169 f., 164, 302 f.
Europäische Wirtschaftsgemeinschaft (EWG) 56 f., 66 ff., 74, 81 ff., 85, 102 f., 105, 304 f., 307
Europäische Zahlungsunion 29, 45
Europarat 29, 301 f.
European Recovery Program (ERP) s. Marshall-Plan

Evangelische Kirche Deutschlands (EKD) 31, 52, 85 f., 111, 201 ff.
Extremismus, politischer 194

Fallingbostel 210
Familie(npolitik) 47, 71, 88, 110, 213 f.
Fernsehen 48, 75, 107, 214, 306
– Zweites Deutsches Fernsehen 75, 189, 306
Finanz- und Steuerpolitik 46 ff., 69, 72, 88 f., 96 f., 104 ff., 108, 321
– Mittelfristige Finanzplanung 105, 308
Flensburg 2
Flüchtlinge, Flucht
– aus der SBZ/DDR 24, 46, 48, 57, 63, 70, 116, 172, 182, 211, 289 f.
– aus Ost(mittel)europa 3, 14, 24, 318
– Aufnahme, Eingliederung 14, 17, 48 ff., 52, 73
– s.a. Heimatvertriebene
Föderalismus 4, 8, 12 ff., 17, 19 f., 89, 97, 105, 140, 144, 150, 165
Force de frappe 172, 174
„Formierte Gesellschaft" 92
Forschung(spolitik) 30, 89
Frankfurt a.M. 13, 17 f., 22, 45, 50, 89, 91, 307
„Frankfurter Dokumente" 17, 141, 162, 300
„Frankfurter Schule" 107
Frauen 20, 47 f., 70, 213 f., 304
Freie Demokratische Partei (FDP) 40, 50, 57, 65, 67, 72, 79, 81 f., 85 f., 93, 95 f., 109 f., 112 f., 115, 182 f., 197 f.
– Gründung 12
– im Wirtschaftsrat 13, 17
– im Parlamentarischen Rat 19
– Bundestag(swahlen) 21, 52 ff., 67, 75, 91, 96, 114, 134, 304, 314 f.
– Deutschlandplan 305
– Freiburger Thesen 111
– Vorsitz 54, 101, 112
– Ostpolitik 87, 96, 101
Freie Volkspartei (FVP) 54, 304
Freizeit(verhalten) 48, 148, 207, 214
„Friedensnote" 1966 86, 98, 308
Friedensvertrag für Gesamtdeutschland 3, 32 f., 35, 39, 60, 175, 302
Friedrich-Ebert-Stiftung 128
Friedrich-Naumann-Stiftung 128, 198
Fulton 8

Gemeinsamer Markt s. Europäische Wirtschaftsgemeinschaft (EWG)
Generationenwechsel 26, 89 f., 93, 106, 115, 123, 194
Genf 41, 43, 56 f., 60 f., 103
- Gipfelkonferenz 1954 304
Gesamtdeutscher Block/Block der Heimatvertriebenen und Entrechteten (GB/BHE) 40, 52, 193, 285
Gesamtdeutsche Volkspartei (GVP) 176, 193
Geschichtsbewußtsein 117 ff.
Gesellschaft(sordnung) 87, 89 f., 125, 138, 207 f.
- Mittelstand 48, 72, 79 f.
- Wohlstand 78 ff.
- Wandel 48 f., 51, 72, 92 f., 106 ff., 115
Gewaltverzicht(sabkommen) 86, 98, 100, 103 f., 304
Gewerkschaften 12 f., 46, 50 f., 58, 108, 110, 127, 134, 138, 142 f., 198 ff., 299
- christliche 201
- s.a. Deutscher Gewerkschaftsbund
Gipfelkonferenzen s. Viermächte-Konferenzen
Globke-Plan 66, 165, 183
Godesberger Programm der SPD 62
Göttinger Manifest 58
Goslar 301
Griechenland 212
Große Koalition
- vor 1966 76, 79, 86, 92, 94, 96 f., 189, 306
- 1966 98-114, 125, 308
Grünen, Die 109
Grundgesetz 301
- Zustandekommen 11, 19 ff., 138
- Präambel 20, 25, 179
- Grundrechte 17, 20, 204
- Staatsziele 20, 52
- Art. 20 20 f., 44, 204
- Art. 21 20
- Art. 24 20, 26
- Art. 65 77, 111
- Art. 68 96
- Art. 79 20
- Art. 113 88
- Art. 131 49
- Finanzverfassung 46, 104, 113
- Notstandsregelung 88, 98 f., 108 ff., 308
- Staat und Kirche 20

- Wehrergänzung 40, 303
- Berlin 20
- Fundamentalkritik 93
- s.a. Kanzlerdemokratie; Parlamentarischer Rat
„Gruppe 47" 14
Günzburg 209

Hallstein-Doktrin 42 f., 57 f., 67, 81, 98, 100, 164, 305
Hamburg 8, 13, 17, 76, 209, 307, 319, 322
Handwerker 73
Hannover 12, 307
Harmel-Bericht 100, 174, 308
Heimatvertriebene 3, 7 f., 14, 24, 49, 129, 136, 208 ff., 318 f.
- Entschädigung, Eingliederung 18, 49 ff., 73, 79
- Charta 301
- Verbände 66, 99, 199
- Denkschrift der EKD 85 f.
- s.a. Flüchtlinge, Flucht; Lastenausgleich
Heimkehrergesetz 49
Helgoland 29, 302
Helmstedt 2
Herrenchiemsee, Verfassungskonvent 19, 131, 300
Herter-Plan 61
Hessen 12, 96, 132, 151 f., 196, 209, 212, 308, 316, 319, 322
Hessen-Pfalz 8
Heusinger-Plan 182
Hitler-Regime 5 f., 20 f., 29, 89
- s.a. Nationalsozialistische Gewaltverbrechen
Hochschulen 11, 14, 89, 105, 107 f., 321
Hof 2
Honnefer Modell 51, 89

Indochina-Krieg 36, 132
Industrie 5, 9, 28, 30, 45, 47, 69, 113, 156 f., 201, 299 f.
Institut für Zeitgeschichte 128
Interalliierte Reparationsagentur 5
Internationale Ruhrbehörde 300 ff.
Internationaler Währungsfonds 29, 302
Internierungslager 145, 213
Interzonenhandel, Innerdeutscher Handel 47, 57, 61 f., 82, 99
Investitionshilfe(gesetz) 45 f., 156, 191
Irland 68
Israel 307

Sachregister 339

- Wiedergutmachungsabkommen 29, 47, 84, 157, 167, 303
Italien 28, 32, 38, 212, 303

Jalta, Konferenz 1, 5, 146
Japan 299
Jerusalem 89
Jugoslawien 57, 100, 305, 318
Justiz 51, 90f., 109, 161, 187

Kalter Krieg 1, 6, 8, 15f., 23, 25, 27, 43, 80, 137f., 143, 146, 151, 161, 163
Kambodscha 113, 309
Kanada 38f.
Kanzlerdemokratie 54, 74, 77, 79, 190
- „Volkskanzler" 94
Kapitulation der Wehrmacht 1 ff., 10, 20, 137f., 146, 299
Karlsruhe 52, 302
Kartellgesetz 70, 191, 200, 305
Katholische Kirche, Katholiken 52, 86, 193
Kernenergie, Kernwaffen 56, 83f., 103, 108, 305
Kew, Surrey 128
Kindergeld 71
Kirchen(politik), Konfessionelle Struktur 52, 127, 143, 200f.
- s.a. Evangelische Kirche Deutschlands (EKD); Katholische Kirche, Katholiken
Kirchliche Zeitgeschichte 136
Koblenz 162
Königsberg 2f.
Kohle(bergbau) 16, 28, 45 ff., 70, 95, 104
Kollektivschuldthese 6, 188
Kommunismus 49, 108
Kommunistische Partei Deutschlands (KPD) 2, 6, 9, 12ff., 19, 25f., 108, 148f., 180, 193
- Bundestagswahlen 52f., 314f.
- Verbot 53, 304
Kommunistische Partei Italiens 99
Kommunistisches Informationsbüro 15
Konrad-Adenauer-Stiftung 127f.
Konzentrationslager in der SBZ 15
Korea-Krieg 24, 27, 29f., 32, 36, 44ff., 50, 69, 134, 156, 158, 301
Krankenversicherung 70, 73, 88, 191, 200
Kreditanstalt für Wiederaufbau 45
Kressbronner Kreis 111
Kriegsgefangene 7, 10, 24, 49, 181, 212f.
Kriegsopfer(versorgung) 24, 49, 88, 142

„Kriegsverbrecher" 1, 6, 89, 91, 123
- Nürnberger Prozeß 5, 299
Kriegszustand, Beendigung 29, 40, 302f.
Kuba-Krise 67, 76, 79, 306
Kündigungsschutzgesetz 50
Kultur(politik) 14, 48, 140, 143, 162, 214
Kuratorium Unteilbares Deutschland 172

Ladenschlußgesetz 51, 191
Länder 299, 322
- Bildung 8, 13, 138, 299
- Grenzen 17
- Regierungen 12f., 17f., 19, 161
- Verfassungen 16, 130f., 138
- Neugliederung 162
- Finanzausgleich 69, 89, 105
Länderrat 12f., 138
Landtage 12, 17ff., 152
- Wahlen
- - 1946/47 12, 15, 18, 108, 299f.
- - 1950/52 52
- - 1963 76
- - 1966 94, 96, 308
- - 1968 308
Landwirtschaft 18, 46f., 69f., 104, 113, 152, 191
Lastenausgleich 17f., 49ff., 73, 161, 204f., 209, 303
- s.a. Heimatvertriebene
Liberaldemokratische Partei Deutschlands (LDPD) 12, 14, 197f.
Lippe 209
London 10, 16
- Abkommen 1944 1
- Außenministerkonferenz 1947 22
- Sechsmächtekonferenz 1948 16f., 300
- Neunmächtekonferenz 1954 38, 173, 303
- Abkommen 1956 304
- Kompromiß 1966 308
„Londoner Empfehlungen" 17, 20, 300
Londoner Schuldenabkommen 157, 159, 167, 303
Ludwig-Erhard-Stiftung 127
Lübeck 2
Luxemburger Vertrag
- 1952 mit Israel 29, 157, 303
- 1956 mit Frankreich 43
- 1966 „Kompromiß" 85
Libyen 84

Magnettheorie 19, 26, 100, 162, 180, 185
Mainz 75
Marokko 84
Marshall-Plan(-Organisation) 8 f., 14 ff., 25, 28, 45, 138, 143, 147 ff., 152 ff., 157 ff., 300 f.
Marxismus 107 f., 151
Mecklenburg 14
Memelgebiet 2
Menschenrechtskonvention 182
Messina 56, 303
Militärgeschichtliches Forschungsamt 168
Militärgouverneure der Besatzungsmächte 1 f., 5, 17 ff., 21, 301
Militärisches Sicherheitsamt 21
Minden 13
Ministerpräsidenten der Länder 9, 12 ff., 18 f., 131, 138, 140 f., 150, 300
– Münchener Konferenz 1947 9, 140, 149 f., 300
– Konferenzen 1948 17 ff., 138, 154 f.
– Zweites Deutsches Fernsehen 75
Mitbestimmung in der Montanindustrie 49 f., 133, 142, 151, 161, 190, 199, 205, 302
Modernisierung, Modernität 48, 70, 93, 113, 206 ff.
Montanunion 28, 31, 38, 44, 50, 56, 103, 163, 301 f., 304, 307
Morgenthau-Plan 4, 103
Moselkanalisierung 43
Moskau 8, 15, 22 f., 39, 42, 102, 177
– Reise Adenauers 1955 42, 57, 181 f., 304
München 108, 301
– Abkommen von 1938 100 f.

Nahostpolitik 84
Nationaldemokratische Partei Deutschlands (NPD) 90, 96, 98, 101, 106, 108 f., 114, 191, 193, 307 f., 314 f.
Nationale Front 15
Nationale Volksarmee s. Deutsche Demokratische Republik, Streitkräfte
Nationalfeiertag 307
Nationalhymne 302
Nationalismus 181
Nationalsozialismus 1, 10, 51, 90, 122 f., 161, 186, 206
Nationalsozialistische Deutsche Arbeiterpartei (NSDAP) 6, 24 f., 49, 89

Nationalsozialistische Gewaltverbrechen 6, 90 f., 187
– Verjährung 86, 89 ff., 113, 307, 309
Neue Linke 107 ff., 150
Neue Zeitung, Die 19
Neutralisierung Deutschlands 37, 43, 60, 64, 66, 154, 175, 179
New York 8, 30, 65, 167
Niederlande 39
Niedersachsen 8, 52 f., 145, 209, 316, 319, 322
Niederwald-Konferenz 18 f.
Nordatlantische Verteidigungsgemeinschaft (NATO) 16, 20, 30 f., 37, 41, 76, 82, 98, 101, 116, 136, 303, 305
– Gründung 56, 69, 301
– Bundesrepublik 38 ff., 42, 60, 125, 164, 167, 171 ff., 303
– Militärstrategie 30, 39, 58, 62, 65, 83 ff., 95, 100 f., 103, 174, 306
Nordrhein-Westfalen 8, 53 f., 94, 97, 130 f., 133, 140, 151, 156, 162, 196, 201, 209, 308, 316, 319, 322
Nürnberg 5, 50, 99, 109, 299

Oder-Neiße-Linie (Ostgebiete) 2 ff., 7 f., 26, 33, 35, 46, 65 f., 69, 85, 99, 102, 123, 146, 203
– s.a. Deutsche Ostgebiete
Öffentliche Meinung, Medien 77, 100, 107, 135, 176, 187, 189
Öffentlicher Dienst, Verwaltung 12 f., 47, 49, 70, 109, 114, 132, 136, 138, 142, 144, 161, 200, 207, 269
– Personalvertretungsgesetz 51, 191
Österreich 41, 119, 169, 209
„Österreich-Lösung" 59, 66, 182, 305
Opposition 192, 195
Oral-History 125, 129, 193
Ostblock(staaten), Blockbildung 22 f., 34 ff., 39 ff., 57, 60, 67, 81 f., 87, 90, 98, 100 f., 103, 115, 166, 176
Ostermarsch-Bewegung 107
Ost(mittel)europäische Staaten 43, 46, 58, 81 f., 86, 98 f., 129
– Sowjetischer Herrschaftsanspruch 3 ff., 7, 36, 81
– Selbständigkeitsbestrebungen 35 f., 57, 181
Ostpolitik 42, 57 f., 65 f., 80 ff., 85 ff., 98 ff., 103, 111, 113, 115, 155, 165 ff., 198
Ostpreußen 2 f., 318

Ostvertriebene s. Heimatvertriebene
Ost-West-Konflikt s. Kalter Krieg

Paris 7, 32, 34, 38, 128, 302 f.
– Unruhen 1968 103, 108
Parlamentarischer Rat
– in Stuttgart 13
– in Bonn 11, 18 ff., 22, 131, 152, 300
– s.a. Grundgesetz
Parlamentarismus 54, 78, 92, 97, 106, 114, 190, 199, 301
– Fundamentalkritik 106 f.
Parteien(system) 3, 6 f., 12 f., 24, 51 ff., 77 f., 93, 96 f., 143, 192 ff., 299, 314
– Archive 126 f.
– Verbote 52 f.
– Finanzierung 93, 110
– Gesetz 110, 308
Passierscheinabkommen 82, 307
Paulskirchen-Bewegung 40
Persien 279
Petersberger Abkommen 27, 133, 301
Pleven-Plan s. Europäische Verteidigungsgemeinschaft (EVG)
Polen 1 f., 5, 81, 85 f., 304, 318
– Volksaufstand 1956 43, 58
– Handelsabkommen 67, 81, 99, 306
Politische Bildung 89
Politischer Extremismus 136
Polizei 30 f.
Pommern 14, 318
Potsdamer Konferenz 2 ff., 15, 35, 41, 43, 101, 123, 145 f., 299
Presse 134 f., 178, 191
Preußen, Auflösung 4, 13, 24
Preußische Bergwerks- und Hütten AG 73
Privatisierung von Bundesvermögen 73, 88, 306

Rapacki-Plan 58
Raumordnung 73, 92
Reims 299
Reykjavik 101
Rentenpolitik 50
– Reform 1957 54, 69, 71 f., 191, 205, 304
Reparationen 1–9, 14, 29, 146 ff., 157, 299
„Restauration", restaurativer Charakter 51, 121, 125, 141, 151 ff., 190, 206
Rheinarmee, britische 171

Rheinland 4, 8, 142, 204
Rheinland-Hessen-Nassau 8
Rheinland-Pfalz 8, 76, 130, 144, 172, 209, 211, 307, 316, 319, 322
Rittersturz-Konferenz 1948 18
Röhren-Embargo 306
Rote Armee 2, 4, 7, 30, 37, 43, 56, 65 f.
Rüstung(skontrolle) 39, 45, 60, 62, 65, 69, 173
– s.a. Abrüstung
Ruhrgebiet, Ruhrindustrie 21, 46, 95, 104, 140, 148, 156, 161, 197, 212
– Kontrolle 3 ff., 7 f., 16, 28
– Ruhrstatut 16, 21, 27 f., 143, 154, 300, 302
Rumänien 81, 98, 100, 307 f., 318
Rundfunk 14, 75

Saarbrücken 39
Saargebiet, Saarland 4, 8, 23, 26, 28, 40 f., 54, 56, 143 f., 150, 172, 182, 200, 299, 302, 305, 316, 319, 322
– Statut 1955 39 f., 43, 304
Sachsen 14
Sachsen-Anhalt 14
Sachsenhausen 15
Sachverständigenrat zur Begutachtung der gesamtwirtschaftlichen Entwicklung 307
Salzgitter 188 f.
Schlesien 318
Schleswig-Holstein 8, 52, 211, 316, 319, 322
Schollwer-Plan 101
Schuman-Plan s. Montanunion
Schwarzmarkt 158
Schweiz 209
Selbstbestimmung(srecht) für die Deutschen 27, 34, 43, 65, 112, 115, 179 f., 182 f.
Sicherheitsgarantie 31 f., 39
Sicherheitsmemorandum 1950 30, 168
Sowjetische Militäradministration in Deutschland 14 f., 127, 178, 299
Sozialdemokratische Partei Deutschlands (SPD) 12, 19, 34, 75, 81 f., 86, 88, 99, 102, 107 f., 110, 115, 142, 168, 192, 195, 201, 214
– in der SBZ 12, 14, 34
– im Wirtschaftsrat 13
– im Parlamentarischen Rat 19 f.
– Berlin 64

- im Bundestag 21, 52 f., 57 f., 72, 75, 91, 110, 114, 134, 314 f.
- Vorsitz 12, 17, 180
- Parteitage 55, 87, 99, 110, 307
- Godesberger Programm 55, 305
- Volkspartei 76, 106, 180, 186
- Große Koalition 96 ff.
- Deutschlandplan 60, 62, 304 f.
- Redneraustausch mit SED 87, 308

Soziale Marktwirtschaft 11, 17, 21, 24, 44, 46, 70, 78, 104 f., 13, 160
Sozialgerichte 51
Sozialgeschichte 120, 125, 206 f.
Sozialhilfe 73, 306
Sozialisierung, Sozialismus 44, 140, 151 f., 189
Sozialistische Einheitspartei Deutschlands (SED) 6 f., 9, 12, 14 ff., 18, 33, 107, 112, 192, 194, 299 f.
- Verfassungsentwurf 22
- Regime 22 f., 33, 57, 80, 82, 118 f., 124, 176, 189
- Redneraustausch mit SPD 87, 308
- Erblast 188
Sozialistischer Deutscher Studentenbund (SDS) 107 f.
Sozialistische Reichspartei (SRP) 52 f., 193, 303
Sozialpolitik 24 f., 44, 47 ff., 69, 72 ff., 110, 205, 207, 292
Sozialstaat 69 f., 74, 110, 115, 181, 214, 321
Sozialversicherung 49 ff., 71 f., 110, 142
Spanien 212
„Der Spiegel" 135
„Spiegel-Affäre" 76, 189, 306
Staatsräson 165
Staatsschutz 110, 176
Staatssicherheitsdienst s. DDR
Städtebau 73, 92, 151, 207
Stahlerzeugung 45, 47
Stalin-Noten 1952 34 ff., 58, 164 ff., 272
Steuerpolitik s. Finanz- und Steuerpolitik
Stiftung Bundeskanzler-Adenauer-Haus 127
Strafrecht 91, 110 f., 190 f.
Streiks 152
Stuttgart 8, 12 f., 55, 147, 299, 301
Suez-Konflikt 56, 58

Tarifvertragsgesetz 21
Teheran, Konferenz 1 f.

Telefongebühren 88
Terrorismus 107 ff.
Thüringen 14
Totalitarismus 20, 49, 89
Transportwesen 46
Truman-Doktrin 8, 147, 300
Truppenstationierung 39, 85, 174
Tschechoslowakei 3, 16, 99 ff., 101 f., 308 f.
Türkei 212
Tunesien 84

Ulbricht-Doktrin 98
Umweltschutz 92, 112, 207
Unfallversicherung 71, 73
Ungarn 3, 43, 56, 58, 81, 99, 101, 307, 318
Universitäten s. Hochschulen
Unternehmer 199

Vatikanisches Konzil, Zweites 85 f., 203
Verbände 51, 73, 87 f., 99, 127, 198 ff.
- Wirtschaft 45, 51, 77, 87, 92, 94
- Wohlfahrtspflege 73
Vereinigte Bergwerks- und Hütten AG 88
Vereinigtes Wirtschaftsgebiet s. Bizone
Vereinte Nationen (UN) 34 f., 66, 101, 103, 182, 301 f.
Vergangenheitsbewältigung 6, 86 f., 89 ff., 122, 186 ff.
- der SED-Erblast 174
Verjährung s. Nationalsozialistische Gewaltverbrechen
Verkehrspolitik 47, 70, 92, 104 f., 207, 321
Vermögensbildung 45, 73, 88, 199, 205
Versicherungswirtschaft 71
Verstädterung 70
Verteidigungsbeitrag s. Bundeswehr
Vertrag über die deutsch-französische Zusammenarbeit 1963 s. Elysee-Vertrag
Verwaltung s. Öffentlicher Dienst, Verwaltung
Viermächte-Konferenzen der Staats- und Regierungschefs
- 1954 304
- 1955 41 ff., 57 ff., 241, 274
- 1960 60 f., 306
Vietnam-Krieg 80, 85, 103, 107
Volkskongreß-Bewegung 18, 22 f.
Volkswagen(werk) 47, 73, 306

Vorbehaltsrechte der Siegermächte 21, 39 f., 88, 110

Währung(sfragen)
- Reform 1948 9, 11, 17 f., 48, 138, 141, 149, 156, 158 ff., 205, 300
- Abwertung 1949 44
- Aufwertung 72, 105 f., 113 f., 306
- Stabilität 46, 95, 104 f.
- Inflationsangst 72, 94, 105 f., 113
Wahlen, Wahlkampf
- 1946/47 12, 15, 299 f.
- Kostenerstattung 93, 110
- Forderung nach gesamtdeutschen Wahlen 34 f., 41, 61, 66, 175 ff., 183, 301 ff.
- s.a. Landtagswahlen
Wahlrecht, Wahlsystem 24, 53 f., 76, 98, 109 f., 192, 303, 308
Warschauer Pakt 41, 56, 63, 80, 86, 98 ff., 116, 309
Wehrbeitrag s. EVG
Weimarer Republik 77, 89, 122 f.
- Hypotheken 4, 24, 109
--Parteiensystem 12, 53 f.
- Sozialpolitik 51
- Verfassungsordnung 20 f.
- Erforschung 122
Weltbank 302
Wertewandel 26, 93, 106 ff., 208, 213
Westeuropäische Politische Union 38 f., 56, 66 ff., 163
Westeuropäische Union (WEU) 39 ff., 154, 172, 273 f.
Westfalen 204
Westunion (Brüsseler Pakt) 16, 38 f., 300, 303
Wiederbewaffnung s. Aufrüstung
Wiedergutmachung 29, 51, 90, 191
- s.a. Israel, Wiedergutmachungsabkommen
Wiedervereinigung Deutschlands 1990 XIII

- s.a. Deutsche Frage, Teilung Deutschlands
Wirtschaftliche Aufbau-Vereinigung (WAV) 25, 52, 193, 314
Wirtschaft, Wirtschaftliche Entwicklung 320 f.
- bis 1949/50 11, 16 f., 42, 151, 154
- Wachstum 24 f., 45 f., 48, 50, 69, 72, 78, 87 f., 93 f., 98, 104 f., 110, 113, 155, 190, 212, 309
- Wohlstand(sverhalten) 48, 78 f., 93, 205
- Stagnation 14 f., 44, 93 f., 104
- Stabilitätsgesetz 104, 191, 204, 308
- s.a. Soziale Marktwirtschaft
Wirtschaftshistoriker 160
Wismar 2
Wissenschaftspolitik 89, 92, 321
Wohlfahrtsstaat 72 f., 92 f., 115, 192
Wohnungsbau(politik) 46 f., 51, 69, 72 f., 88, 104, 126, 191, 207, 212, 214, 301, 321
Wohnungsmangel 24, 47
Württemberg-Baden 12, 52, 132, 197, 209, 302
Württemberg-Hohenzollern 8, 19, 144, 211, 302

Zeitgeschichte, dreifache 185 f.
Zensur der Alliierten 130
Zentrale für Heimatdienst 169
Zentralstelle der Landesjustizverwaltungen 188
Zentralverband des deutschen Handwerks 199
Zivilinternierte in der UdSSR 42
Zollunion 279
Zonenbeirat in der britischen Zone 13, 128, 132, 138
Zwangsarbeiter (Displaced Persons) 7, 212
Zweistaatlichkeit, „Zweistaatler" 183 ff.
- s.a. Deutsche Frage, Teilung Deutschlands
Zweites Deutsches Fernsehen s. Fernsehen

OLDENBOURG GRUNDRISS DER GESCHICHTE

Herausgegeben von Lothar Gall, Karl-Joachim Hölkeskamp und Hermann Jakobs

Band 1: *Wolfgang Schuller*
Griechische Geschichte
5., überarb. Aufl. 2002. 267 S., 4 Karten
ISBN 3-486-49085-0

Band 1A: *Hans-Joachim Gehrke*
Geschichte des Hellenismus
3., überarb. u. erw. Aufl. 2003. 324 S.
ISBN 3-486-53053-4

Band 2: *Jochen Bleicken*
Geschichte der Römischen Republik
6. Aufl. 2004. XV., 342 S.
ISBN 3-486-49666-2

Band 3: *Werner Dahlheim*
Geschichte der Römischen Kaiserzeit
3., überarb. und erw. Aufl. 2003. 452 S., 3 Karten
ISBN 3-486-49673-5

Band 4: *Jochen Martin*
Spätantike und Völkerwanderung
4. Aufl. 2001. 336 S.
ISBN 3-486-49684-0

Band 5: *Reinhard Schneider*
Das Frankenreich
4., überarb. und erw. Aufl. 2001. 222 S., 2 Karten
ISBN 3-486-49694-8

Band 6: *Johannes Fried*
Die Formierung Europas 840–1046
3. Aufl. 2007. Ca. 320 S.
ISBN 978-3-486-49703-8

Band 7: *Hermann Jakobs*
Kirchenreform und Hochmittelalter 1046–1215
4. Aufl. 1999. 380 S.
ISBN 3-486-49714-6

Band 8: *Ulf Dirlmeier/Gerhard Fouquet/ Bernd Fuhrmann*
Europa im Spätmittelalter 1215–1378
2003. 390 S.
ISBN 3-486-49721-9

Band 9: *Erich Meuthen*
Das 15. Jahrhundert
4. Aufl., überarb. v. Claudia Märtl 2006. 343 S.
ISBN 3-486-49734-0

Band 10: *Heinrich Lutz*
Reformation und Gegenreformation
5. Aufl., durchges. und erg.
v. Alfred Kohler. 2002. 283 S.
ISBN 3-486-49585-2

Band 11: *Heinz Duchhardt*
Barock und Aufklärung
4., überarb. u. erw. Aufl. des Bandes „Das Zeitalter des Absolutismus" 2007. 302 S.
ISBN 978-3-486-49744-1

Band 12: *Elisabeth Fehrenbach*
Vom Ancien Régime zum Wiener Kongreß
3., überarb. und erw. Aufl. 2001. 323 S., 1 Karte
ISBN 3-486-49754-5

Band 13: *Dieter Langewiesche*
Europa zwischen Restauration und Revolution 1815–1849
5. Aufl. 2007. 260 S., 3 Karten
ISBN 978-3-486-49765-6

Band 14: *Lothar Gall*
Europa auf dem Weg in die Moderne 1850–1890
4. Aufl. 2004. 332 S., 4 Karten
ISBN 3-486-49774-X

Band 15: *Gregor Schöllgen*
Das Zeitalter des Imperialismus
4. Aufl. 2000. 277 S.
ISBN 3-486-49784-7

Band 16: *Eberhard Kolb*
Die Weimarer Republik
6., überarb. u. erw. Aufl. 2002. 355 S., 1 Karte
ISBN 3-486-49796-0

Band 17: *Klaus Hildebrand*
Das Dritte Reich
6., neubearb. Aufl. 2003. 474 S., 1 Karte
ISBN 3-486-49096-6

Band 18: *Jost Dülffer*
Europa im Ost-West-Konflikt
1945–1991
2004. 304 S., 2 Karten
ISBN 3-486-49105-9

Band 19: *Rudolf Morsey*
Die Bundesrepublik Deutschland
Entstehung und Entwicklung bis 1969
5., durchges. Aufl. 2007. 343 S.
ISBN 978-3-486-58319-9

Band 19a: *Andreas Rödder*
Die Bundesrepublik Deutschland
1969–1990
2003. XV, 330 S., 2 Karten
ISBN 3-486-56697-0

Band 20: *Hermann Weber*
Die DDR 1945–1990
4., durchges. Aufl. 2006. 355 S.
ISBN 3-486-57928-2

Band 21: *Horst Möller*
Europa zwischen den Weltkriegen
1998. 278 S.
ISBN 3-486-52321-X

Band 22: *Peter Schreiner*
Byzanz
3., überarb. und erw. Aufl. 2007. Ca. 340 S.,
2 Karten
ISBN 978-3-486-57750-1

Band 23: *Hanns J. Prem*
Geschichte Altamerikas
2., völlig überarb. Aufl. 2007. Ca. 300 S.,
5 Karten
ISBN 978-3-486-53032-2

Band 24: *Tilman Nagel*
Die islamische Welt bis 1500
1998. 312 S.
ISBN 3-486-53011-9

Band 25: *Hans J. Nissen*
Geschichte Alt-Vorderasiens
1999. 276 S., 4 Karten
ISBN 3-486-56373-4

Band 26: *Helwig Schmidt-Glintzer*
Geschichte Chinas bis zur mongolischen
Eroberung 250 v. Chr.–1279 n. Chr.
1999. 235 S., 7 Karten
ISBN 3-486-56402-1

Band 27: *Leonhard Harding*
Geschichte Afrikas im 19. und
20. Jahrhundert
2., durchges. Aufl. 2006. 272 S., 4 Karten
ISBN 3-486-57746-8

Band 28: *Willi Paul Adams*
Die USA vor 1900
2000. 294 S.
ISBN 3-486-53081-X

Band 29: *Willi Paul Adams*
Die USA im 20. Jahrhundert
2000. 296 S.
ISBN 3-486-53439-0

Band 30: *Klaus Kreiser*
Der Osmanische Staat 1300–1922
2001. 252 S.
ISBN 3-486-53711-3

Band 31: *Manfred Hildermeier*
Die Sowjetunion 1917–1991
2. Aufl. 2007. 238 S., 2 Karten
ISBN 978-3-486-58327-4

Band 32: *Peter Wende*
Großbritannien 1500–2000
2001. 234 S., 1 Karte
ISBN 3-486-56180-4

Band 33: *Christoph Schmidt*
Russische Geschichte 1547–1917
2003. 261 S., 1 Karte
ISBN 3-486-56704-7

Band 34: *Hermann Kulke*
Indische Geschichte bis 1750
2005. 275 S., 12 Karten
ISBN 3-486-55741-6

Band 35: *Sabine Dabringhaus*
Geschichte Chinas 1279–1949
2006. 282 S., 1 Karte
ISBN 3-486-55761-0

www.ingramcontent.com/pod-product-compliance
Lightning Source LLC
Chambersburg PA
CBHW021149230426
43667CB00006B/309